2023年

江苏省高等学校
社科统计资料汇编

《江苏省高等学校社科统计资料汇编》课题组　编著

东南大學出版社
SOUTHEAST UNIVERSITY PRESS
·南京·

图书在版编目(CIP)数据

2023年江苏省高等学校社科统计资料汇编 /《江苏省高等学校社科统计资料汇编》课题组编著. --南京 ：东南大学出版社，2024. 12. --ISBN 978-7-5766-1835-8

Ⅰ. G644－66

中国国家版本馆CIP数据核字第2024FP4462号

责任编辑:叶　娟　**责任校对**:张万莹　**封面设计**:毕　真　**责任印制**:周荣虎

2023年江苏省高等学校社科统计资料汇编

2023 Nian Jiangsu Sheng Gaodeng Xuexiao Sheke Tongji Ziliao Huibian

编　　著	《江苏省高等学校社科统计资料汇编》课题组
出版发行	东南大学出版社
出 版 人	白云飞
社　　址	南京市四牌楼2号(邮编:210096　电话:025－83793330)
经　　销	全国各地新华书店
印　　刷	苏州市古得堡数码印刷有限公司
开　　本	787mm×1092mm　1/16
印　　张	44.5
字　　数	1082千字
版　　次	2024年12月第1版
印　　次	2024年12月第1次印刷
书　　号	ISBN　978-7-5766-1835-8
定　　价	120.00元

本社图书若有印装质量问题，请直接与营销部联系，电话：025－83791830。

Contents 目录

八 社科研究、课题与成果(来源情况) …………………………………………………… 378

一、编写说明

(一) 高校名称说明

本书中的高校名称以2023年底的名称为准。本书编写完成时部分高校做了更名，在此做出说明：

1. 南京森林警察学院(高校代码:12213)已于2023年2月更名为南京警察学院。
2. 南京大学金陵学院(高校代码:13646)已于2023年7月转设为南京大学苏州校区。

(二) 指标说明

1. 社科人力：指高等学校职工中，在本年内从事大专以上人文社会科学教学、研究与咨询工作以及直接为教学、研究与咨询工作服务的教师和其他技术职务人员、辅助人员，按年末实有人数统计。(校机关行政人员、离退休人员和校外兼职人员不在统计范围内，本年度从事社科活动累计工作时间在一个月以上的外籍和高教系统以外的专家和访问学者只录入数据库，不在统计范围内。)

2. 社科研究与发展经费：用于统计本年度各个高校人文、社科R&D经费收入、支出和结余情况。

3. 社科研究与发展机构：用于统计经学校上级主管部门或非上级主管部门批准以及学校自建的人文、社会科学研究机构。

4. 社科研究、课题与成果：用于统计本年度列入学校上级主管部门、非上级主管部门和学校年度计划，以及虽未列入计划但通过签订协议、合同或计划任务书经学校社科研究管理部门确认并在当年开展活动的人文、社会科学各类研究课题。成果部分用于统计本年度人文、社科研究成果情况，包括立项和非立项研究成果。所有研究成果均由第一署名者单位(以成果的版权页为准)填报。

5. 社科研究、课题与成果(来源)：用于统计本年度列入学校上级主管部门、非上级主管部门和学校年度计划，以及虽未列入计划但通过签订协议、合同或计划任务书经学校社科研究管理部门确认并在当年开展活动的人文、社会科学各类研究课题的来源情况。成果部分用于统计本年度列入学校社科计划课题的研究成果来源情况，均由第一署名者单位(以成果的版权页为准)填报。

6. 社科研究成果获奖：用于统计本年度各个高校人文、社科立项和非立项研究成果获奖情况，只包括国家级、部级和省级奖。

7. 社科学术交流：用于统计本年度高校人文、社会科学学术交流情况。

8. 社科专利：用于统计本年度高校人文、社会科学专利情况。

二、参与统计的高校名单

1. 参与统计的公办本科高校名单

高校代码	高校名称	办学类型	办学层次	举办者	所在地
10284	南京大学	公办	本科	教育部	南京
10285	苏州大学	公办	本科	省教育厅	苏州
10286	东南大学	公办	本科	教育部	南京
10287	南京航空航天大学	公办	本科	工业和信息化部	南京
10288	南京理工大学	公办	本科	工业和信息化部	南京
10289	江苏科技大学	公办	本科	省教育厅	镇江
10290	中国矿业大学	公办	本科	教育部	徐州
10291	南京工业大学	公办	本科	省教育厅	南京
10292	常州大学	公办	本科	省教育厅	常州
10293	南京邮电大学	公办	本科	省教育厅	南京
10294	河海大学	公办	本科	教育部	南京
10295	江南大学	公办	本科	教育部	无锡
10298	南京林业大学	公办	本科	省教育厅	南京
10299	江苏大学	公办	本科	省教育厅	镇江
10300	南京信息工程大学	公办	本科	省教育厅	南京
10304	南通大学	公办	本科	省教育厅	南通
10305	盐城工学院	公办	本科	省教育厅	盐城
10307	南京农业大学	公办	本科	教育部	南京
10312	南京医科大学	公办	本科	省教育厅	南京
10313	徐州医科大学	公办	本科	省教育厅	徐州
10315	南京中医药大学	公办	本科	省教育厅	南京
10316	中国药科大学	公办	本科	教育部	南京
10319	南京师范大学	公办	本科	省教育厅	南京
10320	江苏师范大学	公办	本科	省教育厅	徐州

续表

高校代码	高校名称	办学类型	办学层次	举办者	所在地
10323	淮阴师范学院	公办	本科	省教育厅	淮安
10324	盐城师范学院	公办	本科	省教育厅	盐城
10327	南京财经大学	公办	本科	省教育厅	南京
10329	江苏警官学院	公办	本科	省公安厅	南京
10330	南京体育学院	公办	本科	省体育局	南京
10331	南京艺术学院	公办	本科	省教育厅	南京
10332	苏州科技大学	公办	本科	省教育厅	苏州
10333	常熟理工学院	公办	本科	省教育厅	苏州
11049	淮阴工学院	公办	本科	省教育厅	淮安
11055	常州工学院	公办	本科	省教育厅	常州
11117	扬州大学	公办	本科	省教育厅	扬州
11276	南京工程学院	公办	本科	省教育厅	南京
11287	南京审计大学	公办	本科	省教育厅	南京
11460	南京晓庄学院	公办	本科	市政府	南京
11463	江苏理工学院	公办	本科	省教育厅	常州
11641	江苏海洋大学	公办	本科	省教育厅	连云港
11998	徐州工程学院	公办	本科	市政府	徐州
12048	南京特殊教育师范学院	公办	本科	省教育厅	南京
12213	南京警察学院	公办	本科	公安部	南京
12917	泰州学院	公办	本科	市政府	泰州
13573	金陵科技学院	公办	本科	市政府	南京
14436	江苏第二师范学院	公办	本科	省教育厅	南京
10850	南京工业职业技术大学	公办	本科	省教育厅	南京
13982	无锡学院	公办	本科	市政府	无锡
13983	苏州城市学院	公办	本科	市政府	苏州
14160	宿迁学院	公办	本科	省教育厅	宿迁

2. 参与统计的公办专科高校名单

高校代码	高校名称	办学类型	办学层次	举办者	所在地
00466	盐城幼儿师范高等专科学校	公办	专科	省教育厅	盐城
00583	苏州幼儿师范高等专科学校	公办	专科	省教育厅	苏州
10848	无锡职业技术学院	公办	专科	省教育厅	无锡
10849	江苏建筑职业技术学院	公办	专科	省教育厅	徐州
10958	江苏工程职业技术学院	公办	专科	省教育厅	南通
10960	苏州工艺美术职业技术学院	公办	专科	省教育厅	苏州
11050	连云港职业技术学院	公办	专科	市政府	连云港
11051	镇江市高等专科学校	公办	专科	市政府	镇江
11052	南通职业大学	公办	专科	市政府	南通
11054	苏州市职业大学	公办	专科	市政府	苏州
11288	沙洲职业工学院	公办	专科	市政府	苏州
11462	扬州市职业大学	公办	专科	市政府	扬州
11585	连云港师范高等专科学校	公办	专科	市政府	连云港
12047	江苏经贸职业技术学院	公办	专科	省教育厅	南京
12106	泰州职业技术学院	公办	专科	市政府	泰州
12317	常州信息职业技术学院	公办	专科	省工业和信息化厅	常州
12678	江苏联合职业技术学院	公办	专科	省教育厅	南京
12679	江苏海事职业技术学院	公办	专科	省教育厅	南京
12681	无锡科技职业学院	公办	专科	市政府	无锡
12682	江苏医药职业学院	公办	专科	省卫生健康委员会	盐城
12683	扬州环境资源职业技术学院	公办	专科	省教育厅	扬州
12684	南通科技职业学院	公办	专科	市政府	南通
12685	苏州经贸职业技术学院	公办	专科	省教育厅	苏州
12686	苏州工业职业技术学院	公办	专科	市政府	苏州
12688	苏州卫生职业技术学院	公办	专科	省政府	苏州
12702	无锡商业职业技术学院	公办	专科	省教育厅	无锡
12804	南京交通职业技术学院	公办	专科	省交通运输厅	南京
12805	江苏电子信息职业学院	公办	专科	省政府	淮安
12806	江苏农牧科技职业学院	公办	专科	省农业农村厅	泰州
12807	常州纺织服装职业技术学院	公办	专科	省教育厅	常州
12808	苏州农业职业技术学院	公办	专科	省农业农村厅	苏州
12920	南京科技职业学院	公办	专科	省教育厅	南京
13101	常州工业职业技术学院	公办	专科	省教育厅	常州
13102	常州工程职业技术学院	公办	专科	省教育厅	常州
13103	江苏农林职业技术学院	公办	专科	省农业农村厅	镇江
13104	江苏食品药品职业技术学院	公办	专科	省教育厅	淮安

续表

高校代码	高校名称	办学类型	办学层次	举办者	所在地
13106	南京铁道职业技术学院	公办	专科	省教育厅	南京
13107	徐州工业职业技术学院	公办	专科	省教育厅	徐州
13108	江苏信息职业技术学院	公办	专科	省教育厅	无锡
13112	南京信息职业技术学院	公办	专科	省工业和信息化厅	南京
13114	常州机电职业技术学院	公办	专科	省教育厅	常州
13137	江阴职业技术学院	公办	专科	市政府	无锡
13748	无锡城市职业技术学院	公办	专科	市政府	无锡
13749	无锡工艺职业技术学院	公办	专科	省教育厅	无锡
13751	苏州健雄职业技术学院	公办	专科	市政府	苏州
13752	盐城工业职业技术学院	公办	专科	省教育厅	盐城
13753	江苏财经职业技术学院	公办	专科	省教育厅	淮安
13754	扬州工业职业技术学院	公办	专科	省教育厅	扬州
14000	江苏城市职业学院	公办	专科	省教育厅	南京
14001	南京城市职业学院	公办	专科	市政府	南京
14056	南京机电职业技术学院	公办	专科	市政府	南京
14180	南京旅游职业学院	公办	专科	省旅游局	南京
14255	江苏卫生健康职业学院	公办	专科	省卫生健康委员会	南京
14256	苏州信息职业技术学院	公办	专科	市政府	苏州
14295	苏州工业园区服务外包职业学院	公办	专科	市政府	苏州
14329	徐州幼儿师范高等专科学校	公办	专科	市政府	徐州
14401	徐州生物工程职业技术学院	公办	专科	市政府	徐州
14475	江苏商贸职业学院	公办	专科	省供销合作总社	南通
14493	南通师范高等专科学校	公办	专科	省教育厅	南通
14541	江苏护理职业学院	公办	专科	省卫生健康委员会	淮安
14542	江苏财会职业学院	公办	专科	省财政厅	连云港
14543	江苏城乡建设职业学院	公办	专科	省住房和城乡建设厅	常州
14568	江苏航空职业技术学院	公办	专科	省教育厅	镇江
14589	江苏安全技术职业学院	公办	专科	省应急管理厅	徐州
14604	江苏旅游职业学院	公办	专科	教科研处	扬州
14773	常州幼儿师范高等专科学校	公办	专科	市政府	常州
14841	江苏司法警官职业学院	公办	专科	省政府	南京
14853	盐城农业科技职业大学	公办	专科	市政府	盐城
14854	宿迁幼儿师范高等专科学校	公办	专科	市政府	宿迁
14855	无锡师范高等专科学校	公办	专科	市政府	无锡

3. 参与统计的民办及中外合作办学高校名单

高校代码	高校名称	办学类型	办学层次	举办者	所在地
10826	明达职业技术学院	民办	专科	民办	盐城
11122	三江学院	民办	本科	民办	南京
12054	九州职业技术学院	民办	专科	民办	徐州
12056	南通理工学院	民办	本科	民办	南通
12078	硅湖职业技术学院	民办	专科	民办	苏州
12680	应天职业技术学院	民办	专科	民办	南京
12687	苏州托普信息职业技术学院	民办	专科	民办	苏州
12689	东南大学成贤学院	民办	本科	民办	南京
12809	苏州工业园区职业技术学院	民办	专科	民办	苏州
12918	太湖创意职业技术学院	民办	专科	民办	无锡
12919	炎黄职业技术学院	民办	专科	民办	淮安
12921	正德职业技术学院	民办	专科	民办	南京
12922	钟山职业技术学院	民办	专科	民办	南京
12923	无锡南洋职业技术学院	民办	专科	民办	无锡
13017	江南影视艺术职业学院	民办	专科	民办	无锡
13100	金肯职业技术学院	民办	专科	民办	南京
13105	建东职业技术学院	民办	专科	民办	常州
13110	宿迁职业技术学院	民办	专科	民办	宿迁
13113	江海职业技术学院	民办	专科	民办	扬州
13571	无锡太湖学院	民办	本科	民办	无锡
13579	中国矿业大学徐海学院	民办	本科	民办	徐州
13646	南京大学金陵学院	民办	本科	民办	南京
13654	南京理工大学紫金学院	民办	本科	民办	南京
13655	南京航空航天大学金城学院	民办	本科	民办	南京
13687	南京传媒学院	民办	本科	民办	南京
13750	金山职业技术学院	民办	专科	民办	镇江

续表

高校代码	高校名称	办学类型	办学层次	举办者	所在地
13842	南京理工大学泰州科技学院	民办	本科	民办	泰州
13843	南京师范大学泰州学院	民办	本科	民办	泰州
13905	南京工业大学浦江学院	民办	本科	民办	南京
13906	南京师范大学中北学院	民办	本科	民办	镇江
13962	苏州百年职业学院	中外合作办学	专科	民办	苏州
13963	昆山登云科技职业学院	民办	专科	民办	苏州
13964	南京视觉艺术职业学院	民办	专科	民办	南京
13980	南京医科大学康达学院	民办	本科	民办	连云港
13981	南京中医药大学翰林学院	民办	本科	民办	泰州
13984	苏州大学应用技术学院	民办	本科	民办	苏州
13985	苏州科技大学天平学院	民办	本科	民办	苏州
13986	江苏大学京江学院	民办	本科	民办	镇江
13987	扬州大学广陵学院	民办	本科	民办	扬州
13988	江苏师范大学科文学院	民办	本科	民办	徐州
13989	南京邮电大学通达学院	民办	本科	民办	扬州
13990	南京财经大学红山学院	民办	本科	民办	镇江
13991	江苏科技大学苏州理工学院	民办	本科	民办	苏州
13992	常州大学怀德学院	民办	本科	民办	泰州
13993	南通大学杏林学院	民办	本科	民办	南通
13994	南京审计大学金审学院	民办	本科	民办	南京
14163	苏州高博软件技术职业学院	民办	专科	民办	苏州
14293	宿迁泽达职业技术学院	民办	专科	民办	宿迁
14528	扬州中瑞酒店职业学院	民办	专科	民办	扬州
16403	西交利物浦大学	中外合作办学	本科	民办	苏州
14606	昆山杜克大学	中外合作办学	本科	民办	苏州

三、社科研究与发展概况

1. 江苏省十三市高等学校人文、社会科学活动人员情况表

各市名称	编号	总计		按职称划分						按最后学历划分			按最后学位划分		其他人员
			女性	小计	教授	副教授	讲师	助教	初级	研究生	本科生	其他	博士	硕士	
		L01	L02	L03	L04	L05	L06	L07	L08	L09	L10	L11	L12	L13	L14
合　计	/	59 131	34 754	59 130	5840	17 258	29 520	6304	208	43 344	15 748	38	16 119	32 913	1
南京市	1	22 557	12 935	22 557	2895	6490	11 229	1924	19	18 355	4196	6	8585	11 170	0
无锡市	2	4053	2574	4053	246	1102	1951	744	10	2698	1350	5	602	2548	0
徐州市	3	4121	2362	4121	402	1355	2111	240	13	2992	1125	4	1145	2169	0
常州市	4	3710	2189	3710	320	1066	1943	376	5	2328	1382	0	701	2095	0
苏州市	5	6918	4167	6917	616	1965	3515	700	121	5074	1836	7	1923	3764	1
南通市	6	3583	2220	3583	300	1096	1819	368	0	2293	1288	2	466	2369	0
连云港市	7	1570	948	1570	78	455	820	217	0	900	670	0	159	1053	0
淮安市	8	2643	1430	2643	220	865	1279	279	0	1784	853	6	585	1652	0
盐城市	9	2199	1319	2199	221	811	850	315	2	1454	738	7	393	1371	0
扬州市	10	2699	1541	2699	214	742	1351	391	1	1855	843	1	645	1457	0
镇江市	11	3093	1848	3093	207	775	1609	489	13	2292	801	0	675	1825	0
泰州市	12	1330	841	1330	52	377	685	198	18	879	451	0	101	1029	0
宿迁市	13	655	380	655	69	159	358	63	6	440	215	0	139	411	0

2．江苏省十三市高等学校人文、社会科学研究与发展经费情况表

各市名称	编号	总数 课题数（项）	总数 当年投入人数（人年）	总数 其中：研究生	总数 当年拨入经费（千元）	总数 当年支出经费（千元）	基础研究 课题数（项）	基础研究 当年投入人数（人年）	基础研究 其中：研究生	基础研究 当年拨入经费（千元）	基础研究 当年支出经费（千元）	应用研究 课题数（项）	应用研究 当年投入人数（人年）	应用研究 其中：研究生	应用研究 当年拨入经费（千元）	应用研究 当年支出经费（千元）	实验与发展 课题数（项）	实验与发展 当年投入人数（人年）	实验与发展 其中：研究生	实验与发展 当年拨入经费（千元）	实验与发展 当年支出经费（千元）
		L01	L02	L03	L04	L05	L06	L07	L08	L09	L10	L11	L12	L13	L14	L15	L16	L17	L18	L19	L20
合计	/	54 408	10 175.2	533	1 394 675.642	1 306 809.958	23 786	4 595.5	214.1	423 665.269	440 481.943	30 609	5 577.2	318.5	968 526.473	865 705.298	13	2.5	0.4	2 483.9	622.717
南京市	1	22 799	4 289.8	282.7	657 499.021	645 635.893	10 045	1 961.1	105.2	253 152.435	278 284.191	12 746	2 327.2	177.1	401 872.586	366 735.885	8	1.5	0.4	2474	615.817
无锡市	2	3518	874	177.5	114 133.725	108 948.136	1634	398.4	74.4	13 948.236	12 821.353	1882	475	103.1	100 175.589	96 121.883	2	0.6	0	9.9	4.9
徐州市	3	3864	890.9	42.4	148 052.182	132 576	1871	444.7	21.9	52 245.323	51 889.877	1993	446.2	20.5	95 806.859	80 686.123	0	0	0	0	0
常州市	4	4686	789	0	73 612.749	71 220.027	1221	225.7	0	26 843.132	18 935.181	3465	563.3	0	46 769.617	52 284.846	0	0	0	0	0
苏州市	5	5511	1 066.1	11.6	128 732.64	83 228.314	2258	440.5	5.8	34 505.175	21 544.688	3253	625.6	5.8	94 227.465	61 683.626	0	0	0	0	0
南通市	6	2565	387.8	0	19 614.4	17 285.349	1812	263.7	0	10 568.85	8 673.469	753	124.1	0	9 045.55	8 611.88	0	0	0	0	0
连云港市	7	1403	164.7	0	25 859.818	26 688.261	602	68.1	0	3 272.5	3 422.98	801	96.6	0	22 587.318	23 265.281	0	0	0	0	0
淮安市	8	2110	311.1	0	71 017.158	69 862.349	827	128.6	0	5 867.928	9 305.11	1282	182.3	0	65 149.23	60 555.239	1	0.2	0	0	2
盐城市	9	1960	346.3	0	58 868.698	64 969.602	899	201.1	0	5582	16 432.961	1059	145	0	53 286.698	48 536.641	2	0.2	0	0	0
扬州市	10	2204	385.8	3.6	36 414.037	37 939.811	1280	222.7	3.2	13 480	13 638.244	924	163.1	0.4	22 934.037	24 301.567	0	0	0	0	0
镇江市	11	2108	414.8	15.2	32 000.662	31 248.832	792	170.5	3.6	3 383.59	3 679.852	1316	244.3	11.6	28 617.072	27 568.98	0	0	0	0	0
泰州市	12	817	152.7	0	8 798.662	3 693.926	295	44.5	0	640.1	638.317	522	108.2	0	8 158.562	3 055.609	0	0	0	0	0
宿迁市	13	863	102.2	0	20 071.89	13 513.458	250	25.9	0	176	1 215.72	613	76.3	0	19 895.89	12 297.738	0	0	0	0	0

3. 江苏省十三市高等学校人文、社会科学研究与课题来源情况表

各市名称		合计	课题来源														
			国家社科基金项目	国家社科基金单列学科项目	教育部人文社科研究项目	高校古籍整理研究项目	国家自然科学基金项目	中央其他部门社科专门项目	省、市、自治区社科基金项目	省教育厅社科项目	地、市、厅、局等政府部门项目	国际合作研究项目	与港、澳、台地区合作研究项目	企事业单位委托项目	学校社科项目	外资项目	其他
	编号	L01	L02	L03	L04	L05	L06	L07	L08	L09	L10	L11	L12	L13	L14	L15	L16
合　计	/	54 408	3215	288	1900	31	573	701	3575	13 705	9714	17	0	12 591	7807	5	286
南京市	1	22 799	1971	160	1006	13	420	480	1942	5097	2349	8	0	5600	3624	4	125
无锡市	2	3518	71	18	108	0	30	30	141	1059	838	0	0	672	547	0	4
徐州市	3	3864	202	2	106	1	51	26	212	857	1042	2	0	829	512	0	22
常州市	4	4686	144	23	114	0	1	15	169	1036	1235	0	0	1180	716	0	53
苏州市	5	5511	340	30	193	8	23	41	319	1729	895	5	0	1244	623	1	60
南通市	6	2565	102	7	58	4	0	19	152	744	701	0	0	267	505	0	6
连云港市	7	1403	10	0	10	0	0	5	85	346	417	1	0	283	246	0	0
淮安市	8	2110	34	1	58	0	2	4	119	494	274	0	0	826	291	0	7
盐城市	9	1960	68	9	39	0	0	11	119	599	481	0	0	533	100	0	1
扬州市	10	2204	171	26	105	3	4	43	174	559	492	1	0	319	307	0	0
镇江市	11	2108	99	7	92	1	42	27	128	574	525	0	0	433	178	0	2
泰州市	12	817	1	3	6	1	0	0	5	438	112	0	0	201	44	0	6
宿迁市	13	863	2	2	5	0	0	0	10	173	353	0	0	204	114	0	0

4. 江苏省十三市高等学校人文、社会科学研究与发展课题成果表

各市名称		出版著作(部)							古籍整理(部)	译著(部)	发表译文(篇)	电子出版物(件)	发表论文(篇)				获奖成果(项)				研究与咨询报告(篇)	
		合计	专著	其中:被译成外文	编著教材	工具书/参考书	皮书/发展报告	科普读物					合计	国内学术刊物 内地(大陆)	国内学术刊物 港、澳、台地区	国外学术刊物	合计	国家级奖	部级奖	省级奖	合计	其中:被采纳数
	编号	L01	L02	L03	L04	L05	L06	L07	L08	L09	L10	L11	L12	L13	L14	L15	L16	L17	L18	L19	L20	L21
合　计	/	1624	1083	37	479	12	30	20	36	114	4	67	28 831	25 922	2885	24	634	0	12	622	5302	3110
南京市	1	712	459	21	222	8	15	8	9	58	3	42	12 333	10 608	1703	22	406	0	12	394	1339	762
无锡市	2	133	84	1	48	0	0	1	0	6	0	0	2033	1864	169	0	19	0	0	19	332	118
徐州市	3	100	66	1	33	0	1	0	0	5	0	0	2103	1894	209	0	50	0	0	50	922	788
常州市	4	73	57	0	13	3	0	0	0	8	0	0	1727	1673	54	0	18	0	0	18	615	172
苏州市	5	257	147	6	101	0	1	8	5	15	0	19	3296	2968	327	1	65	0	0	65	668	484
南通市	6	62	45	1	14	0	0	3	5	3	1	0	1634	1616	18	0	13	0	0	13	153	85
连云港市	7	13	12	0	1	0	0	0	0	0	0	0	711	683	28	0	2	0	0	2	253	98
淮安市	8	33	27	3	6	0	0	0	1	3	0	0	934	898	36	0	8	0	0	8	114	92
盐城市	9	68	59	1	9	0	0	0	8	2	0	6	730	691	39	0	8	0	0	8	277	19
扬州市	10	93	71	2	9	1	12	0	8	4	0	0	1475	1389	86	0	27	0	0	27	330	293
镇江市	11	54	37	0	16	0	1	0	0	9	0	0	909	738	171	0	13	0	0	13	99	26
泰州市	12	13	6	0	7	0	0	0	0	0	0	0	573	549	23	1	4	0	0	4	92	65
宿迁市	13	13	13	1	0	0	0	0	0	1	0	0	373	351	22	0	1	0	0	1	108	108

5. 江苏省十三市高等学校人文、社会科学学术交流情况表

各市名称	编号	校办学术会议		学术会议			受聘讲学		社科考察		进修学习		合作研究		
		本校独办数	与外单位合办数	参加人次		提交论文(篇)	派出人次	来校人次	派出人次	来校人次	派出人次	来校人次	派出人次	来校人次	课题数（项）
				合计	其中：赴境外人次										
	编号	L01	L02	L03	L04	L05	L06	L07	L08	L09	L10	L11	L12	L13	L14
合　计	/	2091	520	27 099	528	12 202	2919	4194	4184	4595	6572	7794	1251	1024	903
南京市	1	1437	345	18 933	379	6521	1757	1969	1883	2279	1846	3614	697	595	478
无锡市	2	86	21	1160	28	799	142	189	314	182	299	180	43	33	27
徐州市	3	107	27	1304	30	1008	151	628	499	361	634	1039	231	133	169
常州市	4	33	3	345	6	282	105	81	112	83	321	116	56	72	40
苏州市	5	178	49	2253	58	1375	371	398	285	540	1256	125	36	60	26
南通市	6	23	4	101	2	112	58	182	212	176	834	625	10	5	5
连云港市	7	31	8	219	4	57	23	23	79	51	34	4	0	0	0
淮安市	8	69	11	1386	0	945	103	182	185	396	540	114	15	9	39
盐城市	9	20	9	390	2	265	60	92	128	53	222	97	56	43	52
扬州市	10	49	28	511	6	371	68	162	116	231	371	86	35	34	44
镇江市	11	38	6	378	10	381	38	207	105	86	94	19	45	34	10
泰州市	12	12	5	55	3	28	20	28	36	32	83	3	12	6	8
宿迁市	13	8	4	64	0	58	23	53	230	125	38	1772	15	0	5

四、社科人力

1. 全省高等学校人文、社会科学活动人员情况表

学科门类		总计		按职称划分						按最后学历划分			按最后学位划分		其他
			女性	小计	教授	副教授	讲师	助教	初级	研究生	本科生	其他	博士	硕士	人员
	编号	L01	L02	L03	L04	L05	L06	L07	L08	L09	L10	L11	L12	L13	L14
合　计	/	59 131	34 754	59 130	5840	17 258	29 520	6304	208	43 344	15 748	38	16 119	32 913	1
管理学	1	10 903	6122	10 903	1223	2938	5528	1182	32	8363	2530	10	3610	5783	0
马克思主义	2	3057	1831	3057	337	956	1256	498	10	2509	548	0	839	1937	0
哲学	3	963	465	963	131	291	452	84	5	893	70	0	534	384	0
逻辑学	4	116	49	116	8	38	62	6	2	65	51	0	24	55	0
宗教学	5	40	13	40	14	14	11	1	0	37	3	0	36	2	0
语言学	6	7017	5419	7017	376	2023	4196	407	15	4548	2469	0	1094	4240	0
中国文学	7	2014	1175	2014	308	755	853	93	5	1576	438	0	960	797	0
外国文学	8	1301	965	1301	123	358	752	66	2	1007	294	0	399	703	0
艺术学	9	8100	4800	8100	618	2289	3937	1228	28	5753	2342	5	1312	5226	0
历史学	10	852	327	852	145	283	389	33	2	779	73	0	573	225	0
考古学	11	53	13	53	13	14	24	2	0	50	3	0	42	8	0
经济学	12	5744	3358	5744	719	1690	2766	542	27	4524	1218	2	2182	2807	0
政治学	13	725	363	725	104	224	320	76	1	590	135	0	285	375	0
法学	14	2174	1032	2174	322	714	971	162	5	1734	440	0	899	1034	0
社会学	15	1161	675	1161	119	344	612	83	3	984	170	7	506	548	0
民族学与文化学	16	79	51	79	6	26	37	9	1	62	17	0	27	36	0
新闻学与传播学	17	806	472	806	100	201	414	87	4	679	127	0	312	396	0
图书馆、情报与文献学	18	1673	1063	1673	143	431	1022	71	6	836	827	10	271	727	0
教育学	19	6939	4248	6939	639	1885	3388	983	44	5001	1934	4	1276	4650	0
统计学	20	334	176	334	45	94	153	38	4	254	80	0	121	163	0
心理学	21	701	502	701	80	196	341	78	6	593	108	0	233	408	0
体育科学	22	3686	1293	3685	204	1358	1623	498	2	1919	1766	0	314	2052	1
其他学科	23	693	342	693	63	136	413	77	4	588	105	0	270	357	0

2. 公办本科高等学校人文、社会科学活动人员情况表

学科门类		总计		按职称划分						按最后学历划分			按最后学位划分		其他人员
			女性	小计	教授	副教授	讲师	助教	初级	研究生	本科生	其他	博士	硕士	
	编号	L01	L02	L03	L04	L05	L06	L07	L08	L09	L10	L11	L12	L13	L14
合　计	/	33 256	17 661	33 256	4662	10 585	16 534	1475	0	27 289	5959	8	14 444	14 881	0
管理学	1	5923	2959	5923	916	1686	3061	260	0	5162	759	2	3209	2239	0
马克思主义	2	1604	815	1604	264	544	695	101	0	1400	204	0	762	745	0
哲学	3	680	283	680	114	220	325	21	0	649	31	0	484	174	0
逻辑学	4	42	16	42	8	11	21	2	0	39	3	0	23	17	0
宗教学	5	35	12	35	13	12	10	0	0	33	2	0	32	2	0
语言学	6	3765	2719	3765	322	1145	2197	101	0	2910	855	0	983	2187	0
中国文学	7	1344	699	1344	259	478	585	22	0	1196	148	0	880	373	0
外国文学	8	990	725	990	118	284	557	31	0	814	176	0	382	490	0
艺术学	9	4030	2209	4030	510	1354	1929	237	0	3191	836	3	1183	2323	0
历史学	10	709	260	709	135	233	329	12	0	670	39	0	542	135	0
考古学	11	45	9	45	13	14	18	0	0	42	3	0	38	4	0
经济学	12	3261	1589	3261	545	1034	1615	67	0	2812	449	0	1914	1049	0
政治学	13	457	193	457	94	161	193	9	0	402	55	0	258	173	0
法学	14	1611	673	1611	297	576	695	43	0	1353	258	0	869	611	0
社会学	15	774	401	774	106	266	388	14	0	709	65	0	460	277	0
民族学与文化学	16	56	36	56	4	19	29	4	0	44	12	0	22	21	0
新闻学与传播学	17	527	284	527	94	148	265	20	0	481	46	0	278	215	0
图书馆、情报与文献学	18	1105	671	1105	127	332	626	20	0	671	432	2	262	485	0
教育学	19	3035	1763	3035	400	901	1504	230	0	2522	512	1	1024	1753	0
统计学	20	197	89	197	38	65	86	8	0	173	24	0	112	71	0
心理学	21	434	269	434	72	138	202	22	0	400	34	0	225	190	0
体育科学	22	2275	811	2275	172	893	979	231	0	1282	993	0	305	1197	0
其他学科	23	357	176	357	41	71	225	20	0	334	23	0	197	150	0

2.1 管理学人文、社会科学活动人员情况表

高校名称		总计		按职称划分						按最后学历划分			按最后学位划分		其他
			女性	小计	教授	副教授	讲师	助教	初级	研究生	本科生	其他	博士	硕士	人员
	编号	L01	L02	L03	L04	L05	L06	L07	L08	L09	L10	L11	L12	L13	L14
合　计	/	5923	2959	5923	916	1686	3061	260	0	5162	759	2	3209	2239	0
南京大学	1	152	50	152	67	43	42	0	0	152	0	0	152	0	0
东南大学	2	100	44	100	21	38	35	6	0	94	6	0	77	17	0
江南大学	3	99	55	99	15	46	37	1	0	92	7	0	65	29	0
南京农业大学	4	233	92	233	62	76	79	16	0	209	24	0	131	82	0
中国矿业大学	5	166	66	166	34	65	67	0	0	162	4	0	149	15	0
河海大学	6	196	93	196	39	57	100	0	0	192	4	0	144	49	0
南京理工大学	7	118	52	118	17	43	56	2	0	116	2	0	98	18	0
南京航空航天大学	8	160	67	160	44	52	63	1	0	156	4	0	124	32	0
中国药科大学	9	37	23	37	5	14	16	2	0	34	3	0	22	12	0
南京警察学院	10	21	12	21	2	5	14	0	0	10	11	0	3	9	0
苏州大学	11	131	64	131	20	39	71	1	0	110	21	0	83	33	0
江苏科技大学	12	268	131	268	27	55	178	8	0	223	45	0	123	110	0
南京工业大学	13	87	43	87	16	35	35	1	0	82	5	0	47	37	0
常州大学	14	129	63	129	14	22	93	0	0	117	12	0	56	67	0
南京邮电大学	15	171	90	171	30	42	99	0	0	162	9	0	125	37	0
南京林业大学	16	67	28	67	7	12	48	0	0	63	4	0	38	27	0
江苏大学	17	236	94	236	42	75	108	11	0	215	21	0	118	99	0
南京信息工程大学	18	196	90	196	44	69	83	0	0	188	8	0	174	17	0
南通大学	19	138	63	138	13	51	73	1	0	121	17	0	39	90	0
盐城工学院	20	92	51	92	17	41	33	1	0	57	34	1	24	60	0
南京医科大学	21	86	48	86	6	17	48	15	0	84	2	0	38	46	0
徐州医科大学	22	69	33	69	6	29	32	2	0	52	16	1	20	46	0
南京中医药大学	23	69	47	69	5	7	57	0	0	66	3	0	26	42	0
南京师范大学	24	82	44	82	14	25	42	1	0	78	4	0	58	20	0
江苏师范大学	25	114	44	114	19	34	61	0	0	101	13	0	61	42	0

续表

高校名称		总计		按职称划分						按最后学历划分			按最后学位划分		其他人员
			女性	小计	教授	副教授	讲师	助教	初级	研究生	本科生	其他	博士	硕士	
	编号	L01	L02	L03	L04	L05	L06	L07	L08	L09	L10	L11	L12	L13	L14
淮阴师范学院	26	91	45	91	8	33	48	2	0	72	19	0	41	44	0
盐城师范学院	27	78	45	78	15	31	25	7	0	72	6	0	31	45	0
南京财经大学	28	305	147	305	41	67	197	0	0	291	14	0	248	48	0
江苏警官学院	29	68	34	68	5	16	43	4	0	54	14	0	30	27	0
南京体育学院	30	22	10	22	1	4	16	1	0	10	12	0	2	8	0
南京艺术学院	31	30	15	30	4	9	16	1	0	24	6	0	3	25	0
苏州科技大学	32	77	47	77	10	18	49	0	0	70	7	0	40	30	0
常熟理工学院	33	164	92	164	7	46	60	51	0	133	31	0	52	100	0
淮阴工学院	34	183	73	183	26	60	95	2	0	136	47	0	68	102	0
常州工学院	35	66	34	66	8	18	38	2	0	53	13	0	28	30	0
扬州大学	36	127	63	127	12	29	86	0	0	113	14	0	94	20	0
南京工程学院	37	203	119	203	16	53	127	7	0	157	46	0	49	122	0
南京审计大学	38	335	189	335	44	68	180	43	0	305	30	0	187	132	0
南京晓庄学院	39	54	29	54	9	13	30	2	0	49	5	0	30	21	0
江苏理工学院	40	66	35	66	15	17	31	3	0	49	17	0	29	21	0
江苏海洋大学	41	96	50	96	9	23	62	2	0	63	33	0	28	42	0
徐州工程学院	42	195	91	195	20	61	112	2	0	139	56	0	57	90	0
南京特殊教育师范学院	43	18	11	18	3	5	9	1	0	16	2	0	11	5	0
泰州学院	44	40	30	40	2	7	18	13	0	31	9	0	7	33	0
金陵科技学院	45	134	85	134	28	41	59	6	0	99	35	0	55	56	0
江苏第二师范学院	46	40	32	40	2	6	23	9	0	39	1	0	16	23	0
南京工业职业技术大学	47	151	105	151	12	41	70	28	0	110	41	0	33	98	0
无锡学院	48	33	14	33	6	5	21	1	0	28	5	0	18	10	0
苏州城市学院	49	25	17	25	5	4	16	0	0	25	0	0	15	10	0
宿迁学院	50	105	60	105	22	19	60	4	0	88	17	0	42	61	0

2.2 马克思主义人文、社会科学活动人员情况表

高校名称		总计		按职称划分						按最后学历划分			按最后学位划分		其他人员
			女性	小计	教授	副教授	讲师	助教	初级	研究生	本科生	其他	博士	硕士	
	编号	L01	L02	L03	L04	L05	L06	L07	L08	L09	L10	L11	L12	L13	L14
合　计	/	1604	815	1604	264	544	695	101	0	1400	204	0	762	745	0
南京大学	1	27	10	27	11	10	6	0	0	24	3	0	24	0	0
东南大学	2	42	14	42	9	7	23	3	0	41	1	0	39	2	0
江南大学	3	31	11	31	8	16	7	0	0	30	1	0	22	5	0
南京农业大学	4	19	7	19	2	3	13	1	0	18	1	0	10	8	0
中国矿业大学	5	74	35	74	16	29	28	1	0	70	4	0	61	11	0
河海大学	6	38	21	38	9	15	14	0	0	36	2	0	29	8	0
南京理工大学	7	42	19	42	6	15	20	1	0	42	0	0	35	7	0
南京航空航天大学	8	42	23	42	6	17	16	3	0	41	1	0	28	13	0
中国药科大学	9	31	16	31	3	8	20	0	0	31	0	0	19	12	0
南京警察学院	10	4	2	4	1	0	3	0	0	4	0	0	2	2	0
苏州大学	11	57	23	57	11	20	26	0	0	47	10	0	35	15	0
江苏科技大学	12	29	11	29	6	15	8	0	0	21	8	0	7	17	0
南京工业大学	13	20	11	20	2	9	7	2	0	18	2	0	7	13	0
常州大学	14	32	11	32	6	6	20	0	0	30	2	0	12	19	0
南京邮电大学	15	14	9	14	3	7	4	0	0	13	1	0	12	1	0
南京林业大学	16	35	17	35	8	4	23	0	0	34	1	0	28	7	0
江苏大学	17	22	10	22	4	4	12	2	0	20	2	0	10	10	0
南京信息工程大学	18	47	23	47	16	14	17	0	0	40	7	0	30	15	0
南通大学	19	62	35	62	15	24	23	0	0	52	10	0	17	42	0
盐城工学院	20	87	48	87	10	28	33	16	0	71	16	0	17	69	0
南京医科大学	21	35	18	35	3	8	21	3	0	32	3	0	12	22	0
徐州医科大学	22	16	10	16	1	8	5	2	0	15	1	0	7	9	0
南京中医药大学	23	33	19	33	0	5	27	1	0	31	2	0	14	18	0
南京师范大学	24	63	27	63	18	21	21	3	0	61	2	0	34	25	0
江苏师范大学	25	20	12	20	3	4	13	0	0	16	4	0	8	9	0

续表

高校名称		总计		按职称划分						按最后学历划分			按最后学位划分		其他人员
			女性	小计	教授	副教授	讲师	助教	初级	研究生	本科生	其他	博士	硕士	
	编号	L01	L02	L03	L04	L05	L06	L07	L08	L09	L10	L11	L12	L13	L14
淮阴师范学院	26	84	34	84	15	32	32	5	0	73	11	0	36	47	0
盐城师范学院	27	72	40	72	10	11	18	33	0	64	8	0	12	59	0
南京财经大学	28	25	12	25	4	9	12	0	0	22	3	0	12	12	0
江苏警官学院	29	27	8	27	3	8	14	2	0	17	10	0	11	11	0
南京体育学院	30	11	10	11	1	5	5	0	0	7	4	0	5	3	0
南京艺术学院	31	25	17	25	4	12	8	1	0	23	2	0	13	12	0
苏州科技大学	32	15	8	15	2	3	10	0	0	15	0	0	10	5	0
常熟理工学院	33	24	7	24	3	15	6	0	0	21	3	0	14	10	0
淮阴工学院	34	34	15	34	3	19	12	0	0	25	9	0	15	17	0
常州工学院	35	28	19	28	2	4	21	1	0	22	6	0	2	24	0
扬州大学	36	38	21	38	9	23	6	0	0	31	7	0	20	11	0
南京工程学院	37	22	13	22	4	3	14	1	0	18	4	0	4	16	0
南京审计大学	38	25	11	25	3	8	12	2	0	20	5	0	15	9	0
南京晓庄学院	39	34	26	34	3	11	18	2	0	26	8	0	11	18	0
江苏理工学院	40	17	9	17	3	8	6	0	0	12	5	0	5	7	0
江苏海洋大学	41	42	18	42	5	12	24	1	0	30	12	0	6	28	0
徐州工程学院	42	26	15	26	2	10	13	1	0	19	7	0	8	15	0
南京特殊教育师范学院	43	15	9	15	2	11	1	1	0	13	2	0	8	5	0
泰州学院	44	12	9	12	1	2	7	2	0	10	2	0	2	9	0
金陵科技学院	45	23	17	23	1	8	13	1	0	22	1	0	5	18	0
江苏第二师范学院	46	18	13	18	1	11	6	0	0	13	5	0	8	9	0
南京工业职业技术大学	47	8	6	8	0	3	5	0	0	6	2	0	4	2	0
无锡学院	48	16	10	16	1	6	4	5	0	15	1	0	5	10	0
苏州城市学院	49	6	3	6	1	2	3	0	0	6	0	0	4	2	0
宿迁学院	50	35	23	35	4	11	15	5	0	32	3	0	8	27	0

2.3 哲学人文、社会科学活动人员情况表

高校名称		总计		按职称划分						按最后学历划分			按最后学位划分		其他人员
			女性	小计	教授	副教授	讲师	助教	初级	研究生	本科生	其他	博士	硕士	
	编号	L01	L02	L03	L04	L05	L06	L07	L08	L09	L10	L11	L12	L13	L14
合　计	/	680	283	680	114	220	325	21	0	649	31	0	484	174	0
南京大学	1	37	8	37	19	14	4	0	0	37	0	0	37	0	0
东南大学	2	51	23	51	11	18	19	3	0	51	0	0	50	1	0
江南大学	3	14	3	14	4	5	4	1	0	14	0	0	12	2	0
南京农业大学	4	15	5	15	2	3	8	2	0	15	0	0	9	5	0
中国矿业大学	5	3	1	3	1	1	1	0	0	3	0	0	3	0	0
河海大学	6	18	8	18	4	8	6	0	0	18	0	0	14	4	0
南京理工大学	7	21	10	21	2	11	8	0	0	21	0	0	18	3	0
南京航空航天大学	8	13	5	13	0	5	7	1	0	13	0	0	11	2	0
中国药科大学	9	1	0	1	0	0	1	0	0	1	0	0	1	0	0
南京警察学院	10	4	2	4	0	1	3	0	0	4	0	0	2	2	0
苏州大学	11	32	11	32	13	8	11	0	0	32	0	0	29	2	0
江苏科技大学	12	16	7	16	3	3	9	1	0	14	2	0	5	9	0
南京工业大学	13	9	6	9	3	2	3	1	0	9	0	0	7	2	0
常州大学	14	11	6	11	0	1	10	0	0	11	0	0	8	3	0
南京邮电大学	15	18	8	18	1	8	9	0	0	17	1	0	14	3	0
南京林业大学	16	13	6	13	0	0	13	0	0	13	0	0	11	2	0
江苏大学	17	20	7	20	4	7	9	0	0	19	1	0	15	4	0
南京信息工程大学	18	21	12	21	3	4	14	0	0	21	0	0	19	2	0
南通大学	19	26	6	26	5	12	9	0	0	22	4	0	13	13	0
盐城工学院	20	0	0	0	0	0	0	0	0	0	0	0	0	0	0
南京医科大学	21	7	3	7	0	3	4	0	0	7	0	0	7	0	0
徐州医科大学	22	4	2	4	1	1	2	0	0	3	1	0	0	4	0
南京中医药大学	23	21	13	21	1	9	11	0	0	20	1	0	16	4	0
南京师范大学	24	37	15	37	12	14	11	0	0	37	0	0	28	9	0
江苏师范大学	25	20	6	20	5	9	6	0	0	19	1	0	16	3	0

续表

高校名称		总计		按职称划分						按最后学历划分			按最后学位划分		其他人员
			女性	小计	教授	副教授	讲师	助教	初级	研究生	本科生	其他	博士	硕士	
	编号	L01	L02	L03	L04	L05	L06	L07	L08	L09	L10	L11	L12	L13	L14
淮阴师范学院	26	5	2	5	0	1	4	0	0	4	1	0	2	3	0
盐城师范学院	27	17	7	17	1	5	8	3	0	17	0	0	9	8	0
南京财经大学	28	19	8	19	1	6	12	0	0	17	2	0	14	4	0
江苏警官学院	29	4	1	4	1	3	0	0	0	3	1	0	1	3	0
南京体育学院	30	4	1	4	1	1	2	0	0	4	0	0	2	2	0
南京艺术学院	31	0	0	0	0	0	0	0	0	0	0	0	0	0	0
苏州科技大学	32	22	7	22	3	9	10	0	0	22	0	0	19	3	0
常熟理工学院	33	3	0	3	1	1	1	0	0	3	0	0	3	0	0
淮阴工学院	34	12	4	12	2	6	4	0	0	9	3	0	2	8	0
常州工学院	35	6	2	6	0	0	6	0	0	5	1	0	2	3	0
扬州大学	36	23	9	23	1	2	20	0	0	23	0	0	23	0	0
南京工程学院	37	13	6	13	2	2	9	0	0	9	4	0	6	4	0
南京审计大学	38	22	15	22	1	4	17	0	0	20	2	0	12	8	0
南京晓庄学院	39	15	7	15	0	6	9	0	0	13	2	0	7	6	0
江苏理工学院	40	9	3	9	2	3	4	0	0	8	1	0	6	2	0
江苏海洋大学	41	15	6	15	1	0	12	2	0	14	1	0	10	4	0
徐州工程学院	42	17	11	17	1	7	9	0	0	17	0	0	5	12	0
南京特殊教育师范学院	43	2	1	2	0	1	0	1	0	2	0	0	1	1	0
泰州学院	44	4	3	4	0	1	0	3	0	4	0	0	1	3	0
金陵科技学院	45	5	2	5	0	3	1	1	0	4	1	0	3	1	0
江苏第二师范学院	46	5	1	5	0	1	4	0	0	5	0	0	3	2	0
南京工业职业技术大学	47	15	8	15	1	4	8	2	0	14	1	0	3	12	0
无锡学院	48	2	1	2	0	1	1	0	0	2	0	0	1	1	0
苏州城市学院	49	5	2	5	0	3	2	0	0	5	0	0	3	2	0
宿迁学院	50	4	3	4	1	3	0	0	0	4	0	0	1	3	0

2.4 逻辑学人文、社会科学活动人员情况表

高校名称		总计		按职称划分						按最后学历划分			按最后学位划分		其他人员
			女性	小计	教授	副教授	讲师	助教	初级	研究生	本科生	其他	博士	硕士	
	编号	L01	L02	L03	L04	L05	L06	L07	L08	L09	L10	L11	L12	L13	L14
合　计	/	42	16	42	8	11	21	2	0	39	3	0	23	17	0
南京大学	1	5	0	5	5	0	0	0	0	4	1	0	4	0	0
东南大学	2	0	0	0	0	0	0	0	0	0	0	0	0	0	0
江南大学	3	0	0	0	0	0	0	0	0	0	0	0	0	0	0
南京农业大学	4	0	0	0	0	0	0	0	0	0	0	0	0	0	0
中国矿业大学	5	0	0	0	0	0	0	0	0	0	0	0	0	0	0
河海大学	6	1	1	1	0	1	0	0	0	1	0	0	0	1	0
南京理工大学	7	0	0	0	0	0	0	0	0	0	0	0	0	0	0
南京航空航天大学	8	0	0	0	0	0	0	0	0	0	0	0	0	0	0
中国药科大学	9	0	0	0	0	0	0	0	0	0	0	0	0	0	0
南京警察学院	10	0	0	0	0	0	0	0	0	0	0	0	0	0	0
苏州大学	11	0	0	0	0	0	0	0	0	0	0	0	0	0	0
江苏科技大学	12	1	0	1	0	0	1	0	0	0	1	0	0	0	0
南京工业大学	13	6	3	6	2	2	2	0	0	6	0	0	5	1	0
常州大学	14	0	0	0	0	0	0	0	0	0	0	0	0	0	0
南京邮电大学	15	0	0	0	0	0	0	0	0	0	0	0	0	0	0
南京林业大学	16	0	0	0	0	0	0	0	0	0	0	0	0	0	0
江苏大学	17	1	0	1	0	0	1	0	0	1	0	0	0	1	0
南京信息工程大学	18	1	0	1	1	0	0	0	0	1	0	0	1	0	0
南通大学	19	0	0	0	0	0	0	0	0	0	0	0	0	0	0
盐城工学院	20	0	0	0	0	0	0	0	0	0	0	0	0	0	0
南京医科大学	21	0	0	0	0	0	0	0	0	0	0	0	0	0	0
徐州医科大学	22	0	0	0	0	0	0	0	0	0	0	0	0	0	0
南京中医药大学	23	1	1	1	0	0	1	0	0	1	0	0	0	1	0
南京师范大学	24	0	0	0	0	0	0	0	0	0	0	0	0	0	0
江苏师范大学	25	0	0	0	0	0	0	0	0	0	0	0	0	0	0

续表

高校名称		总计		按职称划分						按最后学历划分			按最后学位划分		其他人员
			女性	小计	教授	副教授	讲师	助教	初级	研究生	本科生	其他	博士	硕士	
	编号	L01	L02	L03	L04	L05	L06	L07	L08	L09	L10	L11	L12	L13	L14
淮阴师范学院	26	1	1	1	0	1	0	0	0	1	0	0	1	0	0
盐城师范学院	27	0	0	0	0	0	0	0	0	0	0	0	0	0	0
南京财经大学	28	0	0	0	0	0	0	0	0	0	0	0	0	0	0
江苏警官学院	29	2	1	2	0	1	1	0	0	2	0	0	0	2	0
南京体育学院	30	0	0	0	0	0	0	0	0	0	0	0	0	0	0
南京艺术学院	31	0	0	0	0	0	0	0	0	0	0	0	0	0	0
苏州科技大学	32	0	0	0	0	0	0	0	0	0	0	0	0	0	0
常熟理工学院	33	0	0	0	0	0	0	0	0	0	0	0	0	0	0
淮阴工学院	34	0	0	0	0	0	0	0	0	0	0	0	0	0	0
常州工学院	35	0	0	0	0	0	0	0	0	0	0	0	0	0	0
扬州大学	36	0	0	0	0	0	0	0	0	0	0	0	0	0	0
南京工程学院	37	16	4	16	0	5	11	0	0	15	1	0	11	5	0
南京审计大学	38	3	3	3	0	0	2	1	0	3	0	0	0	3	0
南京晓庄学院	39	0	0	0	0	0	0	0	0	0	0	0	0	0	0
江苏理工学院	40	0	0	0	0	0	0	0	0	0	0	0	0	0	0
江苏海洋大学	41	0	0	0	0	0	0	0	0	0	0	0	0	0	0
徐州工程学院	42	1	1	1	0	1	0	0	0	1	0	0	0	1	0
南京特殊教育师范学院	43	0	0	0	0	0	0	0	0	0	0	0	0	0	0
泰州学院	44	0	0	0	0	0	0	0	0	0	0	0	0	0	0
金陵科技学院	45	0	0	0	0	0	0	0	0	0	0	0	0	0	0
江苏第二师范学院	46	0	0	0	0	0	0	0	0	0	0	0	0	0	0
南京工业职业技术大学	47	3	1	3	0	0	2	1	0	3	0	0	1	2	0
无锡学院	48	0	0	0	0	0	0	0	0	0	0	0	0	0	0
苏州城市学院	49	0	0	0	0	0	0	0	0	0	0	0	0	0	0
宿迁学院	50	0	0	0	0	0	0	0	0	0	0	0	0	0	0

2.5 宗教学人文、社会科学活动人员情况表

高校名称		总计		按职称划分						按最后学历划分			按最后学位划分		其他人员
			女性	小计	教授	副教授	讲师	助教	初级	研究生	本科生	其他	博士	硕士	
	编号	L01	L02	L03	L04	L05	L06	L07	L08	L09	L10	L11	L12	L13	L14
合　计	/	35	12	35	13	12	10	0	0	33	2	0	32	2	0
南京大学	1	12	2	12	8	3	1	0	0	12	0	0	12	0	0
东南大学	2	2	2	2	0	2	0	0	0	2	0	0	2	0	0
江南大学	3	0	0	0	0	0	0	0	0	0	0	0	0	0	0
南京农业大学	4	1	1	1	0	0	1	0	0	1	0	0	1	0	0
中国矿业大学	5	1	0	1	0	1	0	0	0	1	0	0	1	0	0
河海大学	6	1	0	1	1	0	0	0	0	1	0	0	1	0	0
南京理工大学	7	0	0	0	0	0	0	0	0	0	0	0	0	0	0
南京航空航天大学	8	0	0	0	0	0	0	0	0	0	0	0	0	0	0
中国药科大学	9	0	0	0	0	0	0	0	0	0	0	0	0	0	0
南京警察学院	10	0	0	0	0	0	0	0	0	0	0	0	0	0	0
苏州大学	11	5	2	5	3	0	2	0	0	5	0	0	5	0	0
江苏科技大学	12	0	0	0	0	0	0	0	0	0	0	0	0	0	0
南京工业大学	13	3	1	3	0	2	1	0	0	1	2	0	0	2	0
常州大学	14	0	0	0	0	0	0	0	0	0	0	0	0	0	0
南京邮电大学	15	0	0	0	0	0	0	0	0	0	0	0	0	0	0
南京林业大学	16	1	1	1	0	0	1	0	0	1	0	0	1	0	0
江苏大学	17	0	0	0	0	0	0	0	0	0	0	0	0	0	0
南京信息工程大学	18	2	1	2	0	1	1	0	0	2	0	0	2	0	0
南通大学	19	1	0	1	0	1	0	0	0	1	0	0	1	0	0
盐城工学院	20	0	0	0	0	0	0	0	0	0	0	0	0	0	0
南京医科大学	21	0	0	0	0	0	0	0	0	0	0	0	0	0	0
徐州医科大学	22	0	0	0	0	0	0	0	0	0	0	0	0	0	0
南京中医药大学	23	0	0	0	0	0	0	0	0	0	0	0	0	0	0
南京师范大学	24	0	0	0	0	0	0	0	0	0	0	0	0	0	0
江苏师范大学	25	1	0	1	1	0	0	0	0	1	0	0	1	0	0

续表

高校名称		总计		按职称划分						按最后学历划分			按最后学位划分		其他人员
			女性	小计	教授	副教授	讲师	助教	初级	研究生	本科生	其他	博士	硕士	
	编号	L01	L02	L03	L04	L05	L06	L07	L08	L09	L10	L11	L12	L13	L14
淮阴师范学院	26	0	0	0	0	0	0	0	0	0	0	0	0	0	0
盐城师范学院	27	0	0	0	0	0	0	0	0	0	0	0	0	0	0
南京财经大学	28	0	0	0	0	0	0	0	0	0	0	0	0	0	0
江苏警官学院	29	1	0	1	0	0	1	0	0	1	0	0	1	0	0
南京体育学院	30	0	0	0	0	0	0	0	0	0	0	0	0	0	0
南京艺术学院	31	0	0	0	0	0	0	0	0	0	0	0	0	0	0
苏州科技大学	32	0	0	0	0	0	0	0	0	0	0	0	0	0	0
常熟理工学院	33	0	0	0	0	0	0	0	0	0	0	0	0	0	0
淮阴工学院	34	1	1	1	0	1	0	0	0	1	0	0	1	0	0
常州工学院	35	0	0	0	0	0	0	0	0	0	0	0	0	0	0
扬州大学	36	3	1	3	0	1	2	0	0	3	0	0	3	0	0
南京工程学院	37	0	0	0	0	0	0	0	0	0	0	0	0	0	0
南京审计大学	38	0	0	0	0	0	0	0	0	0	0	0	0	0	0
南京晓庄学院	39	0	0	0	0	0	0	0	0	0	0	0	0	0	0
江苏理工学院	40	0	0	0	0	0	0	0	0	0	0	0	0	0	0
江苏海洋大学	41	0	0	0	0	0	0	0	0	0	0	0	0	0	0
徐州工程学院	42	0	0	0	0	0	0	0	0	0	0	0	0	0	0
南京特殊教育师范学院	43	0	0	0	0	0	0	0	0	0	0	0	0	0	0
泰州学院	44	0	0	0	0	0	0	0	0	0	0	0	0	0	0
金陵科技学院	45	0	0	0	0	0	0	0	0	0	0	0	0	0	0
江苏第二师范学院	46	0	0	0	0	0	0	0	0	0	0	0	0	0	0
南京工业职业技术大学	47	0	0	0	0	0	0	0	0	0	0	0	0	0	0
无锡学院	48	0	0	0	0	0	0	0	0	0	0	0	0	0	0
苏州城市学院	49	0	0	0	0	0	0	0	0	0	0	0	0	0	0
宿迁学院	50	0	0	0	0	0	0	0	0	0	0	0	0	0	0

2.6 语言学人文、社会科学活动人员情况表

高校名称		总计		按职称划分						按最后学历划分			按最后学位划分		其他人员
			女性	小计	教授	副教授	讲师	助教	初级	研究生	本科生	其他	博士	硕士	
	编号	L01	L02	L03	L04	L05	L06	L07	L08	L09	L10	L11	L12	L13	L14
合　计	/	3765	2719	3765	322	1145	2197	101	0	2910	855	0	983	2187	0
南京大学	1	136	94	136	37	47	51	1	0	134	2	0	93	39	0
东南大学	2	123	88	123	14	46	60	3	0	111	12	0	49	62	0
江南大学	3	103	82	103	12	25	66	0	0	97	6	0	32	64	0
南京农业大学	4	73	63	73	5	19	46	3	0	58	15	0	12	48	0
中国矿业大学	5	42	27	42	0	23	19	0	0	40	2	0	5	37	0
河海大学	6	27	19	27	4	11	12	0	0	22	5	0	11	11	0
南京理工大学	7	62	42	62	6	12	42	2	0	53	9	0	25	27	0
南京航空航天大学	8	76	53	76	10	24	41	1	0	62	14	0	20	44	0
中国药科大学	9	44	30	44	2	9	24	9	0	37	7	0	4	32	0
南京警察学院	10	21	16	21	1	13	7	0	0	8	13	0	0	12	0
苏州大学	11	171	119	171	16	42	105	8	0	128	43	0	55	82	0
江苏科技大学	12	115	95	115	4	28	82	1	0	102	13	0	18	83	0
南京工业大学	13	29	24	29	1	11	17	0	0	25	4	0	7	20	0
常州大学	14	33	22	33	2	8	23	0	0	29	4	0	14	17	0
南京邮电大学	15	61	41	61	7	20	34	0	0	49	12	0	20	31	0
南京林业大学	16	72	55	72	7	23	42	0	0	62	10	0	16	46	0
江苏大学	17	152	114	152	8	47	93	4	0	91	61	0	30	70	0
南京信息工程大学	18	118	83	118	8	20	90	0	0	104	14	0	30	77	0
南通大学	19	135	95	135	20	65	50	0	0	91	44	0	25	94	0
盐城工学院	20	86	61	86	5	35	43	3	0	46	40	0	4	72	0
南京医科大学	21	8	7	8	0	0	8	0	0	5	3	0	0	5	0
徐州医科大学	22	36	25	36	0	21	15	0	0	22	14	0	1	32	0
南京中医药大学	23	43	34	43	1	9	33	0	0	25	18	0	11	21	0
南京师范大学	24	183	118	183	34	41	108	0	0	178	5	0	105	75	0
江苏师范大学	25	164	97	164	24	38	102	0	0	143	21	0	66	80	0

续表

高校名称		总计		按职称划分						按最后学历划分			按最后学位划分		其他人员
			女性	小计	教授	副教授	讲师	助教	初级	研究生	本科生	其他	博士	硕士	
	编号	L01	L02	L03	L04	L05	L06	L07	L08	L09	L10	L11	L12	L13	L14
淮阴师范学院	26	114	80	114	6	35	72	1	0	97	17	0	28	76	0
盐城师范学院	27	105	68	105	12	38	48	7	0	99	6	0	36	63	0
南京财经大学	28	73	51	73	2	26	44	1	0	49	24	0	10	43	0
江苏警官学院	29	31	24	31	1	11	17	2	0	18	13	0	7	19	0
南京体育学院	30	16	12	16	0	5	11	0	0	12	4	0	1	9	0
南京艺术学院	31	19	14	19	0	12	7	0	0	12	7	0	1	12	0
苏州科技大学	32	62	39	62	5	17	40	0	0	56	6	0	20	39	0
常熟理工学院	33	93	67	93	8	40	43	2	0	82	11	0	35	55	0
淮阴工学院	34	73	53	73	6	33	31	3	0	47	26	0	11	53	0
常州工学院	35	59	49	59	2	13	44	0	0	47	12	0	14	35	0
扬州大学	36	150	101	150	12	43	95	0	0	110	40	0	43	69	0
南京工程学院	37	62	45	62	3	15	41	3	0	32	30	0	3	33	0
南京审计大学	38	77	57	77	9	22	39	7	0	64	13	0	14	58	0
南京晓庄学院	39	100	85	100	3	22	73	2	0	58	42	0	8	50	0
江苏理工学院	40	97	67	97	4	20	69	4	0	67	30	0	19	51	0
江苏海洋大学	41	45	35	45	2	10	33	0	0	29	16	0	9	21	0
徐州工程学院	42	102	81	102	3	31	68	0	0	56	46	0	13	47	0
南京特殊教育师范学院	43	28	26	28	4	6	10	8	0	26	2	0	10	17	0
泰州学院	44	55	43	55	2	15	38	0	0	17	38	0	4	44	0
金陵科技学院	45	70	57	70	1	29	32	8	0	53	17	0	7	48	0
江苏第二师范学院	46	42	29	42	4	13	21	4	0	39	3	0	10	31	0
南京工业职业技术大学	47	29	23	29	0	10	17	2	0	20	9	0	3	23	0
无锡学院	48	19	14	19	0	6	12	1	0	17	2	0	3	14	0
苏州城市学院	49	41	29	41	1	7	29	4	0	38	3	0	12	27	0
宿迁学院	50	90	66	90	4	29	50	7	0	43	47	0	9	69	0

2.7 中国文学人文、社会科学活动人员情况表

高校名称		总计		按职称划分						按最后学历划分			按最后学位划分		其他人员
			女性	小计	教授	副教授	讲师	助教	初级	研究生	本科生	其他	博士	硕士	
	编号	L01	L02	L03	L04	L05	L06	L07	L08	L09	L10	L11	L12	L13	L14
合　计	/	1344	699	1344	259	478	585	22	0	1196	148	0	880	373	0
南京大学	1	52	7	52	28	10	14	0	0	51	1	0	51	0	0
东南大学	2	22	13	22	2	10	9	1	0	20	2	0	14	6	0
江南大学	3	31	18	31	6	13	10	2	0	30	1	0	22	7	0
南京农业大学	4	3	2	3	0	2	1	0	0	2	1	0	1	1	0
中国矿业大学	5	29	19	29	5	16	8	0	0	27	2	0	22	6	0
河海大学	6	2	1	2	1	0	1	0	0	2	0	0	0	2	0
南京理工大学	7	4	1	4	2	1	1	0	0	4	0	0	3	1	0
南京航空航天大学	8	0	0	0	0	0	0	0	0	0	0	0	0	0	0
中国药科大学	9	1	0	1	0	1	0	0	0	0	1	0	0	0	0
南京警察学院	10	0	0	0	0	0	0	0	0	0	0	0	0	0	0
苏州大学	11	53	19	53	18	20	15	0	0	52	1	0	46	7	0
江苏科技大学	12	16	10	16	1	3	11	1	0	11	5	0	4	10	0
南京工业大学	13	4	2	4	0	3	1	0	0	4	0	0	4	0	0
常州大学	14	27	17	27	0	4	23	0	0	27	0	0	16	11	0
南京邮电大学	15	12	10	12	0	6	5	1	0	11	1	0	6	5	0
南京林业大学	16	21	12	21	2	5	14	0	0	19	2	0	11	8	0
江苏大学	17	30	18	30	3	9	18	0	0	28	2	0	24	4	0
南京信息工程大学	18	44	32	44	3	25	16	0	0	42	2	0	39	3	0
南通大学	19	69	28	69	17	31	21	0	0	65	4	0	53	12	0
盐城工学院	20	15	7	15	3	11	1	0	0	10	5	0	4	10	0
南京医科大学	21	2	1	2	0	1	1	0	0	2	0	0	1	1	0
徐州医科大学	22	10	9	10	0	5	5	0	0	9	1	0	0	9	0
南京中医药大学	23	2	1	2	0	0	2	0	0	2	0	0	2	0	0
南京师范大学	24	99	51	99	29	39	31	0	0	97	2	0	85	12	0
江苏师范大学	25	66	30	66	20	20	26	0	0	63	3	0	46	17	0

续表

高校名称		总计		按职称划分						按最后学历划分			按最后学位划分		其他人员
			女性	小计	教授	副教授	讲师	助教	初级	研究生	本科生	其他	博士	硕士	
	编号	L01	L02	L03	L04	L05	L06	L07	L08	L09	L10	L11	L12	L13	L14
淮阴师范学院	26	65	32	65	12	24	29	0	0	53	12	0	35	25	0
盐城师范学院	27	59	32	59	8	28	18	5	0	47	12	0	36	17	0
南京财经大学	28	24	18	24	3	7	14	0	0	23	1	0	14	10	0
江苏警官学院	29	13	5	13	1	4	8	0	0	9	4	0	3	9	0
南京体育学院	30	3	2	3	0	0	2	1	0	3	0	0	0	3	0
南京艺术学院	31	4	3	4	1	3	0	0	0	3	1	0	3	1	0
苏州科技大学	32	38	17	38	8	11	19	0	0	38	0	0	30	8	0
常熟理工学院	33	19	12	19	7	3	8	1	0	18	1	0	12	7	0
淮阴工学院	34	16	9	16	1	6	9	0	0	11	5	0	7	7	0
常州工学院	35	29	16	29	6	9	14	0	0	19	10	0	14	9	0
扬州大学	36	85	32	85	22	22	41	0	0	83	2	0	77	6	0
南京工程学院	37	11	5	11	1	0	9	1	0	10	1	0	1	9	0
南京审计大学	38	24	13	24	5	5	12	2	0	19	5	0	12	7	0
南京晓庄学院	39	53	31	53	9	19	25	0	0	46	7	0	31	15	0
江苏理工学院	40	25	12	25	8	5	12	0	0	25	0	0	18	7	0
江苏海洋大学	41	42	21	42	6	11	23	2	0	35	7	0	23	15	0
徐州工程学院	42	67	49	67	5	16	46	0	0	54	13	0	24	34	0
南京特殊教育师范学院	43	11	9	11	0	6	5	0	0	10	1	0	4	6	0
泰州学院	44	37	21	37	2	18	14	3	0	18	19	0	13	19	0
金陵科技学院	45	25	13	25	4	13	8	0	0	20	5	0	14	7	0
江苏第二师范学院	46	36	17	36	6	16	14	0	0	36	0	0	31	5	0
南京工业职业技术大学	47	5	4	5	0	0	5	0	0	5	0	0	3	2	0
无锡学院	48	3	2	3	0	0	2	1	0	3	0	0	1	2	0
苏州城市学院	49	13	5	13	2	5	5	1	0	12	1	0	11	1	0
宿迁学院	50	23	11	23	2	12	9	0	0	18	5	0	9	10	0

2.8 外国文学人文、社会科学活动人员情况表

高校名称		总计		按职称划分						按最后学历划分			按最后学位划分		其他人员
			女性	小计	教授	副教授	讲师	助教	初级	研究生	本科生	其他	博士	硕士	
	编号	L01	L02	L03	L04	L05	L06	L07	L08	L09	L10	L11	L12	L13	L14
合　计	/	990	725	990	118	284	557	31	0	814	176	0	382	490	0
南京大学	1	57	28	57	20	18	19	0	0	55	2	0	49	6	0
东南大学	2	26	20	26	6	9	10	1	0	24	2	0	22	2	0
江南大学	3	5	3	5	2	0	3	0	0	5	0	0	2	3	0
南京农业大学	4	6	5	6	0	2	4	0	0	6	0	0	6	0	0
中国矿业大学	5	40	24	40	6	28	6	0	0	37	3	0	8	31	0
河海大学	6	6	5	6	1	1	4	0	0	6	0	0	4	2	0
南京理工大学	7	19	15	19	1	3	14	1	0	19	0	0	11	8	0
南京航空航天大学	8	18	14	18	1	8	7	2	0	18	0	0	14	4	0
中国药科大学	9	9	5	9	0	0	7	2	0	3	6	0	0	3	0
南京警察学院	10	3	3	3	0	1	2	0	0	3	0	0	0	3	0
苏州大学	11	43	28	43	12	6	22	3	0	42	1	0	26	15	0
江苏科技大学	12	26	16	26	2	10	14	0	0	23	3	0	6	17	0
南京工业大学	13	12	8	12	0	6	6	0	0	9	3	0	8	3	0
常州大学	14	14	9	14	0	0	14	0	0	14	0	0	8	6	0
南京邮电大学	15	31	23	31	2	10	19	0	0	30	1	0	23	7	0
南京林业大学	16	4	2	4	0	2	2	0	0	3	1	0	3	1	0
江苏大学	17	8	5	8	1	5	2	0	0	8	0	0	3	5	0
南京信息工程大学	18	28	15	28	7	7	14	0	0	28	0	0	10	18	0
南通大学	19	60	43	60	7	20	33	0	0	44	16	0	15	37	0
盐城工学院	20	0	0	0	0	0	0	0	0	0	0	0	0	0	0
南京医科大学	21	21	20	21	0	8	13	0	0	18	3	0	5	15	0
徐州医科大学	22	1	1	1	0	1	0	0	0	1	0	0	0	1	0
南京中医药大学	23	7	5	7	0	1	6	0	0	1	6	0	0	3	0
南京师范大学	24	77	63	77	15	21	40	1	0	76	1	0	52	24	0
江苏师范大学	25	40	31	40	3	16	21	0	0	38	2	0	10	29	0

续表

高校名称		总计		按职称划分						按最后学历划分			按最后学位划分		其他人员
			女性	小计	教授	副教授	讲师	助教	初级	研究生	本科生	其他	博士	硕士	
	编号	L01	L02	L03	L04	L05	L06	L07	L08	L09	L10	L11	L12	L13	L14
淮阴师范学院	26	21	18	21	2	6	13	0	0	20	1	0	3	17	0
盐城师范学院	27	18	13	18	3	8	4	3	0	17	1	0	6	12	0
南京财经大学	28	11	8	11	0	2	9	0	0	11	0	0	4	7	0
江苏警官学院	29	1	1	1	0	0	1	0	0	1	0	0	0	1	0
南京体育学院	30	9	6	9	0	0	9	0	0	2	7	0	0	2	0
南京艺术学院	31	1	1	1	0	0	1	0	0	1	0	0	0	1	0
苏州科技大学	32	21	16	21	6	6	9	0	0	21	0	0	16	5	0
常熟理工学院	33	12	10	12	1	4	7	0	0	12	0	0	2	10	0
淮阴工学院	34	16	14	16	2	3	11	0	0	9	7	0	2	13	0
常州工学院	35	28	22	28	0	9	19	0	0	18	10	0	8	11	0
扬州大学	36	39	25	39	6	8	25	0	0	28	11	0	14	14	0
南京工程学院	37	23	17	23	1	2	15	5	0	19	4	0	6	16	0
南京审计大学	38	26	23	26	2	5	15	4	0	22	4	0	6	19	0
南京晓庄学院	39	13	9	13	0	4	8	1	0	11	2	0	3	8	0
江苏理工学院	40	17	12	17	2	8	7	0	0	10	7	0	3	7	0
江苏海洋大学	41	67	53	67	2	19	44	2	0	36	31	0	8	40	0
徐州工程学院	42	37	30	37	0	8	29	0	0	18	19	0	2	17	0
南京特殊教育师范学院	43	16	16	16	0	3	13	0	0	9	7	0	0	14	0
泰州学院	44	12	9	12	1	1	8	2	0	5	7	0	1	7	0
金陵科技学院	45	8	5	8	1	1	6	0	0	8	0	0	1	7	0
江苏第二师范学院	46	15	13	15	2	2	10	1	0	14	1	0	10	4	0
南京工业职业技术大学	47	4	2	4	0	0	1	3	0	4	0	0	1	3	0
无锡学院	48	2	1	2	0	1	1	0	0	2	0	0	0	2	0
苏州城市学院	49	3	2	3	0	1	2	0	0	3	0	0	1	2	0
宿迁学院	50	9	8	9	1	0	8	0	0	2	7	0	0	8	0

2.9 艺术学人文、社会科学活动人员情况表

高校名称		总计		按职称划分						按最后学历划分			按最后学位划分		其他人员
			女性	小计	教授	副教授	讲师	助教	初级	研究生	本科生	其他	博士	硕士	
	编号	L01	L02	L03	L04	L05	L06	L07	L08	L09	L10	L11	L12	L13	L14
合　计	/	4030	2209	4030	510	1354	1929	237	0	3191	836	3	1183	2323	0
南京大学	1	55	26	55	22	17	16	0	0	52	3	0	51	1	0
东南大学	2	70	34	70	13	21	32	4	0	69	1	0	52	17	0
江南大学	3	198	105	198	27	115	52	4	0	197	1	0	73	109	0
南京农业大学	4	19	9	19	3	2	13	1	0	15	4	0	3	12	0
中国矿业大学	5	61	35	61	9	26	25	1	0	52	9	0	14	45	0
河海大学	6	4	3	4	1	0	3	0	0	3	1	0	0	3	0
南京理工大学	7	48	22	48	4	13	28	3	0	47	1	0	27	20	0
南京航空航天大学	8	78	41	78	14	27	35	2	0	66	12	0	31	35	0
中国药科大学	9	0	0	0	0	0	0	0	0	0	0	0	0	0	0
南京警察学院	10	4	2	4	0	3	1	0	0	4	0	0	0	4	0
苏州大学	11	146	74	146	19	40	80	7	0	112	34	0	53	63	0
江苏科技大学	12	12	7	12	0	3	9	0	0	9	3	0	1	9	0
南京工业大学	13	28	11	28	4	11	12	1	0	28	0	0	13	15	0
常州大学	14	75	48	75	4	11	60	0	0	67	8	0	21	48	0
南京邮电大学	15	30	20	30	5	15	10	0	0	28	2	0	12	16	0
南京林业大学	16	119	74	119	13	30	73	3	0	115	4	0	58	57	0
江苏大学	17	67	36	67	4	34	25	4	0	49	18	0	15	35	0
南京信息工程大学	18	64	27	64	9	21	34	0	0	59	5	0	22	40	0
南通大学	19	168	88	168	24	65	75	4	0	127	41	0	61	87	0
盐城工学院	20	53	23	53	5	22	25	1	0	27	26	0	7	42	0
南京医科大学	21	1	1	1	0	0	1	0	0	0	1	0	0	0	0
徐州医科大学	22	4	4	4	0	1	3	0	0	3	1	0	0	4	0
南京中医药大学	23	4	3	4	1	0	3	0	0	4	0	0	2	2	0
南京师范大学	24	181	94	181	34	75	67	5	0	157	24	0	66	97	0
江苏师范大学	25	126	62	126	16	48	62	0	0	86	40	0	36	53	0

续表

高校名称		总计		按职称划分						按最后学历划分			按最后学位划分		其他人员
			女性	小计	教授	副教授	讲师	助教	初级	研究生	本科生	其他	博士	硕士	
	编号	L01	L02	L03	L04	L05	L06	L07	L08	L09	L10	L11	L12	L13	L14
淮阴师范学院	26	149	72	149	14	46	83	6	0	107	42	0	47	84	0
盐城师范学院	27	114	64	114	11	49	40	14	0	88	26	0	25	68	0
南京财经大学	28	57	31	57	3	18	34	2	0	52	5	0	15	40	0
江苏警官学院	29	2	1	2	0	0	2	0	0	2	0	0	1	1	0
南京体育学院	30	6	5	6	0	0	3	3	0	6	0	0	2	4	0
南京艺术学院	31	590	299	590	115	208	223	44	0	455	133	2	169	358	0
苏州科技大学	32	111	57	111	17	43	51	0	0	102	9	0	39	62	0
常熟理工学院	33	107	54	107	20	40	45	2	0	72	35	0	28	73	0
淮阴工学院	34	56	26	56	7	23	22	4	0	33	23	0	7	44	0
常州工学院	35	96	52	96	6	30	57	3	0	75	21	0	33	48	0
扬州大学	36	117	75	117	13	28	75	1	0	101	16	0	37	65	0
南京工程学院	37	77	40	77	3	24	44	6	0	57	20	0	13	56	0
南京审计大学	38	22	13	22	0	5	13	4	0	14	8	0	1	18	0
南京晓庄学院	39	118	78	118	6	39	69	4	0	83	35	0	24	63	0
江苏理工学院	40	78	44	78	8	23	40	7	0	46	32	0	10	40	0
江苏海洋大学	41	39	21	39	0	6	29	4	0	29	10	0	2	27	0
徐州工程学院	42	116	76	116	4	33	76	3	0	68	48	0	16	60	0
南京特殊教育师范学院	43	101	79	101	9	31	35	26	0	79	22	0	23	58	0
泰州学院	44	94	59	94	7	23	40	24	0	57	37	0	12	70	0
金陵科技学院	45	69	44	69	9	23	32	5	0	48	21	0	12	47	0
江苏第二师范学院	46	95	60	95	9	33	45	8	0	85	10	0	13	72	0
南京工业职业技术大学	47	78	45	78	3	13	50	12	0	60	18	0	9	65	0
无锡学院	48	23	8	23	2	1	14	6	0	20	3	0	2	21	0
苏州城市学院	49	28	20	28	3	4	17	4	0	25	2	1	2	25	0
宿迁学院	50	72	37	72	10	11	46	5	0	51	21	0	23	40	0

2.10 历史学人文、社会科学活动人员情况表

高校名称		总计		按职称划分						按最后学历划分			按最后学位划分		其他人员
			女性	小计	教授	副教授	讲师	助教	初级	研究生	本科生	其他	博士	硕士	
	编号	L01	L02	L03	L04	L05	L06	L07	L08	L09	L10	L11	L12	L13	L14
合　计	/	709	260	709	135	233	329	12	0	670	39	0	542	135	0
南京大学	1	65	16	65	33	17	15	0	0	64	1	0	64	0	0
东南大学	2	12	3	12	2	3	7	0	0	12	0	0	11	1	0
江南大学	3	16	3	16	4	3	9	0	0	16	0	0	14	2	0
南京农业大学	4	17	5	17	3	5	8	1	0	16	1	0	13	3	0
中国矿业大学	5	5	3	5	0	4	1	0	0	5	0	0	5	0	0
河海大学	6	3	2	3	0	2	1	0	0	3	0	0	3	0	0
南京理工大学	7	9	1	9	2	4	3	0	0	8	1	0	8	0	0
南京航空航天大学	8	4	2	4	0	1	3	0	0	4	0	0	4	0	0
中国药科大学	9	4	2	4	0	1	3	0	0	4	0	0	3	1	0
南京警察学院	10	2	1	2	0	1	1	0	0	2	0	0	1	1	0
苏州大学	11	35	14	35	10	12	13	0	0	34	1	0	32	2	0
江苏科技大学	12	15	7	15	2	7	5	1	0	15	0	0	10	5	0
南京工业大学	13	2	0	2	0	1	1	0	0	2	0	0	2	0	0
常州大学	14	11	3	11	2	1	8	0	0	11	0	0	9	2	0
南京邮电大学	15	11	5	11	3	6	2	0	0	8	3	0	8	0	0
南京林业大学	16	6	2	6	1	2	3	0	0	6	0	0	4	2	0
江苏大学	17	20	11	20	1	8	10	1	0	19	1	0	16	4	0
南京信息工程大学	18	17	3	17	5	2	10	0	0	17	0	0	16	1	0
南通大学	19	31	8	31	2	9	18	2	0	30	1	0	26	5	0
盐城工学院	20	7	3	7	2	4	1	0	0	7	0	0	6	1	0
南京医科大学	21	4	3	4	1	1	2	0	0	4	0	0	4	0	0
徐州医科大学	22	3	1	3	0	2	1	0	0	3	0	0	2	1	0
南京中医药大学	23	14	5	14	1	3	10	0	0	14	0	0	12	2	0
南京师范大学	24	49	17	49	15	14	20	0	0	46	3	0	42	4	0
江苏师范大学	25	44	18	44	9	18	17	0	0	42	2	0	38	4	0

续表

高校名称		总计		按职称划分						按最后学历划分			按最后学位划分		其他人员
			女性	小计	教授	副教授	讲师	助教	初级	研究生	本科生	其他	博士	硕士	
	编号	L01	L02	L03	L04	L05	L06	L07	L08	L09	L10	L11	L12	L13	L14
淮阴师范学院	26	23	9	23	6	10	7	0	0	21	2	0	17	4	0
盐城师范学院	27	23	10	23	3	8	8	4	0	21	2	0	13	10	0
南京财经大学	28	14	8	14	0	2	12	0	0	13	1	0	7	6	0
江苏警官学院	29	4	2	4	1	0	3	0	0	4	0	0	4	0	0
南京体育学院	30	1	0	1	0	1	0	0	0	0	1	0	0	0	0
南京艺术学院	31	1	1	1	0	0	1	0	0	1	0	0	0	1	0
苏州科技大学	32	38	14	38	8	11	19	0	0	38	0	0	32	6	0
常熟理工学院	33	7	3	7	1	4	2	0	0	6	1	0	5	1	0
淮阴工学院	34	8	2	8	1	3	4	0	0	8	0	0	4	4	0
常州工学院	35	8	4	8	0	1	7	0	0	8	0	0	5	3	0
扬州大学	36	56	15	56	11	20	25	0	0	53	3	0	47	7	0
南京工程学院	37	5	0	5	0	0	4	1	0	5	0	0	1	4	0
南京审计大学	38	10	2	10	0	3	7	0	0	10	0	0	6	4	0
南京晓庄学院	39	20	10	20	3	5	12	0	0	16	4	0	12	4	0
江苏理工学院	40	8	2	8	1	2	5	0	0	6	2	0	4	2	0
江苏海洋大学	41	9	1	9	0	3	5	1	0	8	1	0	3	6	0
徐州工程学院	42	20	13	20	0	9	11	0	0	16	4	0	3	14	0
南京特殊教育师范学院	43	2	2	2	0	1	1	0	0	2	0	0	1	1	0
泰州学院	44	6	4	6	0	5	1	0	0	4	2	0	0	4	0
金陵科技学院	45	9	5	9	0	4	5	0	0	8	1	0	8	0	0
江苏第二师范学院	46	9	3	9	1	4	4	0	0	8	1	0	4	4	0
南京工业职业技术大学	47	7	6	7	0	0	6	1	0	7	0	0	5	2	0
无锡学院	48	4	1	4	0	1	3	0	0	4	0	0	1	3	0
苏州城市学院	49	4	2	4	0	2	2	0	0	4	0	0	3	1	0
宿迁学院	50	7	3	7	1	3	3	0	0	7	0	0	4	3	0

2.11 考古学人文、社会科学活动人员情况表

高校名称		总计		按职称划分						按最后学历划分			按最后学位划分		其他人员
			女性	小计	教授	副教授	讲师	助教	初级	研究生	本科生	其他	博士	硕士	
	编号	L01	L02	L03	L04	L05	L06	L07	L08	L09	L10	L11	L12	L13	L14
合　计	/	45	9	45	13	14	18	0	0	42	3	0	38	4	0
南京大学	1	19	4	19	10	4	5	0	0	17	2	0	17	0	0
东南大学	2	0	0	0	0	0	0	0	0	0	0	0	0	0	0
江南大学	3	0	0	0	0	0	0	0	0	0	0	0	0	0	0
南京农业大学	4	0	0	0	0	0	0	0	0	0	0	0	0	0	0
中国矿业大学	5	0	0	0	0	0	0	0	0	0	0	0	0	0	0
河海大学	6	0	0	0	0	0	0	0	0	0	0	0	0	0	0
南京理工大学	7	0	0	0	0	0	0	0	0	0	0	0	0	0	0
南京航空航天大学	8	0	0	0	0	0	0	0	0	0	0	0	0	0	0
中国药科大学	9	0	0	0	0	0	0	0	0	0	0	0	0	0	0
南京警察学院	10	0	0	0	0	0	0	0	0	0	0	0	0	0	0
苏州大学	11	0	0	0	0	0	0	0	0	0	0	0	0	0	0
江苏科技大学	12	0	0	0	0	0	0	0	0	0	0	0	0	0	0
南京工业大学	13	0	0	0	0	0	0	0	0	0	0	0	0	0	0
常州大学	14	0	0	0	0	0	0	0	0	0	0	0	0	0	0
南京邮电大学	15	0	0	0	0	0	0	0	0	0	0	0	0	0	0
南京林业大学	16	0	0	0	0	0	0	0	0	0	0	0	0	0	0
江苏大学	17	1	0	1	0	0	1	0	0	1	0	0	1	0	0
南京信息工程大学	18	4	0	4	1	2	1	0	0	4	0	0	4	0	0
南通大学	19	0	0	0	0	0	0	0	0	0	0	0	0	0	0
盐城工学院	20	0	0	0	0	0	0	0	0	0	0	0	0	0	0
南京医科大学	21	0	0	0	0	0	0	0	0	0	0	0	0	0	0
徐州医科大学	22	0	0	0	0	0	0	0	0	0	0	0	0	0	0
南京中医药大学	23	0	0	0	0	0	0	0	0	0	0	0	0	0	0
南京师范大学	24	9	1	9	2	4	3	0	0	8	1	0	7	1	0
江苏师范大学	25	5	2	5	0	3	2	0	0	5	0	0	4	1	0

续表

高校名称		总计		按职称划分						按最后学历划分			按最后学位划分		其他人员
			女性	小计	教授	副教授	讲师	助教	初级	研究生	本科生	其他	博士	硕士	
	编号	L01	L02	L03	L04	L05	L06	L07	L08	L09	L10	L11	L12	L13	L14
淮阴师范学院	26	2	1	2	0	0	2	0	0	2	0	0	1	1	0
盐城师范学院	27	0	0	0	0	0	0	0	0	0	0	0	0	0	0
南京财经大学	28	0	0	0	0	0	0	0	0	0	0	0	0	0	0
江苏警官学院	29	0	0	0	0	0	0	0	0	0	0	0	0	0	0
南京体育学院	30	0	0	0	0	0	0	0	0	0	0	0	0	0	0
南京艺术学院	31	0	0	0	0	0	0	0	0	0	0	0	0	0	0
苏州科技大学	32	0	0	0	0	0	0	0	0	0	0	0	0	0	0
常熟理工学院	33	0	0	0	0	0	0	0	0	0	0	0	0	0	0
淮阴工学院	34	1	0	1	0	0	1	0	0	1	0	0	1	0	0
常州工学院	35	0	0	0	0	0	0	0	0	0	0	0	0	0	0
扬州大学	36	0	0	0	0	0	0	0	0	0	0	0	0	0	0
南京工程学院	37	1	0	1	0	0	1	0	0	1	0	0	0	1	0
南京审计大学	38	0	0	0	0	0	0	0	0	0	0	0	0	0	0
南京晓庄学院	39	0	0	0	0	0	0	0	0	0	0	0	0	0	0
江苏理工学院	40	0	0	0	0	0	0	0	0	0	0	0	0	0	0
江苏海洋大学	41	0	0	0	0	0	0	0	0	0	0	0	0	0	0
徐州工程学院	42	0	0	0	0	0	0	0	0	0	0	0	0	0	0
南京特殊教育师范学院	43	1	1	1	0	0	1	0	0	1	0	0	1	0	0
泰州学院	44	0	0	0	0	0	0	0	0	0	0	0	0	0	0
金陵科技学院	45	0	0	0	0	0	0	0	0	0	0	0	0	0	0
江苏第二师范学院	46	1	0	1	0	1	0	0	0	1	0	0	1	0	0
南京工业职业技术大学	47	1	0	1	0	0	1	0	0	1	0	0	1	0	0
无锡学院	48	0	0	0	0	0	0	0	0	0	0	0	0	0	0
苏州城市学院	49	0	0	0	0	0	0	0	0	0	0	0	0	0	0
宿迁学院	50	0	0	0	0	0	0	0	0	0	0	0	0	0	0

2.12 经济学人文、社会科学活动人员情况表

高校名称		总计		按职称划分						按最后学历划分			按最后学位划分		其他人员
			女性	小计	教授	副教授	讲师	助教	初级	研究生	本科生	其他	博士	硕士	
	编号	L01	L02	L03	L04	L05	L06	L07	L08	L09	L10	L11	L12	L13	L14
合　计	/	3261	1589	3261	545	1034	1615	67	0	2812	449	0	1914	1049	0
南京大学	1	117	33	117	45	34	37	1	0	117	0	0	115	2	0
东南大学	2	93	41	93	14	38	36	5	0	82	11	0	67	17	0
江南大学	3	49	22	49	9	21	19	0	0	46	3	0	36	9	0
南京农业大学	4	71	35	71	19	26	20	6	0	70	1	0	66	4	0
中国矿业大学	5	30	14	30	7	12	11	0	0	28	2	0	23	7	0
河海大学	6	59	18	59	15	22	22	0	0	58	1	0	42	16	0
南京理工大学	7	57	33	57	9	25	23	0	0	54	3	0	41	16	0
南京航空航天大学	8	40	18	40	12	19	9	0	0	39	1	0	27	12	0
中国药科大学	9	24	11	24	3	12	9	0	0	24	0	0	17	7	0
南京警察学院	10	2	1	2	0	0	2	0	0	2	0	0	2	0	0
苏州大学	11	93	53	93	17	39	37	0	0	79	14	0	57	27	0
江苏科技大学	12	96	52	96	5	33	57	1	0	63	33	0	37	32	0
南京工业大学	13	12	6	12	2	5	5	0	0	7	5	0	3	7	0
常州大学	14	45	23	45	8	10	27	0	0	39	6	0	32	9	0
南京邮电大学	15	63	33	63	7	15	41	0	0	62	1	0	43	19	0
南京林业大学	16	55	27	55	12	15	28	0	0	52	3	0	35	17	0
江苏大学	17	102	54	102	12	35	51	4	0	80	22	0	43	38	0
南京信息工程大学	18	91	51	91	14	28	49	0	0	85	6	0	73	14	0
南通大学	19	73	36	73	13	35	25	0	0	62	11	0	32	36	0
盐城工学院	20	48	26	48	13	15	20	0	0	32	16	0	12	31	0
南京医科大学	21	3	2	3	1	0	2	0	0	3	0	0	2	1	0
徐州医科大学	22	3	2	3	3	0	0	0	0	2	1	0	0	3	0
南京中医药大学	23	17	12	17	4	5	8	0	0	17	0	0	5	12	0
南京师范大学	24	88	36	88	19	29	39	1	0	80	8	0	53	27	0
江苏师范大学	25	76	36	76	19	18	39	0	0	64	12	0	45	27	0

续表

高校名称		总计		按职称划分						按最后学历划分			按最后学位划分		其他人员
			女性	小计	教授	副教授	讲师	助教	初级	研究生	本科生	其他	博士	硕士	
	编号	L01	L02	L03	L04	L05	L06	L07	L08	L09	L10	L11	L12	L13	L14
淮阴师范学院	26	66	30	66	11	25	29	1	0	55	11	0	41	19	0
盐城师范学院	27	59	32	59	6	19	28	6	0	57	2	0	25	34	0
南京财经大学	28	445	207	445	70	125	250	0	0	410	35	0	318	95	0
江苏警官学院	29	10	2	10	3	1	6	0	0	6	4	0	3	3	0
南京体育学院	30	10	6	10	5	1	3	1	0	3	7	0	2	2	0
南京艺术学院	31	0	0	0	0	0	0	0	0	0	0	0	0	0	0
苏州科技大学	32	30	16	30	6	10	14	0	0	30	0	0	23	7	0
常熟理工学院	33	25	11	25	5	12	8	0	0	22	3	0	15	10	0
淮阴工学院	34	56	25	56	4	22	29	1	0	36	20	0	21	31	0
常州工学院	35	42	18	42	9	14	17	2	0	28	14	0	18	15	0
扬州大学	36	129	52	129	18	40	71	0	0	107	22	0	63	45	0
南京工程学院	37	78	37	78	2	10	62	4	0	59	19	0	14	51	0
南京审计大学	38	377	175	377	74	97	199	7	0	343	34	0	274	85	0
南京晓庄学院	39	50	29	50	3	21	26	0	0	49	1	0	25	24	0
江苏理工学院	40	90	50	90	12	33	40	5	0	54	36	0	28	36	0
江苏海洋大学	41	41	16	41	2	12	24	3	0	32	9	0	15	19	0
徐州工程学院	42	106	56	106	9	40	55	2	0	67	39	0	28	49	0
南京特殊教育师范学院	43	5	3	5	0	2	1	2	0	5	0	0	4	1	0
泰州学院	44	14	9	14	2	3	5	4	0	10	4	0	3	10	0
金陵科技学院	45	48	31	48	6	14	27	1	0	39	9	0	20	25	0
江苏第二师范学院	46	13	7	13	2	1	10	0	0	13	0	0	7	6	0
南京工业职业技术大学	47	57	38	57	4	13	38	2	0	43	14	0	12	38	0
无锡学院	48	28	14	28	4	8	14	2	0	25	3	0	17	9	0
苏州城市学院	49	25	20	25	1	8	16	0	0	25	0	0	13	12	0
宿迁学院	50	50	30	50	5	12	27	6	0	47	3	0	17	33	0

2.13 政治学人文、社会科学活动人员情况表

高校名称		总计		按职称划分						按最后学历划分			按最后学位划分		其他人员
			女性	小计	教授	副教授	讲师	助教	初级	研究生	本科生	其他	博士	硕士	
	编号	L01	L02	L03	L04	L05	L06	L07	L08	L09	L10	L11	L12	L13	L14
合　计	/	457	193	457	94	161	193	9	0	402	55	0	258	173	0
南京大学	1	44	12	44	16	14	14	0	0	44	0	0	44	0	0
东南大学	2	20	8	20	2	6	12	0	0	19	1	0	12	7	0
江南大学	3	3	1	3	0	2	1	0	0	3	0	0	3	0	0
南京农业大学	4	4	1	4	1	2	1	0	0	3	1	0	1	3	0
中国矿业大学	5	7	5	7	1	1	5	0	0	7	0	0	6	1	0
河海大学	6	13	6	13	5	5	3	0	0	13	0	0	9	4	0
南京理工大学	7	6	2	6	1	2	3	0	0	6	0	0	6	0	0
南京航空航天大学	8	8	4	8	3	4	1	0	0	8	0	0	7	1	0
中国药科大学	9	1	1	1	0	0	1	0	0	1	0	0	1	0	0
南京警察学院	10	11	3	11	0	8	3	0	0	9	2	0	5	5	0
苏州大学	11	23	10	23	10	2	11	0	0	23	0	0	14	7	0
江苏科技大学	12	12	6	12	1	3	7	1	0	10	2	0	4	6	0
南京工业大学	13	8	4	8	0	5	2	1	0	7	1	0	3	5	0
常州大学	14	11	2	11	2	0	9	0	0	11	0	0	8	3	0
南京邮电大学	15	9	3	9	4	4	1	0	0	9	0	0	6	3	0
南京林业大学	16	0	0	0	0	0	0	0	0	0	0	0	0	0	0
江苏大学	17	10	5	10	3	4	3	0	0	8	2	0	7	1	0
南京信息工程大学	18	12	6	12	3	4	5	0	0	9	3	0	6	5	0
南通大学	19	14	7	14	2	7	5	0	0	12	2	0	6	8	0
盐城工学院	20	0	0	0	0	0	0	0	0	0	0	0	0	0	0
南京医科大学	21	0	0	0	0	0	0	0	0	0	0	0	0	0	0
徐州医科大学	22	6	4	6	0	3	2	1	0	6	0	0	3	3	0
南京中医药大学	23	3	2	3	0	0	3	0	0	3	0	0	1	2	0
南京师范大学	24	45	15	45	15	16	14	0	0	45	0	0	35	10	0
江苏师范大学	25	13	4	13	1	7	5	0	0	12	1	0	6	6	0

续表

高校名称		总计		按职称划分						按最后学历划分			按最后学位划分		其他人员
			女性	小计	教授	副教授	讲师	助教	初级	研究生	本科生	其他	博士	硕士	
	编号	L01	L02	L03	L04	L05	L06	L07	L08	L09	L10	L11	L12	L13	L14
淮阴师范学院	26	10	3	10	3	2	5	0	0	6	4	0	4	6	0
盐城师范学院	27	13	6	13	0	6	5	2	0	13	0	0	4	9	0
南京财经大学	28	11	5	11	0	4	7	0	0	11	0	0	8	3	0
江苏警官学院	29	6	4	6	0	4	2	0	0	5	1	0	3	3	0
南京体育学院	30	3	2	3	0	0	3	0	0	3	0	0	0	3	0
南京艺术学院	31	0	0	0	0	0	0	0	0	0	0	0	0	0	0
苏州科技大学	32	11	6	11	2	5	4	0	0	11	0	0	7	4	0
常熟理工学院	33	3	1	3	1	1	1	0	0	3	0	0	2	1	0
淮阴工学院	34	12	5	12	3	5	4	0	0	6	6	0	0	10	0
常州工学院	35	5	3	5	1	3	1	0	0	4	1	0	1	4	0
扬州大学	36	12	4	12	3	3	6	0	0	10	2	0	6	4	0
南京工程学院	37	22	9	22	1	6	14	1	0	16	6	0	6	12	0
南京审计大学	38	13	5	13	2	3	8	0	0	13	0	0	10	3	0
南京晓庄学院	39	10	5	10	2	3	4	1	0	9	1	0	5	4	0
江苏理工学院	40	4	0	4	1	2	1	0	0	2	2	0	1	2	0
江苏海洋大学	41	3	1	3	0	1	2	0	0	3	0	0	1	2	0
徐州工程学院	42	8	4	8	1	4	3	0	0	2	6	0	0	6	0
南京特殊教育师范学院	43	0	0	0	0	0	0	0	0	0	0	0	0	0	0
泰州学院	44	7	5	7	0	6	0	1	0	1	6	0	0	7	0
金陵科技学院	45	7	4	7	1	2	4	0	0	4	3	0	2	2	0
江苏第二师范学院	46	3	2	3	2	0	1	0	0	3	0	0	2	1	0
南京工业职业技术大学	47	5	3	5	0	1	3	1	0	5	0	0	1	4	0
无锡学院	48	6	5	6	1	1	4	0	0	4	2	0	2	3	0
苏州城市学院	49	0	0	0	0	0	0	0	0	0	0	0	0	0	0
宿迁学院	50	0	0	0	0	0	0	0	0	0	0	0	0	0	0

2.14 法学人文、社会科学活动人员情况表

高校名称		总计		按职称划分						按最后学历划分			按最后学位划分		其他人员
			女性	小计	教授	副教授	讲师	助教	初级	研究生	本科生	其他	博士	硕士	
	编号	L01	L02	L03	L04	L05	L06	L07	L08	L09	L10	L11	L12	L13	L14
合 计	/	1611	673	1611	297	576	695	43	0	1353	258	0	869	611	0
南京大学	1	69	20	69	34	24	11	0	0	68	1	0	64	4	0
东南大学	2	84	32	84	18	33	28	5	0	83	1	0	77	6	0
江南大学	3	51	24	51	3	19	25	4	0	51	0	0	23	28	0
南京农业大学	4	22	8	22	4	9	9	0	0	21	1	0	11	11	0
中国矿业大学	5	10	2	10	1	3	6	0	0	8	2	0	8	1	0
河海大学	6	51	24	51	9	25	17	0	0	51	0	0	37	14	0
南京理工大学	7	31	11	31	4	14	13	0	0	29	2	0	24	4	0
南京航空航天大学	8	43	19	43	8	14	20	1	0	42	1	0	31	11	0
中国药科大学	9	9	2	9	4	3	2	0	0	6	3	0	4	2	0
南京警察学院	10	71	32	71	7	35	29	0	0	55	16	0	6	59	0
苏州大学	11	73	17	73	22	29	22	0	0	69	4	0	62	9	0
江苏科技大学	12	10	5	10	0	4	6	0	0	7	3	0	3	5	0
南京工业大学	13	28	10	28	9	12	5	2	0	26	2	0	13	13	0
常州大学	14	57	24	57	14	12	31	0	0	51	6	0	39	17	0
南京邮电大学	15	26	20	26	2	7	17	0	0	25	1	0	16	10	0
南京林业大学	16	14	11	14	2	1	10	1	0	12	2	0	4	8	0
江苏大学	17	65	31	65	9	28	26	2	0	61	4	0	32	29	0
南京信息工程大学	18	41	19	41	6	12	23	0	0	41	0	0	28	13	0
南通大学	19	37	21	37	3	18	16	0	0	31	6	0	14	23	0
盐城工学院	20	0	0	0	0	0	0	0	0	0	0	0	0	0	0
南京医科大学	21	9	4	9	3	3	2	1	0	9	0	0	7	2	0
徐州医科大学	22	11	5	11	0	5	5	1	0	6	5	0	2	8	0
南京中医药大学	23	10	4	10	2	3	5	0	0	10	0	0	4	5	0
南京师范大学	24	91	28	91	29	34	28	0	0	88	3	0	75	14	0
江苏师范大学	25	47	12	47	10	17	20	0	0	29	18	0	25	16	0

续表

高校名称		总计		按职称划分						按最后学历划分			按最后学位划分		其他人员
			女性	小计	教授	副教授	讲师	助教	初级	研究生	本科生	其他	博士	硕士	
	编号	L01	L02	L03	L04	L05	L06	L07	L08	L09	L10	L11	L12	L13	L14
淮阴师范学院	26	38	15	38	6	18	12	2	0	34	4	0	21	17	0
盐城师范学院	27	31	18	31	1	14	12	4	0	31	0	0	14	17	0
南京财经大学	28	71	30	71	13	20	38	0	0	66	5	0	40	28	0
江苏警官学院	29	115	44	115	14	44	53	4	0	44	71	0	24	61	0
南京体育学院	30	2	1	2	0	0	1	1	0	2	0	0	0	2	0
南京艺术学院	31	0	0	0	0	0	0	0	0	0	0	0	0	0	0
苏州科技大学	32	7	4	7	0	1	6	0	0	7	0	0	3	4	0
常熟理工学院	33	3	0	3	2	0	1	0	0	3	0	0	2	1	0
淮阴工学院	34	15	7	15	3	7	5	0	0	14	1	0	6	9	0
常州工学院	35	12	7	12	1	4	6	1	0	6	6	0	1	10	0
扬州大学	36	62	26	62	16	20	26	0	0	52	10	0	40	13	0
南京工程学院	37	17	6	17	0	3	14	0	0	11	6	0	3	10	0
南京审计大学	38	87	36	87	21	25	38	3	0	79	8	0	51	30	0
南京晓庄学院	39	12	7	12	1	2	8	1	0	10	2	0	7	3	0
江苏理工学院	40	5	2	5	1	1	3	0	0	4	1	0	2	2	0
江苏海洋大学	41	35	15	35	1	10	21	3	0	19	16	0	10	14	0
徐州工程学院	42	41	23	41	0	13	27	1	0	20	21	0	2	27	0
南京特殊教育师范学院	43	0	0	0	0	0	0	0	0	0	0	0	0	0	0
泰州学院	44	13	4	13	2	4	4	3	0	8	5	0	4	8	0
金陵科技学院	45	16	9	16	1	6	9	0	0	9	7	0	0	12	0
江苏第二师范学院	46	11	7	11	1	4	6	0	0	7	4	0	2	6	0
南京工业职业技术大学	47	13	8	13	0	4	7	2	0	10	3	0	5	6	0
无锡学院	48	7	1	7	1	3	3	0	0	7	0	0	3	4	0
苏州城市学院	49	28	16	28	6	6	15	1	0	27	1	0	17	10	0
宿迁学院	50	10	2	10	3	3	4	0	0	4	6	0	3	5	0

2.15 社会学人文、社会科学活动人员情况表

高校名称		总计		按职称划分						按最后学历划分			按最后学位划分		其他人员
			女性	小计	教授	副教授	讲师	助教	初级	研究生	本科生	其他	博士	硕士	
	编号	L01	L02	L03	L04	L05	L06	L07	L08	L09	L10	L11	L12	L13	L14
合　计	/	774	401	774	106	266	388	14	0	709	65	0	460	277	0
南京大学	1	45	13	45	17	13	15	0	0	45	0	0	44	1	0
东南大学	2	23	13	23	1	9	12	1	0	23	0	0	20	3	0
江南大学	3	20	11	20	4	7	9	0	0	20	0	0	17	3	0
南京农业大学	4	18	11	18	3	11	3	1	0	17	1	0	14	3	0
中国矿业大学	5	4	3	4	1	0	3	0	0	3	1	0	1	3	0
河海大学	6	63	26	63	21	26	16	0	0	63	0	0	52	11	0
南京理工大学	7	19	8	19	3	7	9	0	0	19	0	0	17	2	0
南京航空航天大学	8	7	3	7	0	2	5	0	0	7	0	0	6	1	0
中国药科大学	9	0	0	0	0	0	0	0	0	0	0	0	0	0	0
南京警察学院	10	4	2	4	0	3	1	0	0	3	1	0	0	4	0
苏州大学	11	35	13	35	8	14	13	0	0	34	1	0	23	11	0
江苏科技大学	12	25	13	25	1	5	18	1	0	21	4	0	10	11	0
南京工业大学	13	8	4	8	0	4	4	0	0	7	1	0	4	4	0
常州大学	14	30	14	30	5	3	22	0	0	29	1	0	23	6	0
南京邮电大学	15	49	27	49	5	22	22	0	0	49	0	0	34	15	0
南京林业大学	16	12	7	12	2	2	8	0	0	12	0	0	10	2	0
江苏大学	17	4	1	4	1	1	2	0	0	4	0	0	3	1	0
南京信息工程大学	18	23	15	23	2	6	15	0	0	22	1	0	17	5	0
南通大学	19	36	21	36	4	17	15	0	0	35	1	0	18	17	0
盐城工学院	20	1	1	1	0	1	0	0	0	1	0	0	1	0	0
南京医科大学	21	8	5	8	0	3	5	0	0	8	0	0	2	6	0
徐州医科大学	22	10	8	10	0	3	6	1	0	9	1	0	5	5	0
南京中医药大学	23	24	18	24	0	8	16	0	0	22	2	0	11	13	0
南京师范大学	24	27	11	27	8	7	12	0	0	27	0	0	19	8	0
江苏师范大学	25	17	10	17	0	11	6	0	0	11	6	0	7	8	0

续表

高校名称		总计		按职称划分						按最后学历划分			按最后学位划分		其他人员
			女性	小计	教授	副教授	讲师	助教	初级	研究生	本科生	其他	博士	硕士	
	编号	L01	L02	L03	L04	L05	L06	L07	L08	L09	L10	L11	L12	L13	L14
淮阴师范学院	26	9	4	9	1	2	6	0	0	9	0	0	5	4	0
盐城师范学院	27	11	6	11	2	4	3	2	0	10	1	0	4	7	0
南京财经大学	28	14	7	14	0	9	5	0	0	13	1	0	8	5	0
江苏警官学院	29	15	7	15	1	2	12	0	0	11	4	0	6	8	0
南京体育学院	30	3	2	3	1	2	0	0	0	2	1	0	1	2	0
南京艺术学院	31	1	1	1	0	0	1	0	0	1	0	0	0	1	0
苏州科技大学	32	12	7	12	1	4	7	0	0	12	0	0	4	8	0
常熟理工学院	33	2	1	2	1	1	0	0	0	2	0	0	2	0	0
淮阴工学院	34	22	10	22	2	10	10	0	0	17	5	0	7	14	0
常州工学院	35	8	5	8	1	0	7	0	0	7	1	0	3	5	0
扬州大学	36	22	9	22	2	9	11	0	0	21	1	0	15	7	0
南京工程学院	37	33	14	33	5	7	20	1	0	30	3	0	16	17	0
南京审计大学	38	6	3	6	0	1	3	2	0	5	1	0	2	4	0
南京晓庄学院	39	16	14	16	0	4	11	1	0	15	1	0	8	7	0
江苏理工学院	40	3	2	3	0	2	1	0	0	3	0	0	2	1	0
江苏海洋大学	41	2	2	2	0	0	2	0	0	2	0	0	1	1	0
徐州工程学院	42	41	24	41	2	12	27	0	0	17	24	0	6	14	0
南京特殊教育师范学院	43	4	3	4	1	2	1	0	0	4	0	0	2	2	0
泰州学院	44	4	2	4	0	1	1	2	0	4	0	0	0	4	0
金陵科技学院	45	1	1	1	0	0	1	0	0	1	0	0	0	1	0
江苏第二师范学院	46	4	3	4	0	2	2	0	0	4	0	0	3	1	0
南京工业职业技术大学	47	8	4	8	0	3	5	0	0	8	0	0	2	5	0
无锡学院	48	4	2	4	0	1	3	0	0	4	0	0	1	3	0
苏州城市学院	49	5	3	5	0	1	4	0	0	5	0	0	2	3	0
宿迁学院	50	12	7	12	0	2	8	2	0	11	1	0	2	10	0

2.16 民族学与文化学人文、社会科学活动人员情况表

高校名称		总计		按职称划分					按最后学历划分			按最后学位划分		其他人员
			女性	小计	教授	副教授	讲师	助教	初级	研究生	本科生	其他	博士	硕士	
	编号	L01	L02	L03	L04	L05	L06	L07	L08	L09	L10	L11	L12	L13	L14
合　计	/	56	36	56	4	19	29	4	0	44	12	0	22	21	0
南京大学	1	0	0	0	0	0	0	0	0	0	0	0	0	0	0
东南大学	2	2	0	2	0	0	2	0	0	2	0	0	2	0	0
江南大学	3	0	0	0	0	0	0	0	0	0	0	0	0	0	0
南京农业大学	4	3	2	3	0	2	0	1	0	3	0	0	0	3	0
中国矿业大学	5	1	0	1	0	1	0	0	0	1	0	0	1	0	0
河海大学	6	10	7	10	3	3	4	0	0	7	3	0	4	2	0
南京理工大学	7	0	0	0	0	0	0	0	0	0	0	0	0	0	0
南京航空航天大学	8	0	0	0	0	0	0	0	0	0	0	0	0	0	0
中国药科大学	9	0	0	0	0	0	0	0	0	0	0	0	0	0	0
南京警察学院	10	0	0	0	0	0	0	0	0	0	0	0	0	0	0
苏州大学	11	0	0	0	0	0	0	0	0	0	0	0	0	0	0
江苏科技大学	12	1	0	1	0	0	1	0	0	1	0	0	0	1	0
南京工业大学	13	5	4	5	0	4	1	0	0	5	0	0	1	4	0
常州大学	14	0	0	0	0	0	0	0	0	0	0	0	0	0	0
南京邮电大学	15	0	0	0	0	0	0	0	0	0	0	0	0	0	0
南京林业大学	16	0	0	0	0	0	0	0	0	0	0	0	0	0	0
江苏大学	17	2	2	2	0	0	2	0	0	2	0	0	2	0	0
南京信息工程大学	18	0	0	0	0	0	0	0	0	0	0	0	0	0	0
南通大学	19	1	1	1	0	0	1	0	0	1	0	0	1	0	0
盐城工学院	20	0	0	0	0	0	0	0	0	0	0	0	0	0	0
南京医科大学	21	0	0	0	0	0	0	0	0	0	0	0	0	0	0
徐州医科大学	22	1	0	1	0	0	0	1	0	1	0	0	0	1	0
南京中医药大学	23	2	2	2	0	2	0	0	0	1	1	0	0	1	0
南京师范大学	24	0	0	0	0	0	0	0	0	0	0	0	0	0	0
江苏师范大学	25	6	2	6	1	2	3	0	0	6	0	0	4	2	0

续表

高校名称		总计		按职称划分						按最后学历划分			按最后学位划分		其他
			女性	小计	教授	副教授	讲师	助教	初级	研究生	本科生	其他	博士	硕士	人员
	编号	L01	L02	L03	L04	L05	L06	L07	L08	L09	L10	L11	L12	L13	L14
淮阴师范学院	26	0	0	0	0	0	0	0	0	0	0	0	0	0	0
盐城师范学院	27	0	0	0	0	0	0	0	0	0	0	0	0	0	0
南京财经大学	28	0	0	0	0	0	0	0	0	0	0	0	0	0	0
江苏警官学院	29	0	0	0	0	0	0	0	0	0	0	0	0	0	0
南京体育学院	30	1	0	1	0	1	0	0	0	0	1	0	0	0	0
南京艺术学院	31	0	0	0	0	0	0	0	0	0	0	0	0	0	0
苏州科技大学	32	0	0	0	0	0	0	0	0	0	0	0	0	0	0
常熟理工学院	33	0	0	0	0	0	0	0	0	0	0	0	0	0	0
淮阴工学院	34	0	0	0	0	0	0	0	0	0	0	0	0	0	0
常州工学院	35	4	4	4	0	0	4	0	0	4	0	0	4	0	0
扬州大学	36	3	3	3	0	2	1	0	0	3	0	0	3	0	0
南京工程学院	37	1	0	1	0	0	1	0	0	1	0	0	0	1	0
南京审计大学	38	1	1	1	0	0	0	1	0	1	0	0	0	1	0
南京晓庄学院	39	0	0	0	0	0	0	0	0	0	0	0	0	0	0
江苏理工学院	40	1	1	1	0	0	0	1	0	1	0	0	0	1	0
江苏海洋大学	41	0	0	0	0	0	0	0	0	0	0	0	0	0	0
徐州工程学院	42	11	7	11	0	2	9	0	0	4	7	0	0	4	0
南京特殊教育师范学院	43	0	0	0	0	0	0	0	0	0	0	0	0	0	0
泰州学院	44	0	0	0	0	0	0	0	0	0	0	0	0	0	0
金陵科技学院	45	0	0	0	0	0	0	0	0	0	0	0	0	0	0
江苏第二师范学院	46	0	0	0	0	0	0	0	0	0	0	0	0	0	0
南京工业职业技术大学	47	0	0	0	0	0	0	0	0	0	0	0	0	0	0
无锡学院	48	0	0	0	0	0	0	0	0	0	0	0	0	0	0
苏州城市学院	49	0	0	0	0	0	0	0	0	0	0	0	0	0	0
宿迁学院	50	0	0	0	0	0	0	0	0	0	0	0	0	0	0

2.17 新闻学与传播学人文、社会科学活动人员情况表

高校名称		总计		按职称划分						按最后学历划分			按最后学位划分		其他人员
			女性	小计	教授	副教授	讲师	助教	初级	研究生	本科生	其他	博士	硕士	
	编号	L01	L02	L03	L04	L05	L06	L07	L08	L09	L10	L11	L12	L13	L14
合　计	/	527	284	527	94	148	265	20	0	481	46	0	278	215	0
南京大学	1	45	20	45	23	12	10	0	0	44	1	0	41	3	0
东南大学	2	2	1	2	0	1	1	0	0	2	0	0	1	1	0
江南大学	3	1	1	1	0	1	0	0	0	1	0	0	0	1	0
南京农业大学	4	0	0	0	0	0	0	0	0	0	0	0	0	0	0
中国矿业大学	5	2	2	2	0	0	2	0	0	2	0	0	2	0	0
河海大学	6	17	10	17	4	6	7	0	0	17	0	0	11	6	0
南京理工大学	7	13	4	13	1	2	10	0	0	7	6	0	4	4	0
南京航空航天大学	8	3	1	3	0	1	2	0	0	2	1	0	0	2	0
中国药科大学	9	1	1	1	0	0	0	1	0	1	0	0	0	1	0
南京警察学院	10	2	0	2	1	1	0	0	0	1	1	0	0	1	0
苏州大学	11	58	28	58	12	17	24	5	0	57	1	0	43	14	0
江苏科技大学	12	0	0	0	0	0	0	0	0	0	0	0	0	0	0
南京工业大学	13	5	4	5	0	1	3	1	0	5	0	0	0	5	0
常州大学	14	3	3	3	1	0	2	0	0	2	1	0	1	1	0
南京邮电大学	15	13	7	13	3	6	4	0	0	13	0	0	7	6	0
南京林业大学	16	16	9	16	3	1	12	0	0	16	0	0	8	8	0
江苏大学	17	4	4	4	0	0	4	0	0	4	0	0	3	1	0
南京信息工程大学	18	5	3	5	0	3	2	0	0	4	1	0	1	3	0
南通大学	19	10	7	10	0	3	7	0	0	10	0	0	2	8	0
盐城工学院	20	0	0	0	0	0	0	0	0	0	0	0	0	0	0
南京医科大学	21	3	3	3	0	0	2	1	0	3	0	0	0	3	0
徐州医科大学	22	0	0	0	0	0	0	0	0	0	0	0	0	0	0
南京中医药大学	23	2	2	2	0	1	1	0	0	0	2	0	0	0	0
南京师范大学	24	74	30	74	18	21	34	1	0	71	3	0	48	23	0
江苏师范大学	25	21	12	21	7	6	8	0	0	19	2	0	13	6	0

续表

高校名称		总计		按职称划分						按最后学历划分			按最后学位划分		其他人员
			女性	小计	教授	副教授	讲师	助教	初级	研究生	本科生	其他	博士	硕士	
	编号	L01	L02	L03	L04	L05	L06	L07	L08	L09	L10	L11	L12	L13	L14
淮阴师范学院	26	18	8	18	2	10	6	0	0	15	3	0	9	8	0
盐城师范学院	27	7	5	7	0	1	4	2	0	6	1	0	0	7	0
南京财经大学	28	28	18	28	3	5	20	0	0	28	0	0	22	6	0
江苏警官学院	29	4	2	4	0	1	3	0	0	3	1	0	1	3	0
南京体育学院	30	5	2	5	1	1	3	0	0	5	0	0	1	4	0
南京艺术学院	31	0	0	0	0	0	0	0	0	0	0	0	0	0	0
苏州科技大学	32	8	5	8	1	3	4	0	0	7	1	0	4	4	0
常熟理工学院	33	0	0	0	0	0	0	0	0	0	0	0	0	0	0
淮阴工学院	34	3	2	3	0	0	2	1	0	3	0	0	0	3	0
常州工学院	35	14	11	14	2	2	10	0	0	9	5	0	5	7	0
扬州大学	36	37	15	37	3	15	19	0	0	32	5	0	15	17	0
南京工程学院	37	2	1	2	0	0	2	0	0	2	0	0	0	2	0
南京审计大学	38	4	3	4	0	0	2	2	0	4	0	0	0	4	0
南京晓庄学院	39	37	24	37	4	14	19	0	0	36	1	0	19	17	0
江苏理工学院	40	0	0	0	0	0	0	0	0	0	0	0	0	0	0
江苏海洋大学	41	8	5	8	0	1	7	0	0	7	1	0	0	8	0
徐州工程学院	42	8	4	8	1	1	6	0	0	7	1	0	5	3	0
南京特殊教育师范学院	43	2	0	2	0	1	0	1	0	1	1	0	0	1	0
泰州学院	44	7	5	7	2	1	3	1	0	6	1	0	1	5	0
金陵科技学院	45	10	7	10	1	4	4	1	0	8	2	0	4	4	0
江苏第二师范学院	46	5	3	5	0	2	3	0	0	5	0	0	3	2	0
南京工业职业技术大学	47	2	2	2	0	0	1	1	0	2	0	0	0	2	0
无锡学院	48	3	1	3	0	0	2	1	0	3	0	0	0	3	0
苏州城市学院	49	6	4	6	0	0	6	0	0	6	0	0	2	4	0
宿迁学院	50	9	5	9	1	3	4	1	0	5	4	0	2	4	0

2.18 图书馆、情报与文献学人文、社会科学活动人员情况表

高校名称		总计		按职称划分						按最后学历划分			按最后学位划分		其他人员
			女性	小计	教授	副教授	讲师	助教	初级	研究生	本科生	其他	博士	硕士	
	编号	L01	L02	L03	L04	L05	L06	L07	L08	L09	L10	L11	L12	L13	L14
合　计	/	1105	671	1105	127	332	626	20	0	671	432	2	262	485	0
南京大学	1	54	17	54	32	15	7	0	0	53	1	0	49	4	0
东南大学	2	65	46	65	2	15	45	3	0	39	26	0	5	34	0
江南大学	3	31	21	31	4	13	14	0	0	15	16	0	0	16	0
南京农业大学	4	56	23	56	8	22	25	1	0	51	5	0	36	15	0
中国矿业大学	5	4	2	4	2	1	1	0	0	3	1	0	2	2	0
河海大学	6	30	8	30	10	12	8	0	0	29	1	0	24	6	0
南京理工大学	7	26	12	26	4	9	13	0	0	26	0	0	24	2	0
南京航空航天大学	8	53	42	53	0	6	43	4	0	27	26	0	2	25	0
中国药科大学	9	34	22	34	2	4	28	0	0	22	12	0	1	24	0
南京警察学院	10	8	6	8	1	2	5	0	0	3	5	0	0	4	0
苏州大学	11	21	12	21	5	9	6	1	0	20	1	0	16	4	0
江苏科技大学	12	40	27	40	2	7	31	0	0	17	23	0	2	14	0
南京工业大学	13	17	16	17	1	8	7	1	0	15	2	0	4	11	0
常州大学	14	6	6	6	0	1	5	0	0	6	0	0	0	6	0
南京邮电大学	15	8	4	8	1	2	5	0	0	5	3	0	3	2	0
南京林业大学	16	10	8	10	0	3	7	0	0	4	6	0	1	3	0
江苏大学	17	40	24	40	5	17	18	0	0	31	9	0	10	21	0
南京信息工程大学	18	25	18	25	7	6	12	0	0	16	9	0	8	10	0
南通大学	19	44	26	44	8	16	20	0	0	23	21	0	5	28	0
盐城工学院	20	31	22	31	4	14	13	0	0	11	18	2	0	21	0
南京医科大学	21	29	21	29	0	5	24	0	0	17	12	0	0	20	0
徐州医科大学	22	29	18	29	3	13	12	1	0	11	18	0	1	22	0
南京中医药大学	23	51	35	51	4	10	37	0	0	38	13	0	16	20	0
南京师范大学	24	42	31	42	2	17	23	0	0	24	18	0	10	17	0
江苏师范大学	25	7	4	7	0	2	5	0	0	5	2	0	1	4	0

续表

高校名称		总计		按职称划分						按最后学历划分			按最后学位划分		其他人员
			女性	小计	教授	副教授	讲师	助教	初级	研究生	本科生	其他	博士	硕士	
	编号	L01	L02	L03	L04	L05	L06	L07	L08	L09	L10	L11	L12	L13	L14
淮阴师范学院	26	35	14	35	3	10	22	0	0	19	16	0	2	19	0
盐城师范学院	27	18	10	18	1	10	6	1	0	11	7	0	4	9	0
南京财经大学	28	7	2	7	1	4	2	0	0	7	0	0	4	3	0
江苏警官学院	29	13	6	13	1	5	6	1	0	7	6	0	3	5	0
南京体育学院	30	5	3	5	0	1	4	0	0	2	3	0	0	1	0
南京艺术学院	31	16	13	16	1	5	10	0	0	7	9	0	0	8	0
苏州科技大学	32	23	14	23	0	6	17	0	0	13	10	0	0	13	0
常熟理工学院	33	18	9	18	1	7	10	0	0	7	11	0	4	7	0
淮阴工学院	34	22	11	22	1	8	13	0	0	7	15	0	2	8	0
常州工学院	35	10	7	10	0	3	7	0	0	0	10	0	0	1	0
扬州大学	36	10	5	10	2	3	5	0	0	10	0	0	10	0	0
南京工程学院	37	32	25	32	2	3	25	2	0	16	16	0	3	15	0
南京审计大学	38	22	13	22	4	5	12	1	0	12	10	0	5	11	0
南京晓庄学院	39	16	8	16	0	6	10	0	0	11	5	0	1	9	0
江苏理工学院	40	6	3	6	1	4	1	0	0	2	4	0	0	2	0
江苏海洋大学	41	33	22	33	0	7	26	0	0	2	31	0	0	6	0
徐州工程学院	42	10	5	10	1	1	8	0	0	2	8	0	0	3	0
南京特殊教育师范学院	43	1	1	1	0	1	0	0	0	1	0	0	1	0	0
泰州学院	44	12	10	12	0	2	7	3	0	6	6	0	1	6	0
金陵科技学院	45	8	4	8	0	4	4	0	0	4	4	0	1	6	0
江苏第二师范学院	46	14	9	14	0	5	9	0	0	6	8	0	0	8	0
南京工业职业技术大学	47	2	2	2	0	0	1	1	0	2	0	0	0	2	0
无锡学院	48	3	2	3	0	1	2	0	0	3	0	0	0	3	0
苏州城市学院	49	2	0	2	1	0	1	0	0	2	0	0	1	1	0
宿迁学院	50	6	2	6	0	2	4	0	0	1	5	0	0	4	0

2.19 教育学人文、社会科学活动人员情况表

高校名称		总计		按职称划分						按最后学历划分			按最后学位划分		其他人员
			女性	小计	教授	副教授	讲师	助教	初级	研究生	本科生	其他	博士	硕士	
	编号	L01	L02	L03	L04	L05	L06	L07	L08	L09	L10	L11	L12	L13	L14
合　计	/	3035	1763	3035	400	901	1504	230	0	2522	512	1	1024	1753	0
南京大学	1	19	6	19	9	5	5	0	0	18	1	0	18	0	0
东南大学	2	11	7	11	2	4	5	0	0	10	1	0	8	2	0
江南大学	3	69	37	69	8	27	31	3	0	68	1	0	42	25	0
南京农业大学	4	13	1	13	3	5	5	0	0	11	2	0	3	9	0
中国矿业大学	5	31	26	31	2	3	26	0	0	31	0	0	6	25	0
河海大学	6	13	6	13	3	4	6	0	0	13	0	0	6	7	0
南京理工大学	7	22	12	22	1	7	12	2	0	19	3	0	7	13	0
南京航空航天大学	8	25	13	25	2	7	16	0	0	23	2	0	6	17	0
中国药科大学	9	17	9	17	0	0	17	0	0	14	3	0	1	13	0
南京警察学院	10	6	5	6	0	2	4	0	0	5	1	0	0	5	0
苏州大学	11	48	20	48	9	20	19	0	0	43	5	0	28	15	0
江苏科技大学	12	125	66	125	2	11	93	19	0	99	26	0	10	89	0
南京工业大学	13	25	14	25	1	8	14	2	0	20	5	0	5	19	0
常州大学	14	38	24	38	4	4	30	0	0	33	5	0	9	26	0
南京邮电大学	15	65	38	65	11	18	35	1	0	60	5	0	36	25	0
南京林业大学	16	15	9	15	0	1	13	1	0	15	0	0	2	13	0
江苏大学	17	54	21	54	9	18	27	0	0	49	5	0	36	14	0
南京信息工程大学	18	46	26	46	7	11	28	0	0	45	1	0	26	20	0
南通大学	19	219	124	219	45	78	89	7	0	178	41	0	50	157	0
盐城工学院	20	71	34	71	9	24	36	2	0	31	39	1	6	54	0
南京医科大学	21	22	16	22	1	3	13	5	0	15	7	0	4	13	0
徐州医科大学	22	88	56	88	7	29	41	11	0	64	24	0	15	70	0
南京中医药大学	23	42	31	42	0	9	33	0	0	40	2	0	8	32	0
南京师范大学	24	224	122	224	67	72	81	4	0	218	6	0	159	58	0
江苏师范大学	25	119	57	119	20	44	53	2	0	110	9	0	70	43	0

续表

高校名称		总计		按职称划分						按最后学历划分			按最后学位划分		其他人员
			女性	小计	教授	副教授	讲师	助教	初级	研究生	本科生	其他	博士	硕士	
	编号	L01	L02	L03	L04	L05	L06	L07	L08	L09	L10	L11	L12	L13	L14
淮阴师范学院	26	102	48	102	12	44	42	4	0	72	30	0	29	63	0
盐城师范学院	27	102	64	102	11	31	43	17	0	89	13	0	34	65	0
南京财经大学	28	29	11	29	1	5	21	2	0	23	6	0	8	18	0
江苏警官学院	29	10	5	10	0	1	9	0	0	6	4	0	3	4	0
南京体育学院	30	30	20	30	3	7	15	5	0	29	1	0	9	20	0
南京艺术学院	31	3	3	3	0	0	0	3	0	3	0	0	0	3	0
苏州科技大学	32	57	36	57	3	20	34	0	0	57	0	0	34	23	0
常熟理工学院	33	55	33	55	7	21	21	6	0	39	16	0	9	42	0
淮阴工学院	34	53	19	53	9	20	23	1	0	30	23	0	7	42	0
常州工学院	35	46	29	46	4	17	22	3	0	37	9	0	15	27	0
扬州大学	36	78	34	78	11	31	36	0	0	72	6	0	55	18	0
南京工程学院	37	99	45	99	8	24	60	7	0	87	12	0	35	57	0
南京审计大学	38	80	55	80	4	8	53	15	0	72	8	0	6	69	0
南京晓庄学院	39	157	111	157	15	51	86	5	0	126	31	0	57	76	0
江苏理工学院	40	65	37	65	16	26	20	3	0	53	12	0	26	29	0
江苏海洋大学	41	26	14	26	1	8	17	0	0	20	6	0	4	19	0
徐州工程学院	42	110	55	110	8	41	60	1	0	64	46	0	18	64	0
南京特殊教育师范学院	43	179	140	179	25	55	57	42	0	152	27	0	40	122	0
泰州学院	44	67	47	67	7	20	24	16	0	44	23	0	16	46	0
金陵科技学院	45	18	13	18	2	2	13	1	0	12	6	0	0	14	0
江苏第二师范学院	46	97	73	97	20	29	37	11	0	75	22	0	31	53	0
南京工业职业技术大学	47	53	39	53	1	4	34	14	0	52	1	0	5	47	0
无锡学院	48	8	3	8	0	4	2	2	0	6	2	0	2	6	0
苏州城市学院	49	10	6	10	1	3	3	3	0	10	0	0	4	6	0
宿迁学院	50	74	43	74	9	15	40	10	0	60	14	0	16	56	0

2.20 统计学人文、社会科学活动人员情况表

高校名称		总计		按职称划分						按最后学历划分			按最后学位划分		其他人员
			女性	小计	教授	副教授	讲师	助教	初级	研究生	本科生	其他	博士	硕士	
	编号	L01	L02	L03	L04	L05	L06	L07	L08	L09	L10	L11	L12	L13	L14
合　计	/	197	89	197	38	65	86	8	0	173	24	0	112	71	0
南京大学	1	3	1	3	2	1	0	0	0	3	0	0	3	0	0
东南大学	2	1	0	1	0	0	1	0	0	1	0	0	0	1	0
江南大学	3	0	0	0	0	0	0	0	0	0	0	0	0	0	0
南京农业大学	4	1	0	1	0	1	0	0	0	1	0	0	1	0	0
中国矿业大学	5	1	1	1	0	0	1	0	0	1	0	0	1	0	0
河海大学	6	20	7	20	7	9	4	0	0	20	0	0	14	6	0
南京理工大学	7	3	0	3	1	1	1	0	0	3	0	0	2	1	0
南京航空航天大学	8	0	0	0	0	0	0	0	0	0	0	0	0	0	0
中国药科大学	9	1	0	1	0	1	0	0	0	1	0	0	1	0	0
南京警察学院	10	0	0	0	0	0	0	0	0	0	0	0	0	0	0
苏州大学	11	0	0	0	0	0	0	0	0	0	0	0	0	0	0
江苏科技大学	12	8	4	8	1	3	3	1	0	6	2	0	3	4	0
南京工业大学	13	0	0	0	0	0	0	0	0	0	0	0	0	0	0
常州大学	14	4	2	4	1	0	3	0	0	4	0	0	2	2	0
南京邮电大学	15	7	5	7	1	1	5	0	0	7	0	0	5	2	0
南京林业大学	16	1	0	1	1	0	0	0	0	1	0	0	1	0	0
江苏大学	17	17	5	17	5	6	6	0	0	16	1	0	8	8	0
南京信息工程大学	18	6	3	6	2	1	3	0	0	6	0	0	5	1	0
南通大学	19	7	2	7	1	2	4	0	0	6	1	0	2	4	0
盐城工学院	20	0	0	0	0	0	0	0	0	0	0	0	0	0	0
南京医科大学	21	2	1	2	0	1	0	1	0	2	0	0	0	2	0
徐州医科大学	22	8	2	8	0	4	4	0	0	5	3	0	3	4	0
南京中医药大学	23	0	0	0	0	0	0	0	0	0	0	0	0	0	0
南京师范大学	24	0	0	0	0	0	0	0	0	0	0	0	0	0	0
江苏师范大学	25	7	4	7	0	0	7	0	0	7	0	0	5	2	0

续表

高校名称		总计		按职称划分						按最后学历划分			按最后学位划分		其他人员
			女性	小计	教授	副教授	讲师	助教	初级	研究生	本科生	其他	博士	硕士	
	编号	L01	L02	L03	L04	L05	L06	L07	L08	L09	L10	L11	L12	L13	L14
淮阴师范学院	26	2	1	2	1	0	1	0	0	2	0	0	1	1	0
盐城师范学院	27	5	4	5	0	3	1	1	0	5	0	0	1	4	0
南京财经大学	28	20	10	20	3	7	10	0	0	18	2	0	15	3	0
江苏警官学院	29	2	2	2	0	1	1	0	0	1	1	0	0	1	0
南京体育学院	30	1	1	1	1	0	0	0	0	1	0	0	1	0	0
南京艺术学院	31	0	0	0	0	0	0	0	0	0	0	0	0	0	0
苏州科技大学	32	0	0	0	0	0	0	0	0	0	0	0	0	0	0
常熟理工学院	33	8	4	8	0	4	4	0	0	7	1	0	7	1	0
淮阴工学院	34	10	8	10	1	4	5	0	0	6	4	0	2	7	0
常州工学院	35	3	1	3	0	1	2	0	0	3	0	0	2	1	0
扬州大学	36	1	0	1	0	1	0	0	0	1	0	0	1	0	0
南京工程学院	37	1	1	1	0	1	0	0	0	1	0	0	0	1	0
南京审计大学	38	15	6	15	7	3	4	1	0	13	2	0	11	2	0
南京晓庄学院	39	1	1	1	0	0	1	0	0	0	1	0	0	1	0
江苏理工学院	40	5	3	5	0	3	1	1	0	5	0	0	2	3	0
江苏海洋大学	41	0	0	0	0	0	0	0	0	0	0	0	0	0	0
徐州工程学院	42	14	5	14	1	4	9	0	0	10	4	0	8	3	0
南京特殊教育师范学院	43	3	1	3	2	1	0	0	0	3	0	0	3	0	0
泰州学院	44	3	3	3	0	0	0	3	0	3	0	0	0	3	0
金陵科技学院	45	4	1	4	0	0	4	0	0	2	2	0	2	1	0
江苏第二师范学院	46	1	0	1	0	1	0	0	0	1	0	0	0	1	0
南京工业职业技术大学	47	0	0	0	0	0	0	0	0	0	0	0	0	0	0
无锡学院	48	0	0	0	0	0	0	0	0	0	0	0	0	0	0
苏州城市学院	49	0	0	0	0	0	0	0	0	0	0	0	0	0	0
宿迁学院	50	1	0	1	0	0	1	0	0	1	0	0	0	1	0

2.21 心理学人文、社会科学活动人员情况表

高校名称		总计		按职称划分						按最后学历划分			按最后学位划分		其他人员
			女性	小计	教授	副教授	讲师	助教	初级	研究生	本科生	其他	博士	硕士	
	编号	L01	L02	L03	L04	L05	L06	L07	L08	L09	L10	L11	L12	L13	L14
合　计	/	434	269	434	72	138	202	22	0	400	34	0	225	190	0
南京大学	1	12	5	12	8	1	3	0	0	12	0	0	12	0	0
东南大学	2	8	4	8	1	6	1	0	0	8	0	0	6	2	0
江南大学	3	1	0	1	0	1	0	0	0	1	0	0	1	0	0
南京农业大学	4	1	1	1	0	0	1	0	0	0	1	0	0	0	0
中国矿业大学	5	0	0	0	0	0	0	0	0	0	0	0	0	0	0
河海大学	6	8	5	8	3	1	4	0	0	8	0	0	6	2	0
南京理工大学	7	2	0	2	1	0	1	0	0	2	0	0	2	0	0
南京航空航天大学	8	2	2	2	0	1	1	0	0	2	0	0	1	1	0
中国药科大学	9	3	2	3	0	0	2	1	0	3	0	0	0	3	0
南京警察学院	10	3	3	3	0	1	2	0	0	3	0	0	0	3	0
苏州大学	11	34	17	34	10	14	10	0	0	34	0	0	23	8	0
江苏科技大学	12	5	3	5	0	2	3	0	0	4	1	0	1	3	0
南京工业大学	13	3	2	3	0	2	1	0	0	3	0	0	1	2	0
常州大学	14	1	1	1	0	0	1	0	0	1	0	0	0	1	0
南京邮电大学	15	0	0	0	0	0	0	0	0	0	0	0	0	0	0
南京林业大学	16	3	3	3	0	0	3	0	0	3	0	0	2	1	0
江苏大学	17	5	3	5	0	1	3	1	0	3	2	0	2	2	0
南京信息工程大学	18	7	3	7	0	3	4	0	0	7	0	0	5	2	0
南通大学	19	26	17	26	8	6	10	2	0	21	5	0	15	8	0
盐城工学院	20	0	0	0	0	0	0	0	0	0	0	0	0	0	0
南京医科大学	21	4	2	4	1	2	0	1	0	4	0	0	3	1	0
徐州医科大学	22	12	8	12	1	6	5	0	0	9	3	0	3	9	0
南京中医药大学	23	24	16	24	0	8	16	0	0	23	1	0	7	16	0
南京师范大学	24	63	33	63	21	25	17	0	0	62	1	0	54	9	0
江苏师范大学	25	21	12	21	2	6	13	0	0	21	0	0	12	9	0

续表

高校名称		总计		按职称划分						按最后学历划分			按最后学位划分		其他人员
			女性	小计	教授	副教授	讲师	助教	初级	研究生	本科生	其他	博士	硕士	
	编号	L01	L02	L03	L04	L05	L06	L07	L08	L09	L10	L11	L12	L13	L14
淮阴师范学院	26	14	8	14	1	8	5	0	0	12	2	0	7	6	0
盐城师范学院	27	13	9	13	4	5	3	1	0	12	1	0	6	7	0
南京财经大学	28	7	5	7	1	1	5	0	0	7	0	0	1	6	0
江苏警官学院	29	7	4	7	2	2	3	0	0	5	2	0	0	6	0
南京体育学院	30	1	1	1	0	0	1	0	0	1	0	0	0	1	0
南京艺术学院	31	2	2	2	0	1	1	0	0	2	0	0	0	2	0
苏州科技大学	32	7	5	7	0	3	4	0	0	7	0	0	7	0	0
常熟理工学院	33	0	0	0	0	0	0	0	0	0	0	0	0	0	0
淮阴工学院	34	9	6	9	1	5	3	0	0	5	4	0	0	9	0
常州工学院	35	8	4	8	0	3	5	0	0	7	1	0	2	5	0
扬州大学	36	6	2	6	0	0	6	0	0	6	0	0	5	1	0
南京工程学院	37	4	2	4	0	1	3	0	0	4	0	0	0	4	0
南京审计大学	38	9	5	9	0	2	6	1	0	8	1	0	4	4	0
南京晓庄学院	39	45	33	45	4	7	28	6	0	42	3	0	21	22	0
江苏理工学院	40	5	3	5	0	3	2	0	0	5	0	0	3	2	0
江苏海洋大学	41	2	1	2	0	0	2	0	0	2	0	0	0	2	0
徐州工程学院	42	4	3	4	0	1	2	1	0	3	1	0	1	2	0
南京特殊教育师范学院	43	10	9	10	0	2	7	1	0	10	0	0	5	5	0
泰州学院	44	5	2	5	1	1	1	2	0	5	0	0	1	3	0
金陵科技学院	45	6	6	6	0	1	3	2	0	4	2	0	0	5	0
江苏第二师范学院	46	12	9	12	1	5	6	0	0	10	2	0	6	6	0
南京工业职业技术大学	47	3	3	3	0	0	0	3	0	3	0	0	0	3	0
无锡学院	48	4	3	4	0	0	4	0	0	4	0	0	0	4	0
苏州城市学院	49	1	1	1	0	0	1	0	0	1	0	0	0	1	0
宿迁学院	50	2	1	2	1	1	0	0	0	1	1	0	0	2	0

2.22 体育科学人文、社会科学活动人员情况表

高校名称		总计		按职称划分						按最后学历划分			按最后学位划分		其他人员
			女性	小计	教授	副教授	讲师	助教	初级	研究生	本科生	其他	博士	硕士	
	编号	L01	L02	L03	L04	L05	L06	L07	L08	L09	L10	L11	L12	L13	L14
合　计	/	2275	811	2275	172	893	979	231	0	1282	993	0	305	1197	0
南京大学	1	38	14	38	4	21	13	0	0	18	20	0	2	18	0
东南大学	2	64	24	64	1	37	12	14	0	32	32	0	8	26	0
江南大学	3	50	20	50	1	17	23	9	0	40	10	0	1	36	0
南京农业大学	4	35	13	35	0	12	14	9	0	21	14	0	0	21	0
中国矿业大学	5	45	17	45	4	26	14	1	0	32	13	0	12	30	0
河海大学	6	31	9	31	4	18	9	0	0	22	9	0	9	14	0
南京理工大学	7	44	17	44	2	22	13	7	0	20	24	0	9	13	0
南京航空航天大学	8	36	7	36	2	16	16	2	0	13	23	0	1	12	0
中国药科大学	9	37	16	37	0	14	19	4	0	11	26	0	0	13	0
南京警察学院	10	37	7	37	2	12	23	0	0	11	26	0	3	18	0
苏州大学	11	111	34	111	15	42	51	3	0	68	43	0	34	39	0
江苏科技大学	12	58	23	58	2	23	28	5	0	23	35	0	7	33	0
南京工业大学	13	17	5	17	1	8	8	0	0	5	12	0	1	5	0
常州大学	14	33	6	33	3	10	20	0	0	24	9	0	5	20	0
南京邮电大学	15	44	19	44	3	30	11	0	0	22	22	0	2	22	0
南京林业大学	16	36	12	36	1	10	23	2	0	27	9	0	0	24	0
江苏大学	17	62	23	62	2	30	23	7	0	25	37	0	3	37	0
南京信息工程大学	18	58	26	58	1	26	31	0	0	42	16	0	2	42	0
南通大学	19	92	26	92	12	47	30	3	0	58	34	0	18	55	0
盐城工学院	20	37	13	37	4	19	12	2	0	21	16	0	4	25	0
南京医科大学	21	19	10	19	0	3	12	4	0	6	13	0	0	14	0
徐州医科大学	22	16	7	16	0	13	3	0	0	8	8	0	0	13	0
南京中医药大学	23	19	7	19	1	1	17	0	0	5	14	0	0	12	0
南京师范大学	24	74	30	74	16	31	24	3	0	54	20	0	25	38	0
江苏师范大学	25	63	29	63	5	28	28	2	0	31	32	0	12	29	0

续表

高校名称		总计		按职称划分						按最后学历划分			按最后学位划分		其他人员
			女性	小计	教授	副教授	讲师	助教	初级	研究生	本科生	其他	博士	硕士	
	编号	L01	L02	L03	L04	L05	L06	L07	L08	L09	L10	L11	L12	L13	L14
淮阴师范学院	26	43	12	43	2	21	18	2	0	28	15	0	9	20	0
盐城师范学院	27	66	18	66	9	27	19	11	0	51	15	0	11	47	0
南京财经大学	28	32	12	32	3	13	16	0	0	17	15	0	4	16	0
江苏警官学院	29	32	7	32	2	10	16	4	0	11	21	0	0	18	0
南京体育学院	30	296	126	296	22	80	145	49	0	139	157	0	56	95	0
南京艺术学院	31	11	5	11	1	8	2	0	0	3	8	0	0	7	0
苏州科技大学	32	34	7	34	1	14	19	0	0	22	12	0	3	19	0
常熟理工学院	33	34	11	34	2	13	14	5	0	20	14	0	1	24	0
淮阴工学院	34	38	9	38	1	16	20	1	0	19	19	0	5	16	0
常州工学院	35	33	14	33	2	13	14	4	0	15	18	0	1	17	0
扬州大学	36	59	21	59	12	18	28	1	0	54	5	0	26	28	0
南京工程学院	37	47	17	47	1	17	24	5	0	30	17	0	0	35	0
南京审计大学	38	32	11	32	6	8	9	9	0	21	11	0	2	19	0
南京晓庄学院	39	60	19	60	5	17	33	5	0	37	23	0	10	29	0
江苏理工学院	40	25	8	25	1	15	8	1	0	17	8	0	1	17	0
江苏海洋大学	41	42	14	42	0	20	19	3	0	14	28	0	6	15	0
徐州工程学院	42	41	12	41	3	15	20	3	0	19	22	0	3	20	0
南京特殊教育师范学院	43	28	10	28	3	8	6	11	0	23	5	0	4	19	0
泰州学院	44	20	5	20	1	3	10	6	0	10	10	0	0	15	0
金陵科技学院	45	25	10	25	0	13	8	4	0	10	15	0	0	13	0
江苏第二师范学院	46	28	13	28	2	5	13	8	0	20	8	0	1	24	0
南京工业职业技术大学	47	23	10	23	1	5	13	4	0	10	13	0	0	15	0
无锡学院	48	19	6	19	0	4	6	9	0	16	3	0	1	16	0
苏州城市学院	49	15	8	15	1	2	8	4	0	14	1	0	0	13	0
宿迁学院	50	36	12	36	5	12	14	5	0	23	13	0	3	31	0

2.23 其他学科人文、社会科学活动人员情况表

高校名称		总计		按职称划分						按最后学历划分			按最后学位划分		其他人员
			女性	小计	教授	副教授	讲师	助教	初级	研究生	本科生	其他	博士	硕士	
	编号	L01	L02	L03	L04	L05	L06	L07	L08	L09	L10	L11	L12	L13	L14
合　计	/	357	176	357	41	71	225	20	0	334	23	0	197	150	0
南京大学	1	0	0	0	0	0	0	0	0	0	0	0	0	0	0
东南大学	2	14	7	14	1	4	9	0	0	14	0	0	14	0	0
江南大学	3	8	5	8	1	1	3	3	0	7	1	0	5	2	0
南京农业大学	4	0	0	0	0	0	0	0	0	0	0	0	0	0	0
中国矿业大学	5	26	7	26	4	10	12	0	0	25	1	0	16	10	0
河海大学	6	0	0	0	0	0	0	0	0	0	0	0	0	0	0
南京理工大学	7	1	1	1	0	0	1	0	0	1	0	0	1	0	0
南京航空航天大学	8	5	2	5	0	1	4	0	0	5	0	0	1	4	0
中国药科大学	9	0	0	0	0	0	0	0	0	0	0	0	0	0	0
南京警察学院	10	0	0	0	0	0	0	0	0	0	0	0	0	0	0
苏州大学	11	5	2	5	1	2	2	0	0	5	0	0	2	3	0
江苏科技大学	12	1	0	1	0	0	1	0	0	1	0	0	1	0	0
南京工业大学	13	0	0	0	0	0	0	0	0	0	0	0	0	0	0
常州大学	14	55	26	55	0	8	47	0	0	47	8	0	11	41	0
南京邮电大学	15	1	0	1	0	0	1	0	0	1	0	0	1	0	0
南京林业大学	16	37	19	37	8	11	16	2	0	37	0	0	29	8	0
江苏大学	17	1	1	1	0	1	0	0	0	1	0	0	0	1	0
南京信息工程大学	18	14	7	14	2	4	8	0	0	13	1	0	12	1	0
南通大学	19	9	7	9	1	2	6	0	0	9	0	0	5	4	0
盐城工学院	20	1	0	1	0	0	1	0	0	1	0	0	1	0	0
南京医科大学	21	7	6	7	2	0	5	0	0	7	0	0	6	1	0
徐州医科大学	22	4	3	4	0	1	2	1	0	4	0	0	1	3	0
南京中医药大学	23	6	4	6	0	1	5	0	0	6	0	0	4	2	0
南京师范大学	24	0	0	0	0	0	0	0	0	0	0	0	0	0	0
江苏师范大学	25	10	3	10	0	4	6	0	0	10	0	0	8	2	0

续表

高校名称	编号	总计	女性	按职称划分 小计	教授	副教授	讲师	助教	初级	按最后学历划分 研究生	本科生	其他	按最后学位划分 博士	硕士	其他人员
		L01	L02	L03	L04	L05	L06	L07	L08	L09	L10	L11	L12	L13	L14
淮阴师范学院	26	0	0	0	0	0	0	0	0	0	0	0	0	0	0
盐城师范学院	27	14	6	14	4	2	4	4	0	12	2	0	5	8	0
南京财经大学	28	2	1	2	1	0	1	0	0	1	1	0	0	2	0
江苏警官学院	29	0	0	0	0	0	0	0	0	0	0	0	0	0	0
南京体育学院	30	0	0	0	0	0	0	0	0	0	0	0	0	0	0
南京艺术学院	31	0	0	0	0	0	0	0	0	0	0	0	0	0	0
苏州科技大学	32	0	0	0	0	0	0	0	0	0	0	0	0	0	0
常熟理工学院	33	0	0	0	0	0	0	0	0	0	0	0	0	0	0
淮阴工学院	34	1	0	1	0	0	1	0	0	1	0	0	1	0	0
常州工学院	35	4	2	4	0	0	4	0	0	4	0	0	0	4	0
扬州大学	36	5	0	5	0	0	5	0	0	5	0	0	5	0	0
南京工程学院	37	10	5	10	1	2	7	0	0	9	1	0	8	2	0
南京审计大学	38	43	25	43	5	5	33	0	0	41	2	0	24	17	0
南京晓庄学院	39	0	0	0	0	0	0	0	0	0	0	0	0	0	0
江苏理工学院	40	3	1	3	0	0	3	0	0	3	0	0	2	1	0
江苏海洋大学	41	0	0	0	0	0	0	0	0	0	0	0	0	0	0
徐州工程学院	42	1	1	1	0	1	0	0	0	1	0	0	1	0	0
南京特殊教育师范学院	43	1	0	1	0	0	0	1	0	1	0	0	0	1	0
泰州学院	44	9	3	9	2	3	2	2	0	4	5	0	2	5	0
金陵科技学院	45	1	1	1	1	0	0	0	0	1	0	0	1	0	0
江苏第二师范学院	46	6	4	6	1	3	2	0	0	6	0	0	6	0	0
南京工业职业技术大学	47	7	3	7	0	1	3	3	0	7	0	0	1	6	0
无锡学院	48	39	20	39	4	4	27	4	0	38	1	0	19	20	0
苏州城市学院	49	5	3	5	2	0	3	0	0	5	0	0	4	1	0
宿迁学院	50	1	1	1	0	0	1	0	0	1	0	0	0	1	0

3. 公办专科高等学校人文、社会科学活动人员情况表

学科门类		总计		按职称划分						按最后学历划分			按最后学位划分		其他人员
			女性	小计	教授	副教授	讲师	助教	初级	研究生	本科生	其他	博士	硕士	
	编号	L01	L02	L03	L04	L05	L06	L07	L08	L09	L10	L11	L12	L13	L14
合　计	/	17 696	11 434	17 696	953	5066	8729	2945	3	10 097	7578	21	1032	12 132	0
管理学	1	3260	2010	3260	248	920	1564	528	0	2023	1232	5	272	2375	0
马克思主义	2	1097	759	1097	62	319	419	297	0	821	276	0	68	890	0
哲学	3	175	109	175	10	54	74	37	0	142	33	0	33	125	0
逻辑学	4	49	24	49	0	21	26	2	0	18	31	0	1	29	0
宗教学	5	3	1	3	0	2	0	1	0	2	1	0	2	0	0
语言学	6	2177	1790	2177	46	654	1329	148	0	837	1340	0	33	1254	0
中国文学	7	530	378	530	44	239	202	45	0	263	267	0	56	324	0
外国文学	8	190	144	190	5	55	115	15	0	98	92	0	6	124	0
艺术学	9	2510	1550	2510	82	674	1271	483	0	1422	1088	0	100	1641	0
历史学	10	97	45	97	6	40	39	12	0	70	27	0	17	63	0
考古学	11	6	2	6	0	0	5	1	0	6	0	0	4	2	0
经济学	12	1601	1110	1601	128	466	730	276	1	965	636	0	119	1138	0
政治学	13	213	140	213	8	57	91	57	0	140	73	0	9	170	0
法学	14	397	252	397	18	108	193	77	1	249	148	0	20	292	0
社会学	15	267	194	267	12	62	143	50	0	190	70	7	24	207	0
民族学与文化学	16	18	13	18	2	6	6	4	0	14	4	0	4	12	0
新闻学与传播学	17	110	74	110	2	17	59	32	0	75	35	0	6	74	0
图书馆、情报与文献学	18	456	309	456	15	84	314	42	1	133	316	7	5	204	0
教育学	19	3057	1893	3057	218	830	1447	562	0	1893	1162	2	207	2274	0
统计学	20	85	53	85	4	21	44	16	0	42	43	0	7	53	0
心理学	21	187	158	187	5	45	98	39	0	130	57	0	3	151	0
体育科学	22	1043	351	1043	31	363	459	190	0	440	603	0	9	610	0
其他学科	23	168	75	168	7	29	101	31	0	124	44	0	27	120	0

3.1 管理学人文、社会科学活动人员情况表

高校名称	编号	总计		按职称划分						按最后学历划分			按最后学位划分		其他人员
			女性	小计	教授	副教授	讲师	助教	初级	研究生	本科生	其他	博士	硕士	
	编号	L01	L02	L03	L04	L05	L06	L07	L08	L09	L10	L11	L12	L13	L14
合　计	/	3260	2010	3260	248	920	1564	528	0	2023	1232	5	272	2375	0
盐城幼儿师范高等专科学校	1	10	9	10	0	3	2	5	0	6	4	0	0	7	0
苏州幼儿师范高等专科学校	2	1	0	1	1	0	0	0	0	1	0	0	0	1	0
无锡职业技术学院	3	94	53	94	9	22	40	23	0	77	17	0	20	62	0
江苏建筑职业技术学院	4	49	30	49	0	14	35	0	0	46	3	0	5	43	0
江苏工程职业技术学院	5	48	28	48	4	16	28	0	0	31	17	0	1	38	0
苏州工艺美术职业技术学院	6	16	9	16	1	2	13	0	0	6	10	0	0	9	0
连云港职业技术学院	7	57	34	57	3	21	28	5	0	32	25	0	3	45	0
镇江市高等专科学校	8	82	53	82	11	24	24	23	0	48	34	0	6	66	0
南通职业大学	9	35	27	35	1	12	18	4	0	18	17	0	3	21	0
苏州市职业大学	10	100	65	100	7	30	53	10	0	65	35	0	12	71	0
沙洲职业工学院	11	21	13	21	3	4	11	3	0	9	11	1	1	12	0
扬州市职业大学	12	47	26	47	5	16	22	4	0	26	20	1	2	34	0
连云港师范高等专科学校	13	17	8	17	0	5	10	2	0	9	8	0	1	14	0
江苏经贸职业技术学院	14	144	93	144	24	53	60	7	0	94	50	0	22	99	0
泰州职业技术学院	15	20	14	20	0	7	12	1	0	14	6	0	1	17	0
常州信息职业技术学院	16	77	48	77	6	33	30	8	0	35	42	0	5	52	0
江苏海事职业技术学院	17	51	26	51	4	10	34	3	0	40	11	0	5	44	0
无锡科技职业学院	18	57	34	57	7	20	30	0	0	25	32	0	8	33	0
江苏医药职业学院	19	45	34	45	4	23	17	1	0	20	25	0	2	35	0
南通科技职业学院	20	24	16	24	1	6	12	5	0	18	6	0	0	19	0

苏州经贸职业技术学院	21	105	65	105	5	23	59	18	0	83	22	0	31	66	0
苏州工业职业技术学院	22	50	35	50	3	17	28	2	0	26	24	0	7	28	0
苏州卫生职业技术学院	23	43	29	43	1	3	25	14	0	23	20	0	0	24	0
无锡商业职业技术学院	24	191	131	191	10	39	83	59	0	102	89	0	8	156	0
江苏航运职业技术学院	25	83	43	83	7	13	51	12	0	42	41	0	2	60	0
南京交通职业技术学院	26	48	32	48	7	15	21	5	0	30	18	0	3	36	0
江苏电子信息职业学院	27	50	24	50	1	13	19	17	0	39	11	0	2	44	0
江苏农牧科技职业学院	28	15	8	15	0	6	9	0	0	15	0	0	0	15	0
常州纺织服装职业技术学院	29	94	56	94	4	43	39	8	0	45	49	0	5	58	0
苏州农业职业技术学院	30	25	19	25	0	13	9	3	0	12	13	0	3	19	0
南京科技职业学院	31	71	40	71	6	28	34	3	0	48	23	0	3	54	0
常州工业职业技术学院	32	56	37	56	5	20	20	11	0	42	14	0	1	46	0
常州工程职业技术学院	33	21	9	21	2	0	16	3	0	12	9	0	0	12	0
江苏农林职业技术学院	34	49	23	49	4	15	25	5	0	30	19	0	3	35	0
江苏食品药品职业技术学院	35	29	13	29	3	5	20	1	0	14	15	0	0	19	0
南京铁道职业技术学院	36	96	50	96	6	24	62	4	0	52	44	0	8	76	0
徐州工业职业技术学院	37	37	24	37	3	9	13	12	0	30	7	0	2	31	0
江苏信息职业技术学院	38	62	38	62	3	17	39	3	0	23	39	0	2	42	0
南京信息职业技术学院	39	60	29	60	6	19	23	12	0	37	23	0	4	50	0
常州机电职业技术学院	40	74	38	74	13	26	26	9	0	37	37	0	6	55	0
江阴职业技术学院	41	32	22	32	1	11	15	5	0	8	24	0	0	18	0
无锡城市职业技术学院	42	41	31	41	1	10	26	4	0	27	14	0	4	30	0
无锡工艺职业技术学院	43	30	16	30	2	10	11	7	0	24	6	0	3	26	0
苏州健雄职业技术学院	44	44	33	44	3	11	26	4	0	26	18	0	5	31	0

续表

高校名称		总计		按职称划分						按最后学历划分			按最后学位划分		其他人员
			女性	小计	教授	副教授	讲师	助教	初级	研究生	本科生	其他	博士	硕士	
	编号	L01	L02	L03	L04	L05	L06	L07	L08	L09	L10	L11	L12	L13	L14
盐城工业职业技术学院	45	58	29	58	5	18	26	9	0	41	16	1	1	43	0
江苏财经职业技术学院	46	97	61	97	8	34	39	16	0	74	23	0	22	69	0
扬州工业职业技术学院	47	29	12	29	1	7	14	7	0	26	3	0	4	23	0
江苏城市职业学院	48	102	66	102	10	23	50	19	0	85	17	0	26	68	0
南京城市职业学院	49	84	49	84	4	31	41	8	0	46	38	0	2	70	0
南京机电职业技术学院	50	24	17	24	0	1	7	16	0	4	20	0	0	4	0
南京旅游职业学院	51	68	45	68	2	11	33	22	0	54	12	2	4	51	0
江苏卫生健康职业学院	52	28	21	28	1	7	15	5	0	21	7	0	0	24	0
苏州信息职业技术学院	53	31	22	31	2	10	16	3	0	13	18	0	1	21	0
苏州工业园区服务外包职业学院	54	38	24	38	4	13	17	4	0	32	6	0	2	34	0
徐州幼儿师范高等专科学校	55	8	4	8	1	2	5	0	0	8	0	0	1	7	0
徐州生物工程职业技术学院	56	13	9	13	1	4	7	1	0	6	7	0	0	5	0
江苏商贸职业学院	57	59	41	59	8	13	20	18	0	35	24	0	1	41	0
南通师范高等专科学校	58	23	14	23	0	3	7	13	0	17	6	0	0	23	0
江苏护理职业学院	59	3	1	3	0	0	2	1	0	0	3	0	0	0	0
江苏财会职业学院	60	35	18	35	6	6	19	4	0	18	17	0	4	24	0
江苏城乡建设职业学院	61	42	26	42	2	7	22	11	0	17	25	0	0	24	0
江苏航空职业技术学院	62	39	28	39	1	5	11	22	0	26	13	0	1	28	0
江苏安全技术职业学院	63	2	2	2	0	0	1	1	0	1	1	0	0	1	0
江苏旅游职业学院	64	69	51	69	4	12	31	22	0	49	20	0	4	56	0
常州幼儿师范高等专科学校	65	7	5	7	1	2	3	1	0	3	4	0	0	6	0

3.2 马克思主义人文、社会科学活动人员情况表

高校名称		总计		按职称划分						按最后学历划分			按最后学位划分		其他人员
			女性	小计	教授	副教授	讲师	助教	初级	研究生	本科生	其他	博士	硕士	
	编号	L01	L02	L03	L04	L05	L06	L07	L08	L09	L10	L11	L12	L13	L14
合　计	/	1097	759	1097	62	319	419	297	0	821	276	0	68	890	0
盐城幼儿师范高等专科学校	1	6	3	6	1	1	1	3	0	5	1	0	0	6	0
苏州幼儿师范高等专科学校	2	3	2	3	0	1	0	2	0	3	0	0	0	3	0
无锡职业技术学院	3	20	14	20	0	4	5	11	0	20	0	0	3	17	0
江苏建筑职业技术学院	4	23	16	23	3	5	15	0	0	22	1	0	0	23	0
江苏工程职业技术学院	5	29	21	29	1	3	25	0	0	26	3	0	0	28	0
苏州工艺美术职业技术学院	6	18	12	18	4	4	3	7	0	17	1	0	3	15	0
连云港职业技术学院	7	13	8	13	0	5	4	4	0	10	3	0	0	11	0
镇江市高等专科学校	8	31	23	31	1	4	15	11	0	20	11	0	0	25	0
南通职业大学	9	17	12	17	3	4	5	5	0	10	7	0	0	16	0
苏州市职业大学	10	37	21	37	1	13	23	0	0	28	9	0	6	23	0
沙洲职业工学院	11	3	0	3	0	1	1	1	0	2	1	0	0	1	0
扬州市职业大学	12	22	13	22	1	5	4	12	0	15	7	0	0	20	0
连云港师范高等专科学校	13	9	8	9	0	3	0	6	0	9	0	0	0	9	0
江苏经贸职业技术学院	14	22	16	22	2	9	8	3	0	15	7	0	3	16	0
泰州职业技术学院	15	13	8	13	1	5	6	1	0	6	7	0	0	10	0
常州信息职业技术学院	16	14	8	14	1	6	5	2	0	13	1	0	2	12	0
江苏海事职业技术学院	17	43	30	43	1	17	22	3	0	29	14	0	3	35	0
无锡科技职业学院	18	12	11	12	1	1	8	2	0	9	3	0	1	10	0
江苏医药职业学院	19	7	5	7	0	3	0	4	0	6	1	0	1	5	0
南通科技职业学院	20	4	2	4	0	2	2	0	0	2	2	0	0	3	0

续表

高校名称		总计		按职称划分						按最后学历划分			按最后学位划分		其他
			女性	小计	教授	副教授	讲师	助教	初级	研究生	本科生	其他	博士	硕士	人员
	编号	L01	L02	L03	L04	L05	L06	L07	L08	L09	L10	L11	L12	L13	L14
苏州经贸职业技术学院	21	8	6	8	1	0	3	4	0	8	0	0	3	5	0
苏州工业职业技术学院	22	14	11	14	1	6	6	1	0	4	10	0	2	8	0
苏州卫生职业技术学院	23	14	11	14	0	2	10	2	0	10	4	0	1	10	0
无锡商业职业技术学院	24	32	18	32	2	11	7	12	0	23	9	0	1	27	0
江苏航运职业技术学院	25	18	8	18	1	8	7	2	0	9	9	0	1	15	0
南京交通职业技术学院	26	18	12	18	1	6	3	8	0	12	6	0	2	15	0
江苏电子信息职业学院	27	14	8	14	3	4	2	5	0	10	4	0	1	12	0
江苏农牧科技职业学院	28	22	13	22	2	7	11	2	0	17	5	0	1	17	0
常州纺织服装职业技术学院	29	26	21	26	6	4	1	15	0	23	3	0	1	21	0
苏州农业职业技术学院	30	13	9	13	2	6	3	2	0	8	5	0	0	10	0
南京科技职业学院	31	40	30	40	1	12	21	6	0	31	9	0	0	36	0
常州工业职业技术学院	32	15	9	15	0	5	4	6	0	13	2	0	2	13	0
常州工程职业技术学院	33	19	10	19	1	1	10	7	0	16	3	0	1	16	0
江苏农林职业技术学院	34	28	13	28	1	6	19	2	0	17	11	0	1	26	0
江苏食品药品职业技术学院	35	18	12	18	0	10	8	0	0	10	8	0	2	13	0
南京铁道职业技术学院	36	23	17	23	1	6	11	5	0	20	3	0	4	19	0
徐州工业职业技术学院	37	12	9	12	0	2	4	6	0	8	4	0	0	10	0
江苏信息职业技术学院	38	13	7	13	1	6	4	2	0	6	7	0	1	9	0
南京信息职业技术学院	39	20	15	20	1	8	7	4	0	16	4	0	2	16	0
常州机电职业技术学院	40	20	13	20	2	6	3	9	0	17	3	0	0	20	0
江阴职业技术学院	41	7	7	7	0	4	3	0	0	2	5	0	0	4	0

无锡城市职业技术学院	42	21	14	21	1	7	9	4	0	12	9	0	2	13	0
无锡工艺职业技术学院	43	21	17	21	1	3	3	14	0	18	3	0	0	19	0
苏州健雄职业技术学院	44	9	5	9	1	6	0	2	0	7	2	0	1	7	0
盐城工业职业技术学院	45	22	18	22	1	3	9	9	0	19	3	0	0	19	0
江苏财经职业技术学院	46	19	14	19	0	9	1	9	0	14	5	0	2	15	0
扬州工业职业技术学院	47	33	24	33	1	11	12	9	0	27	6	0	5	22	0
江苏城市职业学院	48	28	19	28	1	6	7	14	0	24	4	0	3	22	0
南京城市职业学院	49	6	3	6	0	1	5	0	0	5	1	0	0	6	0
南京机电职业技术学院	50	10	9	10	0	0	4	6	0	5	5	0	0	5	0
南京旅游职业学院	51	14	12	14	0	1	6	7	0	13	1	0	1	13	0
江苏卫生健康职业学院	52	15	12	15	0	4	5	6	0	14	1	0	0	14	0
苏州信息职业技术学院	53	6	3	6	0	5	0	1	0	1	5	0	0	1	0
苏州工业园区服务外包职业学院	54	9	7	9	0	4	5	0	0	9	0	0	1	8	0
徐州幼儿师范高等专科学校	55	8	6	8	3	3	1	1	0	3	5	0	2	0	0
徐州生物工程职业技术学院	56	5	4	5	1	3	0	1	0	2	3	0	1	2	0
江苏商贸职业学院	57	24	19	24	0	11	7	6	0	20	4	0	0	20	0
南通师范高等专科学校	58	9	9	9	0	1	4	4	0	6	3	0	0	8	0
江苏护理职业学院	59	10	8	10	0	3	3	4	0	8	2	0	0	9	0
江苏财会职业学院	60	6	3	6	0	2	1	3	0	3	3	0	1	3	0
江苏城乡建设职业学院	61	10	10	10	0	1	3	6	0	10	0	0	0	10	0
江苏航空职业技术学院	62	23	17	23	1	6	5	11	0	18	5	0	1	19	0
江苏安全技术职业学院	63	19	16	19	0	0	18	1	0	19	0	0	0	19	0
江苏旅游职业学院	64	21	10	21	3	9	7	2	0	15	6	0	0	19	0
常州幼儿师范高等专科学校	65	9	8	9	0	4	5	0	0	2	7	0	0	7	0

3.3 哲学人文、社会科学活动人员情况表

高校名称		总计		按职称划分						按最后学历划分			按最后学位划分		其他人员
			女性	小计	教授	副教授	讲师	助教	初级	研究生	本科生	其他	博士	硕士	
	编号	L01	L02	L03	L04	L05	L06	L07	L08	L09	L10	L11	L12	L13	L14
合　计	/	175	109	175	10	54	74	37	0	142	33	0	33	125	0
盐城幼儿师范高等专科学校	1	1	1	1	0	0	0	1	0	1	0	0	0	1	0
苏州幼儿师范高等专科学校	2	1	1	1	0	1	0	0	0	1	0	0	0	1	0
无锡职业技术学院	3	4	3	4	1	2	1	0	0	3	1	0	1	2	0
江苏建筑职业技术学院	4	5	4	5	1	3	1	0	0	5	0	0	1	4	0
江苏工程职业技术学院	5	4	4	4	0	1	3	0	0	4	0	0	0	4	0
苏州工艺美术职业技术学院	6	2	1	2	0	1	1	0	0	2	0	0	1	1	0
连云港职业技术学院	7	3	1	3	0	0	2	1	0	2	1	0	0	2	0
镇江市高等专科学校	8	0	0	0	0	0	0	0	0	0	0	0	0	0	0
南通职业大学	9	1	0	1	0	0	1	0	0	1	0	0	0	1	0
苏州市职业大学	10	26	18	26	1	6	14	5	0	22	4	0	7	17	0
沙洲职业工学院	11	2	1	2	0	0	2	0	0	0	2	0	0	0	0
扬州市职业大学	12	9	6	9	2	4	3	0	0	1	8	0	0	6	0
连云港师范高等专科学校	13	3	2	3	0	0	2	1	0	3	0	0	0	3	0
江苏经贸职业技术学院	14	2	1	2	0	1	1	0	0	2	0	0	1	1	0
泰州职业技术学院	15	0	0	0	0	0	0	0	0	0	0	0	0	0	0
常州信息职业技术学院	16	7	3	7	1	3	1	2	0	3	4	0	1	5	0
江苏海事职业技术学院	17	4	2	4	0	2	2	0	0	4	0	0	1	3	0
无锡科技职业学院	18	2	2	2	0	2	0	0	0	2	0	0	0	2	0
江苏医药职业学院	19	2	1	2	1	0	0	1	0	2	0	0	1	1	0
南通科技职业学院	20	0	0	0	0	0	0	0	0	0	0	0	0	0	0

苏州经贸职业技术学院	21	1	0	1	0	0	1	0	0	1	0	0	0	1	0
苏州工业职业技术学院	22	0	0	0	0	0	0	0	0	0	0	0	0	0	0
苏州卫生职业技术学院	23	5	5	5	0	2	3	0	0	4	1	0	0	4	0
无锡商业职业技术学院	24	3	3	3	0	0	0	3	0	3	0	0	0	3	0
江苏航运职业技术学院	25	3	2	3	0	0	3	0	0	3	0	0	2	1	0
南京交通职业技术学院	26	1	0	1	0	1	0	0	0	1	0	0	0	1	0
江苏电子信息职业学院	27	3	0	3	0	0	1	2	0	3	0	0	1	2	0
江苏农牧科技职业学院	28	0	0	0	0	0	0	0	0	0	0	0	0	0	0
常州纺织服装职业技术学院	29	4	3	4	0	0	2	2	0	3	1	0	0	3	0
苏州农业职业技术学院	30	1	1	1	0	1	0	0	0	1	0	0	0	1	0
南京科技职业学院	31	4	2	4	1	1	2	0	0	4	0	0	0	4	0
常州工业职业技术学院	32	4	2	4	0	1	0	3	0	4	0	0	1	3	0
常州工程职业技术学院	33	2	0	2	0	1	0	1	0	2	0	0	1	1	0
江苏农林职业技术学院	34	0	0	0	0	0	0	0	0	0	0	0	0	0	0
江苏食品药品职业技术学院	35	0	0	0	0	0	0	0	0	0	0	0	0	0	0
南京铁道职业技术学院	36	5	2	5	0	1	2	2	0	5	0	0	2	3	0
徐州工业职业技术学院	37	1	0	1	0	0	1	0	0	1	0	0	0	1	0
江苏信息职业技术学院	38	2	2	2	0	0	2	0	0	2	0	0	1	1	0
南京信息职业技术学院	39	1	0	1	0	1	0	0	0	0	1	0	0	0	0
常州机电职业技术学院	40	9	3	9	2	5	1	1	0	9	0	0	5	4	0
江阴职业技术学院	41	0	0	0	0	0	0	0	0	0	0	0	0	0	0
无锡城市职业技术学院	42	0	0	0	0	0	0	0	0	0	0	0	0	0	0
无锡工艺职业技术学院	43	0	0	0	0	0	0	0	0	0	0	0	0	0	0
苏州健雄职业技术学院	44	4	4	4	0	2	0	2	0	3	1	0	0	4	0

续表

高校名称		总计		按职称划分						按最后学历划分			按最后学位划分		其他人员
			女性	小计	教授	副教授	讲师	助教	初级	研究生	本科生	其他	博士	硕士	
	编号	L01	L02	L03	L04	L05	L06	L07	L08	L09	L10	L11	L12	L13	L14
盐城工业职业技术学院	45	3	1	3	0	0	1	2	0	3	0	0	1	2	0
江苏财经职业技术学院	46	2	2	2	0	0	2	0	0	2	0	0	0	2	0
扬州工业职业技术学院	47	2	1	2	0	0	2	0	0	2	0	0	0	2	0
江苏城市职业学院	48	5	4	5	0	1	3	1	0	5	0	0	3	2	0
南京城市职业学院	49	2	1	2	0	0	2	0	0	2	0	0	0	2	0
南京机电职业技术学院	50	1	1	1	0	0	0	1	0	0	1	0	0	0	0
南京旅游职业学院	51	2	2	2	0	1	0	1	0	1	1	0	0	1	0
江苏卫生健康职业学院	52	4	2	4	0	1	0	3	0	4	0	0	1	3	0
苏州信息职业技术学院	53	0	0	0	0	0	0	0	0	0	0	0	0	0	0
苏州工业园区服务外包职业学院	54	1	1	1	0	1	0	0	0	1	0	0	0	1	0
徐州幼儿师范高等专科学校	55	5	5	5	0	3	2	0	0	4	1	0	1	4	0
徐州生物工程职业技术学院	56	3	1	3	0	3	0	0	0	1	2	0	0	2	0
江苏商贸职业学院	57	1	0	1	0	1	0	0	0	1	0	0	0	1	0
南通师范高等专科学校	58	0	0	0	0	0	0	0	0	0	0	0	0	0	0
江苏护理职业学院	59	8	5	8	0	0	6	2	0	5	3	0	0	8	0
江苏财会职业学院	60	0	0	0	0	0	0	0	0	0	0	0	0	0	0
江苏城乡建设职业学院	61	1	1	1	0	1	0	0	0	0	1	0	0	0	0
江苏航空职业技术学院	62	0	0	0	0	0	0	0	0	0	0	0	0	0	0
江苏安全技术职业学院	63	4	2	4	0	0	4	0	0	4	0	0	0	4	0
江苏旅游职业学院	64	0	0	0	0	0	0	0	0	0	0	0	0	0	0
常州幼儿师范高等专科学校	65	0	0	0	0	0	0	0	0	0	0	0	0	0	0

3.4 逻辑学人文、社会科学活动人员情况表

高校名称		总计		按职称划分						按最后学历划分			按最后学位划分		其他人员
			女性	小计	教授	副教授	讲师	助教	初级	研究生	本科生	其他	博士	硕士	
	编号	L01	L02	L03	L04	L05	L06	L07	L08	L09	L10	L11	L12	L13	L14
合　计	/	49	24	49	0	21	26	2	0	18	31	0	1	29	0
盐城幼儿师范高等专科学校	1	0	0	0	0	0	0	0	0	0	0	0	0	0	0
苏州幼儿师范高等专科学校	2	9	5	9	0	5	4	0	0	6	3	0	0	7	0
无锡职业技术学院	3	0	0	0	0	0	0	0	0	0	0	0	0	0	0
江苏建筑职业技术学院	4	0	0	0	0	0	0	0	0	0	0	0	0	0	0
江苏工程职业技术学院	5	0	0	0	0	0	0	0	0	0	0	0	0	0	0
苏州工艺美术职业技术学院	6	0	0	0	0	0	0	0	0	0	0	0	0	0	0
连云港职业技术学院	7	1	1	1	0	0	1	0	0	1	0	0	0	1	0
镇江市高等专科学校	8	0	0	0	0	0	0	0	0	0	0	0	0	0	0
南通职业大学	9	0	0	0	0	0	0	0	0	0	0	0	0	0	0
苏州市职业大学	10	0	0	0	0	0	0	0	0	0	0	0	0	0	0
沙洲职业工学院	11	0	0	0	0	0	0	0	0	0	0	0	0	0	0
扬州市职业大学	12	1	0	1	0	0	1	0	0	0	1	0	0	1	0
连云港师范高等专科学校	13	0	0	0	0	0	0	0	0	0	0	0	0	0	0
江苏经贸职业技术学院	14	0	0	0	0	0	0	0	0	0	0	0	0	0	0
泰州职业技术学院	15	0	0	0	0	0	0	0	0	0	0	0	0	0	0
常州信息职业技术学院	16	0	0	0	0	0	0	0	0	0	0	0	0	0	0
江苏海事职业技术学院	17	0	0	0	0	0	0	0	0	0	0	0	0	0	0
无锡科技职业学院	18	0	0	0	0	0	0	0	0	0	0	0	0	0	0
江苏医药职业学院	19	0	0	0	0	0	0	0	0	0	0	0	0	0	0
南通科技职业学院	20	1	1	1	0	1	0	0	0	0	1	0	0	1	0

续表

高校名称		总计		按职称划分						按最后学历划分			按最后学位划分		其他
			女性	小计	教授	副教授	讲师	助教	初级	研究生	本科生	其他	博士	硕士	人员
	编号	L01	L02	L03	L04	L05	L06	L07	L08	L09	L10	L11	L12	L13	L14
苏州经贸职业技术学院	21	0	0	0	0	0	0	0	0	0	0	0	0	0	0
苏州工业职业技术学院	22	0	0	0	0	0	0	0	0	0	0	0	0	0	0
苏州卫生职业技术学院	23	5	3	5	0	0	5	0	0	1	4	0	0	1	0
无锡商业职业技术学院	24	0	0	0	0	0	0	0	0	0	0	0	0	0	0
江苏航运职业技术学院	25	1	0	1	0	0	1	0	0	1	0	0	1	0	0
南京交通职业技术学院	26	0	0	0	0	0	0	0	0	0	0	0	0	0	0
江苏电子信息职业学院	27	0	0	0	0	0	0	0	0	0	0	0	0	0	0
江苏农牧科技职业学院	28	0	0	0	0	0	0	0	0	0	0	0	0	0	0
常州纺织服装职业技术学院	29	6	1	6	0	2	4	0	0	3	3	0	0	4	0
苏州农业职业技术学院	30	0	0	0	0	0	0	0	0	0	0	0	0	0	0
南京科技职业学院	31	0	0	0	0	0	0	0	0	0	0	0	0	0	0
常州工业职业技术学院	32	0	0	0	0	0	0	0	0	0	0	0	0	0	0
常州工程职业技术学院	33	1	0	1	0	0	0	1	0	1	0	0	0	1	0
江苏农林职业技术学院	34	0	0	0	0	0	0	0	0	0	0	0	0	0	0
江苏食品药品职业技术学院	35	9	6	9	0	4	5	0	0	0	9	0	0	4	0
南京铁道职业技术学院	36	1	1	1	0	0	1	0	0	1	0	0	0	1	0
徐州工业职业技术学院	37	1	0	1	0	0	1	0	0	1	0	0	0	1	0
江苏信息职业技术学院	38	0	0	0	0	0	0	0	0	0	0	0	0	0	0
南京信息职业技术学院	39	0	0	0	0	0	0	0	0	0	0	0	0	0	0
常州机电职业技术学院	40	0	0	0	0	0	0	0	0	0	0	0	0	0	0
江阴职业技术学院	41	0	0	0	0	0	0	0	0	0	0	0	0	0	0

无锡城市职业技术学院	42	0	0	0	0	0	0	0	0	0	0	0	0	0	0
无锡工艺职业技术学院	43	1	0	1	0	1	0	0	0	0	1	0	0	0	0
苏州健雄职业技术学院	44	0	0	0	0	0	0	0	0	0	0	0	0	0	0
盐城工业职业技术学院	45	0	0	0	0	0	0	0	0	0	0	0	0	0	0
江苏财经职业技术学院	46	0	0	0	0	0	0	0	0	0	0	0	0	0	0
扬州工业职业技术学院	47	0	0	0	0	0	0	0	0	0	0	0	0	0	0
江苏城市职业学院	48	0	0	0	0	0	0	0	0	0	0	0	0	0	0
南京城市职业学院	49	2	1	2	0	2	0	0	0	0	2	0	0	1	0
南京机电职业技术学院	50	0	0	0	0	0	0	0	0	0	0	0	0	0	0
南京旅游职业学院	51	0	0	0	0	0	0	0	0	0	0	0	0	0	0
江苏卫生健康职业学院	52	0	0	0	0	0	0	0	0	0	0	0	0	0	0
苏州信息职业技术学院	53	0	0	0	0	0	0	0	0	0	0	0	0	0	0
苏州工业园区服务外包职业学院	54	0	0	0	0	0	0	0	0	0	0	0	0	0	0
徐州幼儿师范高等专科学校	55	0	0	0	0	0	0	0	0	0	0	0	0	0	0
徐州生物工程职业技术学院	56	0	0	0	0	0	0	0	0	0	0	0	0	0	0
江苏商贸职业学院	57	0	0	0	0	0	0	0	0	0	0	0	0	0	0
南通师范高等专科学校	58	0	0	0	0	0	0	0	0	0	0	0	0	0	0
江苏护理职业学院	59	1	0	1	0	0	1	0	0	0	1	0	0	1	0
江苏财会职业学院	60	0	0	0	0	0	0	0	0	0	0	0	0	0	0
江苏城乡建设职业学院	61	0	0	0	0	0	0	0	0	0	0	0	0	0	0
江苏航空职业技术学院	62	1	1	1	0	0	1	0	0	1	0	0	0	1	0
江苏安全技术职业学院	63	0	0	0	0	0	0	0	0	0	0	0	0	0	0
江苏旅游职业学院	64	2	0	2	0	2	0	0	0	1	1	0	0	2	0
常州幼儿师范高等专科学校	65	6	4	6	0	4	1	1	0	1	5	0	0	2	0

3.5 宗教学人文、社会科学活动人员情况表

高校名称		总计		按职称划分						按最后学历划分			按最后学位划分		其他人员
			女性	小计	教授	副教授	讲师	助教	初级	研究生	本科生	其他	博士	硕士	
	编号	L01	L02	L03	L04	L05	L06	L07	L08	L09	L10	L11	L12	L13	L14
合　计	/	3	1	3	0	2	0	1	0	2	1	0	2	0	0
盐城幼儿师范高等专科学校	1	0	0	0	0	0	0	0	0	0	0	0	0	0	0
苏州幼儿师范高等专科学校	2	0	0	0	0	0	0	0	0	0	0	0	0	0	0
无锡职业技术学院	3	0	0	0	0	0	0	0	0	0	0	0	0	0	0
江苏建筑职业技术学院	4	0	0	0	0	0	0	0	0	0	0	0	0	0	0
江苏工程职业技术学院	5	0	0	0	0	0	0	0	0	0	0	0	0	0	0
苏州工艺美术职业技术学院	6	0	0	0	0	0	0	0	0	0	0	0	0	0	0
连云港职业技术学院	7	1	0	1	0	1	0	0	0	0	1	0	0	0	0
镇江市高等专科学校	8	0	0	0	0	0	0	0	0	0	0	0	0	0	0
南通职业大学	9	0	0	0	0	0	0	0	0	0	0	0	0	0	0
苏州市职业大学	10	1	0	1	0	0	0	1	0	1	0	0	1	0	0
沙洲职业工学院	11	0	0	0	0	0	0	0	0	0	0	0	0	0	0
扬州市职业大学	12	0	0	0	0	0	0	0	0	0	0	0	0	0	0
连云港师范高等专科学校	13	0	0	0	0	0	0	0	0	0	0	0	0	0	0
江苏经贸职业技术学院	14	0	0	0	0	0	0	0	0	0	0	0	0	0	0
泰州职业技术学院	15	0	0	0	0	0	0	0	0	0	0	0	0	0	0
常州信息职业技术学院	16	0	0	0	0	0	0	0	0	0	0	0	0	0	0
江苏海事职业技术学院	17	0	0	0	0	0	0	0	0	0	0	0	0	0	0
无锡科技职业学院	18	0	0	0	0	0	0	0	0	0	0	0	0	0	0
江苏医药职业学院	19	0	0	0	0	0	0	0	0	0	0	0	0	0	0
南通科技职业学院	20	0	0	0	0	0	0	0	0	0	0	0	0	0	0

苏州经贸职业技术学院	21	0	0	0	0	0	0	0	0	0	0	0	0	0	0
苏州工业职业技术学院	22	0	0	0	0	0	0	0	0	0	0	0	0	0	0
苏州卫生职业技术学院	23	0	0	0	0	0	0	0	0	0	0	0	0	0	0
无锡商业职业技术学院	24	0	0	0	0	0	0	0	0	0	0	0	0	0	0
江苏航运职业技术学院	25	0	0	0	0	0	0	0	0	0	0	0	0	0	0
南京交通职业技术学院	26	0	0	0	0	0	0	0	0	0	0	0	0	0	0
江苏电子信息职业学院	27	0	0	0	0	0	0	0	0	0	0	0	0	0	0
江苏农牧科技职业学院	28	0	0	0	0	0	0	0	0	0	0	0	0	0	0
常州纺织服装职业技术学院	29	0	0	0	0	0	0	0	0	0	0	0	0	0	0
苏州农业职业技术学院	30	0	0	0	0	0	0	0	0	0	0	0	0	0	0
南京科技职业学院	31	0	0	0	0	0	0	0	0	0	0	0	0	0	0
常州工业职业技术学院	32	0	0	0	0	0	0	0	0	0	0	0	0	0	0
常州工程职业技术学院	33	0	0	0	0	0	0	0	0	0	0	0	0	0	0
江苏农林职业技术学院	34	0	0	0	0	0	0	0	0	0	0	0	0	0	0
江苏食品药品职业技术学院	35	0	0	0	0	0	0	0	0	0	0	0	0	0	0
南京铁道职业技术学院	36	0	0	0	0	0	0	0	0	0	0	0	0	0	0
徐州工业职业技术学院	37	0	0	0	0	0	0	0	0	0	0	0	0	0	0
江苏信息职业技术学院	38	0	0	0	0	0	0	0	0	0	0	0	0	0	0
南京信息职业技术学院	39	0	0	0	0	0	0	0	0	0	0	0	0	0	0
常州机电职业技术学院	40	0	0	0	0	0	0	0	0	0	0	0	0	0	0
江阴职业技术学院	41	0	0	0	0	0	0	0	0	0	0	0	0	0	0
无锡城市职业技术学院	42	0	0	0	0	0	0	0	0	0	0	0	0	0	0
无锡工艺职业技术学院	43	0	0	0	0	0	0	0	0	0	0	0	0	0	0
苏州健雄职业技术学院	44	0	0	0	0	0	0	0	0	0	0	0	0	0	0

续表

高校名称		总计		按职称划分						按最后学历划分			按最后学位划分		其他人员
			女性	小计	教授	副教授	讲师	助教	初级	研究生	本科生	其他	博士	硕士	
	编号	L01	L02	L03	L04	L05	L06	L07	L08	L09	L10	L11	L12	L13	L14
盐城工业职业技术学院	45	0	0	0	0	0	0	0	0	0	0	0	0	0	0
江苏财经职业技术学院	46	1	1	1	0	1	0	0	0	1	0	0	1	0	0
扬州工业职业技术学院	47	0	0	0	0	0	0	0	0	0	0	0	0	0	0
江苏城市职业学院	48	0	0	0	0	0	0	0	0	0	0	0	0	0	0
南京城市职业学院	49	0	0	0	0	0	0	0	0	0	0	0	0	0	0
南京机电职业技术学院	50	0	0	0	0	0	0	0	0	0	0	0	0	0	0
南京旅游职业学院	51	0	0	0	0	0	0	0	0	0	0	0	0	0	0
江苏卫生健康职业学院	52	0	0	0	0	0	0	0	0	0	0	0	0	0	0
苏州信息职业技术学院	53	0	0	0	0	0	0	0	0	0	0	0	0	0	0
苏州工业园区服务外包职业学院	54	0	0	0	0	0	0	0	0	0	0	0	0	0	0
徐州幼儿师范高等专科学校	55	0	0	0	0	0	0	0	0	0	0	0	0	0	0
徐州生物工程职业技术学院	56	0	0	0	0	0	0	0	0	0	0	0	0	0	0
江苏商贸职业学院	57	0	0	0	0	0	0	0	0	0	0	0	0	0	0
南通师范高等专科学校	58	0	0	0	0	0	0	0	0	0	0	0	0	0	0
江苏护理职业学院	59	0	0	0	0	0	0	0	0	0	0	0	0	0	0
江苏财会职业学院	60	0	0	0	0	0	0	0	0	0	0	0	0	0	0
江苏城乡建设职业学院	61	0	0	0	0	0	0	0	0	0	0	0	0	0	0
江苏航空职业技术学院	62	0	0	0	0	0	0	0	0	0	0	0	0	0	0
江苏安全技术职业学院	63	0	0	0	0	0	0	0	0	0	0	0	0	0	0
江苏旅游职业学院	64	0	0	0	0	0	0	0	0	0	0	0	0	0	0
常州幼儿师范高等专科学校	65	0	0	0	0	0	0	0	0	0	0	0	0	0	0

3.6 语言学人文、社会科学活动人员情况表

高校名称		总计		按职称划分						按最后学历划分			按最后学位划分		其他人员
			女性	小计	教授	副教授	讲师	助教	初级	研究生	本科生	其他	博士	硕士	
	编号	L01	L02	L03	L04	L05	L06	L07	L08	L09	L10	L11	L12	L13	L14
合　计	/	2177	1790	2177	46	654	1329	148	0	837	1340	0	33	1254	0
盐城幼儿师范高等专科学校	1	88	75	88	1	42	40	5	0	12	76	0	1	36	0
苏州幼儿师范高等专科学校	2	15	13	15	3	5	7	0	0	9	6	0	0	14	0
无锡职业技术学院	3	63	51	63	0	6	40	17	0	47	16	0	3	43	0
江苏建筑职业技术学院	4	29	22	29	0	14	15	0	0	22	7	0	0	23	0
江苏工程职业技术学院	5	26	23	26	1	8	17	0	0	13	13	0	0	16	0
苏州工艺美术职业技术学院	6	14	12	14	0	9	5	0	0	7	7	0	0	12	0
连云港职业技术学院	7	34	25	34	0	8	23	3	0	4	30	0	0	15	0
镇江市高等专科学校	8	54	42	54	0	15	38	1	0	17	37	0	1	22	0
南通职业大学	9	37	32	37	0	6	26	5	0	12	25	0	0	22	0
苏州市职业大学	10	72	60	72	3	20	49	0	0	40	32	0	3	47	0
沙洲职业工学院	11	20	19	20	0	7	12	1	0	0	20	0	0	4	0
扬州市职业大学	12	100	78	100	3	32	61	4	0	52	48	0	0	57	0
连云港师范高等专科学校	13	48	39	48	1	22	23	2	0	22	26	0	1	47	0
江苏经贸职业技术学院	14	53	44	53	1	17	30	5	0	22	31	0	2	36	0
泰州职业技术学院	15	19	16	19	0	8	10	1	0	3	16	0	0	6	0
常州信息职业技术学院	16	58	46	58	4	18	32	4	0	21	37	0	2	29	0
江苏海事职业技术学院	17	67	53	67	3	11	53	0	0	25	42	0	1	53	0
无锡科技职业学院	18	40	28	40	0	17	23	0	0	5	35	0	0	16	0
江苏医药职业学院	19	7	6	7	1	5	1	0	0	2	5	0	0	6	0
南通科技职业学院	20	22	18	22	0	3	17	2	0	12	10	0	0	11	0

续表

高校名称		总计		按职称划分						按最后学历划分			按最后学位划分		其他人员
			女性	小计	教授	副教授	讲师	助教	初级	研究生	本科生	其他	博士	硕士	
	编号	L01	L02	L03	L04	L05	L06	L07	L08	L09	L10	L11	L12	L13	L14
苏州经贸职业技术学院	21	20	17	20	0	3	16	1	0	14	6	0	1	14	0
苏州工业职业技术学院	22	48	43	48	2	7	39	0	0	12	36	0	0	18	0
苏州卫生职业技术学院	23	32	28	32	1	6	21	4	0	14	18	0	0	15	0
无锡商业职业技术学院	24	54	40	54	0	13	38	3	0	13	41	0	1	32	0
江苏航运职业技术学院	25	36	24	36	0	17	18	1	0	11	25	0	0	23	0
南京交通职业技术学院	26	31	27	31	2	6	22	1	0	16	15	0	1	24	0
江苏电子信息职业学院	27	11	7	11	0	5	0	6	0	7	4	0	0	10	0
江苏农牧科技职业学院	28	2	1	2	0	0	2	0	0	0	2	0	0	0	0
常州纺织服装职业技术学院	29	41	29	41	1	23	15	2	0	14	27	0	2	17	0
苏州农业职业技术学院	30	25	20	25	0	11	13	1	0	4	21	0	0	13	0
南京科技职业学院	31	36	30	36	0	10	26	0	0	21	15	0	1	28	0
常州工业职业技术学院	32	30	26	30	0	9	20	1	0	5	25	0	0	16	0
常州工程职业技术学院	33	3	3	3	0	1	2	0	0	1	2	0	0	1	0
江苏农林职业技术学院	34	26	22	26	0	9	16	1	0	6	20	0	0	9	0
江苏食品药品职业技术学院	35	34	25	34	0	4	29	1	0	7	27	0	0	13	0
南京铁道职业技术学院	36	19	17	19	0	6	12	1	0	7	12	0	0	13	0
徐州工业职业技术学院	37	15	11	15	0	7	7	1	0	5	10	0	0	8	0
江苏信息职业技术学院	38	33	29	33	1	8	24	0	0	10	23	0	0	22	0
南京信息职业技术学院	39	31	25	31	1	11	16	3	0	16	15	0	1	22	0
常州机电职业技术学院	40	37	32	37	0	12	22	3	0	10	27	0	0	19	0
江阴职业技术学院	41	44	32	44	1	8	29	6	0	3	41	0	1	15	0

无锡城市职业技术学院	42	36	24	36	2	16	18	0	0	5	31	0	0	10	0
无锡工艺职业技术学院	43	25	22	25	0	4	19	2	0	12	13	0	0	16	0
苏州健雄职业技术学院	44	36	31	36	1	6	24	5	0	13	23	0	0	19	0
盐城工业职业技术学院	45	22	19	22	0	7	12	3	0	11	11	0	0	11	0
江苏财经职业技术学院	46	19	16	19	0	8	9	2	0	14	5	0	4	11	0
扬州工业职业技术学院	47	40	33	40	0	12	23	5	0	24	16	0	1	25	0
江苏城市职业学院	48	44	36	44	1	19	21	3	0	30	14	0	2	34	0
南京城市职业学院	49	14	13	14	1	1	11	1	0	9	5	0	0	13	0
南京机电职业技术学院	50	11	11	11	0	0	8	3	0	3	8	0	0	4	0
南京旅游职业学院	51	28	23	28	0	6	17	5	0	22	6	0	0	25	0
江苏卫生健康职业学院	52	9	8	9	0	1	5	3	0	7	2	0	0	7	0
苏州信息职业技术学院	53	26	24	26	0	7	19	0	0	5	21	0	0	13	0
苏州工业园区服务外包职业学院	54	24	21	24	2	5	15	2	0	19	5	0	2	21	0
徐州幼儿师范高等专科学校	55	29	26	29	6	16	5	2	0	9	20	0	2	10	0
徐州生物工程职业技术学院	56	17	12	17	0	6	11	0	0	1	16	0	0	4	0
江苏商贸职业学院	57	44	36	44	0	16	24	4	0	15	29	0	0	26	0
南通师范高等专科学校	58	131	115	131	2	26	99	4	0	34	97	0	0	62	0
江苏护理职业学院	59	11	8	11	0	3	8	0	0	6	5	0	0	6	0
江苏财会职业学院	60	27	23	27	0	13	13	1	0	8	19	0	0	17	0
江苏城乡建设职业学院	61	13	11	13	0	3	9	1	0	3	10	0	0	7	0
江苏航空职业技术学院	62	9	8	9	0	0	6	3	0	4	5	0	0	4	0
江苏安全技术职业学院	63	13	13	13	0	1	8	4	0	8	5	0	0	11	0
江苏旅游职业学院	64	38	35	38	1	7	22	8	0	22	16	0	0	31	0
常州幼儿师范高等专科学校	65	37	32	37	0	22	14	1	0	10	27	0	0	20	0

3.7 中国文学人文、社会科学活动人员情况表

高校名称	编号	总计		按职称划分						按最后学历划分			按最后学位划分		其他人员
			女性	小计	教授	副教授	讲师	助教	初级	研究生	本科生	其他	博士	硕士	
		L01	L02	L03	L04	L05	L06	L07	L08	L09	L10	L11	L12	L13	L14
合　计	/	530	378	530	44	239	202	45	0	263	267	0	56	324	0
盐城幼儿师范高等专科学校	1	54	38	54	9	31	12	2	0	13	41	0	1	22	0
苏州幼儿师范高等专科学校	2	11	8	11	1	6	4	0	0	7	4	0	0	9	0
无锡职业技术学院	3	7	5	7	1	2	3	1	0	7	0	0	2	5	0
江苏建筑职业技术学院	4	8	8	8	1	3	4	0	0	6	2	0	0	7	0
江苏工程职业技术学院	5	7	5	7	0	5	2	0	0	3	4	0	0	3	0
苏州工艺美术职业技术学院	6	9	5	9	3	4	1	1	0	7	2	0	2	5	0
连云港职业技术学院	7	9	8	9	0	3	5	1	0	4	5	0	1	6	0
镇江市高等专科学校	8	14	10	14	1	9	4	0	0	4	10	0	1	8	0
南通职业大学	9	6	4	6	0	3	3	0	0	2	4	0	0	4	0
苏州市职业大学	10	29	17	29	9	11	8	1	0	17	12	0	8	15	0
沙洲职业工学院	11	3	2	3	0	3	0	0	0	1	2	0	0	1	0
扬州市职业大学	12	27	19	27	2	14	9	2	0	12	15	0	4	16	0
连云港师范高等专科学校	13	19	11	19	2	11	5	1	0	11	8	0	4	14	0
江苏经贸职业技术学院	14	4	4	4	0	0	4	0	0	4	0	0	1	3	0
泰州职业技术学院	15	3	1	3	0	0	3	0	0	1	2	0	0	1	0
常州信息职业技术学院	16	5	4	5	0	4	1	0	0	1	4	0	1	3	0
江苏海事职业技术学院	17	1	0	1	1	0	0	0	0	0	1	0	0	1	0
无锡科技职业学院	18	2	2	2	0	0	2	0	0	1	1	0	1	0	0
江苏医药职业学院	19	1	1	1	0	1	0	0	0	0	1	0	0	1	0
南通科技职业学院	20	6	3	6	0	1	5	0	0	2	4	0	0	3	0

苏州经贸职业技术学院	21	5	4	5	0	4	1	0	0	3	2	0	1	2	0
苏州工业职业技术学院	22	4	2	4	0	0	3	1	0	1	3	0	1	2	0
苏州卫生职业技术学院	23	12	10	12	0	5	5	2	0	4	8	0	1	5	0
无锡商业职业技术学院	24	9	9	9	0	4	5	0	0	2	7	0	0	6	0
江苏航运职业技术学院	25	0	0	0	0	0	0	0	0	0	0	0	0	0	0
南京交通职业技术学院	26	4	1	4	0	2	2	0	0	4	0	0	1	3	0
江苏电子信息职业学院	27	11	4	11	0	3	3	5	0	6	5	0	1	7	0
江苏农牧科技职业学院	28	1	1	1	0	0	1	0	0	1	0	0	0	1	0
常州纺织服装职业技术学院	29	3	3	3	0	0	3	0	0	2	1	0	0	2	0
苏州农业职业技术学院	30	3	3	3	0	3	0	0	0	2	1	0	0	3	0
南京科技职业学院	31	2	0	2	0	1	1	0	0	1	1	0	0	1	0
常州工业职业技术学院	32	1	1	1	0	0	1	0	0	0	1	0	0	0	0
常州工程职业技术学院	33	9	8	9	1	1	6	1	0	6	3	0	1	8	0
江苏农林职业技术学院	34	2	2	2	1	0	1	0	0	0	2	0	0	1	0
江苏食品药品职业技术学院	35	4	2	4	0	3	1	0	0	1	3	0	0	2	0
南京铁道职业技术学院	36	9	8	9	0	3	6	0	0	6	3	0	2	5	0
徐州工业职业技术学院	37	3	3	3	0	0	0	3	0	3	0	0	0	3	0
江苏信息职业技术学院	38	4	3	4	0	3	1	0	0	3	1	0	0	3	0
南京信息职业技术学院	39	2	2	2	0	1	1	0	0	0	2	0	0	2	0
常州机电职业技术学院	40	5	4	5	0	3	2	0	0	3	2	0	0	4	0
江阴职业技术学院	41	10	8	10	1	6	1	2	0	3	7	0	0	6	0
无锡城市职业技术学院	42	3	1	3	0	1	1	1	0	2	1	0	1	2	0
无锡工艺职业技术学院	43	4	4	4	0	1	3	0	0	1	3	0	0	2	0
苏州健雄职业技术学院	44	2	0	2	0	1	1	0	0	1	1	0	0	1	0

续表

高校名称		总计		按职称划分						按最后学历划分			按最后学位划分		其他人员
			女性	小计	教授	副教授	讲师	助教	初级	研究生	本科生	其他	博士	硕士	
	编号	L01	L02	L03	L04	L05	L06	L07	L08	L09	L10	L11	L12	L13	L14
盐城工业职业技术学院	45	1	0	1	0	1	0	0	0	1	0	0	0	1	0
江苏财经职业技术学院	46	9	8	9	0	6	2	1	0	3	6	0	0	9	0
扬州工业职业技术学院	47	8	6	8	0	1	7	0	0	8	0	0	1	7	0
江苏城市职业学院	48	17	14	17	3	3	9	2	0	15	2	0	11	5	0
南京城市职业学院	49	8	8	8	0	2	5	1	0	7	1	0	0	7	0
南京机电职业技术学院	50	2	2	2	1	0	0	1	0	0	2	0	0	0	0
南京旅游职业学院	51	3	2	3	0	2	1	0	0	3	0	0	2	1	0
江苏卫生健康职业学院	52	5	4	5	0	1	3	1	0	4	1	0	0	5	0
苏州信息职业技术学院	53	0	0	0	0	0	0	0	0	0	0	0	0	0	0
苏州工业园区服务外包职业学院	54	8	6	8	2	2	3	1	0	7	1	0	1	7	0
徐州幼儿师范高等专科学校	55	20	15	20	0	14	6	0	0	4	16	0	2	9	0
徐州生物工程职业技术学院	56	12	5	12	1	4	6	1	0	2	10	0	0	6	0
江苏商贸职业学院	57	15	11	15	1	9	4	1	0	9	6	0	0	13	0
南通师范高等专科学校	58	14	9	14	1	4	8	1	0	13	1	0	2	12	0
江苏护理职业学院	59	12	6	12	1	7	1	3	0	7	5	0	2	6	0
江苏财会职业学院	60	16	13	16	0	11	5	0	0	5	11	0	0	10	0
江苏城乡建设职业学院	61	9	8	9	0	3	4	2	0	2	7	0	0	5	0
江苏航空职业技术学院	62	2	1	2	0	1	1	0	0	0	2	0	0	0	0
江苏安全技术职业学院	63	7	6	7	0	1	3	3	0	5	2	0	0	5	0
江苏旅游职业学院	64	16	11	16	0	5	9	2	0	9	7	0	0	15	0
常州幼儿师范高等专科学校	65	9	5	9	1	6	1	1	0	1	8	0	0	3	0

3.8 外国文学人文、社会科学活动人员情况表

高校名称		总计		按职称划分						按最后学历划分			按最后学位划分		其他人员
			女性	小计	教授	副教授	讲师	助教	初级	研究生	本科生	其他	博士	硕士	
	编号	L01	L02	L03	L04	L05	L06	L07	L08	L09	L10	L11	L12	L13	L14
合　计	/	190	144	190	5	55	115	15	0	98	92	0	6	124	0
盐城幼儿师范高等专科学校	1	4	3	4	0	3	1	0	0	2	2	0	0	2	0
苏州幼儿师范高等专科学校	2	1	1	1	0	1	0	0	0	1	0	0	0	1	0
无锡职业技术学院	3	3	3	3	1	0	2	0	0	3	0	0	2	1	0
江苏建筑职业技术学院	4	1	0	1	0	1	0	0	0	1	0	0	0	1	0
江苏工程职业技术学院	5	4	3	4	0	1	3	0	0	2	2	0	0	3	0
苏州工艺美术职业技术学院	6	5	3	5	0	4	1	0	0	4	1	0	0	5	0
连云港职业技术学院	7	2	2	2	0	0	2	0	0	2	0	0	0	2	0
镇江市高等专科学校	8	6	6	6	0	3	3	0	0	1	5	0	0	1	0
南通职业大学	9	7	4	7	0	0	6	1	0	1	6	0	0	1	0
苏州市职业大学	10	24	14	24	1	2	20	1	0	12	12	0	2	16	0
沙洲职业工学院	11	1	1	1	0	1	0	0	0	0	1	0	0	0	0
扬州市职业大学	12	5	4	5	0	3	2	0	0	3	2	0	0	4	0
连云港师范高等专科学校	13	11	9	11	0	8	2	1	0	5	6	0	0	10	0
江苏经贸职业技术学院	14	0	0	0	0	0	0	0	0	0	0	0	0	0	0
泰州职业技术学院	15	0	0	0	0	0	0	0	0	0	0	0	0	0	0
常州信息职业技术学院	16	2	2	2	0	0	1	1	0	2	0	0	0	2	0
江苏海事职业技术学院	17	0	0	0	0	0	0	0	0	0	0	0	0	0	0
无锡科技职业学院	18	4	4	4	0	0	4	0	0	1	3	0	0	2	0
江苏医药职业学院	19	0	0	0	0	0	0	0	0	0	0	0	0	0	0
南通科技职业学院	20	6	6	6	0	1	5	0	0	3	3	0	0	3	0

续表

高校名称		总计		按职称划分						按最后学历划分			按最后学位划分		其他人员
			女性	小计	教授	副教授	讲师	助教	初级	研究生	本科生	其他	博士	硕士	
	编号	L01	L02	L03	L04	L05	L06	L07	L08	L09	L10	L11	L12	L13	L14
苏州经贸职业技术学院	21	1	1	1	0	1	0	0	0	1	0	0	0	1	0
苏州工业职业技术学院	22	0	0	0	0	0	0	0	0	0	0	0	0	0	0
苏州卫生职业技术学院	23	0	0	0	0	0	0	0	0	0	0	0	0	0	0
无锡商业职业技术学院	24	5	2	5	0	3	2	0	0	1	4	0	0	1	0
江苏航运职业技术学院	25	1	0	1	1	0	0	0	0	0	1	0	0	1	0
南京交通职业技术学院	26	0	0	0	0	0	0	0	0	0	0	0	0	0	0
江苏电子信息职业学院	27	24	15	24	1	6	16	1	0	13	11	0	0	19	0
江苏农牧科技职业学院	28	1	0	1	0	1	0	0	0	0	1	0	0	0	0
常州纺织服装职业技术学院	29	7	6	7	0	3	2	2	0	2	5	0	0	2	0
苏州农业职业技术学院	30	2	1	2	0	0	1	1	0	2	0	0	0	2	0
南京科技职业学院	31	0	0	0	0	0	0	0	0	0	0	0	0	0	0
常州工业职业技术学院	32	1	1	1	0	0	1	0	0	0	1	0	0	1	0
常州工程职业技术学院	33	0	0	0	0	0	0	0	0	0	0	0	0	0	0
江苏农林职业技术学院	34	0	0	0	0	0	0	0	0	0	0	0	0	0	0
江苏食品药品职业技术学院	35	1	1	1	0	0	1	0	0	0	1	0	0	0	0
南京铁道职业技术学院	36	8	7	8	0	1	7	0	0	3	5	0	0	7	0
徐州工业职业技术学院	37	0	0	0	0	0	0	0	0	0	0	0	0	0	0
江苏信息职业技术学院	38	1	0	1	0	0	1	0	0	0	1	0	0	1	0
南京信息职业技术学院	39	2	1	2	0	0	2	0	0	2	0	0	0	2	0
常州机电职业技术学院	40	7	7	7	0	1	6	0	0	0	7	0	0	1	0
江阴职业技术学院	41	0	0	0	0	0	0	0	0	0	0	0	0	0	0

无锡城市职业技术学院	42	0	0	0	0	0	0	0	0	0	0	0	0	0	0
无锡工艺职业技术学院	43	0	0	0	0	0	0	0	0	0	0	0	0	0	0
苏州健雄职业技术学院	44	1	1	1	0	0	1	0	0	0	1	0	0	1	0
盐城工业职业技术学院	45	0	0	0	0	0	0	0	0	0	0	0	0	0	0
江苏财经职业技术学院	46	2	2	2	0	0	0	2	0	2	0	0	0	2	0
扬州工业职业技术学院	47	0	0	0	0	0	0	0	0	0	0	0	0	0	0
江苏城市职业学院	48	8	8	8	1	1	5	1	0	7	1	0	1	7	0
南京城市职业学院	49	3	2	3	0	2	1	0	0	0	3	0	0	0	0
南京机电职业技术学院	50	0	0	0	0	0	0	0	0	0	0	0	0	0	0
南京旅游职业学院	51	5	4	5	0	0	2	3	0	5	0	0	0	5	0
江苏卫生健康职业学院	52	6	5	6	0	2	4	0	0	3	3	0	0	4	0
苏州信息职业技术学院	53	0	0	0	0	0	0	0	0	0	0	0	0	0	0
苏州工业园区服务外包职业学院	54	8	7	8	0	3	5	0	0	7	1	0	1	6	0
徐州幼儿师范高等专科学校	55	0	0	0	0	0	0	0	0	0	0	0	0	0	0
徐州生物工程职业技术学院	56	0	0	0	0	0	0	0	0	0	0	0	0	0	0
江苏商贸职业学院	57	3	3	3	0	2	1	0	0	3	0	0	0	3	0
南通师范高等专科学校	58	2	1	2	0	0	2	0	0	1	1	0	0	1	0
江苏护理职业学院	59	1	1	1	0	0	0	1	0	0	1	0	0	0	0
江苏财会职业学院	60	0	0	0	0	0	0	0	0	0	0	0	0	0	0
江苏城乡建设职业学院	61	0	0	0	0	0	0	0	0	0	0	0	0	0	0
江苏航空职业技术学院	62	4	3	4	0	1	3	0	0	3	1	0	0	3	0
江苏安全技术职业学院	63	0	0	0	0	0	0	0	0	0	0	0	0	0	0
江苏旅游职业学院	64	0	0	0	0	0	0	0	0	0	0	0	0	0	0
常州幼儿师范高等专科学校	65	0	0	0	0	0	0	0	0	0	0	0	0	0	0

3.9 艺术学人文、社会科学活动人员情况表

高校名称		总计		按职称划分						按最后学历划分			按最后学位划分		其他人员
			女性	小计	教授	副教授	讲师	助教	初级	研究生	本科生	其他	博士	硕士	
	编号	L01	L02	L03	L04	L05	L06	L07	L08	L09	L10	L11	L12	L13	L14
合 计	/	2510	1550	2510	82	674	1271	483	0	1422	1088	0	100	1641	0
盐城幼儿师范高等专科学校	1	108	69	108	1	40	40	27	0	25	83	0	0	27	0
苏州幼儿师范高等专科学校	2	44	34	44	0	12	20	12	0	30	14	0	1	29	0
无锡职业技术学院	3	37	23	37	3	10	15	9	0	28	9	0	3	27	0
江苏建筑职业技术学院	4	63	42	63	2	19	42	0	0	54	9	0	0	57	0
江苏工程职业技术学院	5	63	31	63	4	22	37	0	0	39	24	0	2	40	0
苏州工艺美术职业技术学院	6	250	124	250	10	88	110	42	0	148	102	0	15	173	0
连云港职业技术学院	7	37	22	37	0	6	17	14	0	13	24	0	0	17	0
镇江市高等专科学校	8	53	32	53	0	13	24	16	0	27	26	0	0	32	0
南通职业大学	9	36	25	36	0	10	22	4	0	12	24	0	0	19	0
苏州市职业大学	10	83	51	83	3	22	52	6	0	40	43	0	5	42	0
沙洲职业工学院	11	11	5	11	0	2	7	2	0	5	6	0	0	9	0
扬州市职业大学	12	92	53	92	1	24	48	19	0	47	45	0	2	60	0
连云港师范高等专科学校	13	74	47	74	3	23	27	21	0	40	34	0	1	57	0
江苏经贸职业技术学院	14	43	34	43	1	11	29	2	0	29	14	0	4	31	0
泰州职业技术学院	15	22	14	22	0	8	13	1	0	8	14	0	0	9	0
常州信息职业技术学院	16	41	28	41	1	13	18	9	0	27	14	0	2	33	0
江苏海事职业技术学院	17	18	14	18	0	0	14	4	0	18	0	0	2	16	0
无锡科技职业学院	18	18	11	18	0	8	10	0	0	7	11	0	0	12	0
江苏医药职业学院	19	0	0	0	0	0	0	0	0	0	0	0	0	0	0
南通科技职业学院	20	6	6	6	0	0	4	2	0	5	1	0	0	5	0

苏州经贸职业技术学院	21	30	16	30	1	10	19	0	0	11	19	0	2	17	0
苏州工业职业技术学院	22	10	7	10	0	1	6	3	0	4	6	0	2	4	0
苏州卫生职业技术学院	23	0	0	0	0	0	0	0	0	0	0	0	0	0	0
无锡商业职业技术学院	24	43	29	43	2	17	13	11	0	24	19	0	0	32	0
江苏航运职业技术学院	25	22	12	22	0	5	16	1	0	5	17	0	0	10	0
南京交通职业技术学院	26	17	9	17	1	6	9	1	0	11	6	0	1	13	0
江苏电子信息职业学院	27	51	30	51	1	9	21	20	0	30	21	0	1	43	0
江苏农牧科技职业学院	28	4	3	4	0	0	4	0	0	3	1	0	1	2	0
常州纺织服装职业技术学院	29	110	64	110	6	35	57	12	0	50	60	0	3	65	0
苏州农业职业技术学院	30	5	2	5	0	0	2	3	0	5	0	0	0	5	0
南京科技职业学院	31	20	12	20	0	3	14	3	0	15	5	0	0	16	0
常州工业职业技术学院	32	44	24	44	1	10	26	7	0	20	24	0	0	28	0
常州工程职业技术学院	33	2	0	2	1	0	1	0	0	2	0	0	0	2	0
江苏农林职业技术学院	34	17	6	17	0	3	13	1	0	3	14	0	0	4	0
江苏食品药品职业技术学院	35	4	2	4	0	0	4	0	0	0	4	0	0	1	0
南京铁道职业技术学院	36	32	22	32	4	8	19	1	0	17	15	0	0	27	0
徐州工业职业技术学院	37	6	5	6	0	1	2	3	0	5	1	0	0	6	0
江苏信息职业技术学院	38	39	23	39	4	13	21	1	0	28	11	0	3	33	0
南京信息职业技术学院	39	26	18	26	1	10	7	8	0	17	9	0	1	24	0
常州机电职业技术学院	40	20	8	20	2	4	14	0	0	11	9	0	1	13	0
江阴职业技术学院	41	31	20	31	2	4	16	9	0	14	17	0	0	20	0
无锡城市职业技术学院	42	67	43	67	0	15	32	20	0	54	13	0	2	54	0
无锡工艺职业技术学院	43	186	115	186	7	49	96	34	0	136	50	0	10	143	0
苏州健雄职业技术学院	44	26	15	26	0	5	15	6	0	19	7	0	4	17	0

续表

高校名称		总计		按职称划分						按最后学历划分			按最后学位划分		其他人员
			女性	小计	教授	副教授	讲师	助教	初级	研究生	本科生	其他	博士	硕士	
	编号	L01	L02	L03	L04	L05	L06	L07	L08	L09	L10	L11	L12	L13	L14
盐城工业职业技术学院	45	54	38	54	2	26	19	7	0	27	27	0	0	27	0
江苏财经职业技术学院	46	8	7	8	0	4	3	1	0	5	3	0	0	8	0
扬州工业职业技术学院	47	42	27	42	2	11	14	15	0	31	11	0	1	31	0
江苏城市职业学院	48	80	47	80	4	19	49	8	0	67	13	0	23	50	0
南京城市职业学院	49	35	30	35	0	6	27	2	0	26	9	0	1	26	0
南京机电职业技术学院	50	16	13	16	0	0	8	8	0	9	7	0	0	9	0
南京旅游职业学院	51	14	6	14	0	1	9	4	0	11	3	0	0	11	0
江苏卫生健康职业学院	52	4	3	4	0	0	2	2	0	3	1	0	0	3	0
苏州信息职业技术学院	53	2	2	2	1	0	1	0	0	0	2	0	0	0	0
苏州工业园区服务外包职业学院	54	18	11	18	0	7	11	0	0	15	3	0	0	17	0
徐州幼儿师范高等专科学校	55	65	43	65	7	17	28	13	0	23	42	0	3	21	0
徐州生物工程职业技术学院	56	6	5	6	0	0	6	0	0	3	3	0	0	3	0
江苏商贸职业学院	57	35	25	35	1	6	15	13	0	21	14	0	0	25	0
南通师范高等专科学校	58	97	58	97	1	20	36	40	0	44	53	0	3	52	0
江苏护理职业学院	59	1	1	1	0	0	1	0	0	0	1	0	0	1	0
江苏财会职业学院	60	10	6	10	0	1	3	6	0	5	5	0	0	5	0
江苏城乡建设职业学院	61	24	15	24	0	4	13	7	0	11	13	0	1	16	0
江苏航空职业技术学院	62	3	2	3	0	0	1	2	0	3	0	0	0	3	0
江苏安全技术职业学院	63	4	3	4	0	0	2	2	0	3	1	0	0	3	0
江苏旅游职业学院	64	46	32	46	0	4	31	11	0	16	30	0	0	34	0
常州幼儿师范高等专科学校	65	35	26	35	2	9	16	8	0	13	22	0	0	22	0

3.10 历史学人文、社会科学活动人员情况表

高校名称		总计		按职称划分						按最后学历划分			按最后学位划分		其他人员
			女性	小计	教授	副教授	讲师	助教	初级	研究生	本科生	其他	博士	硕士	
	编号	L01	L02	L03	L04	L05	L06	L07	L08	L09	L10	L11	L12	L13	L14
合　计	/	97	45	97	6	40	39	12	0	70	27	0	17	63	0
盐城幼儿师范高等专科学校	1	4	2	4	0	4	0	0	0	2	2	0	0	3	0
苏州幼儿师范高等专科学校	2	2	1	2	0	1	1	0	0	1	1	0	0	2	0
无锡职业技术学院	3	5	1	5	1	2	2	0	0	4	1	0	2	2	0
江苏建筑职业技术学院	4	3	1	3	0	2	1	0	0	3	0	0	0	3	0
江苏工程职业技术学院	5	2	1	2	0	2	0	0	0	2	0	0	0	2	0
苏州工艺美术职业技术学院	6	5	2	5	0	3	2	0	0	4	1	0	0	5	0
连云港职业技术学院	7	0	0	0	0	0	0	0	0	0	0	0	0	0	0
镇江市高等专科学校	8	2	2	2	1	0	1	0	0	1	1	0	0	1	0
南通职业大学	9	1	1	1	0	0	1	0	0	1	0	0	0	1	0
苏州市职业大学	10	3	0	3	0	3	0	0	0	3	0	0	2	1	0
沙洲职业工学院	11	0	0	0	0	0	0	0	0	0	0	0	0	0	0
扬州市职业大学	12	6	3	6	1	2	3	0	0	5	1	0	0	5	0
连云港师范高等专科学校	13	4	3	4	1	2	1	0	0	1	3	0	0	3	0
江苏经贸职业技术学院	14	0	0	0	0	0	0	0	0	0	0	0	0	0	0
泰州职业技术学院	15	0	0	0	0	0	0	0	0	0	0	0	0	0	0
常州信息职业技术学院	16	2	0	2	0	1	1	0	0	2	0	0	0	2	0
江苏海事职业技术学院	17	1	1	1	0	0	1	0	0	1	0	0	1	0	0
无锡科技职业学院	18	0	0	0	0	0	0	0	0	0	0	0	0	0	0
江苏医药职业学院	19	0	0	0	0	0	0	0	0	0	0	0	0	0	0
南通科技职业学院	20	0	0	0	0	0	0	0	0	0	0	0	0	0	0

续表

高校名称		总计		按职称划分						按最后学历划分			按最后学位划分		其他人员
			女性	小计	教授	副教授	讲师	助教	初级	研究生	本科生	其他	博士	硕士	
	编号	L01	L02	L03	L04	L05	L06	L07	L08	L09	L10	L11	L12	L13	L14
苏州经贸职业技术学院	21	1	1	1	0	0	1	0	0	1	0	0	0	1	0
苏州工业职业技术学院	22	1	0	1	0	0	1	0	0	0	1	0	0	1	0
苏州卫生职业技术学院	23	0	0	0	0	0	0	0	0	0	0	0	0	0	0
无锡商业职业技术学院	24	0	0	0	0	0	0	0	0	0	0	0	0	0	0
江苏航运职业技术学院	25	0	0	0	0	0	0	0	0	0	0	0	0	0	0
南京交通职业技术学院	26	0	0	0	0	0	0	0	0	0	0	0	0	0	0
江苏电子信息职业学院	27	1	0	1	0	1	0	0	0	1	0	0	1	0	0
江苏农牧科技职业学院	28	0	0	0	0	0	0	0	0	0	0	0	0	0	0
常州纺织服装职业技术学院	29	1	1	1	0	1	0	0	0	0	1	0	0	0	0
苏州农业职业技术学院	30	0	0	0	0	0	0	0	0	0	0	0	0	0	0
南京科技职业学院	31	1	1	1	0	1	0	0	0	0	1	0	0	0	0
常州工业职业技术学院	32	0	0	0	0	0	0	0	0	0	0	0	0	0	0
常州工程职业技术学院	33	1	0	1	0	0	1	0	0	1	0	0	0	1	0
江苏农林职业技术学院	34	0	0	0	0	0	0	0	0	0	0	0	0	0	0
江苏食品药品职业技术学院	35	0	0	0	0	0	0	0	0	0	0	0	0	0	0
南京铁道职业技术学院	36	0	0	0	0	0	0	0	0	0	0	0	0	0	0
徐州工业职业技术学院	37	0	0	0	0	0	0	0	0	0	0	0	0	0	0
江苏信息职业技术学院	38	1	1	1	0	0	1	0	0	1	0	0	0	1	0
南京信息职业技术学院	39	1	0	1	0	1	0	0	0	1	0	0	1	0	0
常州机电职业技术学院	40	6	2	6	0	4	1	1	0	5	1	0	2	3	0
江阴职业技术学院	41	0	0	0	0	0	0	0	0	0	0	0	0	0	0

无锡城市职业技术学院	42	5	3	5	0	2	2	1	0	3	2	0	0	5	0
无锡工艺职业技术学院	43	0	0	0	0	0	0	0	0	0	0	0	0	0	0
苏州健雄职业技术学院	44	0	0	0	0	0	0	0	0	0	0	0	0	0	0
盐城工业职业技术学院	45	1	0	1	0	1	0	0	0	1	0	0	0	1	0
江苏财经职业技术学院	46	0	0	0	0	0	0	0	0	0	0	0	0	0	0
扬州工业职业技术学院	47	4	0	4	1	0	0	3	0	3	1	0	0	4	0
江苏城市职业学院	48	6	1	6	0	1	4	1	0	6	0	0	5	1	0
南京城市职业学院	49	2	1	2	0	0	2	0	0	2	0	0	0	2	0
南京机电职业技术学院	50	0	0	0	0	0	0	0	0	0	0	0	0	0	0
南京旅游职业学院	51	2	1	2	0	0	2	0	0	2	0	0	1	1	0
江苏卫生健康职业学院	52	0	0	0	0	0	0	0	0	0	0	0	0	0	0
苏州信息职业技术学院	53	0	0	0	0	0	0	0	0	0	0	0	0	0	0
苏州工业园区服务外包职业学院	54	1	1	1	0	0	1	0	0	1	0	0	0	1	0
徐州幼儿师范高等专科学校	55	2	2	2	0	2	0	0	0	0	2	0	0	0	0
徐州生物工程职业技术学院	56	1	0	1	0	0	1	0	0	0	1	0	0	0	0
江苏商贸职业学院	57	1	0	1	0	0	1	0	0	1	0	0	0	1	0
南通师范高等专科学校	58	3	3	3	0	1	2	0	0	0	3	0	0	1	0
江苏护理职业学院	59	5	2	5	0	1	2	2	0	5	0	0	1	4	0
江苏财会职业学院	60	2	0	2	1	0	0	1	0	2	0	0	1	1	0
江苏城乡建设职业学院	61	3	2	3	0	1	0	2	0	3	0	0	0	3	0
江苏航空职业技术学院	62	0	0	0	0	0	0	0	0	0	0	0	0	0	0
江苏安全技术职业学院	63	0	0	0	0	0	0	0	0	0	0	0	0	0	0
江苏旅游职业学院	64	0	0	0	0	0	0	0	0	0	0	0	0	0	0
常州幼儿师范高等专科学校	65	5	5	5	0	1	3	1	0	1	4	0	0	1	0

3.11 考古学人文、社会科学活动人员情况表

高校名称		总计		按职称划分						按最后学历划分			按最后学位划分		其他人员
			女性	小计	教授	副教授	讲师	助教	初级	研究生	本科生	其他	博士	硕士	
	编号	L01	L02	L03	L04	L05	L06	L07	L08	L09	L10	L11	L12	L13	L14
合　计	/	6	2	6	0	0	5	1	0	6	0	0	4	2	0
盐城幼儿师范高等专科学校	1	0	0	0	0	0	0	0	0	0	0	0	0	0	0
苏州幼儿师范高等专科学校	2	0	0	0	0	0	0	0	0	0	0	0	0	0	0
无锡职业技术学院	3	0	0	0	0	0	0	0	0	0	0	0	0	0	0
江苏建筑职业技术学院	4	0	0	0	0	0	0	0	0	0	0	0	0	0	0
江苏工程职业技术学院	5	2	1	2	0	0	2	0	0	2	0	0	2	0	0
苏州工艺美术职业技术学院	6	2	1	2	0	0	1	1	0	2	0	0	1	1	0
连云港职业技术学院	7	0	0	0	0	0	0	0	0	0	0	0	0	0	0
镇江市高等专科学校	8	1	0	1	0	0	1	0	0	1	0	0	1	0	0
南通职业大学	9	1	0	1	0	0	1	0	0	1	0	0	0	1	0
苏州市职业大学	10	0	0	0	0	0	0	0	0	0	0	0	0	0	0
沙洲职业工学院	11	0	0	0	0	0	0	0	0	0	0	0	0	0	0
扬州市职业大学	12	0	0	0	0	0	0	0	0	0	0	0	0	0	0
连云港师范高等专科学校	13	0	0	0	0	0	0	0	0	0	0	0	0	0	0
江苏经贸职业技术学院	14	0	0	0	0	0	0	0	0	0	0	0	0	0	0
泰州职业技术学院	15	0	0	0	0	0	0	0	0	0	0	0	0	0	0
常州信息职业技术学院	16	0	0	0	0	0	0	0	0	0	0	0	0	0	0
江苏海事职业技术学院	17	0	0	0	0	0	0	0	0	0	0	0	0	0	0
无锡科技职业学院	18	0	0	0	0	0	0	0	0	0	0	0	0	0	0
江苏医药职业学院	19	0	0	0	0	0	0	0	0	0	0	0	0	0	0
南通科技职业学院	20	0	0	0	0	0	0	0	0	0	0	0	0	0	0

苏州经贸职业技术学院	21	0	0	0	0	0	0	0	0	0	0	0	0	0	0
苏州工业职业技术学院	22	0	0	0	0	0	0	0	0	0	0	0	0	0	0
苏州卫生职业技术学院	23	0	0	0	0	0	0	0	0	0	0	0	0	0	0
无锡商业职业技术学院	24	0	0	0	0	0	0	0	0	0	0	0	0	0	0
江苏航运职业技术学院	25	0	0	0	0	0	0	0	0	0	0	0	0	0	0
南京交通职业技术学院	26	0	0	0	0	0	0	0	0	0	0	0	0	0	0
江苏电子信息职业学院	27	0	0	0	0	0	0	0	0	0	0	0	0	0	0
江苏农牧科技职业学院	28	0	0	0	0	0	0	0	0	0	0	0	0	0	0
常州纺织服装职业技术学院	29	0	0	0	0	0	0	0	0	0	0	0	0	0	0
苏州农业职业技术学院	30	0	0	0	0	0	0	0	0	0	0	0	0	0	0
南京科技职业学院	31	0	0	0	0	0	0	0	0	0	0	0	0	0	0
常州工业职业技术学院	32	0	0	0	0	0	0	0	0	0	0	0	0	0	0
常州工程职业技术学院	33	0	0	0	0	0	0	0	0	0	0	0	0	0	0
江苏农林职业技术学院	34	0	0	0	0	0	0	0	0	0	0	0	0	0	0
江苏食品药品职业技术学院	35	0	0	0	0	0	0	0	0	0	0	0	0	0	0
南京铁道职业技术学院	36	0	0	0	0	0	0	0	0	0	0	0	0	0	0
徐州工业职业技术学院	37	0	0	0	0	0	0	0	0	0	0	0	0	0	0
江苏信息职业技术学院	38	0	0	0	0	0	0	0	0	0	0	0	0	0	0
南京信息职业技术学院	39	0	0	0	0	0	0	0	0	0	0	0	0	0	0
常州机电职业技术学院	40	0	0	0	0	0	0	0	0	0	0	0	0	0	0
江阴职业技术学院	41	0	0	0	0	0	0	0	0	0	0	0	0	0	0
无锡城市职业技术学院	42	0	0	0	0	0	0	0	0	0	0	0	0	0	0
无锡工艺职业技术学院	43	0	0	0	0	0	0	0	0	0	0	0	0	0	0
苏州健雄职业技术学院	44	0	0	0	0	0	0	0	0	0	0	0	0	0	0

续表

高校名称		总计		按职称划分						按最后学历划分			按最后学位划分		其他人员
			女性	小计	教授	副教授	讲师	助教	初级	研究生	本科生	其他	博士	硕士	
	编号	L01	L02	L03	L04	L05	L06	L07	L08	L09	L10	L11	L12	L13	L14
盐城工业职业技术学院	45	0	0	0	0	0	0	0	0	0	0	0	0	0	0
江苏财经职业技术学院	46	0	0	0	0	0	0	0	0	0	0	0	0	0	0
扬州工业职业技术学院	47	0	0	0	0	0	0	0	0	0	0	0	0	0	0
江苏城市职业学院	48	0	0	0	0	0	0	0	0	0	0	0	0	0	0
南京城市职业学院	49	0	0	0	0	0	0	0	0	0	0	0	0	0	0
南京机电职业技术学院	50	0	0	0	0	0	0	0	0	0	0	0	0	0	0
南京旅游职业学院	51	0	0	0	0	0	0	0	0	0	0	0	0	0	0
江苏卫生健康职业学院	52	0	0	0	0	0	0	0	0	0	0	0	0	0	0
苏州信息职业技术学院	53	0	0	0	0	0	0	0	0	0	0	0	0	0	0
苏州工业园区服务外包职业学院	54	0	0	0	0	0	0	0	0	0	0	0	0	0	0
徐州幼儿师范高等专科学校	55	0	0	0	0	0	0	0	0	0	0	0	0	0	0
徐州生物工程职业技术学院	56	0	0	0	0	0	0	0	0	0	0	0	0	0	0
江苏商贸职业学院	57	0	0	0	0	0	0	0	0	0	0	0	0	0	0
南通师范高等专科学校	58	0	0	0	0	0	0	0	0	0	0	0	0	0	0
江苏护理职业学院	59	0	0	0	0	0	0	0	0	0	0	0	0	0	0
江苏财会职业学院	60	0	0	0	0	0	0	0	0	0	0	0	0	0	0
江苏城乡建设职业学院	61	0	0	0	0	0	0	0	0	0	0	0	0	0	0
江苏航空职业技术学院	62	0	0	0	0	0	0	0	0	0	0	0	0	0	0
江苏安全技术职业学院	63	0	0	0	0	0	0	0	0	0	0	0	0	0	0
江苏旅游职业学院	64	0	0	0	0	0	0	0	0	0	0	0	0	0	0
常州幼儿师范高等专科学校	65	0	0	0	0	0	0	0	0	0	0	0	0	0	0

3.12 经济学人文、社会科学活动人员情况表

高校名称		总计		按职称划分						按最后学历划分			按最后学位划分		其他人员
	编号		女性	小计	教授	副教授	讲师	助教	初级	研究生	本科生	其他	博士	硕士	
		L01	L02	L03	L04	L05	L06	L07	L08	L09	L10	L11	L12	L13	L14
合　计	/	1601	1110	1601	128	466	730	276	1	965	636	0	119	1138	0
盐城幼儿师范高等专科学校	1	7	6	7	0	2	4	1	0	2	5	0	0	4	0
苏州幼儿师范高等专科学校	2	1	0	1	0	0	1	0	0	0	1	0	0	0	0
无锡职业技术学院	3	31	20	31	1	9	9	12	0	25	6	0	8	19	0
江苏建筑职业技术学院	4	14	7	14	1	6	7	0	0	11	3	0	2	10	0
江苏工程职业技术学院	5	20	12	20	3	6	11	0	0	12	8	0	1	13	0
苏州工艺美术职业技术学院	6	6	4	6	0	1	5	0	0	1	5	0	0	1	0
连云港职业技术学院	7	24	17	24	1	6	13	4	0	7	17	0	1	13	0
镇江市高等专科学校	8	19	15	19	3	3	3	10	0	16	3	0	2	15	0
南通职业大学	9	49	28	49	3	15	25	6	0	24	25	0	3	37	0
苏州市职业大学	10	71	48	71	7	22	36	6	0	48	23	0	7	60	0
沙洲职业工学院	11	16	13	16	0	7	6	2	1	5	11	0	0	7	0
扬州市职业大学	12	70	43	70	4	28	25	13	0	45	25	0	3	51	0
连云港师范高等专科学校	13	10	7	10	1	5	4	0	0	7	3	0	1	8	0
江苏经贸职业技术学院	14	28	18	28	6	10	9	3	0	21	7	0	5	20	0
泰州职业技术学院	15	14	6	14	1	7	6	0	0	4	10	0	0	12	0
常州信息职业技术学院	16	29	22	29	5	7	14	3	0	22	7	0	4	22	0
江苏海事职业技术学院	17	14	5	14	4	3	7	0	0	10	4	0	3	10	0
无锡科技职业学院	18	16	13	16	3	2	11	0	0	7	9	0	1	11	0
江苏医药职业学院	19	3	2	3	1	1	1	0	0	2	1	0	0	3	0
南通科技职业学院	20	24	19	24	2	7	10	5	0	11	13	0	0	19	0

续表

高校名称		总计		按职称划分						按最后学历划分			按最后学位划分		其他人员
			女性	小计	教授	副教授	讲师	助教	初级	研究生	本科生	其他	博士	硕士	
	编号	L01	L02	L03	L04	L05	L06	L07	L08	L09	L10	L11	L12	L13	L14
苏州经贸职业技术学院	21	50	30	50	4	15	24	7	0	38	12	0	10	34	0
苏州工业职业技术学院	22	3	3	3	0	2	1	0	0	3	0	0	3	0	0
苏州卫生职业技术学院	23	13	8	13	0	2	5	6	0	7	6	0	0	7	0
无锡商业职业技术学院	24	49	31	49	5	12	17	15	0	32	17	0	6	36	0
江苏航运职业技术学院	25	27	16	27	1	8	18	0	0	11	16	0	0	19	0
南京交通职业技术学院	26	11	8	11	0	4	5	2	0	4	7	0	0	6	0
江苏电子信息职业学院	27	35	24	35	1	3	23	8	0	21	14	0	1	29	0
江苏农牧科技职业学院	28	15	8	15	3	4	7	1	0	6	9	0	0	13	0
常州纺织服装职业技术学院	29	24	16	24	0	11	8	5	0	17	7	0	1	19	0
苏州农业职业技术学院	30	24	15	24	5	15	4	0	0	13	11	0	3	19	0
南京科技职业学院	31	24	19	24	6	8	9	1	0	13	11	0	0	15	0
常州工业职业技术学院	32	16	14	16	0	1	10	5	0	14	2	0	1	14	0
常州工程职业技术学院	33	11	8	11	3	3	2	3	0	7	4	0	1	7	0
江苏农林职业技术学院	34	9	5	9	1	3	4	1	0	6	3	0	0	7	0
江苏食品药品职业技术学院	35	35	25	35	3	10	22	0	0	20	15	0	1	20	0
南京铁道职业技术学院	36	34	25	34	5	7	19	3	0	18	16	0	1	21	0
徐州工业职业技术学院	37	17	14	17	2	3	1	11	0	17	0	0	0	16	0
江苏信息职业技术学院	38	53	31	53	2	13	34	4	0	40	13	0	5	41	0
南京信息职业技术学院	39	21	18	21	2	4	6	9	0	15	6	0	4	15	0
常州机电职业技术学院	40	19	15	19	1	3	14	1	0	10	9	0	3	10	0
江阴职业技术学院	41	31	21	31	0	11	14	6	0	8	23	0	0	15	0

无锡城市职业技术学院	42	43	31	43	5	16	19	3	0	25	18	0	5	30	0
无锡工艺职业技术学院	43	11	8	11	0	5	5	1	0	4	7	0	0	5	0
苏州健雄职业技术学院	44	15	8	15	1	5	8	1	0	8	7	0	1	10	0
盐城工业职业技术学院	45	29	22	29	3	7	14	5	0	21	8	0	1	21	0
江苏财经职业技术学院	46	55	42	55	2	17	28	8	0	33	22	0	7	40	0
扬州工业职业技术学院	47	41	25	41	4	14	15	8	0	30	11	0	4	29	0
江苏城市职业学院	48	52	36	52	5	15	22	10	0	42	10	0	11	38	0
南京城市职业学院	49	46	38	46	3	10	28	5	0	19	27	0	1	29	0
南京机电职业技术学院	50	16	10	16	1	0	3	12	0	4	12	0	0	4	0
南京旅游职业学院	51	28	17	28	0	11	15	2	0	27	1	0	4	23	0
江苏卫生健康职业学院	52	1	0	1	1	0	0	0	0	1	0	0	0	1	0
苏州信息职业技术学院	53	22	19	22	0	6	11	5	0	10	12	0	0	19	0
苏州工业园区服务外包职业学院	54	11	10	11	1	4	6	0	0	11	0	0	0	11	0
徐州幼儿师范高等专科学校	55	1	1	1	0	0	1	0	0	1	0	0	0	1	0
徐州生物工程职业技术学院	56	15	12	15	0	4	10	1	0	3	12	0	0	7	0
江苏商贸职业学院	57	66	53	66	4	20	23	19	0	35	31	0	1	43	0
南通师范高等专科学校	58	7	5	7	1	0	3	3	0	5	2	0	0	7	0
江苏护理职业学院	59	0	0	0	0	0	0	0	0	0	0	0	0	0	0
江苏财会职业学院	60	97	70	97	7	28	40	22	0	51	46	0	2	79	0
江苏城乡建设职业学院	61	13	10	13	0	2	5	6	0	7	6	0	1	7	0
江苏航空职业技术学院	62	0	0	0	0	0	0	0	0	0	0	0	0	0	0
江苏安全技术职业学院	63	0	0	0	0	0	0	0	0	0	0	0	0	0	0
江苏旅游职业学院	64	45	34	45	0	13	20	12	0	28	17	0	0	36	0
常州幼儿师范高等专科学校	65	0	0	0	0	0	0	0	0	0	0	0	0	0	0

3.13 政治学人文、社会科学活动人员情况表

高校名称		总计		按职称划分						按最后学历划分			按最后学位划分		其他人员
			女性	小计	教授	副教授	讲师	助教	初级	研究生	本科生	其他	博士	硕士	
	编号	L01	L02	L03	L04	L05	L06	L07	L08	L09	L10	L11	L12	L13	L14
合　计	/	213	140	213	8	57	91	57	0	140	73	0	9	170	0
盐城幼儿师范高等专科学校	1	17	7	17	2	6	7	2	0	8	9	0	1	8	0
苏州幼儿师范高等专科学校	2	4	4	4	1	3	0	0	0	1	3	0	0	4	0
无锡职业技术学院	3	1	1	1	0	0	1	0	0	1	0	0	0	1	0
江苏建筑职业技术学院	4	3	0	3	0	1	2	0	0	2	1	0	0	2	0
江苏工程职业技术学院	5	1	1	1	1	0	0	0	0	1	0	0	0	1	0
苏州工艺美术职业技术学院	6	1	0	1	0	0	1	0	0	0	1	0	0	1	0
连云港职业技术学院	7	0	0	0	0	0	0	0	0	0	0	0	0	0	0
镇江市高等专科学校	8	4	2	4	0	1	1	2	0	3	1	0	0	4	0
南通职业大学	9	1	0	1	0	0	1	0	0	0	1	0	0	0	0
苏州市职业大学	10	3	2	3	0	1	2	0	0	3	0	0	1	2	0
沙洲职业工学院	11	2	0	2	0	0	2	0	0	0	2	0	0	0	0
扬州市职业大学	12	0	0	0	0	0	0	0	0	0	0	0	0	0	0
连云港师范高等专科学校	13	9	6	9	1	6	2	0	0	2	7	0	0	9	0
江苏经贸职业技术学院	14	2	2	2	0	0	0	2	0	2	0	0	0	2	0
泰州职业技术学院	15	1	0	1	0	0	0	1	0	1	0	0	0	1	0
常州信息职业技术学院	16	5	4	5	1	1	3	0	0	1	4	0	0	1	0
江苏海事职业技术学院	17	0	0	0	0	0	0	0	0	0	0	0	0	0	0
无锡科技职业学院	18	0	0	0	0	0	0	0	0	0	0	0	0	0	0
江苏医药职业学院	19	2	2	2	0	0	1	1	0	2	0	0	0	2	0
南通科技职业学院	20	1	1	1	0	0	1	0	0	1	0	0	0	1	0

苏州经贸职业技术学院	21	1	1	1	0	1	0	0	0	1	0	0	0	1	0
苏州工业职业技术学院	22	0	0	0	0	0	0	0	0	0	0	0	0	0	0
苏州卫生职业技术学院	23	7	4	7	0	0	4	3	0	6	1	0	1	5	0
无锡商业职业技术学院	24	1	1	1	0	1	0	0	0	0	1	0	0	1	0
江苏航运职业技术学院	25	2	1	2	0	0	2	0	0	2	0	0	1	1	0
南京交通职业技术学院	26	4	3	4	1	1	1	1	0	3	1	0	0	4	0
江苏电子信息职业学院	27	1	1	1	0	0	0	1	0	1	0	0	0	1	0
江苏农牧科技职业学院	28	2	0	2	0	2	0	0	0	2	0	0	0	2	0
常州纺织服装职业技术学院	29	1	1	1	0	0	1	0	0	0	1	0	0	1	0
苏州农业职业技术学院	30	0	0	0	0	0	0	0	0	0	0	0	0	0	0
南京科技职业学院	31	3	1	3	0	1	2	0	0	3	0	0	0	3	0
常州工业职业技术学院	32	3	2	3	0	1	0	2	0	3	0	0	0	3	0
常州工程职业技术学院	33	1	0	1	0	1	0	0	0	1	0	0	0	1	0
江苏农林职业技术学院	34	18	14	18	0	4	13	1	0	7	11	0	0	18	0
江苏食品药品职业技术学院	35	5	3	5	0	3	2	0	0	3	2	0	0	4	0
南京铁道职业技术学院	36	4	2	4	0	0	4	0	0	3	1	0	0	4	0
徐州工业职业技术学院	37	3	2	3	0	2	0	1	0	1	2	0	0	3	0
江苏信息职业技术学院	38	3	0	3	0	0	2	1	0	2	1	0	0	3	0
南京信息职业技术学院	39	1	0	1	0	0	0	1	0	1	0	0	1	0	0
常州机电职业技术学院	40	2	2	2	0	0	1	1	0	1	1	0	0	2	0
江阴职业技术学院	41	3	3	3	0	2	1	0	0	0	3	0	0	0	0
无锡城市职业技术学院	42	0	0	0	0	0	0	0	0	0	0	0	0	0	0
无锡工艺职业技术学院	43	0	0	0	0	0	0	0	0	0	0	0	0	0	0
苏州健雄职业技术学院	44	4	2	4	0	0	2	2	0	4	0	0	1	3	0

续表

高校名称	编号	总计	女性	按职称划分：小计	教授	副教授	讲师	助教	初级	按最后学历划分：研究生	本科生	其他	按最后学位划分：博士	硕士	其他人员
		L01	L02	L03	L04	L05	L06	L07	L08	L09	L10	L11	L12	L13	L14
盐城工业职业技术学院	45	4	3	4	0	0	0	4	0	4	0	0	0	4	0
江苏财经职业技术学院	46	31	24	31	0	5	6	20	0	29	2	0	3	27	0
扬州工业职业技术学院	47	4	2	4	0	0	2	2	0	4	0	0	0	3	0
江苏城市职业学院	48	2	2	2	0	0	2	0	0	2	0	0	0	2	0
南京城市职业学院	49	4	3	4	0	1	3	0	0	4	0	0	0	4	0
南京机电职业技术学院	50	0	0	0	0	0	0	0	0	0	0	0	0	0	0
南京旅游职业学院	51	2	2	2	0	0	1	1	0	1	1	0	0	2	0
江苏卫生健康职业学院	52	1	1	1	0	0	1	0	0	1	0	0	0	1	0
苏州信息职业技术学院	53	0	0	0	0	0	0	0	0	0	0	0	0	0	0
苏州工业园区服务外包职业学院	54	2	0	2	0	2	0	0	0	2	0	0	0	2	0
徐州幼儿师范高等专科学校	55	0	0	0	0	0	0	0	0	0	0	0	0	0	0
徐州生物工程职业技术学院	56	1	1	1	0	0	1	0	0	1	0	0	0	1	0
江苏商贸职业学院	57	5	5	5	0	3	2	0	0	3	2	0	0	3	0
南通师范高等专科学校	58	12	10	12	1	4	6	1	0	4	8	0	0	8	0
江苏护理职业学院	59	4	2	4	0	0	1	3	0	3	1	0	0	4	0
江苏财会职业学院	60	3	3	3	0	1	2	0	0	2	1	0	0	2	0
江苏城乡建设职业学院	61	3	2	3	0	1	2	0	0	1	2	0	0	1	0
江苏航空职业技术学院	62	2	0	2	0	1	1	0	0	1	1	0	0	2	0
江苏安全技术职业学院	63	4	3	4	0	1	1	2	0	3	1	0	0	2	0
江苏旅游职业学院	64	3	2	3	0	0	1	2	0	3	0	0	0	3	0
常州幼儿师范高等专科学校	65	0	0	0	0	0	0	0	0	0	0	0	0	0	0

3.14 法学人文、社会科学活动人员情况表

高校名称		总计		按职称划分						按最后学历划分			按最后学位划分		其他人员
			女性	小计	教授	副教授	讲师	助教	初级	研究生	本科生	其他	博士	硕士	
	编号	L01	L02	L03	L04	L05	L06	L07	L08	L09	L10	L11	L12	L13	L14
合　计	/	397	252	397	18	108	193	77	1	249	148	0	20	292	0
盐城幼儿师范高等专科学校	1	4	3	4	0	2	0	2	0	2	2	0	0	3	0
苏州幼儿师范高等专科学校	2	2	1	2	0	0	0	1	1	1	1	0	0	1	0
无锡职业技术学院	3	15	8	15	0	5	10	0	0	13	2	0	2	11	0
江苏建筑职业技术学院	4	8	4	8	1	3	4	0	0	6	2	0	0	7	0
江苏工程职业技术学院	5	5	3	5	0	2	3	0	0	5	0	0	0	5	0
苏州工艺美术职业技术学院	6	3	2	3	0	0	1	2	0	2	1	0	0	2	0
连云港职业技术学院	7	10	6	10	1	5	4	0	0	3	7	0	0	6	0
镇江市高等专科学校	8	11	6	11	0	2	9	0	0	6	5	0	0	10	0
南通职业大学	9	8	5	8	0	1	4	3	0	3	5	0	0	5	0
苏州市职业大学	10	18	12	18	1	5	11	1	0	9	9	0	1	12	0
沙洲职业工学院	11	5	5	5	0	2	2	1	0	1	4	0	0	1	0
扬州市职业大学	12	17	11	17	2	7	8	0	0	8	9	0	2	13	0
连云港师范高等专科学校	13	8	4	8	0	5	3	0	0	7	1	0	0	8	0
江苏经贸职业技术学院	14	14	6	14	2	4	7	1	0	8	6	0	3	8	0
泰州职业技术学院	15	0	0	0	0	0	0	0	0	0	0	0	0	0	0
常州信息职业技术学院	16	20	17	20	0	3	12	5	0	15	5	0	0	18	0
江苏海事职业技术学院	17	4	4	4	0	2	2	0	0	4	0	0	0	4	0
无锡科技职业学院	18	2	2	2	0	2	0	0	0	1	1	0	0	2	0
江苏医药职业学院	19	0	0	0	0	0	0	0	0	0	0	0	0	0	0
南通科技职业学院	20	12	10	12	0	3	6	3	0	6	6	0	0	7	0

续表

高校名称		总计		按职称划分						按最后学历划分			按最后学位划分		其他
			女性	小计	教授	副教授	讲师	助教	初级	研究生	本科生	其他	博士	硕士	人员
	编号	L01	L02	L03	L04	L05	L06	L07	L08	L09	L10	L11	L12	L13	L14
苏州经贸职业技术学院	21	7	2	7	0	1	6	0	0	5	2	0	1	5	0
苏州工业职业技术学院	22	2	2	2	0	0	1	1	0	1	1	0	0	2	0
苏州卫生职业技术学院	23	7	5	7	0	2	3	2	0	6	1	0	1	5	0
无锡商业职业技术学院	24	4	2	4	1	0	3	0	0	2	2	0	0	3	0
江苏航运职业技术学院	25	14	11	14	0	2	8	4	0	11	3	0	2	9	0
南京交通职业技术学院	26	6	4	6	0	3	3	0	0	4	2	0	0	5	0
江苏电子信息职业学院	27	11	5	11	0	0	1	10	0	11	0	0	0	11	0
江苏农牧科技职业学院	28	0	0	0	0	0	0	0	0	0	0	0	0	0	0
常州纺织服装职业技术学院	29	8	5	8	1	2	3	2	0	6	2	0	0	7	0
苏州农业职业技术学院	30	8	3	8	0	7	1	0	0	4	4	0	0	8	0
南京科技职业学院	31	11	5	11	1	2	6	2	0	9	2	0	1	9	0
常州工业职业技术学院	32	4	2	4	0	0	3	1	0	1	3	0	0	3	0
常州工程职业技术学院	33	2	1	2	0	1	1	0	0	1	1	0	0	1	0
江苏农林职业技术学院	34	5	3	5	0	0	5	0	0	3	2	0	0	5	0
江苏食品药品职业技术学院	35	1	1	1	0	0	1	0	0	1	0	0	0	1	0
南京铁道职业技术学院	36	6	4	6	0	1	1	4	0	5	1	0	1	4	0
徐州工业职业技术学院	37	2	2	2	0	0	1	1	0	2	0	0	0	2	0
江苏信息职业技术学院	38	8	4	8	0	2	4	2	0	6	2	0	1	6	0
南京信息职业技术学院	39	2	2	2	1	1	0	0	0	1	1	0	0	2	0
常州机电职业技术学院	40	1	0	1	0	1	0	0	0	1	0	0	0	1	0
江阴职业技术学院	41	5	2	5	1	1	2	1	0	0	5	0	0	1	0

无锡城市职业技术学院	42	3	2	3	0	2	1	0	0	1	2	0	1	1	0
无锡工艺职业技术学院	43	2	2	2	0	0	2	0	0	1	1	0	0	1	0
苏州健雄职业技术学院	44	4	3	4	0	1	3	0	0	4	0	0	0	4	0
盐城工业职业技术学院	45	2	0	2	0	0	1	1	0	1	1	0	0	1	0
江苏财经职业技术学院	46	14	7	14	1	5	6	2	0	9	5	0	1	10	0
扬州工业职业技术学院	47	3	2	3	0	1	0	2	0	3	0	0	0	3	0
江苏城市职业学院	48	14	9	14	2	6	6	0	0	10	4	0	3	9	0
南京城市职业学院	49	15	13	15	2	3	5	5	0	6	9	0	0	11	0
南京机电职业技术学院	50	2	2	2	0	1	1	0	0	1	1	0	0	1	0
南京旅游职业学院	51	2	2	2	0	0	0	2	0	2	0	0	0	2	0
江苏卫生健康职业学院	52	10	7	10	0	1	4	5	0	7	3	0	0	8	0
苏州信息职业技术学院	53	3	2	3	0	0	3	0	0	2	1	0	0	3	0
苏州工业园区服务外包职业学院	54	3	3	3	0	0	3	0	0	3	0	0	0	3	0
徐州幼儿师范高等专科学校	55	2	1	2	0	1	0	1	0	0	2	0	0	0	0
徐州生物工程职业技术学院	56	4	3	4	0	0	4	0	0	0	4	0	0	1	0
江苏商贸职业学院	57	9	8	9	0	3	5	1	0	4	5	0	0	6	0
南通师范高等专科学校	58	1	1	1	0	0	1	0	0	0	1	0	0	0	0
江苏护理职业学院	59	8	4	8	0	1	5	2	0	5	3	0	0	4	0
江苏财会职业学院	60	5	3	5	1	1	2	1	0	3	2	0	0	3	0
江苏城乡建设职业学院	61	3	1	3	0	2	1	0	0	1	2	0	0	1	0
江苏航空职业技术学院	62	2	1	2	0	0	0	2	0	2	0	0	0	2	0
江苏安全技术职业学院	63	0	0	0	0	0	0	0	0	0	0	0	0	0	0
江苏旅游职业学院	64	6	2	6	0	1	1	4	0	4	2	0	0	5	0
常州幼儿师范高等专科学校	65	0	0	0	0	0	0	0	0	0	0	0	0	0	0

3.15 社会学人文、社会科学活动人员情况表

高校名称		总计		按职称划分						按最后学历划分			按最后学位划分		其他
			女性	小计	教授	副教授	讲师	助教	初级	研究生	本科生	其他	博士	硕士	人员
	编号	L01	L02	L03	L04	L05	L06	L07	L08	L09	L10	L11	L12	L13	L14
合　计	/	267	194	267	12	62	143	50	0	190	70	7	24	207	0
盐城幼儿师范高等专科学校	1	2	1	2	0	1	1	0	0	1	1	0	0	0	0
苏州幼儿师范高等专科学校	2	0	0	0	0	0	0	0	0	0	0	0	0	0	0
无锡职业技术学院	3	4	3	4	0	0	3	1	0	4	0	0	0	4	0
江苏建筑职业技术学院	4	3	3	3	0	2	1	0	0	3	0	0	0	3	0
江苏工程职业技术学院	5	9	6	9	1	3	5	0	0	5	4	0	1	7	0
苏州工艺美术职业技术学院	6	3	0	3	0	3	0	0	0	1	2	0	0	2	0
连云港职业技术学院	7	4	3	4	0	0	3	1	0	3	1	0	0	4	0
镇江市高等专科学校	8	2	1	2	0	0	1	1	0	2	0	0	0	2	0
南通职业大学	9	2	2	2	0	0	2	0	0	1	0	1	0	1	0
苏州市职业大学	10	4	4	4	1	2	1	0	0	2	2	0	1	3	0
沙洲职业工学院	11	2	2	2	0	0	1	1	0	1	1	0	0	2	0
扬州市职业大学	12	2	1	2	0	0	0	2	0	2	0	0	0	2	0
连云港师范高等专科学校	13	3	1	3	1	1	0	1	0	1	2	0	0	3	0
江苏经贸职业技术学院	14	11	7	11	0	4	7	0	0	11	0	0	3	8	0
泰州职业技术学院	15	1	1	1	0	0	1	0	0	1	0	0	0	1	0
常州信息职业技术学院	16	3	1	3	1	0	1	1	0	3	0	0	1	2	0
江苏海事职业技术学院	17	3	2	3	1	2	0	0	0	2	1	0	1	2	0
无锡科技职业学院	18	2	1	2	0	0	2	0	0	2	0	0	2	0	0
江苏医药职业学院	19	9	8	9	0	2	6	1	0	7	2	0	2	7	0
南通科技职业学院	20	4	2	4	1	0	2	1	0	3	1	0	1	2	0

苏州经贸职业技术学院	21	1	0	1	0	0	0	1	0	1	0	0	0	1	0
苏州工业职业技术学院	22	0	0	0	0	0	0	0	0	0	0	0	0	0	0
苏州卫生职业技术学院	23	12	11	12	0	0	8	4	0	10	2	0	0	10	0
无锡商业职业技术学院	24	4	3	4	0	2	0	2	0	2	2	0	0	4	0
江苏航运职业技术学院	25	7	7	7	0	1	6	0	0	2	5	0	0	6	0
南京交通职业技术学院	26	2	1	2	1	0	0	1	0	2	0	0	1	1	0
江苏电子信息职业学院	27	0	0	0	0	0	0	0	0	0	0	0	0	0	0
江苏农牧科技职业学院	28	3	1	3	0	2	1	0	0	3	0	0	2	1	0
常州纺织服装职业技术学院	29	0	0	0	0	0	0	0	0	0	0	0	0	0	0
苏州农业职业技术学院	30	4	4	4	0	0	2	2	0	4	0	0	0	4	0
南京科技职业学院	31	6	5	6	0	2	4	0	0	6	0	0	0	6	0
常州工业职业技术学院	32	7	6	7	0	1	5	1	0	7	0	0	1	6	0
常州工程职业技术学院	33	0	0	0	0	0	0	0	0	0	0	0	0	0	0
江苏农林职业技术学院	34	2	2	2	0	0	2	0	0	0	2	0	0	1	0
江苏食品药品职业技术学院	35	7	4	7	0	1	6	0	0	2	5	0	0	6	0
南京铁道职业技术学院	36	2	1	2	0	0	1	1	0	2	0	0	0	2	0
徐州工业职业技术学院	37	2	1	2	0	0	1	1	0	2	0	0	0	2	0
江苏信息职业技术学院	38	18	9	18	2	3	13	0	0	18	0	0	3	15	0
南京信息职业技术学院	39	2	1	2	0	2	0	0	0	0	2	0	0	2	0
常州机电职业技术学院	40	5	5	5	0	1	3	1	0	4	1	0	0	4	0
江阴职业技术学院	41	2	1	2	0	2	0	0	0	1	1	0	0	1	0
无锡城市职业技术学院	42	1	1	1	0	0	0	1	0	1	0	0	0	1	0
无锡工艺职业技术学院	43	3	2	3	0	1	1	1	0	3	0	0	1	2	0
苏州健雄职业技术学院	44	2	2	2	0	0	2	0	0	1	1	0	0	2	0

续表

高校名称		总计		按职称划分						按最后学历划分			按最后学位划分		其他
			女性	小计	教授	副教授	讲师	助教	初级	研究生	本科生	其他	博士	硕士	人员
	编号	L01	L02	L03	L04	L05	L06	L07	L08	L09	L10	L11	L12	L13	L14
盐城工业职业技术学院	45	4	4	4	0	1	0	3	0	4	0	0	0	4	0
江苏财经职业技术学院	46	1	1	1	0	0	1	0	0	1	0	0	1	0	0
扬州工业职业技术学院	47	0	0	0	0	0	0	0	0	0	0	0	0	0	0
江苏城市职业学院	48	3	2	3	0	0	2	1	0	3	0	0	2	1	0
南京城市职业学院	49	9	8	9	1	1	6	1	0	8	1	0	0	9	0
南京机电职业技术学院	50	1	1	1	0	0	0	1	0	0	1	0	0	0	0
南京旅游职业学院	51	1	1	1	0	1	0	0	0	1	0	0	1	0	0
江苏卫生健康职业学院	52	0	0	0	0	0	0	0	0	0	0	0	0	0	0
苏州信息职业技术学院	53	0	0	0	0	0	0	0	0	0	0	0	0	0	0
苏州工业园区服务外包职业学院	54	3	2	3	0	0	3	0	0	3	0	0	0	3	0
徐州幼儿师范高等专科学校	55	0	0	0	0	0	0	0	0	0	0	0	0	0	0
徐州生物工程职业技术学院	56	0	0	0	0	0	0	0	0	0	0	0	0	0	0
江苏商贸职业学院	57	1	1	1	0	1	0	0	0	1	0	0	0	1	0
南通师范高等专科学校	58	1	1	1	0	0	0	1	0	1	0	0	0	1	0
江苏护理职业学院	59	64	47	64	2	14	35	13	0	35	23	6	0	46	0
江苏财会职业学院	60	11	8	11	0	5	3	3	0	6	5	0	0	9	0
江苏城乡建设职业学院	61	1	1	1	0	0	0	1	0	1	0	0	0	1	0
江苏航空职业技术学院	62	1	0	1	0	0	1	0	0	0	1	0	0	0	0
江苏安全技术职业学院	63	0	0	0	0	0	0	0	0	0	0	0	0	0	0
江苏旅游职业学院	64	1	1	1	0	1	0	0	0	0	1	0	0	0	0
常州幼儿师范高等专科学校	65	0	0	0	0	0	0	0	0	0	0	0	0	0	0

3.16 民族学与文化学人文、社会科学活动人员情况表

高校名称		总计		按职称划分						按最后学历划分			按最后学位划分		其他人员
			女性	小计	教授	副教授	讲师	助教	初级	研究生	本科生	其他	博士	硕士	
	编号	L01	L02	L03	L04	L05	L06	L07	L08	L09	L10	L11	L12	L13	L14
合　计	/	18	13	18	2	6	6	4	0	14	4	0	4	12	0
盐城幼儿师范高等专科学校	1	0	0	0	0	0	0	0	0	0	0	0	0	0	0
苏州幼儿师范高等专科学校	2	0	0	0	0	0	0	0	0	0	0	0	0	0	0
无锡职业技术学院	3	0	0	0	0	0	0	0	0	0	0	0	0	0	0
江苏建筑职业技术学院	4	0	0	0	0	0	0	0	0	0	0	0	0	0	0
江苏工程职业技术学院	5	0	0	0	0	0	0	0	0	0	0	0	0	0	0
苏州工艺美术职业技术学院	6	1	1	1	0	0	1	0	0	1	0	0	1	0	0
连云港职业技术学院	7	0	0	0	0	0	0	0	0	0	0	0	0	0	0
镇江市高等专科学校	8	0	0	0	0	0	0	0	0	0	0	0	0	0	0
南通职业大学	9	0	0	0	0	0	0	0	0	0	0	0	0	0	0
苏州市职业大学	10	3	2	3	1	1	0	1	0	2	1	0	1	2	0
沙洲职业工学院	11	0	0	0	0	0	0	0	0	0	0	0	0	0	0
扬州市职业大学	12	1	0	1	0	1	0	0	0	0	1	0	0	1	0
连云港师范高等专科学校	13	1	1	1	0	0	0	1	0	1	0	0	0	1	0
江苏经贸职业技术学院	14	0	0	0	0	0	0	0	0	0	0	0	0	0	0
泰州职业技术学院	15	0	0	0	0	0	0	0	0	0	0	0	0	0	0
常州信息职业技术学院	16	0	0	0	0	0	0	0	0	0	0	0	0	0	0
江苏海事职业技术学院	17	0	0	0	0	0	0	0	0	0	0	0	0	0	0
无锡科技职业学院	18	0	0	0	0	0	0	0	0	0	0	0	0	0	0
江苏医药职业学院	19	0	0	0	0	0	0	0	0	0	0	0	0	0	0
南通科技职业学院	20	0	0	0	0	0	0	0	0	0	0	0	0	0	0

续表

高校名称	编号	总计 L01	女性 L02	按职称划分 小计 L03	教授 L04	副教授 L05	讲师 L06	助教 L07	初级 L08	按最后学历划分 研究生 L09	本科生 L10	其他 L11	按最后学位划分 博士 L12	硕士 L13	其他人员 L14
苏州经贸职业技术学院	21	0	0	0	0	0	0	0	0	0	0	0	0	0	0
苏州工业职业技术学院	22	0	0	0	0	0	0	0	0	0	0	0	0	0	0
苏州卫生职业技术学院	23	0	0	0	0	0	0	0	0	0	0	0	0	0	0
无锡商业职业技术学院	24	0	0	0	0	0	0	0	0	0	0	0	0	0	0
江苏航运职业技术学院	25	0	0	0	0	0	0	0	0	0	0	0	0	0	0
南京交通职业技术学院	26	0	0	0	0	0	0	0	0	0	0	0	0	0	0
江苏电子信息职业学院	27	0	0	0	0	0	0	0	0	0	0	0	0	0	0
江苏农牧科技职业学院	28	0	0	0	0	0	0	0	0	0	0	0	0	0	0
常州纺织服装职业技术学院	29	0	0	0	0	0	0	0	0	0	0	0	0	0	0
苏州农业职业技术学院	30	0	0	0	0	0	0	0	0	0	0	0	0	0	0
南京科技职业学院	31	0	0	0	0	0	0	0	0	0	0	0	0	0	0
常州工业职业技术学院	32	1	0	1	0	0	1	0	0	0	1	0	0	0	0
常州工程职业技术学院	33	0	0	0	0	0	0	0	0	0	0	0	0	0	0
江苏农林职业技术学院	34	0	0	0	0	0	0	0	0	0	0	0	0	0	0
江苏食品药品职业技术学院	35	0	0	0	0	0	0	0	0	0	0	0	0	0	0
南京铁道职业技术学院	36	0	0	0	0	0	0	0	0	0	0	0	0	0	0
徐州工业职业技术学院	37	1	1	1	0	0	0	1	0	1	0	0	0	1	0
江苏信息职业技术学院	38	0	0	0	0	0	0	0	0	0	0	0	0	0	0
南京信息职业技术学院	39	3	2	3	0	2	0	1	0	3	0	0	0	3	0
常州机电职业技术学院	40	0	0	0	0	0	0	0	0	0	0	0	0	0	0
江阴职业技术学院	41	1	0	1	0	1	0	0	0	1	0	0	0	1	0

无锡城市职业技术学院	42	0	0	0	0	0	0	0	0	0	0	0	0	0	0
无锡工艺职业技术学院	43	1	1	1	0	0	1	0	0	1	0	0	0	1	0
苏州健雄职业技术学院	44	0	0	0	0	0	0	0	0	0	0	0	0	0	0
盐城工业职业技术学院	45	0	0	0	0	0	0	0	0	0	0	0	0	0	0
江苏财经职业技术学院	46	0	0	0	0	0	0	0	0	0	0	0	0	0	0
扬州工业职业技术学院	47	1	1	1	0	0	1	0	0	0	1	0	0	0	0
江苏城市职业学院	48	1	1	1	0	0	1	0	0	1	0	0	1	0	0
南京城市职业学院	49	0	0	0	0	0	0	0	0	0	0	0	0	0	0
南京机电职业技术学院	50	0	0	0	0	0	0	0	0	0	0	0	0	0	0
南京旅游职业学院	51	1	1	1	0	1	0	0	0	1	0	0	0	1	0
江苏卫生健康职业学院	52	1	1	1	0	0	1	0	0	1	0	0	0	1	0
苏州信息职业技术学院	53	0	0	0	0	0	0	0	0	0	0	0	0	0	0
苏州工业园区服务外包职业学院	54	0	0	0	0	0	0	0	0	0	0	0	0	0	0
徐州幼儿师范高等专科学校	55	0	0	0	0	0	0	0	0	0	0	0	0	0	0
徐州生物工程职业技术学院	56	0	0	0	0	0	0	0	0	0	0	0	0	0	0
江苏商贸职业学院	57	0	0	0	0	0	0	0	0	0	0	0	0	0	0
南通师范高等专科学校	58	0	0	0	0	0	0	0	0	0	0	0	0	0	0
江苏护理职业学院	59	1	1	1	1	0	0	0	0	1	0	0	1	0	0
江苏财会职业学院	60	0	0	0	0	0	0	0	0	0	0	0	0	0	0
江苏城乡建设职业学院	61	0	0	0	0	0	0	0	0	0	0	0	0	0	0
江苏航空职业技术学院	62	0	0	0	0	0	0	0	0	0	0	0	0	0	0
江苏安全技术职业学院	63	0	0	0	0	0	0	0	0	0	0	0	0	0	0
江苏旅游职业学院	64	0	0	0	0	0	0	0	0	0	0	0	0	0	0
常州幼儿师范高等专科学校	65	0	0	0	0	0	0	0	0	0	0	0	0	0	0

3.17 新闻学与传播学人文、社会科学活动人员情况表

高校名称		总计		按职称划分						按最后学历划分			按最后学位划分		其他人员
			女性	小计	教授	副教授	讲师	助教	初级	研究生	本科生	其他	博士	硕士	
	编号	L01	L02	L03	L04	L05	L06	L07	L08	L09	L10	L11	L12	L13	L14
合　计	/	110	74	110	2	17	59	32	0	75	35	0	6	74	0
盐城幼儿师范高等专科学校	1	0	0	0	0	0	0	0	0	0	0	0	0	0	0
苏州幼儿师范高等专科学校	2	0	0	0	0	0	0	0	0	0	0	0	0	0	0
无锡职业技术学院	3	0	0	0	0	0	0	0	0	0	0	0	0	0	0
江苏建筑职业技术学院	4	0	0	0	0	0	0	0	0	0	0	0	0	0	0
江苏工程职业技术学院	5	5	4	5	0	1	4	0	0	4	1	0	0	4	0
苏州工艺美术职业技术学院	6	4	0	4	0	4	0	0	0	3	1	0	1	2	0
连云港职业技术学院	7	4	3	4	0	0	3	1	0	4	0	0	0	4	0
镇江市高等专科学校	8	3	3	3	0	1	2	0	0	2	1	0	0	3	0
南通职业大学	9	0	0	0	0	0	0	0	0	0	0	0	0	0	0
苏州市职业大学	10	8	6	8	1	1	5	1	0	7	1	0	1	6	0
沙洲职业工学院	11	0	0	0	0	0	0	0	0	0	0	0	0	0	0
扬州市职业大学	12	6	6	6	0	0	4	2	0	4	2	0	0	4	0
连云港师范高等专科学校	13	2	1	2	0	0	1	1	0	1	1	0	0	2	0
江苏经贸职业技术学院	14	1	1	1	0	1	0	0	0	0	1	0	0	0	0
泰州职业技术学院	15	1	1	1	0	0	0	1	0	1	0	0	0	1	0
常州信息职业技术学院	16	2	0	2	0	1	1	0	0	2	0	0	0	2	0
江苏海事职业技术学院	17	0	0	0	0	0	0	0	0	0	0	0	0	0	0
无锡科技职业学院	18	0	0	0	0	0	0	0	0	0	0	0	0	0	0
江苏医药职业学院	19	0	0	0	0	0	0	0	0	0	0	0	0	0	0
南通科技职业学院	20	1	1	1	0	0	0	1	0	0	1	0	0	0	0

苏州经贸职业技术学院	21	0	0	0	0	0	0	0	0	0	0	0	0	0	0
苏州工业职业技术学院	22	0	0	0	0	0	0	0	0	0	0	0	0	0	0
苏州卫生职业技术学院	23	1	1	1	0	0	1	0	0	0	1	0	0	0	0
无锡商业职业技术学院	24	0	0	0	0	0	0	0	0	0	0	0	0	0	0
江苏航运职业技术学院	25	3	1	3	0	0	3	0	0	0	3	0	0	0	0
南京交通职业技术学院	26	2	2	2	0	0	0	2	0	1	1	0	0	1	0
江苏电子信息职业学院	27	1	0	1	0	0	0	1	0	1	0	0	0	1	0
江苏农牧科技职业学院	28	1	0	1	0	0	1	0	0	1	0	0	1	0	0
常州纺织服装职业技术学院	29	2	2	2	0	0	2	0	0	1	1	0	0	1	0
苏州农业职业技术学院	30	1	1	1	0	1	0	0	0	0	1	0	0	1	0
南京科技职业学院	31	2	2	2	0	2	0	0	0	0	2	0	0	0	0
常州工业职业技术学院	32	1	1	1	0	0	1	0	0	1	0	0	0	1	0
常州工程职业技术学院	33	0	0	0	0	0	0	0	0	0	0	0	0	0	0
江苏农林职业技术学院	34	0	0	0	0	0	0	0	0	0	0	0	0	0	0
江苏食品药品职业技术学院	35	3	3	3	0	0	2	1	0	2	1	0	0	2	0
南京铁道职业技术学院	36	2	1	2	0	0	1	1	0	2	0	0	0	2	0
徐州工业职业技术学院	37	1	1	1	0	1	0	0	0	1	0	0	0	1	0
江苏信息职业技术学院	38	1	1	1	0	0	1	0	0	0	1	0	0	0	0
南京信息职业技术学院	39	3	3	3	0	0	2	1	0	3	0	0	2	1	0
常州机电职业技术学院	40	2	0	2	0	1	1	0	0	2	0	0	1	1	0
江阴职业技术学院	41	2	2	2	0	0	1	1	0	2	0	0	0	2	0
无锡城市职业技术学院	42	0	0	0	0	0	0	0	0	0	0	0	0	0	0
无锡工艺职业技术学院	43	0	0	0	0	0	0	0	0	0	0	0	0	0	0
苏州健雄职业技术学院	44	1	1	1	0	0	1	0	0	0	1	0	0	0	0

续表

高校名称	编号	总计		按职称划分						按最后学历划分			按最后学位划分		其他人员
			女性	小计	教授	副教授	讲师	助教	初级	研究生	本科生	其他	博士	硕士	
	编号	L01	L02	L03	L04	L05	L06	L07	L08	L09	L10	L11	L12	L13	L14
盐城工业职业技术学院	45	1	0	1	0	0	0	1	0	1	0	0	0	1	0
江苏财经职业技术学院	46	0	0	0	0	0	0	0	0	0	0	0	0	0	0
扬州工业职业技术学院	47	4	2	4	0	0	1	3	0	4	0	0	0	4	0
江苏城市职业学院	48	6	5	6	0	2	4	0	0	4	2	0	0	5	0
南京城市职业学院	49	11	6	11	0	1	9	1	0	8	3	0	0	9	0
南京机电职业技术学院	50	3	1	3	0	0	0	3	0	0	3	0	0	0	0
南京旅游职业学院	51	0	0	0	0	0	0	0	0	0	0	0	0	0	0
江苏卫生健康职业学院	52	1	0	1	0	0	1	0	0	0	1	0	0	0	0
苏州信息职业技术学院	53	0	0	0	0	0	0	0	0	0	0	0	0	0	0
苏州工业园区服务外包职业学院	54	2	1	2	0	0	2	0	0	0	2	0	0	0	0
徐州幼儿师范高等专科学校	55	1	1	1	0	0	1	0	0	0	1	0	0	0	0
徐州生物工程职业技术学院	56	1	1	1	0	0	0	1	0	1	0	0	0	1	0
江苏商贸职业学院	57	4	4	4	0	0	1	3	0	4	0	0	0	4	0
南通师范高等专科学校	58	1	0	1	1	0	0	0	0	1	0	0	0	1	0
江苏护理职业学院	59	4	3	4	0	0	2	2	0	3	1	0	0	3	0
江苏财会职业学院	60	2	0	2	0	0	0	2	0	2	0	0	0	2	0
江苏城乡建设职业学院	61	1	1	1	0	0	0	1	0	1	0	0	0	1	0
江苏航空职业技术学院	62	1	1	1	0	0	1	0	0	0	1	0	0	0	0
江苏安全技术职业学院	63	0	0	0	0	0	0	0	0	0	0	0	0	0	0
江苏旅游职业学院	64	1	0	1	0	0	0	1	0	1	0	0	0	1	0
常州幼儿师范高等专科学校	65	0	0	0	0	0	0	0	0	0	0	0	0	0	0

3.18　图书馆、情报与文献学人文、社会科学活动人员情况表

高校名称		总计		按职称划分						按最后学历划分			按最后学位划分		其他人员
			女性	小计	教授	副教授	讲师	助教	初级	研究生	本科生	其他	博士	硕士	
	编号	L01	L02	L03	L04	L05	L06	L07	L08	L09	L10	L11	L12	L13	L14
合　计	/	456	309	456	15	84	314	42	1	133	316	7	5	204	0
盐城幼儿师范高等专科学校	1	2	2	2	0	0	1	1	0	1	1	0	0	1	0
苏州幼儿师范高等专科学校	2	2	2	2	0	0	2	0	0	2	0	0	0	2	0
无锡职业技术学院	3	15	8	15	1	2	9	3	0	7	8	0	0	9	0
江苏建筑职业技术学院	4	2	1	2	0	1	1	0	0	2	0	0	0	2	0
江苏工程职业技术学院	5	12	8	12	0	2	10	0	0	3	9	0	0	5	0
苏州工艺美术职业技术学院	6	10	8	10	0	4	6	0	0	3	7	0	0	3	0
连云港职业技术学院	7	15	13	15	0	3	10	2	0	0	15	0	0	5	0
镇江市高等专科学校	8	2	2	2	0	2	0	0	0	1	1	0	0	1	0
南通职业大学	9	6	5	6	0	2	3	1	0	1	5	0	0	4	0
苏州市职业大学	10	31	18	31	1	5	25	0	0	18	13	0	0	22	0
沙洲职业工学院	11	5	3	5	0	1	4	0	0	0	5	0	0	0	0
扬州市职业大学	12	13	7	13	0	4	8	1	0	4	9	0	0	5	0
连云港师范高等专科学校	13	6	5	6	0	0	5	1	0	3	3	0	0	5	0
江苏经贸职业技术学院	14	6	2	6	1	1	4	0	0	2	4	0	0	5	0
泰州职业技术学院	15	4	2	4	0	1	3	0	0	0	4	0	0	2	0
常州信息职业技术学院	16	15	7	15	1	1	6	7	0	2	13	0	0	5	0
江苏海事职业技术学院	17	14	12	14	0	1	13	0	0	1	13	0	0	11	0
无锡科技职业学院	18	5	2	5	0	1	4	0	0	2	3	0	1	1	0
江苏医药职业学院	19	5	4	5	1	0	4	0	0	2	3	0	0	4	0
南通科技职业学院	20	10	9	10	0	4	4	2	0	0	10	0	0	0	0

续表

高校名称		总计		按职称划分						按最后学历划分			按最后学位划分		其他
			女性	小计	教授	副教授	讲师	助教	初级	研究生	本科生	其他	博士	硕士	人员
	编号	L01	L02	L03	L04	L05	L06	L07	L08	L09	L10	L11	L12	L13	L14
苏州经贸职业技术学院	21	2	1	2	0	0	2	0	0	1	1	0	1	0	0
苏州工业职业技术学院	22	2	2	2	0	0	2	0	0	0	0	2	0	0	0
苏州卫生职业技术学院	23	11	5	11	0	2	4	5	0	9	2	0	1	8	0
无锡商业职业技术学院	24	15	12	15	0	5	10	0	0	1	14	0	0	7	0
江苏航运职业技术学院	25	3	0	3	0	2	1	0	0	0	3	0	0	0	0
南京交通职业技术学院	26	16	10	16	0	1	15	0	0	8	8	0	0	8	0
江苏电子信息职业学院	27	5	3	5	0	0	4	1	0	0	5	0	0	3	0
江苏农牧科技职业学院	28	2	1	2	0	0	1	1	0	1	1	0	0	1	0
常州纺织服装职业技术学院	29	7	4	7	0	0	7	0	0	0	7	0	0	3	0
苏州农业职业技术学院	30	4	2	4	1	1	1	1	0	2	2	0	1	1	0
南京科技职业学院	31	11	7	11	0	2	9	0	0	5	6	0	0	9	0
常州工业职业技术学院	32	1	0	1	0	0	1	0	0	0	1	0	0	1	0
常州工程职业技术学院	33	10	8	10	0	0	10	0	0	1	9	0	0	1	0
江苏农林职业技术学院	34	21	16	21	0	1	20	0	0	3	18	0	0	6	0
江苏食品药品职业技术学院	35	6	5	6	0	2	4	0	0	1	5	0	0	1	0
南京铁道职业技术学院	36	6	5	6	0	0	6	0	0	4	2	0	0	5	0
徐州工业职业技术学院	37	5	3	5	0	1	3	1	0	2	2	1	0	2	0
江苏信息职业技术学院	38	6	4	6	1	1	4	0	0	2	4	0	0	4	0
南京信息职业技术学院	39	6	4	6	0	1	5	0	0	1	5	0	0	2	0
常州机电职业技术学院	40	5	3	5	1	1	3	0	0	2	3	0	1	1	0
江阴职业技术学院	41	2	2	2	0	0	2	0	0	0	2	0	0	0	0

无锡城市职业技术学院	42	10	7	10	0	2	7	1	0	3	7	0	0	4	0
无锡工艺职业技术学院	43	9	7	9	0	1	8	0	0	1	8	0	0	2	0
苏州健雄职业技术学院	44	4	2	4	1	0	3	0	0	2	2	0	0	2	0
盐城工业职业技术学院	45	5	2	5	0	2	1	2	0	3	2	0	0	3	0
江苏财经职业技术学院	46	7	2	7	0	2	5	0	0	3	4	0	0	4	0
扬州工业职业技术学院	47	14	12	14	0	2	10	2	0	3	11	0	0	3	0
江苏城市职业学院	48	7	4	7	2	4	1	0	0	2	5	0	0	4	0
南京城市职业学院	49	5	4	5	1	0	4	0	0	1	4	0	0	2	0
南京机电职业技术学院	50	1	0	1	0	0	1	0	0	0	1	0	0	1	0
南京旅游职业学院	51	6	4	6	0	0	5	1	0	2	3	1	0	2	0
江苏卫生健康职业学院	52	7	4	7	1	1	3	2	0	3	4	0	0	5	0
苏州信息职业技术学院	53	3	2	3	0	2	1	0	0	0	3	0	0	2	0
苏州工业园区服务外包职业学院	54	1	1	1	0	0	1	0	0	1	0	0	0	0	0
徐州幼儿师范高等专科学校	55	7	7	7	0	2	4	1	0	2	3	2	0	2	0
徐州生物工程职业技术学院	56	3	2	3	0	1	2	0	0	1	2	0	0	1	0
江苏商贸职业学院	57	4	3	4	0	2	2	0	0	1	2	1	0	1	0
南通师范高等专科学校	58	16	14	16	1	5	9	1	0	0	16	0	0	1	0
江苏护理职业学院	59	5	5	5	0	1	2	2	0	4	1	0	0	4	0
江苏财会职业学院	60	3	2	3	0	0	2	1	0	1	2	0	0	1	0
江苏城乡建设职业学院	61	2	2	2	0	0	1	1	0	1	1	0	0	1	0
江苏航空职业技术学院	62	7	3	7	1	0	5	1	0	2	5	0	0	2	0
江苏安全技术职业学院	63	1	1	1	0	0	1	0	0	0	1	0	0	1	0
江苏旅游职业学院	64	2	1	2	0	2	0	0	0	0	2	0	0	1	0
常州幼儿师范高等专科学校	65	1	1	1	0	0	0	0	1	0	1	0	0	0	0

3.19 教育学人文、社会科学活动人员情况表

高校名称	编号	总计		按职称划分						按最后学历划分			按最后学位划分		其他人员
			女性	小计	教授	副教授	讲师	助教	初级	研究生	本科生	其他	博士	硕士	
		L01	L02	L03	L04	L05	L06	L07	L08	L09	L10	L11	L12	L13	L14
合　计	/	3057	1893	3057	218	830	1447	562	0	1893	1162	2	207	2274	0
盐城幼儿师范高等专科学校	1	47	39	47	2	9	20	16	0	34	13	0	1	37	0
苏州幼儿师范高等专科学校	2	56	46	56	6	17	23	10	0	41	15	0	6	43	0
无锡职业技术学院	3	60	38	60	4	13	35	8	0	45	15	0	4	50	0
江苏建筑职业技术学院	4	13	7	13	1	1	11	0	0	13	0	0	0	13	0
江苏工程职业技术学院	5	47	29	47	7	19	21	0	0	34	13	0	1	38	0
苏州工艺美术职业技术学院	6	43	27	43	3	15	23	2	0	26	17	0	2	29	0
连云港职业技术学院	7	42	22	42	3	20	17	2	0	24	18	0	6	28	0
镇江市高等专科学校	8	72	48	72	0	19	28	25	0	48	24	0	10	44	0
南通职业大学	9	45	25	45	2	8	27	8	0	22	23	0	2	35	0
苏州市职业大学	10	82	49	82	9	23	45	5	0	62	20	0	4	69	0
沙洲职业工学院	11	18	13	18	2	5	10	1	0	7	11	0	3	9	0
扬州市职业大学	12	44	32	44	3	10	17	14	0	28	16	0	1	39	0
连云港师范高等专科学校	13	117	73	117	10	39	44	24	0	75	42	0	3	108	0
江苏经贸职业技术学院	14	21	16	21	1	6	6	8	0	17	4	0	7	14	0
泰州职业技术学院	15	6	3	6	1	1	3	1	0	3	3	0	0	4	0
常州信息职业技术学院	16	66	44	66	10	21	28	7	0	36	30	0	2	57	0
江苏海事职业技术学院	17	36	20	36	3	13	18	2	0	21	15	0	1	31	0
无锡科技职业学院	18	16	12	16	1	5	9	1	0	4	12	0	1	11	0
江苏医药职业学院	19	66	50	66	2	21	39	4	0	47	19	0	15	49	0
南通科技职业学院	20	24	17	24	3	4	15	2	0	16	8	0	1	21	0

苏州经贸职业技术学院	21	17	11	17	0	4	5	8	0	13	4	0	2	14	0
苏州工业职业技术学院	22	23	18	23	0	5	10	8	0	10	13	0	0	19	0
苏州卫生职业技术学院	23	31	26	31	0	12	15	4	0	25	6	0	0	29	0
无锡商业职业技术学院	24	12	7	12	1	2	9	0	0	5	7	0	2	7	0
江苏航运职业技术学院	25	127	53	127	7	27	85	8	0	69	58	0	4	102	0
南京交通职业技术学院	26	18	11	18	0	4	11	3	0	14	4	0	2	16	0
江苏电子信息职业学院	27	51	28	51	0	5	22	24	0	33	18	0	0	44	0
江苏农牧科技职业学院	28	77	40	77	2	25	50	0	0	52	25	0	8	57	0
常州纺织服装职业技术学院	29	51	31	51	5	17	22	7	0	29	22	0	1	36	0
苏州农业职业技术学院	30	75	45	75	9	34	22	10	0	43	31	1	10	51	0
南京科技职业学院	31	59	38	59	8	31	18	2	0	39	20	0	3	44	0
常州工业职业技术学院	32	16	9	16	1	3	7	5	0	13	3	0	0	15	0
常州工程职业技术学院	33	84	46	84	1	28	38	17	0	41	43	0	5	45	0
江苏农林职业技术学院	34	36	18	36	0	13	22	1	0	19	17	0	3	32	0
江苏食品药品职业技术学院	35	83	49	83	6	20	56	1	0	61	22	0	8	68	0
南京铁道职业技术学院	36	47	31	47	4	8	32	3	0	30	17	0	3	37	0
徐州工业职业技术学院	37	25	12	25	3	1	7	14	0	25	0	0	1	24	0
江苏信息职业技术学院	38	28	21	28	0	9	18	1	0	15	13	0	0	22	0
南京信息职业技术学院	39	14	9	14	0	3	7	4	0	11	3	0	3	10	0
常州机电职业技术学院	40	142	64	142	27	54	59	2	0	70	72	0	25	76	0
江阴职业技术学院	41	30	17	30	1	9	17	3	0	5	25	0	0	14	0
无锡城市职业技术学院	42	44	39	44	1	8	26	9	0	20	24	0	0	39	0
无锡工艺职业技术学院	43	28	15	28	1	7	9	11	0	21	7	0	2	21	0
苏州健雄职业技术学院	44	19	12	19	2	9	8	0	0	13	6	0	1	17	0

续表

高校名称		总计		按职称划分						按最后学历划分			按最后学位划分		其他
			女性	小计	教授	副教授	讲师	助教	初级	研究生	本科生	其他	博士	硕士	人员
	编号	L01	L02	L03	L04	L05	L06	L07	L08	L09	L10	L11	L12	L13	L14
盐城工业职业技术学院	45	41	23	41	8	4	18	11	0	33	8	0	0	33	0
江苏财经职业技术学院	46	35	19	35	3	20	9	3	0	24	11	0	9	23	0
扬州工业职业技术学院	47	45	24	45	2	4	26	13	0	40	5	0	1	40	0
江苏城市职业学院	48	123	86	123	15	30	60	18	0	103	20	0	16	98	0
南京城市职业学院	49	82	58	82	2	21	35	24	0	62	20	0	3	70	0
南京机电职业技术学院	50	66	46	66	1	5	36	24	0	31	35	0	0	39	0
南京旅游职业学院	51	28	18	28	1	3	12	12	0	21	6	1	1	21	0
江苏卫生健康职业学院	52	13	10	13	0	0	8	5	0	9	4	0	0	9	0
苏州信息职业技术学院	53	7	7	7	0	3	4	0	0	2	5	0	0	5	0
苏州工业园区服务外包职业学院	54	7	5	7	2	3	2	0	0	5	2	0	0	5	0
徐州幼儿师范高等专科学校	55	84	46	84	15	29	29	11	0	52	32	0	16	39	0
徐州生物工程职业技术学院	56	14	5	14	0	3	11	0	0	4	10	0	0	5	0
江苏商贸职业学院	57	27	18	27	2	6	14	5	0	14	13	0	0	15	0
南通师范高等专科学校	58	38	33	38	3	6	21	8	0	18	20	0	2	29	0
江苏护理职业学院	59	28	22	28	2	4	13	9	0	19	9	0	1	20	0
江苏财会职业学院	60	29	19	29	2	2	13	12	0	17	12	0	0	24	0
江苏城乡建设职业学院	61	87	52	87	2	16	41	28	0	53	34	0	4	61	0
江苏航空职业技术学院	62	32	22	32	0	1	15	16	0	27	5	0	0	28	0
江苏安全技术职业学院	63	11	7	11	0	5	6	0	0	6	5	0	0	9	0
江苏旅游职业学院	64	160	80	160	5	39	49	67	0	57	103	0	1	103	0
常州幼儿师范高等专科学校	65	42	33	42	1	19	11	11	0	17	25	0	0	30	0

3.20 统计学人文、社会科学活动人员情况表

高校名称		总计		按职称划分						按最后学历划分			按最后学位划分		其他人员
			女性	小计	教授	副教授	讲师	助教	初级	研究生	本科生	其他	博士	硕士	
	编号	L01	L02	L03	L04	L05	L06	L07	L08	L09	L10	L11	L12	L13	L14
合　计	/	85	53	85	4	21	44	16	0	42	43	0	7	53	0
盐城幼儿师范高等专科学校	1	0	0	0	0	0	0	0	0	0	0	0	0	0	0
苏州幼儿师范高等专科学校	2	0	0	0	0	0	0	0	0	0	0	0	0	0	0
无锡职业技术学院	3	0	0	0	0	0	0	0	0	0	0	0	0	0	0
江苏建筑职业技术学院	4	0	0	0	0	0	0	0	0	0	0	0	0	0	0
江苏工程职业技术学院	5	0	0	0	0	0	0	0	0	0	0	0	0	0	0
苏州工艺美术职业技术学院	6	1	1	1	0	0	1	0	0	0	1	0	0	1	0
连云港职业技术学院	7	1	0	1	0	1	0	0	0	1	0	0	0	1	0
镇江市高等专科学校	8	1	1	1	0	0	1	0	0	1	0	0	0	1	0
南通职业大学	9	1	0	1	0	0	1	0	0	0	1	0	0	0	0
苏州市职业大学	10	2	1	2	0	0	2	0	0	2	0	0	0	2	0
沙洲职业工学院	11	3	2	3	0	1	2	0	0	0	3	0	0	0	0
扬州市职业大学	12	3	2	3	0	0	1	2	0	2	1	0	0	3	0
连云港师范高等专科学校	13	2	1	2	1	1	0	0	0	2	0	0	0	2	0
江苏经贸职业技术学院	14	0	0	0	0	0	0	0	0	0	0	0	0	0	0
泰州职业技术学院	15	0	0	0	0	0	0	0	0	0	0	0	0	0	0
常州信息职业技术学院	16	0	0	0	0	0	0	0	0	0	0	0	0	0	0
江苏海事职业技术学院	17	0	0	0	0	0	0	0	0	0	0	0	0	0	0
无锡科技职业学院	18	0	0	0	0	0	0	0	0	0	0	0	0	0	0
江苏医药职业学院	19	2	1	2	0	1	1	0	0	0	2	0	0	2	0
南通科技职业学院	20	2	2	2	0	0	2	0	0	1	1	0	0	1	0

续表

高校名称		总计		按职称划分						按最后学历划分			按最后学位划分		其他
			女性	小计	教授	副教授	讲师	助教	初级	研究生	本科生	其他	博士	硕士	人员
	编号	L01	L02	L03	L04	L05	L06	L07	L08	L09	L10	L11	L12	L13	L14
苏州经贸职业技术学院	21	2	1	2	0	2	0	0	0	1	1	0	0	0	0
苏州工业职业技术学院	22	0	0	0	0	0	0	0	0	0	0	0	0	0	0
苏州卫生职业技术学院	23	4	3	4	0	0	2	2	0	0	4	0	0	0	0
无锡商业职业技术学院	24	2	1	2	0	0	0	2	0	2	0	0	0	2	0
江苏航运职业技术学院	25	3	1	3	0	0	3	0	0	0	3	0	0	1	0
南京交通职业技术学院	26	5	4	5	0	2	3	0	0	3	2	0	0	4	0
江苏电子信息职业学院	27	3	3	3	0	0	0	3	0	3	0	0	0	3	0
江苏农牧科技职业学院	28	1	1	1	0	0	1	0	0	1	0	0	0	1	0
常州纺织服装职业技术学院	29	2	1	2	2	0	0	0	0	0	2	0	0	0	0
苏州农业职业技术学院	30	0	0	0	0	0	0	0	0	0	0	0	0	0	0
南京科技职业学院	31	0	0	0	0	0	0	0	0	0	0	0	0	0	0
常州工业职业技术学院	32	0	0	0	0	0	0	0	0	0	0	0	0	0	0
常州工程职业技术学院	33	1	0	1	0	0	1	0	0	0	1	0	0	0	0
江苏农林职业技术学院	34	0	0	0	0	0	0	0	0	0	0	0	0	0	0
江苏食品药品职业技术学院	35	3	2	3	0	0	3	0	0	1	2	0	1	0	0
南京铁道职业技术学院	36	9	8	9	0	4	5	0	0	4	5	0	2	5	0
徐州工业职业技术学院	37	0	0	0	0	0	0	0	0	0	0	0	0	0	0
江苏信息职业技术学院	38	1	1	1	0	0	0	1	0	1	0	0	0	1	0
南京信息职业技术学院	39	9	4	9	1	6	1	1	0	5	4	0	3	6	0
常州机电职业技术学院	40	3	3	3	0	0	3	0	0	0	3	0	0	3	0
江阴职业技术学院	41	1	1	1	0	0	1	0	0	0	1	0	0	0	0

无锡城市职业技术学院	42	2	1	2	0	0	1	1	0	1	1	0	0	2	0
无锡工艺职业技术学院	43	0	0	0	0	0	0	0	0	0	0	0	0	0	0
苏州健雄职业技术学院	44	0	0	0	0	0	0	0	0	0	0	0	0	0	0
盐城工业职业技术学院	45	0	0	0	0	0	0	0	0	0	0	0	0	0	0
江苏财经职业技术学院	46	2	1	2	0	1	1	0	0	1	1	0	0	2	0
扬州工业职业技术学院	47	1	0	1	0	0	1	0	0	1	0	0	0	1	0
江苏城市职业学院	48	3	1	3	0	0	1	2	0	3	0	0	0	3	0
南京城市职业学院	49	1	1	1	0	0	1	0	0	0	1	0	0	0	0
南京机电职业技术学院	50	0	0	0	0	0	0	0	0	0	0	0	0	0	0
南京旅游职业学院	51	1	0	1	0	0	0	1	0	0	1	0	0	0	0
江苏卫生健康职业学院	52	1	0	1	0	0	1	0	0	1	0	0	0	1	0
苏州信息职业技术学院	53	1	1	1	0	0	1	0	0	0	1	0	0	1	0
苏州工业园区服务外包职业学院	54	0	0	0	0	0	0	0	0	0	0	0	0	0	0
徐州幼儿师范高等专科学校	55	1	0	1	0	1	0	0	0	1	0	0	1	0	0
徐州生物工程职业技术学院	56	1	0	1	0	1	0	0	0	1	0	0	0	1	0
江苏商贸职业学院	57	0	0	0	0	0	0	0	0	0	0	0	0	0	0
南通师范高等专科学校	58	0	0	0	0	0	0	0	0	0	0	0	0	0	0
江苏护理职业学院	59	1	1	1	0	0	1	0	0	1	0	0	0	1	0
江苏财会职业学院	60	1	0	1	0	0	1	0	0	1	0	0	0	1	0
江苏城乡建设职业学院	61	0	0	0	0	0	0	0	0	0	0	0	0	0	0
江苏航空职业技术学院	62	1	1	1	0	0	0	1	0	1	0	0	0	1	0
江苏安全技术职业学院	63	1	1	1	0	0	1	0	0	0	1	0	0	0	0
江苏旅游职业学院	64	0	0	0	0	0	0	0	0	0	0	0	0	0	0
常州幼儿师范高等专科学校	65	0	0	0	0	0	0	0	0	0	0	0	0	0	0

3.21 心理学人文、社会科学活动人员情况表

高校名称		总计		按职称划分						按最后学历划分			按最后学位划分		其他人员
			女性	小计	教授	副教授	讲师	助教	初级	研究生	本科生	其他	博士	硕士	
	编号	L01	L02	L03	L04	L05	L06	L07	L08	L09	L10	L11	L12	L13	L14
合　计	/	187	158	187	5	45	98	39	0	130	57	0	3	151	0
盐城幼儿师范高等专科学校	1	8	6	8	0	4	4	0	0	3	5	0	0	4	0
苏州幼儿师范高等专科学校	2	0	0	0	0	0	0	0	0	0	0	0	0	0	0
无锡职业技术学院	3	2	1	2	0	1	1	0	0	1	1	0	0	2	0
江苏建筑职业技术学院	4	3	2	3	0	0	3	0	0	3	0	0	0	3	0
江苏工程职业技术学院	5	0	0	0	0	0	0	0	0	0	0	0	0	0	0
苏州工艺美术职业技术学院	6	5	3	5	1	0	1	3	0	5	0	0	0	5	0
连云港职业技术学院	7	3	3	3	1	0	2	0	0	3	0	0	0	3	0
镇江市高等专科学校	8	8	6	8	1	3	2	2	0	5	3	0	0	6	0
南通职业大学	9	0	0	0	0	0	0	0	0	0	0	0	0	0	0
苏州市职业大学	10	14	9	14	0	6	7	1	0	7	7	0	0	12	0
沙洲职业工学院	11	1	1	1	0	0	1	0	0	1	0	0	0	1	0
扬州市职业大学	12	5	3	5	0	2	0	3	0	3	2	0	0	5	0
连云港师范高等专科学校	13	5	5	5	0	1	1	3	0	4	1	0	0	5	0
江苏经贸职业技术学院	14	3	3	3	0	0	3	0	0	2	1	0	0	2	0
泰州职业技术学院	15	1	0	1	0	1	0	0	0	1	0	0	0	1	0
常州信息职业技术学院	16	1	1	1	0	1	0	0	0	1	0	0	0	1	0
江苏海事职业技术学院	17	1	1	1	0	0	1	0	0	1	0	0	1	0	0
无锡科技职业学院	18	2	2	2	0	2	0	0	0	0	2	0	0	0	0
江苏医药职业学院	19	3	2	3	0	0	2	1	0	3	0	0	1	2	0
南通科技职业学院	20	4	4	4	1	0	3	0	0	2	2	0	0	3	0

苏州经贸职业技术学院	21	0	0	0	0	0	0	0	0	0	0	0	0	0	0
苏州工业职业技术学院	22	0	0	0	0	0	0	0	0	0	0	0	0	0	0
苏州卫生职业技术学院	23	7	7	7	0	0	1	6	0	4	3	0	0	4	0
无锡商业职业技术学院	24	0	0	0	0	0	0	0	0	0	0	0	0	0	0
江苏航运职业技术学院	25	6	6	6	0	0	6	0	0	3	3	0	0	6	0
南京交通职业技术学院	26	4	4	4	0	1	3	0	0	4	0	0	0	4	0
江苏电子信息职业学院	27	7	5	7	0	4	0	3	0	5	2	0	0	6	0
江苏农牧科技职业学院	28	6	5	6	0	1	5	0	0	4	2	0	0	5	0
常州纺织服装职业技术学院	29	5	4	5	0	2	3	0	0	1	4	0	0	1	0
苏州农业职业技术学院	30	2	2	2	0	2	0	0	0	2	0	0	0	2	0
南京科技职业学院	31	4	4	4	0	1	3	0	0	3	1	0	0	4	0
常州工业职业技术学院	32	1	0	1	0	1	0	0	0	1	0	0	0	1	0
常州工程职业技术学院	33	0	0	0	0	0	0	0	0	0	0	0	0	0	0
江苏农林职业技术学院	34	0	0	0	0	0	0	0	0	0	0	0	0	0	0
江苏食品药品职业技术学院	35	3	3	3	0	0	3	0	0	3	0	0	0	3	0
南京铁道职业技术学院	36	6	6	6	0	1	4	1	0	6	0	0	1	5	0
徐州工业职业技术学院	37	5	4	5	0	3	2	0	0	4	1	0	0	4	0
江苏信息职业技术学院	38	1	1	1	0	1	0	0	0	1	0	0	0	1	0
南京信息职业技术学院	39	4	3	4	0	2	2	0	0	1	3	0	0	3	0
常州机电职业技术学院	40	2	1	2	0	0	1	1	0	1	1	0	0	1	0
江阴职业技术学院	41	2	2	2	0	0	2	0	0	1	1	0	0	1	0
无锡城市职业技术学院	42	0	0	0	0	0	0	0	0	0	0	0	0	0	0
无锡工艺职业技术学院	43	0	0	0	0	0	0	0	0	0	0	0	0	0	0
苏州健雄职业技术学院	44	2	2	2	0	0	2	0	0	0	2	0	0	0	0

续表

高校名称	编号	总计		按职称划分						按最后学历划分			按最后学位划分		其他人员
			女性	小计	教授	副教授	讲师	助教	初级	研究生	本科生	其他	博士	硕士	
		L01	L02	L03	L04	L05	L06	L07	L08	L09	L10	L11	L12	L13	L14
盐城工业职业技术学院	45	2	1	2	0	1	0	1	0	2	0	0	0	2	0
江苏财经职业技术学院	46	0	0	0	0	0	0	0	0	0	0	0	0	0	0
扬州工业职业技术学院	47	0	0	0	0	0	0	0	0	0	0	0	0	0	0
江苏城市职业学院	48	5	5	5	0	1	2	2	0	3	2	0	0	5	0
南京城市职业学院	49	4	3	4	0	1	2	1	0	3	1	0	0	3	0
南京机电职业技术学院	50	1	1	1	0	0	0	1	0	1	0	0	0	1	0
南京旅游职业学院	51	2	1	2	0	0	2	0	0	1	1	0	0	2	0
江苏卫生健康职业学院	52	4	4	4	0	0	3	1	0	3	1	0	0	3	0
苏州信息职业技术学院	53	2	2	2	0	1	1	0	0	1	1	0	0	1	0
苏州工业园区服务外包职业学院	54	3	3	3	0	0	3	0	0	3	0	0	0	3	0
徐州幼儿师范高等专科学校	55	2	2	2	0	1	1	0	0	2	0	0	0	2	0
徐州生物工程职业技术学院	56	1	1	1	0	0	1	0	0	0	1	0	0	0	0
江苏商贸职业学院	57	6	6	6	0	0	6	0	0	6	0	0	0	6	0
南通师范高等专科学校	58	7	6	7	0	0	4	3	0	7	0	0	0	7	0
江苏护理职业学院	59	2	2	2	0	0	1	1	0	0	2	0	0	1	0
江苏财会职业学院	60	0	0	0	0	0	0	0	0	0	0	0	0	0	0
江苏城乡建设职业学院	61	4	4	4	0	0	1	3	0	4	0	0	0	4	0
江苏航空职业技术学院	62	3	3	3	0	0	3	0	0	3	0	0	0	3	0
江苏安全技术职业学院	63	0	0	0	0	0	0	0	0	0	0	0	0	0	0
江苏旅游职业学院	64	1	1	1	0	0	0	1	0	1	0	0	0	1	0
常州幼儿师范高等专科学校	65	2	2	2	1	0	0	1	0	1	1	0	0	1	0

3.22 体育科学人文、社会科学活动人员情况表

高校名称		总计		按职称划分						按最后学历划分			按最后学位划分		其他人员
			女性	小计	教授	副教授	讲师	助教	初级	研究生	本科生	其他	博士	硕士	
	编号	L01	L02	L03	L04	L05	L06	L07	L08	L09	L10	L11	L12	L13	L14
合　计	/	1043	351	1043	31	363	459	190	0	440	603	0	9	610	0
盐城幼儿师范高等专科学校	1	28	9	28	1	11	10	6	0	9	19	0	0	13	0
苏州幼儿师范高等专科学校	2	8	2	8	2	1	4	1	0	6	2	0	0	8	0
无锡职业技术学院	3	22	7	22	1	6	7	8	0	13	9	0	1	15	0
江苏建筑职业技术学院	4	20	8	20	1	11	8	0	0	9	11	0	0	11	0
江苏工程职业技术学院	5	13	5	13	0	5	8	0	0	8	5	0	0	9	0
苏州工艺美术职业技术学院	6	14	5	14	1	8	3	2	0	6	8	0	0	9	0
连云港职业技术学院	7	18	3	18	1	8	5	4	0	6	12	0	0	10	0
镇江市高等专科学校	8	18	6	18	2	6	7	3	0	3	15	0	0	9	0
南通职业大学	9	9	4	9	0	5	2	2	0	0	9	0	0	5	0
苏州市职业大学	10	30	12	30	3	13	9	5	0	15	15	0	2	18	0
沙洲职业工学院	11	9	2	9	0	5	2	2	0	2	7	0	0	2	0
扬州市职业大学	12	44	18	44	4	13	17	10	0	16	28	0	1	19	0
连云港师范高等专科学校	13	31	8	31	0	10	12	9	0	19	12	0	0	27	0
江苏经贸职业技术学院	14	26	9	26	0	9	17	0	0	16	10	0	1	19	0
泰州职业技术学院	15	12	4	12	0	8	3	1	0	4	8	0	0	7	0
常州信息职业技术学院	16	15	3	15	0	8	6	1	0	7	8	0	0	10	0
江苏海事职业技术学院	17	20	9	20	0	7	13	0	0	1	19	0	0	11	0
无锡科技职业学院	18	7	3	7	0	2	5	0	0	0	7	0	0	1	0
江苏医药职业学院	19	8	3	8	0	1	4	3	0	6	2	0	1	7	0
南通科技职业学院	20	9	2	9	0	1	6	2	0	2	7	0	0	2	0

续表

高校名称		总计		按职称划分						按最后学历划分			按最后学位划分		其他
			女性	小计	教授	副教授	讲师	助教	初级	研究生	本科生	其他	博士	硕士	人员
	编号	L01	L02	L03	L04	L05	L06	L07	L08	L09	L10	L11	L12	L13	L14
苏州经贸职业技术学院	21	16	6	16	0	6	7	3	0	11	5	0	0	11	0
苏州工业职业技术学院	22	18	7	18	1	4	10	3	0	2	16	0	0	8	0
苏州卫生职业技术学院	23	16	9	16	0	8	8	0	0	5	11	0	0	7	0
无锡商业职业技术学院	24	19	7	19	0	5	11	3	0	8	11	0	0	12	0
江苏航运职业技术学院	25	13	1	13	0	2	11	0	0	6	7	0	0	8	0
南京交通职业技术学院	26	20	8	20	1	6	8	5	0	9	11	0	0	18	0
江苏电子信息职业学院	27	20	8	20	0	2	9	9	0	6	14	0	0	17	0
江苏农牧科技职业学院	28	11	3	11	1	2	8	0	0	11	0	0	0	11	0
常州纺织服装职业技术学院	29	18	3	18	1	5	7	5	0	8	10	0	1	9	0
苏州农业职业技术学院	30	8	3	8	0	6	2	0	0	1	7	0	0	6	0
南京科技职业学院	31	18	7	18	1	8	8	1	0	8	10	0	0	10	0
常州工业职业技术学院	32	20	7	20	0	4	12	4	0	8	12	0	1	9	0
常州工程职业技术学院	33	11	3	11	0	4	5	2	0	2	9	0	0	2	0
江苏农林职业技术学院	34	18	6	18	0	3	13	2	0	5	13	0	0	10	0
江苏食品药品职业技术学院	35	10	2	10	0	2	8	0	0	1	9	0	0	2	0
南京铁道职业技术学院	36	15	10	15	0	6	9	0	0	13	2	0	0	12	0
徐州工业职业技术学院	37	16	6	16	1	10	3	2	0	4	12	0	0	9	0
江苏信息职业技术学院	38	14	3	14	1	3	10	0	0	3	11	0	0	5	0
南京信息职业技术学院	39	17	7	17	2	7	5	3	0	6	11	0	0	12	0
常州机电职业技术学院	40	13	5	13	0	2	9	2	0	11	2	0	0	8	0
江阴职业技术学院	41	21	5	21	0	11	7	3	0	1	20	0	0	10	0

无锡城市职业技术学院	42	17	8	17	0	11	3	3	0	4	13	0	0	7	0
无锡工艺职业技术学院	43	14	5	14	0	5	6	3	0	9	5	0	0	11	0
苏州健雄职业技术学院	44	12	2	12	0	4	4	4	0	6	6	0	0	6	0
盐城工业职业技术学院	45	17	4	17	1	5	7	4	0	10	7	0	1	9	0
江苏财经职业技术学院	46	12	3	12	1	4	6	1	0	4	8	0	0	10	0
扬州工业职业技术学院	47	24	5	24	0	10	11	3	0	12	12	0	0	12	0
江苏城市职业学院	48	12	5	12	0	7	3	2	0	6	6	0	0	10	0
南京城市职业学院	49	9	4	9	1	1	6	1	0	8	1	0	0	8	0
南京机电职业技术学院	50	13	7	13	0	0	9	4	0	2	11	0	0	4	0
南京旅游职业学院	51	15	6	15	0	3	7	5	0	6	9	0	0	8	0
江苏卫生健康职业学院	52	12	3	12	0	3	3	6	0	8	4	0	0	9	0
苏州信息职业技术学院	53	7	3	7	0	3	4	0	0	1	6	0	0	1	0
苏州工业园区服务外包职业学院	54	9	3	9	0	6	3	0	0	9	0	0	0	9	0
徐州幼儿师范高等专科学校	55	9	1	9	1	3	4	1	0	1	8	0	0	2	0
徐州生物工程职业技术学院	56	13	5	13	0	5	7	1	0	1	12	0	0	2	0
江苏商贸职业学院	57	18	6	18	0	10	4	4	0	4	14	0	0	9	0
南通师范高等专科学校	58	28	11	28	2	12	10	4	0	11	17	0	0	14	0
江苏护理职业学院	59	15	6	15	0	3	4	8	0	9	6	0	0	9	0
江苏财会职业学院	60	24	6	24	0	6	11	7	0	9	15	0	0	13	0
江苏城乡建设职业学院	61	17	1	17	0	4	7	6	0	9	8	0	0	10	0
江苏航空职业技术学院	62	8	2	8	0	1	3	4	0	4	4	0	0	4	0
江苏安全技术职业学院	63	11	3	11	0	2	8	1	0	4	7	0	0	5	0
江苏旅游职业学院	64	24	10	24	0	7	9	8	0	22	2	0	0	21	0
常州幼儿师范高等专科学校	65	10	4	10	0	4	2	4	0	4	6	0	0	9	0

3.23 其他学科人文、社会科学活动人员情况表

高校名称		总计		按职称划分						按最后学历划分			按最后学位划分		其他人员
			女性	小计	教授	副教授	讲师	助教	初级	研究生	本科生	其他	博士	硕士	
	编号	L01	L02	L03	L04	L05	L06	L07	L08	L09	L10	L11	L12	L13	L14
合　计	/	168	75	168	7	29	101	31	0	124	44	0	27	120	0
盐城幼儿师范高等专科学校	1	0	0	0	0	0	0	0	0	0	0	0	0	0	0
苏州幼儿师范高等专科学校	2	0	0	0	0	0	0	0	0	0	0	0	0	0	0
无锡职业技术学院	3	0	0	0	0	0	0	0	0	0	0	0	0	0	0
江苏建筑职业技术学院	4	0	0	0	0	0	0	0	0	0	0	0	0	0	0
江苏工程职业技术学院	5	1	1	1	0	0	1	0	0	0	1	0	0	0	0
苏州工艺美术职业技术学院	6	0	0	0	0	0	0	0	0	0	0	0	0	0	0
连云港职业技术学院	7	5	2	5	0	1	2	2	0	5	0	0	0	5	0
镇江市高等专科学校	8	2	1	2	1	1	0	0	0	2	0	0	1	1	0
南通职业大学	9	1	1	1	0	0	0	1	0	1	0	0	0	1	0
苏州市职业大学	10	0	0	0	0	0	0	0	0	0	0	0	0	0	0
沙洲职业工学院	11	0	0	0	0	0	0	0	0	0	0	0	0	0	0
扬州市职业大学	12	0	0	0	0	0	0	0	0	0	0	0	0	0	0
连云港师范高等专科学校	13	0	0	0	0	0	0	0	0	0	0	0	0	0	0
江苏经贸职业技术学院	14	0	0	0	0	0	0	0	0	0	0	0	0	0	0
泰州职业技术学院	15	0	0	0	0	0	0	0	0	0	0	0	0	0	0
常州信息职业技术学院	16	27	14	27	2	9	14	2	0	20	7	0	8	18	0
江苏海事职业技术学院	17	73	16	73	2	7	52	12	0	51	22	0	8	51	0
无锡科技职业学院	18	6	3	6	1	3	2	0	0	3	3	0	1	4	0
江苏医药职业学院	19	0	0	0	0	0	0	0	0	0	0	0	0	0	0
南通科技职业学院	20	5	4	5	0	0	2	3	0	5	0	0	0	5	0

苏州经贸职业技术学院	21	4	3	4	0	0	4	0	0	4	0	0	4	0	0
苏州工业职业技术学院	22	0	0	0	0	0	0	0	0	0	0	0	0	0	0
苏州卫生职业技术学院	23	0	0	0	0	0	0	0	0	0	0	0	0	0	0
无锡商业职业技术学院	24	0	0	0	0	0	0	0	0	0	0	0	0	0	0
江苏航运职业技术学院	25	0	0	0	0	0	0	0	0	0	0	0	0	0	0
南京交通职业技术学院	26	0	0	0	0	0	0	0	0	0	0	0	0	0	0
江苏电子信息职业学院	27	0	0	0	0	0	0	0	0	0	0	0	0	0	0
江苏农牧科技职业学院	28	1	1	1	0	0	1	0	0	1	0	0	0	1	0
常州纺织服装职业技术学院	29	0	0	0	0	0	0	0	0	0	0	0	0	0	0
苏州农业职业技术学院	30	0	0	0	0	0	0	0	0	0	0	0	0	0	0
南京科技职业学院	31	1	1	1	0	0	1	0	0	1	0	0	0	1	0
常州工业职业技术学院	32	0	0	0	0	0	0	0	0	0	0	0	0	0	0
常州工程职业技术学院	33	0	0	0	0	0	0	0	0	0	0	0	0	0	0
江苏农林职业技术学院	34	0	0	0	0	0	0	0	0	0	0	0	0	0	0
江苏食品药品职业技术学院	35	0	0	0	0	0	0	0	0	0	0	0	0	0	0
南京铁道职业技术学院	36	0	0	0	0	0	0	0	0	0	0	0	0	0	0
徐州工业职业技术学院	37	0	0	0	0	0	0	0	0	0	0	0	0	0	0
江苏信息职业技术学院	38	0	0	0	0	0	0	0	0	0	0	0	0	0	0
南京信息职业技术学院	39	0	0	0	0	0	0	0	0	0	0	0	0	0	0
常州机电职业技术学院	40	9	6	9	0	1	6	2	0	4	5	0	0	8	0
江阴职业技术学院	41	0	0	0	0	0	0	0	0	0	0	0	0	0	0
无锡城市职业技术学院	42	0	0	0	0	0	0	0	0	0	0	0	0	0	0
无锡工艺职业技术学院	43	0	0	0	0	0	0	0	0	0	0	0	0	0	0
苏州健雄职业技术学院	44	2	0	2	0	0	0	2	0	2	0	0	0	2	0

续表

高校名称	编号	总计		按职称划分						按最后学历划分			按最后学位划分		其他人员
			女性	小计	教授	副教授	讲师	助教	初级	研究生	本科生	其他	博士	硕士	
		L01	L02	L03	L04	L05	L06	L07	L08	L09	L10	L11	L12	L13	L14
盐城工业职业技术学院	45	0	0	0	0	0	0	0	0	0	0	0	0	0	0
江苏财经职业技术学院	46	0	0	0	0	0	0	0	0	0	0	0	0	0	0
扬州工业职业技术学院	47	2	2	2	0	0	2	0	0	2	0	0	0	2	0
江苏城市职业学院	48	4	4	4	0	1	3	0	0	4	0	0	2	2	0
南京城市职业学院	49	7	4	7	1	2	4	0	0	3	4	0	0	5	0
南京机电职业技术学院	50	0	0	0	0	0	0	0	0	0	0	0	0	0	0
南京旅游职业学院	51	0	0	0	0	0	0	0	0	0	0	0	0	0	0
江苏卫生健康职业学院	52	8	5	8	0	0	1	7	0	8	0	0	1	7	0
苏州信息职业技术学院	53	0	0	0	0	0	0	0	0	0	0	0	0	0	0
苏州工业园区服务外包职业学院	54	0	0	0	0	0	0	0	0	0	0	0	0	0	0
徐州幼儿师范高等专科学校	55	2	2	2	0	0	2	0	0	2	0	0	0	2	0
徐州生物工程职业技术学院	56	0	0	0	0	0	0	0	0	0	0	0	0	0	0
江苏商贸职业学院	57	0	0	0	0	0	0	0	0	0	0	0	0	0	0
南通师范高等专科学校	58	1	0	1	0	0	1	0	0	1	0	0	1	0	0
江苏护理职业学院	59	4	3	4	0	2	2	0	0	3	1	0	1	3	0
江苏财会职业学院	60	0	0	0	0	0	0	0	0	0	0	0	0	0	0
江苏城乡建设职业学院	61	0	0	0	0	0	0	0	0	0	0	0	0	0	0
江苏航空职业技术学院	62	0	0	0	0	0	0	0	0	0	0	0	0	0	0
江苏安全技术职业学院	63	0	0	0	0	0	0	0	0	0	0	0	0	0	0
江苏旅游职业学院	64	0	0	0	0	0	0	0	0	0	0	0	0	0	0
常州幼儿师范高等专科学校	65	3	2	3	0	2	1	0	0	2	1	0	0	2	0

4. 民办及中外合作办学高等学校人文、社会科学活动人员情况表

学科门类		总计		按职称划分						按最后学历划分			按最后学位划分		其他人员
			女性	小计	教授	副教授	讲师	助教	初级	研究生	本科生	其他	博士	硕士	
	编号	L01	L02	L03	L04	L05	L06	L07	L08	L09	L10	L11	L12	L13	L14
合　计	/	8179	5659	8178	225	1607	4257	1884	205	5958	2211	9	643	5900	1
管理学	1	1720	1153	1720	59	332	903	394	32	1178	539	3	129	1169	0
马克思主义	2	356	257	356	11	93	142	100	10	288	68	0	9	302	0
哲学	3	108	73	108	7	17	53	26	5	102	6	0	17	85	0
逻辑学	4	25	9	25	0	6	15	2	2	8	17	0	0	9	0
宗教学	5	2	0	2	1	0	1	0	0	2	0	0	2	0	0
语言学	6	1075	910	1075	8	224	670	158	15	801	274	0	78	799	0
中国文学	7	140	98	140	5	38	66	26	5	117	23	0	24	100	0
外国文学	8	121	96	121	0	19	80	20	2	95	26	0	11	89	0
艺术学	9	1560	1041	1560	26	261	737	508	28	1140	418	2	29	1262	0
历史学	10	46	22	46	4	10	21	9	2	39	7	0	14	27	0
考古学	11	2	2	2	0	0	1	1	0	2	0	0	0	2	0
经济学	12	882	659	882	46	190	421	199	26	747	133	2	149	620	0
政治学	13	55	30	55	2	6	36	10	1	48	7	0	18	32	0
法学	14	166	107	166	7	30	83	42	4	132	34	0	10	131	0
社会学	15	120	80	120	1	16	81	19	3	85	35	0	22	64	0
民族学与文化学	16	5	2	5	0	1	2	1	1	4	1	0	1	3	0
新闻学与传播学	17	169	114	169	4	36	90	35	4	123	46	0	28	107	0
图书馆、情报与文献学	18	112	83	112	1	15	82	9	5	32	79	1	4	38	0
教育学	19	847	592	847	21	154	437	191	44	586	260	1	45	623	0
统计学	20	52	34	52	3	8	23	14	4	39	13	0	2	39	0
心理学	21	80	75	80	3	13	41	17	6	63	17	0	5	67	0
体育科学	22	368	131	367	1	102	185	77	2	197	170	0	0	245	1
其他学科	23	168	91	168	15	36	87	26	4	130	38	0	46	87	0

4.1 管理学人文、社会科学活动人员情况表

高校名称		总计		按职称划分						按最后学历划分			按最后学位划分		其他
			女性	小计	教授	副教授	讲师	助教	初级	研究生	本科生	其他	博士	硕士	人员
	编号	L01	L02	L03	L04	L05	L06	L07	L08	L09	L10	L11	L12	L13	L14
合　计	/	1720	1153	1720	59	332	903	394	32	1178	539	3	129	1169	0
明达职业技术学院	1	7	4	7	0	0	4	3	0	2	5	0	0	2	0
三江学院	2	80	62	80	9	33	25	12	1	70	10	0	13	60	0
九州职业技术学院	3	70	45	70	1	7	32	30	0	31	39	0	0	33	0
南通理工学院	4	119	81	119	4	24	72	19	0	85	34	0	4	102	0
硅湖职业技术学院	5	25	16	25	1	6	12	6	0	11	14	0	1	13	0
应天职业技术学院	6	16	11	16	0	5	11	0	0	9	7	0	0	11	0
苏州托普信息职业技术学院	7	9	7	9	0	0	7	2	0	4	5	0	0	4	0
东南大学成贤学院	8	24	16	24	1	7	16	0	0	15	9	0	1	14	0
苏州工业园区职业技术学院	9	44	24	44	3	10	31	0	0	23	21	0	0	27	0
太湖创意职业技术学院	10	3	0	3	0	0	1	1	1	1	2	0	0	1	0
炎黄职业技术学院	11	11	7	11	0	6	5	0	0	2	9	0	0	6	0
正德职业技术学院	12	12	8	12	0	0	10	2	0	8	4	0	0	8	0
钟山职业技术学院	13	6	2	6	0	2	4	0	0	1	5	0	0	4	0
无锡南洋职业技术学院	14	42	29	42	0	15	27	0	0	8	33	1	0	14	0
江南影视艺术职业学院	15	27	18	27	0	2	9	16	0	21	6	0	1	20	0
金肯职业技术学院	16	51	37	51	1	9	23	17	1	27	24	0	0	28	0
建东职业技术学院	17	37	23	37	2	11	19	2	3	8	29	0	0	14	0
宿迁职业技术学院	18	9	5	9	0	1	6	1	1	2	7	0	0	2	0
江海职业技术学院	19	53	23	53	1	8	28	16	0	7	46	0	0	19	0
无锡太湖学院	20	126	91	126	6	24	55	41	0	99	27	0	5	102	0
中国矿业大学徐海学院	21	17	13	17	0	2	13	1	1	15	2	0	1	16	0
南京理工大学紫金学院	22	71	50	71	4	15	45	7	0	55	16	0	1	58	0
南京航空航天大学金城学院	23	52	38	52	0	10	40	2	0	38	14	0	0	41	0

南京传媒学院	24	33	25	33	0	8	18	7	0	26	7	0	1	27	0
金山职业技术学院	25	13	9	13	0	1	1	9	2	2	11	0	0	2	0
南京理工大学泰州科技学院	26	18	10	18	0	5	9	2	2	11	7	0	0	13	0
南京师范大学泰州学院	27	12	8	12	0	1	10	1	0	10	2	0	1	9	0
南京工业大学浦江学院	28	56	31	56	3	7	17	23	6	41	15	0	9	32	0
南京师范大学中北学院	29	24	23	24	0	3	21	0	0	23	1	0	0	24	0
苏州百年职业学院	30	25	17	25	1	2	12	10	0	24	1	0	0	24	0
昆山登云科技职业学院	31	34	21	34	2	7	12	9	4	13	21	0	1	14	0
南京视觉艺术职业学院	32	1	1	1	0	1	0	0	0	1	0	0	0	1	0
南京医科大学康达学院	33	26	18	26	0	1	18	7	0	23	3	0	1	23	0
南京中医药大学翰林学院	34	11	6	11	0	1	10	0	0	11	0	0	0	11	0
苏州大学应用技术学院	35	36	26	36	1	13	22	0	0	24	10	2	2	29	0
苏州科技大学天平学院	36	23	13	23	2	3	4	14	0	22	1	0	0	22	0
江苏大学京江学院	37	13	11	13	1	1	9	2	0	13	0	0	0	13	0
扬州大学广陵学院	38	17	12	17	1	3	11	2	0	15	2	0	0	17	0
江苏师范大学科文学院	39	21	19	21	0	2	16	3	0	20	1	0	0	21	0
南京邮电大学通达学院	40	9	9	9	0	1	4	4	0	8	1	0	1	7	0
南京财经大学红山学院	41	63	49	63	0	3	15	45	0	55	8	0	0	54	0
江苏科技大学苏州理工学院	42	29	16	29	0	3	25	1	0	29	0	0	4	25	0
常州大学怀德学院	43	66	37	66	1	4	29	32	0	62	4	0	1	61	0
南通大学杏林学院	44	34	19	34	0	12	19	3	0	26	8	0	0	28	0
南京审计大学金审学院	45	83	65	83	8	17	33	25	0	63	20	0	3	67	0
苏州高博软件技术职业学院	46	39	29	39	0	12	22	5	0	15	24	0	0	22	0
宿迁泽达职业技术学院	47	19	16	19	0	2	11	5	1	4	15	0	0	5	0
扬州中瑞酒店职业学院	48	12	8	12	0	1	4	6	1	5	7	0	0	6	0
西交利物浦大学	49	86	42	86	6	21	55	0	4	85	1	0	78	8	0
昆山杜克大学	50	6	3	6	0	0	1	1	4	5	1	0	0	5	0

4.2 马克思主义人文、社会科学活动人员情况表

高校名称		总计		按职称划分						按最后学历划分			按最后学位划分		其他
			女性	小计	教授	副教授	讲师	助教	初级	研究生	本科生	其他	博士	硕士	人员
	编号	L01	L02	L03	L04	L05	L06	L07	L08	L09	L10	L11	L12	L13	L14
合　计	/	356	257	356	11	93	142	100	10	288	68	0	9	302	0
明达职业技术学院	1	2	0	2	0	0	1	1	0	2	0	0	0	2	0
三江学院	2	49	33	49	1	17	21	10	0	40	9	0	1	41	0
九州职业技术学院	3	5	4	5	0	2	3	0	0	2	3	0	0	3	0
南通理工学院	4	13	10	13	2	1	4	6	0	10	3	0	0	12	0
硅湖职业技术学院	5	5	5	5	0	1	2	2	0	4	1	0	0	4	0
应天职业技术学院	6	6	5	6	0	0	5	1	0	5	1	0	0	6	0
苏州托普信息职业技术学院	7	3	2	3	0	0	0	2	1	3	0	0	0	3	0
东南大学成贤学院	8	2	2	2	0	0	2	0	0	1	1	0	0	1	0
苏州工业园区职业技术学院	9	7	4	7	0	0	7	0	0	5	2	0	0	5	0
太湖创意职业技术学院	10	2	0	2	0	0	1	1	0	1	1	0	0	1	0
炎黄职业技术学院	11	1	1	1	0	0	1	0	0	0	1	0	0	1	0
正德职业技术学院	12	6	3	6	2	2	2	0	0	2	4	0	0	4	0
钟山职业技术学院	13	9	8	9	0	4	2	3	0	7	2	0	1	8	0
无锡南洋职业技术学院	14	4	3	4	0	3	1	0	0	0	4	0	0	1	0
江南影视艺术职业学院	15	5	4	5	0	2	0	3	0	4	1	0	0	4	0
金肯职业技术学院	16	15	12	15	0	6	7	2	0	10	5	0	0	12	0
建东职业技术学院	17	4	4	4	0	3	1	0	0	1	3	0	0	3	0
宿迁职业技术学院	18	0	0	0	0	0	0	0	0	0	0	0	0	0	0
江海职业技术学院	19	10	9	10	0	4	1	5	0	8	2	0	0	9	0
无锡太湖学院	20	73	60	73	1	4	23	45	0	65	8	0	2	64	0
中国矿业大学徐海学院	21	4	1	4	0	1	2	0	1	3	1	0	0	4	0
南京理工大学紫金学院	22	11	5	11	1	7	3	0	0	10	1	0	2	8	0
南京航空航天大学金城学院	23	11	9	11	2	2	7	0	0	9	2	0	0	9	0

南京传媒学院	24	8	5	8	0	3	3	2	0	8	0	0	0	8	0
金山职业技术学院	25	1	0	1	1	0	0	0	0	0	1	0	0	0	0
南京理工大学泰州科技学院	26	10	8	10	0	1	5	0	4	9	1	0	0	10	0
南京师范大学泰州学院	27	4	2	4	0	4	0	0	0	4	0	0	0	4	0
南京工业大学浦江学院	28	2	2	2	0	0	2	0	0	2	0	0	0	2	0
南京师范大学中北学院	29	7	6	7	0	2	5	0	0	7	0	0	0	7	0
苏州百年职业学院	30	6	3	6	1	2	2	1	0	5	1	0	1	4	0
昆山登云科技职业学院	31	8	7	8	0	3	1	1	3	5	3	0	0	6	0
南京视觉艺术职业学院	32	1	0	1	0	1	0	0	0	0	1	0	0	0	0
南京医科大学康达学院	33	9	7	9	0	0	7	2	0	8	1	0	0	9	0
南京中医药大学翰林学院	34	4	1	4	0	2	2	0	0	4	0	0	1	3	0
苏州大学应用技术学院	35	2	2	2	0	0	2	0	0	1	1	0	0	2	0
苏州科技大学天平学院	36	1	1	1	0	0	0	1	0	1	0	0	0	1	0
江苏大学京江学院	37	2	1	2	0	0	2	0	0	2	0	0	0	2	0
扬州大学广陵学院	38	7	4	7	0	3	4	0	0	7	0	0	0	7	0
江苏师范大学科文学院	39	4	3	4	0	0	2	2	0	3	1	0	0	3	0
南京邮电大学通达学院	40	3	1	3	0	2	1	0	0	2	1	0	0	3	0
南京财经大学红山学院	41	8	6	8	0	0	1	7	0	8	0	0	0	8	0
江苏科技大学苏州理工学院	42	0	0	0	0	0	0	0	0	0	0	0	0	0	0
常州大学怀德学院	43	3	0	3	0	2	1	0	0	3	0	0	0	3	0
南通大学杏林学院	44	5	5	5	0	3	2	0	0	5	0	0	0	4	0
南京审计大学金审学院	45	8	7	8	0	3	3	2	0	8	0	0	0	8	0
苏州高博软件技术职业学院	46	2	0	2	0	2	0	0	0	2	0	0	0	2	0
宿迁泽达职业技术学院	47	2	1	2	0	0	1	0	1	0	2	0	0	0	0
扬州中瑞酒店职业学院	48	1	1	1	0	0	0	1	0	1	0	0	0	1	0
西交利物浦大学	49	0	0	0	0	0	0	0	0	0	0	0	0	0	0
昆山杜克大学	50	1	0	1	0	1	0	0	0	1	0	0	1	0	0

4.3 哲学人文、社会科学活动人员情况表

高校名称		总计		按职称划分						按最后学历划分			按最后学位划分		其他
			女性	小计	教授	副教授	讲师	助教	初级	研究生	本科生	其他	博士	硕士	人员
	编号	L01	L02	L03	L04	L05	L06	L07	L08	L09	L10	L11	L12	L13	L14
合　计	/	108	73	108	7	17	53	26	5	102	6	0	17	85	0
明达职业技术学院	1	1	0	1	0	1	0	0	0	1	0	0	0	1	0
三江学院	2	8	6	8	0	1	5	2	0	8	0	0	0	8	0
九州职业技术学院	3	1	1	1	0	0	1	0	0	1	0	0	0	1	0
南通理工学院	4	1	1	1	0	0	1	0	0	1	0	0	0	1	0
硅湖职业技术学院	5	1	0	1	1	0	0	0	0	1	0	0	0	1	0
应天职业技术学院	6	0	0	0	0	0	0	0	0	0	0	0	0	0	0
苏州托普信息职业技术学院	7	5	5	5	0	0	0	3	2	5	0	0	0	5	0
东南大学成贤学院	8	0	0	0	0	0	0	0	0	0	0	0	0	0	0
苏州工业园区职业技术学院	9	0	0	0	0	0	0	0	0	0	0	0	0	0	0
太湖创意职业技术学院	10	1	1	1	0	0	0	0	1	1	0	0	0	1	0
炎黄职业技术学院	11	0	0	0	0	0	0	0	0	0	0	0	0	0	0
正德职业技术学院	12	1	1	1	0	0	0	1	0	1	0	0	0	1	0
钟山职业技术学院	13	0	0	0	0	0	0	0	0	0	0	0	0	0	0
无锡南洋职业技术学院	14	0	0	0	0	0	0	0	0	0	0	0	0	0	0
江南影视艺术职业学院	15	0	0	0	0	0	0	0	0	0	0	0	0	0	0
金肯职业技术学院	16	0	0	0	0	0	0	0	0	0	0	0	0	0	0
建东职业技术学院	17	0	0	0	0	0	0	0	0	0	0	0	0	0	0
宿迁职业技术学院	18	1	1	1	0	0	0	1	0	1	0	0	0	1	0
江海职业技术学院	19	0	0	0	0	0	0	0	0	0	0	0	0	0	0
无锡太湖学院	20	2	1	2	0	1	0	1	0	2	0	0	0	2	0
中国矿业大学徐海学院	21	0	0	0	0	0	0	0	0	0	0	0	0	0	0
南京理工大学紫金学院	22	1	1	1	0	0	1	0	0	1	0	0	0	1	0
南京航空航天大学金城学院	23	3	2	3	1	0	2	0	0	3	0	0	0	3	0

南京传媒学院	24	13	11	13	0	0	6	7	0	12	1	0	0	13	0
金山职业技术学院	25	0	0	0	0	0	0	0	0	0	0	0	0	0	0
南京理工大学泰州科技学院	26	5	4	5	0	0	2	2	1	5	0	0	0	5	0
南京师范大学泰州学院	27	4	2	4	0	2	2	0	0	4	0	0	1	3	0
南京工业大学浦江学院	28	3	3	3	0	1	1	1	0	3	0	0	1	2	0
南京师范大学中北学院	29	2	2	2	0	0	2	0	0	2	0	0	0	2	0
苏州百年职业学院	30	1	1	1	0	0	1	0	0	0	1	0	0	0	0
昆山登云科技职业学院	31	6	2	6	1	3	1	0	1	4	2	0	0	4	0
南京视觉艺术职业学院	32	1	1	1	0	0	1	0	0	0	1	0	0	0	0
南京医科大学康达学院	33	1	1	1	0	0	1	0	0	1	0	0	0	1	0
南京中医药大学翰林学院	34	0	0	0	0	0	0	0	0	0	0	0	0	0	0
苏州大学应用技术学院	35	4	3	4	0	1	3	0	0	4	0	0	1	3	0
苏州科技大学天平学院	36	1	1	1	0	1	0	0	0	1	0	0	0	1	0
江苏大学京江学院	37	2	2	2	0	0	2	0	0	2	0	0	0	2	0
扬州大学广陵学院	38	3	2	3	1	1	1	0	0	2	1	0	0	1	0
江苏师范大学科文学院	39	6	4	6	0	1	4	1	0	6	0	0	0	6	0
南京邮电大学通达学院	40	0	0	0	0	0	0	0	0	0	0	0	0	0	0
南京财经大学红山学院	41	6	5	6	1	0	2	3	0	6	0	0	1	5	0
江苏科技大学苏州理工学院	42	3	1	3	0	1	2	0	0	3	0	0	0	3	0
常州大学怀德学院	43	3	2	3	2	0	1	0	0	3	0	0	2	1	0
南通大学杏林学院	44	1	0	1	0	0	1	0	0	1	0	0	0	1	0
南京审计大学金审学院	45	6	3	6	0	0	2	4	0	6	0	0	0	6	0
苏州高博软件技术职业学院	46	0	0	0	0	0	0	0	0	0	0	0	0	0	0
宿迁泽达职业技术学院	47	0	0	0	0	0	0	0	0	0	0	0	0	0	0
扬州中瑞酒店职业学院	48	0	0	0	0	0	0	0	0	0	0	0	0	0	0
西交利物浦大学	49	2	0	2	0	1	1	0	0	2	0	0	2	0	0
昆山杜克大学	50	9	3	9	0	2	7	0	0	9	0	0	9	0	0

4.4 逻辑学人文、社会科学活动人员情况表

高校名称		总计		按职称划分						按最后学历划分			按最后学位划分		其他
			女性	小计	教授	副教授	讲师	助教	初级	研究生	本科生	其他	博士	硕士	人员
	编号	L01	L02	L03	L04	L05	L06	L07	L08	L09	L10	L11	L12	L13	L14
合　计	/	25	9	25	0	6	15	2	2	8	17	0	0	9	0
明达职业技术学院	1	1	1	1	0	0	0	0	1	0	1	0	0	0	0
三江学院	2	0	0	0	0	0	0	0	0	0	0	0	0	0	0
九州职业技术学院	3	0	0	0	0	0	0	0	0	0	0	0	0	0	0
南通理工学院	4	0	0	0	0	0	0	0	0	0	0	0	0	0	0
硅湖职业技术学院	5	1	0	1	0	0	0	1	0	1	0	0	0	1	0
应天职业技术学院	6	0	0	0	0	0	0	0	0	0	0	0	0	0	0
苏州托普信息职业技术学院	7	0	0	0	0	0	0	0	0	0	0	0	0	0	0
东南大学成贤学院	8	0	0	0	0	0	0	0	0	0	0	0	0	0	0
苏州工业园区职业技术学院	9	0	0	0	0	0	0	0	0	0	0	0	0	0	0
太湖创意职业技术学院	10	0	0	0	0	0	0	0	0	0	0	0	0	0	0
炎黄职业技术学院	11	0	0	0	0	0	0	0	0	0	0	0	0	0	0
正德职业技术学院	12	0	0	0	0	0	0	0	0	0	0	0	0	0	0
钟山职业技术学院	13	0	0	0	0	0	0	0	0	0	0	0	0	0	0
无锡南洋职业技术学院	14	0	0	0	0	0	0	0	0	0	0	0	0	0	0
江南影视艺术职业学院	15	0	0	0	0	0	0	0	0	0	0	0	0	0	0
金肯职业技术学院	16	0	0	0	0	0	0	0	0	0	0	0	0	0	0
建东职业技术学院	17	0	0	0	0	0	0	0	0	0	0	0	0	0	0
宿迁职业技术学院	18	0	0	0	0	0	0	0	0	0	0	0	0	0	0
江海职业技术学院	19	0	0	0	0	0	0	0	0	0	0	0	0	0	0
无锡太湖学院	20	0	0	0	0	0	0	0	0	0	0	0	0	0	0
中国矿业大学徐海学院	21	0	0	0	0	0	0	0	0	0	0	0	0	0	0
南京理工大学紫金学院	22	0	0	0	0	0	0	0	0	0	0	0	0	0	0
南京航空航天大学金城学院	23	0	0	0	0	0	0	0	0	0	0	0	0	0	0

南京传媒学院	24	0	0	0	0	0	0	0	0	0	0	0	0	0	0
金山职业技术学院	25	0	0	0	0	0	0	0	0	0	0	0	0	0	0
南京理工大学泰州科技学院	26	0	0	0	0	0	0	0	0	0	0	0	0	0	0
南京师范大学泰州学院	27	0	0	0	0	0	0	0	0	0	0	0	0	0	0
南京工业大学浦江学院	28	0	0	0	0	0	0	0	0	0	0	0	0	0	0
南京师范大学中北学院	29	0	0	0	0	0	0	0	0	0	0	0	0	0	0
苏州百年职业学院	30	0	0	0	0	0	0	0	0	0	0	0	0	0	0
昆山登云科技职业学院	31	0	0	0	0	0	0	0	0	0	0	0	0	0	0
南京视觉艺术职业学院	32	0	0	0	0	0	0	0	0	0	0	0	0	0	0
南京医科大学康达学院	33	0	0	0	0	0	0	0	0	0	0	0	0	0	0
南京中医药大学翰林学院	34	0	0	0	0	0	0	0	0	0	0	0	0	0	0
苏州大学应用技术学院	35	0	0	0	0	0	0	0	0	0	0	0	0	0	0
苏州科技大学天平学院	36	0	0	0	0	0	0	0	0	0	0	0	0	0	0
江苏大学京江学院	37	0	0	0	0	0	0	0	0	0	0	0	0	0	0
扬州大学广陵学院	38	0	0	0	0	0	0	0	0	0	0	0	0	0	0
江苏师范大学科文学院	39	1	1	1	0	0	0	1	0	1	0	0	0	1	0
南京邮电大学通达学院	40	0	0	0	0	0	0	0	0	0	0	0	0	0	0
南京财经大学红山学院	41	0	0	0	0	0	0	0	0	0	0	0	0	0	0
江苏科技大学苏州理工学院	42	0	0	0	0	0	0	0	0	0	0	0	0	0	0
常州大学怀德学院	43	0	0	0	0	0	0	0	0	0	0	0	0	0	0
南通大学杏林学院	44	0	0	0	0	0	0	0	0	0	0	0	0	0	0
南京审计大学金审学院	45	0	0	0	0	0	0	0	0	0	0	0	0	0	0
苏州高博软件技术职业学院	46	0	0	0	0	0	0	0	0	0	0	0	0	0	0
宿迁泽达职业技术学院	47	22	7	22	0	6	15	0	1	6	16	0	0	7	0
扬州中瑞酒店职业学院	48	0	0	0	0	0	0	0	0	0	0	0	0	0	0
西交利物浦大学	49	0	0	0	0	0	0	0	0	0	0	0	0	0	0
昆山杜克大学	50	0	0	0	0	0	0	0	0	0	0	0	0	0	0

4.5 宗教学人文、社会科学活动人员情况表

高校名称		总计		按职称划分						按最后学历划分			按最后学位划分		其他人员
			女性	小计	教授	副教授	讲师	助教	初级	研究生	本科生	其他	博士	硕士	
	编号	L01	L02	L03	L04	L05	L06	L07	L08	L09	L10	L11	L12	L13	L14
合　计	/	2	0	2	1	0	1	0	0	2	0	0	2	0	0
明达职业技术学院	1	0	0	0	0	0	0	0	0	0	0	0	0	0	0
三江学院	2	0	0	0	0	0	0	0	0	0	0	0	0	0	0
九州职业技术学院	3	0	0	0	0	0	0	0	0	0	0	0	0	0	0
南通理工学院	4	0	0	0	0	0	0	0	0	0	0	0	0	0	0
硅湖职业技术学院	5	0	0	0	0	0	0	0	0	0	0	0	0	0	0
应天职业技术学院	6	0	0	0	0	0	0	0	0	0	0	0	0	0	0
苏州托普信息职业技术学院	7	0	0	0	0	0	0	0	0	0	0	0	0	0	0
东南大学成贤学院	8	0	0	0	0	0	0	0	0	0	0	0	0	0	0
苏州工业园区职业技术学院	9	0	0	0	0	0	0	0	0	0	0	0	0	0	0
太湖创意职业技术学院	10	0	0	0	0	0	0	0	0	0	0	0	0	0	0
炎黄职业技术学院	11	0	0	0	0	0	0	0	0	0	0	0	0	0	0
正德职业技术学院	12	0	0	0	0	0	0	0	0	0	0	0	0	0	0
钟山职业技术学院	13	0	0	0	0	0	0	0	0	0	0	0	0	0	0
无锡南洋职业技术学院	14	0	0	0	0	0	0	0	0	0	0	0	0	0	0
江南影视艺术职业学院	15	0	0	0	0	0	0	0	0	0	0	0	0	0	0
金肯职业技术学院	16	0	0	0	0	0	0	0	0	0	0	0	0	0	0
建东职业技术学院	17	0	0	0	0	0	0	0	0	0	0	0	0	0	0
宿迁职业技术学院	18	0	0	0	0	0	0	0	0	0	0	0	0	0	0
江海职业技术学院	19	0	0	0	0	0	0	0	0	0	0	0	0	0	0
无锡太湖学院	20	0	0	0	0	0	0	0	0	0	0	0	0	0	0
中国矿业大学徐海学院	21	0	0	0	0	0	0	0	0	0	0	0	0	0	0
南京理工大学紫金学院	22	0	0	0	0	0	0	0	0	0	0	0	0	0	0
南京航空航天大学金城学院	23	0	0	0	0	0	0	0	0	0	0	0	0	0	0

南京传媒学院	24	0	0	0	0	0	0	0	0	0	0	0	0	0	0
金山职业技术学院	25	0	0	0	0	0	0	0	0	0	0	0	0	0	0
南京理工大学泰州科技学院	26	0	0	0	0	0	0	0	0	0	0	0	0	0	0
南京师范大学泰州学院	27	0	0	0	0	0	0	0	0	0	0	0	0	0	0
南京工业大学浦江学院	28	0	0	0	0	0	0	0	0	0	0	0	0	0	0
南京师范大学中北学院	29	0	0	0	0	0	0	0	0	0	0	0	0	0	0
苏州百年职业学院	30	0	0	0	0	0	0	0	0	0	0	0	0	0	0
昆山登云科技职业学院	31	0	0	0	0	0	0	0	0	0	0	0	0	0	0
南京视觉艺术职业学院	32	0	0	0	0	0	0	0	0	0	0	0	0	0	0
南京医科大学康达学院	33	0	0	0	0	0	0	0	0	0	0	0	0	0	0
南京中医药大学翰林学院	34	0	0	0	0	0	0	0	0	0	0	0	0	0	0
苏州大学应用技术学院	35	0	0	0	0	0	0	0	0	0	0	0	0	0	0
苏州科技大学天平学院	36	0	0	0	0	0	0	0	0	0	0	0	0	0	0
江苏大学京江学院	37	0	0	0	0	0	0	0	0	0	0	0	0	0	0
扬州大学广陵学院	38	0	0	0	0	0	0	0	0	0	0	0	0	0	0
江苏师范大学科文学院	39	0	0	0	0	0	0	0	0	0	0	0	0	0	0
南京邮电大学通达学院	40	0	0	0	0	0	0	0	0	0	0	0	0	0	0
南京财经大学红山学院	41	0	0	0	0	0	0	0	0	0	0	0	0	0	0
江苏科技大学苏州理工学院	42	0	0	0	0	0	0	0	0	0	0	0	0	0	0
常州大学怀德学院	43	0	0	0	0	0	0	0	0	0	0	0	0	0	0
南通大学杏林学院	44	0	0	0	0	0	0	0	0	0	0	0	0	0	0
南京审计大学金审学院	45	0	0	0	0	0	0	0	0	0	0	0	0	0	0
苏州高博软件技术职业学院	46	0	0	0	0	0	0	0	0	0	0	0	0	0	0
宿迁泽达职业技术学院	47	0	0	0	0	0	0	0	0	0	0	0	0	0	0
扬州中瑞酒店职业学院	48	0	0	0	0	0	0	0	0	0	0	0	0	0	0
西交利物浦大学	49	0	0	0	0	0	0	0	0	0	0	0	0	0	0
昆山杜克大学	50	2	0	2	1	0	1	0	0	2	0	0	2	0	0

4.6 语言学人文、社会科学活动人员情况表

高校名称		总计		按职称划分						按最后学历划分			按最后学位划分		其他
			女性	小计	教授	副教授	讲师	助教	初级	研究生	本科生	其他	博士	硕士	人员
	编号	L01	L02	L03	L04	L05	L06	L07	L08	L09	L10	L11	L12	L13	L14
合　计	/	1075	910	1075	8	224	670	158	15	801	274	0	78	799	0
明达职业技术学院	1	1	1	1	0	1	0	0	0	0	1	0	0	0	0
三江学院	2	66	61	66	1	19	43	3	0	58	8	0	7	53	0
九州职业技术学院	3	6	5	6	0	3	3	0	0	1	5	0	0	4	0
南通理工学院	4	35	30	35	0	8	20	7	0	19	16	0	0	20	0
硅湖职业技术学院	5	12	10	12	0	4	5	3	0	5	7	0	0	5	0
应天职业技术学院	6	11	11	11	0	2	9	0	0	3	8	0	0	6	0
苏州托普信息职业技术学院	7	6	5	6	0	0	2	4	0	4	2	0	0	4	0
东南大学成贤学院	8	18	15	18	1	11	6	0	0	15	3	0	1	14	0
苏州工业园区职业技术学院	9	20	17	20	0	5	15	0	0	7	13	0	0	9	0
太湖创意职业技术学院	10	7	6	7	0	0	3	2	2	2	5	0	0	2	0
炎黄职业技术学院	11	13	10	13	0	2	8	3	0	1	12	0	0	2	0
正德职业技术学院	12	10	8	10	0	3	5	2	0	3	7	0	0	6	0
钟山职业技术学院	13	4	2	4	0	3	1	0	0	0	4	0	0	4	0
无锡南洋职业技术学院	14	12	10	12	0	3	9	0	0	2	10	0	0	4	0
江南影视艺术职业学院	15	11	10	11	0	0	7	4	0	3	8	0	0	3	0
金肯职业技术学院	16	12	10	12	0	3	6	3	0	8	4	0	0	9	0
建东职业技术学院	17	10	7	10	0	5	3	2	0	2	8	0	0	3	0
宿迁职业技术学院	18	7	5	7	0	1	4	2	0	4	3	0	0	4	0
江海职业技术学院	19	18	14	18	0	5	12	1	0	2	16	0	0	5	0
无锡太湖学院	20	85	75	85	1	13	43	28	0	70	15	0	1	72	0
中国矿业大学徐海学院	21	29	24	29	0	2	27	0	0	24	5	0	0	26	0
南京理工大学紫金学院	22	28	26	28	0	8	18	2	0	26	2	0	0	27	0
南京航空航天大学金城学院	23	38	37	38	0	7	31	0	0	37	1	0	0	38	0

南京传媒学院	24	79	71	79	2	17	45	15	0	65	14	0	1	73	0
金山职业技术学院	25	7	7	7	0	1	1	4	1	0	7	0	0	0	0
南京理工大学泰州科技学院	26	25	21	25	0	3	17	1	4	20	5	0	0	22	0
南京师范大学泰州学院	27	41	37	41	0	9	32	0	0	21	20	0	0	36	0
南京工业大学浦江学院	28	26	21	26	1	3	13	8	1	22	4	0	2	21	0
南京师范大学中北学院	29	32	26	32	0	3	28	1	0	30	2	0	1	29	0
苏州百年职业学院	30	17	16	17	0	1	7	9	0	12	5	0	0	12	0
昆山登云科技职业学院	31	10	9	10	0	1	8	0	1	1	9	0	0	1	0
南京视觉艺术职业学院	32	4	3	4	0	0	3	1	0	4	0	0	0	4	0
南京医科大学康达学院	33	20	15	20	0	3	16	1	0	19	1	0	0	20	0
南京中医药大学翰林学院	34	7	6	7	0	0	7	0	0	7	0	0	1	6	0
苏州大学应用技术学院	35	19	16	19	0	1	15	0	3	19	0	0	0	19	0
苏州科技大学天平学院	36	34	32	34	0	3	22	9	0	33	1	0	0	34	0
江苏大学京江学院	37	9	9	9	0	0	6	3	0	9	0	0	0	9	0
扬州大学广陵学院	38	16	13	16	0	4	12	0	0	15	1	0	1	15	0
江苏师范大学科文学院	39	22	20	22	0	4	8	10	0	22	0	0	0	22	0
南京邮电大学通达学院	40	12	11	12	0	3	8	1	0	11	1	0	0	11	0
南京财经大学红山学院	41	19	16	19	0	1	6	11	1	18	1	0	0	18	0
江苏科技大学苏州理工学院	42	5	4	5	0	1	4	0	0	4	1	0	0	4	0
常州大学怀德学院	43	30	23	30	1	6	18	5	0	20	10	0	3	24	0
南通大学杏林学院	44	29	22	29	0	15	12	2	0	23	6	0	0	23	0
南京审计大学金审学院	45	19	16	19	0	10	6	3	0	10	9	0	0	16	0
苏州高博软件技术职业学院	46	31	27	31	0	9	16	6	0	25	6	0	0	24	0
宿迁泽达职业技术学院	47	7	6	7	0	4	3	0	0	2	5	0	0	2	0
扬州中瑞酒店职业学院	48	4	4	4	0	0	2	2	0	1	3	0	0	2	0
西交利物浦大学	49	49	30	49	1	14	33	0	1	49	0	0	37	12	0
昆山杜克大学	50	43	30	43	0	0	42	0	1	43	0	0	23	20	0

4.7 中国文学人文、社会科学活动人员情况表

高校名称	编号	总计	女性	按职称划分 小计	教授	副教授	讲师	助教	初级	按最后学历划分 研究生	本科生	其他	按最后学位划分 博士	硕士	其他人员
		L01	L02	L03	L04	L05	L06	L07	L08	L09	L10	L11	L12	L13	L14
合　计	/	140	98	140	5	38	66	26	5	117	23	0	24	100	0
明达职业技术学院	1	0	0	0	0	0	0	0	0	0	0	0	0	0	0
三江学院	2	19	14	19	2	6	8	3	0	19	0	0	8	11	0
九州职业技术学院	3	2	1	2	0	1	1	0	0	0	2	0	0	0	0
南通理工学院	4	1	0	1	0	0	1	0	0	1	0	0	1	0	0
硅湖职业技术学院	5	1	1	1	0	0	0	1	0	1	0	0	0	1	0
应天职业技术学院	6	5	3	5	0	1	4	0	0	3	2	0	0	3	0
苏州托普信息职业技术学院	7	1	1	1	0	0	0	1	0	0	1	0	0	0	0
东南大学成贤学院	8	0	0	0	0	0	0	0	0	0	0	0	0	0	0
苏州工业园区职业技术学院	9	3	1	3	0	1	2	0	0	2	1	0	0	3	0
太湖创意职业技术学院	10	1	0	1	0	0	0	0	1	0	1	0	0	0	0
炎黄职业技术学院	11	1	1	1	0	1	0	0	0	0	1	0	0	1	0
正德职业技术学院	12	1	1	1	0	0	0	1	0	1	0	0	0	1	0
钟山职业技术学院	13	0	0	0	0	0	0	0	0	0	0	0	0	0	0
无锡南洋职业技术学院	14	3	3	3	0	1	2	0	0	1	2	0	0	3	0
江南影视艺术职业学院	15	6	5	6	0	1	2	3	0	3	3	0	0	3	0
金肯职业技术学院	16	0	0	0	0	0	0	0	0	0	0	0	0	0	0
建东职业技术学院	17	0	0	0	0	0	0	0	0	0	0	0	0	0	0
宿迁职业技术学院	18	0	0	0	0	0	0	0	0	0	0	0	0	0	0
江海职业技术学院	19	5	4	5	0	2	2	1	0	2	3	0	0	4	0
无锡太湖学院	20	1	1	1	0	1	0	0	0	1	0	0	0	1	0
中国矿业大学徐海学院	21	5	5	5	1	1	3	0	0	5	0	0	0	5	0
南京理工大学紫金学院	22	0	0	0	0	0	0	0	0	0	0	0	0	0	0
南京航空航天大学金城学院	23	3	2	3	0	1	2	0	0	3	0	0	0	3	0

南京传媒学院	24	8	5	8	1	4	2	1	0	8	0	0	3	5	0
金山职业技术学院	25	1	0	1	0	0	1	0	0	0	1	0	0	0	0
南京理工大学泰州科技学院	26	0	0	0	0	0	0	0	0	0	0	0	0	0	0
南京师范大学泰州学院	27	12	9	12	0	8	4	0	0	11	1	0	1	10	0
南京工业大学浦江学院	28	5	2	5	1	0	1	3	0	5	0	0	1	4	0
南京师范大学中北学院	29	11	9	11	0	5	6	0	0	11	0	0	1	10	0
苏州百年职业学院	30	0	0	0	0	0	0	0	0	0	0	0	0	0	0
昆山登云科技职业学院	31	2	1	2	0	0	0	1	1	0	2	0	0	0	0
南京视觉艺术职业学院	32	0	0	0	0	0	0	0	0	0	0	0	0	0	0
南京医科大学康达学院	33	0	0	0	0	0	0	0	0	0	0	0	0	0	0
南京中医药大学翰林学院	34	2	1	2	0	0	2	0	0	2	0	0	0	2	0
苏州大学应用技术学院	35	0	0	0	0	0	0	0	0	0	0	0	0	0	0
苏州科技大学天平学院	36	1	1	1	0	0	0	1	0	1	0	0	0	1	0
江苏大学京江学院	37	0	0	0	0	0	0	0	0	0	0	0	0	0	0
扬州大学广陵学院	38	3	2	3	0	1	1	1	0	3	0	0	0	3	0
江苏师范大学科文学院	39	10	9	10	0	0	5	5	0	10	0	0	0	10	0
南京邮电大学通达学院	40	1	0	1	0	0	1	0	0	0	1	0	0	0	0
南京财经大学红山学院	41	5	2	5	0	1	0	4	0	5	0	0	1	4	0
江苏科技大学苏州理工学院	42	1	1	1	0	0	1	0	0	1	0	0	0	0	0
常州大学怀德学院	43	1	0	1	0	0	1	0	0	0	1	0	0	1	0
南通大学杏林学院	44	5	4	5	0	1	4	0	0	5	0	0	0	5	0
南京审计大学金审学院	45	2	1	2	0	0	2	0	0	2	0	0	0	2	0
苏州高博软件技术职业学院	46	1	1	1	0	1	0	0	0	1	0	0	1	0	0
宿迁泽达职业技术学院	47	0	0	0	0	0	0	0	0	0	0	0	0	0	0
扬州中瑞酒店职业学院	48	0	0	0	0	0	0	0	0	0	0	0	0	0	0
西交利物浦大学	49	11	7	11	0	0	8	0	3	10	1	0	7	4	0
昆山杜克大学	50	0	0	0	0	0	0	0	0	0	0	0	0	0	0

4.8 外国文学人文、社会科学活动人员情况表

高校名称		总计		按职称划分						按最后学历划分			按最后学位划分		其他人员
			女性	小计	教授	副教授	讲师	助教	初级	研究生	本科生	其他	博士	硕士	
	编号	L01	L02	L03	L04	L05	L06	L07	L08	L09	L10	L11	L12	L13	L14
合　计	/	121	96	121	0	19	80	20	2	95	26	0	11	89	0
明达职业技术学院	1	1	1	1	0	0	0	1	0	0	1	0	0	0	0
三江学院	2	6	5	6	0	3	3	0	0	5	1	0	0	5	0
九州职业技术学院	3	0	0	0	0	0	0	0	0	0	0	0	0	0	0
南通理工学院	4	0	0	0	0	0	0	0	0	0	0	0	0	0	0
硅湖职业技术学院	5	0	0	0	0	0	0	0	0	0	0	0	0	0	0
应天职业技术学院	6	3	3	3	0	0	3	0	0	3	0	0	0	3	0
苏州托普信息职业技术学院	7	1	1	1	0	0	0	1	0	0	1	0	0	0	0
东南大学成贤学院	8	0	0	0	0	0	0	0	0	0	0	0	0	0	0
苏州工业园区职业技术学院	9	1	1	1	0	1	0	0	0	1	0	0	0	1	0
太湖创意职业技术学院	10	0	0	0	0	0	0	0	0	0	0	0	0	0	0
炎黄职业技术学院	11	0	0	0	0	0	0	0	0	0	0	0	0	0	0
正德职业技术学院	12	2	1	2	0	0	2	0	0	0	2	0	0	2	0
钟山职业技术学院	13	1	1	1	0	0	1	0	0	0	1	0	0	1	0
无锡南洋职业技术学院	14	2	2	2	0	0	2	0	0	0	2	0	0	0	0
江南影视艺术职业学院	15	1	1	1	0	0	1	0	0	1	0	0	0	1	0
金肯职业技术学院	16	1	0	1	0	1	0	0	0	0	1	0	0	0	0
建东职业技术学院	17	0	0	0	0	0	0	0	0	0	0	0	0	0	0
宿迁职业技术学院	18	1	1	1	0	0	1	0	0	1	0	0	0	1	0
江海职业技术学院	19	0	0	0	0	0	0	0	0	0	0	0	0	0	0
无锡太湖学院	20	0	0	0	0	0	0	0	0	0	0	0	0	0	0
中国矿业大学徐海学院	21	1	0	1	0	0	1	0	0	1	0	0	0	1	0
南京理工大学紫金学院	22	1	0	1	0	0	1	0	0	1	0	0	0	1	0
南京航空航天大学金城学院	23	7	7	7	0	1	5	1	0	7	0	0	0	7	0

南京传媒学院	24	7	6	7	0	0	6	1	0	7	0	0	0	6	0
金山职业技术学院	25	0	0	0	0	0	0	0	0	0	0	0	0	0	0
南京理工大学泰州科技学院	26	0	0	0	0	0	0	0	0	0	0	0	0	0	0
南京师范大学泰州学院	27	6	6	6	0	0	4	2	0	4	2	0	0	5	0
南京工业大学浦江学院	28	8	8	8	0	1	7	0	0	6	2	0	0	7	0
南京师范大学中北学院	29	7	5	7	0	1	6	0	0	7	0	0	0	7	0
苏州百年职业学院	30	1	1	1	0	0	0	1	0	1	0	0	0	1	0
昆山登云科技职业学院	31	1	1	1	0	0	0	1	0	1	0	0	0	1	0
南京视觉艺术职业学院	32	1	1	1	0	0	1	0	0	1	0	0	0	1	0
南京医科大学康达学院	33	2	2	2	0	1	1	0	0	2	0	0	0	2	0
南京中医药大学翰林学院	34	0	0	0	0	0	0	0	0	0	0	0	0	0	0
苏州大学应用技术学院	35	1	0	1	0	0	1	0	0	1	0	0	0	1	0
苏州科技大学天平学院	36	5	3	5	0	0	1	4	0	5	0	0	0	5	0
江苏大学京江学院	37	4	2	4	0	0	4	0	0	4	0	0	0	4	0
扬州大学广陵学院	38	0	0	0	0	0	0	0	0	0	0	0	0	0	0
江苏师范大学科文学院	39	20	16	20	0	5	14	1	0	10	10	0	0	10	0
南京邮电大学通达学院	40	0	0	0	0	0	0	0	0	0	0	0	0	0	0
南京财经大学红山学院	41	7	7	7	0	0	1	6	0	7	0	0	0	6	0
江苏科技大学苏州理工学院	42	0	0	0	0	0	0	0	0	0	0	0	0	0	0
常州大学怀德学院	43	0	0	0	0	0	0	0	0	0	0	0	0	0	0
南通大学杏林学院	44	4	4	4	0	1	3	0	0	4	0	0	0	4	0
南京审计大学金审学院	45	5	5	5	0	3	1	1	0	2	3	0	0	4	0
苏州高博软件技术职业学院	46	0	0	0	0	0	0	0	0	0	0	0	0	0	0
宿迁泽达职业技术学院	47	0	0	0	0	0	0	0	0	0	0	0	0	0	0
扬州中瑞酒店职业学院	48	0	0	0	0	0	0	0	0	0	0	0	0	0	0
西交利物浦大学	49	9	5	9	0	1	6	0	2	9	0	0	8	1	0
昆山杜克大学	50	4	0	4	0	0	4	0	0	4	0	0	3	1	0

4.9 艺术学人文、社会科学活动人员情况表

高校名称		总计		按职称划分						按最后学历划分			按最后学位划分		其他
			女性	小计	教授	副教授	讲师	助教	初级	研究生	本科生	其他	博士	硕士	人员
	编号	L01	L02	L03	L04	L05	L06	L07	L08	L09	L10	L11	L12	L13	L14
合　计	/	1560	1041	1560	26	261	737	508	28	1140	418	2	29	1262	0
明达职业技术学院	1	3	1	3	0	2	0	1	0	2	1	0	0	2	0
三江学院	2	68	44	68	3	27	20	18	0	63	5	0	1	67	0
九州职业技术学院	3	9	9	9	1	2	5	1	0	3	6	0	0	3	0
南通理工学院	4	72	52	72	2	5	39	26	0	58	14	0	2	63	0
硅湖职业技术学院	5	23	19	23	2	6	9	6	0	6	17	0	0	8	0
应天职业技术学院	6	16	12	16	0	2	13	1	0	6	10	0	0	10	0
苏州托普信息职业技术学院	7	3	2	3	0	0	1	0	2	2	1	0	0	2	0
东南大学成贤学院	8	0	0	0	0	0	0	0	0	0	0	0	0	0	0
苏州工业园区职业技术学院	9	19	16	19	0	5	14	0	0	11	8	0	0	11	0
太湖创意职业技术学院	10	10	4	10	0	1	4	4	1	8	2	0	0	8	0
炎黄职业技术学院	11	3	2	3	0	0	3	0	0	1	2	0	0	1	0
正德职业技术学院	12	24	19	24	0	1	14	9	0	9	15	0	0	16	0
钟山职业技术学院	13	7	4	7	0	5	2	0	0	3	4	0	0	7	0
无锡南洋职业技术学院	14	18	11	18	0	2	14	2	0	6	12	0	0	7	0
江南影视艺术职业学院	15	120	86	120	0	7	49	64	0	67	51	2	3	67	0
金肯职业技术学院	16	32	22	32	0	3	17	11	1	23	9	0	0	23	0
建东职业技术学院	17	8	6	8	0	3	4	1	0	0	8	0	0	1	0
宿迁职业技术学院	18	7	4	7	0	0	4	2	1	2	5	0	0	2	0
江海职业技术学院	19	36	26	36	0	7	14	15	0	12	24	0	0	17	0
无锡太湖学院	20	86	49	86	3	23	36	24	0	57	29	0	0	71	0
中国矿业大学徐海学院	21	9	5	9	0	1	3	1	4	9	0	0	0	9	0
南京理工大学紫金学院	22	1	1	1	0	0	1	0	0	0	1	0	0	0	0
南京航空航天大学金城学院	23	87	64	87	0	9	71	7	0	77	10	0	0	82	0

南京传媒学院	24	334	207	334	3	50	120	161	0	276	58	0	9	304	0
金山职业技术学院	25	6	5	6	0	1	0	5	0	3	3	0	0	3	0
南京理工大学泰州科技学院	26	18	12	18	0	1	10	3	4	14	4	0	0	14	0
南京师范大学泰州学院	27	67	45	67	2	32	32	1	0	32	35	0	0	59	0
南京工业大学浦江学院	28	39	23	39	0	3	17	19	0	31	8	0	0	37	0
南京师范大学中北学院	29	44	28	44	0	15	23	6	0	43	1	0	1	42	0
苏州百年职业学院	30	27	21	27	1	1	8	17	0	25	2	0	0	25	0
昆山登云科技职业学院	31	29	21	29	0	3	10	8	8	15	14	0	0	17	0
南京视觉艺术职业学院	32	54	37	54	0	4	24	26	0	40	14	0	0	40	0
南京医科大学康达学院	33	0	0	0	0	0	0	0	0	0	0	0	0	0	0
南京中医药大学翰林学院	34	0	0	0	0	0	0	0	0	0	0	0	0	0	0
苏州大学应用技术学院	35	16	12	16	2	1	12	0	1	13	3	0	0	15	0
苏州科技大学天平学院	36	33	22	33	1	4	14	14	0	29	4	0	0	31	0
江苏大学京江学院	37	5	5	5	0	0	3	2	0	5	0	0	0	5	0
扬州大学广陵学院	38	24	13	24	0	4	18	2	0	23	1	0	0	23	0
江苏师范大学科文学院	39	23	15	23	0	0	18	5	0	22	1	0	0	23	0
南京邮电大学通达学院	40	0	0	0	0	0	0	0	0	0	0	0	0	0	0
南京财经大学红山学院	41	10	10	10	0	0	0	7	3	10	0	0	0	10	0
江苏科技大学苏州理工学院	42	1	1	1	0	0	1	0	0	1	0	0	0	1	0
常州大学怀德学院	43	19	12	19	0	2	9	8	0	19	0	0	0	19	0
南通大学杏林学院	44	9	6	9	2	2	5	0	0	7	2	0	0	9	0
南京审计大学金审学院	45	60	41	60	3	13	23	21	0	42	18	0	1	50	0
苏州高博软件技术职业学院	46	31	21	31	0	9	16	6	0	18	13	0	1	21	0
宿迁泽达职业技术学院	47	8	5	8	0	1	6	1	0	8	0	0	0	8	0
扬州中瑞酒店职业学院	48	7	5	7	0	1	3	3	0	5	2	0	0	6	0
西交利物浦大学	49	20	10	20	1	2	16	0	1	20	0	0	5	15	0
昆山杜克大学	50	15	6	15	0	1	12	0	2	14	1	0	6	8	0

4.10 历史学人文、社会科学活动人员情况表

高校名称		总计		按职称划分						按最后学历划分			按最后学位划分		其他人员
			女性	小计	教授	副教授	讲师	助教	初级	研究生	本科生	其他	博士	硕士	
	编号	L01	L02	L03	L04	L05	L06	L07	L08	L09	L10	L11	L12	L13	L14
合　计	/	46	22	46	4	10	21	9	2	39	7	0	14	27	0
明达职业技术学院	1	0	0	0	0	0	0	0	0	0	0	0	0	0	0
三江学院	2	2	0	2	0	0	1	1	0	2	0	0	0	2	0
九州职业技术学院	3	0	0	0	0	0	0	0	0	0	0	0	0	0	0
南通理工学院	4	0	0	0	0	0	0	0	0	0	0	0	0	0	0
硅湖职业技术学院	5	0	0	0	0	0	0	0	0	0	0	0	0	0	0
应天职业技术学院	6	0	0	0	0	0	0	0	0	0	0	0	0	0	0
苏州托普信息职业技术学院	7	1	1	1	0	0	0	0	1	1	0	0	0	1	0
东南大学成贤学院	8	0	0	0	0	0	0	0	0	0	0	0	0	0	0
苏州工业园区职业技术学院	9	1	0	1	1	0	0	0	0	1	0	0	0	1	0
太湖创意职业技术学院	10	0	0	0	0	0	0	0	0	0	0	0	0	0	0
炎黄职业技术学院	11	1	0	1	0	0	0	1	0	0	1	0	0	0	0
正德职业技术学院	12	0	0	0	0	0	0	0	0	0	0	0	0	0	0
钟山职业技术学院	13	1	1	1	0	0	0	1	0	0	1	0	0	0	0
无锡南洋职业技术学院	14	0	0	0	0	0	0	0	0	0	0	0	0	0	0
江南影视艺术职业学院	15	1	1	1	0	1	0	0	0	1	0	0	0	1	0
金肯职业技术学院	16	0	0	0	0	0	0	0	0	0	0	0	0	0	0
建东职业技术学院	17	0	0	0	0	0	0	0	0	0	0	0	0	0	0
宿迁职业技术学院	18	0	0	0	0	0	0	0	0	0	0	0	0	0	0
江海职业技术学院	19	0	0	0	0	0	0	0	0	0	0	0	0	0	0
无锡太湖学院	20	3	2	3	1	0	2	0	0	2	1	0	0	2	0
中国矿业大学徐海学院	21	0	0	0	0	0	0	0	0	0	0	0	0	0	0
南京理工大学紫金学院	22	0	0	0	0	0	0	0	0	0	0	0	0	0	0
南京航空航天大学金城学院	23	1	0	1	1	0	0	0	0	1	0	0	1	0	0

南京传媒学院	24	3	3	3	0	0	3	0	0	3	0	0	1	2	0
金山职业技术学院	25	0	0	0	0	0	0	0	0	0	0	0	0	0	0
南京理工大学泰州科技学院	26	0	0	0	0	0	0	0	0	0	0	0	0	0	0
南京师范大学泰州学院	27	6	2	6	0	3	3	0	0	4	2	0	0	5	0
南京工业大学浦江学院	28	1	1	1	0	0	0	1	0	1	0	0	0	1	0
南京师范大学中北学院	29	0	0	0	0	0	0	0	0	0	0	0	0	0	0
苏州百年职业学院	30	0	0	0	0	0	0	0	0	0	0	0	0	0	0
昆山登云科技职业学院	31	0	0	0	0	0	0	0	0	0	0	0	0	0	0
南京视觉艺术职业学院	32	0	0	0	0	0	0	0	0	0	0	0	0	0	0
南京医科大学康达学院	33	1	1	1	0	0	1	0	0	1	0	0	0	1	0
南京中医药大学翰林学院	34	0	0	0	0	0	0	0	0	0	0	0	0	0	0
苏州大学应用技术学院	35	0	0	0	0	0	0	0	0	0	0	0	0	0	0
苏州科技大学天平学院	36	2	1	2	0	1	0	1	0	2	0	0	0	2	0
江苏大学京江学院	37	0	0	0	0	0	0	0	0	0	0	0	0	0	0
扬州大学广陵学院	38	1	0	1	0	1	0	0	0	1	0	0	0	1	0
江苏师范大学科文学院	39	2	1	2	0	1	0	1	0	1	1	0	0	1	0
南京邮电大学通达学院	40	0	0	0	0	0	0	0	0	0	0	0	0	0	0
南京财经大学红山学院	41	1	0	1	0	0	1	0	0	1	0	0	0	1	0
江苏科技大学苏州理工学院	42	2	1	2	0	1	1	0	0	2	0	0	2	0	0
常州大学怀德学院	43	1	0	1	0	0	0	1	0	1	0	0	0	1	0
南通大学杏林学院	44	0	0	0	0	0	0	0	0	0	0	0	0	0	0
南京审计大学金审学院	45	2	2	2	0	0	0	2	0	2	0	0	0	2	0
苏州高博软件技术职业学院	46	2	1	2	0	1	1	0	0	2	0	0	1	1	0
宿迁泽达职业技术学院	47	0	0	0	0	0	0	0	0	0	0	0	0	0	0
扬州中瑞酒店职业学院	48	0	0	0	0	0	0	0	0	0	0	0	0	0	0
西交利物浦大学	49	1	1	1	0	0	0	0	1	0	1	0	0	1	0
昆山杜克大学	50	10	3	10	1	1	8	0	0	10	0	0	9	1	0

4.11 考古学人文、社会科学活动人员情况表

高校名称		总计		按职称划分						按最后学历划分			按最后学位划分		其他人员
			女性	小计	教授	副教授	讲师	助教	初级	研究生	本科生	其他	博士	硕士	
	编号	L01	L02	L03	L04	L05	L06	L07	L08	L09	L10	L11	L12	L13	L14
合　计	/	2	2	2	0	0	1	1	0	2	0	0	0	2	0
明达职业技术学院	1	0	0	0	0	0	0	0	0	0	0	0	0	0	0
三江学院	2	0	0	0	0	0	0	0	0	0	0	0	0	0	0
九州职业技术学院	3	0	0	0	0	0	0	0	0	0	0	0	0	0	0
南通理工学院	4	0	0	0	0	0	0	0	0	0	0	0	0	0	0
硅湖职业技术学院	5	0	0	0	0	0	0	0	0	0	0	0	0	0	0
应天职业技术学院	6	0	0	0	0	0	0	0	0	0	0	0	0	0	0
苏州托普信息职业技术学院	7	0	0	0	0	0	0	0	0	0	0	0	0	0	0
东南大学成贤学院	8	0	0	0	0	0	0	0	0	0	0	0	0	0	0
苏州工业园区职业技术学院	9	1	1	1	0	0	1	0	0	1	0	0	0	1	0
太湖创意职业技术学院	10	0	0	0	0	0	0	0	0	0	0	0	0	0	0
炎黄职业技术学院	11	0	0	0	0	0	0	0	0	0	0	0	0	0	0
正德职业技术学院	12	0	0	0	0	0	0	0	0	0	0	0	0	0	0
钟山职业技术学院	13	0	0	0	0	0	0	0	0	0	0	0	0	0	0
无锡南洋职业技术学院	14	0	0	0	0	0	0	0	0	0	0	0	0	0	0
江南影视艺术职业学院	15	0	0	0	0	0	0	0	0	0	0	0	0	0	0
金肯职业技术学院	16	0	0	0	0	0	0	0	0	0	0	0	0	0	0
建东职业技术学院	17	0	0	0	0	0	0	0	0	0	0	0	0	0	0
宿迁职业技术学院	18	0	0	0	0	0	0	0	0	0	0	0	0	0	0
江海职业技术学院	19	0	0	0	0	0	0	0	0	0	0	0	0	0	0
无锡太湖学院	20	0	0	0	0	0	0	0	0	0	0	0	0	0	0
中国矿业大学徐海学院	21	0	0	0	0	0	0	0	0	0	0	0	0	0	0
南京理工大学紫金学院	22	0	0	0	0	0	0	0	0	0	0	0	0	0	0
南京航空航天大学金城学院	23	0	0	0	0	0	0	0	0	0	0	0	0	0	0

南京传媒学院	24	0	0	0	0	0	0	0	0	0	0	0	0	0	0
金山职业技术学院	25	0	0	0	0	0	0	0	0	0	0	0	0	0	0
南京理工大学泰州科技学院	26	0	0	0	0	0	0	0	0	0	0	0	0	0	0
南京师范大学泰州学院	27	0	0	0	0	0	0	0	0	0	0	0	0	0	0
南京工业大学浦江学院	28	0	0	0	0	0	0	0	0	0	0	0	0	0	0
南京师范大学中北学院	29	0	0	0	0	0	0	0	0	0	0	0	0	0	0
苏州百年职业学院	30	0	0	0	0	0	0	0	0	0	0	0	0	0	0
昆山登云科技职业学院	31	0	0	0	0	0	0	0	0	0	0	0	0	0	0
南京视觉艺术职业学院	32	0	0	0	0	0	0	0	0	0	0	0	0	0	0
南京医科大学康达学院	33	0	0	0	0	0	0	0	0	0	0	0	0	0	0
南京中医药大学翰林学院	34	0	0	0	0	0	0	0	0	0	0	0	0	0	0
苏州大学应用技术学院	35	0	0	0	0	0	0	0	0	0	0	0	0	0	0
苏州科技大学天平学院	36	0	0	0	0	0	0	0	0	0	0	0	0	0	0
江苏大学京江学院	37	0	0	0	0	0	0	0	0	0	0	0	0	0	0
扬州大学广陵学院	38	0	0	0	0	0	0	0	0	0	0	0	0	0	0
江苏师范大学科文学院	39	0	0	0	0	0	0	0	0	0	0	0	0	0	0
南京邮电大学通达学院	40	0	0	0	0	0	0	0	0	0	0	0	0	0	0
南京财经大学红山学院	41	1	1	1	0	0	0	1	0	1	0	0	0	1	0
江苏科技大学苏州理工学院	42	0	0	0	0	0	0	0	0	0	0	0	0	0	0
常州大学怀德学院	43	0	0	0	0	0	0	0	0	0	0	0	0	0	0
南通大学杏林学院	44	0	0	0	0	0	0	0	0	0	0	0	0	0	0
南京审计大学金审学院	45	0	0	0	0	0	0	0	0	0	0	0	0	0	0
苏州高博软件技术职业学院	46	0	0	0	0	0	0	0	0	0	0	0	0	0	0
宿迁泽达职业技术学院	47	0	0	0	0	0	0	0	0	0	0	0	0	0	0
扬州中瑞酒店职业学院	48	0	0	0	0	0	0	0	0	0	0	0	0	0	0
西交利物浦大学	49	0	0	0	0	0	0	0	0	0	0	0	0	0	0
昆山杜克大学	50	0	0	0	0	0	0	0	0	0	0	0	0	0	0

4.12 经济学人文、社会科学活动人员情况表

高校名称		总计		按职称划分						按最后学历划分			按最后学位划分		其他人员
			女性	小计	教授	副教授	讲师	助教	初级	研究生	本科生	其他	博士	硕士	
	编号	L01	L02	L03	L04	L05	L06	L07	L08	L09	L10	L11	L12	L13	L14
合　计	/	882	659	882	46	190	421	199	26	747	133	2	149	620	0
明达职业技术学院	1	7	5	7	1	0	2	3	1	1	4	2	0	1	0
三江学院	2	31	20	31	5	14	9	3	0	30	1	0	7	22	0
九州职业技术学院	3	16	10	16	1	1	12	2	0	7	9	0	0	7	0
南通理工学院	4	34	27	34	2	9	12	11	0	27	7	0	0	33	0
硅湖职业技术学院	5	4	3	4	0	2	2	0	0	1	3	0	0	1	0
应天职业技术学院	6	8	8	8	0	1	7	0	0	5	3	0	0	7	0
苏州托普信息职业技术学院	7	2	2	2	0	0	0	1	1	1	1	0	0	1	0
东南大学成贤学院	8	13	13	13	0	12	1	0	0	13	0	0	1	12	0
苏州工业园区职业技术学院	9	10	8	10	0	3	7	0	0	6	4	0	0	6	0
太湖创意职业技术学院	10	3	2	3	1	0	0	0	2	2	1	0	0	2	0
炎黄职业技术学院	11	7	4	7	1	1	5	0	0	1	6	0	1	2	0
正德职业技术学院	12	6	4	6	0	1	4	1	0	4	2	0	0	3	0
钟山职业技术学院	13	6	5	6	1	2	3	0	0	3	3	0	0	5	0
无锡南洋职业技术学院	14	11	5	11	0	2	7	2	0	3	8	0	0	4	0
江南影视艺术职业学院	15	10	10	10	0	0	2	8	0	7	3	0	0	7	0
金肯职业技术学院	16	9	7	9	0	3	4	2	0	5	4	0	0	5	0
建东职业技术学院	17	6	5	6	0	3	3	0	0	1	5	0	0	2	0
宿迁职业技术学院	18	4	3	4	0	1	1	1	1	2	2	0	0	2	0
江海职业技术学院	19	22	15	22	1	12	7	2	0	9	13	0	0	9	0
无锡太湖学院	20	97	76	97	6	15	49	27	0	89	8	0	11	78	0
中国矿业大学徐海学院	21	14	12	14	0	0	9	2	3	12	2	0	0	13	0
南京理工大学紫金学院	22	21	19	21	1	8	5	7	0	21	0	0	0	21	0
南京航空航天大学金城学院	23	27	25	27	0	5	22	0	0	26	1	0	0	27	0

南京传媒学院	24	4	2	4	0	0	2	2	0	4	0	0	0	4	0
金山职业技术学院	25	2	2	2	0	0	0	2	0	0	2	0	0	0	0
南京理工大学泰州科技学院	26	31	24	31	1	11	15	2	2	30	1	0	1	29	0
南京师范大学泰州学院	27	20	16	20	0	9	5	6	0	18	2	0	3	15	0
南京工业大学浦江学院	28	25	20	25	1	0	9	14	1	23	2	0	1	22	0
南京师范大学中北学院	29	12	10	12	0	3	8	1	0	12	0	0	2	10	0
苏州百年职业学院	30	6	6	6	0	1	4	1	0	5	1	0	0	5	0
昆山登云科技职业学院	31	9	4	9	3	2	1	1	2	4	5	0	1	3	0
南京视觉艺术职业学院	32	1	1	1	0	0	1	0	0	1	0	0	0	1	0
南京医科大学康达学院	33	1	1	1	0	0	1	0	0	0	1	0	0	0	0
南京中医药大学翰林学院	34	12	8	12	0	6	6	0	0	9	3	0	0	9	0
苏州大学应用技术学院	35	16	12	16	2	5	9	0	0	14	2	0	4	11	0
苏州科技大学天平学院	36	11	11	11	0	2	5	4	0	11	0	0	0	11	0
江苏大学京江学院	37	6	5	6	0	1	3	2	0	6	0	0	0	6	0
扬州大学广陵学院	38	7	5	7	1	0	6	0	0	6	1	0	0	6	0
江苏师范大学科文学院	39	19	17	19	1	0	12	6	0	19	0	0	0	19	0
南京邮电大学通达学院	40	2	1	2	0	0	0	2	0	2	0	0	0	2	0
南京财经大学红山学院	41	85	74	85	0	4	20	58	3	82	3	0	0	82	0
江苏科技大学苏州理工学院	42	15	11	15	0	1	14	0	0	14	1	0	6	8	0
常州大学怀德学院	43	16	10	16	2	6	6	2	0	11	5	0	1	12	0
南通大学杏林学院	44	14	9	14	0	5	8	1	0	12	2	0	0	13	0
南京审计大学金审学院	45	68	56	68	3	9	35	21	0	63	5	0	4	62	0
苏州高博软件技术职业学院	46	16	13	16	3	0	11	2	0	10	6	0	1	10	0
宿迁泽达职业技术学院	47	1	1	1	0	0	1	0	0	1	0	0	0	1	0
扬州中瑞酒店职业学院	48	2	1	2	0	0	2	0	0	1	1	0	0	1	0
西交利物浦大学	49	101	46	101	8	29	56	0	8	101	0	0	95	6	0
昆山杜克大学	50	12	5	12	1	1	8	0	2	12	0	0	10	2	0

4.13 政治学人文、社会科学活动人员情况表

高校名称		总计		按职称划分						按最后学历划分			按最后学位划分		其他人员
			女性	小计	教授	副教授	讲师	助教	初级	研究生	本科生	其他	博士	硕士	
	编号	L01	L02	L03	L04	L05	L06	L07	L08	L09	L10	L11	L12	L13	L14
合　计	/	55	30	55	2	6	36	10	1	48	7	0	18	32	0
明达职业技术学院	1	0	0	0	0	0	0	0	0	0	0	0	0	0	0
三江学院	2	5	4	5	0	1	4	0	0	4	1	0	0	5	0
九州职业技术学院	3	0	0	0	0	0	0	0	0	0	0	0	0	0	0
南通理工学院	4	13	8	13	1	0	8	4	0	9	4	0	0	10	0
硅湖职业技术学院	5	1	1	1	0	0	1	0	0	1	0	0	0	1	0
应天职业技术学院	6	0	0	0	0	0	0	0	0	0	0	0	0	0	0
苏州托普信息职业技术学院	7	0	0	0	0	0	0	0	0	0	0	0	0	0	0
东南大学成贤学院	8	0	0	0	0	0	0	0	0	0	0	0	0	0	0
苏州工业园区职业技术学院	9	0	0	0	0	0	0	0	0	0	0	0	0	0	0
太湖创意职业技术学院	10	0	0	0	0	0	0	0	0	0	0	0	0	0	0
炎黄职业技术学院	11	1	0	1	0	0	1	0	0	1	0	0	0	1	0
正德职业技术学院	12	0	0	0	0	0	0	0	0	0	0	0	0	0	0
钟山职业技术学院	13	0	0	0	0	0	0	0	0	0	0	0	0	0	0
无锡南洋职业技术学院	14	0	0	0	0	0	0	0	0	0	0	0	0	0	0
江南影视艺术职业学院	15	0	0	0	0	0	0	0	0	0	0	0	0	0	0
金肯职业技术学院	16	0	0	0	0	0	0	0	0	0	0	0	0	0	0
建东职业技术学院	17	0	0	0	0	0	0	0	0	0	0	0	0	0	0
宿迁职业技术学院	18	0	0	0	0	0	0	0	0	0	0	0	0	0	0
江海职业技术学院	19	0	0	0	0	0	0	0	0	0	0	0	0	0	0
无锡太湖学院	20	0	0	0	0	0	0	0	0	0	0	0	0	0	0
中国矿业大学徐海学院	21	1	1	1	0	0	1	0	0	1	0	0	0	1	0
南京理工大学紫金学院	22	1	0	1	0	0	1	0	0	1	0	0	0	1	0
南京航空航天大学金城学院	23	3	2	3	0	1	2	0	0	2	1	0	0	2	0

南京传媒学院	24	3	2	3	1	0	1	1	0	3	0	0	1	2	0
金山职业技术学院	25	1	1	1	0	0	0	1	0	1	0	0	0	1	0
南京理工大学泰州科技学院	26	0	0	0	0	0	0	0	0	0	0	0	0	0	0
南京师范大学泰州学院	27	2	2	2	0	2	0	0	0	2	0	0	0	2	0
南京工业大学浦江学院	28	1	0	1	0	0	0	1	0	0	1	0	0	0	0
南京师范大学中北学院	29	0	0	0	0	0	0	0	0	0	0	0	0	0	0
苏州百年职业学院	30	0	0	0	0	0	0	0	0	0	0	0	0	0	0
昆山登云科技职业学院	31	0	0	0	0	0	0	0	0	0	0	0	0	0	0
南京视觉艺术职业学院	32	0	0	0	0	0	0	0	0	0	0	0	0	0	0
南京医科大学康达学院	33	0	0	0	0	0	0	0	0	0	0	0	0	0	0
南京中医药大学翰林学院	34	0	0	0	0	0	0	0	0	0	0	0	0	0	0
苏州大学应用技术学院	35	1	1	1	0	1	0	0	0	1	0	0	1	0	0
苏州科技大学天平学院	36	0	0	0	0	0	0	0	0	0	0	0	0	0	0
江苏大学京江学院	37	0	0	0	0	0	0	0	0	0	0	0	0	0	0
扬州大学广陵学院	38	0	0	0	0	0	0	0	0	0	0	0	0	0	0
江苏师范大学科文学院	39	0	0	0	0	0	0	0	0	0	0	0	0	0	0
南京邮电大学通达学院	40	0	0	0	0	0	0	0	0	0	0	0	0	0	0
南京财经大学红山学院	41	1	0	1	0	0	0	1	0	1	0	0	0	1	0
江苏科技大学苏州理工学院	42	2	1	2	0	0	2	0	0	2	0	0	0	2	0
常州大学怀德学院	43	1	1	1	0	0	0	1	0	1	0	0	0	1	0
南通大学杏林学院	44	0	0	0	0	0	0	0	0	0	0	0	0	0	0
南京审计大学金审学院	45	1	0	1	0	0	0	1	0	1	0	0	0	1	0
苏州高博软件技术职业学院	46	0	0	0	0	0	0	0	0	0	0	0	0	0	0
宿迁泽达职业技术学院	47	0	0	0	0	0	0	0	0	0	0	0	0	0	0
扬州中瑞酒店职业学院	48	0	0	0	0	0	0	0	0	0	0	0	0	0	0
西交利物浦大学	49	2	0	2	0	0	1	0	1	2	0	0	1	1	0
昆山杜克大学	50	15	6	15	0	1	14	0	0	15	0	0	15	0	0

4.14 法学人文、社会科学活动人员情况表

高校名称	编号	总计		按职称划分						按最后学历划分			按最后学位划分		其他人员
			女性	小计	教授	副教授	讲师	助教	初级	研究生	本科生	其他	博士	硕士	
		L01	L02	L03	L04	L05	L06	L07	L08	L09	L10	L11	L12	L13	L14
合计	/	166	107	166	7	30	83	42	4	132	34	0	10	131	0
明达职业技术学院	1	1	1	1	0	0	0	1	0	0	1	0	0	0	0
三江学院	2	14	9	14	2	7	5	0	0	12	2	0	2	11	0
九州职业技术学院	3	6	5	6	0	2	3	1	0	1	5	0	0	1	0
南通理工学院	4	0	0	0	0	0	0	0	0	0	0	0	0	0	0
硅湖职业技术学院	5	4	2	4	0	0	3	1	0	1	3	0	0	1	0
应天职业技术学院	6	1	1	1	0	0	0	1	0	1	0	0	0	1	0
苏州托普信息职业技术学院	7	2	1	2	1	0	0	1	0	2	0	0	0	2	0
东南大学成贤学院	8	1	0	1	0	1	0	0	0	1	0	0	0	1	0
苏州工业园区职业技术学院	9	1	1	1	0	1	0	0	0	0	1	0	0	1	0
太湖创意职业技术学院	10	0	0	0	0	0	0	0	0	0	0	0	0	0	0
炎黄职业技术学院	11	1	1	1	0	0	1	0	0	0	1	0	0	0	0
正德职业技术学院	12	3	2	3	0	0	3	0	0	2	1	0	0	2	0
钟山职业技术学院	13	2	1	2	0	1	1	0	0	0	2	0	0	0	0
无锡南洋职业技术学院	14	2	1	2	0	0	2	0	0	0	2	0	0	1	0
江南影视艺术职业学院	15	3	2	3	0	1	1	1	0	1	2	0	0	1	0
金肯职业技术学院	16	4	1	4	0	1	1	2	0	1	3	0	0	1	0
建东职业技术学院	17	1	1	1	0	0	1	0	0	0	1	0	0	1	0
宿迁职业技术学院	18	2	2	2	0	1	1	0	0	2	0	0	0	2	0
江海职业技术学院	19	0	0	0	0	0	0	0	0	0	0	0	0	0	0
无锡太湖学院	20	9	5	9	0	1	4	4	0	9	0	0	0	9	0
中国矿业大学徐海学院	21	1	1	1	0	0	1	0	0	1	0	0	0	1	0
南京理工大学紫金学院	22	9	8	9	0	1	6	2	0	8	1	0	0	8	0
南京航空航天大学金城学院	23	9	6	9	0	0	8	1	0	9	0	0	0	9	0

南京传媒学院	24	11	6	11	0	1	5	5	0	10	1	0	1	10	0
金山职业技术学院	25	1	1	1	0	0	1	0	0	0	1	0	0	0	0
南京理工大学泰州科技学院	26	2	1	2	0	1	0	0	1	2	0	0	0	2	0
南京师范大学泰州学院	27	9	4	9	0	6	3	0	0	9	0	0	0	9	0
南京工业大学浦江学院	28	1	1	1	0	0	0	0	1	1	0	0	0	1	0
南京师范大学中北学院	29	6	5	6	0	0	4	2	0	5	1	0	1	4	0
苏州百年职业学院	30	0	0	0	0	0	0	0	0	0	0	0	0	0	0
昆山登云科技职业学院	31	3	3	3	0	0	2	0	1	2	1	0	0	2	0
南京视觉艺术职业学院	32	1	1	1	0	0	1	0	0	1	0	0	0	1	0
南京医科大学康达学院	33	1	1	1	0	0	1	0	0	1	0	0	0	1	0
南京中医药大学翰林学院	34	1	1	1	0	0	1	0	0	1	0	0	0	1	0
苏州大学应用技术学院	35	7	6	7	0	0	7	0	0	7	0	0	0	7	0
苏州科技大学天平学院	36	2	2	2	0	1	0	1	0	2	0	0	0	2	0
江苏大学京江学院	37	1	0	1	0	0	1	0	0	1	0	0	0	1	0
扬州大学广陵学院	38	7	3	7	2	0	5	0	0	6	1	0	1	6	0
江苏师范大学科文学院	39	1	0	1	0	0	0	1	0	1	0	0	0	1	0
南京邮电大学通达学院	40	0	0	0	0	0	0	0	0	0	0	0	0	0	0
南京财经大学红山学院	41	14	11	14	0	0	0	14	0	14	0	0	0	14	0
江苏科技大学苏州理工学院	42	5	1	5	0	2	3	0	0	5	0	0	0	5	0
常州大学怀德学院	43	0	0	0	0	0	0	0	0	0	0	0	0	0	0
南通大学杏林学院	44	1	0	1	0	0	1	0	0	0	1	0	0	1	0
南京审计大学金审学院	45	8	7	8	0	0	4	4	0	7	1	0	0	7	0
苏州高博软件技术职业学院	46	3	1	3	2	1	0	0	0	1	2	0	1	2	0
宿迁泽达职业技术学院	47	0	0	0	0	0	0	0	0	0	0	0	0	0	0
扬州中瑞酒店职业学院	48	0	0	0	0	0	0	0	0	0	0	0	0	0	0
西交利物浦大学	49	4	0	4	0	1	2	0	1	4	0	0	3	1	0
昆山杜克大学	50	1	1	1	0	0	1	0	0	1	0	0	1	0	0

4.15 社会学人文、社会科学活动人员情况表

高校名称		总计		按职称划分						按最后学历划分			按最后学位划分		其他
			女性	小计	教授	副教授	讲师	助教	初级	研究生	本科生	其他	博士	硕士	人员
	编号	L01	L02	L03	L04	L05	L06	L07	L08	L09	L10	L11	L12	L13	L14
合　计	/	120	80	120	1	16	81	19	3	85	35	0	22	64	0
明达职业技术学院	1	1	0	1	0	0	0	1	0	1	0	0	0	1	0
三江学院	2	4	3	4	0	0	2	2	0	3	1	0	1	2	0
九州职业技术学院	3	1	1	1	0	0	1	0	0	0	1	0	0	0	0
南通理工学院	4	2	0	2	0	1	1	0	0	0	2	0	0	1	0
硅湖职业技术学院	5	3	3	3	0	0	2	1	0	3	0	0	0	3	0
应天职业技术学院	6	2	2	2	0	1	1	0	0	2	0	0	0	2	0
苏州托普信息职业技术学院	7	1	1	1	0	0	0	1	0	1	0	0	0	1	0
东南大学成贤学院	8	40	22	40	0	4	31	5	0	14	26	0	0	14	0
苏州工业园区职业技术学院	9	0	0	0	0	0	0	0	0	0	0	0	0	0	0
太湖创意职业技术学院	10	0	0	0	0	0	0	0	0	0	0	0	0	0	0
炎黄职业技术学院	11	2	2	2	1	0	1	0	0	0	2	0	0	0	0
正德职业技术学院	12	0	0	0	0	0	0	0	0	0	0	0	0	0	0
钟山职业技术学院	13	1	1	1	0	0	1	0	0	1	0	0	0	1	0
无锡南洋职业技术学院	14	1	0	1	0	0	1	0	0	0	1	0	0	0	0
江南影视艺术职业学院	15	0	0	0	0	0	0	0	0	0	0	0	0	0	0
金肯职业技术学院	16	0	0	0	0	0	0	0	0	0	0	0	0	0	0
建东职业技术学院	17	1	1	1	0	1	0	0	0	0	1	0	0	0	0
宿迁职业技术学院	18	0	0	0	0	0	0	0	0	0	0	0	0	0	0
江海职业技术学院	19	0	0	0	0	0	0	0	0	0	0	0	0	0	0
无锡太湖学院	20	0	0	0	0	0	0	0	0	0	0	0	0	0	0
中国矿业大学徐海学院	21	0	0	0	0	0	0	0	0	0	0	0	0	0	0
南京理工大学紫金学院	22	1	1	1	0	0	1	0	0	1	0	0	0	1	0
南京航空航天大学金城学院	23	1	1	1	0	0	1	0	0	1	0	0	0	1	0

南京传媒学院	24	3	3	3	0	2	0	1	0	3	0	0	0	3	0
金山职业技术学院	25	0	0	0	0	0	0	0	0	0	0	0	0	0	0
南京理工大学泰州科技学院	26	0	0	0	0	0	0	0	0	0	0	0	0	0	0
南京师范大学泰州学院	27	1	1	1	0	1	0	0	0	1	0	0	0	1	0
南京工业大学浦江学院	28	2	1	2	0	0	2	0	0	2	0	0	0	2	0
南京师范大学中北学院	29	0	0	0	0	0	0	0	0	0	0	0	0	0	0
苏州百年职业学院	30	0	0	0	0	0	0	0	0	0	0	0	0	0	0
昆山登云科技职业学院	31	1	1	1	0	0	0	1	0	1	0	0	0	1	0
南京视觉艺术职业学院	32	1	0	1	0	0	1	0	0	1	0	0	0	1	0
南京医科大学康达学院	33	0	0	0	0	0	0	0	0	0	0	0	0	0	0
南京中医药大学翰林学院	34	16	12	16	0	2	14	0	0	16	0	0	1	15	0
苏州大学应用技术学院	35	0	0	0	0	0	0	0	0	0	0	0	0	0	0
苏州科技大学天平学院	36	0	0	0	0	0	0	0	0	0	0	0	0	0	0
江苏大学京江学院	37	0	0	0	0	0	0	0	0	0	0	0	0	0	0
扬州大学广陵学院	38	1	1	1	0	0	1	0	0	1	0	0	0	1	0
江苏师范大学科文学院	39	1	0	1	0	0	1	0	0	0	1	0	0	0	0
南京邮电大学通达学院	40	0	0	0	0	0	0	0	0	0	0	0	0	0	0
南京财经大学红山学院	41	2	2	2	0	0	0	2	0	2	0	0	0	2	0
江苏科技大学苏州理工学院	42	2	0	2	0	1	1	0	0	2	0	0	0	2	0
常州大学怀德学院	43	0	0	0	0	0	0	0	0	0	0	0	0	0	0
南通大学杏林学院	44	1	1	1	0	0	1	0	0	1	0	0	0	1	0
南京审计大学金审学院	45	5	4	5	0	0	0	5	0	5	0	0	0	5	0
苏州高博软件技术职业学院	46	0	0	0	0	0	0	0	0	0	0	0	0	0	0
宿迁泽达职业技术学院	47	0	0	0	0	0	0	0	0	0	0	0	0	0	0
扬州中瑞酒店职业学院	48	0	0	0	0	0	0	0	0	0	0	0	0	0	0
西交利物浦大学	49	7	6	7	0	1	5	0	1	7	0	0	6	1	0
昆山杜克大学	50	16	10	16	0	2	12	0	2	16	0	0	14	2	0

4.16 民族学与文化学人文、社会科学活动人员情况表

高校名称		总计		按职称划分						按最后学历划分			按最后学位划分		其他人员
			女性	小计	教授	副教授	讲师	助教	初级	研究生	本科生	其他	博士	硕士	
	编号	L01	L02	L03	L04	L05	L06	L07	L08	L09	L10	L11	L12	L13	L14
合　计	/	5	2	5	0	1	2	1	1	4	1	0	1	3	0
明达职业技术学院	1	0	0	0	0	0	0	0	0	0	0	0	0	0	0
三江学院	2	0	0	0	0	0	0	0	0	0	0	0	0	0	0
九州职业技术学院	3	0	0	0	0	0	0	0	0	0	0	0	0	0	0
南通理工学院	4	0	0	0	0	0	0	0	0	0	0	0	0	0	0
硅湖职业技术学院	5	0	0	0	0	0	0	0	0	0	0	0	0	0	0
应天职业技术学院	6	0	0	0	0	0	0	0	0	0	0	0	0	0	0
苏州托普信息职业技术学院	7	0	0	0	0	0	0	0	0	0	0	0	0	0	0
东南大学成贤学院	8	0	0	0	0	0	0	0	0	0	0	0	0	0	0
苏州工业园区职业技术学院	9	1	1	1	0	0	1	0	0	1	0	0	0	1	0
太湖创意职业技术学院	10	0	0	0	0	0	0	0	0	0	0	0	0	0	0
炎黄职业技术学院	11	1	0	1	0	0	0	1	0	0	1	0	0	0	0
正德职业技术学院	12	0	0	0	0	0	0	0	0	0	0	0	0	0	0
钟山职业技术学院	13	0	0	0	0	0	0	0	0	0	0	0	0	0	0
无锡南洋职业技术学院	14	0	0	0	0	0	0	0	0	0	0	0	0	0	0
江南影视艺术职业学院	15	0	0	0	0	0	0	0	0	0	0	0	0	0	0
金肯职业技术学院	16	0	0	0	0	0	0	0	0	0	0	0	0	0	0
建东职业技术学院	17	0	0	0	0	0	0	0	0	0	0	0	0	0	0
宿迁职业技术学院	18	0	0	0	0	0	0	0	0	0	0	0	0	0	0
江海职业技术学院	19	0	0	0	0	0	0	0	0	0	0	0	0	0	0
无锡太湖学院	20	0	0	0	0	0	0	0	0	0	0	0	0	0	0
中国矿业大学徐海学院	21	0	0	0	0	0	0	0	0	0	0	0	0	0	0
南京理工大学紫金学院	22	0	0	0	0	0	0	0	0	0	0	0	0	0	0
南京航空航天大学金城学院	23	0	0	0	0	0	0	0	0	0	0	0	0	0	0

南京传媒学院	24	0	0	0	0	0	0	0	0	0	0	0	0	0	0
金山职业技术学院	25	0	0	0	0	0	0	0	0	0	0	0	0	0	0
南京理工大学泰州科技学院	26	0	0	0	0	0	0	0	0	0	0	0	0	0	0
南京师范大学泰州学院	27	0	0	0	0	0	0	0	0	0	0	0	0	0	0
南京工业大学浦江学院	28	0	0	0	0	0	0	0	0	0	0	0	0	0	0
南京师范大学中北学院	29	0	0	0	0	0	0	0	0	0	0	0	0	0	0
苏州百年职业学院	30	0	0	0	0	0	0	0	0	0	0	0	0	0	0
昆山登云科技职业学院	31	0	0	0	0	0	0	0	0	0	0	0	0	0	0
南京视觉艺术职业学院	32	0	0	0	0	0	0	0	0	0	0	0	0	0	0
南京医科大学康达学院	33	0	0	0	0	0	0	0	0	0	0	0	0	0	0
南京中医药大学翰林学院	34	0	0	0	0	0	0	0	0	0	0	0	0	0	0
苏州大学应用技术学院	35	1	0	1	0	1	0	0	0	1	0	0	0	1	0
苏州科技大学天平学院	36	0	0	0	0	0	0	0	0	0	0	0	0	0	0
江苏大学京江学院	37	0	0	0	0	0	0	0	0	0	0	0	0	0	0
扬州大学广陵学院	38	0	0	0	0	0	0	0	0	0	0	0	0	0	0
江苏师范大学科文学院	39	0	0	0	0	0	0	0	0	0	0	0	0	0	0
南京邮电大学通达学院	40	0	0	0	0	0	0	0	0	0	0	0	0	0	0
南京财经大学红山学院	41	0	0	0	0	0	0	0	0	0	0	0	0	0	0
江苏科技大学苏州理工学院	42	0	0	0	0	0	0	0	0	0	0	0	0	0	0
常州大学怀德学院	43	0	0	0	0	0	0	0	0	0	0	0	0	0	0
南通大学杏林学院	44	0	0	0	0	0	0	0	0	0	0	0	0	0	0
南京审计大学金审学院	45	0	0	0	0	0	0	0	0	0	0	0	0	0	0
苏州高博软件技术职业学院	46	0	0	0	0	0	0	0	0	0	0	0	0	0	0
宿迁泽达职业技术学院	47	0	0	0	0	0	0	0	0	0	0	0	0	0	0
扬州中瑞酒店职业学院	48	0	0	0	0	0	0	0	0	0	0	0	0	0	0
西交利物浦大学	49	1	1	1	0	0	0	0	1	1	0	0	0	1	0
昆山杜克大学	50	1	0	1	0	0	1	0	0	1	0	0	1	0	0

4.17 新闻学与传播学人文、社会科学活动人员情况表

高校名称		总计		按职称划分						按最后学历划分			按最后学位划分		其他
			女性	小计	教授	副教授	讲师	助教	初级	研究生	本科生	其他	博士	硕士	人员
	编号	L01	L02	L03	L04	L05	L06	L07	L08	L09	L10	L11	L12	L13	L14
合　计	/	169	114	169	4	36	90	35	4	123	46	0	28	107	0
明达职业技术学院	1	0	0	0	0	0	0	0	0	0	0	0	0	0	0
三江学院	2	20	11	20	1	9	8	2	0	18	2	0	4	14	0
九州职业技术学院	3	0	0	0	0	0	0	0	0	0	0	0	0	0	0
南通理工学院	4	3	2	3	0	0	3	0	0	3	0	0	0	3	0
硅湖职业技术学院	5	0	0	0	0	0	0	0	0	0	0	0	0	0	0
应天职业技术学院	6	2	1	2	0	0	2	0	0	0	2	0	0	0	0
苏州托普信息职业技术学院	7	0	0	0	0	0	0	0	0	0	0	0	0	0	0
东南大学成贤学院	8	0	0	0	0	0	0	0	0	0	0	0	0	0	0
苏州工业园区职业技术学院	9	3	2	3	0	0	3	0	0	0	3	0	0	0	0
太湖创意职业技术学院	10	0	0	0	0	0	0	0	0	0	0	0	0	0	0
炎黄职业技术学院	11	0	0	0	0	0	0	0	0	0	0	0	0	0	0
正德职业技术学院	12	2	1	2	0	0	1	1	0	0	2	0	0	1	0
钟山职业技术学院	13	0	0	0	0	0	0	0	0	0	0	0	0	0	0
无锡南洋职业技术学院	14	2	2	2	0	0	2	0	0	1	1	0	0	1	0
江南影视艺术职业学院	15	9	7	9	0	1	5	3	0	2	7	0	0	4	0
金肯职业技术学院	16	0	0	0	0	0	0	0	0	0	0	0	0	0	0
建东职业技术学院	17	0	0	0	0	0	0	0	0	0	0	0	0	0	0
宿迁职业技术学院	18	2	1	2	0	1	1	0	0	0	2	0	0	0	0
江海职业技术学院	19	1	1	1	0	0	0	1	0	0	1	0	0	0	0
无锡太湖学院	20	0	0	0	0	0	0	0	0	0	0	0	0	0	0
中国矿业大学徐海学院	21	0	0	0	0	0	0	0	0	0	0	0	0	0	0
南京理工大学紫金学院	22	1	1	1	0	0	0	1	0	1	0	0	0	1	0
南京航空航天大学金城学院	23	2	1	2	0	0	2	0	0	2	0	0	0	2	0

南京传媒学院	24	62	46	62	2	15	27	18	0	46	16	0	5	50	0
金山职业技术学院	25	0	0	0	0	0	0	0	0	0	0	0	0	0	0
南京理工大学泰州科技学院	26	0	0	0	0	0	0	0	0	0	0	0	0	0	0
南京师范大学泰州学院	27	5	2	5	0	3	2	0	0	3	2	0	0	3	0
南京工业大学浦江学院	28	3	3	3	0	0	1	2	0	2	1	0	0	2	0
南京师范大学中北学院	29	7	3	7	0	0	7	0	0	7	0	0	1	6	0
苏州百年职业学院	30	1	1	1	0	0	1	0	0	0	1	0	0	0	0
昆山登云科技职业学院	31	2	1	2	0	0	0	1	1	0	2	0	0	0	0
南京视觉艺术职业学院	32	2	2	2	0	0	0	2	0	1	1	0	0	1	0
南京医科大学康达学院	33	1	1	1	0	0	1	0	0	1	0	0	0	1	0
南京中医药大学翰林学院	34	0	0	0	0	0	0	0	0	0	0	0	0	0	0
苏州大学应用技术学院	35	3	3	3	0	0	3	0	0	3	0	0	0	3	0
苏州科技大学天平学院	36	0	0	0	0	0	0	0	0	0	0	0	0	0	0
江苏大学京江学院	37	0	0	0	0	0	0	0	0	0	0	0	0	0	0
扬州大学广陵学院	38	2	2	2	0	0	2	0	0	2	0	0	0	2	0
江苏师范大学科文学院	39	5	3	5	0	0	2	3	0	5	0	0	0	5	0
南京邮电大学通达学院	40	1	0	1	0	1	0	0	0	1	0	0	0	1	0
南京财经大学红山学院	41	3	3	3	0	0	1	1	1	2	1	0	0	2	0
江苏科技大学苏州理工学院	42	0	0	0	0	0	0	0	0	0	0	0	0	0	0
常州大学怀德学院	43	0	0	0	0	0	0	0	0	0	0	0	0	0	0
南通大学杏林学院	44	3	2	3	0	1	2	0	0	3	0	0	0	3	0
南京审计大学金审学院	45	1	1	1	0	0	1	0	0	0	1	0	0	0	0
苏州高博软件技术职业学院	46	0	0	0	0	0	0	0	0	0	0	0	0	0	0
宿迁泽达职业技术学院	47	0	0	0	0	0	0	0	0	0	0	0	0	0	0
扬州中瑞酒店职业学院	48	0	0	0	0	0	0	0	0	0	0	0	0	0	0
西交利物浦大学	49	20	11	20	1	5	13	0	1	20	0	0	18	2	0
昆山杜克大学	50	1	0	1	0	0	0	0	1	0	1	0	0	0	0

4.18 图书馆、情报与文献学人文、社会科学活动人员情况表

高校名称		总计		按职称划分						按最后学历划分			按最后学位划分		其他人员
			女性	小计	教授	副教授	讲师	助教	初级	研究生	本科生	其他	博士	硕士	
	编号	L01	L02	L03	L04	L05	L06	L07	L08	L09	L10	L11	L12	L13	L14
合　计	/	112	83	112	1	15	82	9	5	32	79	1	4	38	0
明达职业技术学院	1	0	0	0	0	0	0	0	0	0	0	0	0	0	0
三江学院	2	7	6	7	0	3	4	0	0	2	5	0	0	2	0
九州职业技术学院	3	0	0	0	0	0	0	0	0	0	0	0	0	0	0
南通理工学院	4	9	8	9	0	1	5	3	0	3	6	0	0	4	0
硅湖职业技术学院	5	0	0	0	0	0	0	0	0	0	0	0	0	0	0
应天职业技术学院	6	1	1	1	0	0	1	0	0	0	1	0	0	0	0
苏州托普信息职业技术学院	7	0	0	0	0	0	0	0	0	0	0	0	0	0	0
东南大学成贤学院	8	0	0	0	0	0	0	0	0	0	0	0	0	0	0
苏州工业园区职业技术学院	9	5	3	5	0	2	3	0	0	2	3	0	0	3	0
太湖创意职业技术学院	10	0	0	0	0	0	0	0	0	0	0	0	0	0	0
炎黄职业技术学院	11	1	1	1	0	0	1	0	0	1	0	0	0	1	0
正德职业技术学院	12	0	0	0	0	0	0	0	0	0	0	0	0	0	0
钟山职业技术学院	13	1	0	1	0	0	1	0	0	0	1	0	0	1	0
无锡南洋职业技术学院	14	2	1	2	0	0	2	0	0	0	1	1	0	0	0
江南影视艺术职业学院	15	3	1	3	0	0	3	0	0	1	2	0	0	1	0
金肯职业技术学院	16	1	0	1	0	0	1	0	0	0	1	0	0	0	0
建东职业技术学院	17	2	2	2	0	0	1	0	1	0	2	0	0	0	0
宿迁职业技术学院	18	1	0	1	0	1	0	0	0	0	1	0	0	0	0
江海职业技术学院	19	7	6	7	0	0	7	0	0	0	7	0	0	1	0
无锡太湖学院	20	0	0	0	0	0	0	0	0	0	0	0	0	0	0
中国矿业大学徐海学院	21	0	0	0	0	0	0	0	0	0	0	0	0	0	0
南京理工大学紫金学院	22	0	0	0	0	0	0	0	0	0	0	0	0	0	0
南京航空航天大学金城学院	23	4	4	4	0	0	4	0	0	0	4	0	0	0	0

南京传媒学院	24	10	6	10	0	0	9	1	0	2	8	0	0	3	0
金山职业技术学院	25	0	0	0	0	0	0	0	0	0	0	0	0	0	0
南京理工大学泰州科技学院	26	1	1	1	0	0	1	0	0	0	1	0	0	0	0
南京师范大学泰州学院	27	7	5	7	0	2	5	0	0	0	7	0	0	4	0
南京工业大学浦江学院	28	1	1	1	0	0	1	0	0	1	0	0	0	1	0
南京师范大学中北学院	29	0	0	0	0	0	0	0	0	0	0	0	0	0	0
苏州百年职业学院	30	1	1	1	0	0	1	0	0	0	1	0	0	0	0
昆山登云科技职业学院	31	1	0	1	0	0	1	0	0	0	1	0	0	0	0
南京视觉艺术职业学院	32	1	1	1	0	0	0	1	0	0	1	0	0	0	0
南京医科大学康达学院	33	6	6	6	0	1	5	0	0	3	3	0	1	2	0
南京中医药大学翰林学院	34	9	8	9	0	2	7	0	0	2	7	0	1	1	0
苏州大学应用技术学院	35	0	0	0	0	0	0	0	0	0	0	0	0	0	0
苏州科技大学天平学院	36	4	4	4	0	0	3	1	0	1	3	0	0	1	0
江苏大学京江学院	37	0	0	0	0	0	0	0	0	0	0	0	0	0	0
扬州大学广陵学院	38	2	2	2	0	1	1	0	0	2	0	0	1	1	0
江苏师范大学科文学院	39	9	4	9	0	0	5	0	4	0	9	0	0	1	0
南京邮电大学通达学院	40	3	3	3	0	0	2	1	0	2	1	0	0	2	0
南京财经大学红山学院	41	0	0	0	0	0	0	0	0	0	0	0	0	0	0
江苏科技大学苏州理工学院	42	1	1	1	0	0	0	1	0	1	0	0	0	1	0
常州大学怀德学院	43	3	1	3	0	1	1	1	0	1	2	0	0	1	0
南通大学杏林学院	44	1	0	1	0	1	0	0	0	1	0	0	0	1	0
南京审计大学金审学院	45	1	1	1	0	0	1	0	0	1	0	0	0	1	0
苏州高博软件技术职业学院	46	2	1	2	0	0	2	0	0	1	1	0	0	1	0
宿迁泽达职业技术学院	47	0	0	0	0	0	0	0	0	0	0	0	0	0	0
扬州中瑞酒店职业学院	48	0	0	0	0	0	0	0	0	0	0	0	0	0	0
西交利物浦大学	49	0	0	0	0	0	0	0	0	0	0	0	0	0	0
昆山杜克大学	50	5	4	5	1	0	4	0	0	5	0	0	1	4	0

4.19 教育学人文、社会科学活动人员情况表

高校名称		总计		按职称划分						按最后学历划分			按最后学位划分		其他
			女性	小计	教授	副教授	讲师	助教	初级	研究生	本科生	其他	博士	硕士	人员
	编号	L01	L02	L03	L04	L05	L06	L07	L08	L09	L10	L11	L12	L13	L14
合 计	/	847	592	847	21	154	437	191	44	586	260	1	45	623	0
明达职业技术学院	1	2	2	2	0	0	0	2	0	0	2	0	0	0	0
三江学院	2	32	26	32	1	12	14	3	2	28	4	0	1	29	0
九州职业技术学院	3	14	11	14	0	6	5	3	0	3	11	0	0	7	0
南通理工学院	4	29	23	29	1	5	16	7	0	21	8	0	0	28	0
硅湖职业技术学院	5	24	20	24	0	4	6	14	0	15	9	0	0	15	0
应天职业技术学院	6	12	8	12	1	2	8	1	0	8	4	0	0	10	0
苏州托普信息职业技术学院	7	4	4	4	0	0	0	3	1	4	0	0	0	4	0
东南大学成贤学院	8	5	4	5	0	1	4	0	0	1	4	0	0	1	0
苏州工业园区职业技术学院	9	8	6	8	0	5	3	0	0	5	3	0	0	7	0
太湖创意职业技术学院	10	3	2	3	0	1	0	1	1	1	2	0	0	1	0
炎黄职业技术学院	11	3	2	3	0	2	1	0	0	0	3	0	0	2	0
正德职业技术学院	12	4	4	4	0	1	1	2	0	2	2	0	0	2	0
钟山职业技术学院	13	72	49	72	0	12	55	5	0	34	38	0	2	51	0
无锡南洋职业技术学院	14	18	14	18	0	1	15	2	0	6	11	1	0	6	0
江南影视艺术职业学院	15	24	19	24	0	3	11	10	0	13	11	0	0	13	0
金肯职业技术学院	16	18	16	18	1	2	8	6	1	12	6	0	0	11	0
建东职业技术学院	17	3	3	3	0	0	3	0	0	0	3	0	0	0	0
宿迁职业技术学院	18	8	3	8	0	0	7	1	0	3	5	0	0	3	0
江海职业技术学院	19	26	18	26	1	3	14	8	0	7	19	0	0	11	0
无锡太湖学院	20	3	3	3	0	1	1	1	0	2	1	0	0	3	0
中国矿业大学徐海学院	21	5	3	5	0	0	4	1	0	5	0	0	0	5	0
南京理工大学紫金学院	22	9	4	9	0	0	5	4	0	6	3	0	0	7	0
南京航空航天大学金城学院	23	10	9	10	0	0	9	1	0	8	2	0	0	9	0

南京传媒学院	24	12	8	12	0	1	7	4	0	9	3	0	0	12	0
金山职业技术学院	25	1	1	1	0	0	0	1	0	1	0	0	0	1	0
南京理工大学泰州科技学院	26	2	0	2	0	2	0	0	0	0	2	0	0	1	0
南京师范大学泰州学院	27	19	15	19	0	6	13	0	0	14	5	0	0	18	0
南京工业大学浦江学院	28	19	11	19	2	4	2	10	1	15	4	0	2	15	0
南京师范大学中北学院	29	4	2	4	0	0	3	1	0	4	0	0	0	4	0
苏州百年职业学院	30	9	7	9	0	2	1	6	0	7	2	0	0	7	0
昆山登云科技职业学院	31	23	16	23	0	1	3	4	15	7	16	0	0	7	0
南京视觉艺术职业学院	32	4	2	4	0	1	2	1	0	1	3	0	0	2	0
南京医科大学康达学院	33	12	7	12	1	0	8	3	0	11	1	0	1	11	0
南京中医药大学翰林学院	34	27	14	27	0	4	23	0	0	21	6	0	1	20	0
苏州大学应用技术学院	35	39	21	39	3	14	20	1	1	30	9	0	3	32	0
苏州科技大学天平学院	36	1	0	1	0	0	0	1	0	1	0	0	0	1	0
江苏大学京江学院	37	16	10	16	1	1	14	0	0	16	0	0	1	15	0
扬州大学广陵学院	38	25	18	25	1	8	16	0	0	23	2	0	1	22	0
江苏师范大学科文学院	39	7	6	7	0	1	3	3	0	6	1	0	0	7	0
南京邮电大学通达学院	40	2	1	2	0	1	1	0	0	2	0	0	0	2	0
南京财经大学红山学院	41	12	11	12	0	0	2	9	1	12	0	0	0	12	0
江苏科技大学苏州理工学院	42	15	4	15	0	5	10	0	0	15	0	0	1	14	0
常州大学怀德学院	43	21	9	21	0	2	2	17	0	21	0	0	0	21	0
南通大学杏林学院	44	47	32	47	0	10	36	1	0	44	3	0	0	46	0
南京审计大学金审学院	45	38	32	38	0	7	21	10	0	30	8	0	2	32	0
苏州高博软件技术职业学院	46	98	71	98	3	17	37	40	1	56	42	0	1	69	0
宿迁泽达职业技术学院	47	3	2	3	0	1	0	2	0	1	2	0	0	1	0
扬州中瑞酒店职业学院	48	2	2	2	0	0	1	1	0	2	0	0	0	2	0
西交利物浦大学	49	52	36	52	5	5	22	0	20	52	0	0	29	23	0
昆山杜克大学	50	1	1	1	0	0	0	1	0	1	0	0	0	1	0

4.20 统计学人文、社会科学活动人员情况表

高校名称		总计		按职称划分						按最后学历划分			按最后学位划分		其他
			女性	小计	教授	副教授	讲师	助教	初级	研究生	本科生	其他	博士	硕士	人员
	编号	L01	L02	L03	L04	L05	L06	L07	L08	L09	L10	L11	L12	L13	L14
合　计	/	52	34	52	3	8	23	14	4	39	13	0	2	39	0
明达职业技术学院	1	0	0	0	0	0	0	0	0	0	0	0	0	0	0
三江学院	2	0	0	0	0	0	0	0	0	0	0	0	0	0	0
九州职业技术学院	3	0	0	0	0	0	0	0	0	0	0	0	0	0	0
南通理工学院	4	3	1	3	1	1	1	0	0	1	2	0	0	2	0
硅湖职业技术学院	5	0	0	0	0	0	0	0	0	0	0	0	0	0	0
应天职业技术学院	6	0	0	0	0	0	0	0	0	0	0	0	0	0	0
苏州托普信息职业技术学院	7	0	0	0	0	0	0	0	0	0	0	0	0	0	0
东南大学成贤学院	8	0	0	0	0	0	0	0	0	0	0	0	0	0	0
苏州工业园区职业技术学院	9	0	0	0	0	0	0	0	0	0	0	0	0	0	0
太湖创意职业技术学院	10	1	0	1	0	0	1	0	0	0	1	0	0	0	0
炎黄职业技术学院	11	0	0	0	0	0	0	0	0	0	0	0	0	0	0
正德职业技术学院	12	0	0	0	0	0	0	0	0	0	0	0	0	0	0
钟山职业技术学院	13	0	0	0	0	0	0	0	0	0	0	0	0	0	0
无锡南洋职业技术学院	14	0	0	0	0	0	0	0	0	0	0	0	0	0	0
江南影视艺术职业学院	15	1	0	1	0	0	0	1	0	1	0	0	0	1	0
金肯职业技术学院	16	0	0	0	0	0	0	0	0	0	0	0	0	0	0
建东职业技术学院	17	0	0	0	0	0	0	0	0	0	0	0	0	0	0
宿迁职业技术学院	18	1	0	1	0	0	1	0	0	0	1	0	0	0	0
江海职业技术学院	19	0	0	0	0	0	0	0	0	0	0	0	0	0	0
无锡太湖学院	20	1	1	1	0	0	0	1	0	1	0	0	0	1	0
中国矿业大学徐海学院	21	1	0	1	0	1	0	0	0	1	0	0	1	0	0
南京理工大学紫金学院	22	0	0	0	0	0	0	0	0	0	0	0	0	0	0
南京航空航天大学金城学院	23	8	8	8	0	1	7	0	0	8	0	0	0	8	0

南京传媒学院	24	0	0	0	0	0	0	0	0	0	0	0	0	0	0
金山职业技术学院	25	1	0	1	0	0	1	0	0	0	1	0	0	1	0
南京理工大学泰州科技学院	26	0	0	0	0	0	0	0	0	0	0	0	0	0	0
南京师范大学泰州学院	27	0	0	0	0	0	0	0	0	0	0	0	0	0	0
南京工业大学浦江学院	28	0	0	0	0	0	0	0	0	0	0	0	0	0	0
南京师范大学中北学院	29	0	0	0	0	0	0	0	0	0	0	0	0	0	0
苏州百年职业学院	30	0	0	0	0	0	0	0	0	0	0	0	0	0	0
昆山登云科技职业学院	31	7	5	7	1	0	1	1	4	2	5	0	0	2	0
南京视觉艺术职业学院	32	0	0	0	0	0	0	0	0	0	0	0	0	0	0
南京医科大学康达学院	33	0	0	0	0	0	0	0	0	0	0	0	0	0	0
南京中医药大学翰林学院	34	1	1	1	0	0	1	0	0	1	0	0	0	1	0
苏州大学应用技术学院	35	3	2	3	0	0	3	0	0	3	0	0	0	3	0
苏州科技大学天平学院	36	0	0	0	0	0	0	0	0	0	0	0	0	0	0
江苏大学京江学院	37	1	1	1	0	0	1	0	0	1	0	0	0	1	0
扬州大学广陵学院	38	0	0	0	0	0	0	0	0	0	0	0	0	0	0
江苏师范大学科文学院	39	0	0	0	0	0	0	0	0	0	0	0	0	0	0
南京邮电大学通达学院	40	0	0	0	0	0	0	0	0	0	0	0	0	0	0
南京财经大学红山学院	41	13	8	13	0	2	2	9	0	12	1	0	0	12	0
江苏科技大学苏州理工学院	42	2	1	2	0	0	2	0	0	2	0	0	1	1	0
常州大学怀德学院	43	0	0	0	0	0	0	0	0	0	0	0	0	0	0
南通大学杏林学院	44	1	1	1	0	1	0	0	0	1	0	0	0	1	0
南京审计大学金审学院	45	5	4	5	0	1	2	2	0	5	0	0	0	5	0
苏州高博软件技术职业学院	46	1	0	1	1	0	0	0	0	0	1	0	0	0	0
宿迁泽达职业技术学院	47	1	1	1	0	1	0	0	0	0	1	0	0	0	0
扬州中瑞酒店职业学院	48	0	0	0	0	0	0	0	0	0	0	0	0	0	0
西交利物浦大学	49	0	0	0	0	0	0	0	0	0	0	0	0	0	0
昆山杜克大学	50	0	0	0	0	0	0	0	0	0	0	0	0	0	0

4.21 心理学人文、社会科学活动人员情况表

高校名称		总计		按职称划分						按最后学历划分			按最后学位划分		其他人员
			女性	小计	教授	副教授	讲师	助教	初级	研究生	本科生	其他	博士	硕士	
	编号	L01	L02	L03	L04	L05	L06	L07	L08	L09	L10	L11	L12	L13	L14
合　计	/	80	75	80	3	13	41	17	6	63	17	0	5	67	0
明达职业技术学院	1	0	0	0	0	0	0	0	0	0	0	0	0	0	0
三江学院	2	0	0	0	0	0	0	0	0	0	0	0	0	0	0
九州职业技术学院	3	3	3	3	0	1	0	2	0	2	1	0	0	2	0
南通理工学院	4	3	3	3	0	0	2	1	0	3	0	0	0	3	0
硅湖职业技术学院	5	2	2	2	0	1	1	0	0	2	0	0	0	2	0
应天职业技术学院	6	3	3	3	0	1	1	1	0	3	0	0	0	3	0
苏州托普信息职业技术学院	7	0	0	0	0	0	0	0	0	0	0	0	0	0	0
东南大学成贤学院	8	0	0	0	0	0	0	0	0	0	0	0	0	0	0
苏州工业园区职业技术学院	9	5	5	5	1	1	3	0	0	4	1	0	0	5	0
太湖创意职业技术学院	10	1	1	1	0	0	0	0	1	1	0	0	0	1	0
炎黄职业技术学院	11	0	0	0	0	0	0	0	0	0	0	0	0	0	0
正德职业技术学院	12	1	1	1	0	0	1	0	0	1	0	0	0	1	0
钟山职业技术学院	13	2	2	2	0	0	2	0	0	0	2	0	0	1	0
无锡南洋职业技术学院	14	0	0	0	0	0	0	0	0	0	0	0	0	0	0
江南影视艺术职业学院	15	0	0	0	0	0	0	0	0	0	0	0	0	0	0
金肯职业技术学院	16	3	3	3	0	1	2	0	0	2	1	0	0	3	0
建东职业技术学院	17	3	3	3	0	0	3	0	0	0	3	0	0	2	0
宿迁职业技术学院	18	0	0	0	0	0	0	0	0	0	0	0	0	0	0
江海职业技术学院	19	2	2	2	0	0	2	0	0	0	2	0	0	1	0
无锡太湖学院	20	1	1	1	0	0	1	0	0	1	0	0	0	1	0
中国矿业大学徐海学院	21	0	0	0	0	0	0	0	0	0	0	0	0	0	0
南京理工大学紫金学院	22	2	2	2	0	2	0	0	0	2	0	0	0	2	0
南京航空航天大学金城学院	23	2	2	2	0	1	1	0	0	1	1	0	0	2	0

南京传媒学院	24	6	5	6	0	3	2	1	0	5	1	0	0	6	0
金山职业技术学院	25	0	0	0	0	0	0	0	0	0	0	0	0	0	0
南京理工大学泰州科技学院	26	0	0	0	0	0	0	0	0	0	0	0	0	0	0
南京师范大学泰州学院	27	1	1	1	0	0	0	1	0	1	0	0	0	1	0
南京工业大学浦江学院	28	1	1	1	0	0	0	0	1	1	0	0	0	1	0
南京师范大学中北学院	29	0	0	0	0	0	0	0	0	0	0	0	0	0	0
苏州百年职业学院	30	4	3	4	0	0	3	1	0	4	0	0	0	4	0
昆山登云科技职业学院	31	5	5	5	0	0	1	0	4	3	2	0	0	3	0
南京视觉艺术职业学院	32	0	0	0	0	0	0	0	0	0	0	0	0	0	0
南京医科大学康达学院	33	2	2	2	0	0	2	0	0	2	0	0	0	2	0
南京中医药大学翰林学院	34	2	2	2	0	0	2	0	0	1	1	0	0	1	0
苏州大学应用技术学院	35	1	0	1	0	0	1	0	0	1	0	0	0	1	0
苏州科技大学天平学院	36	0	0	0	0	0	0	0	0	0	0	0	0	0	0
江苏大学京江学院	37	1	1	1	0	0	1	0	0	0	1	0	0	1	0
扬州大学广陵学院	38	1	1	1	0	0	0	1	0	1	0	0	0	1	0
江苏师范大学科文学院	39	0	0	0	0	0	0	0	0	0	0	0	0	0	0
南京邮电大学通达学院	40	0	0	0	0	0	0	0	0	0	0	0	0	0	0
南京财经大学红山学院	41	5	5	5	0	0	0	5	0	5	0	0	0	5	0
江苏科技大学苏州理工学院	42	1	1	1	0	0	1	0	0	1	0	0	0	1	0
常州大学怀德学院	43	2	2	2	0	0	0	2	0	2	0	0	0	2	0
南通大学杏林学院	44	0	0	0	0	0	0	0	0	0	0	0	0	0	0
南京审计大学金审学院	45	5	4	5	1	1	3	0	0	5	0	0	0	5	0
苏州高博软件技术职业学院	46	5	5	5	0	1	2	2	0	4	1	0	0	4	0
宿迁泽达职业技术学院	47	0	0	0	0	0	0	0	0	0	0	0	0	0	0
扬州中瑞酒店职业学院	48	1	1	1	0	0	1	0	0	1	0	0	1	0	0
西交利物浦大学	49	1	1	1	0	0	1	0	0	1	0	0	1	0	0
昆山杜克大学	50	3	2	3	1	0	2	0	0	3	0	0	3	0	0

4.22 体育科学人文、社会科学活动人员情况表

高校名称		总计		按职称划分						按最后学历划分			按最后学位划分		其他
			女性	小计	教授	副教授	讲师	助教	初级	研究生	本科生	其他	博士	硕士	人员
	编号	L01	L02	L03	L04	L05	L06	L07	L08	L09	L10	L11	L12	L13	L14
合　计	/	368	131	367	1	102	185	77	2	197	170	0	0	245	1
明达职业技术学院	1	1	0	1	0	0	1	0	0	0	1	0	0	0	0
三江学院	2	24	9	24	1	17	3	3	0	20	4	0	0	21	0
九州职业技术学院	3	6	1	6	0	0	2	4	0	1	5	0	0	2	0
南通理工学院	4	17	6	17	0	11	1	5	0	8	9	0	0	10	0
硅湖职业技术学院	5	7	3	7	0	1	2	4	0	3	4	0	0	3	0
应天职业技术学院	6	3	0	3	0	0	3	0	0	0	3	0	0	2	0
苏州托普信息职业技术学院	7	3	2	3	0	0	2	1	0	1	2	0	0	1	0
东南大学成贤学院	8	0	0	0	0	0	0	0	0	0	0	0	0	0	0
苏州工业园区职业技术学院	9	13	5	13	0	2	11	0	0	8	5	0	0	9	0
太湖创意职业技术学院	10	2	0	2	0	0	2	0	0	0	2	0	0	0	0
炎黄职业技术学院	11	6	1	6	0	0	6	0	0	1	5	0	0	1	0
正德职业技术学院	12	8	2	8	0	3	4	1	0	1	7	0	0	5	0
钟山职业技术学院	13	1	0	1	0	1	0	0	0	0	1	0	0	0	0
无锡南洋职业技术学院	14	8	2	8	0	2	6	0	0	2	6	0	0	3	0
江南影视艺术职业学院	15	4	2	4	0	0	1	3	0	0	4	0	0	0	0
金肯职业技术学院	16	4	2	4	0	0	3	1	0	2	2	0	0	2	0
建东职业技术学院	17	4	2	4	0	2	2	0	0	0	4	0	0	1	0
宿迁职业技术学院	18	0	0	0	0	0	0	0	0	0	0	0	0	0	0
江海职业技术学院	19	10	2	10	0	0	8	2	0	1	9	0	0	3	0
无锡太湖学院	20	22	7	22	0	2	16	4	0	9	13	0	0	11	0
中国矿业大学徐海学院	21	10	3	10	0	2	7	1	0	7	3	0	0	7	0
南京理工大学紫金学院	22	8	2	8	0	7	1	0	0	4	4	0	0	8	0
南京航空航天大学金城学院	23	13	6	13	0	4	9	0	0	9	4	0	0	9	0

南京传媒学院	24	27	10	27	0	5	14	8	0	17	10	0	0	23	0
金山职业技术学院	25	4	2	4	0	1	1	2	0	2	2	0	0	3	0
南京理工大学泰州科技学院	26	9	2	9	0	2	7	0	0	1	8	0	0	5	0
南京师范大学泰州学院	27	18	8	18	0	8	8	2	0	12	6	0	0	17	0
南京工业大学浦江学院	28	7	3	7	0	5	2	0	0	3	4	0	0	5	0
南京师范大学中北学院	29	6	1	6	0	0	4	2	0	5	1	0	0	5	0
苏州百年职业学院	30	7	3	6	0	0	4	2	0	6	0	0	0	6	1
昆山登云科技职业学院	31	6	2	6	0	2	0	3	1	1	5	0	0	2	0
南京视觉艺术职业学院	32	5	1	5	0	0	3	2	0	3	2	0	0	3	0
南京医科大学康达学院	33	8	5	8	0	0	8	0	0	4	4	0	0	4	0
南京中医药大学翰林学院	34	2	1	2	0	0	2	0	0	1	1	0	0	1	0
苏州大学应用技术学院	35	5	1	5	0	0	5	0	0	4	1	0	0	4	0
苏州科技大学天平学院	36	10	5	10	0	6	1	3	0	6	4	0	0	7	0
江苏大学京江学院	37	4	1	4	0	0	1	3	0	4	0	0	0	4	0
扬州大学广陵学院	38	8	3	8	0	2	3	3	0	7	1	0	0	7	0
江苏师范大学科文学院	39	6	2	6	0	1	5	0	0	4	2	0	0	4	0
南京邮电大学通达学院	40	6	1	6	0	5	1	0	0	5	1	0	0	5	0
南京财经大学红山学院	41	10	3	10	0	0	1	8	1	9	1	0	0	9	0
江苏科技大学苏州理工学院	42	6	2	6	0	0	6	0	0	6	0	0	0	6	0
常州大学怀德学院	43	13	6	13	0	3	6	4	0	5	8	0	0	9	0
南通大学杏林学院	44	7	2	7	0	4	3	0	0	4	3	0	0	6	0
南京审计大学金审学院	45	9	5	9	0	2	5	2	0	7	2	0	0	7	0
苏州高博软件技术职业学院	46	8	3	8	0	2	4	2	0	2	6	0	0	3	0
宿迁泽达职业技术学院	47	2	1	2	0	0	1	1	0	2	0	0	0	2	0
扬州中瑞酒店职业学院	48	1	1	1	0	0	0	1	0	0	1	0	0	0	0
西交利物浦大学	49	0	0	0	0	0	0	0	0	0	0	0	0	0	0
昆山杜克大学	50	0	0	0	0	0	0	0	0	0	0	0	0	0	0

4.23　其他学科人文、社会科学活动人员情况表

高校名称		总计		按职称划分						按最后学历划分			按最后学位划分		其他人员
			女性	小计	教授	副教授	讲师	助教	初级	研究生	本科生	其他	博士	硕士	
	编号	L01	L02	L03	L04	L05	L06	L07	L08	L09	L10	L11	L12	L13	L14
合　计	/	168	91	168	15	36	87	26	4	130	38	0	46	87	0
明达职业技术学院	1	1	1	1	0	0	0	1	0	1	0	0	0	1	0
三江学院	2	0	0	0	0	0	0	0	0	0	0	0	0	0	0
九州职业技术学院	3	0	0	0	0	0	0	0	0	0	0	0	0	0	0
南通理工学院	4	1	1	1	0	0	1	0	0	0	1	0	0	0	0
硅湖职业技术学院	5	0	0	0	0	0	0	0	0	0	0	0	0	0	0
应天职业技术学院	6	1	0	1	0	0	1	0	0	0	1	0	0	0	0
苏州托普信息职业技术学院	7	0	0	0	0	0	0	0	0	0	0	0	0	0	0
东南大学成贤学院	8	0	0	0	0	0	0	0	0	0	0	0	0	0	0
苏州工业园区职业技术学院	9	1	1	1	0	0	1	0	0	1	0	0	0	1	0
太湖创意职业技术学院	10	0	0	0	0	0	0	0	0	0	0	0	0	0	0
炎黄职业技术学院	11	2	1	2	0	0	2	0	0	0	2	0	0	0	0
正德职业技术学院	12	2	2	2	0	0	2	0	0	2	0	0	0	2	0
钟山职业技术学院	13	0	0	0	0	0	0	0	0	0	0	0	0	0	0
无锡南洋职业技术学院	14	0	0	0	0	0	0	0	0	0	0	0	0	0	0
江南影视艺术职业学院	15	0	0	0	0	0	0	0	0	0	0	0	0	0	0
金肯职业技术学院	16	49	26	49	5	11	26	5	2	27	22	0	1	25	0
建东职业技术学院	17	0	0	0	0	0	0	0	0	0	0	0	0	0	0
宿迁职业技术学院	18	0	0	0	0	0	0	0	0	0	0	0	0	0	0
江海职业技术学院	19	0	0	0	0	0	0	0	0	0	0	0	0	0	0
无锡太湖学院	20	0	0	0	0	0	0	0	0	0	0	0	0	0	0
中国矿业大学徐海学院	21	0	0	0	0	0	0	0	0	0	0	0	0	0	0
南京理工大学紫金学院	22	0	0	0	0	0	0	0	0	0	0	0	0	0	0
南京航空航天大学金城学院	23	22	14	22	4	4	14	0	0	18	4	0	1	18	0

南京传媒学院	24	1	1	1	0	0	1	0	0	1	0	0	0	1	0
金山职业技术学院	25	0	0	0	0	0	0	0	0	0	0	0	0	0	0
南京理工大学泰州科技学院	26	0	0	0	0	0	0	0	0	0	0	0	0	0	0
南京师范大学泰州学院	27	0	0	0	0	0	0	0	0	0	0	0	0	0	0
南京工业大学浦江学院	28	0	0	0	0	0	0	0	0	0	0	0	0	0	0
南京师范大学中北学院	29	0	0	0	0	0	0	0	0	0	0	0	0	0	0
苏州百年职业学院	30	4	3	4	0	1	3	0	0	3	1	0	0	3	0
昆山登云科技职业学院	31	0	0	0	0	0	0	0	0	0	0	0	0	0	0
南京视觉艺术职业学院	32	0	0	0	0	0	0	0	0	0	0	0	0	0	0
南京医科大学康达学院	33	0	0	0	0	0	0	0	0	0	0	0	0	0	0
南京中医药大学翰林学院	34	0	0	0	0	0	0	0	0	0	0	0	0	0	0
苏州大学应用技术学院	35	0	0	0	0	0	0	0	0	0	0	0	0	0	0
苏州科技大学天平学院	36	2	2	2	0	0	0	2	0	2	0	0	0	2	0
江苏大学京江学院	37	7	5	7	0	1	4	2	0	6	1	0	1	6	0
扬州大学广陵学院	38	1	1	1	0	0	1	0	0	1	0	0	0	1	0
江苏师范大学科文学院	39	0	0	0	0	0	0	0	0	0	0	0	0	0	0
南京邮电大学通达学院	40	0	0	0	0	0	0	0	0	0	0	0	0	0	0
南京财经大学红山学院	41	1	0	1	0	0	0	1	0	1	0	0	0	1	0
江苏科技大学苏州理工学院	42	0	0	0	0	0	0	0	0	0	0	0	0	0	0
常州大学怀德学院	43	0	0	0	0	0	0	0	0	0	0	0	0	0	0
南通大学杏林学院	44	0	0	0	0	0	0	0	0	0	0	0	0	0	0
南京审计大学金审学院	45	16	9	16	3	4	2	7	0	14	2	0	2	14	0
苏州高博软件技术职业学院	46	0	0	0	0	0	0	0	0	0	0	0	0	0	0
宿迁泽达职业技术学院	47	1	1	1	0	0	0	1	0	0	1	0	0	0	0
扬州中瑞酒店职业学院	48	7	3	7	0	0	0	7	0	4	3	0	0	4	0
西交利物浦大学	49	47	18	47	2	15	29	0	1	47	0	0	39	8	0
昆山杜克大学	50	2	2	2	1	0	0	0	1	2	0	0	2	0	0

五、社科研究与发展经费

1. 全省高等学校人文、社会科学研究与发展经费情况表

经费名称	编号	单位(千元)	经费名称	编号	单位(千元)
上年结转经费	1	876 087.688	当年 R&D 经费支出合计	23	2 017 932.112
当年经费收入合计	2	2 094 263.394	转拨给外单位经费	24	27 196.834
政府资金投入	3	863 020.778	其中:对境内研究机构支出	25	1 694.517
科研活动经费	4	551 371.19	对境内高等学校支出	26	2 644.587
其中:教育部科研项目经费	5	46 020.81	对境内企业支出	27	19 297.665
教育部其他科研经费	6	65 957.887	对境外机构支出	28	0.448
其中:中央高校基本科研业务费	7	40 273.4	R&D 经费内部支出合计	29	1 990 735.278
中央其他部门科研项目经费	8	237 493.409	其中:基础研究支出	30	671 220.966
省、市、自治区社科基金项目	9	38 378.805	应用研究支出	31	1 318 694.391
省教育厅科研项目经费	10	23 386.935	试验发展支出	32	819.924
省教育厅其他科研经费	11	25 493.219	其中:政府资金	33	939 748.171
其他各类地方政府经费	12	114 640.1	企业资金	34	937 961.463
科技活动人员工资	13	311 649.579	境外资金	35	1 375.372

科研基建费	14	0	其他	36	111 650.192
非政府资金投入	15	1 231 242.671	其中:科研人员费	37	455 144.004
企、事业单位委托项目经费	16	917 293.857	业务费	38	937 525.869
金融机构贷款	17	0	科研基建费	39	0
自筹经费	18	269 477.159	仪器设备费	40	101 209.126
境外资金	19	1 548.447	其中:单位在1万元以上的设备费	41	8 836.817
其中:港、澳、台地区合作项目经费	20	0	图书资料费	42	225 892.354
其他收入	21	12 430.318	间接费	43	197 635.885
科技活动人员工资	22	0	其中:管理费	44	47 183.888
			其他支出	45	73 328.051
			当年结余经费	46	952 418.955
			银行存款	47	949 675.512
			暂付款	48	2 743.482

2. 公办本科高等学校人文、社会科学研究与发展经费情况表

高校名称	编号	上年结转经费（千元）	当年经费收入合计（千元）	拨入（千元）：政府资金投入	其中：科研活动经费	其中：教育部科研项目经费	教育部其他科研经费	其中：中央高校基本科研业务费	中央其他部门科研项目经费	省、市、自治区社科基金项目	省教育厅科研项目经费	省教育厅其他科研经费	其他各类地方政府经费	科技活动人员工资	科研基建费	非政府资金投入	其中：企、事业单位委托项目经费	金融机构贷款	自筹经费	境外资金	其中：港、澳、台地区合作项目经费	其他收入	科技活动人员工资
		L01	L02	L03	L04	L05	L06	L07	L08	L09	L10	L11	L12	L13	L14	L15	L16	L17	L18	L19	L20	L21	L22
合　计	/	785 292.103	1 792 485.439	762 611.468	519 913.58	43 499.56	65 247.887	40 273.4	235 481.483	36 567.805	18 003.4	21 442.269	99 671.176	242 697.888	0	1 029 873.971	817 140.316	0	204 359.498	941.579	0	7432.578	0
南京大学	1	79 920.324	168 331.694	67 525.887	60 855.087	5210	12 900	11 200	35 267	4009.7	544	0	2924.387	6670.8	0	100 805.807	77 725.907	0	20 411.9	0	0	2668	0
东南大学	2	7 766.52	41 970.08	34 448.82	28 198.82	1616	7373	580	11 738.76	4 239.71	704	0	2 527.35	6250	0	7 521.26	7 325.26	0	0	0	0	196	0
江南大学	3	10 104.15	93 552.58	33 337.08	21 722.08	1520	9459	9459	9711	445.2	131	0	455.88	11 615	0	60 215.5	60 215.5	0	0	0	0	0	0
南京农业大学	4	6 262.229	43 641.25	22 236.675	18 463.745	243.4	5 475.8	5 475.8	6 343.215	160	298	2000	3 943.33	3 772.93	0	21 404.575	21 304.575	0	0	0	0	100	0
中国矿业大学	5	43 461.216	65 275.814	27 208.257	18 615.257	371.6	5100	3100	10 028.515	961.3	399.7	0	1 754.142	8593	0	38 067.557	38 067.557	0	0	0	0	0	0
河海大学	6	23 665.848	58 199.529	36 784.382	28 888.382	611	6 807.787	6 588.6	10 488.437	1116	322	450	9 093.158	7896	0	21 415.147	21 109.568	0	0	305.579	0	0	0
南京理工大学	7	14 684.853	22 512.37	14 867.96	11 365.33	281.6	310	270	8 406.53	660	380	0	1 327.2	3 502.63	0	7 644.41	6 589.41	0	265	0	0	790	0
南京航空航天大学	8	2 746.1	24 696.232	16 785.6	13 299.6	1075	3030	3030	4 807.1	979	1226	0	2 182.5	3486	0	7 910.632	5 390.632	0	2520	0	0	0	0
中国药科大学	9	4 907.018	32 437.348	3 323.6	1 623.6	235	460	360	501.6	205	18	0	204	1700	0	29 113.748	29 108.748	0	0	0	0	5	0
南京警察学院	10	5 379.868	6 429.934	2 310.6	660	0	210	210	410	0	40	0	0	1 650.6	0	4 119.334	2 004.334	0	2115	0	0	0	0
苏州大学	11	28 450.921	83 157.325	35 699.426	26 519.426	2 716.476	0	0	19 409.687	2 906.259	499	0	988.004	9180	0	47 457.899	30 446.427	0	16 349.376	0	0	662.096	0
江苏科技大学	12	5 195.7	13 657.26	9 556.86	5 331.86	1026	0	0	2448	735.86	536	0	586	4225	0	4 100.4	1 930.4	0	2170	0	0	0	0
南京工业大学	13	307.73	11 504.515	6 461.515	4 031.515	415	0	0	1590	908	520	163.515	435	2430	0	5043	50	0	4460	0	0	533	0
常州大学	14	6 089.66	24 402.92	11 764	5680	790	0	0	4325	424	98	0	43	6084	0	12 638.92	12 000.92	0	0	0	0	638	0
南京邮电大学	15	7 038.58	33 741.971	21 917.163	12 224.163	1840	120	0	7 078.163	1080	1136	200	770	9693	0	11 824.808	10 732.808	0	1092	0	0	0	0
南京林业大学	16	4 448.46	10 855.6	10 068.5	7 703.5	1617	0	0	4 280.5	644	271	350	541	2365	0	787.1	412	0	375.1	0	0	0	0
江苏大学	17	897.51	27 834.402	12 072.5	7 893.5	1070	0	0	3437	1050	352	0	1 984.5	4179	0	15 761.902	15 491.902	0	270	0	0	0	0
南京信息工程大学	18	41 725.772	40 733.224	18 991.4	12 571.4	1732	0	0	7426.4	1199	708	0	1506	6420	0	21 741.824	18 861.824	0	2760	0	0	120	0
南通大学	19	6 166.25	17 109.35	9912	7 987.2	626	0	0	3240	1238	1246	0	1 637.2	1 924.8	0	7 197.35	6 773.35	0	400	0	0	24	0

盐城工学院	20	524.333	9 575.5	1888	673	20	0	0	550	50	0	0	53	1215	0	7 687.5	7 467.5	0	220	0	0	0	0
南京医科大学	21	30	2269	1189	589	295	0	0	180	0	82	0	32	600	0	1080	0	0	1080	0	0	0	0
徐州医科大学	22	971	2 210.71	1 700.71	787	215	0	0	0	100	361	0	111	913.71	0	510	50	0	460	0	0	0	0
南京中医药大学	23	2 359.337	8 244.1	6 564.1	1 534.1	355	0	0	769.1	370	40	0	0	5030	0	1680	1098	0	582	0	0	0	0
南京师范大学	24	153 177.819	103 281.489	38 335.67	25 294.67	2631	0	0	19 591.67	1 957.126	718	0	396.874	13 041	0	64 945.819	64 468.812	0	0.075	0	0	476.932	0
江苏师范大学	25	4 138.2	95 844.428	48 650.5	27 115.5	1393.5	0	0	6105	691	480	0	18 446	21 535	0	47 193.928	27 348.008	0	19 230.92	0	0	615	0
淮阴师范学院	26	12 913.9	68 044.308	7 750.77	3 223.77	590	0	0	1230	680	483	0	240.77	4527	0	60 293.538	32 910.538	0	27 383	0	0	0	0
盐城师范学院	27	32 374.224	61 156.798	14 326.6	5113	593	0	0	2060	920	646	0	894	9 213.6	0	46 830.198	43 515.398	0	3 314.8	0	0	0	0
南京财经大学	28	32 360.527	55 983.117	37 751.07	32 466.67	1514	0	0	19 125.67	1474	599	300	9454	5284.4	0	18 232.047	17 996.047	0	236	0	0	0	0
江苏警官学院	29	1 396.93	9121	4748	2998	480	0	0	0	40	24	2350	104	1750	0	4373	793	0	3580	0	0	0	0
南京体育学院	30	6 127.098	8 748.654	5 929.754	5 310.754	150	0	0	344	120	24	3 688.754	984	619	0	2 818.9	130	0	2 688.9	0	0	0	0
南京艺术学院	31	21 735.63	48 211.302	37 046.957	33 294.957	582.984	14 000	0	5 026.323	436.65	80	11 305	1864	3752	0	11 164.345	7 285.345	0	3879	0	0	0	0
苏州科技大学	32	1723	25 304.589	8 216.38	5 018.38	1070	0	0	2 110.88	418	108	0	1 311.5	3198	0	17 088.209	12 199.276	0	4 788.933	0	0	100	0
常熟理工学院	33	18 088.902	32 642.947	10 410.8	6605	1183	0	0	820	220	88	20	4274	3 805.8	0	22 232.147	12 410.092	0	9 822.055	0	0	0	0
淮阴工学院	34	5553	40 980.04	6 323.882	1583	760	0	0	285	180	214	0	144	4 740.882	0	34 656.158	26 214.25	0	8 441.908	0	0	0	0
常州工学院	35	14 794.85	30 212.3	7 230.5	3 446.5	500	0	0	769	400	88	0	1 689.5	3784	0	22 981.8	22 137.8	0	844	0	0	0	0
扬州大学	36	35 276.514	45 878	19 193	11 770	2135	0	0	6953	1270	720	0	692	7423	0	26 685	18 555	0	7830	300	0	0	0
南京工程学院	37	8 366.34	19 471.24	5742	1450	361	0	0	198	209	642	0	40	4292	0	13 729.24	13 711.24	0	18	0	0	0	0
南京审计大学	38	53 219.015	50 282	19 520	13 196	1974	0	0	8918	876	974	0	454	6324	0	30 762	14 738	0	16 024	0	0	0	0
南京晓庄学院	39	10 591.629	45 034.589	18 632	15 232	1185	2.3	0	1360	664	156	175	11 689.7	3400	0	26 402.589	9 724.76	0	16 577.829	0	0	100	0
江苏理工学院	40	9 543.71	30 793.492	7182	1642	345	0	0	578	286	204	0	229	5540	0	23 611.492	22 338.632	0	1 242.86	0	0	30	0
江苏海洋大学	41	11 442.64	28 148.118	8939	5937	365	0	0	1440	381	653	0	3098	3002	0	19 209.118	18 893.618	0	315.5	0	0	0	0
徐州工程学院	42	12 342.481	34 074.94	13 495	7695	440	0	0	2700	850	143	0	3562	5800	0	20 579.94	15 222.39	0	4647	336	0	374.55	0
南京特殊教育师范学院	43	3 867.19	22 133.8	10 724	4674	210	0	0	557	184	78	440	3205	6050	0	11 409.8	7 909.8	0	3500	0	0	0	0
泰州学院	44	1 765.8	12 765.547	2664	444	160	0	0	210	10	24	0	40	2220	0	10 101.547	6 405.547	0	3696	0	0	0	0
金陵科技学院	45	2 947.36	11 970.156	4 577.833	2 363.833	200	0	0	418.933	424	0	0	1 320.9	2214	0	7 392.323	7 102.323	0	290	0	0	0	0
江苏第二师范学院	46	18 334.658	24 885.878	4 863.756	2566	371	0	0	1160	163	184	0	688	2 297.756	0	20 022.122	17 780.18	0	2 241.942	0	0	0	0
南京工业职业技术大学	47	4 023.593	7 685.68	4 128.48	473	210	0	0	0	193	60	0	10	3 655.48	0	3 557.2	2 874.2	0	683	0	0	0	0
无锡学院	48	430.3	7 494.36	2 995.16	1 334.66	85	0	0	175	0	213	0	861.66	1 660.5	0	4 499.2	500.8	0	3 998.4	0	0	0	0
苏州城市学院	49	780.614	3 748.069	2 756.321	1 760.321	0	0	0	540	0	352.7	0	867.621	996	0	991.748	541.748	0	450	0	0	0	0
宿迁学院	50	4 872.8	26 245.89	3864	688	130	0	0	370	40	136	0	12	3176	0	22 381.89	19 276.89	0	3105	0	0	0	0

高校名称	编号	当年R&D经费支出合计（千元）	支出（千元）：转拨给外单位经费	其中：对境内研究机构支出	其中：对境内高等学校支出	其中：对境内企业支出	其中：对境外机构支出	R&D经费内部支出合计	其中：基础研究支出	其中：应用研究支出	其中：试验发展支出	其中：政府资金	其中：企业资金	其中：境外资金	其中：其他	其中：科研人员费	其中：业务费	其中：科研基建费	其中：仪器设备费	其中：单价在1万元以上的设备费	其中：图书资料费	其中：间接费	其中：管理费	其中：其他支出	当年结余经费（千元）	其中：银行存款（千元）	其中：暂付款（千元）
		L23	L24	L25	L26	L27	L28	L29	L30	L31	L32	L33	L34	L35	L36	L37	L38	L39	L40	L41	L42	L43	L44	L45	L46	L47	L48
合计		1 736 524.45	25 930.534	1 521.417	2 348.487	19 241.265	0.448	1 710 593.916	592 275.11	1 117 509.587	809.219	828 259.141	834 803.839	745.656	46 785.28	333 894.099	838 132.189	0	89 920.15	6 331.375	207 060.525	178 924.881	43 246.697	62 662.072	841 253.092	840 179.661	1073.431
南京大学	1	157 275.918	1870	110	760	0	0	155 405.918	81 198.952	73 448.277	758.689	72 775.305	78 837.068	0	3 793.545	24 082.7	59 397.924	0	12 856.9	1303.1	40 685.5	18 328	8313	54.894	90 976.1	90 976.1	0
东南大学	2	40 940.46	0	0	0	0	0	40 940.46	22 199.661	18 740.799	0	33 904.474	6 818.351	7.452	210.183	7500	24 176.44	0	1 614.27	98	1197.49	5 898.76	605.14	553.5	8 796.14	8 796.14	0
江南大学	3	92 849.589	0	0	0	0	0	92 849.589	8 845.018	84 004.571	0	24 911.484	67 938.105	0	0	13 615	41 531.187	0	14 537.454	40.685	15 037.86	6 995.866	4 052.241	1 132.222	10 807.141	10 807.141	0
南京农业大学	4	40 016.882	391.025	6.617	98.487	30.709	0.448	39 625.857	3 378.617	36 247.24	0	18 016.997	21 602.217	0	6.643	6 510.83	14 857.194	0	2 541.16	124.802	8 042.373	3 528.83	2 744.095	4 145.47	9 886.597	9 648.497	238.1
中国矿业大学	5	49 111.331	0	0	0	0	0	49 111.331	14 303.071	34 808.26	0	22 840.295	26 271.036	0	0	10 598	20 975.789	0	1 249.9	0	5 704.394	10 583.248	423.171	0	59 625.699	59 625.699	0
河海大学	6	58 026.152	600.9	0	377.9	223	0	57 425.252	15 519.505	41 905.747	0	34 317.215	22 927.94	180.097	0	8046	23 069.053	0	4 563.201	90	5 290.973	12 319.213	4 482.973	4 136.812	23 839.225	23 839.225	0
南京理工大学	7	25 256.613	1320	1090	180	50	0	23 936.613	7 225.344	16 711.269	0	13 871.663	8 914.25	0	1 150.7	3 702.63	10 394.42	0	545.3	0	839.24	5 707.89	456.9	2 747.133	11 940.61	11 940.61	0
南京航空航天大学	8	24 440.411	0	0	0	0	0	24 440.411	7 180.456	17 259.955	0	17 935.39	6 505.021	0	0	3786	9 138.21	0	3202	226	1 374.618	5 909.227	1 295.089	1 030.356	3 001.921	3 001.921	0
中国药科大学	9	29 060.48	0	0	0	0	0	29 060.48	811.034	28 249.446	0	2 700.17	26 360.31	0	0	1930	9 885.058	0	0	0	96.36	12 210.066	2 675.736	4 938.996	8 283.886	8 283.886	0
南京警察学院	10	5 571.227	0	0	0	0	0	5 571.227	3 462.447	2 108.78	0	4 456.848	1 092.92	0	21.459	3 975.6	1 574.577	0	0	0	20.093	0.957	0	0	6 238.575	6 238.575	0
苏州大学	11	51 895.45	0	0	0	0	0	51 895.45	18 817.502	33 077.948	0	27 568.99	23 768.368	0	558.092	16 599.76	21 374.731	0	2 808.74	0	1 660.806	9 451.413	1 588.814	0	59 712.796	59 712.796	0
江苏科技大学	12	11 137.62	0	0	0	0	0	11 137.62	2 712.172	8 425.448	0	8 865.57	1 830.9	0	441.15	4980	4 286.13	0	25	0	34.5	1 806.49	57.9	5.5	7 715.34	7 715.34	0
南京工业大学	13	11 544.705	735	50	115	95	0	10 809.705	4 991.067	5 818.638	0	6 461.515	0	0	4 348.19	2 630.5	2 924.075	0	1 020.5	170	2 158.03	2 006.6	60.6	70	267.54	267.54	0
常州大学	14	27 962.176	0	0	0	0	0	27 962.176	5 538.628	22 423.548	0	15 210.004	12 060.047	0	692.125	6 234.9	6 475.666	0	1 043.714	444.376	1 401.351	7 961.475	663.486	4 845.07	2 530.404	2 530.404	0
南京邮电大学	15	34 248.278	0	0	0	0	0	34 248.278	1 539.595	32 708.683	0	22 721.64	11 526.638	0	0	11 513	10 679.148	0	2 348.57	595.24	1 292.84	8 414.72	2 772.912	0	6 532.273	6 532.273	0
南京林业大学	16	8 218.54	300	100	100	100	0	7 918.54	4 298.778	3 619.762	0	7 406.945	511.595	0	0	2 519.18	1 903.26	0	0	0	816.28	810.94	297.54	1 868.88	7 085.52	7 079.52	6
江苏大学	17	28 572.46	0	0	0	0	0	28 572.46	1 649.586	26 922.874	0	12 735.51	15 836.95	0	0	4449	9 222.228	0	72	0	5 038.792	9 595.064	1 261.547	195.376	159.452	69.452	90
南京信息工程大学	18	38 634.372	394.1	0	121.1	0	0	38 240.272	6 532.018	31 708.254	0	19 271.652	18 929.055	0	39.565	6520	29 275.246	0	387.96	23	622.55	1 434.516	983.293	0	43 824.624	43 824.624	0
南通大学	19	15 922.35	0	0	0	0	0	15 922.35	7 636.155	8 286.195	0	8 983.004	6 810.641	0	128.705	2 224.8	7 881.8	0	961	0	3 212.15	802	140	840.6	7 353.25	7 353.25	0
盐城工学院	20	8 448.633	508.133	0	0	0	0	7 940.5	124.621	7 815.879	0	1732	6 208.5	0	0	1435	5 943.38	0	0	0	39.8	512.32	85.32	10	1 651.2	1 651.2	0
南京医科大学	21	2004	0	0	0	0	0	2004	2004	0	0	1189	0	0	815	1350	230	0	70	0	30	324	52.8	0	295	295	0

徐州医科大学	22	1 834.948	0	0	0	0	0	1 834.948	544.342	1 290.606	0	1 738.017	48.755	0	48.176	983.71	757.888	0	0	0	93.35	0	0	0	1 346.762	1 346.762	0
南京中医药大学	23	8 678.552	0	0	0	0	0	8 678.552	5 506.977	3 171.575	0	7 435.152	1 242	0	1.4	5280	2 357.385	0	0.8	0	289.648	636.82	113.51	113.899	1 924.885	1924.885	0
南京师范大学	24	155 246.504	12 043.356	164.8	0	11 878.556	0	143 203.148	102 093.051	41 095.978	14.119	94 122.116	48 727.561	18	335.471	13 209	69 579.289	0	12 145.952	0	31 123.771	12 192.453	239.763	4 952.683	101 212.804	101 162.804	50
江苏师范大学	25	96 152.228	0	0	0	0	0	96 152.228	44 691.723	51 460.505	0	49 628.3	27 348.008	0	19 175.92	22 205	68 515.607	0	306.92	0	2 827.766	1 662.38	223.75	634.555	3 830.4	3 830.4	0
淮阴师范学院	26	67 370.52	0	0	0	0	0	67 370.52	13 019.362	54 351.158	0	12 197.457	55 173.063	0	0	5578	43 389.946	0	31	0	15 026.674	779.1	199	2 565.8	13 587.688	13 587.688	0
盐城师范学院	27	69 265.059	0	0	0	0	0	69 265.059	19 773.116	49 491.943	0	17 375.048	51 765.082	0	124.929	12 378.4	33 802.789	0	7 667.373	294.9	13 047.551	1 469.7	314.625	899.246	24 265.963	24 265.963	0
南京财经大学	28	53 824.624	0	0	0	0	0	53 824.624	39 222.789	14 601.835	0	36 086.617	17 533.107	0	204.9	5 319.8	23 216.679	0	2 648.243	18.12	5 297.783	7 818.725	2 379.681	9 523.394	34 519.02	34 509.02	10
江苏警官学院	29	8 857.93	0	0	0	0	0	8 857.93	515.516	8342.414	0	6 294.319	2 430.217	0	133.394	2500	6 265.93	0	0	0	8	84	84	0	1660	992	668
南京体育学院	30	7 918.47	0	0	0	0	0	7 918.47	3 813.75	4 104.72	0	7 295.813	622.657	0	0	621.8	6 227.873	0	7.754	0	811.8	242.7	62.06	6.543	6 957.282	6 957.282	0
南京艺术学院	31	40 955.879	516	0	516	0	0	40 439.879	31 985.675	8 454.204	0	27 966.593	6 508.051	0	5 965.235	3801	23 240.326	0	7 160.115	2 158.284	5 888.227	350.211	190.262	0	28 991.053	28 991.053	0
苏州科技大学	32	24 859.589	0	0	0	0	0	24 859.589	4 996.006	19 863.583	0	12 743.069	12 032.917	0	83.603	7 226.933	11 871.745	0	128	0	2 403.306	2 568.402	1 231.861	661.203	2168	2168	0
常熟理工学院	33	33 847.822	0	0	0	0	0	33 847.822	2 501.408	31 346.414	0	12 805.929	20 861.871	0	180.022	8 973.8	22 715.312	0	471.583	0	753.608	933.519	316.414	0	16 884.027	16 872.696	11.331
淮阴工学院	34	40 729.84	0	0	0	0	0	40 729.84	2 783.687	37 946.153	0	9 847.824	30 543.81	0	338.206	8221.143	25 646.648	0	1 224.64	0	5 395.299	137.65	50.5	104.46	5 803.2	5 803.2	0
常州工学院	35	30 428.495	6610	0	30	6580	0	23 818.495	1 198.606	22 619.889	0	8 493.587	14 566.848	0	758.06	5584	17 339.879	0	130	0	123.416	641.2	0	0	14 578.655	14 578.655	0
扬州大学	36	41 060.83	0	0	0	0	0	41 060.83	17 269.099	2 3791.731	0	21 825.83	18 555	300	380	9 954.76	15 325.44	0	2 868.27	457.4	4 757.1	3 265.65	835.05	4 889.61	40 093.684	40 093.684	0
南京工程学院	37	23 446.138	0	0	0	0	0	23 446.138	11 785.23	11 660.908	0	5 914.605	17 480.955	0	50.578	4300	11 509.154	0	0	0	5014.229	39	0	2 583.755	4 391.442	4 391.442	0
南京审计大学	38	43 380.688	334	0	50	284	0	43 046.688	3 147.31	39 899.378	0	28 939.476	13 379.703	0	727.509	18 031	21 584.54	0	312.864	157.335	422.087	2 428.791	765.871	267.406	60 120.327	60 120.327	0
南京晓庄学院	39	40 210	0	0	0	0	0	40 210	20 501.576	19 708.424	0	22 801.538	16 471.397	0	937.065	14 135.97	10 402.55	0	500.56	0	6 118.38	6 515.9	57.43	2 536.64	15 416.218	15 416.218	0
江苏理工学院	40	24 894.491	0	0	0	0	0	24 894.491	16 914.091	7 980.4	0	8 376.777	16 212.933	0	304.781	5580	9 755.727	0	948.87	0	1 921.831	5 730.992	0	957.071	15 442.711	15 442.711	0
江苏海洋大学	41	28 857.784	0	0	0	0	0	28 857.784	3 588.756	25 269.028	0	8 453.3	20 111.394	11	282.09	3045	18 231.285	0	181	0	4 936.871	1 754.278	1 252.658	709.35	10 732.974	10 732.974	0
徐州工程学院	42	34 132.201	0	0	0	0	0	34 132.201	10 314.166	23 818.035	0	11 203.816	22 057.95	229.107	641.328	5900	19 962.318	0	140.975	0	3 721.814	1 278.947	1 126.322	3 128.147	12 285.22	12 285.22	0
南京特殊教育师范学院	43	22 265.8	0	0	0	0	0	22 265.8	1 547.426	20 718.374	0	9 388.135	12 877.665	0	0	6500	13 769	0	695	0	236.8	1065	28.5	0	3 735.19	3 735.19	0
泰州学院	44	5 820.972	0	0	0	0	0	5 820.972	1 174.543	4 646.429	0	2 575.146	2 857.817	0	388.009	2468	2 391.429	0	4.297	0	61.414	895.832	1.5	0	8 710.375	8 710.375	0
金陵科技学院	45	12 655.876	208.02	0	0	0	0	12 447.856	2 043.679	10 404.177	0	4 095.404	8 352.452	0	0	2250	6 324.505	0	859	0	1 680.551	1 332.6	469.1	1.2	2 261.64	2261.64	0
江苏第二师范学院	46	21 751.686	0	0	0	0	0	21 751.686	3 709.102	18 042.584	0	8 283.374	13 053.781	0	414.531	4 716.157	15 342.402	0	32.24	0	65.254	53.9	24.5	1541.733	21 468.85	21 468.85	0
南京工业职业技术大学	47	7 972.539	0	0	0	0	0	7 972.539	2 803.609	5 168.93	0	4 771.802	2 627.157	0	573.58	3 768.65	3 331.718	0	669.456	0	52.227	150.488	150.488	0	3 736.734	3 736.734	0
无锡学院	48	7 243.66	100	0	0	0	0	7 143.66	2 174.82	4 932.429	36.411	3 772.294	3 371.366	0	0	1845	4 820.977	0	215.92	0	158.368	101.085	66.435	2.31	681	681	0
苏州城市学院	49	2 244.72	0	0	0	0	0	2 244.72	927.255	1 317.465	0	1 586.111	545.976	0	112.633	1 314.076	800.415	0	2.798	0	12.96	106.213	16.61	8.258	2 283.963	2 283.963	0
宿迁学院	50	19 478.958	0	0	0	0	0	19 478.958	1 760.213	17 718.745	0	4 366.021	12 694.434	0	2 418.503	4000	14 457.917	0	718.851	130.133	214.44	87.75	34.25	0	11 639.732	11 639.732	0

3. 公办专科高等学校人文、社会科学研究与发展经费情况表

高校名称	编号	上年结转经费（千元）	当年经费收入合计（千元）	拨入（千元）：政府资金投入	其中：科研活动经费	其中：教育部科研项目经费	教育部其他科研经费	其中：中央高校基本科研业务费	中央其他部门科研项目经费	省、市、自治区社科基金项目	省教育厅科研项目经费	省教育厅其他科研经费	其他各类地方政府经费	科技活动人员工资	科研基建费	非政府资金投入	其中：企、事业单位委托项目经费	金融机构贷款	自筹经费	境外资金	其中：港、澳、台地区合作项目经费	其他收入	科技活动人员工资
		L01	L02	L03	L04	L05	L06	L07	L08	L09	L10	L11	L12	L13	L14	L15	L16	L17	L18	L19	L20	L21	L22
合 计	/	55 242.464	20 7051.621	89 927.965	20 976.274	2216	710	0	870	1113	3 316.8	2 949.95	9 800.524	68 951.691	0	117 123.656	78 236.764	0	35 789.322	428.97	0	2 668.6	0
盐城幼儿师范高等专科学校	1	528.048	2 496.8	1 924.8	274.8	25	40	0	0	0	101.8	50	58	1650	0	572	0	0	512	0	0	60	0
苏州幼儿师范高等专科学校	2	406.118	700.864	348.864	30	0	0	0	0	0	0	0	30	318.864	0	352	0	0	302	0	0	50	0
无锡职业技术学院	3	1 583.3	3453	3303	663	70	0	0	0	60	200	250	83	2640	0	150	150	0	0	0	0	0	0
江苏建筑职业技术学院	4	328	2518	1383	183	0	0	0	0	0	0	0	183	1200	0	1135	480	0	655	0	0	0	0
江苏工程职业技术学院	5	3	835	816	240	0	0	0	0	0	19	19	202	576	0	19	0	0	19	0	0	0	0
苏州工艺美术职业技术学院	6	92	3690	1481	921	32	300	0	53	0	82	50	404	560	0	2209	425	0	874	0	0	910	0
连云港职业技术学院	7	0	803	322	105	0	0	0	0	0	0	20	85	217	0	481	447	0	24	0	0	10	0
镇江市高等专科学校	8	35.5	2 556.5	1970	520	2	0	0	0	16	0	0	502	1450	0	586.5	0	0	584.5	0	0	2	0
南通职业大学	9	242.9	2014	1285	185	0	0	0	0	0	60	0	125	1100	0	729	514	0	215	0	0	0	0
苏州市职业大学	10	785.743	12 637	5293	578	190	0	0	0	40	20	0	328	4715	0	7344	5291	0	2053	0	0	0	0
沙洲职业工学院	11	122.25	1 454.35	1 424.35	788.45	0	0	0	0	15	310	224.95	238.5	635.9	0	30	0	0	30	0	0	0	0
扬州市职业大学	12	1 637.78	4 202.4	2 769.4	493	0	0	0	0	0	195	0	298	2 276.4	0	1433	0	0	1433	0	0	0	0
连云港师范高等专科学校	13	494.277	1246	1186	226	0	0	0	0	0	0	0	226	960	0	60	0	0	60	0	0	0	0
江苏经贸职业技术学院	14	4 228.135	6 972.825	3998	590	280	0	0	0	0	0	0	310	3408	0	2 974.825	2 017.3	0	857.525	0	0	100	0
泰州职业技术学院	15	1 073.686	716.943	547.16	30	0	0	0	0	0	0	0	30	517.16	0	169.783	39.2	0	130.583	0	0	0	0
常州信息职业技术学院	16	75.65	4895	2761	769	30	30	0	0	40	55	55	559	1992	0	2134	0	0	1211	0	0	923	0

江苏海事职业技术学院	17	1 103.656	9066	1752	572	0	0	0	0	0	286	286	0	1180	0	7314	6 325.6	0	541.6	250	0	196.8	0
无锡科技职业学院	18	177	2387	1331	231	30	40	0	0	0	0	20	141	1100	0	1056	696	0	300	0	0	60	0
江苏医药职业学院	19	1 326.103	2172	1832	68	0	0	0	0	60	0	0	8	1764	0	340	0	0	340	0	0	0	0
南通科技职业学院	20	75.2	3 029.5	1 270.5	325.5	0	0	0	0	8	10	0	307.5	945	0	1759	0	0	1759	0	0	0	0
苏州经贸职业技术学院	21	2 470.246	9 618.9	4066	1816	140	0	0	0	80	24	40	1532	2250	0	5 552.9	4 081.9	0	1471	0	0	0	0
苏州工业职业技术学院	22	320.28	1 514.84	766	313	80	0	0	0	43	130	0	60	453	0	748.84	748.84	0	0	0	0	0	0
苏州卫生职业技术学院	23	841.05	1208	924	564	0	0	0	0	101	400	0	63	360	0	284	0	0	137	0	0	147	0
无锡商业职业技术学院	24	4 075.72	11 099.5	1 525.2	278.9	10	0	0	0	8	80	0	180.9	1 246.3	0	9574.3	9 064.3	0	510	0	0	0	0
江苏航运职业技术学院	25	377.35	1 114.75	723	218	0	0	0	0	0	130	0	88	505	0	391.75	0	0	391.75	0	0	0	0
南京交通职业技术学院	26	2 161.41	1 818.98	1 165.98	45	0	0	0	0	0	37	0	8	1 120.98	0	653	24	0	629	0	0	0	0
江苏电子信息职业学院	27	318.9	1 700.5	1 631.5	286	0	0	0	0	0	218	0	68	1 345.5	0	69	0	0	69	0	0	0	0
江苏农牧科技职业学院	28	296.49	529	319	34	0	0	0	0	0	0	0	34	285	0	210	0	0	210	0	0	0	0
常州纺织服装职业技术学院	29	2 546.11	1657	921	159	65	0	0	0	0	44	0	50	762	0	736	81	0	655	0	0	0	0
苏州农业职业技术学院	30	21	603.6	546.5	341	70	0	0	0	80	60	0	131	205.5	0	57.1	0	0	52.1	0	0	5	0
南京科技职业学院	31	23	3 186.8	1733	193	80	0	0	0	0	0	0	113	1540	0	1453.8	604.8	0	849	0	0	0	0
常州工业职业技术学院	32	2 770.08	4 492.897	2188	88	50	0	0	0	0	0	0	38	2100	0	2 304.897	1 960.897	0	344	0	0	0	0
常州工程职业技术学院	33	1 288.9	3 019.9	1040	654	240	0	0	0	0	0	0	414	386	0	1 979.9	1 870.9	0	109	0	0	0	0
江苏农林职业技术学院	34	13.5	957.32	757.32	310	150	0	0	0	0	0	0	160	447.32	0	200	0	0	200	0	0	0	0
江苏食品药品职业技术学院	35	767.7	2 227.631	920	160	0	0	0	0	0	0	0	160	760	0	1 307.631	855	0	452.631	0	0	0	0
南京铁道职业技术学院	36	4372.9	5357	2974	2024	70	300	0	0	0	24	1630	0	950	0	2383	200	0	2183	0	0	0	0
徐州工业职业技术学院	37	453.38	1792	778	100	0	0	0	0	40	0	0	60	678	0	1014	0	0	1014	0	0	0	0
江苏信息职业技术学院	38	1 837.204	4319.1	1 064.5	383	0	0	0	0	0	200	0	183	681.5	0	3 254.6	3223	0	30.8	0	0	0.8	0
南京信息职业技术学院	39	427.6	4 521.8	1492	219	0	0	0	0	0	88	0	131	1273	0	3029.8	1046.8	0	1983	0	0	0	0
常州机电职业技术学院	40	911.85	1632	880	100	70	0	0	0	0	24	0	6	780	0	752	297	0	455	0	0	0	0
江阴职业技术学院	41	120	598	295	23	0	0	0	0	0	0	0	23	272	0	303	80	0	223	0	0	0	0
无锡城市职业技术学院	42	578	2 965.24	1502	116	0	0	0	0	0	0	0	116	1386	0	1 463.24	1 207.24	0	256	0	0	0	0
无锡工艺职业技术学院	43	943.33	11 230	1720	10	0	0	0	0	0	0	0	10	1710	0	9510	9 314.5	0	195.5	0	0	0	0

续表

高校名称	编号	上年结转经费(千元)	当年经费收入合计(千元)	拨入(千元) 政府资金投入	其中 科研活动经费	其中 教育部科研项目经费	教育部其他科研经费	其中 中央高校基本科研业务费	中央其他部门科研项目经费	省、市、自治区社科基金项目	省教育厅科研项目经费	省教育厅其他科研经费	其他各类地方政府经费	科技活动人员工资	科研基建费	非政府资金投入	其中 企、事业单位委托项目经费	金融机构贷款	自筹经费	境外资金	其中 港、澳、台地区合作项目经费	其他收入	科技活动人员工资
		L01	L02	L03	L04	L05	L06	L07	L08	L09	L10	L11	L12	L13	L14	L15	L16	L17	L18	L19	L20	L21	L22
苏州健雄职业技术学院	44	586	2748	852	172	60	0	0	0	0	0	0	112	680	0	1896	1416	0	480	0	0	0	0
盐城工业职业技术学院	45	257.77	3 200.5	736	55	0	0	0	0	40	0	0	15	681	0	2 464.5	1520	0	944.5	0	0	0	0
江苏财经职业技术学院	46	3 001.86	7 763.7	1 520.4	98	0	0	0	0	0	60	0	38	1 422.4	0	6 243.3	5148	0	1 095.3	0	0	0	0
扬州工业职业技术学院	47	90	5 983.037	1064	468	60	0	0	150	0	48	0	210	596	0	4 919.037	3 977.037	0	942	0	0	0	0
江苏城市职业学院	48	4 839.699	16 266.65	3886	1114	308	0	0	250	425	48	0	83	2772	0	12 380.65	10 286.65	0	2094	0	0	0	0
南京城市职业学院	49	0	1 657.974	1 613.974	353.974	0	0	0	0	0	57	0	296.974	1260	0	44	0	0	44	0	0	0	0
南京机电职业技术学院	50	159.18	476	476	220	0	0	0	200	0	0	0	20	256	0	0	0	0	0	0	0	0	0
南京旅游职业学院	51	575.975	1 230.77	489.5	174.5	80	0	0	0	0	0	0	94.5	315	0	741.27	86	0	476.3	178.97	0	0	0
江苏卫生健康职业学院	52	343.76	858	792	101	0	0	0	0	0	0	0	101	691	0	66	0	0	66	0	0	0	0
苏州信息职业技术学院	53	669.9	770	450	190	0	0	0	0	20	10	20	140	260	0	320	0	0	300	0	0	20	0
苏州工业园区服务外包职业学院	54	717.25	5 180.5	945	72	0	0	0	47	0	5	0	20	873	0	4 235.5	3 485.5	0	750	0	0	0	0
徐州幼儿师范高等专科学校	55	50	1608	1092	542	0	0	0	0	9	107	175	251	550	0	516	0	0	486	0	0	30	0
徐州生物工程职业技术学院	56	103	399	259	21	0	0	0	0	10	0	10	1	238	0	140	0	0	140	0	0	0	0
江苏商贸职业学院	57	496.24	4 084.95	2 432.05	56.95	0	0	0	0	0	24	0	32.95	2 375.1	0	1 652.9	791.2	0	861.7	0	0	0	0
南通师范高等专科学校	58	114.793	1165	933.5	217.5	0	0	0	170	0	0	0	47.5	716	0	231.5	60	0	171.5	0	0	0	0
江苏护理职业学院	59	0	1566	1014	514	0	0	0	0	0	54	100	360	500	0	552	0	0	552	0	0	0	0
江苏财会职业学院	60	27.14	1 237.7	1 139.2	95.2	0	0	0	0	8	28	0	59.2	1044	0	98.5	2.5	0	96	0	0	0	0
江苏城乡建设职业学院	61	303.05	3 275.41	2 148.81	110.5	24	0	0	0	0	0	0	86.5	2 038.31	0	1 126.6	398.6	0	728	0	0	0	0
江苏航空职业技术学院	62	475.201	484.6	428	78	0	0	0	0	0	60	0	18	350	0	56.6	0	0	56.6	0	0	0	0
江苏安全技术职业学院	63	68.3	784	228	70	0	0	0	0	10	18	0	42	158	0	556	0	0	402	0	0	154	0
江苏旅游职业学院	64	98	757	421	25	0	0	0	0	0	0	0	25	396	0	336	0	0	336	0	0	0	0
常州幼儿师范高等专科学校	65	11	543.89	77.457	0	0	0	0	0	0	0	0	0	77.457	0	466.433	20	0	446.433	0	0	0	0

高校名称		当年R&D经费支出合计(千元)	支出(千元)																						当年结余经费(千元)	其中	
			转拨给外单位经费	其中				R&D经费内部支出合计	其中			其中				其中										银行存款(千元)	暂付款(千元)
				对境内研究机构支出	对境内高等学校支出	对境内企业支出	对境外机构支出		基础研究支出	应用研究支出	试验发展支出	政府资金	企业资金	境外资金	其他	科研人员费	业务费	科研基建费	仪器设备费	其中：单价在1万元以上的设备费	图书资料费	间接费	其中：管理费	其他支出			
	编号	L23	L24	L25	L26	L27	L28	L29	L30	L31	L32	L33	L34	L35	L36	L37	L38	L39	L40	L41	L42	L43	L44	L45	L46	L47	L48
合计	/	199 445.238	1 055.9	173.1	96.1	56.4	0	198 389.338	49 350.6	149 028.033	10.705	103 542.932	78 225.386	514.414	16 106.606	86 018.552	67 446.314	0	4 513.859	312.89	15 580.631	16 885.503	2 979.919	7 944.479	62 848.847	61 223.997	1 624.85
盐城幼儿师范高等专科学校	1	2 531.6	0	0	0	0	0	2 531.6	369.877	2 161.723	0	1 924.8	0	0	606.8	2156	85	0	0	0	183.1	14.4	11.6	93.1	493.248	493.248	0
苏州幼儿师范高等专科学校	2	919.848	9.6	0	4.8	0	0	910.248	561.494	348.754	0	890.267	19.981	0	0	701.648	154	0	30.9	0	22.7	0	0	1	187.134	187.134	0
无锡职业技术学院	3	4 151.7	0	0	0	0	0	4 151.7	550.359	3 601.341	0	3 732.5	200.8	0	218.4	2950	668.55	0	126.1	0	44.9	362.15	96.6	0	884.6	884.6	0
江苏建筑职业技术学院	4	2684	0	0	0	0	0	2684	55.04	2 628.96	0	1 967.822	502.581	0	213.597	1816	851	0	0	0	17	0	0	0	162	162	0
江苏工程职业技术学院	5	838	0	0	0	0	0	838	201.504	636.496	0	816	0	0	22	576	109	0	0	0	142	0	0	11	0	0	0
苏州工艺美术职业技术学院	6	3662	0	0	0	0	0	3662	188.814	3 473.186	0	2 269.37	1 275.577	0	117.053	1450	1318	0	475	157	418	1	0	0	120	120	0
连云港职业技术学院	7	803	0	0	0	0	0	803	93.63	709.37	0	285.458	491.17	0	26.372	247	389	0	0	0	0	0	0	167	0	0	0
镇江市高等专科学校	8	2531	0	0	0	0	0	2531	1 973.204	557.796	0	1970	0	0	561	1600	711	0	0	0	199	20	14	1	61	61	0
南通职业大学	9	1 866.9	0	0	0	0	0	1 866.9	209.726	1 657.174	0	1565	223.9	0	78	1315	470.65	0	0	0	53.65	27.6	27.6	0	390	390	0
苏州市职业大学	10	12 642.663	0	0	0	0	0	12 642.663	4 691.43	7 951.233	0	6 826.202	5 605.192	0	211.269	6 252.51	868.05	0	392.553	42	76.86	5 038.89	239.16	13.8	780.08	780.08	0
沙洲职业工学院	11	1 265.3	95.8	61.1	10.8	23.9	0	1 169.5	225.278	944.222	0	1 169.5	0	0	0	680.85	318.8	0	26	0	18.3	2	0	123.55	311.3	311.3	0
扬州市职业大学	12	5 157.434	0	0	0	0	0	5 157.434	264.36	4 893.074	0	3 563.754	1 593.68	0	0	3 164.5	1 687.186	0	0	0	206.035	99.713	99.713	0	682.746	682.746	0
连云港师范高等专科学校	13	1 310.477	0	0	0	0	0	1 310.477	0	1 310.477	0	1186	0	0	124.477	986	165	0	29	0	110.677	0	0	19.8	429.8	273.8	156

续表

高校名称	经费名称	当年R&D经费支出合计(千元)	支出(千元):转拨给外单位经费	其中:对境内研究机构支出	其中:对境内高等学校支出	其中:对境内企业支出	其中:对境外机构支出	R&D经费内部支出合计	其中:基础研究支出	其中:应用研究支出	其中:试验发展支出	其中:政府资金	其中:企业资金	其中:境外资金	其中:其他	其中:科研人员费	其中:业务费	其中:科研基建费	其中:仪器设备费	其中:单价在1万元以上的设备费	其中:图书资料费	其中:间接费	其中:管理费	其中:其他支出	当年结余经费(千元)	其中:银行存款(千元)	其中:暂付款(千元)
	编号	L23	L24	L25	L26	L27	L28	L29	L30	L31	L32	L33	L34	L35	L36	L37	L38	L39	L40	L41	L42	L43	L44	L45	L46	L47	L48
江苏经贸职业技术学院	14	8 121.795	0	0	0	0	0	8 121.795	280.979	7 840.816	0	4 281.3	3 769.495	0	71	3786	2 564.61	0	138.325	0	106.67	810.69	135.615	715.5	3 079.165	3 079.165	0
泰州职业技术学院	15	1 014.019	0	0	0	0	0	1 014.019	83.342	930.677	0	642.214	317.753	0	54.052	538.56	350.109	0	0	0	101.29	24.06	20.87	0	776.61	776.61	0
常州信息职业技术学院	16	4 859.9	0	0	0	0	0	4 859.9	1 328.373	3 531.527	0	2761	0	0	2 098.9	2 074.4	2115	0	119.5	0	137.3	4.7	0	409	110.75	110.75	0
江苏海事职业技术学院	17	9 008.496	0	0	0	0	0	9 008.496	8 782.138	226.358	0	1 724.507	6 643.1	252.58	388.309	1328	4 549.196	0	24	13	1 463.8	916.8	493.9	726.7	1 161.16	1 161.16	0
无锡科技职业学院	18	1 944.5	0	0	0	0	0	1 944.5	306.746	1 637.754	0	1 352.168	592.332	0	0	1200	330	0	18	0	396.5	0	0	0	619.5	619.5	0
江苏医药职业学院	19	2 942.81	0	0	0	0	0	2 942.81	1 532.934	1 409.876	0	1832	0	0	1 110.81	2 564.9	293.01	0	0	0	21.9	58.9	53.1	4.1	555.293	555.293	0
南通科技职业学院	20	3 021.4	0	0	0	0	0	3 021.4	652.924	2 368.476	0	1 270.5	0	0	1 750.9	2604	381	0	0	0	35.4	1	0	0	83.3	79.3	4
苏州经贸职业技术学院	21	7 349.313	0	0	0	0	0	7 349.313	0.073	7 349.24	0	3 706.775	2 986.28	0	656.258	2790	2 778.233	0	0	0	88.56	1 508.31	283.905	184.21	4 739.833	4 739.833	0
苏州工业职业技术学院	22	1 551.56	0	0	0	0	0	1 551.56	0	1 551.56	0	779.992	771.568	0	0	459	1 074.202	0	0	0	0	18.358	18.358	0	283.56	283.56	0
苏州卫生职业技术学院	23	1 063.6	0	0	0	0	0	1 063.6	215.893	847.707	0	900.317	0	0	163.283	360	180.6	0	28.7	0	115.5	221.04	115.84	157.76	985.45	985.45	0
无锡商业职业技术学院	24	8 861.2	0	0	0	0	0	8 861.2	4 246.382	4 614.818	0	1 885.033	6 835.467	0	140.7	1 348.5	3 503.43	0	510	0	1 260.3	1 300.5	120	938.47	6 314.02	6 314.02	0
江苏航运职业技术学院	25	1 228.3	0	0	0	0	0	1 228.3	164.174	1 064.126	0	723	0	0	505.3	633.45	164.7	0	0	0	40.5	346.65	17.3	43	263.8	263.8	0
南京交通职业技术学院	26	2 585.59	0	0	0	0	0	2 585.59	0	2 585.59	0	2 110.852	231.42	0	243.318	1 620.98	950.889	0	0	0	13.721	0	0	0	1 394.8	1 394.8	0
江苏电子信息职业学院	27	1 682.3	0	0	0	0	0	1 682.3	1 030.362	641.233	10.705	1 631.5	0	0	50.8	1350	315.5	0	0	0	16.8	0	0	0	337.1	337.1	0
江苏农牧科技职业学院	28	528.453	0	0	0	0	0	528.453	241.976	286.477	0	319	0	0	209.453	297.83	163.59	0	0	0	56.903	10.13	10.13	0	297.037	297.037	0

常州纺织服装职业技术学院	29	1916	0	0	0	0	0	1916	70.85	1 845.15	0	1 301.11	153.178	0	461.712	812.8	758.438	0	77.118	12.89	130.313	125	0	12.331	2 287.11	2 287.11	0
苏州农业职业技术学院	30	529.6	0	0	0	0	0	529.6	459.506	70.094	0	513.6	0	0	16	257.6	186.5	0	36	0	19.5	9	0	21	95	95	0
南京科技职业学院	31	2 877.8	0	0	0	0	0	2 877.8	553.095	2 324.705	0	1 811.023	805.87	0	260.907	1 556	683.3	0	0	0	486.5	152	7.55	0	332	332	0
常州工业职业技术学院	32	4 339.58	0	0	0	0	0	4 339.58	1 340.185	2 999.395	0	2450	1 847.58	0	42	2300	712	0	123	88	485.18	671.4	224	48	2 923.397	2 923.397	0
常州工程职业技术学院	33	3 009.5	0	0	0	0	0	3 009.5	519.71	2 489.79	0	901.5	1 932.4	0	175.6	450	2 333.8	0	0	0	56.7	169	26	0	1 299.3	0	1 299.3
江苏农林职业技术学院	34	935.82	0	0	0	0	0	935.82	773.633	162.187	0	757.32	0	0	178.5	647.32	50	0	50	0	97	26.5	0	65	35	35	0
江苏食品药品职业技术学院	35	1 972.4	0	0	0	0	0	1 972.4	137.457	1 834.943	0	1 074.217	807.232	0	90.951	820	426.2	0	112.631	0	14.869	0	0	598.7	1 022.931	1 022.931	0
南京铁道职业技术学院	36	5 891.9	0	0	0	0	0	5 891.9	240.585	5 651.315	0	3 313.493	872.297	0	1 706.11	1211	2 714.2	0	530	0	936.7	500	10	0	3838	3838	0
徐州工业职业技术学院	37	1 975.78	0	0	0	0	0	1 975.78	1 549.892	425.888	0	1 662.87	312.91	0	0	873.8	249.02	0	215.7	0	315.45	97.3	34.2	224.51	269.6	269.6	0
江苏信息职业技术学院	38	3 720.329	0	0	0	0	0	3 720.329	1 374.772	2 345.557	0	1 261.434	2 434.5	0	24.395	717.237	1 317.002	0	0	0	847.75	95.518	95.458	742.822	2 435.975	2 435.975	0
南京信息职业技术学院	39	4 536.4	0	0	0	0	0	4 536.4	300.232	4 236.168	0	1 818.622	2 437.223	0	280.555	1398	2 416.29	0	361.31	0	2.06	358.74	50.09	0	413	413	0
常州机电职业技术学院	40	1 639.65	0	0	0	0	0	1 639.65	69.83	1 569.82	0	1 369.709	195.722	0	74.219	1187	199.1	0	0	0	199.25	54.3	26.42	0	904.2	738.65	165.55
江阴职业技术学院	41	662	0	0	0	0	0	662	14.085	647.915	0	453.966	132.085	0	75.949	274	30	0	0	0	352	6	6	0	56	56	0
无锡城市职业技术学院	42	3 197.44	0	0	0	0	0	3 197.44	279.83	2 917.61	0	1 733.301	1 461.323	0	2.816	1 389.5	1 292.75	0	112.7	0	323.85	78.64	78.64	0	345.8	345.8	0
无锡工艺职业技术学院	43	10 730.935	0	0	0	0	0	10 730.935	61.755	10 669.18	0	2 011.882	8 653.319	0	65.734	1750	6 577.935	0	0	0	955.9	485.1	485.1	962	1 442.395	1 442.395	0
苏州健雄职业技术学院	44	2746	0	0	0	0	0	2746	1 095.976	1 650.024	0	1 074.845	1 671.155	0	0	800	1 809.3	0	0	0	126.7	10	0	0	588	588	0
盐城工业职业技术学院	45	2 266.2	0	0	0	0	0	2 266.2	5.958	2 260.242	0	1 128.198	1 112.012	0	25.99	854	1292.7	0	0	0	117.5	2	0	0	1 192.07	1 192.07	0
江苏财经职业技术学院	46	7 759.81	0	0	0	0	0	7 759.81	263.158	7 496.652	0	2 678.71	4 973.1	0	108	2 429.7	3 660.955	0	0	0	1 669.155	0	0	0	3 005.75	3 005.75	0
扬州工业职业技术学院	47	5 788.837	330	0	0	0	0	5 458.837	377.172	5 081.665	0	917.244	4 450.045	0	91.548	628	1 372.387	0	825.7	0	1 475.08	511.14	70.41	646.53	284.2	284.2	0
江苏城市职业学院	48	10 798.443	0	0	0	0	0	10 798.443	804.963	9 993.48	0	4 510.385	6 186.206	0	101.852	3 840.21	5 404.279	0	76.292	0	242.331	912.014	40	323.317	10 307.906	10 307.906	0
南京城市职业学院	49	1 657.974	0	0	0	0	0	1 657.974	476.052	1 181.922	0	1 521.193	0	0	136.781	1 344	294.974	0	0	0	9	7	7	3	0	0	0

续表

高校名称	编号	当年R&D经费支出合计(千元) L23	支出(千元) 转拨给外单位经费 L24	其中 对境内研究机构支出 L25	其中 对境内高等学校支出 L26	其中 对境内企业支出 L27	其中 对境外机构支出 L28	R&D经费内部支出合计 L29	其中 基础研究支出 L30	其中 应用研究支出 L31	其中 试验发展支出 L32	其中 政府资金 L33	其中 企业资金 L34	其中 境外资金 L35	其中 其他 L36	其中 科研人员费 L37	其中 业务费 L38	其中 科研基建费 L39	其中 仪器设备费 L40	其中 单价在1万元以上的设备费 L41	其中 图书资料费 L42	其中 间接费 L43	其中 管理费 L44	其中 其他支出 L45	当年结余经费(千元) L46	其中 银行存款(千元) L47	其中 暂付款(千元) L48
南京机电职业技术学院	50	619.18	0	0	0	0	0	619.18	116.336	502.844	0	563.603	24.164	0	31.413	300	201.18	0	0	0	12.1	30	0	75.9	16	16	0
南京旅游职业学院	51	1 374.945	22	2	6	3	0	1 352.945	982.994	369.951	0	739.881	220.584	261.834	130.646	405	424.8	0	18	0	289.5	15.5	3	200.145	431.8	431.8	0
江苏卫生健康职业学院	52	944.5	0	0	0	0	0	944.5	469.445	475.055	0	843.5	10	0	91	692	252.5	0	0	0	0	0	0	0	257.26	257.26	0
苏州信息职业技术学院	53	535.77	0	0	0	0	0	535.77	58.382	477.388	0	521.835	12.263	0	1.672	280	124.27	0	0	0	50	51.5	51.5	30	904.13	904.13	0
苏州工业园区服务外包职业学院	54	5123.2	0	0	0	0	0	5 123.2	0	5 123.2	0	964.098	4 082.431	0	76.671	883	2 186.05	0	0	0	356.9	1 697.25	3.75	0	774.55	774.55	0
徐州幼儿师范高等专科学校	55	1573	258	110	74.5	29.5	0	1315	1315	0	0	1092	0	0	223	1305	0	0	0	0	0	10	0	0	85	85	0
徐州生物工程职业技术学院	56	393	0	0	0	0	0	393	336.857	56.143	0	259	0	0	134	331	26	0	1	0	27	8	0	0	109	109	0
江苏商贸职业学院	57	3 846.385	0	0	0	0	0	3 846.385	2 673.607	1 172.778	0	2 879.148	915.435	0	51.802	2 737.8	1 093.645	0	0	0	0.23	14.71	3.11	0	734.805	734.805	0
南通师范高等专科学校	58	1 071.834	0	0	0	0	0	1 071.834	973.302	98.532	0	986.834	60	0	25	867	33.6	0	53.33	0	80.3	0	0	37.604	207.959	207.959	0
江苏护理职业学院	59	1566	0	0	0	0	0	1566	1 169.783	396.217	0	1 014	0	0	552	1000	217	0	3	0	244	0	0	102	0	0	0
江苏财会职业学院	60	1 264.84	0	0	0	0	0	1 264.84	122.368	1 142.472	0	1 239.263	3.456	0	22.121	1 107.64	150.65	0	0	0	6.55	0	0	0	0	0	0
江苏城乡建设职业学院	61	3 402.46	0	0	0	0	0	3 402.46	1 015.626	2 386.834	0	2 933.86	398.6	0	70	2 650.36	551.6	0	0	0	150.5	0	0	50	176	176	0
江苏航空职业技术学院	62	479.378	0	0	0	0	0	479.378	287.084	192.294	0	428	0	0	51.378	370	84.048	0	0	0	0	0	0	25.33	480.423	480.423	0
江苏安全技术职业学院	63	781.3	0	0	0	0	0	781.3	705.84	75.46	0	228	0	0	553.3	191	365.4	0	0	0	127.6	1	0	96.3	71	71	0
江苏旅游职业学院	64	855	0	0	0	0	0	855	104.268	750.732	0	421	0	0	434	420	348	0	0	0	16	0	0	71	0	0	0
常州幼儿师范高等专科学校	65	534.89	340.5	0	0	0	0	194.39	0	194.39	0	77.457	0	0	116.933	87.457	97.136	0	0	0	9.797	0	0	0	20	20	0

4. 民办及中外合作办学高等学校人文、社会科学研究与发展经费情况表

高校名称	编号	上年结转经费（千元）	当年经费收入合计（千元）	拨入（千元）：政府资金投入	其中：科研活动经费	其中：教育部科研项目经费	教育部其他科研经费	其中：中央高校基本科研业务费	中央其他部门科研项目经费	省、市、自治区社科基金项目	省教育厅科研项目经费	省教育厅其他科研经费	其他各类地方政府经费	科技活动人员工资	科研基建费	非政府资金投入	其中：企、事业单位委托项目经费	金融机构贷款	自筹经费	境外资金	其中：港、澳、台地区合作项目经费	其他收入	科技活动人员工资
		L01	L02	L03	L04	L05	L06	L07	L08	L09	L10	L11	L12	L13	L14	L15	L16	L17	L18	L19	L20	L21	L22
合 计	/	35 553.085	94 726.355	10 481.311	10 481.311	305.25	0	0	1 141.926	698	2 066.735	1101	5 168.4	0	0	84 245.044	21 916.777	0	29 328.339	177.898	0	2 329.14	0
明达职业技术学院	1	4	3	0	0	0	0	0	0	0	0	0	0	0	0	3	0	0	0	0	0	0	3
三江学院	2	5 783.346	6 949.772	421	421	0	0	0	0	90	24	0	307	0	0	6 528.772	2 892.572	0	756.2	0	0	0	2880
九州职业技术学院	3	202	801	0	0	0	0	0	0	0	0	0	0	0	0	801	80	0	125	0	0	0	596
南通理工学院	4	1 546.11	7 468.7	528.5	528.5	0	0	0	0	502	0	0	26.5	0	0	6 940.2	1 323.2	0	4309	0	0	0	1308
硅湖职业技术学院	5	263.5	665.7	35	35	0	0	0	0	0	0	35	0	0	0	630.7	140.7	0	204	0	0	0	286
应天职业技术学院	6	245.6	146.53	10	10	0	0	0	0	0	10	0	0	0	0	136.53	0	0	39.81	0	0	10.32	86.4
苏州托普信息职业技术学院	7	0	538.08	0	0	0	0	0	0	0	0	0	0	0	0	538.08	0	0	0	0	0	0	538.08
东南大学成贤学院	8	169.21	329.73	5	5	0	0	0	0	0	0	0	5	0	0	324.73	0	0	112.25	0	0	0	212.48
苏州工业园区职业技术学院	9	281.4	866	338	338	0	0	0	0	0	9	120	209	0	0	528	147	0	261	0	0	0	120
太湖创意职业技术学院	10	0	73	13	13	0	0	0	0	0	0	0	13	0	0	60	0	0	45	0	0	0	15
炎黄职业技术学院	11	0	134	0	0	0	0	0	0	0	0	0	0	0	0	134	0	0	0	0	0	106	28
正德职业技术学院	12	58.5	815	24	24	0	0	0	0	0	24	0	0	0	0	791	0	0	161	0	0	0	630
钟山职业技术学院	13	194.598	160	0	0	0	0	0	0	0	0	0	0	0	0	160	0	0	80	0	0	0	80
无锡南洋职业技术学院	14	292.472	500	0	0	0	0	0	0	0	0	0	0	0	0	500	20	0	160	0	0	0	320
江南影视艺术职业学院	15	18.06	726.09	5	5	0	0	0	0	0	0	0	5	0	0	721.09	0	0	119.96	0	0	0	601.13
金肯职业技术学院	16	80	846	180	180	0	0	0	0	0	180	0	0	0	0	666	0	0	304	0	0	28	334
建东职业技术学院	17	0	216	0	0	0	0	0	0	0	0	0	0	0	0	216	2	0	56	0	0	0	158
宿迁职业技术学院	18	0	33.5	2	2	0	0	0	0	0	2	0	0	0	0	31.5	0	0	7.5	0	0	0	24
江海职业技术学院	19	105	1027	40	40	0	0	0	0	0	0	0	40	0	0	987	104	0	268	0	0	0	615
无锡太湖学院	20	1 308.1	22 283.655	2 154.12	2 154.12	40	0	0	168	10	72	500	1 364.12	0	0	20 129.535	14 527.485	0	1 333.25	0	0	0	4 268.8
中国矿业大学徐海学院	21	206.629	325.8	60	60	0	0	0	0	0	50	0	10	0	0	265.8	0	0	110	0	0	0	155.8
南京理工大学紫金学院	22	182	2611	203	203	0	0	0	0	15	173	0	15	0	0	2408	100	0	1786	0	0	22	500
南京航空航天大学金城学院	23	194.63	999	18	18	0	0	0	0	0	0	18	0	0	0	981	0	0	551	0	0	0	430
南京传媒学院	24	483.71	1 718.49	693	693	60	0	0	410	0	178	0	45	0	0	1 025.49	0	0	717.49	0	0	0	308
金山职业技术学院	25	84	63.4	0	0	0	0	0	0	0	0	0	0	0	0	63.4	0	0	13.4	0	0	0	50
南京理工大学泰州科技学院	26	632.346	1 623.515	245.515	245.515	0	0	0	0	0	217.735	0	27.78	0	0	1378	190	0	170	0	0	0	1018

续表

高校名称	编号	上年结转经费（千元）	当年经费收入合计（千元）	拨入（千元）：政府资金投入	其中：科研活动经费	其中：教育部科研项目经费	教育部其他科研经费	其中：中央高校基本科研业务费	中央其他部门科研项目经费	省、市、自治区社科基金项目	省教育厅科研项目经费	省教育厅其他科研经费	其他各类地方政府经费	科技活动人员工资	科研基建费	非政府资金投入	其中：企、事业单位委托项目经费	金融机构贷款	自筹经费	境外资金	其中：港、澳、台地区合作项目经费	其他收入	科技活动人员工资
		L01	L02	L03	L04	L05	L06	L07	L08	L09	L10	L11	L12	L13	L14	L15	L16	L17	L18	L19	L20	L21	L22
南京师范大学泰州学院	27	7	2007	316	316	60	0	0	0	0	154	0	102	0	0	1691	926	0	355	0	0	0	410
南京工业大学浦江学院	28	1 460.409	3133	460	460	0	0	0	0	0	230	230	0	0	0	2673	0	0	1642	0	0	50	981
南京师范大学中北学院	29	324.3	806	0	0	0	0	0	0	0	0	0	0	0	0	806	0	0	350	0	0	0	456
苏州百年职业学院	30	142.8	1 688.5	429	429	0	0	0	0	53	183	120	73	0	0	1259.5	0	0	249.5	10	0	0	1000
昆山登云科技职业学院	31	713.97	735.5	157.5	157.5	0	0	0	0	0	40	0	117.5	0	0	578	0	0	370	0	0	0	208
南京视觉艺术职业学院	32	74	579	47	47	0	0	0	0	0	47	0	0	0	0	532	0	0	80	0	0	0	452
南京医科大学康达学院	33	449.1	753	47	47	20	0	0	0	0	0	0	27	0	0	706	0	0	585	0	0	0	121
南京中医药大学翰林学院	34	404.8	582	40	40	0	0	0	0	0	0	0	40	0	0	542	0	0	140	0	0	168	234
苏州大学应用技术学院	35	118.8	767.9	126.5	126.5	0	0	0	0	8	57	0	61.5	0	0	641.4	111.4	0	350	0	0	0	180
苏州科技大学天平学院	36	234.9	506	30	30	0	0	0	0	0	0	0	30	0	0	476	0	0	150	0	0	0	326
江苏大学京江学院	37	10	412	0	0	0	0	0	0	0	0	0	0	0	0	412	0	0	120	0	0	0	292
扬州大学广陵学院	38	498.47	1504	294	294	20	0	0	0	0	244	0	30	0	0	1210	0	0	26	0	0	0	1184
江苏师范大学科文学院	39	537.783	479	0	0	0	0	0	0	0	0	0	0	0	0	479	5	0	200	0	0	0	274
南京邮电大学通达学院	40	9.9	44	24	24	0	0	0	0	0	24	0	0	0	0	20	0	0	0	0	0	0	20
南京财经大学红山学院	41	1 007.922	558	20	20	0	0	0	0	0	20	0	0	0	0	538	0	0	230	0	0	0	308
江苏科技大学苏州理工学院	42	0	373	40	40	0	0	0	0	0	0	0	40	0	0	333	0	0	123	0	0	0	210
常州大学怀德学院	43	167.25	912.1	1	1	0	0	0	0	0	0	0	1	0	0	911.1	9.4	0	417.7	0	0	0	484
南通大学杏林学院	44	35.5	397.125	0	0	0	0	0	0	0	0	0	0	0	0	397.125	0	0	208.125	0	0	0	189
南京审计大学金审学院	45	228.6	979	48	48	0	0	0	0	0	24	24	0	0	0	931	0	0	296	0	0	0	635
苏州高博软件技术职业学院	46	99.3	799	128	128	0	0	0	0	0	54	54	20	0	0	671	20	0	171	0	0	0	480
宿迁泽达职业技术学院	47	208.5	1 096.281	0	0	0	0	0	0	0	0	0	0	0	0	1096.281	0	0	88.281	0	0	0	1008
扬州中瑞酒店职业学院	48	118.724	187	0	0	0	0	0	0	0	0	0	0	0	0	187	10	0	51	0	0	0	126
西交利物浦大学	49	14 603.663	18 302.201	1 193.176	1 193.176	105.25	0	0	563.926	0	0	0	524	0	0	17 109.025	1 308.02	0	11 085.873	20.932	0	20.2	4674
昆山杜克大学	50	1 762.183	5 201.786	2105	2105	0	0	0	0	20	50	0	2035	0	0	3 096.786	0	0	350	146.966	0	1 924.62	675.2

高校名称	经费名称	当年R&D经费支出合计(千元)	支出(千元) 转拨给外单位经费	其中 对境内研究机构支出	其中 对境内高等学校支出	其中 对境内企业支出	其中 对境外机构支出	R&D经费内部支出合计	其中 基础研究支出	其中 应用研究支出	其中 试验发展支出	其中 政府资金	其中 企业资金	其中 境外资金	其中 其他	其中 科研人员费	其中 业务费	其中 科研基建费	其中 仪器设备费	其中 单价在1万元以上的设备费	其中 图书资料费	其中 间接费	其中 管理费	其中 其他支出	当年结余经费(千元)	其中 银行存款(千元)	其中 暂付款(千元)
	编号	L23	L24	L25	L26	L27	L28	L29	L30	L31	L32	L33	L34	L35	L36	L37	L38	L39	L40	L41	L42	L43	L44	L45	L46	L47	L48
合　计	/	81 962.424	210.4	0	200	0	0	81 752.024	29 595.256	52 156.768	0	7 946.139	24 932.277	115.302	48 758.306	35 231.352	31 947.355	0	6 775.117	2 192.552	3 251.198	1 825.502	957.272	2 721.5	48 317.016	48 271.815	45.201
明达职业技术学院	1	7	0	0	0	0	0	7	0	7	0	0	0	0	7	3	4	0	0	0	0	0	0	0	0	0	0
三江学院	2	7 013.298	0	0	0	0	0	7 013.298	459.484	6 553.814	0	327.043	2 323.255	0	4363	4336	2 211.051	0	22.94	0	333.384	92.851	0	17.072	5 719.82	5 719.82	0
九州职业技术学院	3	843.7	0	0	0	0	0	843.7	9.575	834.125	0	113.267	132.283	0	598.15	596	198.1	0	12.6	0	26.6	10.4	10.4	0	159.3	159.3	0
南通理工学院	4	6 953.5	0	0	0	0	0	6 953.5	6 225.096	728.404	0	930.133	3 678.289	0	2 345.078	1500	3 345.78	0	2000	560	45.77	61.95	61.95	0	2 061.31	2061.31	0
硅湖职业技术学院	5	660.2	0	0	0	0	0	660.2	160.728	499.472	0	135.742	233.114	0	291.344	287	194.3	0	0	0	171.9	0	0	7	269	269	0
应天职业技术学院	6	227.39	0	0	0	0	0	227.39	116.789	110.601	0	10	0	0	217.39	146.7	50.2	0	10.45	0	12.8	0	0	7.24	164.74	164.74	0
苏州托普信息职业技术学院	7	538.08	0	0	0	0	0	538.08	269.04	269.04	0	0	0	0	538.08	538.08	0	0	0	0	0	0	0	0	0	0	0
东南大学成贤学院	8	457.04	0	0	0	0	0	457.04	132.991	324.049	0	5	0	0	452.04	230.07	62.58	0	0	0	149.49	12.7	12.7	2.2	41.9	0	41.9
苏州工业园区职业技术学院	9	857.7	0	0	0	0	0	857.7	6.711	850.989	0	138.955	467.703	0	251.042	208	502.3	0	15	0	65.1	65.875	37.125	1.425	289.7	289.7	0
太湖创意职业技术学院	10	73	0	0	0	0	0	73	73	0	0	0	0	0	73	25	5	0	15	0	10	0	0	18	0	0	0
炎黄职业技术学院	11	134	0	0	0	0	0	134	67	67	0	0	0	0	134	35	69	0	15	0	8	7	0	0	0	0	0
正德职业技术学院	12	822	0	0	0	0	0	822	323.553	498.447	0	24	0	0	798	630	191	0	0	0	1	0	0	0	51.5	51.5	0
钟山职业技术学院	13	130.2	0	0	0	0	0	130.2	65.1	65.1	0	0	0	0	130.2	130.2	0	0	0	0	0	0	0	0	224.398	224.398	0
无锡南洋职业技术学院	14	526.665	0	0	0	0	0	526.665	0	526.665	0	0	194.7	0	331.965	331.965	194.7	0	0	0	0	0	0	0	265.807	265.807	0
江南影视艺术职业学院	15	678.23	0	0	0	0	0	678.23	678.23	0	0	5	0	0	673.23	605.13	0	0	0	0	5	0	0	68.1	65.92	65.92	0

续表

高校名称	经费名称	当年R&D经费支出合计(千元)	支出(千元) 转拨给外单位经费	其中 对境内研究机构支出	对境内高等学校支出	对境内企业支出	对境外机构支出	R&D经费内部支出合计	其中 基础研究支出	应用研究支出	试验发展支出	其中 政府资金	企业资金	境外资金	其他	其中 科研人员费	业务费	科研基建费	仪器设备费	其中 单价在1万元以上的设备费	图书资料费	间接费	其中 管理费	其他支出	当年结余经费(千元)	其中 银行存款(千元)	暂付款(千元)
	编号	L23	L24	L25	L26	L27	L28	L29	L30	L31	L32	L33	L34	L35	L36	L37	L38	L39	L40	L41	L42	L43	L44	L45	L46	L47	L48
金肯职业技术学院	16	837	0	0	0	0	0	837	574.265	262.735	0	180	0	0	657	390	114	0	0	0	92	0	0	241	89	89	0
建东职业技术学院	17	216	0	0	0	0	0	216	33.231	182.769	0	0	7.538	0	208.462	167	3.1	0	0	0	44	0	0	1.9	0	0	0
宿迁职业技术学院	18	33.5	0	0	0	0	0	33.5	0	33.5	0	2	0	0	31.5	24	5.05	0	0	0	4.45	0	0	0	0	0	0
江海职业技术学院	19	1017	0	0	0	0	0	1017	282.5	734.5	0	40	104	0	873	873	110	0	0	0	34	0	0	0	115	115	0
无锡太湖学院	20	20 400.555	0	0	0	0	0	20 400.555	663.188	19 737.367	0	317.051	15 414.504	0	4669	4669	13 195.356	0	1375.67	0	204.22	956.309	446.444	0	3 191.2	3 191.2	0
中国矿业大学徐海学院	21	434.536	0	0	0	0	0	434.536	237.945	196.591	0	60	0	0	374.536	218.4	64.475	0	0	0	151.661	0	0	0	97.893	97.893	0
南京理工大学紫金学院	22	2793	0	0	0	0	0	2793	1 692.26	1100.74	0	844.215	349.884	0	1 598.901	1050	16	0	1007	0	501	15	15	204	0	0	0
南京航空航天大学金城学院	23	932.781	0	0	0	0	0	932.781	466.391	466.39	0	0	0	0	932.781	494.391	271.25	0	15.44	0	123.2	25	0	3.5	260.849	260.849	0
南京传媒学院	24	1 781.501	0	0	0	0	0	1 781.501	1 729.979	51.522	0	693	0	0	1 088.501	320	1 347.852	0	0	0	110.529	3.12	3	0	420.699	420.699	0
金山职业技术学院	25	74.4	0	0	0	0	0	74.4	74.4	0	0	0	0	0	74.4	63.4	0	0	0	0	11	0	0	0	73	73	0
南京理工大学泰州科技学院	26	1 464.3	0	0	0	0	0	1 464.3	298.92	1 165.38	0	231.969	167.011	0	1 065.32	1 065.32	302.816	0	0	0	2.414	93.25	46.4	0.5	791.561	791.561	0
南京师范大学泰州学院	27	1944	0	0	0	0	0	1944	47.817	1 896.183	0	323	856	0	765	765	1082.8	0	41	0	7.8	47.4	40.7	0	70	70	0
南京工业大学浦江学院	28	1 790.501	0	0	0	0	0	1 790.501	134.734	1 655.767	0	460	0	0	1 330.501	982	676.287	0	0	0	23.007	47	28	62.207	2 802.908	2 799.607	3.301
南京师范大学中北学院	29	551.883	0	0	0	0	0	551.883	524.563	27.32	0	0	0	0	551.883	463	77.223	0	0	0	11.66	0	0	0	578.417	578.417	0
苏州百年职业学院	30	1 624.5	0	0	0	0	0	1 624.5	0	1 624.5	0	342.484	0	13.431	1 268.585	1073	11	0	201.3	0	337.2	2	2	0	206.8	206.8	0

昆山登云科技职业学院	31	750.8	0	0	0	0	0	750.8	316.168	434.632	0	400.445	26.041	0	324.314	208	397.6	0	66	0	78.6	0.6	0	0	698.67	698.67	0
南京视觉艺术职业学院	32	523	0	0	0	0	0	523	483.97	39.03	0	47	0	0	476	453	2.3	0	0	0	33.7	31	31	3	130	130	0
南京医科大学康达学院	33	661.2	0	0	0	0	0	661.2	558.095	103.105	0	47	0	0	614.2	135.7	453.7	0	0	0	57.5	14.3	0	0	540.9	540.9	0
南京中医药大学翰林学院	34	615.5	0	0	0	0	0	615.5	433.97	181.53	0	40	0	0	575.5	249	359.8	0	0	0	6.7	0	0	0	371.3	371.3	0
苏州大学应用技术学院	35	635.25	0	0	0	0	0	635.25	439.696	195.554	0	181.41	123.84	0	330	330	281.5	0	0	0	10	13.15	7.9	0.6	251.45	251.45	0
苏州科技大学天平学院	36	646.5	0	0	0	0	0	646.5	604.519	41.981	0	30	0	0	616.5	332	193.3	0	27.2	0	80.7	0	0	13.3	94.4	94.4	0
江苏大学京江学院	37	402	0	0	0	0	0	402	201	201	0	0	0	0	402	302	50	0	0	0	10	40	2.4	0	20	20	0
扬州大学广陵学院	38	1 529.07	2	0	0	0	0	1 527.07	332.461	1 194.609	0	252.17	0	0	1 274.9	1 208.3	170.67	0	10.5	0	58.77	2.9	0	75.93	473.4	473.4	0
江苏师范大学科文学院	39	631.545	0	0	0	0	0	631.545	515.692	115.853	0	0	0	0	631.545	280	298.545	0	0	0	0	0	0	53	385.238	385.238	0
南京邮电大学通达学院	40	29.2	0	0	0	0	0	29.2	0	29.2	0	9.2	0	0	20	20	1	0	7.5	0	0.2	0.5	0	0	24.7	24.7	0
南京财经大学红山学院	41	474.459	0	0	0	0	0	474.459	466.366	8.093	0	20	0	0	454.459	322.54	108.961	0	0	0	20.579	0	0	22.379	1 091.463	1 091.463	0
江苏科技大学苏州理工学院	42	352	0	0	0	0	0	352	176	176	0	40	0	0	312	220	87.8	0	0	0	35.4	8.8	8.8	0	21	21	0
常州大学怀德学院	43	819.65	0	0	0	0	0	819.65	639.165	180.485	0	1	0	0	818.65	544.5	186.45	0	88.7	0	0	0	0	0	259.7	259.7	0
南通大学杏林学院	44	372.625	0	0	0	0	0	372.625	278.157	94.468	0	0	0	0	372.625	337.125	25.6	0	0	0	9.9	0	0	0	60	60	0
南京审计大学金审学院	45	879	0	0	0	0	0	879	111.619	767.381	0	84.683	12.317	0	782	782	80.5	0	0	0	15.4	0	0	1.1	328.6	328.6	0
苏州高博软件技术职业学院	46	771.7	8.4	0	0	0	0	763.3	223.01	540.29	0	87.167	45.987	0	630.146	536.5	223.8	0	0	0	3	0	0	0	126.6	126.6	0
宿迁泽达职业技术学院	47	1 304.781	0	0	0	0	0	1 304.781	85.108	1 219.673	0	0	0	0	1 304.781	1010	184.681	0	2	0	99.1	4	0	5	0	0	0
扬州中瑞酒店职业学院	48	213.724	0	0	0	0	0	213.724	213.724	0	0	0	87.724	0	126	126	78.924	0	4.8	0	1.2	0	0	2.8	92	92	0
西交利物浦大学	49	11 771.067	0	0	0	0	0	11 771.067	6 048.747	5 722.32	0	1 225.928	664.087	47.75	9 833.302	4 889.831	4 325.378	0	1 837.017	1 632.552	240.807	238.89	203.453	239.144	21 134.797	21 134.797	0
昆山杜克大学	50	2 761.893	200	0	200	0	0	2 561.893	2 120.299	441.594	0	297.277	44	54.121	2 166.495	725.2	131.626	0	0	0	2.457	31.507	0	1 671.103	4 202.076	4 202.076	0

六、社科研究与发展机构

全省高等学校人文、社会科学研究机构一览表

机构名称	编号	成立时间	批准部门	组成方式	机构类型	学科分类	服务的国民经济行业	组成类型	R&D活动人员(人) 合计	其中 博士毕业	其中 硕士毕业	其中 高级职称	其中 中级职称	其中 初级职称	培养研究生(人)	R&D经费支出(千元)	仪器设备原价(千元)	其中 进口(千元)
		L01	L02	L03	L04	L05	L06	L07	L08	L09	L10	L11	L12	L13	L14	L15	L16	L17
南京大学	001	/	/	/	/	/	/	/	586	549	25	498	85	3	893	39394.7	4140.29	350.26
长江产业经济研究院	1	2015/01/01	非学校上级主管部门	跨系所	国家高端智库建设培育单位	经济学	商务服务业	政府部门办	12	12	0	3	9	0	0	2000	100	0
长江三角洲经济社会发展研究中心	2	2015/01/02	学校上级主管部门	独立设置研究所	教育部重点研究基地	经济学	商务服务业	政府部门办	34	32	2	34	0	0	30	2300	177	0
长三角文化产业发展研究院	3	2015/01/03	非学校上级主管部门	与校外合办所	省级智库,中央其他部委重点实验室	经济学	文化艺术业	政府部门办	28	28	0	27	1	0	17	435	10	0
出版研究院	4	2015/01/04	非学校上级主管部门	独立设置研究所	中央其他部委重点研究基地	图书馆、情报与文献学	新闻和出版业	政府部门办	14	13	0	11	3	0	51	100	10	0
当代外国文学与文化研究中心	5	2015/01/05	非学校上级主管部门	独立设置研究所	省级重点研究基地	外国文学	文化艺术业	政府部门办	42	42	0	36	6	0	53	350	72.53	0
俄罗斯研究中心	6	2015/01/06	学校上级主管部门	独立设置研究所	教育部国别和区域研究中心	外国文学	文化艺术业	政府部门办	22	17	2	18	4	0	0	100	20	0
非洲研究所	7	2015/01/07	学校上级主管部门	独立设置研究所	省级重点研究基地,教育部国别和区域研究中心	国际问题研究	国际组织	政府部门办	5	4	1	5	0	0	5	100	10	0
公共事务与地方治理研究中心	8	2015/01/08	非学校上级主管部门	独立设置研究所	省级重点研究基地	政治学	中国共产党机关	政府部门办	15	14	1	12	3	0	103	150	200	0
古典文献研究所	9	2015/01/09	学校上级主管部门	独立设置研究所	教育部全国高等院校古籍整理研究工作委员会直属所	中国文学	文化艺术业	政府部门办	8	8	0	8	0	0	1	100	10	0
华智全球治理研究院	10	2015/01/10	非学校上级主管部门	跨系所	省级智库	国际问题研究	国家机构	政府部门办	5	5	0	2	3	0	0	1000	10	0
江苏省城市现代化研究中心	11	2015/01/11	非学校上级主管部门	跨系所	省级重点研究基地	社会学	公共设施管理业	政府部门办	2	2	0	2	0	0	18	5600	250	0

江苏省社会风险管理研究中心	12	2015/01/12	非学校上级主管部门	跨系所	省级重点研究基地	管理学	社会保障	政府部门办	7	6	0	5	2	0	7	500	10	0
江苏省数据工程与知识服务重点实验室	13	2015/01/13	非学校上级主管部门	独立设置研究所	省级重点实验室	图书馆、情报与文献学	软件和信息技术服务业	政府部门办	24	23	1	22	2	0	119	8 685.4	370	0
江苏省习近平新时代中国特色社会主义思想研究中心南京大学理论研究基地	14	2015/01/14	非学校上级主管部门	跨系所	省级重点研究基地	马克思主义	中国共产党机关	政府部门办	2	2	0	2	0	0	0	100	10	0
江苏数字经济研究院	15	2015/01/15	非学校上级主管部门	跨系所	省级智库	经济学	商务服务业	政府部门办	8	8	0	3	5	0	0	100	10	0
江苏新时代自贸研究院	16	2015/01/16	非学校上级主管部门	独立设置研究所	省级智库	经济学	商务服务业	政府部门办	5	4	1	5	0	0	0	41	10	0
马克思主义社会理论研究中心	17	2015/01/17	学校上级主管部门	独立设置研究所	教育部重点研究基地	马克思主义	中国共产党机关	政府部门办	15	10	5	12	3	0	10	450	10	0
区域经济转型与管理变革协同创新中心	18	2015/01/18	非学校上级主管部门	独立设置研究所	省级2011协同创新中心	经济学	商务服务业	政府部门办	112	110	2	112	0	0	169	333.3	11.9	0
全国中国特色社会主义政治经济学研究中心	19	2015/01/19	非学校上级主管部门	独立设置研究所	中央其他部委重点研究基地	经济学	商务服务业	政府部门办	25	25	0	19	6	0	41	5000	596.6	0
儒佛道与中国传统文化研究中心	20	2015/01/20	非学校上级主管部门	独立设置研究所	省级重点研究基地	宗教学	群众团体、社会团体和其他成员组织	政府部门办	4	4	0	4	0	0	19	600	10	0
社会保障研究中心	21	2015/01/21	非学校上级主管部门	独立设置研究所	中央其他部委重点研究基地，省级重点研究基地	管理学	社会保障	政府部门办	17	17	0	10	7	0	19	110	30	0
中国新文学研究中心	22	1999/12/31	学校上级主管部门	独立设置研究所	教育部重点研究基地	中国文学	文化艺术业	政府部门办	28	18	5	14	8	0	160	300	15	0
社会与行为科学实验中心	22	2015/01/22	非学校上级主管部门	独立设置研究所	省级重点研究基地	心理学	社会工作	政府部门办	11	3	8	8	0	3	40	100	350.26	350.26
数据智能与交叉创新实验室	23	2015/01/23	学校上级主管部门	跨系所	教育部重点实验室	图书馆、情报与文献学	软件和信息技术服务业	政府部门办	16	14	0	9	7	0	28	620	531	0
苏南率先基本实现现代化研究中心	24	2015/01/24	非学校上级主管部门	跨系所	省级重点研究基地	经济学	商务服务业	政府部门办	2	2	0	2	0	0	0	100	10	0
新时代中华传统美德研究基地	25	2015/01/25	非学校上级主管部门	独立设置研究所	省级重点研究基地	马克思主义	中国共产党机关	政府部门办	21	21	0	16	5	0	22	100	10	0
亚太经济合作组织研究中心	26	2015/01/26	学校上级主管部门	独立设置研究所	教育部国别和区域研究中心	国际问题研究	国际组织	政府部门办	9	8	1	9	0	0	9	840	10	0
犹太和以色列研究所	27	2015/01/27	学校上级主管部门	独立设置研究所	教育部国别和区域研究中心	国际问题研究	国际组织	政府部门办	3	3	0	3	0	0	4	300	401	0
智慧出版与知识服务重点实验室	28	2015/01/28	非学校上级主管部门	独立设置研究所	中央其他部委重点研究基地	图书馆、情报与文献学	软件和信息技术服务业	政府部门办	7	7	0	7	0	0	11	200	480	0
中国南海研究协同创新中心	29	2015/01/29	学校上级主管部门	与校外合办所	国家级2011协同创新中心	国际问题研究	国家机构	政府部门办	7	7	0	3	4	0	10	2380	55	0

续表

机构名称	编号	成立时间	批准部门	组成方式	机构类型	学科分类	服务的国民经济行业	组成类型	R&D活动人员(人) 合计	其中 博士毕业	其中 硕士毕业	其中 高级职称	其中 中级职称	其中 初级职称	培养研究生(人)	R&D经费支出(千元)	仪器设备原价(千元)	其中 进口(千元)
		L01	L02	L03	L04	L05	L06	L07	L08	L09	L10	L11	L12	L13	L14	L15	L16	L17
中国特色社会主义理论体系研究基地	30	2015/01/30	非学校上级主管部门	跨系所	省级重点研究基地	马克思主义	中国共产党机关	政府部门办	6	5	0	5	1	0	17	100	10	0
中国外文局对外话语创新研究基地	31	2015/01/31	非学校上级主管部门	跨系所	中央其他部委重点研究基地	语言学	中国共产党机关	政府部门办	23	22	1	21	2	0	0	100	10	0
中国文学与东亚文明研究协同创新中心	32	2015/01/32	非学校上级主管部门	独立设置研究所	省级2011协同创新中心	中国文学	文化艺术业	政府部门办	5	5	0	5	0	0	25	2600	200	0
中国新文学研究中心	33	2015/01/33	学校上级主管部门	独立设置研究所	教育部重点研究基地	中国文学	文化艺术业	政府部门办	12	10	0	10	2	0	30	1000	15	0
中国语言战略研究中心	34	2015/01/34	非学校上级主管部门	与校外合办所	中央其他部委重点研究基地	语言学	教育	政府部门办	7	7	0	4	3	0	3	100	10	0
中华民国史研究中心	35	2015/01/35	学校上级主管部门	独立设置研究所	教育部重点研究基地	历史学	社会工作	政府部门办	25	23	0	19	6	0	28	2000	100	0
铸牢中华民族共同体意识研究基地	36	2015/01/36	非学校上级主管部门	跨系所	中央其他部委重点研究基地	民族学与文化学	国家机构	政府部门办	26	26	0	25	1	0	4	700	10	0
东南大学	002	/	/	/	/	/	/	/	695	555	95	433	209	39	455	14 730.435	2 065.876	24
道德发展智库	1	2015/12/01	非学校上级主管部门	独立设置研究所	省级重点研究基地	哲学	社会工作	政府部门办	40	40	0	25	15	0	23	2 762.194	83.95	0
反腐败法治研究中心	2	2015/01/30	非学校上级主管部门	独立设置研究所	省级重点研究基地	法学	国家机构	政府部门办	26	25	1	15	10	1	18	90	77	0
高质量综合评价研究院	3	2018/01/05	非学校上级主管部门	独立设置研究所	省级重点研究基地	经济学	国家机构	政府部门办	20	20	0	18	2	0	47	3	5	0
公民道德与社会风尚协同创新中心	4	2014/03/13	非学校上级主管部门	独立设置研究所	省级2011协同创新中心	哲学	社会工作	政府部门办	31	30	1	24	7	0	0	349.951	105.2	0
国家发展与政策研究院	5	2016/09/16	学校自建	跨系所	校级重点研究基地	经济学	资本市场服务	单位自办	26	26	0	15	11	0	5	250	2	0
国家智能社会治理实验基地	6	2021/09/29	非学校上级主管部门	跨系所	共建国家高端智库	教育学	国家机构	政府部门办	32	31	1	24	7	1	5	760	26	0
江苏高质量就业先行区建设研究基地	7	2019/01/02	非学校上级主管部门	独立设置研究所	中央其他部委重点研究基地	经济学	教育	政府部门办	16	16	0	10	6	0	0	20	3	0
江苏民生幸福研究基地	8	2011/09/10	非学校上级主管部门	独立设置研究所	省级重点研究基地	经济学	社会保障	政府部门办	6	6	0	5	1	0	7	360	10	0

江苏社会文明建设研究基地	9	2013/01/22	非学校上级主管部门	跨系所	省级重点研究基地	哲学	教育	政府部门办	45	0	0	29	16	0	45	130	5	0
江苏省地方立法研究基地	10	2022/01/01	非学校上级主管部门	独立设置研究所	省级重点研究基地	法学	社会工作	政府部门办	19	11	8	7	3	1	24	300	30	0
江苏省非物质文化遗产研究基地	11	2014/06/24	非学校上级主管部门	独立设置研究所	省级重点研究基地	艺术学	广播、电视、电影和录音制作业	政府部门办	17	12	5	10	6	1	18	106	11	0
江苏省国家学生体质健康标准数据信息管理中心	12	2011/01/26	非学校上级主管部门	独立设置研究所	省级重点研究基地	体育科学	体育	政府部门办	7	7	0	4	2	1	0	5	5	0
江苏省家事审判心理学重点研究基地	13	2016/12/21	非学校上级主管部门	与校外合办所	省级重点研究基地	心理学	卫生	政府部门办	10	10	0	2	0	8	0	150	2	0
江苏省青少年工作研究基地（预防青少年违法犯罪）	14	2017/12/01	非学校上级主管部门	与校外合办所	省级重点研究基地	法学	中国共产党机关	政府部门办	12	9	3	10	2	0	18	150	20	0
江苏省区域经济与发展研究基地	15	2008/08/20	非学校上级主管部门	独立设置研究所	省级重点研究基地	管理学	科技推广和应用服务业	政府部门办	6	6	0	5	1	0	24	450	4	0
江苏省习近平新时代中国特色社会主义思想研究中心东南大学基地	16	2022/01/15	非学校上级主管部门	跨系所	省级重点研究基地	马克思主义	中国共产党机关	政府部门办	16	16	0	14	2	0	3	20	2	0
江苏省学生体质健康数据信息管理中心	17	2020/03/12	非学校上级主管部门	独立设置研究所	省级重点研究基地	体育科学	教育	政府部门办	9	4	5	7	1	1	15	300	124	0
江苏省中国特色社会主义理论体系研究基地	18	2015/04/02	非学校上级主管部门	独立设置研究所	省级重点研究基地	政治学	中国共产党机关	政府部门办	46	39	7	22	24	0	0	51	3	0
教育立法研究基地	19	2017/12/07	非学校上级主管部门	与校外合办所	教育部政策法规司与东南大学合作共建	法学	国家机构	政府部门办	26	24	2	16	8	2	8	62	6	0
金融统计研究所	20	2013/01/25	非学校上级主管部门	独立设置研究所	省级重点研究基地	交叉学科	资本市场服务	政府部门办	15	15	0	10	5	0	0	50	2	0
民事检察研究中心	21	2019/08/20	非学校上级主管部门	独立设置研究所	最高人民检察院检察研究基地	法学	社会保障	政府部门办	20	20	0	17	3	0	2	300	51.749	0
企业合规检查研究基地	22	2022/01/01	非学校上级主管部门	独立设置研究所	省级重点研究基地	法学	社会工作	政府部门办	11	7	4	7	2	0	11	80	2	0
区域国别研究中心	23	2021/11/01	学校自建	独立设置研究所	校级重点研究基地	社会学	国家机构	政府部门办	48	42	6	33	13	2	30	463.29	7	0
人民法院司法大数据研究基地	24	2016/07/01	非学校上级主管部门	与校外合办所	中央其他部委重点研究基地	法学	国家机构	政府部门办	17	7	10	8	4	1	60	1790	905	0
人权研究院	25	2020/03/25	非学校上级主管部门	独立设置研究所	共建国家高端智库	法学	国家机构	政府部门办	9	9	0	6	3	0	20	1000	20	0
碳中和发展研究院	26	2014/01/18	非学校上级主管部门	独立设置研究所	省级2011协同创新中心	交叉学科	科技推广和应用服务业	政府部门办	45	41	4	35	8	2	0	500	5	0
网络安全法治研究中心	27	2019/08/28	非学校上级主管部门	独立设置研究所	省级重点研究基地	法学	社会保障	政府部门办	21	11	10	7	4	10	20	100	9	0

续表

机构名称	编号	成立时间	批准部门	组成方式	机构类型	学科分类	服务的国民经济行业	组成类型	R&D活动人员(人) 合计	其中 博士毕业	其中 硕士毕业	其中 高级职称	其中 中级职称	其中 初级职称	培养研究生(人)	R&D经费支出(千元)	仪器设备原价(千元)	其中 进口(千元)
		L01	L02	L03	L04	L05	L06	L07	L08	L09	L10	L11	L12	L13	L14	L15	L16	L17
亚太语言政策研究中心	28	2013/10/23	学校上级主管部门	独立设置研究所	省级重点研究基地	语言学	其他服务业	政府部门办	20	6	14	5	14	1	8	93	38	0
艺术学研究中心	29	2010/10/31	非学校上级主管部门	独立设置研究所	省级重点研究基地	艺术学	广播、电视、电影和录音制作业	政府部门办	22	14	8	8	11	3	9	355	95	24
中国画研究基地	30	2020/05/01	非学校上级主管部门	独立设置研究所	省级重点研究基地	艺术学	文教、工美、体育和娱乐用品制造业	政府部门办	5	5	0	5	0	0	3	80	2	0
中国特色社会主义发展研究院	31	2015/12/01	非学校上级主管部门	独立设置研究所	省级重点研究基地	政治学	中国共产党机关	政府部门办	12	12	0	3	9	0	13	300	87.977	0
中国艺术发展评价研究院	32	2021/08/19	非学校上级主管部门	跨系所	省级智库	艺术学	文化艺术业	政府部门办	10	8	2	5	2	3	2	300	50	0
中华民族视觉形象研究基地	33	2020/10/29	非学校上级主管部门	独立设置研究所	共建国家高端智库	交叉学科	文化艺术业	单位自办	30	26	4	22	7	1	17	3000	267	0
江南大学	003	/	/	/	/	/	/	/	362	216	134	265	84	1	362	5205	1865	0
大运河文化带建设研究院无锡分院	1	2019/01/01	学校上级主管部门	独立设置研究所	二级机构	交叉学科	文化艺术业	单位自办	10	10	0	10	0	0	15	300	100	0
国家安全与绿色发展研究院	2	2021/01/01	学校自建	独立设置研究所	二级机构	管理学	商务服务业	单位自办	10	10	0	9	1	0	16	200	100	0
国家智能社会治理(养老)特色基地	3	2021/09/29	非学校上级主管部门	与校外合办所	中央其他部委重点研究基地	社会学	社会工作	政府部门办	10	5	5	7	3	0	6	115	10	0
互联网＋教育研究基地	4	2020/09/01	非学校上级主管部门	独立设置研究所	其他重点研究基地,省教育厅	教育学	教育	政府部门办	16	12	4	12	4	0	38	305	10	0
江南民族音乐研究中心	5	2017/07/01	学校自建	独立设置研究所	校级重点研究基地	艺术学	文化艺术业	单位自办	10	3	7	9	1	0	6	20	5	0
江南设计文化整合创新研究基地	6	2021/04/12	学校自建	独立设置研究所	校级重点研究基地	艺术学	文化艺术业	单位自办	5	0	2	2	0	0	2	90	20	0
江苏党风廉政建设创新研究基地	7	2011/11/01	非学校上级主管部门	独立设置研究所	省级重点研究基地	马克思主义	中国共产党机关	政府部门办	15	0	10	10	4	0	16	190	20	0
江苏省产品创意与文化重点研究基地	8	2010/01/01	非学校上级主管部门	跨系所	省级重点研究基地	艺术学	文化艺术业	政府部门办	12	5	7	10	1	1	11	150	30	0
江苏省非物质文化遗产研究基地	9	2014/01/01	学校上级主管部门	独立设置研究所	二级机构	艺术学	文化艺术业	单位自办	12	3	9	10	2	0	15	200	120	0

江苏省食品安全研究基地	10	2008/01/01	学校上级主管部门	独立设置研究所	二级机构	管理学	农副食品加工业	单位自办	22	10	12	21	1	0	20	700	400	0
江苏省知识产权法研究中心	11	2014/01/01	学校上级主管部门	独立设置研究所	二级机构	法学	商务服务业	单位自办	10	10	0	8	2	0	11	150	100	0
江苏省中国特色社会主义理论体系研究基地	12	2015/09/07	非学校上级主管部门	跨系所	其他重点研究基地,省委宣传部	马克思主义	中国共产党机关	政府部门办	18	15	3	15	3	0	14	200	30	0
江苏省铸牢中华民族共同体意识研究基地	13	2022/11/25	非学校上级主管部门	跨系所	省级重点研究基地	马克思主义	人民政协、民主党派	政府部门办	10	10	0	5	5	0	7	100	100	0
金融创新与风险管理研究基地	14	2017/07/01	学校自建	独立设置研究所	校级重点研究基地	经济学	货币金融服务	单位自办	10	2	8	6	4	0	12	100	20	0
品牌战略与管理创新研究基地	15	2017/01/20	非学校上级主管部门	跨系所	省级智库,其他重点研究基地,省教育厅	管理学	资本市场服务	与国内高校合办	22	10	12	10	5	0	22	360	30	0
食品安全法研究中心	16	2017/01/01	学校自建	独立设置研究所	二级机构	法学	农副食品加工业	单位自办	10	10	0	7	3	0	10	75	100	0
食品安全风险治理研究院	17	2016/07/08	非学校上级主管部门	跨系所	省级智库,其他重点研究基地,省规划办	管理学	社会保障	与国内高校合办	22	10	12	21	0	0	20	700	40	0
体育与健康科学研究基地	18	2017/07/01	学校自建	独立设置研究所	校级重点研究基地	体育科学	教育	单位自办	5	0	3	1	4	0	0	50	20	0
无锡慈善文化研究院	19	2022/10/29	学校自建	与校外合办所	校级重点研究基地	交叉学科	人民政协、民主党派	单位自办	5	5	0	3	2	0	6	50	100	0
无锡党的建设研究基地	20	2013/03/06	学校自建	与校外合办所	校级重点研究基地	政治学	中国共产党机关	单位自办	10	6	2	3	7	0	4	50	10	0
无锡古运河文化创意中心	21	2015/10/12	学校自建	与校外合办所	校级重点研究基地	艺术学	文化艺术业	单位自办	9	5	4	6	3	0	0	100	30	0
无锡江南文化研究中心	22	2007/12/27	学校自建	与校外合办所	校级重点研究基地	中国文学	文化艺术业	单位自办	14	8	6	9	5	0	10	50	20	0
无锡老龄科学研究中心	23	2010/11/01	学校自建	与校外合办所	校级重点研究基地	社会学	社会工作	单位自办	14	10	4	13	1	0	20	50	20	0
无锡旅游与区域发展研究基地	24	2013/03/06	学校自建	与校外合办所	校级重点研究基地	经济学	文化艺术业	单位自办	8	5	3	3	5	0	5	50	20	0
无锡人力资源开发研究基地	25	2013/03/08	学校自建	与校外合办所	校级重点研究基地	管理学	商务服务业	单位自办	16	14	2	15	1	0	6	100	20	0
语言认知与文化传播研究中心	26	2017/07/01	学校自建	独立设置研究所	校级重点研究基地	语言学	教育	单位自办	10	7	3	9	1	0	15	100	30	0
中共党史党建研究院	27	2023/08/10	学校自建	跨系所	校级重点研究基地	马克思主义	中国共产党机关	单位自办	10	10	0	8	2	0	21	150	50	0
中国物联网发展战略研究基地	28	2012/03/15	非学校上级主管部门	独立设置研究所	省级重点研究基地	管理学	商务服务业	与国内独立研究机构合办	10	8	2	6	4	0	10	200	20	0

续表

机构名称	编号	成立时间	批准部门	组成方式	机构类型	学科分类	服务的国民经济行业	组成类型	R&D活动人员(人) 合计	其中 博士毕业	其中 硕士毕业	其中 高级职称	其中 中级职称	其中 初级职称	培养研究生(人)	R&D经费支出(千元)	仪器设备原价(千元)	其中 进口(千元)
		L01	L02	L03	L04	L05	L06	L07	L08	L09	L10	L11	L12	L13	L14	L15	L16	L17
中国紫砂艺术设计研究院	29	2022/06/30	非学校上级主管部门	跨系所	省级重点研究基地	艺术学	文化艺术业	政府部门办	5	5	0	4	1	0	6	50	150	0
中华优秀传统文化传承基地	30	2020/09/09	学校上级主管部门	独立设置研究所	其他重点研究基地,教育部	艺术学	教育	政府部门办	12	3	9	10	2	0	15	200	40	0
铸牢中华民族共同体意识研究基地	31	2021/01/01	学校自建	独立设置研究所	二级机构	马克思主义	人民政协、民主党派	单位自办	10	5	5	3	7	0	3	50	100	0
南京农业大学	004	/	/	/	/	/	/	/	423.0	326	84	308	76	16	482	14 603.8	18 765.438	1380
不动产研究中心	1	2015/01/01	学校自建	独立设置研究所	校级重点研究基地	管理学	房地产业	单位自办	8	8	0	6	2	0	48	1959	487.8	0
地方治理与政策研究中心	2	2017/07/01	非学校上级主管部门	独立设置研究所	其他重点研究基地,江苏高校哲学社会科学重点研究基地	管理学	农业	政府部门办	10	2	8	6	2	2	53	3500	78	0
典籍翻译与海外汉学研究中心	3	2015/11/23	学校自建	独立设置研究所	校级重点研究基地	外国文学	教育	单位自办	13	1	12	2	4	0	15	28	50	0
电子商务与品牌研究中心	4	2004/01/01	学校自建	独立设置研究所	校级重点研究基地	管理学	农业	单位自办	13	7	5	7	4	1	3	120	60	0
江苏粮食安全研究中心	5	2015/06/01	非学校上级主管部门	独立设置研究所	其他重点研究基地,江苏高校哲学社会科学重点研究基地	管理学	农业	政府部门办	16	2	6	3	1	0	12	50	8	0
江苏省统计科学研究基地	6	2013/12/13	非学校上级主管部门	独立设置研究所	其他重点研究基地,江苏省统计科学研究基地	统计学	农业	政府部门办	14	8	4	6	4	2	2	100	20	0
金善宝农业现代化发展研究院	7	2015/12/01	非学校上级主管部门	独立设置研究所	省级智库	管理学	农业	政府部门办	34	30	4	28	4	2	0	2400	30	0
劳动就业与公共政策研究中心	8	2004/01/01	学校自建	独立设置研究所	校级重点研究基地	管理学	社会保障	单位自办	10	10	0	8	2	0	5	100	30	0
领域知识关联研究中心	9	2004/06/01	学校自建	跨系所	校级重点研究基地	图书馆、情报与文献学	科技推广和应用服务业	单位自办	7	5	2	5	2	0	9	155	1000	0
美洲研究中心	10	2017/04/01	学校上级主管部门	跨系所	其他重点研究基地,教育部国别与区域研究备案基地	交叉学科	农业	政府部门办	17	16	1	10	5	2	2	150	350	0

农村土地资源利用与整治国家地方联合工程研究中心	11	2012/10/02	非学校上级主管部门	跨系所	中央其他部委重点研究基地	管理学	专业技术服务业	与境内注册其他企业合办	77	77	0	72	5	0	200	3997	1800	800
农村专业技术培训与服务国家智能社会治理实验基地	12	2021/09/29	非学校上级主管部门	跨系所	中央其他部委重点研究基地	管理学	农业	政府部门办	7	7	0	3	3	1	0	6	30	0
农业考古研究中心	13	2020/10/21	学校自建	独立设置研究所	校级重点研究基地	考古学	农业	单位自办	8	8	0	6	1	1	1	200	120	0
农业园区研究中心	14	2004/01/01	学校自建	跨系所	校级重点研究基地	管理学	农、林、牧、渔专业及辅助性活动	单位自办	17	11	6	13	3	0	4	80	35	0
人文与社会计算研究中心	15	2020/09/24	非学校上级主管部门	跨系所	其他重点研究基地，江苏高校哲学社会科学重点研究基地	图书馆、情报与文献学	科技推广和应用服务业	政府部门办	11	11	0	9	2	0	10	310	13 000	0
日本语言文化研究所	16	2004/10/01	学校自建	独立设置研究所	校级重点研究基地	外国文学	教育	单位自办	14	4	10	5	9	0	25	53	50	0
社会调查研究中心	17	2017/05/02	学校自建	独立设置研究所	校级重点研究基地	社会学	农业	单位自办	6	6	0	4	2	0	10	20	640	0
数字人文研究中心	18	2018/04/04	学校自建	独立设置研究所	校级重点研究基地	历史学	农业	单位自办	5	5	0	5	0	0	6	50	200	0
英语语言文化研究所	19	2004/01/01	学校自建	独立设置研究所	校级重点研究基地	外国文学	教育	单位自办	14	8	6	8	6	0	23	83	50	0
中国农业历史研究中心	20	2009/11/20	非学校上级主管部门	独立设置研究所	其他重点研究基地，江苏高校哲学社会科学重点研究基地	历史学	农业	政府部门办	16	16	0	15	1	0	5	200	200	200
中国农业遗产研究室	21	1955/08/05	非学校上级主管部门	独立设置研究所	中央其他部委重点研究基地	历史学	农业	政府部门办	11	11	0	10	1	0	6	200	180	180
中国畜产业发展研究中心	22	2015/01/01	学校自建	独立设置研究所	校级重点研究基地	管理学	畜牧业	单位自办	15	8	5	5	5	5	7	200	10	0
中国资源环境与发展研究院	23	2020/04/20	非学校上级主管部门	独立设置研究所	省级智库	管理学	农业	政府部门办	44	43	1	43	1	0	0	402.8	86.638	0
中华农业文明研究院	24	2014/10/01	学校自建	独立设置研究所	校级重点研究基地	历史学	农业	单位自办	22	21	1	21	1	0	6	200	200	200
中外语言比较中心	25	2012/10/01	学校自建	独立设置研究所	校级重点研究基地	外国文学	教育	单位自办	14	1	13	8	6	0	30	40	50	0
中国矿业大学	005	/	/	/	/	/	/	/	216	190	24	156	37	1	491	5 227.8	89	0
安全管理研究中心	1	2018/07/19	非学校上级主管部门	独立设置研究所	省级重点研究基地	管理学	国家机构	政府部门办	9	9	0	7	2	0	54	450	5	0
安全科学与应急管理研究中心	2	2020/07/06	非学校上级主管部门	独立设置研究所	省级重点研究基地	管理学	国家机构	政府部门办	38	21	15	13	7	1	14	1 676.8	24	0

续表

机构名称	编号	成立时间	批准部门	组成方式	机构类型	学科分类	服务的国民经济行业	组成类型	R&D活动人员(人) 合计	其中 博士毕业	其中 硕士毕业	其中 高级职称	其中 中级职称	其中 初级职称	培养研究生(人)	R&D经费支出(千元)	仪器设备原价(千元)	其中 进口(千元)
		L01	L02	L03	L04	L05	L06	L07	L08	L09	L10	L11	L12	L13	L14	L15	L16	L17
澳大利亚研究中心	3	2017/06/13	非学校上级主管部门	独立设置研究所	其他重点研究基地,教育部国别研究中心	国际问题研究	国家机构	政府部门办	15	10	5	10	5	0	4	110	6	0
国际能源政策研究中心	4	2013/07/01	非学校上级主管部门	独立设置研究所	省级重点研究基地	管理学	国家机构	政府部门办	43	43	0	37	6	0	180	1595	15	0
江苏城乡安全治理研究基地	5	2023/04/25	非学校上级主管部门	独立设置研究所	省级重点研究基地	管理学	国家机构	政府部门办	3	3	0	3	0	0	11	10	6	0
江苏省公共安全创新研究中心	6	2017/11/02	非学校上级主管部门	独立设置研究所	省级重点研究基地	管理学	国家机构	政府部门办	15	15	0	15	0	0	30	300	8	0
江苏省能源经济管理研究基地	7	2008/10/01	非学校上级主管部门	独立设置研究所	省级重点研究基地	管理学	国家机构	政府部门办	43	43	0	37	6	0	180	50	4	0
江苏省统一战线理论研究中国矿业大学基地	8	2022/06/01	非学校上级主管部门	独立设置研究所	其他重点研究基地,江苏省统一战线理论研究基地	政治学	国家机构	政府部门办	5	3	2	5	0	0	0	36	5	0
江苏省习近平新时代中国特色社会主义思想理论研究基地	9	2022/11/01	非学校上级主管部门	独立设置研究所	其他重点研究基地,江苏省习近平新时代中国特色社会主义思想理论研究基地	马克思主义	国家机构	政府部门办	15	15	0	10	0	0	3	500	6	0
应急治理与国家安全研究院	10	2023/04/24	非学校上级主管部门	独立设置研究所	省级重点研究基地	管理学	国家机构	政府部门办	30	28	2	19	11	0	15	500	10	0
河海大学	006	/	/	/	/	/	/	/	580	453	111	431	137	10	455	15 690	6085	0
“世界水谷”与水生态文明协同创新中心	1	2014/12/04	非学校上级主管部门	独立设置研究所	省级2011协同创新中心	管理学	生态保护和环境治理业	政府部门办	27	12	5	22	5	0	17	1000	550	0
东部资源环境与持续发展研究中心	2	1994/12/01	非学校上级主管部门	与校外合办所	中央其他部委重点研究基地	经济学	中国共产党机关	政府部门办	10	8	2	6	2	0	10	300	100	0
公民道德发展与人的现代化研究基地	3	2012/12/12	非学校上级主管部门	独立设置研究所	省级重点研究基地	哲学	中国共产党机关	政府部门办	13	12	1	10	3	0	13	300	300	0
国际河流研究中心	4	2013/07/06	非学校上级主管部门	独立设置研究所	省级重点研究基地	国际问题研究	水利管理业	政府部门办	27	24	3	23	4	0	25	1000	450	0
国家级人才理论研究基地	5	2014/05/09	非学校上级主管部门	独立设置研究所	中央其他部委重点研究基地	管理学	中国共产党机关	政府部门办	8	6	2	6	2	0	10	200	15	0

环境与社会研究中心	6	2015/02/04	非学校上级主管部门	独立设置研究所	省级重点研究基地	社会学	人民政协、民主党派	政府部门办	19	17	2	14	5	0	20	400	50	0
几内亚湾/科特迪瓦研究中心	7	2021/03/01	学校上级主管部门	独立设置研究所	教育部国别和区域研究中心	国际问题研究	教育	单位自办	10	7	3	6	4	0	4	150	100	0
江苏长江保护与高质量发展研究基地	8	2019/08/13	非学校上级主管部门	与校外合办所	省级重点研究基地	管理学	生态保护和环境治理业	单位自办	23	22	1	20	3	0	25	800	100	0
江苏企业国际化发展研究基地	9	2011/11/20	非学校上级主管部门	独立设置研究所	省级重点研究基地	管理学	商务服务业	政府部门办	21	17	4	17	4	0	20	700	100	0
江苏省科技体制改革科技思想库	10	2012/09/21	非学校上级主管部门	独立设置研究所	省级重点研究基地	管理学	中国共产党机关	政府部门办	8	6	2	6	2	0	5	50	20	0
江苏省老年学研究与培训基地	11	2015/12/06	非学校上级主管部门	与校外合办所	中央其他部委重点研究基地	社会学	人民政协、民主党派	政府部门办	19	16	3	15	4	0	12	300	200	0
江苏省水资源与可持续发展研究中心	12	2010/11/11	非学校上级主管部门	独立设置研究所	省级重点研究基地	经济学	中国共产党机关	政府部门办	19	3	16	17	2	0	19	350	30	0
江苏省习近平新时代中国特色社会主义思想研究中心首批基地(理论研究基地)	13	2022/06/20	非学校上级主管部门	独立设置研究所	省级重点研究基地	马克思主义	中国共产党机关	单位自办	30	29	1	21	4	5	10	600	125	0
江苏省循环经济工程研究中心	14	2005/12/01	非学校上级主管部门	独立设置研究所	省级重点研究基地	管理学	中国共产党机关	政府部门办	22	19	3	17	5	0	12	210	18	0
江苏省中国特色社会主义理论体系研究基地	15	2015/04/09	非学校上级主管部门	独立设置研究所	省级重点研究基地	马克思主义	中国共产党机关	政府部门办	15	14	1	12	3	0	10	300	32	0
江苏水安全与生态共富研究基地	16	2023/04/13	非学校上级主管部门	独立设置研究所	省级重点研究基地	社会学	生态保护和环境治理业	单位自办	25	22	3	15	5	5	11	2000	2000	0
江苏沿海资源经济研究中心	17	2011/12/31	非学校上级主管部门	与校外合办所	省级重点研究基地	经济学	水利管理业	政府部门办	18	14	4	13	5	0	24	400	30	0
澜湄国家区域研究中心	18	2021/03/01	学校上级主管部门	独立设置研究所	教育部国别和区域研究中心	国际问题研究	教育	单位自办	10	6	4	6	4	0	3	50	40	0
全国性别/妇女研究与培训基地	19	2013/09/16	非学校上级主管部门	与校外合办所	中央其他部委重点研究基地	社会学	社会保障	政府部门办	19	14	5	14	5	0	23	180	30	0
人口老龄化科研基地	20	2014/10/16	非学校上级主管部门	独立设置研究所	省级重点研究基地	社会学	人民政协、民主党派	政府部门办	13	10	3	10	3	0	20	300	60	0
生态文明建设与流域保护研究院	21	2023/05/05	非学校上级主管部门	跨系所	省级智库	交叉学科	生态保护和环境治理业	单位自办	50	45	5	45	5	0	20	2000	600	0
水利部人力资源研究院	22	2011/04/29	非学校上级主管部门	与校外合办所	中央其他部委重点研究基地	管理学	中国共产党机关	政府部门办	20	15	5	14	6	0	18	700	85	0
水利部水库移民经济研究中心	23	1992/09/15	非学校上级主管部门	独立设置研究所	中央其他部委重点研究基地	社会学	水利管理业	政府部门办	27	22	5	17	10	0	26	1000	100	0
水利部水利经济研究所	24	1985/12/28	非学校上级主管部门	独立设置研究所	中央其他部委重点研究基地	经济学	中国共产党机关	政府部门办	17	13	4	12	5	0	20	550	78	0

续表

机构名称	编号	成立时间	批准部门	组成方式	机构类型	学科分类	服务的国民经济行业	组成类型	R&D活动人员(人) 合计	其中 博士毕业	其中 硕士毕业	其中 高级职称	其中 中级职称	其中 初级职称	培养研究生(人)	R&D经费支出(千元)	仪器设备原价(千元)	其中 进口(千元)
		L01	L02	L03	L04	L05	L06	L07	L08	L09	L10	L11	L12	L13	L14	L15	L16	L17
水利法治研究中心	25	2017/07/20	非学校上级主管部门	与校外合办所	省级重点研究基地	法学	中国共产党机关	政府部门办	21	17	4	8	13	0	15	650	80	0
水利政策法制研究与培训中心	26	2011/10/18	非学校上级主管部门	独立设置研究所	中央其他部委重点研究基地	法学	生态保护和环境治理业	政府部门办	17	10	4	11	6	0	14	250	60	0
西非国家经济共同体研究中心	27	2021/03/01	学校上级主管部门	独立设置研究所	教育部国别和区域研究中心	国际问题研究	教育	单位自办	15	8	7	5	10	0	5	200	100	0
新时代基层党建与思想文化建设研究基地	28	2020/10/01	非学校上级主管部门	独立设置研究所	省级重点研究基地	马克思主义	社会工作	单位自办	27	20	4	25	2	0	24	450	400	0
亚洲研究中心	29	2017/07/01	学校上级主管部门	独立设置研究所	教育部国别和区域研究中心	国际问题研究	教育	单位自办	20	17	3	16	4	0	10	200	200	0
中国(南京)人才发展研究中心	30	2012/03/28	非学校上级主管部门	独立设置研究所	省级重点研究基地	管理学	教育	政府部门办	10	8	2	8	2	0	10	100	32	0
南京理工大学	007	/	/	/	/	/	/	/	249	192	52	138	80	8	209	3647	2240	450
江苏服务型政府建设研究基地	1	2011/11/05	非学校上级主管部门	独立设置研究所	省级重点研究基地	社会学	中国共产党机关	政府部门办	15	6	9	0	7	2	2	50	20	0
江苏人才发展战略研究院	2	2016/07/07	非学校上级主管部门	独立设置研究所	省级智库	管理学	教育	政府部门办	10	5	5	0	5	2	2	12	50	0
江苏商标品牌研究中心	3	2018/07/15	非学校上级主管部门	独立设置研究所	省级重点研究基地	法学	科技推广和应用服务业	政府部门办	6	5	1	3	3	0	20	100	60	0
江苏省版权研究中心	4	2017/04/06	非学校上级主管部门	独立设置研究所	省级重点研究基地	法学	文化艺术业	政府部门办	6	5	1	3	3	0	22	100	50	0
江苏省国防科技工业军民融合发展政策评估中心	5	2021/11/01	学校上级主管部门	跨系所	省级重点研究基地	管理学	社会工作	政府部门办	30	28	2	25	5	0	0	150	10	0
江苏省军民融合发展研究院	6	2017/08/31	非学校上级主管部门	独立设置研究所	省级重点研究基地	管理学	研究和试验发展	政府部门办	7	5	2	0	2	0	0	15	50	0
江苏省军民融合科技与产业创新研究中心	7	2016/04/14	非学校上级主管部门	独立设置研究所	省级重点研究基地	管理学	科技推广和应用服务业	政府部门办	6	4	2	0	2	0	0	50	6	0
江苏省习近平新时代中国特色社会主义思想研究中心理论研究基地	8	2022/06/01	学校上级主管部门	独立设置研究所	省级智库	马克思主义	中国共产党机关	政府部门办	71	53	17	37	30	3	21	300	20	0
江苏省知识产权思想库	9	2016/02/03	非学校上级主管部门	独立设置研究所	省级重点研究基地	法学	科技推广和应用服务业	政府部门办	6	5	1	3	3	0	4	150	60	0

江苏省铸牢中华民族共同体意识研究基地	10	2022/11/25	非学校上级主管部门	跨系所	省级重点研究基地	社会学	国家机构	政府部门办	20	15	3	18	2	0	10	50	8	0
企业大数据质量管理与风险控制工业和信息化部重点实验室	11	2022/12/01	学校上级主管部门	独立设置研究所	中央其他部委重点实验室，工业和信息化部重点实验室	管理学	货币金融服务	政府部门办	49	39	8	39	9	1	125	2500	1850	450
沙特研究中心	12	2017/09/29	学校上级主管部门	独立设置研究所	其他重点研究基地，教育部国别和区域研究培育基地	国际问题研究	国家机构	政府部门办	6	5	1	0	2	0	0	50	6	0
语言信息智能处理及应用工信部重点实验室	13	2020/01/01	学校上级主管部门	独立设置研究所	中央其他部委重点实验室	语言学	软件和信息技术服务业	政府部门办	17	17	0	10	7	0	3	120	50	0
南京航空航天大学	008	/	/	/	/	/	/	/	187	63	67	89	35	2	146	1593	654	0
共青团中央中国特色社会主义理论体系研究基地	1	2018/05/30	非学校上级主管部门	独立设置研究所	中央其他部委重点研究基地	马克思主义	群众团体、社会团体和其他成员组织	政府部门办	20	15	5	13	7	0	20	10	2	0
江苏军民融合发展研究基地	2	2019/07/01	非学校上级主管部门	独立设置研究所	省级重点研究基地	管理学	科技推广和应用服务业	政府部门办	15	4	4	5	2	1	12	218	19	0
江苏省高校思想政治教育研究中心	3	2018/07/19	非学校上级主管部门	独立设置研究所	省级重点研究基地	马克思主义	科技推广和应用服务业	政府部门办	16	9	7	12	4	0	18	10	10	0
江苏省航空人工智能产业XXXX研究中心	4	2021/12/15	非学校上级主管部门	独立设置研究所	省级重点研究基地	法学	航空运输业	政府部门办	28	2	8	15	2	1	12	200	100	0
江苏省统一战线理论研究基地	5	2022/07/01	非学校上级主管部门	独立设置研究所	省级重点研究基地	马克思主义	国家机构	政府部门办	16	15	1	12	4	0	20	50	15	0
江苏省习近平新时代中国特色社会主义思想研究中心理论研究基地	6	2015/04/02	非学校上级主管部门	独立设置研究所	省级重点研究基地	马克思主义	国家机构	政府部门办	25	15	10	9	7	0	19	105	8	0
文化和旅游研究基地	7	2019/10/14	非学校上级主管部门	独立设置研究所	中央其他部委重点研究基地	艺术学	国家机构	政府部门办	35	0	21	11	3	0	29	400	100	0
文物无损检测与安全溯源江苏省文化和旅游重点实验室	8	2022/07/12	非学校上级主管部门	独立设置研究所	省级重点研究基地	考古学	科技推广和应用服务业	政府部门办	32	3	11	12	6	0	16	600	400	0
苏州大学	009	/	/	/	/	/	/	/	379	293	85	248	102	25	152	6 579.6	1 025.7	0
东吴体育智库	1	2015/01/37	非学校上级主管部门	独立设置研究所	省级智库	体育科学	体育	政府部门办	20	15	5	12	6	2	6	712	107	0
东吴智库	2	2015/06/18	非学校上级主管部门	跨系所	省级智库，省级重点研究基地	经济学	国家机构	政府部门办	24	21	3	10	14	0	15	480	112	0
非物质文化遗产研究中心	3	2006/10/24	非学校上级主管部门	跨系所	其他重点研究基地，江苏省非物质文化遗产研究基地	艺术学	文化艺术业	政府部门办	3	3	0	0	3	0	0	270	41	0

续表

机构名称	编号	成立时间	批准部门	组成方式	机构类型	学科分类	服务的国民经济行业	组成类型	R&D活动人员(人) 合计	其中 博士毕业	硕士毕业	高级职称	中级职称	初级职称	培养研究生(人)	R&D经费支出(千元)	仪器设备原价(千元)	其中 进口(千元)
		L01	L02	L03	L04	L05	L06	L07	L08	L09	L10	L11	L12	L13	L14	L15	L16	L17
公法研究中心	4	2009/10/27	学校上级主管部门	独立设置研究所	省级重点研究基地	法学	国家机构	政府部门办	25	19	6	21	4	0	10	150	51	0
国家体育总局体育产业研究基地	5	2017/12/01	非学校上级主管部门	独立设置研究所	中央其他部委重点研究基地,其他重点研究基地,国家体育总局体育产业研究基地	体育科学	体育	政府部门办	17	12	5	9	5	3	11	150	82	0
江苏当代作家研究基地	6	2013/10/01	非学校上级主管部门	独立设置研究所	省级重点研究基地,江苏省哲学社会科学研究基地	中国文学	文化艺术业	政府部门办	20	15	5	12	6	2	6	150	22	0
江苏省高校社科传播与应用基地	7	2022/09/01	非学校上级主管部门	独立设置研究所	其他重点研究基地,江苏省社会科学普及基地	教育学	教育	政府部门办	20	15	5	12	6	2	6	66	10	0
江苏省吴文化研究基地	8	1996/12/05	非学校上级主管部门	独立设置研究所	省级重点研究基地	历史学	文化艺术业	政府部门办	10	8	2	8	2	0	5	630	20	0
江苏省中国特色社会主义理论体系研究中心	9	2015/04/01	非学校上级主管部门	独立设置研究所	省级重点研究基地	马克思主义	中国共产党机关	政府部门办	20	15	5	12	6	2	6	33	6	0
江苏省铸牢中华民族共同体意识研究基地	10	2022/11/01	学校上级主管部门	独立设置研究所	其他重点研究基地,省铸牢中华民族共同体意识研究基地	社会学	社会工作	政府部门办	20	15	5	12	6	2	6	47	7	0
江苏现代金融研究基地	11	2019/06/01	非学校上级主管部门	独立设置研究所	省级重点研究基地,江苏省决策咨询研究基地	经济学	货币金融服务	政府部门办	20	15	5	12	6	2	6	350	53	0
江苏学校美育研究中心	12	2021/11/01	学校上级主管部门	独立设置研究所	其他重点研究基地,江苏学校美育研究中心	教育学	教育	政府部门办	20	15	5	12	6	2	6	200	30	0
江苏哲学社会科学协同创新研究基地	13	2023/05/01	非学校上级主管部门	独立设置研究所	省级重点研究基地,江苏省决策咨询研究基地	交叉学科	社会工作	政府部门办	20	15	5	12	6	2	6	530	79	0

老挝——大湄公河次区域国家研究中心	14	2013/06/28	学校上级主管部门	独立设置研究所	研究中心	国际问题研究	其他服务业	政府部门办	23	19	4	21	2	0	15	100	45.7	0
苏南发展研究院	15	1997/04/07	非学校上级主管部门	跨系所	其他重点研究基地,省哲学社会科学规划办公室和苏州大学共同建设研究基地	社会学	其他服务业	政府部门办	22	17	4	22	0	0	13	74.6	178	0
苏南治理现代化研究基地	16	2013/11/01	非学校上级主管部门	独立设置研究所	省级重点研究基地,江苏省决策咨询研究基地	社会学	社会工作	政府部门办	20	15	5	12	6	2	6	160	24	0
苏州基层党建研究所	17	2007/06/26	学校上级主管部门	与校外合办所	省级重点研究基地	马克思主义	中国共产党机关	政府部门办	7	5	2	7	0	0	2	167	20	0
体育社会科学研究中心	18	2003/02/17	非学校上级主管部门	独立设置研究所	其他重点研究基地,国家体育总局体育社会科学重点研究基地	体育科学	体育	政府部门办	20	15	5	12	6	2	6	150	50	0
中国特色城镇化研究中心	19	2003/04/28	学校上级主管部门	跨系所	教育部重点研究基地	管理学	国家机构	政府部门办	28	24	4	18	6	0	15	2010	67	0
中国文化翻译与传播研究基地	20	2020/09/01	学校上级主管部门	独立设置研究所	省级重点研究基地	语言学	文化艺术业	政府部门办	20	15	5	12	6	2	6	150	21	0
江苏科技大学	010	/	/	/	/	/	/	/	15	9	6	10	5	0	29	100	10	0
服务制造模式与信息化研究中心	1	2015/05/01	学校上级主管部门	独立设置研究所	省级重点研究基地	管理学	铁路、船舶、航空航天和其他运输设备制造业	与国内独立研究机构合办	15	9	6	10	5	0	29	100	10	0
南京工业大学	011	/	/	/	/	/	/	/	241	149	91	114	113	11	56	1840	223.58	0
高校国家知识产权信息服务中心	1	2019/12/01	非学校上级主管部门	独立设置研究所	中央其他部委重点研究基地	图书馆、情报与文献学	软件和信息技术服务业	政府部门办	18	13	4	10	7	0	6	55	20	0
互联网金融科技研究中心	2	2019/05/01	非学校上级主管部门	独立设置研究所	其他重点研究基地,江苏省教育厅	经济学	资本市场服务	与国内独立研究机构合办	8	3	5	2	5	0	3	50	4.5	0
江苏产业科技创新研究中心	3	2017/03/05	非学校上级主管部门	与校外合办所	省级重点研究基地	管理学	科技推广和应用服务业	与国内独立研究机构合办	10	5	5	3	6	0	6	250	16	0
江苏工业碳达峰碳中和研究基地	4	2023/04/07	非学校上级主管部门	独立设置研究所	省级智库	交叉学科	生态保护和环境治理业	政府部门办	15	12	3	10	5	0	7	200	45	0
江苏社会管理法制建设研究基地	5	2018/01/05	非学校上级主管部门	独立设置研究所	其他重点研究基地,江苏省社科联	法学	社会保障	政府部门办	9	1	8	2	3	4	2	50	12	0

续表

机构名称	编号	成立时间	批准部门	组成方式	机构类型	学科分类	服务的国民经济行业	组成类型	R&D活动人员(人) 合计	其中 博士毕业	其中 硕士毕业	其中 高级职称	其中 中级职称	其中 初级职称	培养研究生(人)	R&D经费支出(千元)	仪器设备原价(千元)	其中 进口(千元)
		L01	L02	L03	L04	L05	L06	L07	L08	L09	L10	L11	L12	L13	L14	L15	L16	L17
江苏省地方立法研究基地	6	2022/05/13	非学校上级主管部门	与校外合办所	其他重点研究基地,省级基地	法学	社会保障	政府部门办	25	20	5	8	14	3	4	50	2	0
江苏省军民融合发展智库“协同创新与产业发展研究中心”	7	2019/10/01	非学校上级主管部门	独立设置研究所	其他智库,江苏省委军民融合办	管理学	科技推广和应用服务业	政府部门办	16	6	10	9	7	0	0	50	21	0
江苏省科技成果转化军民融合发展政策评估中心	8	2022/12/01	非学校上级主管部门	独立设置研究所	省级智库	交叉学科	科技推广和应用服务业	政府部门办	6	3	3	2	4	0	3	150	30	0
江苏省科技政策思想库	9	2014/05/01	学校上级主管部门	独立设置研究所	省级智库	管理学	科技推广和应用服务业	政府部门办	18	5	13	5	13	0	3	55	5.1	0
江苏省科协科技创新智库基地	10	2019/05/01	非学校上级主管部门	独立设置研究所	其他重点研究基地,江苏省科协	管理学	教育	政府部门办	9	5	4	2	5	2	3	50	4.6	0
江苏省习近平新时代中国特色社会主义思想研究中心理论基地	11	2022/09/09	非学校上级主管部门	跨系所	其他重点研究基地,省级基地	马克思主义	中国共产党机关	政府部门办	20	13	7	10	8	2	4	10	2	0
江苏省重点培育智库“应急治理与政策研究院”	12	2023/04/14	非学校上级主管部门	独立设置研究所	省级智库	管理学	化学原料和化学制品制造业	政府部门办	40	35	5	22	18	0	15	200	15	0
新型城镇化研究院	13	2020/01/01	非学校上级主管部门	跨系所	省级智库	社会学	国家机构	政府部门办	10	8	2	8	2	0	0	120	18.5	0
一带一路化工与建筑行业中外人文交流研究院	14	2020/01/01	学校上级主管部门	跨系所	中央其他部委重点研究基地	管理学	教育	政府部门办	15	10	5	5	10	0	0	500	21.2	0
知识产权科普教育基地	15	2018/10/12	学校上级主管部门	跨系所	其他重点研究基地,省科技协会、科技厅、教育厅	教育学	教育	政府部门办	22	10	12	16	6	0	0	50	6.68	0
常州大学	012	/	/	/	/	/	/	/	140	90	50	78	54	8	5	1440	660	0
常州现代服务业研究院	1	2014/09/23	学校自建	与校外合办所	校级重点研究基地	管理学	商务服务业	单位自办	6	4	2	5	1	0	0	200	30	0
城乡文明研究所	2	2014/06/05	学校自建	独立设置研究所	校级重点研究基地	马克思主义	中国共产党机关	单位自办	4	1	3	3	1	0	0	20	20	0
江南文化研究中心	3	2013/04/10	学校自建	与校外合办所	校级重点研究基地	历史学	其他服务业	单位自办	6	4	2	2	4	0	0	100	20	0

江苏能源战略研究基地	4	2013/03/19	学校上级主管部门	与校外合办所	省级重点研究基地	管理学	石油、煤炭及其他燃料加工业	政府部门办	10	6	4	6	4	0	0	100	50	0
江苏省非物质文化遗产研究基地	5	2014/10/20	学校上级主管部门	跨系所	省级重点研究基地	艺术学	中国共产党机关	政府部门办	10	5	5	6	4	0	0	100	50	0
江苏省统一战线理论研究基地	6	2022/05/01	学校上级主管部门	独立设置研究所	省级重点研究基地	交叉学科	人民政协、民主党派	政府部门办	10	6	4	4	4	2	0	100	50	0
江苏省习近平新时代中国特色社会主义思想研究中心	7	2022/06/01	学校上级主管部门	独立设置研究所	省级重点研究基地	马克思主义	中国共产党机关	政府部门办	12	8	4	5	4	3	0	100	50	0
江苏省知识产权培训基地	8	2017/10/01	学校上级主管部门	独立设置研究所	省级重点研究基地	法学	科技推广和应用服务业	政府部门办	8	7	1	5	2	1	2	100	50	0
江苏中国特色社会主义理论研究基地	9	2015/05/06	学校上级主管部门	跨系所	省级重点研究基地	马克思主义	国家机构	政府部门办	10	6	4	7	3	0	0	100	50	0
旅游产业战略研究所	10	2014/01/07	学校自建	跨系所	校级重点研究基地	管理学	商务服务业	单位自办	4	2	2	2	2	0	0	20	20	0
人力资源管理研究中心	11	2014/02/01	学校自建	与校外合办所	校级重点研究基地	管理学	其他服务业	单位自办	6	4	2	3	3	0	0	20	20	0
书画艺术研究院	12	2014/08/06	学校自建	独立设置研究所	校级重点研究基地	艺术学	广播、电视、电影和录音制作业	单位自办	4	2	2	2	2	0	0	20	20	0
苏南现代化研究协同创新中心	13	2020/10/01	学校上级主管部门	独立设置研究所	省级重点研究基地	社会学	研究和试验发展	政府部门办	10	9	1	7	2	1	1	100	50	0
苏台经贸合作和科技创新研究中心	14	2015/05/18	学校上级主管部门	与校外合办所	省级重点研究基地	管理学	商务服务业	政府部门办	10	6	4	5	5	0	0	100	50	0
体育健康教育研究所	15	2011/10/17	学校自建	独立设置研究所	校级重点研究基地	体育科学	体育	单位自办	4	2	2	2	2	0	0	20	20	0
现代服务业发展与治理研究基地	16	2017/07/01	学校上级主管部门	独立设置研究所	省级重点研究基地	管理学	商务服务业	政府部门办	10	8	2	5	4	1	2	100	50	0
语言教育与语言政策研究中心	17	2014/01/07	学校自建	独立设置研究所	校级重点研究基地	语言学	其他服务业	单位自办	5	3	2	3	2	0	0	20	20	0
语言应用研究基地	18	2015/10/19	非学校上级主管部门	与校外合办所	省级重点研究基地	语言学	其他服务业	与国内独立研究机构合办	7	5	2	4	3	0	0	100	20	0
周有光研究中心	19	2013/06/05	学校自建	独立设置研究所	校级重点研究基地	中国文学	文化艺术业	单位自办	4	2	2	2	2	0	0	20	20	0
南京邮电大学	013	/	/	/	/	/	/	/	168	104	64	93	75	0	0	1730	302	0
高质量发展评价研究院	1	2020/04/30	非学校上级主管部门	独立设置研究所	省级智库	管理学	中国共产党机关	政府部门办	15	10	5	10	5	0	0	400	20	0
江苏高质量发展综合评估研究基地	2	2019/07/15	非学校上级主管部门	独立设置研究所	其他重点研究基地，江苏省社科联批准决策咨询研究基地	管理学	国家机构	政府部门办	14	8	6	6	8	0	0	60	10	0

续表

机构名称	编号	成立时间	批准部门	组成方式	机构类型	学科分类	服务的国民经济行业	组成类型	R&D活动人员(人) 合计	其中 博士毕业	硕士毕业	高级职称	中级职称	初级职称	培养研究生(人)	R&D经费支出(千元)	仪器设备原价(千元)	其中 进口(千元)
		L01	L02	L03	L04	L05	L06	L07	L08	L09	L10	L11	L12	L13	L14	L15	L16	L17
江苏省统计科学研究基地	3	2010/06/07	非学校上级主管部门	跨系所	其他重点研究基地,江苏省统计局批准	统计学	软件和信息技术服务业	政府部门办	8	5	3	3	5	0	0	60	16	0
江苏现代信息服务业研究基地	4	2012/03/15	非学校上级主管部门	跨系所	其他重点研究基地,江苏省社科联批准决策咨询研究基地	图书馆、情报与文献学	软件和信息技术服务业	政府部门办	12	4	8	6	6	0	0	100	31	0
江苏现代信息社会研究基地	5	2011/11/15	非学校上级主管部门	跨系所	其他重点研究基地,江苏省社科联批准决策咨询研究基地	管理学	科技推广和应用服务业	政府部门办	16	10	6	9	7	0	0	100	25	0
江苏智慧养老研究院	6	2017/07/07	学校上级主管部门	与校外合办所	校级重点研究基地,其他重点研究基地,江苏省教育厅批准江苏高校人文社会科学校外研究基地	社会学	社会工作	与国内独立研究机构合办	15	10	5	12	3	0	0	200	30	0
教育人工智能研究中心	7	2020/09/16	学校上级主管部门	跨系所	其他重点研究基地,江苏高校哲学社会科学重点研究基地	教育学	教育	政府部门办	14	11	3	6	8	0	0	100	20	0
科普动漫研究所	8	2019/09/16	非学校上级主管部门	独立设置研究所	其他重点研究基地,江苏省社科联批准社会科学普及研发基地	艺术学	文化艺术业	政府部门办	11	7	4	6	5	0	0	100	30	0
网络空间国际治理研究基地	9	2022/11/24	非学校上级主管部门	独立设置研究所	国家高端智库	管理学	国家机构	政府部门办	15	10	5	8	7	0	0	200	30	0
物联网产业发展研究基地	10	2010/08/05	学校上级主管部门	跨系所	其他重点研究基地,江苏省教育厅批准江苏高校哲学社会科学重点研究基地	管理学	互联网和相关服务	政府部门办	15	7	8	8	7	0	0	100	30	0

习近平新时代中国特色社会主义思想研究中心理论研究基地	11	2022/06/06	非学校上级主管部门	独立设置研究所	省级智库	政治学	中国共产党机关	政府部门办	10	7	3	7	3	0	0	100	10	0
信息产业融合创新与应急管理研究中心	12	2018/07/19	学校上级主管部门	跨系所	其他重点研究基地,江苏省教育厅批准江苏高校哲学社会科学重点研究基地	管理学	互联网和相关服务	政府部门办	15	11	4	9	6	0	0	110	20	0
邮电文化多语种科普基地	13	2023/09/30	非学校上级主管部门	跨系所	江苏省社科联批准社会科学普及研发基地	语言学	文化艺术业	政府部门办	8	4	4	3	5	0	0	100	30	0
南京林业大学	014	/	/	/	/	/	/	/	69	37	27	47	22	0	0	886.8	1 205.2	281.8
国家林业和草原局林业遗产与森林环境史研究中心	1	2020/05/01	学校上级主管部门	独立设置研究所	研究中心	历史学	林业	政府部门办	38	28	10	26	12	0	0	300	5	0
江苏环境与发展研究中心	2	2009/12/15	学校上级主管部门	独立设置研究所	省级重点研究基地	哲学	生态保护和环境治理业	政府部门办	10	4	5	7	3	0	0	334.7	854.2	246
生态经济研究中心	3	2010/10/28	学校上级主管部门	独立设置研究所	省级重点研究基地	经济学	生态保护和环境治理业	政府部门办	21	5	12	14	7	0	0	252.1	346	35.800
江苏大学	015	/	/	/	/	/	/	/	33	25	7	23	5	0	37	920	350	0
产业经济研究院	1	2019/06/06	学校自建	独立设置研究所	校级重点研究基地	经济学	其他金融业	单位自办	3	2	0	2	1	0	15	150	50	0
高等教育研究所	2	1983/08/01	学校自建	独立设置研究所	研究所	教育学	其他服务业	单位自办	2	1	1	1	0	0	1	40	10	0
江苏省统计应用研究基地	3	2012/01/11	非学校上级主管部门	与校外合办所	省级重点研究基地	统计学	其他服务业	与国内独立研究机构合办	3	3	0	3	0	0	3	100	10	0
江苏省知识产权研究中心	4	2008/09/27	非学校上级主管部门	独立设置研究所	省级重点研究基地	管理学	专业技术服务业	政府部门办	4	2	2	2	0	0	2	80	20	0
江苏省中小企业发展研究基地	5	2008/10/03	非学校上级主管部门	跨系所	省级重点研究基地	管理学	专业技术服务业	政府部门办	4	2	2	2	0	0	2	90	10	0
江苏镇江法治政府研究院	6	2017/06/08	学校上级主管部门	与校外合办所	省级重点研究基地	法学	其他服务业	政府部门办	5	3	2	3	2	0	5	50	50	0
绿色发展与环境治理研究中心	7	2020/06/10	学校上级主管部门	独立设置研究所	省级重点研究基地	管理学	生态保护和环境治理业	政府部门办	5	5	0	4	1	0	0	80	50	0
能源发展与环境保护战略研究中心	8	2009/11/11	学校上级主管部门	独立设置研究所	省级重点研究基地	经济学	专业技术服务业	政府部门办	4	4	0	4	0	0	4	280	100	0
新时代"三农"问题研究中心	9	2018/05/09	学校上级主管部门	独立设置研究所	省级重点研究基地	马克思主义	农业	政府部门办	3	3	0	2	1	0	5	50	50	0

续表

机构名称	编号	成立时间	批准部门	组成方式	机构类型	学科分类	服务的国民经济行业	组成类型	R&D活动人员(人) 合计	其中 博士毕业	其中 硕士毕业	其中 高级职称	其中 中级职称	其中 初级职称	培养研究生(人)	R&D经费支出(千元)	仪器设备原价(千元)	其中 进口(千元)
		L01	L02	L03	L04	L05	L06	L07	L08	L09	L10	L11	L12	L13	L14	L15	L16	L17
南京信息工程大学	016	/	/	/	/	/	/	/	281	237	12	202	75	2	169	4816.89	1853.5	0
风险治理与应急决策研究院	1	2020/06/15	学校上级主管部门	独立设置研究所	省级重点研究基地	管理学	国家机构	政府部门办	17	17	0	11	6	0	10	680	235	0
国家体育总局体育文化研究基地	2	2013/11/03	非学校上级主管部门	独立设置研究所	中央其他部委重点研究基地	体育科学	文化艺术业	政府部门办	26	9	0	19	7	0	10	200.35	78.6	0
江北新区发展研究院	3	2017/08/29	学校上级主管部门	与校外合办所	省级重点研究基地	管理学	中国共产党机关	政府部门办	38	36	0	26	10	0	11	1 156.2	398	0
江苏人才强省建设研究基地	4	2011/10/22	非学校上级主管部门	与校外合办所	省级重点研究基地	管理学	中国共产党机关	政府部门办	22	14	0	15	7	0	12	203.6	104.3	0
江苏省中国特色社会主义理论体系研究基地	5	2015/04/02	非学校上级主管部门	跨系所	省级重点研究基地	马克思主义	国家机构	政府部门办	23	18	0	15	8	0	32	681.3	91.2	0
气候变化与公共政策研究院	6	2007/03/06	学校上级主管部门	跨系所	省级重点研究基地	政治学	中国共产党机关	政府部门办	21	21	0	18	3	0	24	280.44	70.6	0
气候与环境治理研究院	7	2016/07/08	非学校上级主管部门	跨系所	省级智库	管理学	中国共产党机关	政府部门办	49	47	2	40	9	0	16	479.3	148.2	0
文化遗产科学认知与保护研究基地	8	2017/07/07	学校上级主管部门	与校外合办所	省级重点研究基地	历史学	广播、电视、电影和录音制作业	与国内独立研究机构合办	26	23	3	17	7	2	10	271.8	184.8	0
中国科协科技人力资源研究基地	9	2007/06/03	非学校上级主管部门	与校外合办所	中央其他部委重点研究基地	管理学	科技推广和应用服务业	与国内独立研究机构合办	23	22	1	15	8	0	14	261.5	130.1	0
中国制造业发展研究院	10	2006/05/18	学校上级主管部门	独立设置研究所	省级重点研究基地	经济学	其他制造业	政府部门办	36	30	6	26	10	0	30	602.4	412.7	0
南通大学	017	/	/	/	/	/	/	/	131	84	41	101	21	9	67	3596	1 371.8	0
长三角现代化研究基地	1	2023/04/15	学校上级主管部门	独立设置研究所	省决策咨询研究基地	经济学	生态保护和环境治理业	政府部门办	9	6	3	7	2	0	5	140	38	0
东亚文化研究中心	2	2018/07/14	学校上级主管部门	跨系所	江苏省高校哲学社会科学重点建设基地	中国文学	文化艺术业	政府部门办	9	7	2	4	4	1	0	135	36.8	0
江苏长江经济带研究院	3	2016/04/20	非学校上级主管部门	与校外合办所	省级智库	管理学	生态保护和环境治理业	与国内独立研究机构合办	9	7	2	4	4	1	8	459.8	387.6	0
江苏省统计科学研究基地(南通大学)	4	2023/10/30	学校上级主管部门	独立设置研究所	省统计科学研究基地	统计学	社会工作	政府部门办	8	6	2	6	2	0	10	250	39	0
江苏省统一战线理论研究基地(南通大学)	5	2022/07/15	非学校上级主管部门	与校外合办所	江苏省理论研究基地	马克思主义	社会工作	政府部门办	20	13	7	18	1	1	6	130	36.5	0

江苏省习近平新时代中国特色社会主义思想研究中心南通大学基地	6	2022/06/15	非学校上级主管部门	与校外合办所	江苏省理论研究基地	马克思主义	社会工作	政府部门办	20	13	7	18	1	1	8	130	36.8	0
江苏省中国特色社会主义理论体系研究基地南通大学研究中心	7	2015/04/10	非学校上级主管部门	跨系所	省级研究基地	马克思主义	社会工作	政府部门办	20	13	7	18	1	1	6	130	36.8	0
江苏先进典型研究中心	8	2011/04/18	学校上级主管部门	与校外合办所	省高校人文社会科学校外研究基地	马克思主义	教育	政府部门办	8	5	2	6	1	1	6	512	98.6	0
江苏沿海沿江发展研究中心	9	2009/10/12	学校上级主管部门	与校外合办所	其他重点研究基地，省教育厅校外研究基地	经济学	生态保护和环境治理业	与国内独立研究机构合办	6	4	2	4	1	1	6	453	125.4	0
南通大学楚辞研究中心	10	2007/04/12	学校上级主管部门	独立设置研究所	省高校哲学社会科学重点研究基地	中国文学	文化艺术业	政府部门办	11	7	2	8	2	1	7	587.8	357.4	0
南通廉政文化研究中心	11	2007/04/11	学校上级主管部门	与校外合办所	省高校哲学社会科学重点研究基地	政治学	文化艺术业	政府部门办	11	3	5	8	2	1	5	668.4	178.9	0
南京医科大学	018	/	/	/	/	/	/	/	45	30	15	15	18	10	8	450	8	4
江苏健康研究院	1	2016/11/01	非学校上级主管部门	独立设置研究所	省级智库	管理学	卫生	政府部门办	45	30	15	15	18	10	8	450	8	4
南京中医药大学	019	/	/	/	/	/	/	/	66	17	8	40	10	0	55	450	687.72	0
江苏重大健康风险管理与中医药防控政策研究中心	1	2020/09/14	学校上级主管部门	独立设置研究所	省级重点研究基地	管理学	卫生	政府部门办	45	0	4	21	8	0	16	150	387.72	0
中医文化研究中心	2	1994/06/01	学校上级主管部门	独立设置研究所	省级重点研究基地	民族学与文化学	其他服务业	政府部门办	21	17	4	19	2	0	39	300	300	0
南京师范大学	020	/	/	/	/	/	/	/	675	582	63	502	145	7	769	9393	11 263.38	8687.58
道德教育研究所	1	2000/01/01	非学校上级主管部门	独立设置研究所	教育部重点研究基地	教育学	教育	政府部门办	10	9	1	5	3	1	17	1149	14	0
东亚国际问题研究中心	2	2013/06/01	学校上级主管部门	独立设置研究所	省级重点研究基地	政治学	教育	政府部门办	15	15	0	10	5	0	35	1000	20	0
江苏城乡一体化研究基地	3	2011/11/01	非学校上级主管部门	独立设置研究所	省级重点研究基地	社会学	居民服务业	政府部门办	14	14	0	7	7	0	13	100	30	0
江苏法治发展研究院	4	2008/01/01	非学校上级主管部门	独立设置研究所	省级重点研究基地	法学	社会保障	政府部门办	67	66	1	48	19	0	259	1330	650	0
江苏人才发展战略研究院	5	2022/06/01	非学校上级主管部门	跨系所	省级智库	经济学	教育	政府部门办	24	22	2	18	5	0	0	1000	100	0
江苏省创新经济研究基地	6	2008/06/30	非学校上级主管部门	独立设置研究所	省级重点研究基地	经济学	商务服务业	政府部门办	24	22	2	14	10	0	20	360	20	0

续表

机构名称	编号	成立时间	批准部门	组成方式	机构类型	学科分类	服务的国民经济行业	组成类型	R&D活动人员(人) 合计	其中 博士毕业	硕士毕业	高级职称	中级职称	初级职称	培养研究生(人)	R&D经费支出(千元)	仪器设备原价(千元)	其中 进口(千元)
		L01	L02	L03	L04	L05	L06	L07	L08	L09	L10	L11	L12	L13	L14	L15	L16	L17
江苏省地方立法研究基地	7	2022/05/13	非学校上级主管部门	与校外合办所	省级重点研究基地	法学	社会保障	政府部门办	15	15	0	8	7	0	26	20	100	0
江苏省高校“儿童青少年心理发展与危机干预”国际合作联合实验室	8	2022/06/01	学校上级主管部门	独立设置研究所	省级重点实验室	心理学	教育	政府部门办	16	16	0	16	0	0	0	8	500	0
江苏省老年学研究基地	9	2006/09/01	非学校上级主管部门	与校外合办所	省级重点研究基地	社会学	社会保障	政府部门办	18	16	2	11	7	0	5	150	10	0
江苏省农村金融研究基地	10	2011/06/30	非学校上级主管部门	独立设置研究所	省级重点研究基地	经济学	商务服务业	政府部门办	10	7	3	5	5	0	3	6	10	0
江苏省新的社会阶层人士统战工作分众研究基地	11	2022/05/27	非学校上级主管部门	与校外合办所	省级重点研究基地	新闻学与传播学	人民政协、民主党派	政府部门办	6	4	2	1	3	2	6	20	10	0
江苏省学生体质健康促进研究中心	12	2011/01/01	学校上级主管部门	独立设置研究所	省级重点研究基地	体育科学	体育	政府部门办	33	16	2	20	2	0	20	65	136.38	87.58
江苏文学翻译与研究中心	13	2013/11/01	非学校上级主管部门	独立设置研究所	省级重点研究基地	外国文学	文化艺术业	政府部门办	11	10	1	5	6	0	22	35	10	0
江苏心理健康与脑科学社科普及基地	14	2022/06/30	非学校上级主管部门	独立设置研究所	省级重点研究基地	心理学	教育	政府部门办	8	8	0	7	1	0	0	89	200	0
教育社会学研究中心	15	2009/06/30	学校上级主管部门	独立设置研究所	省级重点研究基地	教育学	教育	政府部门办	15	3	12	7	2	0	56	200	50	0
联合国教科文组织国际农村教育研究与培训中心南京基地	16	1999/01/01	非学校上级主管部门	独立设置研究所	其他重点研究基地,联合国教科文组织	教育学	国际组织	与境外机构合办	5	5	0	5	0	0	6	6	20	0
全国妇联妇女/性别研究与培训基地	17	2006/06/01	非学校上级主管部门	独立设置研究所	中央其他部委重点研究基地	社会学	群众团体、社会团体和其他成员组织	政府部门办	28	22	6	20	8	0	0	100	10	0
全国民政政策理论研究基地	18	2016/11/29	非学校上级主管部门	独立设置研究所	中央其他部委重点研究基地	政治学	群众团体、社会团体和其他成员组织	政府部门办	12	3	5	6	4	2	5	210	20	0
乡村文化振兴研究中心	19	2018/07/18	学校上级主管部门	独立设置研究所	省级重点研究基地	管理学	社会保障	政府部门办	35	35	0	33	2	0	80	50	50	0
语言信息科技研究中心	20	2010/08/01	学校上级主管部门	跨系所	省级重点研究基地	语言学	教育	政府部门办	39	39	0	33	6	0	140	50	8900	8600
智慧教育研究院	21	2017/07/07	学校上级主管部门	与校外合办所	省级重点研究基地	教育学	教育	政府部门办	15	10	3	5	8	2	26	60	100	0

中国法治现代化研究院	22	2015/11/10	非学校上级主管部门	独立设置研究所	省级智库	法学	社会工作	政府部门办	216	195	21	185	31	0	5	3185	233	0
中国红色音乐文化传播研究中心	23	2020/10/08	学校上级主管部门	独立设置研究所	省级重点研究基地	艺术学	文化艺术业	政府部门办	16	7	0	10	4	0	15	100	20	0
中国式现代化江苏新实践研究基地	24	2023/04/07	非学校上级主管部门	独立设置研究所	省级重点研究基地	经济学	商务服务业	政府部门办	23	23	0	23	0	0	10	100	50	0
江苏师范大学	021	/	/	/	/	/	/	/	578	548	30	452	126	0	411	12 800	20 430	3100
“一带一路”妇女发展研究基地	1	2019/09/02	非学校上级主管部门	与校外合办所	其他智库，省妇联共建	社会学	国家机构	政府部门办	12	12	0	9	3	0	4	100	30	0
“一带一路”研究院	2	2016/07/04	非学校上级主管部门	独立设置研究所	省级智库	经济学	国家机构	政府部门办	30	29	1	25	5	0	15	1900	600	0
澳大利亚研究中心	3	2013/06/18	非学校上级主管部门	独立设置研究所	其他重点研究基地，教育部国别和区域研究中心	国际问题研究	中国共产党机关	政府部门办	15	15	0	12	3	0	5	100	170	0
巴基斯坦研究中心	4	2017/06/13	非学校上级主管部门	独立设置研究所	其他重点研究基地，教育部国别和区域研究中心	国际问题研究	中国共产党机关	政府部门办	10	9	1	8	2	0	4	100	120	0
大运河文化带建设研究院徐州分院	5	2018/08/23	非学校上级主管部门	独立设置研究所	其他智库，江苏省高端智库分院	经济学	生态保护和环境治理业	政府部门办	20	19	1	17	3	0	16	100	300	0
独联体国家研究中心	6	2017/06/13	非学校上级主管部门	独立设置研究所	其他重点研究基地，教育部国别和区域研究中心	国际问题研究	中国共产党机关	政府部门办	14	14	0	12	2	0	6	100	120	0
国家民委“一带一路”国别和区域研究中心澳大利亚研究中心	7	2020/08/04	非学校上级主管部门	独立设置研究所	其他智库，国家民委	国际问题研究	国家机构	政府部门办	16	16	0	12	4	0	7	100	60	0
国家体育总局体育文化发展中心体育文化研究基地	8	2011/11/01	非学校上级主管部门	与校外合办所	其他重点研究基地，国家体育总局体育文化发展中心	体育科学	其他服务业	政府部门办	15	9	6	10	5	0	10	50	220	0
国务院侨务办公室侨务理论研究江苏基地	9	2013/01/18	非学校上级主管部门	与校外合办所	中央其他部委重点研究基地	政治学	其他服务业	政府部门办	15	15	0	12	3	0	6	100	110	0
汉文化研究院	10	2008/12/12	学校上级主管部门	独立设置研究所	省级重点研究基地	艺术学	其他服务业	政府部门办	18	18	0	16	2	0	10	100	250	0
华侨华人与“一带一路”沿线国家发展研究中心	11	2020/09/14	学校上级主管部门	独立设置研究所	省级重点研究基地	政治学	国家机构	政府部门办	15	15	0	10	5	0	9	100	60	0

续表

机构名称	编号	成立时间	批准部门	组成方式	机构类型	学科分类	服务的国民经济行业	组成类型	R&D活动人员(人) 合计	其中 博士毕业	硕士毕业	高级职称	中级职称	初级职称	培养研究生(人)	R&D经费支出(千元)	仪器设备原价(千元)	其中 进口(千元)
		L01	L02	L03	L04	L05	L06	L07	L08	L09	L10	L11	L12	L13	L14	L15	L16	L17
淮海发展研究院	12	1998/07/01	学校上级主管部门	独立设置研究所	省级重点研究基地	经济学	软件和信息技术服务业	政府部门办	10	9	1	8	2	0	8	200	120	0
江苏区域协调发展研究基地	13	2011/11/01	学校上级主管部门	独立设置研究所	省级重点研究基地	经济学	国家机构	政府部门办	12	11	1	10	2	0	5	100	380	0
江苏省中国特色社会主义理论体系研究基地	14	2015/04/02	学校上级主管部门	独立设置研究所	省级重点研究基地	马克思主义	国家机构	政府部门办	20	20	0	15	5	0	5	100	150	0
留学生与中国现代化研究基地	15	2018/07/19	学校上级主管部门	独立设置研究所	省级重点研究基地	政治学	社会工作	政府部门办	15	14	1	12	3	0	10	350	700	0
欧美同学会留学报国研究基地	16	2016/11/22	非学校上级主管部门	与校外合办所	中央其他部委重点研究基地	政治学	社会工作	政府部门办	12	12	0	7	5	0	12	100	200	0
苏北农村治理创新研究基地	17	2009/03/18	学校上级主管部门	与校外合办所	省级重点研究基地	社会学	社会工作	政府部门办	15	15	0	12	3	0	8	100	500	0
苏台合作与发展研究中心	18	2017/10/18	非学校上级主管部门	与校外合办所	其他智库,江苏省人民政府台湾事务办公室立项建设	管理学	教育	政府部门办	16	16	0	14	2	0	10	100	350	0
特色镇村建设与土地管理研究基地	19	2017/07/07	学校上级主管部门	与校外合办所	省级重点研究基地	经济学	土地管理业	政府部门办	16	16	0	12	4	0	12	300	360	0
退役军人事务研究基地/江苏师范大学基地	20	2021/09/23	非学校上级主管部门	独立设置研究所	中央其他部委重点研究基地	管理学	国家机构	政府部门办	28	24	4	20	8	0	20	100	100	0
语言能力高等研究院	21	2017/06/27	非学校上级主管部门	独立设置研究所	省级智库	中国文学	其他服务业	政府部门办	40	40	0	36	4	0	16	500	3000	0
语言能力协同创新中心	22	2014/03/14	非学校上级主管部门	与校外合办所	省级2011协同创新中心	语言学	其他服务业	与国内高校合办	88	84	4	73	15	0	100	7000	8410	2200
语言研究所	23	1997/03/30	学校上级主管部门	独立设置研究所	省级重点研究基地	语言学	教育	政府部门办	36	31	5	19	17	0	35	300	3000	900
智慧教育研究中心	24	2015/01/30	学校上级主管部门	独立设置研究所	省级重点研究基地	教育学	其他服务业	政府部门办	21	21	0	17	4	0	24	100	350	0
中共中央编译局发展理论研究中心	25	2011/07/01	非学校上级主管部门	与校外合办所	中央其他部委重点研究基地	马克思主义	其他服务业	政府部门办	12	12	0	9	3	0	9	100	200	0
中国/巴基斯坦教育文化研究中心	26	2013/06/18	学校上级主管部门	独立设置研究所	省级重点研究基地	国际问题研究	中国共产党机关	政府部门办	10	9	1	8	2	0	8	100	120	0

中华家文化研究基地	27	2017/06/27	学校上级主管部门	独立设置研究所	省级重点研究基地	马克思主义	社会工作	政府部门办	15	11	4	12	3	0	12	200	200	0
中拉人文交流研究基地	28	2019/09/02	非学校上级主管部门	与校外合办所	其他智库，中科院、省外事办	外国文学	国家机构	政府部门办	20	20	0	16	4	0	16	100	150	0
自贸区研究院	29	2019/09/02	非学校上级主管部门	与校外合办所	其他智库，江苏省商务厅	经济学	国家机构	政府部门办	12	12	0	9	3	0	9	100	100	0
淮阴师范学院	022	/	/	/	/	/	/	/	287	231	46	225	62	0	0	1703	8292	0
楚州十番锣鼓非遗传承基地	1	2020/12/23	学校上级主管部门	独立设置研究所	其他重点研究基地，市级重点研究基地	艺术学	文化艺术业	政府部门办	6	3	3	4	2	0	0	41	49	0
大运河文化带建设研究院淮安分院	2	2018/07/25	学校上级主管部门	与校外合办所	省级智库	法学	文化艺术业	政府部门办	23	20	3	21	2	0	0	188	30	0
国家边界争端与跨境治理研究中心	3	2013/10/09	学校上级主管部门	独立设置研究所	省级重点研究基地	历史学	其他服务业	政府部门办	7	6	1	6	1	0	0	43	135	0
淮安市城市治理创新研究中心	4	2019/02/10	非学校上级主管部门	独立设置研究所	市级研究中心	法学	社会保障	政府部门办	5	5	0	3	2	0	0	30	50	0
淮安市大运河保护与利用研究基地	5	2022/07/14	学校上级主管部门	与校外合办所	其他智库，市级	经济学	文化艺术业	政府部门办	27	11	13	10	17	0	0	68	50	0
淮安市碳中和研究院	6	2022/07/14	学校上级主管部门	与校外合办所	其他智库，市级	交叉学科	生态保护和环境治理业	政府部门办	32	30	2	24	8	0	0	94	150	0
淮安市新时代文明实践中心研究院	7	2021/12/17	非学校上级主管部门	独立设置研究所	市级研究院	政治学	中国共产党机关	政府部门办	8	8	0	6	2	0	0	35	30	0
淮河生态经济带研究院	8	2020/09/14	学校上级主管部门	跨系所	省级重点研究基地	经济学	生态保护和环境治理业	政府部门办	25	24	1	21	4	0	0	196	7000	0
江苏江淮生态经济研究基地	9	2023/04/07	非学校上级主管部门	与校外合办所	省级智库	经济学	农、林、牧、渔专业及辅助性活动	政府部门办	38	33	4	35	3	0	0	187	150	0
江苏省习近平新时代中国特色社会主义思想研究中心淮阴师范学院理论研究基地	10	2022/06/06	非学校上级主管部门	跨系所	省级重点研究基地	马克思主义	中国共产党机关	政府部门办	20	19	1	18	2	0	0	87	120	0
江苏省性别平等示范基地（淮安）	11	2019/09/20	学校上级主管部门	独立设置研究所	其他重点研究基地，厅级重点研究基地	社会学	社会工作	政府部门办	6	3	3	4	2	0	0	15	18	0
教师教育协同创新研究中心	12	2018/07/19	学校上级主管部门	独立设置研究所	省级重点研究基地	教育学	教育	政府部门办	18	17	1	16	2	0	0	117	50	0
社会风险评估与治理法治化研究基地	13	2017/07/07	学校上级主管部门	独立设置研究所	省级重点研究基地	法学	社会保障	政府部门办	18	14	3	16	2	0	0	173	90	0
文化创意产业研究中心	14	2015/01/15	学校上级主管部门	跨系所	省级重点研究基地	中国文学	文化艺术业	政府部门办	30	21	6	25	5	0	0	380	100	0

续表

机构名称	编号	成立时间	批准部门	组成方式	机构类型	学科分类	服务的国民经济行业	组成类型	R&D活动人员(人) 合计	其中 博士毕业	硕士毕业	高级职称	中级职称	初级职称	培养研究生(人)	R&D经费支出(千元)	仪器设备原价(千元)	其中 进口(千元)
		L01	L02	L03	L04	L05	L06	L07	L08	L09	L10	L11	L12	L13	L14	L15	L16	L17
周恩来精神与青少年教育研究中心	15	2010/10/22	学校上级主管部门	独立设置研究所	省级重点研究基地	教育学	教育	政府部门办	24	17	5	16	8	0	0	49	270	0
盐城师范学院	023	/	/	/	/	/	/	/	103	61	38	76	26	0	2	4869	4724	1794
江苏农村教育发展研究中心	1	2007/05/01	学校上级主管部门	独立设置研究所	省级重点研究基地	教育学	教育	政府部门办	18	13	3	12	5	0	0	150	1500	0
江苏省沿海开发研究基地	2	2009/03/01	非学校上级主管部门	独立设置研究所	省级重点研究基地	经济学	其他服务业	政府部门办	13	9	4	10	3	0	0	382	746	513
江苏沿海发展研究基地	3	2011/12/09	非学校上级主管部门	独立设置研究所	省级重点研究基地	经济学	其他服务业	政府部门办	13	9	4	10	3	0	0	365	746	399
苏北农业农村现代化研究院	4	2020/09/23	学校上级主管部门	独立设置研究所	省级重点研究基地	社会学	农业	政府部门办	23	11	12	11	12	0	2	3000	800	200
新四军研究院	5	2018/06/01	学校上级主管部门	独立设置研究所	省级重点研究基地	历史学	社会工作	政府部门办	22	10	10	22	0	0	0	180	55	0
沿海发展智库	6	2016/12/10	非学校上级主管部门	独立设置研究所	省级智库	经济学	其他服务业	政府部门办	14	9	5	11	3	0	0	792	877	682
南京财经大学	024	/	/	/	/	/	/	/	170	160	0	131	39	0	1	5600	18.56	0
当代中国散文诗创作与研究中心	1	2023/03/31	学校自建	独立设置研究所	校级重点研究基地	民族学与文化学	文化艺术业	单位自办	20	20	0	18	2	0	1	10	0.8	0
江苏现代财税治理协同创新中心	2	2017/07/07	非学校上级主管部门	与校外合办所	其他2011协同创新中心,协同创新中心	管理学	其他服务业	政府部门办	20	20	0	19	1	0	0	1900	2.480	0
江苏现代财税治理研究院	3	2023/04/24	非学校上级主管部门	与校外合办所	省级智库	交叉学科	专业技术服务业	政府部门办	29	19	0	27	2	0	0	1900	2.480	0
现代服务业协同创新中心	4	2013/04/12	非学校上级主管部门	跨系所	省级2011协同创新中心	经济学	专业技术服务业	政府部门办	66	66	0	39	27	0	0	1440	9.2	0
现代服务业智库	5	2016/06/04	非学校上级主管部门	独立设置研究所	省级智库	经济学	其他服务业	政府部门办	35	35	0	28	7	0	0	350	3.6	0
江苏警官学院	025	/	/	/	/	/	/	/	19	5	9	8	11	0	0	190	680	0
江苏现代警务研究中心	1	2010/07/20	学校上级主管部门	独立设置研究所	省级智库,省级重点研究基地	法学	社会保障	政府部门办	19	5	9	8	11	0	0	190	680	0
南京体育学院	026	/	/	/	/	/	/	/	74	36	35	51	16	7	23	3 061.417	612.81	0
奥林匹克教育研究中心	1	2016/12/01	学校自建	独立设置研究所	校级重点研究基地	体育科学	体育	单位自办	15	8	7	9	6	0	0	10	16	0

江苏省体育赛事研究中心	2	2018/07/20	学校上级主管部门	独立设置研究所	其他重点研究基地，省高校哲社重点建设基地	体育科学	体育	政府部门办	7	2	5	1	3	3	2	38.536	179.1	0
江苏省校园足球研究中心	3	2017/06/08	学校上级主管部门	独立设置研究所	校级重点研究基地，省教育厅批准研究中心	体育科学	体育	政府部门办	9	1	5	5	1	3	6	27.025	48	0
江苏省学生体质健康监测与干预行动研究中心	4	2015/07/01	学校上级主管部门	独立设置研究所	省教育厅批准研究中心	体育科学	体育	政府部门办	5	3	2	5	0	0	1	1 416.521	130.505	0
江苏省学校体育高质量发展研究中心	5	2021/01/06	学校上级主管部门	独立设置研究所	省教育厅批准研究中心	体育科学	体育	政府部门办	7	3	4	5	2	0	3	1 055.903	94.905	0
江苏体育强省建设研究基地	6	2023/04/07	非学校上级主管部门	独立设置研究所	其他重点研究基地，省社科联批准江苏省决策咨询研究基地	体育科学	体育	政府部门办	5	4	1	5	0	0	0	141.5	15	0
竞技体育研究院	7	2022/12/02	非学校上级主管部门	独立设置研究所	其他智库，国家体育总局批准体育高端智库	体育科学	体育	政府部门办	9	7	2	6	2	1	5	11.789	10	0
中国近代武术研究中心	8	2018/09/26	学校自建	独立设置研究所	校级重点研究基地	体育科学	体育	单位自办	8	4	4	7	1	0	3	350.143	39.3	0
中国体育非物质文化遗产研究中心	9	2019/09/12	学校自建	独立设置研究所	校级重点研究基地	体育科学	体育	单位自办	9	4	5	8	1	0	3	10	80	0
南京艺术学院	027	/	/	/	/	/	/	/	81	63	18	61	19	1	53	1 260.95	179.104	0
江苏省非物质文化遗产研究基地	1	2014/11/07	非学校上级主管部门	独立设置研究所	省级重点研究基地	艺术学	文化艺术业	政府部门办	8	8	0	6	2	0	5	100	32.1	0
江苏省艺术设计材料与工艺重点实验室	2	2010/11/01	学校上级主管部门	独立设置研究所	省级重点实验室	艺术学	广播、电视、电影和录音制作业	政府部门办	9	7	2	6	3	0	13	46.5	31.23	0
实验艺术中心	3	2017/09/21	学校自建	独立设置研究所	校级重点实验室	艺术学	文化艺术业	单位自办	12	6	6	8	4	0	10	65.2	23.5	0
文化创意协同创新中心	4	2011/09/15	学校上级主管部门	与校外合办所	省级2011协同创新中心	艺术学	文化艺术业	与国内高校合办	21	14	7	17	3	1	9	487.2	45	0
艺术教育高等研究院	5	2019/09/01	学校自建	独立设置研究所	研究中心	艺术学	文化艺术业	单位自办	1	1	0	1	0	0	0	24.3	8.5	0
艺术学研究所	6	2004/10/19	学校自建	独立设置研究所	研究所	艺术学	文化艺术业	单位自办	14	13	1	10	4	0	11	144.26	8.28	0
音乐学研究所	7	2002/07/01	学校自建	独立设置研究所	研究中心	艺术学	文化艺术业	单位自办	1	1	0	1	0	0	0	8	3.1	0
紫金文创研究院	8	2015/11/10	学校上级主管部门	跨系所	省级智库	艺术学	文化艺术业	政府部门办	15	13	2	12	3	0	5	385.49	27.394	0

续表

机构名称	编号	成立时间	批准部门	组成方式	机构类型	学科分类	服务的国民经济行业	组成类型	R&D活动人员(人) 合计	其中 博士毕业	其中 硕士毕业	其中 高级职称	其中 中级职称	其中 初级职称	培养研究生(人)	R&D经费支出(千元)	仪器设备原价(千元)	其中 进口(千元)
		L01	L02	L03	L04	L05	L06	L07	L08	L09	L10	L11	L12	L13	L14	L15	L16	L17
苏州科技大学	028	/	/	/	/	/	/	/	228	167	52	157	71	0	149	2700	1 858.38	0
长三角一体化发展研究基地	1	2019/08/15	非学校上级主管部门	与校外合办所	省级重点研究基地	管理学	生态保护和环境治理业	政府部门办	25	23	2	20	5	0	15	250	50	0
城市发展智库	2	2018/07/26	学校上级主管部门	与校外合办所	省级智库	管理学	国家机构	政府部门办	50	45	5	38	12	0	20	450	50	0
江苏省军民融合发展智库	3	2022/09/22	非学校上级主管部门	独立设置研究所	省级智库	管理学	国家机构	政府部门办	12	12	0	10	2	0	0	150	50	0
苏州城乡一体化改革发展研究院	4	2012/01/17	学校上级主管部门	与校外合办所	省级重点研究基地	管理学	生态保护和环境治理业	政府部门办	60	35	25	42	18	0	20	1200	850	0
苏州国家历史文化名城保护研究院	5	2014/03/26	学校上级主管部门	与校外合办所	省级重点研究基地	管理学	生态保护和环境治理业	政府部门办	49	26	14	30	19	0	48	500	528.38	0
心理与行为科学研究中心	6	2020/09/14	学校上级主管部门	独立设置研究所	省级重点研究基地	教育学	教育	政府部门办	15	12	3	7	8	0	4	100	300	0
亚太国家现代化与国际问题研究中心	7	2013/06/03	学校上级主管部门	独立设置研究所	省级重点研究基地	政治学	国际组织	政府部门办	17	14	3	10	7	0	42	50	30	0
常熟理工学院	029	/	/	/	/	/	/	/	106	64	37	89	17	0	0	142	102	0
“琴川清风”预防职务犯罪研究中心	1	2014/12/01	学校自建	与校外合办所	校级重点研究基地	法学	中国共产党机关	单位自办	7	3	4	5	2	0	0	12	9	0
苏南经济与社会发展研究基地	2	2012/09/02	学校自建	与校外合办所	校级重点研究基地	社会学	国家机构	单位自办	16	12	4	16	0	0	0	15	11	0
苏南区域文化建设研究中心	3	2009/07/01	学校自建	与校外合办所	校级重点研究基地	中国文学	国家机构	单位自办	15	8	5	14	1	0	0	10	6	0
苏州农业现代化研究中心	4	2017/07/07	学校上级主管部门	与校外合办所	省级重点研究基地	管理学	农业	政府部门办	16	10	6	13	3	0	0	28	25	0
苏州琴川智库	5	2019/06/12	非学校上级主管部门	与校外合办所	其他智库,苏州市新型智库	管理学	国家机构	单位自办	13	9	4	9	4	0	0	30	18	0
县域科技体制综合改革与发展研究中心	6	2015/11/30	学校自建	与校外合办所	校级重点研究基地	管理学	中国共产党机关	单位自办	11	8	3	9	2	0	0	12	13	0
现代民政研究中心	7	2015/04/30	学校自建	与校外合办所	校级重点研究基地	社会学	人民政协、民主党派	单位自办	7	5	2	6	1	0	0	15	9	0
学前教育研究中心	8	2018/11/09	学校自建	跨系所	校级重点研究基地	教育学	教育	单位自办	14	5	6	12	2	0	0	10	9	0

中国县域金融研究中心	9	2014/12/01	学校自建	与校外合办所	校级重点研究基地	经济学	其他金融业	单位自办	7	4	3	5	2	0	0	10	2	0
淮阴工学院	030	/	/	/	/	/	/	/	127	65	62	76	31	0	0	2425	289.87	0
创新创业研究中心	1	2018/10/18	学校上级主管部门	跨系所	省级重点研究基地	教育学	教育	政府部门办	15	9	6	8	7	0	0	100	24.27	0
工业设计中心	2	2013/06/05	非学校上级主管部门	与校外合办所	其他重点实验室,江苏经济和信息化委员会批准	艺术学	文化艺术业	政府部门办	28	5	23	14	14	0	0	100	78	0
苏北"四化"同步培育研究基地	3	2023/04/07	学校上级主管部门	与校外合办所	省级重点研究基地	经济学	研究和试验发展	政府部门办	9	9	0	9	0	0	0	200	25	0
苏北发展研究院	4	2015/02/03	非学校上级主管部门	与校外合办所	省级智库	经济学	其他服务业	与国内独立研究机构合办	44	20	24	23	1	0	0	1825	86.6	0
苏北社区治理现代化研究中心	5	2020/09/24	学校上级主管部门	跨系所	省级重点研究基地	社会学	社会工作	政府部门办	19	11	8	11	8	0	0	100	56	0
台商研究中心	6	2017/07/20	学校上级主管部门	与校外合办所	省级重点研究基地	经济学	商务服务业	政府部门办	12	11	1	11	1	0	0	100	20	0
常州工学院	031	/	/	/	/	/	/	/	153	81	44	91	62	0	0	2 458.54	256.45	0
产业工人队伍建设改革常州研究院	1	2020/12/01	非学校上级主管部门	与校外合办所	其他智库,市级智库	管理学	社会工作	政府部门办	5	3	1	4	1	0	0	478	45	0
长三角文旅休闲产业研究院	2	2020/07/01	学校自建	独立设置研究所	其他智库,校级智库	经济学	其他服务业	单位自办	13	10	3	5	8	0	0	27.04	4	0
常州市创新创业与改革发展研究中心	3	2016/03/29	非学校上级主管部门	与校外合办所	市级科技平台	经济学	专业技术服务业	政府部门办	10	4	6	10	0	0	0	104	7.5	0
常州市发展规划研究中心常工院分中心	4	2020/07/01	非学校上级主管部门	与校外合办所	其他智库,市级高校智库	经济学	社会工作	政府部门办	6	5	1	2	4	0	0	64.9	3.5	0
常州市社会科学院数据科学与经济社会发展研究中心	5	2016/10/26	非学校上级主管部门	独立设置研究所	市级科研平台	经济学	专业技术服务业	政府部门办	6	2	4	5	1	0	0	40	12	0
常州市手球研究中心	6	2020/11/01	非学校上级主管部门	与校外合办所	其他重点研究基地,市级研究基地	体育科学	体育	政府部门办	5	2	0	4	1	0	0	100	20	0
常州中外文化交流研究院	7	2020/07/01	学校自建	独立设置研究所	其他智库,校级智库	语言学	文化艺术业	单位自办	14	9	5	5	9	0	0	44	4	0
大运河文化带建设研究院常州分院	8	2019/08/20	非学校上级主管部门	与校外合办所	省级智库	管理学	其他服务业	与国内独立研究机构合办	8	7	1	5	3	0	0	815.26	7	0
江南文史与文化传播研究院	9	2020/07/01	学校自建	独立设置研究所	其他智库,校级智库	中国文学	文化艺术业	单位自办	21	14	5	12	9	0	0	112.7	7	0
江苏当代文学研究基地	10	2020/11/01	非学校上级主管部门	与校外合办所	其他重点研究基地,市级研究基地	中国文学	文化艺术业	政府部门办	5	4	0	2	3	0	0	30	4	0

续表

机构名称		成立时间	批准部门	组成方式	机构类型	学科分类	服务的国民经济行业	组成类型	R&D活动人员(人)						培养研究生(人)	R&D经费支出(千元)	仪器设备原价(千元)	其中
									合计	其中								
										博士毕业	硕士毕业	高级职称	中级职称	初级职称				进口(千元)
	编号	L01	L02	L03	L04	L05	L06	L07	L08	L09	L10	L11	L12	L13	L14	L15	L16	L17
江苏高校文化创意协同创新中心	11	2014/03/13	非学校上级主管部门	与校外合办所	省级2011协同创新中心	艺术学	文化艺术业	政府部门办	19	9	6	9	10	0	0	165.54	98.5	0
瞿秋白研究中心	12	2020/06/01	非学校上级主管部门	与校外合办所	其他重点研究基地,市级社科普及示范基地	中国文学	中国共产党机关	政府部门办	5	1	2	4	1	0	0	5.5	4	0
习近平新时代中国特色社会主义思想研究院	13	2020/07/01	学校自建	独立设置研究所	其他智库,校级智库	马克思主义	中国共产党机关	单位自办	13	0	0	8	5	0	0	117.6	7.85	0
先进制造产业研究院	14	2020/07/01	学校自建	独立设置研究所	其他智库,校级智库	经济学	通用设备制造业	单位自办	6	3	3	3	3	0	0	34	8.1	0
乡村振兴战略研究院	15	2020/07/01	学校自建	独立设置研究所	其他智库,校级智库	经济学	农业	单位自办	9	2	5	7	2	0	0	56	20	0
新能源产业发展战略研究院	16	2023/03/01	学校自建	独立设置研究所	其他智库,校级智库	管理学	国家机构	单位自办	8	6	2	6	2	0	0	264	4	0
扬州大学	032	/	/	/	/	/	/	/	212	159	41	158	41	5	135	2280	466	0
长江文化研究院	1	2023/04/24	学校上级主管部门	独立设置研究所	省级智库	交叉学科	文化艺术业	政府部门办	13	4	6	8	5	0	15	100	8	0
江苏城乡融合发展研究中心	2	2018/08/16	学校上级主管部门	跨系所	其他重点研究基地,江苏高校哲学社会科学重点研究基地	经济学	科技推广和应用服务业	政府部门办	12	10	1	12	0	0	2	50	4	0
江苏省统一战线理论研究扬州大学基地	3	2022/07/06	非学校上级主管部门	独立设置研究所	江苏省统一战线理论研究	马克思主义	中国共产党机关	政府部门办	17	17	0	12	5	0	20	200	15	0
江苏现代物流研究基地	4	2019/11/20	非学校上级主管部门	独立设置研究所	省决策咨询研究基地	管理学	装卸搬运和仓储业	政府部门办	24	19	4	22	2	0	5	150	22	0
旅游文化研究所	5	1999/03/03	学校自建	独立设置研究所	校级重点研究基地	经济学	资本市场服务	单位自办	4	3	0	3	0	0	2	100	12	0
儒家经典诠释与域外传播研究中心	6	2020/06/22	学校上级主管部门	独立设置研究所	其他重点研究基地,江苏高校哲学社会科学重点研究基地	中国文学	文化艺术业	政府部门办	33	31	2	30	3	0	20	180	24	0
苏丹和南苏丹研究中心	7	2020/08/04	非学校上级主管部门	独立设置研究所	国家民委"一带一路"国别和区域研究中心	国际问题研究	国际组织	政府部门办	16	12	4	10	6	0	8	200	16	0

苏中发展研究院	8	1997/01/01	学校上级主管部门	独立设置研究所	江苏省哲学社会科学研究基地	经济学	科技推广和应用服务业	政府部门办	8	7	0	5	2	0	6	300	42	0
体育运动与脑科学研究所	9	2017/02/24	学校自建	独立设置研究所	校研究机构	体育科学	体育	单位自办	14	5	9	9	5	0	4	200	120	0
政府治理与公共政策研究中心	10	2016/09/15	学校自建	与校外合办所	校研究机构	管理学	中国共产党机关	单位自办	10	7	0	6	0	0	8	200	45	0
中餐非遗技艺传承文化和旅游部重点实验室	11	2021/06/02	非学校上级主管部门	独立设置研究所	中央其他部委重点实验室	管理学	文化艺术业	政府部门办	27	19	6	10	12	5	25	300	80	0
中国大运河研究院	12	2017/05/12	学校上级主管部门	独立设置研究所	江苏高校人文社会科学校外研究基地	管理学	生态保护和环境治理业	政府部门办	5	4	1	3	0	0	2	100	12	0
中国法律文化与法治发展研究中心	13	2014/03/28	学校自建	独立设置研究所	校级重点研究基地	法学	社会保障	单位自办	15	13	2	14	1	0	6	100	30	0
中外语言文化比较研究中心	14	2014/03/28	学校自建	独立设置研究所	校级重点研究基地	语言学	文化艺术业	单位自办	14	8	6	14	0	0	12	100	36	0
南京审计大学	033	/	/	/	/	/	/	/	42	40	0	22	18	0	27	8 024.5	345	0
长三角社会救助援助公共服务平台	1	2022/02/01	非学校上级主管部门	与校外合办所	智库	心理学	社会保障	政府部门办	7	7	0	4	3	0	0	5100	100	0
管理科学与工程研究中心	2	2018/01/19	学校自建	独立设置研究所	基地	管理学	其他金融业	政府部门办	6	6	0	3	3	0	5	120	67	0
技术经济与管理研究所	3	2014/05/10	非学校上级主管部门	独立设置研究所	其他	管理学	其他金融业	单位自办	3	3	0	2	1	0	4	20	23	0
江苏省大学生心理危机预防与干预研究中心	4	2018/06/01	非学校上级主管部门	与校外合办所	智库	心理学	教育	政府部门办	7	7	0	3	4	0	0	2679	100	0
金融风险管理研究中心	5	2010/08/05	学校上级主管部门	独立设置研究所	其他	经济学	资本市场服务	单位自办	2	2	0	2	0	0	5	2	15	0
平台战略研究所	6	2014/05/10	学校自建	独立设置研究所	基地	管理学	科技推广和应用服务业	政府部门办	5	3	0	2	1	0	4	42	10	0
银行与货币研究院	7	2017/09/01	学校自建	独立设置研究所	其他	经济学	资本市场服务	单位自办	3	3	0	0	3	0	0	1.5	10	0
中国古典学研究中心	8	2014/09/24	学校上级主管部门	独立设置研究所	基地	中国文学	文化艺术业	政府部门办	9	9	0	6	3	0	9	60	20	0
南京晓庄学院	034	/	/	/	/	/	/	/	59	28	31	25	27	7	0	560	170	0
江苏红色文化资源保护利用研究中心	1	2018/10/01	学校上级主管部门	独立设置研究所	其他重点研究基地,江苏高校人文社科重点研究基地	马克思主义	文化艺术业	政府部门办	20	8	12	7	12	1	0	250	50	0

续表

机构名称	编号	成立时间	批准部门	组成方式	机构类型	学科分类	服务的国民经济行业	组成类型	R&D活动人员(人) 合计	其中 博士毕业	其中 硕士毕业	其中 高级职称	其中 中级职称	其中 初级职称	培养研究生(人)	R&D经费支出(千元)	仪器设备原价(千元)	其中 进口(千元)
		L01	L02	L03	L04	L05	L06	L07	L08	L09	L10	L11	L12	L13	L14	L15	L16	L17
南京区域文化传承与创新研究基地	2	2021/11/15	学校上级主管部门	独立设置研究所	其他重点研究基地,市级哲学社会科学重点研究基地	历史学	其他服务业	政府部门办	6	4	2	3	2	1	0	80	20	0
陶行知教育思想及其当代价值研究基地	3	2021/11/15	学校上级主管部门	独立设置研究所	其他重点研究基地,市级哲学社会科学重点研究基地	教育学	教育	政府部门办	8	5	3	4	4	0	0	80	30	0
新时代师德教育研究基地	4	2021/11/15	学校上级主管部门	独立设置研究所	其他重点研究基地,市级哲学社会科学重点研究基地	教育学	教育	政府部门办	12	8	4	6	5	1	0	80	20	0
幼儿体育与健康促进研究基地	5	2021/11/15	学校上级主管部门	独立设置研究所	其他重点研究基地,市级哲学社会科学重点研究基地	体育科学	体育	政府部门办	13	3	10	5	4	4	0	70	50	0
江苏理工学院	035	/	/	/	/	/	/	/	275	121	125	165	105	0	3	488	201.9	0
财税法学研究中心	1	2014/09/17	学校自建	独立设置研究所	校级重点研究基地	经济学	商务服务业	单位自办	17	7	10	9	8	0	0	12	6	0
财务与会计研究中心	2	2014/07/16	学校自建	独立设置研究所	校级重点研究基地	经济学	商务服务业	单位自办	15	5	10	7	8	0	0	11	4	0
常州画派研究所	3	2009/03/27	学校自建	独立设置研究所	校级重点研究基地	艺术学	文化艺术业	单位自办	5	0	2	4	1	0	0	3	2	0
常州历史文化研究所	4	2015/07/14	学校自建	独立设置研究所	校级重点研究基地	民族学与文化学	文化艺术业	单位自办	12	6	6	5	7	0	0	3	2	0
常州旅游文化研究所	5	2015/09/16	学校自建	独立设置研究所	校级重点研究基地	民族学与文化学	文化艺术业	单位自办	14	6	8	7	7	0	0	11	4	0
常州民营经济研究所	6	2006/06/02	学校自建	独立设置研究所	校级重点研究基地	经济学	商务服务业	单位自办	8	2	5	7	1	0	0	20	5.2	0
常州市名人研究院	7	2015/10/16	学校自建	独立设置研究所	校级重点研究基地	民族学与文化学	文化艺术业	单位自办	10	7	3	6	4	0	0	30	5	0
常州市青少年心理研究与指导中心	8	2015/03/02	学校自建	独立设置研究所	校级重点研究基地	教育学	教育	单位自办	8	5	0	5	3	0	0	20	4.6	0

传统壁画研究所	9	2014/10/14	学校自建	独立设置研究所	校级重点研究基地	艺术学	文化艺术业	单位自办	11	3	8	5	6	0	0	3	2	0
传统文化艺术研究所	10	2006/04/06	学校自建	独立设置研究所	校级重点研究基地	艺术学	文化艺术业	单位自办	7	1	4	7	0	0	0	10	3.7	0
创新设计研究院	11	2018/07/12	学校自建	独立设置研究所	校级重点研究基地	艺术学	文化艺术业	单位自办	30	20	10	19	11	0	0	3	2	0
江苏省职业技术教育科学研究中心	12	1989/05/01	非学校上级主管部门	独立设置研究所	其他	教育学	教育	政府部门办	16	4	7	12	0	0	0	182	110	0
江苏职业教育研究基地	13	2011/11/01	非学校上级主管部门	独立设置研究所	江苏省决策咨询研究基地	教育学	教育	政府部门办	12	4	4	12	0	0	0	25	5.6	0
跨语际文化与翻译研究所	14	2014/09/10	学校自建	独立设置研究所	校级重点研究基地	外国文学	文化艺术业	单位自办	14	4	10	7	7	0	0	11	4	0
马克思主义中国化研究所	15	2015/07/15	学校自建	独立设置研究所	校级重点研究基地	马克思主义	文化艺术业	单位自办	12	4	8	5	7	0	0	11	4	0
农村职业教育研究所	16	2006/02/10	学校自建	独立设置研究所	校级重点研究基地	教育学	其他服务业	单位自办	6	1	3	5	1	0	0	3	2	0
人力资源开发研究中心	17	2006/10/09	学校自建	独立设置研究所	校级重点研究基地	管理学	商务服务业	单位自办	6	4	1	5	1	0	0	5	3.6	0
双语教育研究所	18	2015/09/24	学校自建	独立设置研究所	校级重点研究基地	教育学	教育	单位自办	8	5	3	4	4	0	0	10	4	0
心理教育研究所	19	2004/04/08	学校自建	独立设置研究所	校级重点研究基地	心理学	教育	单位自办	8	5	0	5	3	0	0	10	5.6	0
艺术设计研究所	20	2014/08/20	学校自建	独立设置研究所	校级重点研究基地	艺术学	文化艺术业	单位自办	9	4	5	3	6	0	0	3	2	0
应用经济研究所	21	2015/02/19	学校自建	独立设置研究所	校级重点研究基地	经济学	商务服务业	单位自办	11	5	6	4	7	0	0	12	3	0
职教教师教育协同创新实验区	22	2019/06/13	学校自建	独立设置研究所	校级重点研究基地	教育学	教育	单位自办	15	10	5	2	12	0	3	50	2.5	0
职业教育研究院	23	1989/05/11	学校自建	独立设置研究所	校级重点研究基地	教育学	教育	单位自办	11	5	4	11	0	0	0	20	4.6	0
职业教育与社会发展研究所	24	2006/10/20	学校自建	独立设置研究所	校级重点研究基地	教育学	教育	单位自办	5	4	1	5	0	0	0	10	4.2	0
职业心理研究所	25	2009/03/26	学校自建	独立设置研究所	校级重点研究基地	心理学	教育	单位自办	5	0	2	4	1	0	0	10	6.3	0
江苏海洋大学	036	/	/	/	/	/	/	/	141	74	67	82	59	0	0	690	87	0
国家东中西合作示范区研究基地	1	2013/11/01	非学校上级主管部门	与校外合办所	其他重点研究基地,国家东中西合作示范区研究基地	经济学	专业技术服务业	与国内独立研究机构合办	10	5	5	6	4	0	0	55	7	0

续表

机构名称	编号	成立时间	批准部门	组成方式	机构类型	学科分类	服务的国民经济行业	组成类型	R&D活动人员(人) 合计	其中 博士毕业	硕士毕业	高级职称	中级职称	初级职称	培养研究生(人)	R&D经费支出(千元)	仪器设备原价(千元)	其中 进口(千元)
		L01	L02	L03	L04	L05	L06	L07	L08	L09	L10	L11	L12	L13	L14	L15	L16	L17
江苏海洋发展研究院	2	2016/11/04	学校自建	与校外合办所	校级重点研究基地,江苏海洋发展研究院	经济学	专业技术服务业	单位自办	16	8	8	12	4	0	0	85	8	0
江苏省"一带一路"法律服务研究中心	3	2015/11/20	学校上级主管部门	与校外合办所	其他智库,江苏省"一带一路"法律服务研究中心	法学	专业技术服务业	与国内独立研究机构合办	12	6	6	4	8	0	0	80	9	0
江苏省海洋经济研究中心	4	2009/11/15	非学校上级主管部门	独立设置研究所	其他智库,江苏省海洋经济研究中心	经济学	专业技术服务业	政府部门办	14	8	6	8	6	0	0	70	15	0
江苏省海洋文化产业研究院	5	2012/09/12	非学校上级主管部门	与校外合办所	其他智库,江苏省海洋文化产业研究院	艺术学	广播、电视、电影和录音制作业	政府部门办	9	3	6	3	6	0	0	45	12	0
江苏知识产权培训(江苏海洋大学)基地	6	2022/11/09	非学校上级主管部门	跨系所	省级重点研究基地	社会学	专业技术服务业	政府部门办	16	10	6	8	8	0	0	70	5	0
连云港市地方立法咨询研究基地	7	2016/07/10	非学校上级主管部门	独立设置研究所	其他智库,连云港市地方立法咨询研究基地	法学	专业技术服务业	政府部门办	9	4	5	4	5	0	0	85	8	0
乡村振兴学院(省智库)	8	2022/07/28	非学校上级主管部门	独立设置研究所	省级智库	管理学	社会工作	政府部门办	20	10	10	14	6	0	0	60	10	0
中国社科院"一带一路"(连云港)研究基地	9	2016/12/08	非学校上级主管部门	独立设置研究所	其他智库,中国社科院"一带一路"(连云港)研究基地	经济学	专业技术服务业	与国内独立研究机构合办	21	12	9	15	6	0	0	80	8	0
中国社科院知识社会(连云港)研究基地	10	2016/12/08	非学校上级主管部门	独立设置研究所	其他智库,中国社科院知识社会(连云港)研究基地	社会学	专业技术服务业	与国内独立研究机构合办	14	8	6	8	6	0	0	60	5	0
南京特殊教育师范学院	037	/	/	/	/	/	/	/	38	5	0	28	7	0	0	1250	836	140
残障与发展研究基地	1	2017/07/15	学校上级主管部门	跨系所	省级重点研究基地	管理学	社会工作	政府部门办	10	0	0	8	2	0	0	300	260	0
江苏共享发展研究基地	2	2019/10/09	非学校上级主管部门	独立设置研究所	省级重点研究基地	管理学	社会保障	政府部门办	9	0	0	6	2	0	0	300	198	0

江苏省特殊教育发展研究院	3	2020/09/14	学校上级主管部门	跨系所	省级重点研究基地	教育学	教育	政府部门办	6	4	0	2	2	0	0	300	18	0
中国残疾人事业发展研究基地	4	2023/12/15	非学校上级主管部门	跨系所	中央其他部委重点研究基地	管理学	国家机构	政府部门办	1	1	0	1	0	0	0	50	10	0
中国手语盲文研究院	5	2018/08/16	学校上级主管部门	跨系所	省级重点研究基地	语言学	教育	政府部门办	12	0	0	11	1	0	0	300	350	140
泰州学院	038	/	/	/	/	/	/	/	14	7	6	13	1	0	0	75	200	0
高二适研究院	1	2020/10/18	学校自建	独立设置研究所	校级科研机构	艺术学	文化艺术业	单位自办	1	0	1	1	0	0	0	2	15	0
里下河文学研究中心	2	2018/02/15	学校上级主管部门	与校外合办所	市级研究机构	中国文学	文化艺术业	与国内高校合办	2	1	1	1	1	0	0	5	28	0
泰州历史文化传承与创新研究中心	3	2017/10/16	学校上级主管部门	独立设置研究所	校外研究基地	中国文学	文化艺术业	政府部门办	2	1	1	2	0	0	0	40	28	0
泰州市地方法治研究中心	4	2018/04/09	学校上级主管部门	与校外合办所	其他智库，市级研究智库	法学	社会工作	政府部门办	1	1	0	1	0	0	0	3	15	0
泰州市学前教育研学中心	5	2014/02/05	学校上级主管部门	独立设置研究所	市级研究机构	教育学	教育	政府部门办	1	0	0	1	0	0	0	4	15	0
泰州台湾经济文化交流研究中心	6	2021/02/07	学校上级主管部门	独立设置研究所	市级研究机构	经济学	文化艺术业	政府部门办	3	2	1	3	0	0	0	16	42	0
外国文学文化研究所	7	2018/10/14	学校自建	独立设置研究所	校内研究机构	外国文学	文化艺术业	单位自办	1	0	1	1	0	0	0	2	15	0
心理健康研究所	8	2017/09/24	学校自建	独立设置研究所	校内研究机构	心理学	社会工作	单位自办	3	2	1	3	0	0	0	3	42	0
金陵科技学院	039	/	/	/	/	/	/	/	190	123	44	85	79	4	0	1399	163	0
长江双碳经济发展研究院	1	2023/07/14	学校上级主管部门	与校外合办所	其他智库，南京市委宣传部智库平台	经济学	农、林、牧、渔专业及辅助性活动	政府部门办	34	30	4	21	13	0	0	720	50	0
互联网经济与产业研究中心	2	2015/10/22	学校自建	独立设置研究所	校级重点研究基地	经济学	货币金融服务	单位自办	10	3	7	3	7	0	0	30	7	0
江苏省企业知识产权战略研究中心	3	2011/05/01	学校自建	独立设置研究所	校级重点研究基地	经济学	其他金融业	单位自办	16	4	10	3	10	0	0	260	15	0
科技创新与区域经济高质量发展研究中心	4	2021/09/30	学校自建	独立设置研究所	校级重点研究基地	经济学	科技推广和应用服务业	单位自办	20	14	0	11	3	0	0	60	12	0
南京产业协同创新研究院	5	2015/10/08	学校自建	与校外合办所	校级重点研究基地	经济学	科技推广和应用服务业	单位自办	36	28	7	5	30	0	0	20	7	0
南京城市文化数字创意研究基地	6	2021/12/13	学校自建	独立设置研究所	校级重点研究基地	艺术学	文化艺术业	单位自办	12	8	2	5	5	0	0	60	22	0
数字艺术创意与应用实验室	7	2014/09/10	非学校上级主管部门	跨系所	省级重点实验室	艺术学	广播、电视、电影和录音制作业	政府部门办	10	0	3	2	3	0	0	75	16	0

续表

机构名称	编号	成立时间	批准部门	组成方式	机构类型	学科分类	服务的国民经济行业	组成类型	R&D活动人员(人) 合计	其中 博士毕业	硕士毕业	高级职称	中级职称	初级职称	培养研究生(人)	R&D经费支出(千元)	仪器设备原价(千元)	其中 进口(千元)
	编号	L01	L02	L03	L04	L05	L06	L07	L08	L09	L10	L11	L12	L13	L14	L15	L16	L17
文旅融合与数字化研究中心	8	2021/09/30	学校自建	独立设置研究所	校级重点研究基地	民族学与文化学	文化艺术业	单位自办	39	27	10	29	8	0	0	120	22	0
智能物流运输与配送技术研究中心	9	2016/12/10	学校自建	独立设置研究所	校级重点实验室	管理学	道路运输业	单位自办	13	9	1	6	0	4	0	54	12	0
江苏第二师范学院	040	/	/	/	/	/	/	/	43	42	1	38	5	0	0	901.19	12	0
江苏区域文学与文化研究中心	1	2020/09/14	学校上级主管部门	独立设置研究所	省级重点研究基地	中国文学	文化艺术业	政府部门办	20	20	0	20	0	0	0	800	0	0
教育现代化研究院	2	2016/07/04	学校上级主管部门	独立设置研究所	省级智库	教育学	教育	政府部门办	7	6	1	6	1	0	0	21.95	0	0
新时代师德教育研究中心	3	2018/07/19	学校上级主管部门	独立设置研究所	省级重点研究基地	教育学	教育	政府部门办	16	16	0	12	4	0	0	79.24	12	0
南京工业职业技术大学	041	/	/	/	/	/	/	/	33	21	11	16	16	0	0	339.1	162.3	0
黄炎培职业教育思想研究会学术中心	1	2013/11/18	学校上级主管部门	独立设置研究所	其他重点研究基地,江苏省教育厅高校哲社研究基地	教育学	其他服务业	与国内独立研究机构合办	13	5	7	10	2	0	0	98	35	0
江苏工匠文化传承与发展研究协同创新基地	2	2021/01/01	非学校上级主管部门	跨系所	省级重点研究基地,江苏省高职院校社科应用研究协同创新基地	民族学与文化学	教育	政府部门办	9	7	2	3	6	0	0	53.6	29.3	0
思政课虚拟仿真资源创新研究中心	3	2021/01/01	学校上级主管部门	独立设置研究所	省级重点研究基地,江苏省教育厅高校哲社研究基地	教育学	教育	政府部门办	11	9	2	3	8	0	0	187.5	98	0
无锡学院	042	/	/	/	/	/	/	/	18	6	11	3	5	10	0	89	20	0
数字经济与产业发展研究院	1	2020/10/26	学校自建	独立设置研究所	研究院	经济学	其他金融业	单位自办	18	6	11	3	5	10	0	89	20	0
宿迁学院	043	/	/	/	/	/	/	/	66	37	29	47	16	3	0	208.156	336	0
"道德建设研究中心"重点研究基地	1	2020/11/26	学校上级主管部门	独立设置研究所	省级重点研究基地	马克思主义	教育	政府部门办	12	6	6	10	1	1	0	59.625	48	0
江苏省科技创新智库基地	2	2022/11/15	非学校上级主管部门	与校外合办所	省级智库	管理学	社会工作	政府部门办	25	21	4	17	8	0	0	70.967	200	0

宿迁市学生心理健康教育中心	3	2022/07/08	非学校上级主管部门	跨系所	省级重点研究基地	心理学	教育	政府部门办	14	4	10	8	4	2	0	25.889	28	0
乡村振兴研究院	4	2022/07/28	非学校上级主管部门	独立设置研究所	省级智库	经济学	国家机构	政府部门办	15	6	9	12	3	0	0	51.675	60	0
无锡职业技术学院	044	/	/	/	/	/	/	/	38	16	22	21	17	0	0	350	113	0
高职思想政治教育研究所	1	2016/07/01	学校自建	独立设置研究所	校级重点研究基地	马克思主义	教育	单位自办	10	4	6	6	4	0	0	100	37	0
管理与创新研究所	2	2016/06/15	学校自建	独立设置研究所	校级重点研究基地,江苏高校哲学社会科学重点研究基地	管理学	社会工作	单位自办	15	7	8	10	5	0	0	100	43	0
无锡现代职教研究中心	3	2016/07/01	学校自建	独立设置研究所	校级重点研究基地	教育学	教育	单位自办	13	5	8	5	8	0	0	150	33	0
苏州工艺美术职业技术学院	045	/	/	/	/	/	/	/	38	11	22	25	10	3	0	368	105	0
高等教育研究所	1	2017/04/15	学校自建	独立设置研究所	校级重点研究基地	教育学	教育	单位自办	4	1	2	3	1	0	0	260	25	0
适老化设计研究中心	2	2023/10/10	学校自建	跨系所	其他智库,学校智库	交叉学科	文教、工美、体育和娱乐用品制造业	单位自办	30	10	16	20	8	2	0	100	50	0
桃花坞木刻年画研究所	3	2009/04/16	学校自建	独立设置研究所	校级重点研究基地	艺术学	文化艺术业	单位自办	4	0	4	2	1	1	0	8	30	0
苏州市职业大学	046	/	/	/	/	/	/	/	136	35	100	78	58	0	0	672.983	569.24	0
大运河(江苏段)文旅融合研究协同创新基地	1	2020/11/26	非学校上级主管部门	独立设置研究所	省级重点研究基地	中国文学	文化艺术业	政府部门办	14	2	12	12	2	0	0	160.378	75	0
生命教育研究与实践中心	2	2022/12/16	学校自建	独立设置研究所	校级重点研究基地	教育学	教育	单位自办	7	2	5	3	4	0	0	28.66	7.06	0
石湖智库	3	2017/11/25	学校上级主管部门	跨系所	其他智库,苏州市人民政府	管理学	教育	其他	5	1	4	3	2	0	0	253.752	80	0
数字经济研究中心	4	2018/12/20	学校自建	独立设置研究所	校级重点研究基地	经济学	其他服务业	单位自办	11	5	6	11	0	0	0	11.660	66.5	0
吴文化传承与创新研究中心	5	2018/09/13	学校上级主管部门	跨系所	省级重点研究基地	中国文学	文化艺术业	政府部门办	61	16	45	23	38	0	0	164.812	250.68	0
新媒体艺术与技术融合研究中心	6	2022/06/24	学校自建	独立设置研究所	校级重点研究基地	艺术学	文化艺术业	单位自办	20	4	16	14	6	0	0	33.122	58	0
运动与健康产业协同创新中心	7	2022/06/16	学校自建	独立设置研究所	校级重点研究基地	体育科学	体育	单位自办	18	5	12	12	6	0	0	20.599	32	0
泰州职业技术学院	047	/	/	/	/	/	/	/	6	1	3	4	2	0	0	8.5	4.6	0
泰州市工业经济研究院	1	2014/07/02	学校上级主管部门	与校外合办所	其他	经济学	研究和试验发展	政府部门办	6	1	3	4	2	0	0	8.5	4.6	0

续表

机构名称	编号	成立时间	批准部门	组成方式	机构类型	学科分类	服务的国民经济行业	组成类型	R&D活动人员(人) 合计	其中 博士毕业	硕士毕业	高级职称	中级职称	初级职称	培养研究生(人)	R&D经费支出(千元)	仪器设备原价(千元)	其中 进口(千元)
		L01	L02	L03	L04	L05	L06	L07	L08	L09	L10	L11	L12	L13	L14	L15	L16	L17
江苏海事职业技术学院	048	/	/	/	/	/	/	/	23	6	16	6	13	0	0	300	230	0
一带一路应用型海事人才研究院	1	2018/10/18	学校上级主管部门	独立设置研究所	其他智库,省教育哲社基地	管理学	水上运输业	政府部门办	23	6	16	6	13	0	0	300	230	0
无锡科技职业学院	049	/	/	/	/	/	/	/	12	3	8	2	8	2	0	10	2	0
新吴习近平新时代中国特色社会主义思想研究中心	1	2020/12/01	非学校上级主管部门	与校外合办所	其他智库,无锡高新区党工委(新吴区委宣传部)共建	马克思主义	国家机构	政府部门办	12	3	8	2	8	2	0	10	2	0
江苏医药职业学院	050	/	/	/	/	/	/	/	41	18	23	24	10	7	0	293	100	0
江苏基层卫生发展与全科医学教育研究中心	1	2018/07/19	学校上级主管部门	独立设置研究所	省级重点研究基地	管理学	卫生	政府部门办	41	18	23	24	10	7	0	293	100	0
无锡商业职业技术学院	051	/	/	/	/	/	/	/	40	14	25	22	18	0	0	24.3	70	0
江苏省非物质文化遗产研究基地	1	2014/06/18	非学校上级主管部门	独立设置研究所	其他重点研究基地,江苏省文化厅非遗研究基地	艺术学	文教、工美、体育和娱乐用品制造业	政府部门办	11	0	11	7	4	0	0	19.3	65	0
江苏数字商业发展研究协同创新基地	2	2020/11/16	学校上级主管部门	与校外合办所	其他重点研究基地,江苏省高职院校社科应用研究协同创新基地	经济学	商务服务业	政府部门办	29	14	14	15	14	0	0	5	5	0
常州纺织服装职业技术学院	052	/	/	/	/	/	/	/	29	4	23	13	15	1	0	172.99	136.8	0
江苏服饰文化研究院	1	2020/09/14	学校上级主管部门	跨系所	省级重点研究基地	艺术学	纺织服装、服饰业	政府部门办	29	4	23	13	15	1	0	172.99	136.8	0
苏州农业职业技术学院	053	/	/	/	/	/	/	/	25	3	22	13	10	2	0	99	30	0
苏州农村改革与发展研究院	1	2014/06/20	学校自建	独立设置研究所	校级重点研究基地	经济学	农、林、牧、渔专业及辅助性活动	单位自办	25	3	22	13	10	2	0	90	30	0
南京科技职业学院	054	/	/	/	/	/	/	/	6	1	5	5	0	1	0	150	60	0
现代职业教育研究院	1	2020/10/09	学校自建	跨系所	校级重点研究基地	教育学	教育	单位自办	6	1	5	5	0	1	0	150	60	0
南京铁道职业技术学院	055	/	/	/	/	/	/	/	13	0	9	8	5	0	0	400	160	0
高等教育研究所	1	2005/03/09	学校自建	独立设置研究所	校级研究机构	教育学	教育	单位自办	4	0	3	2	2	0	0	100	20	0

江苏轨道交通产业发展研究协同创新基地	2	2020/10/20	非学校上级主管部门	跨系所	其他重点研究基地,江苏高职院校社科联协同创新培育基地	管理学	铁路运输业	政府部门办	3	0	3	2	1	0	0	100	30	0
江苏铁路文化研究中心	3	2013/07/01	学校自建	独立设置研究所	校级研究机构	民族学与文化学	教育	单位自办	3	0	0	2	1	0	0	100	100	0
铁路文化研究基地	4	2020/06/20	学校上级主管部门	跨系所	其他重点研究基地,江苏高校铁路文化研究基地	民族学与文化学	铁路运输业	政府部门办	3	0	3	2	1	0	0	100	10	0
南京信息职业技术学院	056	/	/	/	/	/	/	/	42	6	32	27	15	0	0	139.48	15.24	0
党建与思想政治教育研究会	1	2004/07/01	学校自建	独立设置研究所	校级研究会	马克思主义	教育	单位自办	19	3	15	12	7	0	0	45.68	4.86	0
江苏民营经济统战研究协同创新基地	2	2020/11/16	非学校上级主管部门	独立设置研究所	其他重点研究基地,江苏省社科应用协同创新研究基地	经济学	商务服务业	政府部门办	13	2	11	9	4	0	0	50.6	5.42	0
江苏协创民营经济研究院	3	2020/07/06	学校自建	独立设置研究所	校级重点研究基地	经济学	商务服务业	单位自办	10	1	6	6	4	0	0	43.2	4.96	0
常州机电职业技术学院	057	/	/	/	/	/	/	/	16	6	8	12	2	0	0	220	50	0
江苏省智能制造产业经济研究院	1	2020/08/20	非学校上级主管部门	独立设置研究所	省级重点研究基地	经济学	教育	政府部门办	16	6	8	12	2	0	0	220	50	0
江阴职业技术学院	058	/	/	/	/	/	/	/	8	0	8	7	1	0	0	10	0	0
薇彩传创非物质文化遗产传承与再创基地	1	2023/09/20	学校上级主管部门	跨系所	省级社科普及基地	民族学与文化学	文化艺术业	单位自办	8	0	8	7	1	0	0	10	0	0
盐城工业职业技术学院	059	/	/	/	/	/	/	/	18	2	15	10	8	0	0	140	100	0
盐城产教融合发展研究中心	1	2020/09/05	非学校上级主管部门	独立设置研究所	其他智库,盐城市重点培育新型智库	教育学	教育	政府部门办	18	2	15	10	8	0	0	140	100	0
江苏财经职业技术学院	060	/	/	/	/	/	/	/	12	4	6	12	0	0	0	3	112	0
周恩来文化研究所	1	2014/03/01	学校自建	跨系所	校级重点研究基地	教育学	文化艺术业	单位自办	12	4	6	12	0	0	0	3	112	0
江苏城市职业学院	061	/	/	/	/	/	/	/	63	22	33	45	18	0	0	232.082	42.44	0
红色文化研究传播中心	1	2021/04/03	学校自建	独立设置研究所	校级研究机构	马克思主义	教育	单位自办	16	0	11	14	2	0	0	20	10.22	0
江苏基层社会治理研究协同创新基地	2	2020/11/27	学校上级主管部门	独立设置研究所	省级智库	管理学	社会保障	政府部门办	14	9	5	14	0	0	0	78	12.89	0
江苏水文化创意与创新研究中心	3	2022/07/04	学校自建	独立设置研究所	校级研究机构	艺术学	文化艺术业	单位自办	8	6	2	3	5	0	0	3.81	1	0

续表

机构名称	编号	成立时间	批准部门	组成方式	机构类型	学科分类	服务的国民经济行业	组成类型	R&D活动人员(人) 合计	其中 博士毕业	其中 硕士毕业	其中 高级职称	其中 中级职称	其中 初级职称	培养研究生(人)	R&D经费支出(千元)	仪器设备原价(千元)	其中 进口(千元)
		L01	L02	L03	L04	L05	L06	L07	L08	L09	L10	L11	L12	L13	L14	L15	L16	L17
马克思主义中国化与中华传统文化研究中心	4	2018/10/31	学校自建	独立设置研究所	校级重点研究基地	马克思主义	教育	单位自办	6	4	1	4	2	0	0	17.315	4.72	0
美业文化研究中心	5	2018/10/31	学校自建	独立设置研究所	校级重点研究基地	艺术学	文化艺术业	单位自办	8	0	6	2	6	0	0	36.81	6.61	0
数字创意研发中心	6	2018/10/31	学校自建	独立设置研究所	校级重点研究基地	艺术学	科技推广和应用服务业	单位自办	11	3	8	8	3	0	0	76.147	7	0
江苏卫生健康职业学院	062	/	/	/	/	/	/	/	5	1	4	1	3	1	0	90	25	0
江苏省卫生职业院校文化研究室	1	2015/02/19	学校自建	独立设置研究所	校级重点研究基地	教育学	卫生	其他	5	1	4	1	3	1	0	90	25	0
徐州幼儿师范高等专科学校	063	/	/	/	/	/	/	/	84	4	80	41	0	0	0	55	20	0
儿童戏曲教育研究中心	1	2019/09/15	学校自建	独立设置研究所	内设科研机构	艺术学	教育	单位自办	9	0	9	4	0	0	0	5	1	0
儿童音乐剧教育研究中心	2	2019/09/15	学校自建	独立设置研究所	内设科研机构	艺术学	教育	单位自办	6	1	5	2	0	0	0	5	1	0
淮海民间美术幼儿玩具研究中心	3	2019/09/15	学校自建	独立设置研究所	内设科研机构	艺术学	教育	单位自办	9	0	9	3	0	0	0	5	1	0
睢宁儿童画研究中心	4	2019/09/15	学校自建	独立设置研究所	内设科研机构	艺术学	教育	单位自办	6	0	6	3	0	0	0	5	1	0
特殊儿童音乐干预研究中心	5	2019/09/15	学校自建	独立设置研究所	内设科研机构	艺术学	教育	单位自办	8	0	8	5	0	0	0	5	1	0
幼儿健康大数据研究中心	6	2019/09/15	学校自建	独立设置研究所	内设科研机构	统计学	教育	单位自办	4	0	4	2	0	0	0	5	1	0
幼儿教育人工智能研究中心	7	2019/09/15	学校自建	独立设置研究所	内设科研机构	交叉学科	教育	单位自办	5	0	5	2	0	0	0	5	1	0
幼儿科学教育课程研究中心	8	2019/09/15	学校自建	独立设置研究所	内设科研机构	教育学	教育	单位自办	9	0	9	5	0	0	0	5	1	0
幼儿园空间与环境创设研究中心	9	2019/09/15	学校自建	独立设置研究所	内设科研机构	教育学	教育	单位自办	9	0	9	4	0	0	0	5	10	0
幼师生师德养成研究中心	10	2019/09/15	学校自建	独立设置研究所	内设科研机构	教育学	教育	单位自办	11	2	9	8	0	0	0	5	1	0
中外儿童文学比较研究中心	11	2019/09/15	学校自建	独立设置研究所	内设科研机构	语言学	教育	单位自办	8	1	7	3	0	0	0	5	1	0

三江学院	064	/	/	/	/	/	/	/	18	2	12	7	11	0	0	63.704	9.38	0
中外南海历史舆图研究基地	1	2020/09/14	学校上级主管部门	独立设置研究所	其他重点研究基地,江苏高校哲学社会科学重点研究基地	历史学	专业技术服务业	政府部门办	18	2	12	7	11	0	0	63.704	9.38	0
南通理工学院	065	/	/	/	/	/	/	/	92	9	58	36	30	26	0	610	2730	0
标准化技术研究院	1	2023/12/06	学校自建	跨系所	研究院	管理学	研究和试验发展	政府部门办	13	1	11	9	3	1	0	56	2000	0
海安花鼓研究中心	2	2023/07/07	学校上级主管部门	跨系所	省级重点研究基地	艺术学	教育	政府部门办	51	2	28	13	15	23	0	100	150	0
沪通产业协同发展研究基地	3	2017/07/01	学校上级主管部门	与校外合办所	省级重点研究基地	管理学	研究和试验发展	与境内注册其他企业合办	15	5	8	11	3	1	0	100	300	0
企业发展研究院	4	2021/08/31	学校自建	独立设置研究所	研究院	管理学	科技推广和应用服务业	单位自办	3	0	2	1	1	1	0	334	80	0
物流产业经济产学研基地	5	2023/12/08	学校自建	独立设置研究所	校级重点研究基地	管理学	科技推广和应用服务业	单位自办	10	1	9	2	8	0	0	20	200	0
硅湖职业技术学院	066	/	/	/	/	/	/	/	32	4	12	8	12	10	0	110	150	0
电子商务重点实验室	1	2017/09/01	学校自建	独立设置研究所	校级重点实验室	管理学	其他服务业	单位自办	7	1	2	2	3	2	0	10	10	0
丝绸服饰文化创意产业设计研发中心	2	2017/09/11	学校自建	独立设置研究所	校级重点研究基地	艺术学	广播、电视、电影和录音制作业	单位自办	9	1	3	2	3	3	0	80	120	0
物流管理研究基地	3	2017/11/01	学校自建	独立设置研究所	校级重点研究基地	管理学	其他服务业	单位自办	8	1	3	2	3	3	0	10	10	0
现代服务业研究室	4	2017/11/15	学校自建	独立设置研究所	校级重点实验室	管理学	商务服务业	单位自办	8	1	4	2	3	2	0	10	10	0
无锡太湖学院	067	/	/	/	/	/	/	/	55	36	29	47	6	2	0	123	60	0
苏南产业转型创新发展研究中心	1	2018/07/19	学校上级主管部门	独立设置研究所	省级重点研究基地	管理学	商务服务业	政府部门办	36	11	25	28	6	2	0	43	30	0
苏南资本市场研究中心	2	2017/09/01	学校上级主管部门	与校外合办所	省级重点研究基地	经济学	资本市场服务	政府部门办	19	15	4	19	0	0	0	80	30	0
南京师范大学中北学院	068	/	/	/	/	/	/	/	9	0	9	2	6	1	0	34.199	5	0
音乐应用研究所	1	2021/06/27	学校自建	独立设置研究所	校级社科重点研究基地	艺术学	文化艺术业	单位自办	9	0	9	2	6	1	0	34.199	5	0
苏州高博软件技术职业学院	069	/	/	/	/	/	/	/	10	0	6	7	3	0	0	10	127.4	0
苏南非遗文化传承与创新研究基地	1	2017/09/12	学校上级主管部门	与校外合办所	其他重点研究基地,教育厅发文批准学校自建	艺术学	广播、电视、电影和录音制作业	政府部门办	10	0	6	7	3	0	0	10	127.4	0
西交利物浦大学	070	/	/	/	/	/	/	/	20	12	8	1	2	17	70	8	8	0
和谐管理研究中心	1	2019/01/06	学校自建	独立设置研究所	校级重点研究基地,学术研究机构	管理学	商务服务业	单位自办	20	12	8	1	2	17	70	8	8	0

七、社科研究、课题与成果

1. 全省高等学校人文、社会科学研究与课题成果情况表

学科门类	编号	总数：课题数(项)	总数：当年投入人数(人年)	总数：其中：研究生(人年)	总数：当年拨入经费(千元)	总数：当年支出经费(千元)	出版著作(部)：合计	出版著作(部)：专著	出版著作(部)：其中：被译成外文	出版著作(部)：编著教材	出版著作(部)：工具书参考书	出版著作(部)：皮书/发展报告	出版著作(部)：科普读物	古籍整理(部)	译著(部)	发表译文(篇)	电子出版物(件)	发表论文(篇)：合计	发表论文(篇)：国内学术刊物：内地(大陆)	发表论文(篇)：国内学术刊物：港澳、台地区	发表论文(篇)：国外学术刊物	获奖成果数(项)：合计	获奖成果数(项)：国家级奖	获奖成果数(项)：部级奖	获奖成果数(项)：省级奖	研究与咨询报告(篇)：合计	研究与咨询报告(篇)：其中：被采纳数
		L01	L02	L03	L04	L05	L06	L07	L08	L09	L10	L11	L12	L13	L14	L15	L16	L17	L18	L19	L20	L21	L22	L23	L24	L25	L26
合 计	/	54 408	10 175.2	533	1 394 675.642	1 306 809.958	1624	1083	37	479	12	30	20	36	114	4	67	28 831	25 922	2885	24	634	0	12	622	5302	3110
管理学	1	13 237	2 384.2	163.5	429 423.333	394 938.418	256	165	5	71	3	17	0	0	0	1	26	5518	4461	1055	2	118	0	4	114	1733	978
马克思主义	2	3486	633.8	39.1	44 485.741	47 944.824	87	63	1	18	0	2	4	0	1	0	8	1885	1859	25	1	31	0	0	31	206	113
哲学	3	527	123.8	6.6	13 010.101	14 327.887	30	24	0	5	0	1	0	6	9	1	1	523	480	39	4	23	0	1	22	21	12
逻辑学	4	22	4.5	0.3	400.189	428.977	0	0	0	0	0	0	0	0	0	0	0	20	20	0	0	0	0	0	0	22	12
宗教学	5	45	10.2	0.6	934.437	990.68	5	4	1	1	0	0	0	0	0	0	0	27	22	4	1	1	0	0	1	2	1
语言学	6	1781	371.3	8.1	48 348.975	46 738.895	97	69	10	26	2	0	0	1	22	0	0	1185	989	196	0	41	0	0	41	169	131
中国文学	7	1181	251.8	8	27 402.776	28 364.64	104	72	1	21	0	0	11	21	8	0	1	1084	1061	17	6	45	0	0	45	86	55
外国文学	8	696	138	2.9	10 531.008	11 906.489	54	37	5	16	1	0	0	0	41	0	4	429	379	50	0	11	0	1	10	26	19
艺术学	9	4247	842	40.1	154 522.198	135 740.673	234	136	2	96	0	1	1	0	4	0	5	3036	2883	148	5	47	0	2	45	542	341
历史学	10	762	164.2	15.7	22 006.882	23 278.404	62	42	3	20	0	0	0	8	8	0	1	461	437	22	2	31	0	1	30	57	38
考古学	11	320	74.2	58.9	89 095.642	82 867.585	10	7	0	3	0	0	0	0	0	0	0	25	22	3	0	1	0	0	1	0	0
经济学	12	4922	914.8	48.8	158 415.558	139 445.621	118	85	0	33	0	0	0	0	2	0	7	2600	2076	524	0	74	0	2	72	599	412
政治学	13	853	161	9	13 269.349	15 172.584	22	19	2	3	0	0	0	0	1	0	2	426	405	21	0	17	0	0	17	61	42
法学	14	1739	335.5	15	53 886.041	54 662.564	73	57	1	12	1	1	2	0	2	0	1	943	906	36	1	28	0	1	27	160	115
社会学	15	2771	499.9	18.5	59 679.539	58 440.911	66	42	0	17	1	5	1	0	6	0	1	1007	876	130	1	25	0	0	25	351	200
民族学与文化学	16	331	56.1	1	3 190.895	4 118.698	6	4	0	2	0	0	0	0	0	1	1	108	99	9	0	3	0	0	3	33	22
新闻学与传播学	17	858	154.3	6.6	25 236.017	22 592.617	25	16	2	9	0	0	0	0	0	0	0	544	496	48	0	17	0	0	17	107	86
图书馆、情报与文献学	18	859	159.1	15.5	23 028.928	22 377.846	26	14	0	11	0	1	0	0	0	0	0	584	529	55	0	17	0	0	17	37	20
教育学	19	12 784	2322.7	57.9	122 718.471	125 159.16	237	156	2	76	3	2	0	0	5	1	0	6874	6632	242	0	66	0	0	66	784	360
统计学	20	199	36.8	1.4	5292.742	5043.329	10	3	0	7	0	0	0	0	1	0	2	110	81	29	0	0	0	0	0	25	8
心理学	21	534	92.1	2	8884.093	8869.423	12	6	0	6	0	0	0	0	1	0	3	290	192	98	0	14	0	0	14	44	16
体育科学	22	1410	256.5	5.5	32 412.147	30 074.969	65	51	1	12	1	0	1	0	2	0	0	856	795	61	0	20	0	0	20	125	61
其他学科	23	844	188.4	8	48 500.58	33 324.764	25	11	1	14	0	0	0	0	1	0	4	296	222	73	1	4	0	0	4	112	68

2. 公办本科高等学校人文、社会科学研究与课题成果情况表

学科门类	编号	总数：课题数（项）	总数：当年投入人数（人年）	总数：其中：研究生（人年）	总数：当年拨入经费（千元）	总数：当年支出经费（千元）	出版著作（部）：合计	出版著作（部）：专著	出版著作（部）：其中：被译成外文	出版著作（部）：编著教材	出版著作（部）：工具书参考书	出版著作（部）：皮书/发展报告	出版著作（部）：科普读物	古籍整理（部）	译著（部）	发表译文（篇）	电子出版物（件）	发表论文（篇）：合计	发表论文（篇）：国内学术刊物：内地（大陆）	发表论文（篇）：国内学术刊物：港澳、台地区	发表论文（篇）：国外学术刊物	获奖成果数（项）：合计	获奖成果数（项）：国家级奖	获奖成果数（项）：部级奖	获奖成果数（项）：省级奖	研究与咨询报告（篇）：合计	研究与咨询报告（篇）：其中：被采纳数
		L01	L02	L03	L04	L05	L06	L07	L08	L09	L10	L11	L12	L13	L14	L15	L16	L17	L18	L19	L20	L21	L22	L23	L24	L25	L26
合　计	\	36 290	6 934.3	528.8	1 257 031.708	1 188 235.172	1233	887	30	294	12	28	12	35	106	3	48	17 529	15 024	2483	22	626	0	12	614	3649	2332
管理学	1	9463	1 701.7	162	380 024.776	355 234.828	188	130	4	39	3	16	0	0	0	0	26	3477	2519	957	1	115	0	4	111	1124	734
马克思主义	2	2349	445.3	39.1	41 942.841	45 591.963	71	57	1	8	0	2	4	0	1	0	8	1219	1197	21	1	31	0	0	31	173	91
哲学	3	470	111.9	6.6	12 547.101	13 898.482	28	23	0	5	0	0	0	6	8	1	1	466	426	36	4	23	0	1	22	18	11
逻辑学	4	10	2.1	0.3	400.189	409.417	0	0	0	0	0	0	0	0	0	0	0	8	8	0	0	0	0	0	0	10	0
宗教学	5	44	9.6	0.6	934.437	958.884	5	4	1	1	0	0	0	0	0	0	0	26	21	4	1	1	0	0	1	1	0
语言学	6	1348	284.5	7.9	43 208.425	42 879.053	76	55	9	19	2	0	0	1	20	0	0	788	643	145	0	40	0	0	40	145	115
中国文学	7	1046	227.5	8	26 241.476	27 534.33	82	64	1	15	0	0	3	20	8	0	1	937	915	16	6	45	0	0	45	84	54
外国文学	8	630	124.4	2.9	9 324.008	10 958.458	48	31	4	16	1	0	0	0	40	0	0	369	322	47	0	11	0	1	10	22	17
艺术学	9	2859	575.9	40.1	133 666.894	115 490.493	166	103	1	61	0	1	1	0	4	0	0	1846	1731	110	5	47	0	2	45	344	272
历史学	10	699	154.2	15.7	21 135.882	22 702.834	54	35	2	19	0	0	0	8	8	0	0	420	398	21	1	31	0	1	30	47	33
考古学	11	318	73.7	58.9	89 092.642	82 861.585	10	7	0	3	0	0	0	0	0	0	0	23	20	3	0	1	0	0	1	0	0
经济学	12	3618	656.5	48.4	136 093.477	121 901.177	82	71	0	11	0	0	0	0	2	0	6	1814	1359	455	0	73	0	2	71	410	294
政治学	13	616	122.6	9	12 796.349	14 738.224	20	17	0	3	0	0	0	0	0	0	0	284	265	19	0	17	0	0	17	57	39
法学	14	1601	310.8	15	52 825.541	53 511.995	71	56	1	11	1	1	2	0	2	0	1	839	804	34	1	28	0	1	27	142	107
社会学	15	2029	380.9	18.2	56 235.839	56 711.419	54	32	0	15	1	5	1	0	4	0	1	676	549	126	1	25	0	0	25	268	166
民族学与文化学	16	192	31.8	0.6	3 123.895	3 554.869	6	4	0	2	0	0	0	0	0	1	1	39	35	4	0	3	0	0	3	17	9
新闻学与传播学	17	716	128.1	6.5	23 848.832	21 417.294	20	11	2	9	0	0	0	0	0	0	0	399	361	38	0	17	0	0	17	97	80
图书馆、情报与文献学	18	761	141.4	15.5	22 978.928	22 301.044	22	14	0	7	0	1	0	0	0	0	0	478	425	53	0	17	0	0	17	35	19
教育学	19	5280	1 020.6	57.4	103 658.814	104 820.108	160	115	2	40	3	2	0	0	4	1	0	2399	2227	172	0	64	0	0	64	419	175
统计学	20	165	31.6	1.4	4 946.142	4 116.39	3	2	0	1	0	0	0	0	1	0	2	84	55	29	0	0	0	0	0	16	3
心理学	21	330	57.7	2	8 390.093	8 104.178	6	5	0	1	0	0	0	0	1	0	0	198	104	94	0	13	0	0	13	36	12
体育科学	22	1151	209.1	5.5	29 738.047	27 696.945	49	43	1	4	1	0	1	0	2	0	0	556	503	53	0	20	0	0	20	103	49
其他学科	23	595	132.4	7.2	43 877.08	30 841.202	12	8	1	4	0	0	0	0	1	0	1	184	137	46	1	4	0	0	4	81	52

2.1 管理学人文、社会科学研究与课题成果情况表

高校名称	编号	总数：课题数(项)	总数：当年投入人数(人年)	总数：其中：研究生(人年)	总数：当年拨入经费(千元)	总数：当年支出经费(千元)	出版著作(部)：合计	出版著作(部)：专著	出版著作(部)：其中：被译成外文	出版著作(部)：编著教材	出版著作(部)：工具书参考书	出版著作(部)：皮书/发展报告	出版著作(部)：科普读物	古籍整理(部)	译著(部)	发表译文(篇)	电子出版物(件)	发表论文(篇)：合计	发表论文(篇)：国内学术刊物：内地(大陆)	发表论文(篇)：国内学术刊物：港澳、台地区	发表论文(篇)：国外学术刊物	获奖成果数(项)：合计	获奖成果数(项)：国家级奖	获奖成果数(项)：部级奖	获奖成果数(项)：省级奖	研究与咨询报告(篇)：合计	研究与咨询报告(篇)：其中：被采纳数
		L01	L02	L03	L04	L05	L06	L07	L08	L09	L10	L11	L12	L13	L14	L15	L16	L17	L18	L19	L20	L21	L22	L23	L24	L25	L26
合 计	/	9463	1 701.7	162	380 024.776	355 234.828	188	130	4	39	3	16	0	0	0	0	26	3477	2519	957	1	115	0	4	111	1124	734
南京大学	1	147	20.8	5.7	13 149.504	14 816.504	13	11	0	2	0	0	0	0	0	0	0	246	157	89	0	16	0	0	16	13	11
东南大学	2	185	30.6	0.3	6149	5 092.28	8	5	0	2	0	1	0	0	0	0	0	30	16	14	0	5	0	0	5	0	0
江南大学	3	165	86.3	37.4	6 402.808	5 643.489	4	4	0	0	0	0	0	0	0	0	0	77	40	37	0	4	0	0	4	19	19
南京农业大学	4	925	131.2	18.9	21 657.52	20 127.89	11	6	0	5	0	0	0	0	0	0	0	214	151	63	0	9	0	0	9	44	43
中国矿业大学	5	493	65.4	14.1	29 297.792	23 198.643	7	7	0	0	0	0	0	0	0	0	0	153	81	72	0	6	0	0	6	69	48
河海大学	6	512	61	21.2	17 214.627	18 540.45	22	6	1	8	3	5	0	0	0	0	26	202	143	59	0	7	0	0	7	106	28
南京理工大学	7	196	46.9	2.1	9 759.21	11 588.41	4	4	1	0	0	0	0	0	0	0	0	82	35	47	0	6	0	0	6	6	5
南京航空航天大学	8	213	43	0	10 452.632	11 026.123	3	3	0	0	0	0	0	0	0	0	0	80	41	39	0	5	0	0	5	4	4
中国药科大学	9	440	50.3	0	18 282.75	16 513.507	2	0	0	2	0	0	0	0	0	0	0	33	32	1	0	0	0	0	0	0	0
南京警察学院	10	34	8.7	0	48	23.261	0	0	0	0	0	0	0	0	0	0	0	11	11	0	0	0	0	0	0	0	0
苏州大学	11	265	34.9	0.7	10 984.352	7 426.285	5	2	0	3	0	0	0	0	0	0	0	42	23	19	0	8	0	0	8	20	19
江苏科技大学	12	276	60.7	8.4	4 482.4	3 615.85	2	2	0	0	0	0	0	0	0	0	0	86	67	19	0	2	0	0	2	4	4
南京工业大学	13	237	36.8	9	1113	1 121.73	3	3	0	0	0	0	0	0	0	0	0	190	172	17	1	4	0	0	4	14	14
常州大学	14	135	36.7	0	1998	2 583.41	2	2	0	0	0	0	0	0	0	0	0	98	91	7	0	3	0	0	3	4	4
南京邮电大学	15	349	81.1	9.5	10 589.763	10 989.828	5	5	0	0	0	0	0	0	0	0	0	103	63	40	0	4	0	0	4	24	24
南京林业大学	16	102	21.4	1.3	1417	1 331.13	1	1	1	0	0	0	0	0	0	0	0	40	37	3	0	4	0	4	0	3	3
江苏大学	17	385	53.9	2	15 042.972	15 721.98	6	6	0	0	0	0	0	0	0	0	0	163	95	68	0	5	0	0	5	9	5
南京信息工程大学	18	348	75.9	4.8	14 827.34	13 471.752	4	2	0	2	0	0	0	0	0	0	0	172	64	108	0	3	0	0	3	29	21
南通大学	19	85	13.2	0	2 956.96	2 736.96	3	3	0	0	0	0	0	0	0	0	0	54	54	0	0	1	0	0	1	19	19
盐城工学院	20	69	6.9	0	1464	1 142.6	1	1	0	0	0	0	0	0	0	0	0	27	27	0	0	1	0	0	1	0	0
南京医科大学	21	115	14	0	589	324	0	0	0	0	0	0	0	0	0	0	0	19	19	0	0	0	0	0	0	0	0
徐州医科大学	22	37	6.6	0	156	95.05	0	0	0	0	0	0	0	0	0	0	0	28	23	5	0	0	0	0	0	1	1

南京中医药大学	23	114	30.3	0	1 560.1	1 944.468	0	0	0	0	0	0	0	0	0	0	0	26	22	4	0	1	0	0	1	16	16
南京师范大学	24	51	11.8	0.1	2 403.94	2 226.884	0	0	0	0	0	0	0	0	0	0	0	38	29	9	0	1	0	0	1	8	8
江苏师范大学	25	133	79.2	3	42 230.36	42 354.36	3	3	0	0	0	0	0	0	0	0	0	75	68	7	0	2	0	0	2	45	45
淮阴师范学院	26	106	12.4	0	6 028.3	7 181.3	0	0	0	0	0	0	0	0	0	0	0	43	33	10	0	0	0	0	0	11	6
盐城师范学院	27	227	45.6	0	15 757.278	20 431.807	6	6	0	0	0	0	0	0	0	0	0	42	38	4	0	0	0	0	0	57	7
南京财经大学	28	406	72.7	10.9	15 746.966	13 691.443	11	4	0	7	0	0	0	0	0	0	0	132	58	74	0	4	0	0	4	24	18
江苏警官学院	29	115	19.3	0	702	354.93	2	2	0	0	0	0	0	0	0	0	0	49	45	4	0	0	0	0	0	4	4
南京体育学院	30	4	0.4	0	6	0	1	1	0	0	0	0	0	0	0	0	0	0	0	0	0	0	0	0	0	1	0
南京艺术学院	31	18	3.3	0	10	198.342	1	1	0	0	0	0	0	0	0	0	0	17	16	1	0	0	0	0	0	1	1
苏州科技大学	32	205	34.5	1.6	10 713.763	10 131.763	3	3	0	0	0	0	0	0	0	0	0	90	68	22	0	0	0	0	0	45	30
常熟理工学院	33	170	26.2	0	4 916.117	5 577.283	2	0	0	2	0	0	0	0	0	0	0	29	24	5	0	0	0	0	0	60	38
淮阴工学院	34	139	23.9	0	8 514.4	9 900.71	2	2	0	0	0	0	0	0	0	0	0	32	31	1	0	0	0	0	0	26	23
常州工学院	35	164	17.2	0	5568	7 332.5	4	4	0	0	0	0	0	0	0	0	0	19	18	1	0	2	0	0	2	47	8
扬州大学	36	238	31	0.2	9838	9 884.46	14	2	0	2	0	10	0	0	0	0	0	66	51	15	0	4	0	0	4	61	54
南京工程学院	37	43	8.3	0	1 546.6	2 450.64	0	0	0	0	0	0	0	0	0	0	0	14	14	0	0	0	0	0	0	33	0
南京审计大学	38	385	118.4	10.8	16 280.5	4 929.314	7	6	0	1	0	0	0	0	0	0	0	236	197	39	0	5	0	0	5	5	5
南京晓庄学院	39	66	6.6	0	1 999.2	2 100.1	1	0	0	1	0	0	0	0	0	0	0	9	9	0	0	0	0	0	0	0	0
江苏理工学院	40	142	19.6	0	3 496.4	2 192.813	4	4	0	0	0	0	0	0	0	0	0	30	30	0	0	2	0	0	2	22	12
江苏海洋大学	41	244	24.2	0	10 014.999	9 581.339	1	1	0	0	0	0	0	0	0	0	0	71	60	11	0	0	0	0	0	84	30
徐州工程学院	42	163	24.4	0	10 886.59	6 128.795	6	4	0	2	0	0	0	0	0	0	0	86	57	29	0	0	0	0	0	149	120
南京特殊教育师范学院	43	40	16.7	0	739	551	1	1	0	0	0	0	0	0	0	0	0	11	11	0	0	0	0	0	0	0	0
泰州学院	44	38	7	0	1 625.3	220.776	0	0	0	0	0	0	0	0	0	0	0	37	34	3	0	0	0	0	0	1	1
金陵科技学院	45	100	10.4	0	3 744.233	3 713.033	5	5	0	0	0	0	0	0	0	0	0	32	30	2	0	0	0	0	0	4	4
江苏第二师范学院	46	23	4.6	0	931	258.595	0	0	0	0	0	0	0	0	0	0	0	11	9	2	0	0	0	0	0	3	3
南京工业职业技术大学	47	135	33.3	0	1 105.2	1 131.428	1	1	0	0	0	0	0	0	0	0	0	46	46	0	0	0	0	0	0	0	0
无锡学院	48	51	10.3	0	632	607.25	1	1	0	0	0	0	0	0	0	0	0	20	19	1	0	1	0	0	1	2	2
苏州城市学院	49	23	3.1	0	20	26.291	2	2	0	0	0	0	0	0	0	0	0	5	5	0	0	0	0	0	0	2	2
宿迁学院	50	207	20.7	0	4 973.9	3 002.072	4	4	1	0	0	0	0	0	0	0	0	61	55	6	0	0	0	0	0	25	25

2.2 马克思主义人文、社会科学研究与课题成果情况表

高校名称		总数					出版著作(部)							古籍整理(部)	译著(部)	发表译文(篇)	电子出版物(件)	发表论文(篇)				获奖成果数(项)				研究与咨询报告(篇)	
		课题数(项)	当年投入人数(人年)	其中:研究生(人年)	当年拨入经费(千元)	当年支出经费(千元)	合计	专著	其中:被译成外文	编著教材	工具书参考书	皮书/发展报告	科普读物					合计	国内学术刊物 内地(大陆)	国内学术刊物 港、澳、台地区	国外学术刊物	合计	国家级奖	部级奖	省级奖	合计	其中:被采纳数
	编号	L01	L02	L03	L04	L05	L06	L07	L08	L09	L10	L11	L12	L13	L14	L15	L16	L17	L18	L19	L20	L21	L22	L23	L24	L25	L26
合计	/	2349	445.3	39.1	41 942.841	45 591.963	71	57	1	8	0	2	4	0	1	0	8	1219	1197	21	1	31	0	0	31	173	91
南京大学	1	84	10.4	1.5	3707	3707	1	1	0	0	0	0	0	0	0	0	0	75	70	5	0	2	0	0	2	2	2
东南大学	2	46	9	0	2760	2 409.97	4	3	0	1	0	0	0	0	0	0	0	41	40	1	0	1	0	0	1	1	1
江南大学	3	62	31	15	3 489.036	3 108.83	2	2	0	0	0	0	0	0	1	0	0	47	47	0	0	1	0	0	1	1	1
南京农业大学	4	52	8.9	0.3	185	284.608	1	1	0	0	0	0	0	0	0	0	0	8	8	0	0	0	0	0	0	0	0
中国矿业大学	5	143	26.7	4.8	1 760.77	1 375.906	2	1	0	1	0	0	0	0	0	0	0	48	48	0	0	3	0	0	3	7	0
河海大学	6	217	27.1	12.6	1 916.8	1 741.768	5	0	0	0	0	2	3	0	0	0	0	71	69	2	0	3	0	0	3	45	1
南京理工大学	7	52	14.8	0	121.6	624.71	5	5	0	0	0	0	0	0	0	0	0	24	24	0	0	0	0	0	0	2	1
南京航空航天大学	8	69	12.6	0	2213	2 002.86	3	2	0	1	0	0	0	0	0	0	0	62	61	1	0	2	0	0	2	4	4
中国药科大学	9	17	3	0	135	86	1	1	0	0	0	0	0	0	0	0	0	13	13	0	0	0	0	0	0	0	0
南京警察学院	10	2	0.6	0	0	0	0	0	0	0	0	0	0	0	0	0	0	4	4	0	0	0	0	0	0	0	0
苏州大学	11	89	12.7	0	2 442.212	1 049.83	8	8	0	0	0	0	0	0	0	0	0	34	33	1	0	1	0	0	1	2	2
江苏科技大学	12	32	6.8	0.4	110	185.8	2	1	0	1	0	0	0	0	0	0	0	9	9	0	0	0	0	0	0	0	0
南京工业大学	13	68	9.4	1.2	294	303	1	1	0	0	0	0	0	0	0	0	0	36	36	0	0	0	0	0	0	0	0
常州大学	14	48	15	0	632	921.067	2	2	0	0	0	0	0	0	0	0	0	17	17	0	0	2	0	0	2	6	6
南京邮电大学	15	48	9.8	0.2	505	467.7	0	0	0	0	0	0	0	0	0	0	0	9	7	2	0	0	0	0	0	0	0
南京林业大学	16	28	6.6	0.3	645	431.65	1	1	1	0	0	0	0	0	0	0	0	25	23	2	0	0	0	0	0	1	1
江苏大学	17	39	9.6	0	851.1	831.1	1	1	0	0	0	0	0	0	0	0	0	18	18	0	0	2	0	0	2	1	1
南京信息工程大学	18	67	18.6	0	1228	1 378.89	2	1	0	1	0	0	0	0	0	0	0	27	27	0	0	3	0	0	3	1	1
南通大学	19	65	10.4	0	468	290	4	3	0	0	0	0	1	0	0	0	0	42	42	0	0	1	0	0	1	2	2
盐城工学院	20	41	4.1	0	111	124.3	2	2	0	0	0	0	0	0	0	0	0	20	20	0	0	0	0	0	0	0	0
南京医科大学	21	8	0.9	0	0	0	0	0	0	0	0	0	0	0	0	0	0	4	4	0	0	0	0	0	0	0	0
徐州医科大学	22	11	2	0	31	46.5	1	1	0	0	0	0	0	0	0	0	0	13	12	1	0	0	0	0	0	4	4

南京中医药大学	23	9	3	0	0	25.782	1	1	0	0	0	0	0	0	0	0	0	16	16	0	0	0	0	0	0	0	0
南京师范大学	24	103	26.2	0	3 596.563	12 908.879	1	1	0	0	0	0	0	0	0	0	0	80	78	1	1	4	0	0	4	1	1
江苏师范大学	25	19	12.6	0.9	743.4	696.4	3	2	0	1	0	0	0	0	0	0	0	23	23	0	0	0	0	0	0	14	14
淮阴师范学院	26	63	9.1	0	2 345.924	2 421.014	0	0	0	0	0	0	0	0	0	0	0	28	28	0	0	1	0	0	1	0	0
盐城师范学院	27	79	17.2	0	424	656.846	1	1	0	0	0	0	0	0	0	0	3	10	10	0	0	0	0	0	0	11	0
南京财经大学	28	55	8.5	1.3	1600	867.175	1	1	0	0	0	0	0	0	0	0	0	14	13	1	0	1	0	0	1	4	1
江苏警官学院	29	19	3.7	0	295	106	1	1	0	0	0	0	0	0	0	0	0	11	9	2	0	0	0	0	0	0	0
南京体育学院	30	13	1.3	0	0	90.243	1	1	0	0	0	0	0	0	0	0	0	5	5	0	0	0	0	0	0	0	0
南京艺术学院	31	25	4.2	0	203.149	29.331	2	2	0	0	0	0	0	0	0	0	5	16	16	0	0	0	0	0	0	0	0
苏州科技大学	32	17	3.2	0	36	36	0	0	0	0	0	0	0	0	0	0	0	11	11	0	0	0	0	0	0	0	0
常熟理工学院	33	28	4.9	0	523.55	266.417	0	0	0	0	0	0	0	0	0	0	0	28	28	0	0	0	0	0	0	1	1
淮阴工学院	34	69	7.7	0	182.8	459.6	2	1	0	1	0	0	0	0	0	0	0	53	53	0	0	0	0	0	0	7	5
常州工学院	35	59	6.1	0	687.5	555.33	0	0	0	0	0	0	0	0	0	0	0	19	19	0	0	0	0	0	0	9	0
扬州大学	36	82	14.8	0.6	1508	1 426.38	2	2	0	0	0	0	0	0	0	0	0	56	56	0	0	2	0	0	2	3	2
南京工程学院	37	5	0.9	0	32	96.8	1	1	0	0	0	0	0	0	0	0	0	4	4	0	0	1	0	0	1	0	0
南京审计大学	38	20	6.8	0	381	102.354	0	0	0	0	0	0	0	0	0	0	0	15	15	0	0	0	0	0	0	0	0
南京晓庄学院	39	63	6.3	0	1466	892	2	2	0	0	0	0	0	0	0	0	0	18	18	0	0	0	0	0	0	0	0
江苏理工学院	40	30	4.8	0	942	769.72	0	0	0	0	0	0	0	0	0	0	0	7	7	0	0	0	0	0	0	5	4
江苏海洋大学	41	34	3.4	0	82	858.25	1	1	0	0	0	0	0	0	0	0	0	21	21	0	0	0	0	0	0	2	1
徐州工程学院	42	63	9.8	0	207.55	148.275	1	1	0	0	0	0	0	0	0	0	0	20	20	0	0	0	0	0	0	34	32
南京特殊教育师范学院	43	26	7.3	0	80	59	0	0	0	0	0	0	0	0	0	0	0	20	20	0	0	0	0	0	0	0	0
泰州学院	44	21	6.7	0	90	106.04	1	0	0	1	0	0	0	0	0	0	0	10	10	0	0	0	0	0	0	2	2
金陵科技学院	45	30	3	0	554	91.2	1	1	0	0	0	0	0	0	0	0	0	17	17	0	0	0	0	0	0	0	0
江苏第二师范学院	46	12	2.5	0	470	2.648	0	0	0	0	0	0	0	0	0	0	0	8	8	0	0	0	0	0	0	0	0
南京工业职业技术大学	47	31	8.7	0	120	187.97	1	1	0	0	0	0	0	0	0	0	0	10	10	0	0	0	0	0	0	0	0
无锡学院	48	9	1.9	0	81	44	0	0	0	0	0	0	0	0	0	0	0	3	3	0	0	1	0	0	1	0	0
苏州城市学院	49	20	4.7	0	452.087	12.416	0	0	0	0	0	0	0	0	0	0	0	12	12	0	0	0	0	0	0	0	0
宿迁学院	50	57	6	0	1 233.8	304.404	0	0	0	0	0	0	0	0	0	0	0	37	35	2	0	0	0	0	0	1	1

2.3 哲学人文、社会科学研究与课题成果情况表

高校名称	编号	总数 课题数(项)	当年投入人数(人年)	其中：研究生(人年)	当年拨入经费(千元)	当年支出经费(千元)	出版著作(部) 合计	专著	其中：被译成外文	编著教材	工具书参考书	皮书/发展报告	科普读物	古籍整理(部)	译著(部)	发表译文(篇)	电子出版物(件)	发表论文(篇) 合计	国内学术刊物 内地(大陆)	国内学术刊物 港澳台地区	国外学术刊物	获奖成果数(项) 合计	国家级奖	部级奖	省级奖	研究与咨询报告(篇) 合计	其中：被采纳数
		L01	L02	L03	L04	L05	L06	L07	L08	L09	L10	L11	L12	L13	L14	L15	L16	L17	L18	L19	L20	L21	L22	L23	L24	L25	L26
合计	/	470	111.9	6.6	12 547.101	13 898.482	28	23	0	5	0	0	0	6	8	1	1	466	426	36	4	23	0	1	22	18	11
南京大学	1	60	11.6	1.2	2617	2817	5	4	0	1	0	0	0	0	2	0	0	150	134	16	0	10	0	0	10	0	0
东南大学	2	70	13.7	0	2678	2 931.57	3	1	0	2	0	0	0	5	1	1	0	40	31	7	2	3	0	0	3	2	2
江南大学	3	21	10.5	4	140	261.66	0	0	0	0	0	0	0	0	0	0	0	9	8	1	0	0	0	0	0	0	0
南京农业大学	4	11	3.2	0	230	8.64	0	0	0	0	0	0	0	0	0	0	0	7	7	0	0	0	0	0	0	0	0
中国矿业大学	5	5	1.7	0	0	8.742	0	0	0	0	0	0	0	0	0	0	0	2	2	0	0	0	0	0	0	3	0
河海大学	6	21	3.4	0.2	80	111.856	0	0	0	0	0	0	0	0	0	0	0	4	3	1	0	0	0	0	0	2	0
南京理工大学	7	4	1	0	0	0	0	0	0	0	0	0	0	0	0	0	0	2	1	1	0	0	0	0	0	0	0
南京航空航天大学	8	5	1	0	40	38.08	2	2	0	0	0	0	0	0	0	0	0	9	9	0	0	0	0	0	0	0	0
中国药科大学	9	2	0.2	0	0	0	0	0	0	0	0	0	0	0	0	0	0	5	5	0	0	0	0	0	0	0	0
南京警察学院	10	1	0.3	0	0	0	0	0	0	0	0	0	0	0	0	0	0	3	3	0	0	0	0	0	0	0	0
苏州大学	11	33	5.1	0.1	1 008.276	344.838	3	3	0	0	0	0	0	1	1	0	0	34	33	1	0	2	0	0	2	0	0
江苏科技大学	12	5	1.2	0.2	20	21.8	0	0	0	0	0	0	0	0	0	0	0	1	1	0	0	0	0	0	0	0	0
南京工业大学	13	6	0.6	0	0	60	0	0	0	0	0	0	0	0	0	0	0	0	0	0	0	0	0	0	0	0	0
常州大学	14	3	1.6	0	0	0	0	0	0	0	0	0	0	0	0	0	0	2	2	0	0	0	0	0	0	0	0
南京邮电大学	15	9	2.4	0	460	342	0	0	0	0	0	0	0	0	0	0	0	4	4	0	0	0	0	0	0	0	0
南京林业大学	16	12	2.1	0	160	65.2	0	0	0	0	0	0	0	0	0	0	0	2	2	0	0	1	0	1	0	0	0
江苏大学	17	5	1.8	0	270	240	0	0	0	0	0	0	0	0	0	0	0	6	6	0	0	0	0	0	0	0	0
南京信息工程大学	18	19	4.5	0	430	498.03	1	1	0	0	0	0	0	0	0	0	0	7	6	1	0	1	0	0	1	0	0
南通大学	19	2	0.2	0	150	40	1	0	0	1	0	0	0	0	0	0	0	13	13	0	0	0	0	0	0	1	1
盐城工学院	20	2	0.2	0	0	0	0	0	0	0	0	0	0	0	0	0	0	0	0	0	0	0	0	0	0	0	0
南京医科大学	21	2	0.3	0	0	0	0	0	0	0	0	0	0	0	0	0	0	0	0	0	0	0	0	0	0	0	0
徐州医科大学	22	1	0.2	0	0	4	0	0	0	0	0	0	0	0	0	0	0	2	2	0	0	0	0	0	0	0	0

南京中医药大学	23	17	6.9	0	340	340.22	2	2	0	0	0	0	0	0	0	0	0	17	17	0	0	0	0	0	0	0	0
南京师范大学	24	30	8.9	0.1	696.025	3 469.017	7	6	0	1	0	0	0	0	1	0	0	33	31	0	2	2	0	0	2	0	0
江苏师范大学	25	18	10.6	0.3	930	648	0	0	0	0	0	0	0	0	1	0	0	23	23	0	0	3	0	0	3	3	3
淮阴师范学院	26	4	0.7	0	190	192	1	1	0	0	0	0	0	0	1	0	0	3	3	0	0	0	0	0	0	0	0
盐城师范学院	27	5	1.5	0	100	87	1	1	0	0	0	0	0	0	0	0	0	2	2	0	0	0	0	0	0	0	0
南京财经大学	28	11	1.7	0.2	350	175.533	0	0	0	0	0	0	0	0	0	0	0	13	10	3	0	0	0	0	0	0	0
江苏警官学院	29	2	0.3	0	0	0	0	0	0	0	0	0	0	0	0	0	0	0	0	0	0	0	0	0	0	0	0
南京体育学院	30	0	0	0	0	0	0	0	0	0	0	0	0	0	0	0	0	0	0	0	0	0	0	0	0	0	0
南京艺术学院	31	1	0.1	0	0	0	0	0	0	0	0	0	0	0	0	0	1	4	4	0	0	0	0	0	0	0	0
苏州科技大学	32	7	1.5	0	31.8	31.8	0	0	0	0	0	0	0	0	0	0	0	16	16	0	0	0	0	0	0	0	0
常熟理工学院	33	1	0.2	0	0	0	1	1	0	0	0	0	0	0	0	0	0	3	3	0	0	0	0	0	0	0	0
淮阴工学院	34	0	0	0	0	0	0	0	0	0	0	0	0	0	0	0	0	11	9	2	0	0	0	0	0	0	0
常州工学院	35	10	1	0	310	174.45	0	0	0	0	0	0	0	0	0	0	0	4	4	0	0	1	0	0	1	2	0
扬州大学	36	14	3.9	0.3	580	471.63	0	0	0	0	0	0	0	0	0	0	0	9	9	0	0	0	0	0	0	1	1
南京工程学院	37	2	0.4	0	10	9.3	0	0	0	0	0	0	0	0	1	0	0	1	1	0	0	0	0	0	0	0	0
南京审计大学	38	13	1.3	0	18	24.962	0	0	0	0	0	0	0	0	0	0	0	1	1	0	0	0	0	0	0	0	0
南京晓庄学院	39	4	0.4	0	0	0	0	0	0	0	0	0	0	0	0	0	0	1	1	0	0	0	0	0	0	0	0
江苏理工学院	40	8	1	0	26	56	0	0	0	0	0	0	0	0	0	0	0	1	1	0	0	0	0	0	0	1	1
江苏海洋大学	41	3	0.3	0	190	27.1	0	0	0	0	0	0	0	0	0	0	0	3	3	0	0	0	0	0	0	0	0
徐州工程学院	42	4	1.1	0	431	216	0	0	0	0	0	0	0	0	0	0	0	1	1	0	0	0	0	0	0	1	1
南京特殊教育师范学院	43	0	0	0	0	0	0	0	0	0	0	0	0	0	0	0	0	6	6	0	0	0	0	0	0	0	0
泰州学院	44	0	0	0	0	0	0	0	0	0	0	0	0	0	0	0	0	0	0	0	0	0	0	0	0	0	0
金陵科技学院	45	1	0.1	0	0	1	1	1	0	0	0	0	0	0	0	0	0	0	0	0	0	0	0	0	0	0	0
江苏第二师范学院	46	6	1.6	0	0	1.844	0	0	0	0	0	0	0	0	0	0	0	7	4	3	0	0	0	0	0	0	0
南京工业职业技术大学	47	4	0.9	0	51	39.21	0	0	0	0	0	0	0	0	0	0	0	1	1	0	0	0	0	0	0	0	0
无锡学院	48	0	0	0	0	0	0	0	0	0	0	0	0	0	0	0	0	0	0	0	0	0	0	0	0	0	0
苏州城市学院	49	1	0.2	0	10	0	0	0	0	0	0	0	0	0	0	0	0	1	1	0	0	0	0	0	0	0	0
宿迁学院	50	5	0.5	0	0	140	0	0	0	0	0	0	0	0	0	0	0	3	3	0	0	0	0	0	0	2	2

2.4 逻辑学人文、社会科学研究与课题成果情况表

高校名称		总数					出版著作(部)							古籍整理(部)	译著(部)	发表译文(篇)	电子出版物(件)	发表论文(篇)				获奖成果数(项)				研究与咨询报告(篇)	
		课题数(项)	当年投入人数(人年)	其中：研究生(人年)	当年拨入经费(千元)	当年支出经费(千元)	合计	专著	其中：被译成外文	编著教材	工具书参考书	皮书/发展报告	科普读物					合计	国内学术刊物 内地(大陆)	国内学术刊物 港澳、台地区	国外学术刊物	合计	国家级奖	部级奖	省级奖	合计	其中：被采纳数
	编号	L01	L02	L03	L04	L05	L06	L07	L08	L09	L10	L11	L12	L13	L14	L15	L16	L17	L18	L19	L20	L21	L22	L23	L24	L25	L26
合计	/	10	2.1	0.3	400.189	409.417	0	0	0	0	0	0	0	0	0	0	0	8	8	0	0	0	0	0	0	10	0
南京大学	1	2	0.7	0	300	300	0	0	0	0	0	0	0	0	0	0	0	2	2	0	0	0	0	0	0	0	0
东南大学	2	1	0.1	0	40	35.62	0	0	0	0	0	0	0	0	0	0	0	0	0	0	0	0	0	0	0	0	0
江南大学	3	0	0	0	0	0	0	0	0	0	0	0	0	0	0	0	0	0	0	0	0	0	0	0	0	0	0
南京农业大学	4	0	0	0	0	0	0	0	0	0	0	0	0	0	0	0	0	0	0	0	0	0	0	0	0	0	0
中国矿业大学	5	0	0	0	0	0	0	0	0	0	0	0	0	0	0	0	0	0	0	0	0	0	0	0	0	0	0
河海大学	6	3	0.6	0.3	50.189	45.169	0	0	0	0	0	0	0	0	0	0	0	0	0	0	0	0	0	0	0	1	0
南京理工大学	7	0	0	0	0	0	0	0	0	0	0	0	0	0	0	0	0	0	0	0	0	0	0	0	0	0	0
南京航空航天大学	8	0	0	0	0	0	0	0	0	0	0	0	0	0	0	0	0	0	0	0	0	0	0	0	0	0	0
中国药科大学	9	0	0	0	0	0	0	0	0	0	0	0	0	0	0	0	0	0	0	0	0	0	0	0	0	0	0
南京警察学院	10	0	0	0	0	0	0	0	0	0	0	0	0	0	0	0	0	0	0	0	0	0	0	0	0	0	0
苏州大学	11	0	0	0	0	0	0	0	0	0	0	0	0	0	0	0	0	0	0	0	0	0	0	0	0	0	0
江苏科技大学	12	0	0	0	0	0	0	0	0	0	0	0	0	0	0	0	0	0	0	0	0	0	0	0	0	0	0
南京工业大学	13	0	0	0	0	0	0	0	0	0	0	0	0	0	0	0	0	0	0	0	0	0	0	0	0	0	0
常州大学	14	0	0	0	0	0	0	0	0	0	0	0	0	0	0	0	0	0	0	0	0	0	0	0	0	0	0
南京邮电大学	15	0	0	0	0	0	0	0	0	0	0	0	0	0	0	0	0	0	0	0	0	0	0	0	0	0	0
南京林业大学	16	0	0	0	0	0	0	0	0	0	0	0	0	0	0	0	0	0	0	0	0	0	0	0	0	0	0
江苏大学	17	0	0	0	0	0	0	0	0	0	0	0	0	0	0	0	0	0	0	0	0	0	0	0	0	0	0
南京信息工程大学	18	0	0	0	0	0	0	0	0	0	0	0	0	0	0	0	0	0	0	0	0	0	0	0	0	0	0
南通大学	19	0	0	0	0	0	0	0	0	0	0	0	0	0	0	0	0	0	0	0	0	0	0	0	0	0	0
盐城工学院	20	0	0	0	0	0	0	0	0	0	0	0	0	0	0	0	0	0	0	0	0	0	0	0	0	0	0
南京医科大学	21	0	0	0	0	0	0	0	0	0	0	0	0	0	0	0	0	0	0	0	0	0	0	0	0	0	0
徐州医科大学	22	0	0	0	0	0	0	0	0	0	0	0	0	0	0	0	0	0	0	0	0	0	0	0	0	0	0

南京中医药大学	23	0	0	0	0	0	0	0	0	0	0	0	0	0	0	0	0	0	0	0	0	0	0	0	0	0	0
南京师范大学	24	0	0	0	0	0	0	0	0	0	0	0	0	0	0	0	0	0	0	0	0	0	0	0	0	0	0
江苏师范大学	25	0	0	0	0	0	0	0	0	0	0	0	0	0	0	0	0	0	0	0	0	0	0	0	0	0	0
淮阴师范学院	26	0	0	0	0	0	0	0	0	0	0	0	0	0	0	0	0	0	0	0	0	0	0	0	0	0	0
盐城师范学院	27	0	0	0	0	0	0	0	0	0	0	0	0	0	0	0	0	0	0	0	0	0	0	0	0	0	0
南京财经大学	28	1	0.1	0	0	1.128	0	0	0	0	0	0	0	0	0	0	0	0	0	0	0	0	0	0	0	0	0
江苏警官学院	29	0	0	0	0	0	0	0	0	0	0	0	0	0	0	0	0	0	0	0	0	0	0	0	0	0	0
南京体育学院	30	0	0	0	0	0	0	0	0	0	0	0	0	0	0	0	0	0	0	0	0	0	0	0	0	0	0
南京艺术学院	31	0	0	0	0	0	0	0	0	0	0	0	0	0	0	0	0	0	0	0	0	0	0	0	0	0	0
苏州科技大学	32	0	0	0	0	0	0	0	0	0	0	0	0	0	0	0	0	0	0	0	0	0	0	0	0	0	0
常熟理工学院	33	0	0	0	0	0	0	0	0	0	0	0	0	0	0	0	0	0	0	0	0	0	0	0	0	0	0
淮阴工学院	34	0	0	0	0	0	0	0	0	0	0	0	0	0	0	0	0	0	0	0	0	0	0	0	0	0	0
常州工学院	35	0	0	0	0	0	0	0	0	0	0	0	0	0	0	0	0	0	0	0	0	0	0	0	0	0	0
扬州大学	36	2	0.4	0	10	10	0	0	0	0	0	0	0	0	0	0	0	1	1	0	0	0	0	0	0	0	0
南京工程学院	37	0	0	0	0	0	0	0	0	0	0	0	0	0	0	0	0	5	5	0	0	0	0	0	0	9	0
南京审计大学	38	0	0	0	0	0	0	0	0	0	0	0	0	0	0	0	0	0	0	0	0	0	0	0	0	0	0
南京晓庄学院	39	0	0	0	0	0	0	0	0	0	0	0	0	0	0	0	0	0	0	0	0	0	0	0	0	0	0
江苏理工学院	40	0	0	0	0	0	0	0	0	0	0	0	0	0	0	0	0	0	0	0	0	0	0	0	0	0	0
江苏海洋大学	41	0	0	0	0	0	0	0	0	0	0	0	0	0	0	0	0	0	0	0	0	0	0	0	0	0	0
徐州工程学院	42	1	0.2	0	0	17.5	0	0	0	0	0	0	0	0	0	0	0	0	0	0	0	0	0	0	0	0	0
南京特殊教育师范学院	43	0	0	0	0	0	0	0	0	0	0	0	0	0	0	0	0	0	0	0	0	0	0	0	0	0	0
泰州学院	44	0	0	0	0	0	0	0	0	0	0	0	0	0	0	0	0	0	0	0	0	0	0	0	0	0	0
金陵科技学院	45	0	0	0	0	0	0	0	0	0	0	0	0	0	0	0	0	0	0	0	0	0	0	0	0	0	0
江苏第二师范学院	46	0	0	0	0	0	0	0	0	0	0	0	0	0	0	0	0	0	0	0	0	0	0	0	0	0	0
南京工业职业技术大学	47	0	0	0	0	0	0	0	0	0	0	0	0	0	0	0	0	0	0	0	0	0	0	0	0	0	0
无锡学院	48	0	0	0	0	0	0	0	0	0	0	0	0	0	0	0	0	0	0	0	0	0	0	0	0	0	0
苏州城市学院	49	0	0	0	0	0	0	0	0	0	0	0	0	0	0	0	0	0	0	0	0	0	0	0	0	0	0
宿迁学院	50	0	0	0	0	0	0	0	0	0	0	0	0	0	0	0	0	0	0	0	0	0	0	0	0	0	0

2.5 宗教学人文、社会科学研究与课题成果情况表

高校名称	编号	总数 课题数(项)	总数 当年投入人数(人年)	总数 其中：研究生(人年)	总数 当年拨入经费(千元)	总数 当年支出经费(千元)	出版著作(部) 合计	出版著作(部) 专著	出版著作(部) 其中：被译成外文	出版著作(部) 编著教材	出版著作(部) 工具书参考书	出版著作(部) 皮书/发展报告	出版著作(部) 科普读物	古籍整理(部)	译著(部)	发表译文(篇)	电子出版物(件)	发表论文(篇) 合计	发表论文(篇) 国内学术刊物 内地(大陆)	发表论文(篇) 国内学术刊物 港澳、台地区	发表论文(篇) 国外学术刊物	获奖成果数(项) 合计	获奖成果数(项) 国家级奖	获奖成果数(项) 部级奖	获奖成果数(项) 省级奖	研究与咨询报告(篇) 合计	研究与咨询报告(篇) 其中：被采纳数
		L01	L02	L03	L04	L05	L06	L07	L08	L09	L10	L11	L12	L13	L14	L15	L16	L17	L18	L19	L20	L21	L22	L23	L24	L25	L26
合计	/	44	9.6	0.6	934.437	958.884	5	4	1	1	0	0	0	0	0	0	0	26	21	4	1	1	0	0	1	1	0
南京大学	1	15	2.1	0.6	440	440	5	4	1	1	0	0	0	0	0	0	0	7	4	2	1	1	0	0	1	0	0
东南大学	2	5	0.9	0	34	29.1	0	0	0	0	0	0	0	0	0	0	0	4	3	1	0	0	0	0	0	0	0
江南大学	3	0	0	0	0	0	0	0	0	0	0	0	0	0	0	0	0	0	0	0	0	0	0	0	0	0	0
南京农业大学	4	3	0.5	0	0	0	0	0	0	0	0	0	0	0	0	0	0	2	2	0	0	0	0	0	0	0	0
中国矿业大学	5	1	0.1	0	0	0	0	0	0	0	0	0	0	0	0	0	0	0	0	0	0	0	0	0	0	0	0
河海大学	6	2	0.3	0	240.437	216.393	0	0	0	0	0	0	0	0	0	0	0	0	0	0	0	0	0	0	0	1	0
南京理工大学	7	0	0	0	0	0	0	0	0	0	0	0	0	0	0	0	0	0	0	0	0	0	0	0	0	0	0
南京航空航天大学	8	0	0	0	0	0	0	0	0	0	0	0	0	0	0	0	0	0	0	0	0	0	0	0	0	0	0
中国药科大学	9	0	0	0	0	0	0	0	0	0	0	0	0	0	0	0	0	0	0	0	0	0	0	0	0	0	0
南京警察学院	10	0	0	0	0	0	0	0	0	0	0	0	0	0	0	0	0	0	0	0	0	0	0	0	0	0	0
苏州大学	11	3	0.5	0	40	6.901	0	0	0	0	0	0	0	0	0	0	0	2	2	0	0	0	0	0	0	0	0
江苏科技大学	12	0	0	0	0	0	0	0	0	0	0	0	0	0	0	0	0	0	0	0	0	0	0	0	0	0	0
南京工业大学	13	0	0	0	0	0	0	0	0	0	0	0	0	0	0	0	0	0	0	0	0	0	0	0	0	0	0
常州大学	14	0	0	0	0	0	0	0	0	0	0	0	0	0	0	0	0	0	0	0	0	0	0	0	0	0	0
南京邮电大学	15	0	0	0	0	0	0	0	0	0	0	0	0	0	0	0	0	0	0	0	0	0	0	0	0	0	0
南京林业大学	16	1	0.2	0	0	37.59	0	0	0	0	0	0	0	0	0	0	0	1	1	0	0	0	0	0	0	0	0
江苏大学	17	0	0	0	0	0	0	0	0	0	0	0	0	0	0	0	0	0	0	0	0	0	0	0	0	0	0
南京信息工程大学	18	0	0	0	0	0	0	0	0	0	0	0	0	0	0	0	0	0	0	0	0	0	0	0	0	0	0
南通大学	19	1	0.2	0	100	30	0	0	0	0	0	0	0	0	0	0	0	0	0	0	0	0	0	0	0	0	0
盐城工学院	20	0	0	0	0	0	0	0	0	0	0	0	0	0	0	0	0	0	0	0	0	0	0	0	0	0	0
南京医科大学	21	0	0	0	0	0	0	0	0	0	0	0	0	0	0	0	0	0	0	0	0	0	0	0	0	0	0
徐州医科大学	22	0	0	0	0	0	0	0	0	0	0	0	0	0	0	0	0	0	0	0	0	0	0	0	0	0	0

南京中医药大学	23	0	0	0	0	0	0	0	0	0	0	0	0	0	0	0	0	0	0	0	0	0	0	0	0	0	0
南京师范大学	24	0	0	0	0	0	0	0	0	0	0	0	0	0	0	0	0	1	0	1	0	0	0	0	0	0	0
江苏师范大学	25	2	2.3	0	60	92	0	0	0	0	0	0	0	0	0	0	0	2	2	0	0	0	0	0	0	0	0
淮阴师范学院	26	0	0	0	0	0	0	0	0	0	0	0	0	0	0	0	0	0	0	0	0	0	0	0	0	0	0
盐城师范学院	27	3	0.9	0	20	72.5	0	0	0	0	0	0	0	0	0	0	0	0	0	0	0	0	0	0	0	0	0
南京财经大学	28	0	0	0	0	0	0	0	0	0	0	0	0	0	0	0	0	0	0	0	0	0	0	0	0	0	0
江苏警官学院	29	1	0.1	0	0	0	0	0	0	0	0	0	0	0	0	0	0	0	0	0	0	0	0	0	0	0	0
南京体育学院	30	0	0	0	0	0	0	0	0	0	0	0	0	0	0	0	0	0	0	0	0	0	0	0	0	0	0
南京艺术学院	31	1	0.1	0	0	0	0	0	0	0	0	0	0	0	0	0	0	0	0	0	0	0	0	0	0	0	0
苏州科技大学	32	0	0	0	0	0	0	0	0	0	0	0	0	0	0	0	0	2	2	0	0	0	0	0	0	0	0
常熟理工学院	33	0	0	0	0	0	0	0	0	0	0	0	0	0	0	0	0	0	0	0	0	0	0	0	0	0	0
淮阴工学院	34	0	0	0	0	0	0	0	0	0	0	0	0	0	0	0	0	1	1	0	0	0	0	0	0	0	0
常州工学院	35	0	0	0	0	0	0	0	0	0	0	0	0	0	0	0	0	0	0	0	0	0	0	0	0	0	0
扬州大学	36	3	0.5	0	0	4.4	0	0	0	0	0	0	0	0	0	0	0	2	2	0	0	0	0	0	0	0	0
南京工程学院	37	0	0	0	0	0	0	0	0	0	0	0	0	0	0	0	0	1	1	0	0	0	0	0	0	0	0
南京审计大学	38	1	0.7	0	0	0	0	0	0	0	0	0	0	0	0	0	0	0	0	0	0	0	0	0	0	0	0
南京晓庄学院	39	0	0	0	0	0	0	0	0	0	0	0	0	0	0	0	0	0	0	0	0	0	0	0	0	0	0
江苏理工学院	40	0	0	0	0	0	0	0	0	0	0	0	0	0	0	0	0	0	0	0	0	0	0	0	0	0	0
江苏海洋大学	41	0	0	0	0	0	0	0	0	0	0	0	0	0	0	0	0	0	0	0	0	0	0	0	0	0	0
徐州工程学院	42	1	0.1	0	0	0	0	0	0	0	0	0	0	0	0	0	0	1	1	0	0	0	0	0	0	0	0
南京特殊教育师范学院	43	0	0	0	0	0	0	0	0	0	0	0	0	0	0	0	0	0	0	0	0	0	0	0	0	0	0
泰州学院	44	0	0	0	0	0	0	0	0	0	0	0	0	0	0	0	0	0	0	0	0	0	0	0	0	0	0
金陵科技学院	45	1	0.1	0	0	30	0	0	0	0	0	0	0	0	0	0	0	0	0	0	0	0	0	0	0	0	0
江苏第二师范学院	46	0	0	0	0	0	0	0	0	0	0	0	0	0	0	0	0	0	0	0	0	0	0	0	0	0	0
南京工业职业技术大学	47	0	0	0	0	0	0	0	0	0	0	0	0	0	0	0	0	0	0	0	0	0	0	0	0	0	0
无锡学院	48	0	0	0	0	0	0	0	0	0	0	0	0	0	0	0	0	0	0	0	0	0	0	0	0	0	0
苏州城市学院	49	0	0	0	0	0	0	0	0	0	0	0	0	0	0	0	0	0	0	0	0	0	0	0	0	0	0
宿迁学院	50	0	0	0	0	0	0	0	0	0	0	0	0	0	0	0	0	0	0	0	0	0	0	0	0	0	0

2.6 语言学人文、社会科学研究与课题成果情况表

高校名称	编号	总数					出版著作(部)							古籍整理(部)	译著(部)	发表译文(篇)	电子出版物(件)	发表论文(篇)				获奖成果数(项)				研究与咨询报告(篇)	
		课题数(项)	当年投入人数(人年)	其中：研究生(人年)	当年拨入经费(千元)	当年支出经费(千元)	合计	专著	其中：被译成外文	编著教材	工具书参考书	皮书/发展报告	科普读物					合计	国内学术刊物 内地(大陆)	国内学术刊物 港、澳、台地区	国外学术刊物	合计	国家级奖	部级奖	省级奖	合计	其中：被采纳数
	编号	L01	L02	L03	L04	L05	L06	L07	L08	L09	L10	L11	L12	L13	L14	L15	L16	L17	L18	L19	L20	L21	L22	L23	L24	L25	L26
合　计	/	1348	284.5	7.9	43 208.425	42 879.053	76	55	9	19	2	0	0	1	20	0	0	788	643	145	0	40	0	0	40	145	115
南京大学	1	53	7.6	0.6	2847	2547	9	5	0	4	0	0	0	0	1	0	0	52	37	15	0	2	0	0	2	0	0
东南大学	2	40	6.6	0	706.5	709.87	7	3	2	4	0	0	0	0	1	0	0	32	12	20	0	1	0	0	1	0	0
江南大学	3	31	13.2	4	710	833.21	3	1	0	2	0	0	0	0	3	0	0	21	16	5	0	0	0	0	0	0	0
南京农业大学	4	42	7.6	0	157	362.165	1	1	0	0	0	0	0	0	0	0	0	13	10	3	0	0	0	0	0	5	5
中国矿业大学	5	29	8.5	0.4	292.522	206.826	1	1	0	0	0	0	0	0	0	0	0	19	17	2	0	1	0	0	1	2	0
河海大学	6	8	1.2	0	398	258.2	0	0	0	0	0	0	0	0	1	0	0	4	4	0	0	0	0	0	0	1	0
南京理工大学	7	10	3	0	0	145.65	2	2	0	0	0	0	0	0	0	0	0	10	8	2	0	0	0	0	0	0	0
南京航空航天大学	8	25	4.9	0	634	503.296	2	2	0	0	0	0	0	0	0	0	0	19	19	0	0	1	0	0	1	0	0
中国药科大学	9	1	0.1	0	0	0	0	0	0	0	0	0	0	0	0	0	0	0	0	0	0	0	0	0	0	0	0
南京警察学院	10	0	0	0	0	0	0	0	0	0	0	0	0	0	0	0	0	0	0	0	0	0	0	0	0	0	0
苏州大学	11	56	10.8	0.5	2 458.522	697.389	7	6	0	1	0	0	0	1	2	0	0	39	27	12	0	3	0	0	3	1	1
江苏科技大学	12	35	8	0.6	231.5	202.2	0	0	0	0	0	0	0	0	0	0	0	17	8	9	0	0	0	0	0	0	0
南京工业大学	13	35	5.1	0.6	440	380	4	2	2	2	0	0	0	0	0	0	0	19	16	3	0	0	0	0	0	0	0
常州大学	14	16	5.3	0	252	264	4	2	0	0	2	0	0	0	0	0	0	28	28	0	0	1	0	0	1	4	4
南京邮电大学	15	47	11.2	0.1	281	541	1	1	0	0	0	0	0	0	0	0	0	7	6	1	0	1	0	0	1	2	2
南京林业大学	16	19	3.8	0	272	148.26	0	0	0	0	0	0	0	0	1	0	0	3	3	0	0	0	0	0	0	0	0
江苏大学	17	17	5	0	10	177.5	0	0	0	0	0	0	0	0	0	0	0	5	4	1	0	0	0	0	0	3	3
南京信息工程大学	18	35	7.6	0.2	457.554	552.54	1	1	0	0	0	0	0	0	0	0	0	4	4	0	0	1	0	0	1	2	2
南通大学	19	16	2.8	0	0	28	1	0	0	1	0	0	0	0	1	0	0	29	29	0	0	1	0	0	1	2	2
盐城工学院	20	29	2.9	0	1 794.5	1 676.9	1	1	0	0	0	0	0	0	0	0	0	7	7	0	0	0	0	0	0	0	0
南京医科大学	21	3	0.3	0	0	0	0	0	0	0	0	0	0	0	0	0	0	0	0	0	0	0	0	0	0	0	0
徐州医科大学	22	2	0.2	0	0	0	0	0	0	0	0	0	0	0	0	0	0	0	0	0	0	0	0	0	0	0	0

南京中医药大学	23	15	5.7	0	32	91.898	0	0	0	0	0	0	0	0	0	0	0	15	14	1	0	0	0	0	0	0	0
南京师范大学	24	91	20.7	0	1 717.136	6 266.287	6	4	1	2	0	0	0	0	0	0	0	62	34	28	0	7	0	0	7	0	0
江苏师范大学	25	54	39.8	0.6	2358	2331.5	3	2	0	1	0	0	0	0	0	0	0	40	33	7	0	12	0	0	12	4	4
淮阴师范学院	26	50	6.2	0	2946.8	3116	0	0	0	0	0	0	0	0	0	0	0	21	21	0	0	0	0	0	0	0	0
盐城师范学院	27	29	7.2	0	4 613.704	4 747.118	1	0	0	1	0	0	0	0	1	0	0	22	13	9	0	0	0	0	0	9	0
南京财经大学	28	0	0	0	5	12.902	0	0	0	0	0	0	0	0	0	0	0	3	2	1	0	0	0	0	0	0	0
江苏警官学院	29	6	1.2	0	8	8	0	0	0	0	0	0	0	0	0	0	0	7	7	0	0	1	0	0	1	0	0
南京体育学院	30	1	0.1	0	0	0	0	0	0	0	0	0	0	0	0	0	0	1	1	0	0	0	0	0	0	0	0
南京艺术学院	31	3	0.5	0	4	0	0	0	0	0	0	0	0	0	0	0	0	1	1	0	0	0	0	0	0	0	0
苏州科技大学	32	10	1.7	0	18	18	1	1	0	0	0	0	0	0	0	0	0	21	20	1	0	0	0	0	0	0	0
常熟理工学院	33	49	7.4	0	881.76	830.99	1	1	1	0	0	0	0	0	0	0	0	18	18	0	0	0	0	0	0	2	1
淮阴工学院	34	56	8.8	0	1384	2 108.47	5	4	3	1	0	0	0	0	0	0	0	33	31	2	0	0	0	0	0	0	0
常州工学院	35	52	5.4	0	3160	1 832.3	1	1	0	0	0	0	0	0	0	0	0	7	4	3	0	1	0	0	1	7	2
扬州大学	36	36	7.2	0.3	1204	1 056.77	1	1	0	0	0	0	0	0	0	0	0	38	31	7	0	2	0	0	2	1	1
南京工程学院	37	3	0.8	0	16	33.2	0	0	0	0	0	0	0	0	0	0	0	3	3	0	0	0	0	0	0	0	0
南京审计大学	38	19	4.4	0	256	228.597	2	2	0	0	0	0	0	0	0	0	0	13	13	0	0	3	0	0	3	1	1
南京晓庄学院	39	20	2	0	1349	805	4	4	0	0	0	0	0	0	1	0	0	11	7	4	0	1	0	0	1	0	0
江苏理工学院	40	47	7.2	0	2379	2 135.8	1	1	0	0	0	0	0	0	6	0	0	7	7	0	0	0	0	0	0	11	8
江苏海洋大学	41	46	4.5	0	1318	2 311.06	0	0	0	0	0	0	0	0	0	0	0	22	20	2	0	1	0	0	1	11	2
徐州工程学院	42	48	6	0	1115	650.5	0	0	0	0	0	0	0	0	1	0	0	14	14	0	0	0	0	0	0	68	68
南京特殊教育师范学院	43	47	16.1	0	1 953.3	1958.3	1	1	0	0	0	0	0	0	0	0	0	8	8	0	0	0	0	0	0	0	0
泰州学院	44	8	1.1	0	0	22	1	1	0	0	0	0	0	0	0	0	0	6	5	1	0	0	0	0	0	1	1
金陵科技学院	45	18	1.9	0	525.627	441.627	1	1	0	0	0	0	0	0	0	0	0	18	16	2	0	0	0	0	0	1	1
江苏第二师范学院	46	24	4.4	0	1468	355.172	1	1	0	0	0	0	0	0	0	0	0	22	21	1	0	0	0	0	0	2	2
南京工业职业技术大学	47	6	1.4	0	0	0	0	0	0	0	0	0	0	0	0	0	0	6	6	0	0	0	0	0	0	0	0
无锡学院	48	6	1.1	0	15	12	0	0	0	0	0	0	0	0	0	0	0	3	3	0	0	0	0	0	0	0	0
苏州城市学院	49	5	0.6	0	10	4.4	0	0	0	0	0	0	0	0	0	0	0	2	2	0	0	0	0	0	0	0	0
宿迁学院	50	50	5.4	0	2529	1 267.156	2	2	0	0	0	0	0	0	1	0	0	36	33	3	0	0	0	0	0	5	5

2.7 中国文学人文、社会科学研究与课题成果情况表

高校名称	编号	总数：课题数(项)	总数：当年投入人数(人年)	总数：其中：研究生(人年)	总数：当年拨入经费(千元)	总数：当年支出经费(千元)	出版著作(部)：合计	出版著作(部)：专著	出版著作(部)：其中：被译成外文	出版著作(部)：编著教材	出版著作(部)：工具书参考书	出版著作(部)：皮书/发展报告	出版著作(部)：科普读物	古籍整理(部)	译著(部)	发表译文(篇)	电子出版物(件)	发表论文(篇)：合计	发表论文(篇)：国内学术刊物：内地(大陆)	发表论文(篇)：国内学术刊物：港澳台地区	发表论文(篇)：国外学术刊物	获奖成果数(项)：合计	获奖成果数(项)：国家级奖	获奖成果数(项)：部级奖	获奖成果数(项)：省级奖	研究与咨询报告(篇)：合计	研究与咨询报告(篇)：其中：被采纳数
	编号	L01	L02	L03	L04	L05	L06	L07	L08	L09	L10	L11	L12	L13	L14	L15	L16	L17	L18	L19	L20	L21	L22	L23	L24	L25	L26
合　计	/	1046	227.5	8	26 241.476	27 534.33	82	64	1	15	0	0	3	20	8	0	1	937	915	16	6	45	0	0	45	84	54
南京大学	1	93	13.7	1.2	2334	3 876.5	3	1	0	2	0	0	0	0	0	0	0	146	140	1	5	12	0	0	12	0	0
东南大学	2	31	5.1	0	746.61	729.99	0	0	0	0	0	0	0	0	0	0	0	16	8	8	0	1	0	0	1	1	1
江南大学	3	27	16.5	4.4	419.2	274.005	4	3	0	1	0	0	0	0	1	0	0	22	22	0	0	1	0	0	1	0	0
南京农业大学	4	0	0	0	0	0	0	0	0	0	0	0	0	0	0	0	0	0	0	0	0	0	0	0	0	0	0
中国矿业大学	5	29	6.5	0.4	255.009	330.064	1	1	0	0	0	0	0	0	1	0	0	18	16	2	0	1	0	0	1	3	2
河海大学	6	4	0.7	0.1	180	162	0	0	0	0	0	0	0	0	0	0	0	1	1	0	0	0	0	0	0	1	0
南京理工大学	7	1	0.3	0	0	0	0	0	0	0	0	0	0	0	0	0	0	0	0	0	0	0	0	0	0	0	0
南京航空航天大学	8	4	0.8	0	0	0	0	0	0	0	0	0	0	0	0	0	0	1	1	0	0	0	0	0	0	0	0
中国药科大学	9	0	0	0	0	0	0	0	0	0	0	0	0	0	0	0	0	0	0	0	0	0	0	0	0	0	0
南京警察学院	10	0	0	0	0	0	0	0	0	0	0	0	0	0	0	0	0	3	3	0	0	0	0	0	0	0	0
苏州大学	11	67	12	0.3	1 044.759	808.839	5	4	0	1	0	0	0	2	0	0	0	61	60	1	0	4	0	0	4	3	3
江苏科技大学	12	13	1.7	0.1	180	114.1	0	0	0	0	0	0	0	0	0	0	0	0	0	0	0	0	0	0	0	0	0
南京工业大学	13	8	1.2	0.1	10	10	1	1	0	0	0	0	0	0	1	0	0	4	4	0	0	0	0	0	0	0	0
常州大学	14	13	2.9	0	360	377.765	1	1	0	0	0	0	0	0	0	0	0	26	26	0	0	0	0	0	0	2	2
南京邮电大学	15	0	0	0	0	0	1	1	0	0	0	0	0	0	0	0	0	0	0	0	0	0	0	0	0	0	0
南京林业大学	16	11	2.2	0	50	64.6	3	1	1	2	0	0	0	0	0	0	0	9	9	0	0	0	0	0	0	0	0
江苏大学	17	21	3.8	0	436.5	409.91	2	2	0	0	0	0	0	0	0	0	0	8	7	1	0	0	0	0	0	0	0
南京信息工程大学	18	18	5.1	0	120	227.28	1	1	0	0	0	0	0	0	0	0	0	6	6	0	0	0	0	0	0	0	0
南通大学	19	70	10.2	0	838	732	10	9	0	0	0	0	1	5	0	0	0	47	47	0	0	4	0	0	4	0	0
盐城工学院	20	4	0.4	0	180	39	1	1	0	0	0	0	0	0	0	0	0	4	4	0	0	0	0	0	0	0	0
南京医科大学	21	0	0	0	0	0	0	0	0	0	0	0	0	0	0	0	0	0	0	0	0	0	0	0	0	0	0
徐州医科大学	22	1	0.2	0	10	10	0	0	0	0	0	0	0	0	0	0	0	1	1	0	0	0	0	0	0	0	0

南京中医药大学	23	3	1.3	0	40	27.8	0	0	0	0	0	0	0	0	0	0	0	3	3	0	0	0	0	0	0	0	0
南京师范大学	24	62	17.9	0	2 253.398	5 494.196	3	3	0	0	0	0	0	1	0	0	0	88	87	1	0	5	0	0	5	0	0
江苏师范大学	25	40	28.5	0.8	792	1200	1	1	0	0	0	0	0	0	2	0	0	82	81	1	0	2	0	0	2	0	0
淮阴师范学院	26	32	4.6	0	2385	1 856.5	4	2	0	2	0	0	0	0	0	0	0	33	33	0	0	1	0	0	1	1	0
盐城师范学院	27	49	15.8	0	1330	1 426.728	7	4	0	3	0	0	0	8	0	0	1	29	29	0	0	3	0	0	3	10	0
南京财经大学	28	6	1.3	0.3	535	229.583	3	2	0	1	0	0	0	0	0	0	0	4	4	0	0	0	0	0	0	1	1
江苏警官学院	29	2	0.2	0	0	0	0	0	0	0	0	0	0	0	0	0	0	2	2	0	0	1	0	0	1	0	0
南京体育学院	30	0	0	0	0	0	0	0	0	0	0	0	0	0	0	0	0	0	0	0	0	0	0	0	0	0	0
南京艺术学院	31	2	0.3	0	0	0	0	0	0	0	0	0	0	0	0	0	0	2	2	0	0	0	0	0	0	0	0
苏州科技大学	32	25	4.5	0	661	629	3	3	0	0	0	0	0	0	0	0	0	22	22	0	0	2	0	0	2	0	0
常熟理工学院	33	34	6.2	0	1657	819.815	1	1	0	0	0	0	0	0	0	0	0	7	7	0	0	1	0	0	1	4	2
淮阴工学院	34	10	1	0	230	95	1	1	0	0	0	0	0	0	0	0	0	4	4	0	0	0	0	0	0	0	0
常州工学院	35	32	3.4	0	923	970.4	1	1	0	0	0	0	0	0	0	0	0	4	4	0	0	0	0	0	0	17	2
扬州大学	36	59	13.1	0.3	1410	1 422.42	10	8	0	2	0	0	0	1	2	0	0	104	103	1	0	4	0	0	4	1	1
南京工程学院	37	0	0	0	0	0	0	0	0	0	0	0	0	0	1	0	0	1	1	0	0	0	0	0	0	0	0
南京审计大学	38	12	3.6	0	258	37.246	1	1	0	0	0	0	0	0	0	0	0	4	4	0	0	0	0	0	0	0	0
南京晓庄学院	39	55	6	0	2 012.4	1 879.395	0	0	0	0	0	0	0	0	0	0	0	28	28	0	0	1	0	0	1	0	0
江苏理工学院	40	27	4.5	0	71	346.55	1	1	0	0	0	0	0	0	0	0	0	5	5	0	0	0	0	0	0	1	1
江苏海洋大学	41	21	2.1	0	146	220.38	0	0	0	0	0	0	0	0	0	0	0	13	13	0	0	0	0	0	0	0	0
徐州工程学院	42	37	5.2	0	2 110.3	1 106.65	5	5	0	0	0	0	0	0	0	0	0	20	20	0	0	0	0	0	0	35	35
南京特殊教育师范学院	43	10	3.1	0	80	86	2	0	0	0	0	0	2	0	0	0	0	4	4	0	0	0	0	0	0	0	0
泰州学院	44	23	4.9	0	384	88.734	3	2	0	1	0	0	0	0	0	0	0	26	25	0	1	0	0	0	0	0	0
金陵科技学院	45	10	1	0	125	160	2	2	0	0	0	0	0	0	0	0	0	8	8	0	0	0	0	0	0	1	1
江苏第二师范学院	46	47	10.9	0	1 616.3	776.71	1	1	0	0	0	0	0	3	0	0	0	52	52	0	0	2	0	0	2	3	3
南京工业职业技术大学	47	5	1	0	30	29.67	0	0	0	0	0	0	0	0	0	0	0	3	3	0	0	0	0	0	0	0	0
无锡学院	48	2	0.4	0	8	0	0	0	0	0	0	0	0	0	0	0	0	0	0	0	0	0	0	0	0	0	0
苏州城市学院	49	6	1.2	0	20	0	0	0	0	0	0	0	0	0	0	0	0	2	2	0	0	0	0	0	0	0	0
宿迁学院	50	20	2.2	0	0	465.5	0	0	0	0	0	0	0	0	0	0	0	14	14	0	0	0	0	0	0	0	0

2.8 外国文学人文、社会科学研究与课题成果情况表

高校名称	编号	总数					出版著作(部)							古籍整理(部)	译著(部)	发表译文(篇)	电子出版物(件)	发表论文(篇)				获奖成果数(项)				研究与咨询报告(篇)	
		课题数(项)	当年投入人数(人年)	其中:研究生(人年)	当年拨入经费(千元)	当年支出经费(千元)	合计	专著	其中:被译成外文	编著教材	工具书参考书	皮书/发展报告	科普读物					合计	国内学术刊物 内地(大陆)	国内学术刊物 港、澳、台地区	国外学术刊物	合计	国家级奖	部级奖	省级奖	合计	其中:被采纳数
	编号	L01	L02	L03	L04	L05	L06	L07	L08	L09	L10	L11	L12	L13	L14	L15	L16	L17	L18	L19	L20	L21	L22	L23	L24	L25	L26
合　计	/	630	124.4	2.9	9 324.008	10 958.458	48	31	4	16	1	0	0	0	40	0	0	369	322	47	0	11	0	1	10	22	17
南京大学	1	58	8.9	0.6	916	916	10	1	0	9	0	0	0	0	17	0	0	60	47	13	0	2	0	0	2	0	0
东南大学	2	25	4	0	48.16	170.74	1	1	1	0	0	0	0	0	1	0	0	11	9	2	0	1	0	0	1	0	0
江南大学	3	6	3	0.6	40	145.951	2	2	0	0	0	0	0	0	1	0	0	5	5	0	0	0	0	0	0	0	0
南京农业大学	4	16	1.8	0	382.9	344.61	0	0	0	0	0	0	0	0	0	0	0	4	4	0	0	0	0	0	0	0	0
中国矿业大学	5	6	0.9	0.4	410	22.5	0	0	0	0	0	0	0	0	0	0	0	12	10	2	0	0	0	0	0	0	0
河海大学	6	14	1.6	0	278.5	256.498	1	0	0	1	0	0	0	0	0	0	0	10	10	0	0	0	0	0	0	0	0
南京理工大学	7	10	2.6	0	0	51.69	4	4	0	0	0	0	0	0	4	0	0	9	9	0	0	0	0	0	0	0	0
南京航空航天大学	8	15	2.8	0	60	57.12	5	5	0	0	0	0	0	0	0	0	0	18	18	0	0	0	0	0	0	0	0
中国药科大学	9	5	0.6	0	0	0	0	0	0	0	0	0	0	0	0	0	0	0	0	0	0	0	0	0	0	0	0
南京警察学院	10	0	0	0	0	0	1	1	0	0	0	0	0	0	0	0	0	0	0	0	0	0	0	0	0	0	0
苏州大学	11	24	3.7	0	282.915	256.872	2	2	0	0	0	0	0	0	5	0	0	17	17	0	0	0	0	0	0	0	0
江苏科技大学	12	21	4.9	0	10	57.3	0	0	0	0	0	0	0	0	3	0	0	11	9	2	0	1	0	0	1	0	0
南京工业大学	13	19	3	0.3	154	154	0	0	0	0	0	0	0	0	0	0	0	14	13	1	0	1	0	0	1	0	0
常州大学	14	6	2.4	0	0	73.494	2	1	0	0	1	0	0	0	0	0	0	9	9	0	0	0	0	0	0	0	0
南京邮电大学	15	23	7	0.8	184	184	0	0	0	0	0	0	0	0	0	0	0	32	24	8	0	0	0	0	0	1	1
南京林业大学	16	9	2.2	0	320	230.9	1	1	1	0	0	0	0	0	0	0	0	13	12	1	0	1	0	1	0	0	0
江苏大学	17	2	0.7	0	20	20	2	1	0	1	0	0	0	0	3	0	0	1	0	1	0	0	0	0	0	0	0
南京信息工程大学	18	17	5.6	0	190	336.27	0	0	0	0	0	0	0	0	0	0	0	1	1	0	0	0	0	0	0	0	0
南通大学	19	33	4.9	0	315	315	3	2	0	1	0	0	0	0	0	0	0	7	7	0	0	0	0	0	0	0	0
盐城工学院	20	4	0.4	0	0	0	0	0	0	0	0	0	0	0	0	0	0	1	1	0	0	0	0	0	0	0	0
南京医科大学	21	0	0	0	0	0	0	0	0	0	0	0	0	0	0	0	0	0	0	0	0	0	0	0	0	0	0
徐州医科大学	22	0	0	0	0	0	0	0	0	0	0	0	0	0	0	0	0	0	0	0	0	0	0	0	0	0	0

南京中医药大学	23	0	0	0	0	0	0	0	0	0	0	0	0	0	0	0	0	0	0	0	0	0	0	0	0	0	0
南京师范大学	24	42	9.2	0	1 056.233	3 306.423	6	2	1	4	0	0	0	0	0	0	0	21	16	5	0	3	0	0	3	0	0
江苏师范大学	25	15	8.3	0	237.5	167.5	0	0	0	0	0	0	0	0	0	0	0	0	0	0	0	0	0	0	0	1	1
淮阴师范学院	26	5	0.6	0	1300	850	0	0	0	0	0	0	0	0	0	0	0	0	0	0	0	0	0	0	0	0	0
盐城师范学院	27	11	4.1	0	230	152.88	3	3	1	0	0	0	0	0	1	0	0	13	12	1	0	0	0	0	0	1	0
南京财经大学	28	11	1.6	0.1	45	95.502	0	0	0	0	0	0	0	0	0	0	0	4	3	1	0	1	0	0	1	0	0
江苏警官学院	29	0	0	0	0	0	0	0	0	0	0	0	0	0	0	0	0	0	0	0	0	0	0	0	0	0	0
南京体育学院	30	0	0	0	0	0	0	0	0	0	0	0	0	0	0	0	0	0	0	0	0	0	0	0	0	0	0
南京艺术学院	31	1	0.1	0	0	0	0	0	0	0	0	0	0	0	0	0	0	0	0	0	0	0	0	0	0	0	0
苏州科技大学	32	15	3.2	0.1	139.8	207.8	1	1	0	0	0	0	0	0	1	0	0	6	5	1	0	1	0	0	1	0	0
常熟理工学院	33	11	2	0	90	102.707	0	0	0	0	0	0	0	0	2	0	0	4	4	0	0	0	0	0	0	0	0
淮阴工学院	34	6	0.7	0	18	17.78	0	0	0	0	0	0	0	0	2	0	0	8	7	1	0	0	0	0	0	0	0
常州工学院	35	27	2.8	0	934	308.5	0	0	0	0	0	0	0	0	0	0	0	3	3	0	0	0	0	0	0	2	0
扬州大学	36	25	4.5	0	114	147.15	0	0	0	0	0	0	0	0	0	0	0	23	17	6	0	0	0	0	0	0	0
南京工程学院	37	2	0.6	0	30	38.8	0	0	0	0	0	0	0	0	0	0	0	1	1	0	0	0	0	0	0	0	0
南京审计大学	38	2	0.5	0	2	2.741	0	0	0	0	0	0	0	0	0	0	0	0	0	0	0	0	0	0	0	0	0
南京晓庄学院	39	11	1.2	0	50	447.254	0	0	0	0	0	0	0	0	0	0	0	2	2	0	0	0	0	0	0	0	0
江苏理工学院	40	22	4.3	0	340	289	0	0	0	0	0	0	0	0	0	0	0	0	0	0	0	0	0	0	0	1	1
江苏海洋大学	41	17	1.8	0	331	288.14	2	2	0	0	0	0	0	0	0	0	0	8	7	1	0	0	0	0	0	2	0
徐州工程学院	42	59	10.6	0	364	783.65	1	1	0	0	0	0	0	0	0	0	0	4	4	0	0	0	0	0	0	13	13
南京特殊教育师范学院	43	3	1.6	0	0	0	0	0	0	0	0	0	0	0	0	0	0	7	7	0	0	0	0	0	0	0	0
泰州学院	44	5	0.8	0	0	5	0	0	0	0	0	0	0	0	0	0	0	0	0	0	0	0	0	0	0	1	1
金陵科技学院	45	4	0.4	0	20	21	0	0	0	0	0	0	0	0	0	0	0	1	1	0	0	0	0	0	0	0	0
江苏第二师范学院	46	11	3	0	408	42.857	1	1	0	0	0	0	0	0	0	0	0	12	12	0	0	0	0	0	0	0	0
南京工业职业技术大学	47	0	0	0	0	11.7	0	0	0	0	0	0	0	0	0	0	0	1	1	0	0	0	0	0	0	0	0
无锡学院	48	1	0.3	0	0	0	0	0	0	0	0	0	0	0	0	0	0	0	0	0	0	0	0	0	0	0	0
苏州城市学院	49	0	0	0	0	0	0	0	0	0	0	0	0	0	0	0	0	1	1	0	0	0	0	0	0	0	0
宿迁学院	50	11	1.2	0	3	79.129	0	0	0	0	0	0	0	0	0	0	0	15	14	1	0	0	0	0	0	0	0

2.9 艺术学人文、社会科学研究与课题成果情况表

高校名称	编号	总数 课题数(项)	总数 当年投入人数(人年)	总数 其中:研究生(人年)	总数 当年拨入经费(千元)	总数 当年支出经费(千元)	出版著作(部) 合计	出版著作(部) 专著	出版著作(部) 其中:被译成外文	出版著作(部) 编著教材	出版著作(部) 工具书参考书	出版著作(部) 皮书/发展报告	出版著作(部) 科普读物	古籍整理(部)	译著(部)	发表译文(篇)	电子出版物(件)	发表论文(篇) 合计	发表论文(篇) 国内学术刊物 内地(大陆)	发表论文(篇) 国内学术刊物 港澳、台地区	发表论文(篇) 国外学术刊物	获奖成果数(项) 合计	获奖成果数(项) 国家级奖	获奖成果数(项) 部级奖	获奖成果数(项) 省级奖	研究与咨询报告(篇) 合计	研究与咨询报告(篇) 其中:被采纳数
		L01	L02	L03	L04	L05	L06	L07	L08	L09	L10	L11	L12	L13	L14	L15	L16	L17	L18	L19	L20	L21	L22	L23	L24	L25	L26
合　计	/	2859	575.9	40.1	133 666.894	115 490.493	166	103	1	61	0	1	1	0	4	0	0	1846	1731	110	5	47	0	2	45	344	272
南京大学	1	60	7.8	1.8	5 502.67	5 802.67	10	3	0	7	0	0	0	0	3	0	0	75	71	4	0	5	0	0	5	9	9
东南大学	2	103	18.2	0	1 740.85	1 585.3	0	0	0	0	0	0	0	0	0	0	0	39	30	9	0	6	0	0	6	3	3
江南大学	3	177	80.4	32.2	31 022.25	32 290.622	17	7	0	10	0	0	0	0	0	0	0	60	43	17	0	5	0	0	5	7	7
南京农业大学	4	12	1.9	0	250	225	1	0	0	1	0	0	0	0	0	0	0	8	6	2	0	0	0	0	0	0	0
中国矿业大学	5	48	9.7	0.5	373.483	679.687	1	0	0	1	0	0	0	0	0	0	0	12	12	0	0	0	0	0	0	2	0
河海大学	6	6	1.1	0.1	100	90	0	0	0	0	0	0	0	0	0	0	0	2	2	0	0	0	0	0	0	1	0
南京理工大学	7	21	4.7	0	240	846.173	1	1	0	0	0	0	0	0	0	0	0	3	3	0	0	0	0	0	0	0	0
南京航空航天大学	8	37	7.3	0	794	496.866	0	0	0	0	0	0	0	0	0	0	0	3	1	2	0	0	0	0	0	0	0
中国药科大学	9	0	0	0	0	0	0	0	0	0	0	0	0	0	0	0	0	0	0	0	0	0	0	0	0	0	0
南京警察学院	10	1	0.3	0	0	0	0	0	0	0	0	0	0	0	0	0	0	1	1	0	0	0	0	0	0	0	0
苏州大学	11	129	18.5	0.2	4 922.598	1 892.51	10	3	0	7	0	0	0	0	0	0	0	26	18	8	0	2	0	0	2	0	0
江苏科技大学	12	4	1.3	0	110	55.05	1	1	0	0	0	0	0	0	0	0	0	0	0	0	0	0	0	0	0	0	0
南京工业大学	13	43	6.4	0.7	215	240	2	2	0	0	0	0	0	0	0	0	0	34	31	1	2	0	0	0	0	0	0
常州大学	14	97	22.8	0	5 145.34	4 969.132	6	6	0	0	0	0	0	0	0	0	0	39	39	0	0	1	0	0	1	0	0
南京邮电大学	15	24	5.5	0.2	939.2	842.7	1	1	0	0	0	0	0	0	0	0	0	16	10	6	0	1	0	0	1	1	1
南京林业大学	16	52	9.8	0.3	1 084.5	775.91	1	1	1	0	0	0	0	0	0	0	0	32	28	4	0	2	0	2	0	1	1
江苏大学	17	87	14.5	0.4	2 379.7	2 379.7	2	2	0	0	0	0	0	0	0	0	0	49	46	3	0	0	0	0	0	0	0
南京信息工程大学	18	42	10.6	0.3	1 203.52	1 384.26	0	0	0	0	0	0	0	0	0	0	0	6	6	0	0	0	0	0	0	0	0
南通大学	19	71	10.8	0	1343	1419	8	5	0	2	0	0	1	0	0	0	0	68	68	0	0	0	0	0	0	0	0
盐城工学院	20	49	4.9	0	490	505.659	0	0	0	0	0	0	0	0	0	0	0	5	5	0	0	0	0	0	0	1	0
南京医科大学	21	0	0	0	0	0	0	0	0	0	0	0	0	0	0	0	0	0	0	0	0	0	0	0	0	0	0
徐州医科大学	22	0	0	0	0	0	0	0	0	0	0	0	0	0	0	0	0	0	0	0	0	0	0	0	0	0	0

南京中医药大学	23	2	0.6	0	0	8.54	0	0	0	0	0	0	0	0	0	0	0	3	3	0	0	0	0	0	0	0	0
南京师范大学	24	84	16.8	0	2 259.931	3 538.63	9	5	0	4	0	0	0	0	0	0	0	51	48	3	0	6	0	0	6	0	0
江苏师范大学	25	13	8.6	0	300	331	4	2	0	2	0	0	0	0	0	0	0	97	96	1	0	1	0	0	1	5	5
淮阴师范学院	26	85	9.3	0	3507.1	4 199.5	2	2	0	0	0	0	0	0	0	0	0	52	51	1	0	2	0	0	2	0	0
盐城师范学院	27	70	17	0	7 961.726	7 020.174	7	4	0	3	0	0	0	0	0	0	0	45	45	0	0	0	0	0	0	15	1
南京财经大学	28	34	5	0.5	1310	730.541	5	2	0	3	0	0	0	0	0	0	0	13	12	1	0	0	0	0	0	3	3
江苏警官学院	29	1	0.2	0	0	0	1	0	0	1	0	0	0	0	0	0	0	0	0	0	0	0	0	0	0	0	0
南京体育学院	30	0	0	0	0	0	0	0	0	0	0	0	0	0	0	0	0	0	0	0	0	0	0	0	0	1	0
南京艺术学院	31	396	97.7	2	14 102.153	3 388.215	33	17	0	16	0	0	0	0	0	0	0	434	432	2	0	8	0	0	8	0	0
苏州科技大学	32	67	13.1	0.7	2 355.55	2 137.55	4	3	0	1	0	0	0	0	0	0	0	66	63	3	0	4	0	0	4	0	0
常熟理工学院	33	35	5.9	0	2276	1 505.345	2	1	0	1	0	0	0	0	0	0	0	47	44	3	0	1	0	0	1	1	0
淮阴工学院	34	38	7.5	0	2 924.5	2 157.76	2	2	0	0	0	0	0	0	0	0	0	30	28	2	0	0	0	0	0	7	7
常州工学院	35	141	14.3	0	5 114.6	4 890.54	1	1	0	0	0	0	0	0	0	0	0	31	27	4	0	0	0	0	0	24	6
扬州大学	36	100	16.3	0.2	3117	3 449.31	7	6	0	1	0	0	0	0	1	0	0	84	80	4	0	2	0	0	2	6	4
南京工程学院	37	16	3.2	0	441	494.4	1	1	0	0	0	0	0	0	0	0	0	12	12	0	0	0	0	0	0	6	0
南京审计大学	38	2	0.2	0	0	0	0	0	0	0	0	0	0	0	0	0	0	1	1	0	0	0	0	0	0	0	0
南京晓庄学院	39	82	8.2	0	3 008.9	5 747.165	5	5	0	0	0	0	0	0	0	0	0	43	38	2	3	0	0	0	0	0	0
江苏理工学院	40	73	10.4	0	3780	2 419.25	4	4	0	0	0	0	0	0	0	0	0	8	8	0	0	0	0	0	0	12	3
江苏海洋大学	41	66	6.5	0	3 953.5	3 796.335	0	0	0	0	0	0	0	0	0	0	0	24	22	2	0	0	0	0	0	21	13
徐州工程学院	42	83	9.7	0	3567	1 913.5	6	4	0	1	0	1	0	0	0	0	0	43	41	2	0	0	0	0	0	119	119
南京特殊教育师范学院	43	37	18.8	0	2 072.5	1 703.5	0	0	0	0	0	0	0	0	0	0	0	42	41	1	0	0	0	0	0	0	0
泰州学院	44	84	17.7	0	1 493.687	397.66	0	0	0	0	0	0	0	0	0	0	0	31	28	3	0	1	0	0	1	14	5
金陵科技学院	45	46	4.7	0	2 492.056	2 445.056	0	0	0	0	0	0	0	0	0	0	0	73	58	15	0	0	0	0	0	61	61
江苏第二师范学院	46	74	16.1	0	2 935.58	1 341.961	5	5	0	0	0	0	0	0	0	0	0	57	54	3	0	0	0	0	0	7	7
南京工业职业技术大学	47	61	19.2	0	2109	1 587.956	0	0	0	0	0	0	0	0	0	0	0	3	3	0	0	0	0	0	0	0	0
无锡学院	48	12	2.3	0	123	120	3	3	0	0	0	0	0	0	0	0	0	5	5	0	0	0	0	0	0	0	0
苏州城市学院	49	10	1.4	0	50	25.002	1	1	0	0	0	0	0	0	0	0	0	3	3	0	0	0	0	0	0	0	0
宿迁学院	50	84	8.7	0	4556	3 661.364	3	3	0	0	0	0	0	0	0	0	0	70	68	2	0	0	0	0	0	17	17

2.10 历史学人文、社会科学研究与课题成果情况表

高校名称	编号	总数					出版著作(部)							古籍整理(部)	译著(部)	发表译文(篇)	电子出版物(件)	发表论文(篇)				获奖成果数(项)				研究与咨询报告(篇)	
		课题数(项)	当年投入人数(人年)	其中：研究生(人年)	当年拨入经费(千元)	当年支出经费(千元)	合计	专著	其中：被译成外文	编著教材	工具书参考书	皮书/发展报告	科普读物					合计	国内学术刊物 内地(大陆)	国内学术刊物 港、澳、台地区	国外学术刊物	合计	国家级奖	部级奖	省级奖	合计	其中：被采纳数
	编号	L01	L02	L03	L04	L05	L06	L07	L08	L09	L10	L11	L12	L13	L14	L15	L16	L17	L18	L19	L20	L21	L22	L23	L24	L25	L26
合　计	/	699	154.2	15.7	21 135.882	22 702.834	54	35	2	19	0	0	0	8	8	0	0	420	398	21	1	31	0	1	30	47	33
南京大学	1	148	24.8	7.2	7 466.222	6 736.222	11	7	0	4	0	0	0	0	2	0	0	119	110	8	1	13	0	1	12	4	4
东南大学	2	21	3.9	0	402.85	484.13	3	3	0	0	0	0	0	0	0	0	0	15	13	2	0	0	0	0	0	0	0
江南大学	3	19	9.8	5.1	1658	834.154	6	5	1	1	0	0	0	0	0	0	0	1	1	0	0	0	0	0	0	0	0
南京农业大学	4	66	9.7	0.4	951	1 056.317	1	0	0	1	0	0	0	0	1	0	0	23	22	1	0	0	0	0	0	0	0
中国矿业大学	5	9	2	0.2	116.45	104.783	0	0	0	0	0	0	0	0	0	0	0	1	1	0	0	0	0	0	0	1	0
河海大学	6	9	1.4	0.2	260	171.85	1	1	0	0	0	0	0	0	0	0	0	0	0	0	0	0	0	0	0	4	1
南京理工大学	7	5	1.5	0	0	28	1	1	0	0	0	0	0	0	0	0	0	3	2	1	0	0	0	0	0	0	0
南京航空航天大学	8	2	0.4	0	0	0	0	0	0	0	0	0	0	0	0	0	0	0	0	0	0	0	0	0	0	0	0
中国药科大学	9	5	0.8	0	230	0	3	3	0	0	0	0	0	0	0	0	0	4	4	0	0	0	0	0	0	0	0
南京警察学院	10	0	0	0	0	0	0	0	0	0	0	0	0	0	0	0	0	0	0	0	0	0	0	0	0	0	0
苏州大学	11	31	5.3	0	300.635	320.023	2	1	0	1	0	0	0	0	0	0	0	21	21	0	0	5	0	0	5	0	0
江苏科技大学	12	26	6.7	0.2	315.86	361.46	1	0	0	1	0	0	0	0	1	0	0	9	9	0	0	0	0	0	0	0	0
南京工业大学	13	6	0.8	0.2	0	0	0	0	0	0	0	0	0	0	0	0	0	1	1	0	0	0	0	0	0	0	0
常州大学	14	5	1.6	0	0	60.2	0	0	0	0	0	0	0	0	0	0	0	8	8	0	0	0	0	0	0	0	0
南京邮电大学	15	13	4.6	0.6	260	676	0	0	0	0	0	0	0	0	0	0	0	0	0	0	0	0	0	0	0	0	0
南京林业大学	16	3	0.4	0	10	54.05	1	1	1	0	0	0	0	0	0	0	0	0	0	0	0	0	0	0	0	0	0
江苏大学	17	3	0.8	0	30	31	0	0	0	0	0	0	0	0	0	0	0	13	9	4	0	0	0	0	0	0	0
南京信息工程大学	18	10	2.6	0.1	470.2	254.88	1	1	0	0	0	0	0	0	1	0	0	5	5	0	0	0	0	0	0	0	0
南通大学	19	3	0.3	0	160	60	3	0	0	3	0	0	0	0	2	0	0	25	25	0	0	1	0	0	1	11	11
盐城工学院	20	1	0.1	0	0	0.6	0	0	0	0	0	0	0	0	0	0	0	0	0	0	0	0	0	0	0	0	0
南京医科大学	21	1	0.2	0	0	0	0	0	0	0	0	0	0	0	0	0	0	2	2	0	0	0	0	0	0	0	0
徐州医科大学	22	3	0.5	0	0	0	0	0	0	0	0	0	0	0	0	0	0	2	2	0	0	0	0	0	0	0	0

南京中医药大学	23	14	5.1	0	20	68.94	0	0	0	0	0	0	0	0	0	0	0	6	6	0	0	1	0	0	1	0	0
南京师范大学	24	48	11.1	0	2 327.286	6 028.169	9	5	0	4	0	0	0	0	0	0	0	26	26	0	0	3	0	0	3	1	1
江苏师范大学	25	27	19.1	0.8	805	1028.8	1	1	0	0	0	0	0	0	0	0	0	21	21	0	0	2	0	0	2	5	5
淮阴师范学院	26	17	2.7	0	855	787	2	2	0	0	0	0	0	1	0	0	0	6	6	0	0	1	0	0	1	0	0
盐城师范学院	27	34	8.2	0	851	503.015	1	0	0	1	0	0	0	0	0	0	0	6	5	1	0	0	0	0	0	5	2
南京财经大学	28	5	0.9	0.2	565	228.66	0	0	0	0	0	0	0	0	0	0	0	2	2	0	0	1	0	0	1	0	0
江苏警官学院	29	1	0.1	0	0	0	0	0	0	0	0	0	0	0	1	0	0	4	2	2	0	0	0	0	0	0	0
南京体育学院	30	1	0.2	0	0	42.78	0	0	0	0	0	0	0	0	0	0	0	0	0	0	0	0	0	0	0	1	0
南京艺术学院	31	1	0.5	0	0	0	0	0	0	0	0	0	0	0	0	0	0	0	0	0	0	0	0	0	0	0	0
苏州科技大学	32	34	6.5	0.1	590	542	1	0	0	1	0	0	0	0	0	0	0	22	21	1	0	1	0	0	1	0	0
常熟理工学院	33	9	1.6	0	305	115.042	1	0	0	1	0	0	0	0	0	0	0	2	2	0	0	0	0	0	0	0	0
淮阴工学院	34	1	0.1	0	0	0	0	0	0	0	0	0	0	0	0	0	0	1	1	0	0	0	0	0	0	0	0
常州工学院	35	11	1.2	0	31	83.4	0	0	0	0	0	0	0	0	0	0	0	1	1	0	0	0	0	0	0	4	1
扬州大学	36	45	9.1	0.4	1020	1 123.68	2	2	0	0	0	0	0	7	0	0	0	43	43	0	0	2	0	0	2	5	4
南京工程学院	37	0	0	0	0	0	0	0	0	0	0	0	0	0	0	0	0	1	1	0	0	0	0	0	0	0	0
南京审计大学	38	1	0.1	0	0	0	0	0	0	0	0	0	0	0	0	0	0	1	1	0	0	0	0	0	0	0	0
南京晓庄学院	39	16	1.7	0	362	262	2	1	0	1	0	0	0	0	0	0	0	10	9	1	0	0	0	0	0	0	0
江苏理工学院	40	10	1.8	0	600	392.9	0	0	0	0	0	0	0	0	0	0	0	4	4	0	0	0	0	0	0	4	2
江苏海洋大学	41	3	0.3	0	0	8.2	0	0	0	0	0	0	0	0	0	0	0	0	0	0	0	0	0	0	0	1	1
徐州工程学院	42	12	2.1	0	1	20.5	0	0	0	0	0	0	0	0	0	0	0	0	0	0	0	0	0	0	0	0	0
南京特殊教育师范学院	43	0	0	0	0	0	1	1	0	0	0	0	0	0	0	0	0	0	0	0	0	0	0	0	0	0	0
泰州学院	44	1	0.1	0	0	0	0	0	0	0	0	0	0	0	0	0	0	0	0	0	0	0	0	0	0	0	0
金陵科技学院	45	2	0.2	0	0	30	0	0	0	0	0	0	0	0	0	0	0	2	2	0	0	1	0	0	1	0	0
江苏第二师范学院	46	7	1.6	0	0	4.264	0	0	0	0	0	0	0	0	0	0	0	5	5	0	0	0	0	0	0	0	0
南京工业职业技术大学	47	2	0.5	0	25	32	0	0	0	0	0	0	0	0	0	0	0	1	1	0	0	0	0	0	0	0	0
无锡学院	48	1	0.3	0	50	2.5	0	0	0	0	0	0	0	0	0	0	0	0	0	0	0	0	0	0	0	0	0
苏州城市学院	49	2	0.4	0	87.379	65.315	0	0	0	0	0	0	0	0	0	0	0	3	3	0	0	0	0	0	0	0	0
宿迁学院	50	5	0.5	0	10	100	0	0	0	0	0	0	0	0	0	0	0	1	1	0	0	0	0	0	0	1	1

2.11 考古学人文、社会科学研究与课题成果情况表

高校名称	编号	总数					出版著作(部)							古籍整理(部)	译著(部)	发表译文(篇)	电子出版物(件)	发表论文(篇)				获奖成果数(项)				研究与咨询报告(篇)	
		课题数(项)	当年投入人数(人年)	其中：研究生(人年)	当年拨入经费(千元)	当年支出经费(千元)	合计	专著	其中：被译成外文	编著教材	工具书参考书	皮书/发展报告	科普读物					合计	国内学术刊物 内地(大陆)	国内学术刊物 港澳、台地区	国外学术刊物	合计	国家级奖	部级奖	省级奖	合计	其中：被采纳数
	编号	L01	L02	L03	L04	L05	L06	L07	L08	L09	L10	L11	L12	L13	L14	L15	L16	L17	L18	L19	L20	L21	L22	L23	L24	L25	L26
合　计	/	318	73.7	58.9	89 092.642	82 861.585	10	7	0	3	0	0	0	0	0	0	0	23	20	3	0	1	0	0	1	0	0
南京大学	1	209	54.8	49.5	46 056.176	41 002.08	6	3	0	3	0	0	0	0	0	0	0	15	14	1	0	1	0	0	1	0	0
东南大学	2	1	0.1	0	0	0	0	0	0	0	0	0	0	0	0	0	0	1	0	1	0	0	0	0	0	0	0
江南大学	3	0	0	0	0	0	0	0	0	0	0	0	0	0	0	0	0	0	0	0	0	0	0	0	0	0	0
南京农业大学	4	2	0.2	0	28.2	25.38	0	0	0	0	0	0	0	0	0	0	0	1	0	1	0	0	0	0	0	0	0
中国矿业大学	5	0	0	0	0	0	0	0	0	0	0	0	0	0	0	0	0	0	0	0	0	0	0	0	0	0	0
河海大学	6	0	0	0	0	0	0	0	0	0	0	0	0	0	0	0	0	0	0	0	0	0	0	0	0	0	0
南京理工大学	7	0	0	0	0	0	0	0	0	0	0	0	0	0	0	0	0	0	0	0	0	0	0	0	0	0	0
南京航空航天大学	8	0	0	0	0	0	0	0	0	0	0	0	0	0	0	0	0	0	0	0	0	0	0	0	0	0	0
中国药科大学	9	0	0	0	0	0	0	0	0	0	0	0	0	0	0	0	0	0	0	0	0	0	0	0	0	0	0
南京警察学院	10	0	0	0	0	0	0	0	0	0	0	0	0	0	0	0	0	0	0	0	0	0	0	0	0	0	0
苏州大学	11	0	0	0	0	0	0	0	0	0	0	0	0	0	0	0	0	0	0	0	0	0	0	0	0	0	0
江苏科技大学	12	1	0.2	0	0	7.5	0	0	0	0	0	0	0	0	0	0	0	3	3	0	0	0	0	0	0	0	0
南京工业大学	13	0	0	0	0	0	0	0	0	0	0	0	0	0	0	0	0	0	0	0	0	0	0	0	0	0	0
常州大学	14	0	0	0	0	0	0	0	0	0	0	0	0	0	0	0	0	0	0	0	0	0	0	0	0	0	0
南京邮电大学	15	0	0	0	0	0	0	0	0	0	0	0	0	0	0	0	0	0	0	0	0	0	0	0	0	0	0
南京林业大学	16	0	0	0	0	0	0	0	0	0	0	0	0	0	0	0	0	0	0	0	0	0	0	0	0	0	0
江苏大学	17	0	0	0	0	0	0	0	0	0	0	0	0	0	0	0	0	1	1	0	0	0	0	0	0	0	0
南京信息工程大学	18	0	0	0	0	0	0	0	0	0	0	0	0	0	0	0	0	0	0	0	0	0	0	0	0	0	0
南通大学	19	0	0	0	0	0	0	0	0	0	0	0	0	0	0	0	0	0	0	0	0	0	0	0	0	0	0
盐城工学院	20	0	0	0	0	0	0	0	0	0	0	0	0	0	0	0	0	0	0	0	0	0	0	0	0	0	0
南京医科大学	21	0	0	0	0	0	0	0	0	0	0	0	0	0	0	0	0	0	0	0	0	0	0	0	0	0	0
徐州医科大学	22	0	0	0	0	0	0	0	0	0	0	0	0	0	0	0	0	0	0	0	0	0	0	0	0	0	0

南京中医药大学	23	1	0.3	0	0	0	0	0	0	0	0	0	0	0	0	0	0	0	0	0	0	0	0	0	0	0	0
南京师范大学	24	96	14	9.2	42 748.266	41 688.625	4	4	0	0	0	0	0	0	0	0	0	0	0	0	0	0	0	0	0	0	0
江苏师范大学	25	3	2.5	0.2	30	106	0	0	0	0	0	0	0	0	0	0	0	1	1	0	0	0	0	0	0	0	0
淮阴师范学院	26	0	0	0	0	0	0	0	0	0	0	0	0	0	0	0	0	0	0	0	0	0	0	0	0	0	0
盐城师范学院	27	0	0	0	0	0	0	0	0	0	0	0	0	0	0	0	0	0	0	0	0	0	0	0	0	0	0
南京财经大学	28	0	0	0	0	0	0	0	0	0	0	0	0	0	0	0	0	0	0	0	0	0	0	0	0	0	0
江苏警官学院	29	0	0	0	0	0	0	0	0	0	0	0	0	0	0	0	0	0	0	0	0	0	0	0	0	0	0
南京体育学院	30	0	0	0	0	0	0	0	0	0	0	0	0	0	0	0	0	0	0	0	0	0	0	0	0	0	0
南京艺术学院	31	0	0	0	0	0	0	0	0	0	0	0	0	0	0	0	0	0	0	0	0	0	0	0	0	0	0
苏州科技大学	32	0	0	0	0	0	0	0	0	0	0	0	0	0	0	0	0	0	0	0	0	0	0	0	0	0	0
常熟理工学院	33	0	0	0	0	0	0	0	0	0	0	0	0	0	0	0	0	0	0	0	0	0	0	0	0	0	0
淮阴工学院	34	0	0	0	0	0	0	0	0	0	0	0	0	0	0	0	0	0	0	0	0	0	0	0	0	0	0
常州工学院	35	0	0	0	0	0	0	0	0	0	0	0	0	0	0	0	0	0	0	0	0	0	0	0	0	0	0
扬州大学	36	0	0	0	0	0	0	0	0	0	0	0	0	0	0	0	0	0	0	0	0	0	0	0	0	0	0
南京工程学院	37	0	0	0	0	0	0	0	0	0	0	0	0	0	0	0	0	0	0	0	0	0	0	0	0	0	0
南京审计大学	38	0	0	0	0	0	0	0	0	0	0	0	0	0	0	0	0	0	0	0	0	0	0	0	0	0	0
南京晓庄学院	39	0	0	0	0	0	0	0	0	0	0	0	0	0	0	0	0	0	0	0	0	0	0	0	0	0	0
江苏理工学院	40	0	0	0	0	0	0	0	0	0	0	0	0	0	0	0	0	0	0	0	0	0	0	0	0	0	0
江苏海洋大学	41	0	0	0	0	0	0	0	0	0	0	0	0	0	0	0	0	0	0	0	0	0	0	0	0	0	0
徐州工程学院	42	1	0.1	0	0	3	0	0	0	0	0	0	0	0	0	0	0	0	0	0	0	0	0	0	0	0	0
南京特殊教育师范学院	43	3	1.1	0	50	20	0	0	0	0	0	0	0	0	0	0	0	1	1	0	0	0	0	0	0	0	0
泰州学院	44	0	0	0	0	0	0	0	0	0	0	0	0	0	0	0	0	0	0	0	0	0	0	0	0	0	0
金陵科技学院	45	0	0	0	0	0	0	0	0	0	0	0	0	0	0	0	0	0	0	0	0	0	0	0	0	0	0
江苏第二师范学院	46	1	0.4	0	180	9	0	0	0	0	0	0	0	0	0	0	0	0	0	0	0	0	0	0	0	0	0
南京工业职业技术大学	47	0	0	0	0	0	0	0	0	0	0	0	0	0	0	0	0	0	0	0	0	0	0	0	0	0	0
无锡学院	48	0	0	0	0	0	0	0	0	0	0	0	0	0	0	0	0	0	0	0	0	0	0	0	0	0	0
苏州城市学院	49	0	0	0	0	0	0	0	0	0	0	0	0	0	0	0	0	0	0	0	0	0	0	0	0	0	0
宿迁学院	50	0	0	0	0	0	0	0	0	0	0	0	0	0	0	0	0	0	0	0	0	0	0	0	0	0	0

2.12 经济学人文、社会科学研究与课题成果情况表

高校名称		总数					出版著作(部)							古籍整理(部)	译著(部)	发表译文(篇)	电子出版物(件)	发表论文(篇)				获奖成果数(项)				研究与咨询报告(篇)	
		课题数(项)	当年投入人数(人年)	其中:研究生(人年)	当年拨入经费(千元)	当年支出经费(千元)	合计	专著	其中:被译成外文	编著教材	工具书参考书	皮书/发展报告	科普读物					合计	国内学术刊物 内地(大陆)	国内学术刊物 港、澳、台地区	国外学术刊物	合计	国家级奖	部级奖	省级奖	合计	其中:被采纳数
	编号	L01	L02	L03	L04	L05	L06	L07	L08	L09	L10	L11	L12	L13	L14	L15	L16	L17	L18	L19	L20	L21	L22	L23	L24	L25	L26
合 计	/	3618	656.5	48.4	136 093.477	121 901.177	82	71	0	11	0	0	0	0	2	0	6	1814	1359	455	0	73	0	2	71	410	294
南京大学	1	183	24.7	6	11 256	11 756	7	6	0	1	0	0	0	0	0	0	0	243	210	33	0	19	0	0	19	25	25
东南大学	2	108	19.3	0.4	3383	3 158.55	4	4	0	0	0	0	0	0	0	0	0	70	36	34	0	7	0	0	7	7	7
江南大学	3	64	28.6	12.5	20 646	20 249.15	2	1	0	1	0	0	0	0	0	0	0	50	27	23	0	0	0	0	0	5	5
南京农业大学	4	144	22	4	2 782.87	2 599.177	5	5	0	0	0	0	0	0	0	0	0	116	73	43	0	5	0	0	5	3	3
中国矿业大学	5	72	10.1	2	1 941.993	861.234	1	1	0	0	0	0	0	0	0	0	0	23	11	12	0	0	0	0	0	7	2
河海大学	6	129	16.7	0.8	4 510.549	4 089.915	10	7	0	3	0	0	0	0	0	0	6	38	26	12	0	0	0	0	0	23	6
南京理工大学	7	34	7.5	0.2	1 636.1	973.52	3	3	0	0	0	0	0	0	0	0	0	32	6	26	0	0	0	0	0	0	0
南京航空航天大学	8	11	2.2	0	10	9.52	1	0	0	1	0	0	0	0	0	0	0	17	8	9	0	0	0	0	0	0	0
中国药科大学	9	301	33.1	0	11 504.598	10 469.593	1	1	0	0	0	0	0	0	0	0	0	23	23	0	0	0	0	0	0	1	1
南京警察学院	10	1	0.4	0	0	0	0	0	0	0	0	0	0	0	0	0	0	1	1	0	0	0	0	0	0	0	0
苏州大学	11	127	16.2	0.1	5 991.703	1 849.983	4	3	0	1	0	0	0	0	0	0	0	22	6	16	0	2	0	0	2	45	45
江苏科技大学	12	56	11.4	0.8	493.5	389.93	2	2	0	0	0	0	0	0	0	0	0	34	26	8	0	0	0	0	0	0	0
南京工业大学	13	43	6.6	0.9	450	420	1	0	0	1	0	0	0	0	0	0	0	5	4	1	0	0	0	0	0	4	4
常州大学	14	79	25.7	0	1 174.85	1 903.431	1	1	0	0	0	0	0	0	0	0	0	42	35	7	0	0	0	0	0	1	1
南京邮电大学	15	79	17.7	1.3	1 428.658	1 372.4	0	0	0	0	0	0	0	0	0	0	0	48	34	14	0	0	0	0	0	0	0
南京林业大学	16	37	6.4	0	1679	1 103.4	0	0	0	0	0	0	0	0	0	0	0	38	37	1	0	1	0	1	0	4	4
江苏大学	17	53	9.9	0	245	265	2	1	0	1	0	0	0	0	1	0	0	37	12	25	0	0	0	0	0	6	6
南京信息工程大学	18	92	24.3	2.7	6 055.81	3 885.36	2	2	0	0	0	0	0	0	0	0	0	47	34	13	0	5	0	1	4	7	6
南通大学	19	128	14.9	0	1 453.7	1 826.7	1	1	0	0	0	0	0	0	0	0	0	59	59	0	0	0	0	0	0	14	14
盐城工学院	20	42	4.2	0	470	473.734	1	1	0	0	0	0	0	0	0	0	0	12	12	0	0	0	0	0	0	0	0
南京医科大学	21	0	0	0	0	0	0	0	0	0	0	0	0	0	0	0	0	0	0	0	0	0	0	0	0	0	0
徐州医科大学	22	12	1.5	0	120	123	0	0	0	0	0	0	0	0	0	0	0	1	1	0	0	0	0	0	0	5	5

南京中医药大学	23	3	1	0	0	8.56	0	0	0	0	0	0	0	0	0	0	0	8	8	0	0	0	0	0	0	0	0
南京师范大学	24	51	11.8	0	4 261.39	4 572.188	0	0	0	0	0	0	0	0	0	0	0	44	36	8	0	4	0	0	4	3	3
江苏师范大学	25	46	28.5	1.6	2483	2 641.5	5	5	0	0	0	0	0	0	0	0	0	24	19	5	0	4	0	0	4	15	15
淮阴师范学院	26	20	2.2	0	500	891.5	0	0	0	0	0	0	0	0	0	0	0	16	10	6	0	1	0	0	1	0	0
盐城师范学院	27	40	9.1	0	899	1 766.906	0	0	0	0	0	0	0	0	0	0	0	29	23	6	0	0	0	0	0	14	2
南京财经大学	28	439	79.8	12.1	15 476.45	13 261.78	7	6	0	1	0	0	0	0	0	0	0	179	110	69	0	6	0	0	6	18	16
江苏警官学院	29	4	0.8	0	16	24	0	0	0	0	0	0	0	0	0	0	0	2	2	0	0	0	0	0	0	1	1
南京体育学院	30	0	0	0	0	0	0	0	0	0	0	0	0	0	0	0	0	2	2	0	0	0	0	0	0	0	0
南京艺术学院	31	1	0.1	0	0	0	1	1	0	0	0	0	0	0	0	0	0	0	0	0	0	0	0	0	0	0	0
苏州科技大学	32	27	4.8	0	190	390	0	0	0	0	0	0	0	0	0	0	0	15	10	5	0	0	0	0	0	3	2
常熟理工学院	33	20	3.8	0	508.69	667.298	1	0	0	1	0	0	0	0	0	0	0	12	9	3	0	0	0	0	0	3	3
淮阴工学院	34	99	21	0	8037	6 653.48	2	2	0	0	0	0	0	0	0	0	0	8	8	0	0	0	0	0	0	14	11
常州工学院	35	36	3.7	0	900	437.43	0	0	0	0	0	0	0	0	0	0	0	10	5	5	0	1	0	0	1	7	4
扬州大学	36	67	9.6	0.3	810	748.85	1	1	0	0	0	0	0	0	0	0	0	35	22	13	0	0	0	0	0	6	6
南京工程学院	37	30	6	0	711.8	1 141.42	0	0	0	0	0	0	0	0	0	0	0	24	24	0	0	0	0	0	0	32	0
南京审计大学	38	238	71.7	2.7	7 915.3	4 159.721	8	8	0	0	0	0	0	0	1	0	0	244	215	29	0	13	0	0	13	7	6
南京晓庄学院	39	54	5.5	0	1287	961	3	3	0	0	0	0	0	0	0	0	0	30	15	15	0	2	0	0	2	0	0
江苏理工学院	40	122	17.2	0	6 924.792	5 026.652	2	2	0	0	0	0	0	0	0	0	0	29	29	0	0	0	0	0	0	30	17
江苏海洋大学	41	80	8	0	2635	2 817.02	1	1	0	0	0	0	0	0	0	0	0	56	49	7	0	1	0	0	1	12	3
徐州工程学院	42	233	34.6	0	812	5 747.6	1	1	0	0	0	0	0	0	0	0	0	13	12	1	0	0	0	0	0	74	57
南京特殊教育师范学院	43	5	2.1	0	150	82	0	0	0	0	0	0	0	0	0	0	0	8	8	0	0	0	0	0	0	0	0
泰州学院	44	11	2.5	0	225	18.187	0	0	0	0	0	0	0	0	0	0	0	9	8	1	0	0	0	0	0	0	0
金陵科技学院	45	38	3.8	0	819	802.5	0	0	0	0	0	0	0	0	0	0	0	7	7	0	0	2	0	0	2	0	0
江苏第二师范学院	46	11	2.3	0	1004	24.692	0	0	0	0	0	0	0	0	0	0	0	6	3	3	0	0	0	0	0	0	0
南京工业职业技术大学	47	30	6.5	0	214	217.013	0	0	0	0	0	0	0	0	0	0	0	8	8	0	0	0	0	0	0	0	0
无锡学院	48	17	3.7	0	105	95	1	1	0	0	0	0	0	0	0	0	0	6	6	0	0	0	0	0	0	2	2
苏州城市学院	49	25	5.4	0	169.224	40.525	0	0	0	0	0	0	0	0	0	0	0	13	13	0	0	0	0	0	0	2	2
宿迁学院	50	76	7.6	0	1 806.5	924.758	1	1	0	0	0	0	0	0	0	0	0	19	17	2	0	0	0	0	0	10	10

2.13 政治学人文、社会科学研究与课题成果情况表

高校名称	编号	总数：课题数(项)	总数：当年投入人数(人年)	总数：其中：研究生(人年)	总数：当年拨入经费(千元)	总数：当年支出经费(千元)	出版著作(部)：合计	出版著作(部)：专著	出版著作(部)：其中：被译成外文	出版著作(部)：编著教材	出版著作(部)：工具书参考书	出版著作(部)：皮书/发展报告	出版著作(部)：科普读物	古籍整理(部)	译著(部)	发表译文(篇)	电子出版物(件)	发表论文(篇)：合计	发表论文(篇)：国内学术刊物：内地(大陆)	发表论文(篇)：国内学术刊物：港、澳、台地区	发表论文(篇)：国外学术刊物	获奖成果数(项)：合计	获奖成果数(项)：国家级奖	获奖成果数(项)：部级奖	获奖成果数(项)：省级奖	研究与咨询报告(篇)：合计	研究与咨询报告(篇)：其中：被采纳数
		L01	L02	L03	L04	L05	L06	L07	L08	L09	L10	L11	L12	L13	L14	L15	L16	L17	L18	L19	L20	L21	L22	L23	L24	L25	L26
合　计	/	616	122.6	9	12 796.349	14 738.224	20	17	0	3	0	0	0	0	0	0	0	284	265	19	0	17	0	0	17	57	39
南京大学	1	83	13.4	3.6	3605	3005	2	2	0	0	0	0	0	0	0	0	0	63	55	8	0	6	0	0	6	1	1
东南大学	2	11	1.8	0	125	105.21	1	1	0	0	0	0	0	0	0	0	0	14	10	4	0	0	0	0	0	0	0
江南大学	3	12	5.3	2.2	29	16.207	1	0	0	1	0	0	0	0	0	0	0	1	1	0	0	2	0	0	2	0	0
南京农业大学	4	6	0.9	0.3	30	12	0	0	0	0	0	0	0	0	0	0	0	9	9	0	0	1	0	0	1	0	0
中国矿业大学	5	35	6	0.5	205	333.35	1	1	0	0	0	0	0	0	0	0	0	4	4	0	0	0	0	0	0	2	1
河海大学	6	15	2.1	0.2	622.8	536.808	1	0	0	1	0	0	0	0	0	0	0	2	2	0	0	1	0	0	1	4	0
南京理工大学	7	12	2.5	0.4	430	292.51	0	0	0	0	0	0	0	0	0	0	0	1	1	0	0	0	0	0	0	0	0
南京航空航天大学	8	2	0.4	0	0	0	0	0	0	0	0	0	0	0	0	0	0	0	0	0	0	1	0	0	1	0	0
中国药科大学	9	0	0	0	0	0	0	0	0	0	0	0	0	0	0	0	0	0	0	0	0	0	0	0	0	0	0
南京警察学院	10	2	0.8	0	230	238.899	0	0	0	0	0	0	0	0	0	0	0	1	1	0	0	0	0	0	0	0	0
苏州大学	11	33	5.4	0.1	798.456	1 194.174	6	5	0	1	0	0	0	0	0	0	0	23	22	1	0	0	0	0	0	11	11
江苏科技大学	12	13	2.7	0.4	245	116.5	0	0	0	0	0	0	0	0	0	0	0	2	1	1	0	0	0	0	0	0	0
南京工业大学	13	15	2.4	0.2	0	29	0	0	0	0	0	0	0	0	0	0	0	6	6	0	0	0	0	0	0	0	0
常州大学	14	8	2.3	0	37.8	167.8	0	0	0	0	0	0	0	0	0	0	0	8	8	0	0	0	0	0	0	0	0
南京邮电大学	15	4	1.1	0	10	40	0	0	0	0	0	0	0	0	0	0	0	2	1	1	0	1	0	0	1	0	0
南京林业大学	16	8	1.6	0	15	22.4	0	0	0	0	0	0	0	0	0	0	0	1	1	0	0	0	0	0	0	0	0
江苏大学	17	0	0	0	20	20	0	0	0	0	0	0	0	0	0	0	0	0	0	0	0	0	0	0	0	0	0
南京信息工程大学	18	12	3.1	0.4	265.8	242.19	0	0	0	0	0	0	0	0	0	0	0	2	2	0	0	0	0	0	0	0	0
南通大学	19	37	4.5	0	100	290	0	0	0	0	0	0	0	0	0	0	0	3	3	0	0	0	0	0	0	3	3
盐城工学院	20	7	0.7	0	0	0	0	0	0	0	0	0	0	0	0	0	0	0	0	0	0	0	0	0	0	0	0
南京医科大学	21	1	0.1	0	0	0	0	0	0	0	0	0	0	0	0	0	0	0	0	0	0	0	0	0	0	0	0
徐州医科大学	22	13	1.4	0	26	14.5	0	0	0	0	0	0	0	0	0	0	0	1	1	0	0	0	0	0	0	0	0

南京中医药大学	23	1	0.1	0	0	0	0	0	0	0	0	0	0	0	0	0	0	1	1	0	0	0	0	0	0	0	0
南京师范大学	24	59	17.5	0	1 309.693	3 881.725	1	1	0	0	0	0	0	0	0	0	0	41	38	3	0	2	0	0	2	2	2
江苏师范大学	25	26	17.7	0.4	1 251.8	1 282.1	0	0	0	0	0	0	0	0	0	0	0	6	6	0	0	0	0	0	0	4	4
淮阴师范学院	26	5	0.7	0	130	36	0	0	0	0	0	0	0	0	0	0	0	1	1	0	0	0	0	0	0	0	0
盐城师范学院	27	8	2.3	0	0	229.799	0	0	0	0	0	0	0	0	0	0	0	4	4	0	0	0	0	0	0	2	0
南京财经大学	28	15	1.8	0.1	457	212.642	0	0	0	0	0	0	0	0	0	0	0	10	9	1	0	0	0	0	0	2	2
江苏警官学院	29	19	3	0	0	49	0	0	0	0	0	0	0	0	0	0	0	11	11	0	0	0	0	0	0	2	2
南京体育学院	30	0	0	0	0	0	0	0	0	0	0	0	0	0	0	0	0	0	0	0	0	0	0	0	0	0	0
南京艺术学院	31	0	0	0	0	0	0	0	0	0	0	0	0	0	0	0	0	1	1	0	0	0	0	0	0	0	0
苏州科技大学	32	17	2.8	0	128	192	1	1	0	0	0	0	0	0	0	0	0	1	1	0	0	1	0	0	1	1	0
常熟理工学院	33	1	0.1	0	28	7.958	1	1	0	0	0	0	0	0	0	0	0	3	3	0	0	0	0	0	0	0	0
淮阴工学院	34	0	0	0	0	0	0	0	0	0	0	0	0	0	0	0	0	2	2	0	0	0	0	0	0	0	0
常州工学院	35	34	3.4	0	1378	1 162.3	0	0	0	0	0	0	0	0	0	0	0	1	1	0	0	0	0	0	0	4	0
扬州大学	36	19	2.5	0	20	99.8	0	0	0	0	0	0	0	0	0	0	0	1	1	0	0	1	0	0	1	0	0
南京工程学院	37	1	0.2	0	10	10	0	0	0	0	0	0	0	0	0	0	0	2	2	0	0	0	0	0	0	0	0
南京审计大学	38	10	1.7	0.2	210	46.31	0	0	0	0	0	0	0	0	0	0	0	35	35	0	0	1	0	0	1	3	3
南京晓庄学院	39	1	0.1	0	0	240	0	0	0	0	0	0	0	0	0	0	0	1	1	0	0	0	0	0	0	0	0
江苏理工学院	40	4	0.4	0	510	265	0	0	0	0	0	0	0	0	0	0	0	6	6	0	0	0	0	0	0	1	1
江苏海洋大学	41	23	2.3	0	148	111.505	1	1	0	0	0	0	0	0	0	0	0	6	6	0	0	0	0	0	0	10	4
徐州工程学院	42	8	1.1	0	0	6.5	0	0	0	0	0	0	0	0	0	0	0	0	0	0	0	0	0	0	0	4	4
南京特殊教育师范学院	43	9	2.6	0	300	180	2	2	0	0	0	0	0	0	0	0	0	2	2	0	0	0	0	0	0	0	0
泰州学院	44	7	0.7	0	0	25.5	0	0	0	0	0	0	0	0	0	0	0	0	0	0	0	0	0	0	0	0	0
金陵科技学院	45	0	0	0	0	0	0	0	0	0	0	0	0	0	0	0	0	0	0	0	0	0	0	0	0	0	0
江苏第二师范学院	46	3	0.6	0	70	0.537	0	0	0	0	0	0	0	0	0	0	0	2	2	0	0	0	0	0	0	1	1
南京工业职业技术大学	47	2	0.4	0	0	9	1	1	0	0	0	0	0	0	0	0	0	0	0	0	0	0	0	0	0	0	0
无锡学院	48	7	1.2	0	48	14	0	0	0	0	0	0	0	0	0	0	0	0	0	0	0	0	0	0	0	0	0
苏州城市学院	49	1	0.2	0	0	0	1	1	0	0	0	0	0	0	0	0	0	2	2	0	0	0	0	0	0	0	0
宿迁学院	50	7	0.7	0	3	0	0	0	0	0	0	0	0	0	0	0	0	2	2	0	0	0	0	0	0	0	0

2.14 法学人文、社会科学研究与课题成果情况表

高校名称		总数					出版著作(部)							古籍整理(部)	译著(部)	发表译文(篇)	电子出版物(件)	发表论文(篇)				获奖成果数(项)				研究与咨询报告(篇)	
		课题数(项)	当年投入人数(人年)	其中:研究生(人年)	当年拨入经费(千元)	当年支出经费(千元)	合计	专著	其中:被译成外文	编著教材	工具书参考书	皮书/发展报告	科普读物					合计	国内学术刊物 内地(大陆)	国内学术刊物 港澳、台地区	国外学术刊物	合计	国家级奖	部级奖	省级奖	合计	其中:被采纳数
	编号	L01	L02	L03	L04	L05	L06	L07	L08	L09	L10	L11	L12	L13	L14	L15	L16	L17	L18	L19	L20	L21	L22	L23	L24	L25	L26
合　计	/	1601	310.8	15	52 825.541	53 511.995	71	56	1	11	1	1	2	0	2	0	1	839	804	34	1	28	0	1	27	142	107
南京大学	1	109	17.9	4.2	6 497.75	6 497.75	9	6	0	3	0	0	0	0	1	0	0	136	133	2	1	7	0	0	7	5	5
东南大学	2	209	31.4	0	4 626.2	4 289.98	7	7	0	0	0	0	0	0	0	0	0	123	105	18	0	5	0	0	5	2	2
江南大学	3	32	12.8	4.6	2 496.286	2 500.593	3	1	0	1	0	0	1	0	0	0	0	10	10	0	0	0	0	0	0	4	4
南京农业大学	4	48	6.9	0.4	1 366.78	1 302.02	1	1	0	0	0	0	0	0	0	0	0	16	16	0	0	0	0	0	0	3	3
中国矿业大学	5	23	2.6	0.5	761.384	260.018	1	1	0	0	0	0	0	0	0	0	0	6	5	1	0	0	0	0	0	3	0
河海大学	6	75	9.7	0.1	1 623.2	2 002.01	3	2	0	0	0	0	1	0	0	0	0	38	38	0	0	1	0	0	1	16	2
南京理工大学	7	64	13.9	1	4 825.7	5 079.09	2	2	0	0	0	0	0	0	0	0	0	25	23	2	0	0	0	0	0	14	13
南京航空航天大学	8	33	6.9	0	547.1	524.9	5	3	0	2	0	0	0	0	0	0	0	50	50	0	0	1	0	0	1	2	0
中国药科大学	9	0	0	0	0	0	0	0	0	0	0	0	0	0	0	0	0	1	1	0	0	0	0	0	0	0	0
南京警察学院	10	46	15.4	0	2 030.237	1 066.932	3	2	0	1	0	0	0	0	0	0	0	42	42	0	0	0	0	0	0	0	0
苏州大学	11	127	19.1	0.6	4 080.661	2 223.156	8	8	0	0	0	0	0	0	0	0	0	58	58	0	0	4	0	0	4	3	3
江苏科技大学	12	12	2.5	0.2	20	61.8	0	0	0	0	0	0	0	0	0	0	0	3	3	0	0	0	0	0	0	0	0
南京工业大学	13	41	5.9	0.3	296	311	2	1	0	1	0	0	0	0	0	0	0	19	19	0	0	0	0	0	0	0	0
常州大学	14	64	15.8	0	1 359.352	1 776.855	4	4	0	0	0	0	0	0	0	0	0	40	38	2	0	0	0	0	0	13	13
南京邮电大学	15	3	0.4	0	0	0	0	0	0	0	0	0	0	0	0	0	0	2	2	0	0	0	0	0	0	0	0
南京林业大学	16	4	0.7	0	0	41.27	0	0	0	0	0	0	0	0	0	0	0	4	4	0	0	1	0	1	0	2	2
江苏大学	17	71	16.9	0	2 019.5	1 999.5	1	1	0	0	0	0	0	0	1	0	0	7	6	1	0	2	0	0	2	1	1
南京信息工程大学	18	62	12.7	1.3	964	1 882.95	1	0	0	1	0	0	0	0	0	0	0	7	7	0	0	0	0	0	0	4	1
南通大学	19	8	1.2	0	50	90	0	0	0	0	0	0	0	0	0	0	0	8	8	0	0	0	0	0	0	0	0
盐城工学院	20	3	0.3	0	0	0	0	0	0	0	0	0	0	0	0	0	0	0	0	0	0	0	0	0	0	0	0
南京医科大学	21	0	0	0	0	0	0	0	0	0	0	0	0	0	0	0	0	0	0	0	0	0	0	0	0	0	0
徐州医科大学	22	1	0.1	0	0	0	0	0	0	0	0	0	0	0	0	0	0	2	2	0	0	0	0	0	0	0	0

南京中医药大学	23	8	2.5	0	40	128.545	1	1	0	0	0	0	0	0	0	0	0	2	1	1	0	0	0	0	0	2	1
南京师范大学	24	119	28.5	0	6 397.304	10 881.307	2	2	1	0	0	0	0	0	0	0	0	36	33	3	0	4	0	0	4	15	15
江苏师范大学	25	15	9.7	0.2	934.18	659.78	0	0	0	0	0	0	0	0	0	0	0	23	23	0	0	1	0	0	1	10	9
淮阴师范学院	26	30	4.7	0	1 816.8	1638	0	0	0	0	0	0	0	0	0	0	0	4	4	0	0	0	0	0	0	5	5
盐城师范学院	27	24	6.2	0	1699	1 422.867	1	0	0	1	0	0	0	0	0	0	1	5	5	0	0	1	0	0	1	4	0
南京财经大学	28	54	8.4	1.1	964	850.342	3	2	0	1	0	0	0	0	0	0	0	3	2	1	0	0	0	0	0	3	3
江苏警官学院	29	47	8.1	0	60	81	1	1	0	0	0	0	0	0	0	0	0	27	27	0	0	0	0	0	0	0	0
南京体育学院	30	0	0	0	0	0	0	0	0	0	0	0	0	0	0	0	0	0	0	0	0	0	0	0	0	0	0
南京艺术学院	31	1	0.1	0	0	0	0	0	0	0	0	0	0	0	0	0	0	0	0	0	0	0	0	0	0	0	0
苏州科技大学	32	1	0.2	0	21.75	21.75	0	0	0	0	0	0	0	0	0	0	0	4	4	0	0	0	0	0	0	0	0
常熟理工学院	33	19	3	0	722.55	693.613	0	0	0	0	0	0	0	0	0	0	0	8	8	0	0	0	0	0	0	0	0
淮阴工学院	34	2	0.2	0	0	0	0	0	0	0	0	0	0	0	0	0	0	1	1	0	0	0	0	0	0	0	0
常州工学院	35	10	1	0	250	270	0	0	0	0	0	0	0	0	0	0	0	0	0	0	0	0	0	0	0	0	0
扬州大学	36	63	11.1	0.3	1855	1 697.68	5	3	0	0	1	1	0	0	0	0	0	18	18	0	0	0	0	0	0	6	5
南京工程学院	37	1	0.1	0	0	1.2	1	1	0	0	0	0	0	0	0	0	0	1	1	0	0	0	0	0	0	0	0
南京审计大学	38	55	18.5	0.2	980.2	388.516	1	1	0	0	0	0	0	0	0	0	0	64	64	0	0	0	0	0	0	3	2
南京晓庄学院	39	5	0.5	0	64	55	2	2	0	0	0	0	0	0	0	0	0	4	4	0	0	0	0	0	0	0	0
江苏理工学院	40	2	0.2	0	0	0	0	0	0	0	0	0	0	0	0	0	0	1	1	0	0	0	0	0	0	0	0
江苏海洋大学	41	22	2.3	0	731.94	709.06	2	2	0	0	0	0	0	0	0	0	0	10	7	3	0	0	0	0	0	6	3
徐州工程学院	42	5	0.8	0	40	70	0	0	0	0	0	0	0	0	0	0	0	0	0	0	0	0	0	0	0	4	3
南京特殊教育师范学院	43	5	1	0	158	158	0	0	0	0	0	0	0	0	0	0	0	3	3	0	0	0	0	0	0	2	2
泰州学院	44	19	2.7	0	285	170.206	0	0	0	0	0	0	0	0	0	0	0	2	2	0	0	1	0	0	1	0	0
金陵科技学院	45	11	1.1	0	20	240	1	1	0	0	0	0	0	0	0	0	0	1	1	0	0	0	0	0	0	0	0
江苏第二师范学院	46	4	0.9	0	25	2.065	0	0	0	0	0	0	0	0	0	0	0	4	4	0	0	0	0	0	0	0	0
南京工业职业技术大学	47	3	0.8	0	0	5	0	0	0	0	0	0	0	0	0	0	0	1	1	0	0	0	0	0	0	0	0
无锡学院	48	3	0.5	0	15.9	7.9	0	0	0	0	0	0	0	0	0	0	0	0	0	0	0	0	0	0	0	0	0
苏州城市学院	49	8	1.6	0	127.767	8.14	1	1	0	0	0	0	0	0	0	0	0	3	3	0	0	0	0	0	0	0	0
宿迁学院	50	30	3	0	2053	1 442.2	0	0	0	0	0	0	0	0	0	0	0	17	17	0	0	0	0	0	0	10	10

2.15 社会学人文、社会科学研究与课题成果情况表

高校名称	编号	总数：课题数(项)	总数：当年投入人数(人年)	总数：其中：研究生(人年)	总数：当年拨入经费(千元)	总数：当年支出经费(千元)	出版著作(部)：合计	出版著作(部)：专著	出版著作(部)：其中：被译成外文	出版著作(部)：编著教材	出版著作(部)：工具书参考书	出版著作(部)：皮书/发展报告	出版著作(部)：科普读物	古籍整理(部)	译著(部)	发表译文(篇)	电子出版物(件)	发表论文(篇)：合计	发表论文(篇)：国内学术刊物：内地(大陆)	发表论文(篇)：国内学术刊物：港澳台地区	发表论文(篇)：国外学术刊物	获奖成果数(项)：合计	获奖成果数(项)：国家级奖	获奖成果数(项)：部级奖	获奖成果数(项)：省级奖	研究与咨询报告(篇)：合计	研究与咨询报告(篇)：其中：被采纳数
		L01	L02	L03	L04	L05	L06	L07	L08	L09	L10	L11	L12	L13	L14	L15	L16	L17	L18	L19	L20	L21	L22	L23	L24	L25	L26
合　计	/	2029	380.9	18.2	56 235.839	56 711.419	54	32	0	15	1	5	1	0	4	0	1	676	549	126	1	25	0	0	25	268	166
南京大学	1	101	12	0.6	4 892.6	4 470.6	2	1	0	1	0	0	0	0	1	0	0	46	26	20	0	11	0	0	11	0	0
东南大学	2	86	15.2	0	1 462.9	1 541.03	3	0	0	1	1	0	1	0	0	0	0	47	32	15	0	1	0	0	1	3	3
江南大学	3	28	14.6	6.5	454	450.098	4	3	0	1	0	0	0	0	0	0	0	25	16	9	0	0	0	0	0	8	8
南京农业大学	4	53	9.3	1.2	592.4	696.296	1	1	0	0	0	0	0	0	0	0	0	19	13	6	0	0	0	0	0	2	2
中国矿业大学	5	23	3	0.4	153.98	114.278	0	0	0	0	0	0	0	0	0	0	0	0	0	0	0	0	0	0	0	2	0
河海大学	6	185	23.5	0.9	13 581.722	12 181.087	8	1	0	2	0	5	0	0	0	0	0	131	107	24	0	2	0	0	2	47	13
南京理工大学	7	52	9.9	0.1	756	237.91	4	4	0	0	0	0	0	0	0	0	0	25	21	4	0	0	0	0	0	0	0
南京航空航天大学	8	12	2.4	0	60	57.12	0	0	0	0	0	0	0	0	0	0	0	6	5	1	0	0	0	0	0	0	0
中国药科大学	9	0	0	0	0	0	0	0	0	0	0	0	0	0	0	0	0	9	8	1	0	0	0	0	0	0	0
南京警察学院	10	2	0.6	0	64.078	142.384	0	0	0	0	0	0	0	0	0	0	0	2	2	0	0	0	0	0	0	0	0
苏州大学	11	130	18.7	0.1	6 356.433	2739.431	6	4	0	2	0	0	0	0	0	0	0	28	19	9	0	2	0	0	2	9	9
江苏科技大学	12	54	9.5	0.6	115	153.06	1	1	0	0	0	0	0	0	0	0	0	2	2	0	0	0	0	0	0	0	0
南京工业大学	13	65	8.1	0.9	236	241	0	0	0	0	0	0	0	0	2	0	0	32	31	0	1	0	0	0	0	14	14
常州大学	14	109	24.1	0	2 644.5	3 575.764	2	2	0	0	0	0	0	0	0	0	0	14	13	1	0	1	0	0	1	0	0
南京邮电大学	15	149	33.9	4.1	4 014.35	4 052.65	0	0	0	0	0	0	0	0	0	0	0	46	34	12	0	2	0	0	2	25	25
南京林业大学	16	23	4.3	0	624	155.89	0	0	0	0	0	0	0	0	0	0	0	16	16	0	0	0	0	0	0	0	0
江苏大学	17	0	0	0	0	0	0	0	0	0	0	0	0	0	0	0	0	2	1	1	0	0	0	0	0	0	0
南京信息工程大学	18	28	7.9	0.1	834	824.07	0	0	0	0	0	0	0	0	0	0	0	4	4	0	0	1	0	0	1	4	4
南通大学	19	119	18.1	0	2 143.4	1 553.4	0	0	0	0	0	0	0	0	0	0	0	19	19	0	0	0	0	0	0	3	3
盐城工学院	20	14	1.4	0	3	48.9	1	1	0	0	0	0	0	0	0	0	0	0	0	0	0	0	0	0	0	10	0
南京医科大学	21	2	0.2	0	0	0	0	0	0	0	0	0	0	0	0	0	0	0	0	0	0	0	0	0	0	0	0
徐州医科大学	22	24	3.5	0	98	53.489	0	0	0	0	0	0	0	0	0	0	0	9	8	1	0	0	0	0	0	11	11

南京中医药大学	23	23	7	0	100	104.825	0	0	0	0	0	0	0	0	0	0	0	5	4	1	0	0	0	0	0	0	0
南京师范大学	24	63	16.9	0	1 172.282	7 486.697	4	2	0	2	0	0	0	0	0	0	0	15	8	7	0	3	0	0	3	22	22
江苏师范大学	25	25	17.3	1.1	1 474.33	1 570.33	2	0	0	2	0	0	0	0	0	0	0	17	17	0	0	0	0	0	0	12	12
淮阴师范学院	26	27	2.8	0	1 921.156	2 041.156	0	0	0	0	0	0	0	0	0	0	0	2	2	0	0	0	0	0	0	0	0
盐城师范学院	27	31	6.2	0	63	436.428	0	0	0	0	0	0	0	0	0	0	1	12	10	2	0	0	0	0	0	19	2
南京财经大学	28	23	4.4	1	1 039.9	778.253	0	0	0	0	0	0	0	0	0	0	0	4	2	2	0	1	0	0	1	0	0
江苏警官学院	29	14	2.5	0	60	77	0	0	0	0	0	0	0	0	0	0	0	10	10	0	0	0	0	0	0	0	0
南京体育学院	30	1	0.1	0	0	0	0	0	0	0	0	0	0	0	0	0	0	3	3	0	0	0	0	0	0	0	0
南京艺术学院	31	0	0	0	0	0	0	0	0	0	0	0	0	0	0	0	0	1	1	0	0	0	0	0	0	0	0
苏州科技大学	32	40	7.6	0.5	1 271.173	1 374.173	1	1	0	0	0	0	0	0	0	0	0	18	15	3	0	1	0	0	1	4	2
常熟理工学院	33	7	1.2	0	70	112.516	0	0	0	0	0	0	0	0	0	0	0	3	3	0	0	0	0	0	0	1	1
淮阴工学院	34	53	8.9	0	3 351.35	2 942.79	1	1	0	0	0	0	0	0	0	0	0	18	17	1	0	0	0	0	0	2	2
常州工学院	35	18	1.8	0	130.6	299.4	0	0	0	0	0	0	0	0	0	0	0	2	2	0	0	0	0	0	0	7	0
扬州大学	36	73	11.9	0.1	877	867.5	2	2	0	0	0	0	0	0	1	0	0	4	3	1	0	0	0	0	0	4	3
南京工程学院	37	23	4.2	0	442	863.36	1	1	0	0	0	0	0	0	0	0	0	16	16	0	0	0	0	0	0	14	0
南京审计大学	38	31	14.6	0	358	334.525	0	0	0	0	0	0	0	0	0	0	0	3	3	0	0	0	0	0	0	0	0
南京晓庄学院	39	23	2.4	0	1390	523	9	5	0	4	0	0	0	0	0	0	0	12	8	4	0	0	0	0	0	0	0
江苏理工学院	40	29	5	0	13	81.5	1	1	0	0	0	0	0	0	0	0	0	1	1	0	0	0	0	0	0	0	0
江苏海洋大学	41	74	7.4	0	2 155.598	1 854.835	0	0	0	0	0	0	0	0	0	0	0	25	25	0	0	0	0	0	0	34	19
徐州工程学院	42	73	10.1	0	2	651.5	0	0	0	0	0	0	0	0	0	0	0	0	0	0	0	0	0	0	0	10	10
南京特殊教育师范学院	43	35	13.9	0	375	423	1	1	0	0	0	0	0	0	0	0	0	9	9	0	0	0	0	0	0	0	0
泰州学院	44	16	3.9	0	410	56	0	0	0	0	0	0	0	0	0	0	0	0	0	0	0	0	0	0	0	0	0
金陵科技学院	45	3	0.4	0	85	55	0	0	0	0	0	0	0	0	0	0	0	0	0	0	0	0	0	0	0	0	0
江苏第二师范学院	46	1	0.2	0	0	0	0	0	0	0	0	0	0	0	0	0	0	1	1	0	0	0	0	0	0	0	0
南京工业职业技术大学	47	18	4.9	0	67	229.34	0	0	0	0	0	0	0	0	0	0	0	3	3	0	0	0	0	0	0	0	0
无锡学院	48	1	0.2	0	3	3	0	0	0	0	0	0	0	0	0	0	0	0	0	0	0	0	0	0	0	0	0
苏州城市学院	49	6	1	0	157.087	3.757	0	0	0	0	0	0	0	0	0	0	0	3	3	0	0	0	0	0	0	0	0
宿迁学院	50	39	3.9	0	161	253.077	0	0	0	0	0	0	0	0	0	0	0	7	6	1	0	0	0	0	0	1	1

2.16 民族学与文化学人文、社会科学研究与课题成果情况表

高校名称	编号	总数：课题数(项)	总数：当年投入人数(人年)	总数：其中：研究生(人年)	总数：当年拨入经费(千元)	总数：当年支出经费(千元)	出版著作(部)：合计	出版著作(部)：专著	出版著作(部)：其中：被译成外文	出版著作(部)：编著教材	出版著作(部)：工具书参考书	出版著作(部)：皮书/发展报告	出版著作(部)：科普读物	古籍整理(部)	译著(部)	发表译文(篇)	电子出版物(件)	发表论文(篇)：合计	发表论文(篇)：国内学术刊物：内地(大陆)	发表论文(篇)：国内学术刊物：港、澳、台地区	发表论文(篇)：国外学术刊物	获奖成果数(项)：合计	获奖成果数(项)：国家级奖	获奖成果数(项)：部级奖	获奖成果数(项)：省级奖	研究与咨询报告(篇)：合计	研究与咨询报告(篇)：其中：被采纳数
	编号	L01	L02	L03	L04	L05	L06	L07	L08	L09	L10	L11	L12	L13	L14	L15	L16	L17	L18	L19	L20	L21	L22	L23	L24	L25	L26
合　计	/	192	31.8	0.6	3 123.895	3 554.869	6	4	0	2	0	0	0	0	0	1	1	39	35	4	0	3	0	0	3	17	9
南京大学	1	1	0.1	0	0	0	0	0	0	0	0	0	0	0	0	0	0	0	0	0	0	0	0	0	0	0	0
东南大学	2	13	2.7	0	407	359.39	0	0	0	0	0	0	0	0	0	1	0	4	4	0	0	0	0	0	0	3	3
江南大学	3	0	0	0	0	0	1	1	0	0	0	0	0	0	0	0	0	0	0	0	0	0	0	0	0	0	0
南京农业大学	4	2	0.2	0	0	0	0	0	0	0	0	0	0	0	0	0	0	3	3	0	0	0	0	0	0	0	0
中国矿业大学	5	1	0.1	0	0	0	0	0	0	0	0	0	0	0	0	0	0	1	1	0	0	0	0	0	0	0	0
河海大学	6	10	1.7	0	50	206.118	1	0	0	1	0	0	0	0	0	0	0	0	0	0	0	0	0	0	0	1	0
南京理工大学	7	1	0.3	0	0	143.02	0	0	0	0	0	0	0	0	0	0	0	0	0	0	0	0	0	0	0	0	0
南京航空航天大学	8	2	0.3	0	0	0	0	0	0	0	0	0	0	0	0	0	0	0	0	0	0	0	0	0	0	0	0
中国药科大学	9	0	0	0	0	0	0	0	0	0	0	0	0	0	0	0	0	0	0	0	0	0	0	0	0	0	0
南京警察学院	10	1	0.3	0	0	0	0	0	0	0	0	0	0	0	0	0	0	0	0	0	0	0	0	0	0	0	0
苏州大学	11	2	0.6	0	80	38.115	0	0	0	0	0	0	0	0	0	0	0	0	0	0	0	0	0	0	0	0	0
江苏科技大学	12	9	1.9	0	210	141.95	0	0	0	0	0	0	0	0	0	0	0	1	0	1	0	0	0	0	0	0	0
南京工业大学	13	10	1.2	0.2	50	50	0	0	0	0	0	0	0	0	0	0	0	0	0	0	0	0	0	0	0	0	0
常州大学	14	6	1.7	0	300	227.108	0	0	0	0	0	0	0	0	0	0	0	0	0	0	0	0	0	0	0	0	0
南京邮电大学	15	0	0	0	0	0	0	0	0	0	0	0	0	0	0	0	0	0	0	0	0	0	0	0	0	0	0
南京林业大学	16	6	1.2	0	160	20	0	0	0	0	0	0	0	0	0	0	0	0	0	0	0	0	0	0	0	0	0
江苏大学	17	0	0	0	0	0	1	1	0	0	0	0	0	0	0	0	0	0	0	0	0	0	0	0	0	0	0
南京信息工程大学	18	1	0.5	0.2	180	47	0	0	0	0	0	0	0	0	0	0	0	2	2	0	0	0	0	0	0	0	0
南通大学	19	10	1.2	0	0	25	0	0	0	0	0	0	0	0	0	0	0	1	1	0	0	0	0	0	0	0	0
盐城工学院	20	6	0.6	0	320	230.9	0	0	0	0	0	0	0	0	0	0	0	0	0	0	0	0	0	0	0	0	0
南京医科大学	21	0	0	0	0	0	0	0	0	0	0	0	0	0	0	0	0	0	0	0	0	0	0	0	0	0	0
徐州医科大学	22	0	0	0	0	0	0	0	0	0	0	0	0	0	0	0	0	0	0	0	0	0	0	0	0	0	0

南京中医药大学	23	2	0.7	0	0	147.12	0	0	0	0	0	0	0	0	0	0	1	2	2	0	0	0	0	0	0	0	0
南京师范大学	24	2	0.6	0	180	57.327	0	0	0	0	0	0	0	0	0	0	0	0	0	0	0	0	0	0	0	0	0
江苏师范大学	25	2	0.9	0.2	0	9	0	0	0	0	0	0	0	0	0	0	0	1	1	0	0	0	0	0	0	0	0
淮阴师范学院	26	1	0.2	0	300	215	0	0	0	0	0	0	0	0	0	0	0	0	0	0	0	0	0	0	0	0	0
盐城师范学院	27	4	0.8	0	30	118.034	0	0	0	0	0	0	0	0	0	0	0	2	2	0	0	0	0	0	0	5	0
南京财经大学	28	1	0.1	0	0	39.558	0	0	0	0	0	0	0	0	0	0	0	2	2	0	0	0	0	0	0	0	0
江苏警官学院	29	0	0	0	0	0	0	0	0	0	0	0	0	0	0	0	0	1	1	0	0	0	0	0	0	0	0
南京体育学院	30	0	0	0	0	0	0	0	0	0	0	0	0	0	0	0	0	0	0	0	0	0	0	0	0	0	0
南京艺术学院	31	1	0.1	0	0	64.505	0	0	0	0	0	0	0	0	0	0	0	0	0	0	0	0	0	0	0	0	0
苏州科技大学	32	11	2	0	212.895	212.895	0	0	0	0	0	0	0	0	0	0	0	0	0	0	0	0	0	0	0	2	1
常熟理工学院	33	3	0.8	0	10	94.75	0	0	0	0	0	0	0	0	0	0	0	1	1	0	0	0	0	0	0	0	0
淮阴工学院	34	4	0.4	0	30	29.8	1	1	0	0	0	0	0	0	0	0	0	0	0	0	0	0	0	0	0	1	1
常州工学院	35	4	0.4	0	16	16	0	0	0	0	0	0	0	0	0	0	0	0	0	0	0	0	0	0	0	0	0
扬州大学	36	22	2.9	0	108	159.9	1	1	0	0	0	0	0	0	0	0	0	5	2	3	0	3	0	0	3	1	0
南京工程学院	37	1	0.2	0	0	0	0	0	0	0	0	0	0	0	0	0	0	1	1	0	0	0	0	0	0	0	0
南京审计大学	38	1	0.1	0	65	64.979	0	0	0	0	0	0	0	0	0	0	0	1	1	0	0	0	0	0	0	0	0
南京晓庄学院	39	0	0	0	0	0	0	0	0	0	0	0	0	0	0	0	0	0	0	0	0	0	0	0	0	0	0
江苏理工学院	40	5	0.5	0	26	16.2	0	0	0	0	0	0	0	0	0	0	0	0	0	0	0	0	0	0	0	2	2
江苏海洋大学	41	0	0	0	0	0	0	0	0	0	0	0	0	0	0	0	0	0	0	0	0	0	0	0	0	0	0
徐州工程学院	42	35	4	0	2	433.5	0	0	0	0	0	0	0	0	0	0	0	1	1	0	0	0	0	0	0	2	2
南京特殊教育师范学院	43	4	1.4	0	323	243	0	0	0	0	0	0	0	0	0	0	0	3	3	0	0	0	0	0	0	0	0
泰州学院	44	0	0	0	0	0	0	0	0	0	0	0	0	0	0	0	0	0	0	0	0	0	0	0	0	0	0
金陵科技学院	45	3	0.4	0	0	133	0	0	0	0	0	0	0	0	0	0	0	0	0	0	0	0	0	0	0	0	0
江苏第二师范学院	46	0	0	0	0	0	0	0	0	0	0	0	0	0	0	0	0	0	0	0	0	0	0	0	0	0	0
南京工业职业技术大学	47	0	0	0	0	0	0	0	0	0	0	0	0	0	0	0	0	0	0	0	0	0	0	0	0	0	0
无锡学院	48	2	0.4	0	10	0.5	0	0	0	0	0	0	0	0	0	0	0	0	0	0	0	0	0	0	0	0	0
苏州城市学院	49	0	0	0	0	0	1	0	0	1	0	0	0	0	0	0	0	7	7	0	0	0	0	0	0	0	0
宿迁学院	50	3	0.3	0	54	11.2	0	0	0	0	0	0	0	0	0	0	0	0	0	0	0	0	0	0	0	0	0

2.17 新闻学与传播学人文、社会科学研究与课题成果情况表

高校名称		总数					出版著作(部)							古籍整理(部)	译著(部)	发表译文(篇)	电子出版物(件)	发表论文(篇)				获奖成果数(项)				研究与咨询报告(篇)	
		课题数(项)	当年投入人数(人年)	其中:研究生(人年)	当年拨入经费(千元)	当年支出经费(千元)	合计	专著	其中:被译成外文	编著教材	工具书参考书	皮书/发展报告	科普读物					合计	国内学术刊物 内地(大陆)	国内学术刊物 港、澳、台地区	国外学术刊物	合计	国家级奖	部级奖	省级奖	合计	其中:被采纳数
	编号	L01	L02	L03	L04	L05	L06	L07	L08	L09	L10	L11	L12	L13	L14	L15	L16	L17	L18	L19	L20	L21	L22	L23	L24	L25	L26
合　计	/	716	128.1	6.5	23 848.832	21 417.294	20	11	2	9	0	0	0	0	0	0	0	399	361	38	0	17	0	0	17	97	80
南京大学	1	88	12.8	2.7	2027	2027	4	3	1	1	0	0	0	0	0	0	0	127	113	14	0	6	0	0	6	0	0
东南大学	2	4	0.6	0	12	9.82	0	0	0	0	0	0	0	0	0	0	0	3	2	1	0	0	0	0	0	0	0
江南大学	3	1	0.4	0.2	0	0	0	0	0	0	0	0	0	0	0	0	0	0	0	0	0	0	0	0	0	0	0
南京农业大学	4	0	0	0	0	0	0	0	0	0	0	0	0	0	0	0	0	0	0	0	0	0	0	0	0	0	0
中国矿业大学	5	11	1.1	0.3	84.466	26.536	0	0	0	0	0	0	0	0	0	0	0	0	0	0	0	0	0	0	0	1	0
河海大学	6	16	2.4	0	246.18	204.01	2	1	0	1	0	0	0	0	0	0	0	10	8	2	0	0	0	0	0	2	1
南京理工大学	7	3	0.9	0	0	0	0	0	0	0	0	0	0	0	0	0	0	1	1	0	0	0	0	0	0	1	0
南京航空航天大学	8	8	1.9	0	142	135.16	0	0	0	0	0	0	0	0	0	0	0	2	2	0	0	0	0	0	0	0	0
中国药科大学	9	0	0	0	0	0	0	0	0	0	0	0	0	0	0	0	0	0	0	0	0	0	0	0	0	0	0
南京警察学院	10	5	1.5	0	66.019	3.128	0	0	0	0	0	0	0	0	0	0	0	2	2	0	0	0	0	0	0	0	0
苏州大学	11	110	17.5	0.7	7 610.426	2 073.835	5	1	0	4	0	0	0	0	0	0	0	57	49	8	0	3	0	0	3	22	22
江苏科技大学	12	5	1.2	0	0	0	0	0	0	0	0	0	0	0	0	0	0	0	0	0	0	0	0	0	0	0	0
南京工业大学	13	5	0.8	0.2	0	0	0	0	0	0	0	0	0	0	0	0	0	2	2	0	0	1	0	0	1	0	0
常州大学	14	17	5.3	0	394	489	0	0	0	0	0	0	0	0	0	0	0	2	2	0	0	0	0	0	0	0	0
南京邮电大学	15	31	8.9	1.6	567	539.64	0	0	0	0	0	0	0	0	0	0	0	6	4	2	0	0	0	0	0	0	0
南京林业大学	16	16	3.5	0	397	222.11	2	2	1	0	0	0	0	0	0	0	0	13	12	1	0	0	0	0	0	0	0
江苏大学	17	4	0.8	0	0	0	0	0	0	0	0	0	0	0	0	0	0	1	1	0	0	0	0	0	0	0	0
南京信息工程大学	18	6	1.7	0	0	160.17	0	0	0	0	0	0	0	0	0	0	0	5	5	0	0	0	0	0	0	0	0
南通大学	19	8	1.3	0	0	0	0	0	0	0	0	0	0	0	0	0	0	4	4	0	0	0	0	0	0	8	8
盐城工学院	20	1	0.1	0	155	115	1	1	0	0	0	0	0	0	0	0	0	0	0	0	0	0	0	0	0	0	0
南京医科大学	21	0	0	0	0	0	0	0	0	0	0	0	0	0	0	0	0	0	0	0	0	0	0	0	0	0	0
徐州医科大学	22	3	0.5	0	0	3.185	0	0	0	0	0	0	0	0	0	0	0	0	0	0	0	0	0	0	0	0	0

南京中医药大学	23	2	0.6	0	0	3.3	0	0	0	0	0	0	0	0	0	0	0	0	0	0	0	0	0	0	0	0	0
南京师范大学	24	89	21.9	0	2 873.641	6 204.599	0	0	0	0	0	0	0	0	0	0	0	37	31	6	0	5	0	0	5	10	10
江苏师范大学	25	7	3.4	0	55	41	1	1	0	0	0	0	0	0	0	0	0	26	26	0	0	0	0	0	0	6	6
淮阴师范学院	26	25	3.1	0	1159	1001	0	0	0	0	0	0	0	0	0	0	0	7	7	0	0	0	0	0	0	0	0
盐城师范学院	27	17	3.6	0	1210	1 664.142	0	0	0	0	0	0	0	0	0	0	0	12	12	0	0	0	0	0	0	9	0
南京财经大学	28	28	4.7	0.7	443	347.943	3	0	0	3	0	0	0	0	0	0	0	6	5	1	0	1	0	0	1	3	3
江苏警官学院	29	2	0.4	0	0	0	0	0	0	0	0	0	0	0	0	0	0	0	0	0	0	0	0	0	0	0	0
南京体育学院	30	5	0.5	0	0	0	0	0	0	0	0	0	0	0	0	0	0	2	2	0	0	0	0	0	0	0	0
南京艺术学院	31	0	0	0	0	0	0	0	0	0	0	0	0	0	0	0	0	2	2	0	0	0	0	0	0	0	0
苏州科技大学	32	6	1.2	0	40	40	1	1	0	0	0	0	0	0	0	0	0	2	2	0	0	0	0	0	0	1	0
常熟理工学院	33	1	0.1	0	0	2.866	0	0	0	0	0	0	0	0	0	0	0	2	2	0	0	0	0	0	0	0	0
淮阴工学院	34	3	0.3	0	0	0	0	0	0	0	0	0	0	0	0	0	0	0	0	0	0	0	0	0	0	0	0
常州工学院	35	34	3.6	0	1 723.6	1 749.07	0	0	0	0	0	0	0	0	0	0	0	13	13	0	0	0	0	0	0	6	2
扬州大学	36	53	8.7	0.1	2008	2 056.22	0	0	0	0	0	0	0	0	0	0	0	27	26	1	0	1	0	0	1	7	7
南京工程学院	37	3	0.8	0	30	30	0	0	0	0	0	0	0	0	0	0	0	2	2	0	0	0	0	0	0	0	0
南京审计大学	38	1	0.1	0	0	0	0	0	0	0	0	0	0	0	0	0	0	2	2	0	0	0	0	0	0	0	0
南京晓庄学院	39	36	3.6	0	1381	990	0	0	0	0	0	0	0	0	0	0	0	7	7	0	0	0	0	0	0	0	0
江苏理工学院	40	8	0.9	0	0	0	0	0	0	0	0	0	0	0	0	0	0	0	0	0	0	0	0	0	0	0	0
江苏海洋大学	41	5	0.5	0	10	118.35	0	0	0	0	0	0	0	0	0	0	0	1	1	0	0	0	0	0	0	1	1
徐州工程学院	42	11	1.1	0	342.5	191.25	1	1	0	0	0	0	0	0	0	0	0	2	0	2	0	0	0	0	0	17	17
南京特殊教育师范学院	43	9	1.6	0	80	317	0	0	0	0	0	0	0	0	0	0	0	1	1	0	0	0	0	0	0	0	0
泰州学院	44	0	0	0	0	0	0	0	0	0	0	0	0	0	0	0	0	2	2	0	0	0	0	0	0	0	0
金陵科技学院	45	3	0.3	0	50	33	0	0	0	0	0	0	0	0	0	0	0	0	0	0	0	0	0	0	0	0	0
江苏第二师范学院	46	3	1.1	0	82	30.073	0	0	0	0	0	0	0	0	0	0	0	0	0	0	0	0	0	0	0	1	1
南京工业职业技术大学	47	3	0.6	0	0	51.9	0	0	0	0	0	0	0	0	0	0	0	1	1	0	0	0	0	0	0	0	0
无锡学院	48	2	0.3	0	0	0	0	0	0	0	0	0	0	0	0	0	0	0	0	0	0	0	0	0	0	0	0
苏州城市学院	49	7	0.8	0	30	7.987	0	0	0	0	0	0	0	0	0	0	0	3	3	0	0	0	0	0	0	0	0
宿迁学院	50	11	1.1	0	630	529	0	0	0	0	0	0	0	0	0	0	0	7	7	0	0	0	0	0	0	2	2

2.18 图书馆、情报与文献学人文、社会科学研究与课题成果情况表

高校名称	编号	总数：课题数(项)	总数：当年投入人数(人年)	总数：其中：研究生(人年)	总数：当年拨入经费(千元)	总数：当年支出经费(千元)	出版著作(部)：合计	出版著作(部)：专著	出版著作(部)：其中：被译成外文	出版著作(部)：编著教材	出版著作(部)：工具书参考书	出版著作(部)：皮书/发展报告	出版著作(部)：科普读物	古籍整理(部)	译著(部)	发表译文(篇)	电子出版物(件)	发表论文(篇)：合计	发表论文(篇)：国内学术刊物：内地(大陆)	发表论文(篇)：国内学术刊物：港、澳、台地区	发表论文(篇)：国外学术刊物	获奖成果数(项)：合计	获奖成果数(项)：国家级奖	获奖成果数(项)：部级奖	获奖成果数(项)：省级奖	研究与咨询报告(篇)：合计	研究与咨询报告(篇)：其中：被采纳数
		L01	L02	L03	L04	L05	L06	L07	L08	L09	L10	L11	L12	L13	L14	L15	L16	L17	L18	L19	L20	L21	L22	L23	L24	L25	L26
合 计	/	761	141.4	15.5	22 978.928	22 301.044	22	14	0	7	0	1	0	0	0	0	0	478	425	53	0	17	0	0	17	35	19
南京大学	1	173	26	8.4	11 583.68	9 716.68	4	1	0	3	0	0	0	0	0	0	0	170	135	35	0	10	0	0	10	4	3
东南大学	2	14	3.3	0	140	128.43	1	0	0	1	0	0	0	0	0	0	0	8	7	1	0	0	0	0	0	0	0
江南大学	3	5	2.5	0.3	0	0	0	0	0	0	0	0	0	0	0	0	0	4	3	1	0	0	0	0	0	0	0
南京农业大学	4	75	15.9	3.2	1 581.6	2 080.344	1	1	0	0	0	0	0	0	0	0	0	41	36	5	0	4	0	0	4	1	1
中国矿业大学	5	12	2.1	0.2	0	103.599	0	0	0	0	0	0	0	0	0	0	0	0	0	0	0	0	0	0	0	0	0
河海大学	6	39	4.7	0.1	367.296	950.784	1	0	0	0	0	1	0	0	0	0	0	8	7	1	0	0	0	0	0	8	1
南京理工大学	7	29	7.1	0	496.13	527.45	0	0	0	0	0	0	0	0	0	0	0	4	4	0	0	1	0	0	1	0	0
南京航空航天大学	8	6	1.6	0	10	9.52	0	0	0	0	0	0	0	0	0	0	0	13	11	2	0	0	0	0	0	7	7
中国药科大学	9	1	0.1	0	0	0	0	0	0	0	0	0	0	0	0	0	0	0	0	0	0	0	0	0	0	0	0
南京警察学院	10	3	0.9	0	0	0	0	0	0	0	0	0	0	0	0	0	0	0	0	0	0	0	0	0	0	0	0
苏州大学	11	28	4.5	0.1	1 518.451	434.693	3	2	0	1	0	0	0	0	0	0	0	22	22	0	0	1	0	0	1	2	2
江苏科技大学	12	1	0.1	0	0	1.5	0	0	0	0	0	0	0	0	0	0	0	1	1	0	0	0	0	0	0	0	0
南京工业大学	13	26	4.1	0.9	970	948.46	1	1	0	0	0	0	0	0	0	0	0	10	10	0	0	1	0	0	1	0	0
常州大学	14	3	1.7	0	0	47.776	1	1	0	0	0	0	0	0	0	0	0	6	6	0	0	0	0	0	0	0	0
南京邮电大学	15	19	8.9	1.4	1236	1 114.8	2	2	0	0	0	0	0	0	0	0	0	9	4	5	0	0	0	0	0	0	0
南京林业大学	16	12	2.1	0	90	81.22	0	0	0	0	0	0	0	0	0	0	0	5	5	0	0	0	0	0	0	0	0
江苏大学	17	37	5.9	0.1	945	945	2	1	0	1	0	0	0	0	0	0	0	23	23	0	0	0	0	0	0	1	1
南京信息工程大学	18	22	5.7	0.3	266	484.2	0	0	0	0	0	0	0	0	0	0	0	12	12	0	0	0	0	0	0	0	0
南通大学	19	23	3.2	0	353	201	0	0	0	0	0	0	0	0	0	0	0	15	15	0	0	0	0	0	0	0	0
盐城工学院	20	4	0.4	0	10	10	0	0	0	0	0	0	0	0	0	0	0	8	8	0	0	0	0	0	0	0	0
南京医科大学	21	6	0.6	0	0	0	0	0	0	0	0	0	0	0	0	0	0	3	3	0	0	0	0	0	0	0	0
徐州医科大学	22	11	2.2	0	62	16	1	1	0	0	0	0	0	0	0	0	0	6	6	0	0	0	0	0	0	0	0

南京中医药大学	23	17	5	0	340	198.845	0	0	0	0	0	0	0	0	0	0	0	6	6	0	0	0	0	0	0	0	0
南京师范大学	24	11	2.6	0	590	509.421	0	0	0	0	0	0	0	0	0	0	0	4	4	0	0	0	0	0	0	0	0
江苏师范大学	25	3	1	0	0	3	0	0	0	0	0	0	0	0	0	0	0	1	1	0	0	0	0	0	0	1	1
淮阴师范学院	26	6	1.2	0	0	151.7	0	0	0	0	0	0	0	0	0	0	0	9	8	1	0	0	0	0	0	0	0
盐城师范学院	27	10	1.9	0	20	961.758	0	0	0	0	0	0	0	0	0	0	0	7	7	0	0	0	0	0	0	3	0
南京财经大学	28	6	0.9	0.1	25.4	62.162	0	0	0	0	0	0	0	0	0	0	0	1	0	1	0	0	0	0	0	0	0
江苏警官学院	29	5	1	0	60	10	0	0	0	0	0	0	0	0	0	0	0	4	4	0	0	0	0	0	0	0	0
南京体育学院	30	1	0.1	0	0	0	0	0	0	0	0	0	0	0	0	0	0	3	3	0	0	0	0	0	0	0	0
南京艺术学院	31	2	0.3	0	0	5.1	1	1	0	0	0	0	0	0	0	0	0	1	1	0	0	0	0	0	0	0	0
苏州科技大学	32	4	0.9	0	200	200	1	1	0	0	0	0	0	0	0	0	0	5	5	0	0	0	0	0	0	0	0
常熟理工学院	33	5	1	0	53	25.115	0	0	0	0	0	0	0	0	0	0	0	5	5	0	0	0	0	0	0	1	1
淮阴工学院	34	6	0.6	0	0	0	0	0	0	0	0	0	0	0	0	0	0	4	4	0	0	0	0	0	0	0	0
常州工学院	35	10	1.4	0	273	26	0	0	0	0	0	0	0	0	0	0	0	6	6	0	0	0	0	0	0	4	0
扬州大学	36	31	5.9	0.2	543	572.52	1	1	0	0	0	0	0	0	0	0	0	9	8	1	0	0	0	0	0	2	1
南京工程学院	37	0	0	0	0	0	0	0	0	0	0	0	0	0	0	0	0	0	0	0	0	0	0	0	0	0	0
南京审计大学	38	3	1	0.2	86	5.6	0	0	0	0	0	0	0	0	0	0	0	9	9	0	0	0	0	0	0	0	0
南京晓庄学院	39	11	1.1	0	40	131	0	0	0	0	0	0	0	0	0	0	0	2	2	0	0	0	0	0	0	0	0
江苏理工学院	40	8	1.6	0	0	12.5	0	0	0	0	0	0	0	0	0	0	0	2	2	0	0	0	0	0	0	0	0
江苏海洋大学	41	7	0.7	0	12.5	8.5	0	0	0	0	0	0	0	0	0	0	0	6	6	0	0	0	0	0	0	0	0
徐州工程学院	42	6	0.8	0	0	525	0	0	0	0	0	0	0	0	0	0	0	3	3	0	0	0	0	0	0	1	1
南京特殊教育师范学院	43	3	0.8	0	30	50	1	1	0	0	0	0	0	0	0	0	0	1	1	0	0	0	0	0	0	0	0
泰州学院	44	1	0.1	0	0	0	0	0	0	0	0	0	0	0	0	0	0	0	0	0	0	0	0	0	0	0	0
金陵科技学院	45	41	5.5	0	931.24	935.7	1	0	0	1	0	0	0	0	0	0	0	8	8	0	0	0	0	0	0	0	0
江苏第二师范学院	46	1	0.1	0	0	0	0	0	0	0	0	0	0	0	0	0	0	3	3	0	0	0	0	0	0	0	0
南京工业职业技术大学	47	3	0.6	0	0	16.37	0	0	0	0	0	0	0	0	0	0	0	2	2	0	0	0	0	0	0	0	0
无锡学院	48	1	0.2	0	0	0	0	0	0	0	0	0	0	0	0	0	0	1	1	0	0	0	0	0	0	0	0
苏州城市学院	49	5	1	0	145.631	89.297	0	0	0	0	0	0	0	0	0	0	0	3	3	0	0	0	0	0	0	0	0
宿迁学院	50	5	0.5	0	0	0	0	0	0	0	0	0	0	0	0	0	0	5	5	0	0	0	0	0	0	0	0

2.19 教育学人文、社会科学研究与课题成果情况表

高校名称	编号	总数·课题数(项)	总数·当年投入人数(人年)	总数·其中：研究生(人年)	总数·当年拨入经费(千元)	总数·当年支出经费(千元)	出版著作(部)·合计	出版著作(部)·专著	出版著作(部)·其中：被译成外文	出版著作(部)·编著教材	出版著作(部)·工具书参考书	出版著作(部)·皮书/发展报告	出版著作(部)·科普读物	古籍整理(部)	译著(部)	发表译文(篇)	电子出版物(件)	发表论文(篇)·合计	发表论文(篇)·国内学术刊物·内地(大陆)	发表论文(篇)·国内学术刊物·港澳台地区	发表论文(篇)·国外学术刊物	获奖成果数(项)·合计	获奖成果数(项)·国家级奖	获奖成果数(项)·部级奖	获奖成果数(项)·省级奖	研究与咨询报告(篇)·合计	研究与咨询报告(篇)·其中：被采纳数
		L01	L02	L03	L04	L05	L06	L07	L08	L09	L10	L11	L12	L13	L14	L15	L16	L17	L18	L19	L20	L21	L22	L23	L24	L25	L26
合　计	/	5280	1 020.6	57.4	103 658.814	104 820.108	160	115	2	40	3	2	0	0	4	1	0	2399	2227	172	0	64	0	0	64	419	175
南京大学	1	40	5.5	1.5	1755	1755	3	2	0	1	0	0	0	0	0	0	0	42	37	5	0	5	0	0	5	0	0
东南大学	2	56	9.4	0	126	126.77	1	1	0	0	0	0	0	0	0	1	0	19	11	8	0	1	0	0	1	1	1
江南大学	3	168	85.5	44.7	4972	5 034.316	6	4	0	2	0	0	0	0	0	0	0	83	76	7	0	2	0	0	2	2	2
南京农业大学	4	61	7.2	0	157	227.205	1	1	0	0	0	0	0	0	1	0	0	31	31	0	0	0	0	0	0	2	2
中国矿业大学	5	96	12	1.6	144.722	251.018	0	0	0	0	0	0	0	0	0	0	0	22	20	2	0	0	0	0	0	7	0
河海大学	6	50	7	1	335	402.422	1	0	0	0	0	1	0	0	0	0	0	7	7	0	0	0	0	0	0	9	0
南京理工大学	7	14	4.2	0	80	34.3	0	0	0	0	0	0	0	0	0	0	0	1	0	1	0	0	0	0	0	0	0
南京航空航天大学	8	36	6.7	0	337.5	321.126	1	1	0	0	0	0	0	0	0	0	0	2	2	0	0	0	0	0	0	0	0
中国药科大学	9	3	0.3	0	0	0	0	0	0	0	0	0	0	0	0	0	0	1	1	0	0	0	0	0	0	0	0
南京警察学院	10	27	8.5	0	0	11.824	0	0	0	0	0	0	0	0	0	0	0	23	23	0	0	0	0	0	0	0	0
苏州大学	11	163	23.6	0.4	4 890.97	1 880.724	4	4	0	0	0	0	0	0	0	0	0	57	44	13	0	5	0	0	5	8	8
江苏科技大学	12	88	20	0.5	630	433.82	0	0	0	0	0	0	0	0	0	0	0	14	12	2	0	0	0	0	0	0	0
南京工业大学	13	199	22.5	2.9	87	87	2	1	0	1	0	0	0	0	0	0	0	80	80	0	0	1	0	0	1	5	5
常州大学	14	113	33.6	0	830	821	3	3	0	0	0	0	0	0	0	0	0	43	43	0	0	0	0	0	0	0	0
南京邮电大学	15	113	28.3	0.9	1297	1 328.4	2	2	0	0	0	0	0	0	0	0	0	73	54	19	0	1	0	0	1	1	1
南京林业大学	16	16	2.2	0	15	10.05	0	0	0	0	0	0	0	0	0	0	0	0	0	0	0	0	0	0	0	0	0
江苏大学	17	62	11.1	0	391	378.14	10	10	0	0	0	0	0	0	0	0	0	24	18	6	0	1	0	0	1	1	1
南京信息工程大学	18	136	33.7	0.2	2178	1 985.78	2	2	0	0	0	0	0	0	0	0	0	16	16	0	0	2	0	0	2	1	1
南通大学	19	167	23.2	0	3 745.6	3 492.6	7	7	0	0	0	0	0	0	0	0	0	93	93	0	0	3	0	0	3	6	6
盐城工学院	20	43	4.3	0	170	97.44	5	5	0	0	0	0	0	0	0	0	0	8	8	0	0	0	0	0	0	0	0
南京医科大学	21	9	1	0	0	0	0	0	0	0	0	0	0	0	0	0	0	3	3	0	0	0	0	0	0	1	1
徐州医科大学	22	52	8.2	0	221	142.406	1	1	1	0	0	0	0	0	0	0	0	16	12	4	0	0	0	0	0	1	1

南京中医药大学	23	65	20	0	30	177.511	0	0	0	0	0	0	0	0	0	0	0	23	23	0	0	0	0	0	0	0	0
南京师范大学	24	227	46.8	0	9 945.142	16 112.478	38	15	0	23	0	0	0	0	2	0	0	241	227	14	0	17	0	0	17	12	12
江苏师范大学	25	112	64.6	3.4	17 540.938	17 354.438	8	5	0	3	0	0	0	0	0	0	0	183	165	18	0	8	0	0	8	10	10
淮阴师范学院	26	96	11.6	0	7 865.65	7 165.15	0	0	0	0	0	0	0	0	0	0	0	74	72	2	0	2	0	0	2	0	0
盐城师范学院	27	162	36.9	0	7014	8 608.389	8	8	0	0	0	0	0	0	0	0	0	41	35	6	0	2	0	0	2	38	1
南京财经大学	28	60	6.9	0	213	214.612	0	0	0	0	0	0	0	0	0	0	0	22	18	4	0	0	0	0	0	0	0
江苏警官学院	29	41	9.5	0	240	143	0	0	0	0	0	0	0	0	0	0	0	20	18	2	0	0	0	0	0	0	0
南京体育学院	30	39	3.9	0	18	51.502	1	1	0	0	0	0	0	0	0	0	0	10	10	0	0	0	0	0	0	1	0
南京艺术学院	31	13	2.2	0	0	1.89	0	0	0	0	0	0	0	0	0	0	0	4	3	1	0	0	0	0	0	0	0
苏州科技大学	32	110	19.4	0.2	601.425	601.425	5	5	0	0	0	0	0	0	0	0	0	48	46	2	0	2	0	0	2	5	3
常熟理工学院	33	213	41.4	0	3 046.825	3 310.941	6	2	1	4	0	0	0	0	0	0	0	49	47	2	0	1	0	0	1	23	18
淮阴工学院	34	118	13.5	0	684.8	681.26	3	3	0	0	0	0	0	0	0	0	0	32	30	2	0	0	0	0	0	3	1
常州工学院	35	211	21.2	0	2072	2 721.96	0	0	0	0	0	0	0	0	0	0	0	44	44	0	0	0	0	0	0	36	3
扬州大学	36	198	27.9	0.1	1797	1 740.42	5	4	0	0	0	1	0	0	0	0	0	112	97	15	0	2	0	0	2	8	6
南京工程学院	37	174	35.3	0	5119	7 311.78	1	1	0	0	0	0	0	0	0	0	0	37	37	0	0	0	0	0	0	112	0
南京审计大学	38	57	12.9	0	186	62.906	1	1	0	0	0	0	0	0	0	0	0	61	61	0	0	1	0	0	1	0	0
南京晓庄学院	39	181	18.2	0	4 746.5	5 807.8	4	4	0	0	0	0	0	0	0	0	0	93	70	23	0	5	0	0	5	0	0
江苏理工学院	40	296	47.4	0	3 506.82	3 035.575	3	3	0	0	0	0	0	0	0	0	0	42	42	0	0	3	0	0	3	34	15
江苏海洋大学	41	112	11.3	0	1 702.5	989.955	0	0	0	0	0	0	0	0	0	0	0	61	61	0	0	0	0	0	0	23	9
徐州工程学院	42	128	15.7	0	220	961.9	3	3	0	0	0	0	0	0	0	0	0	66	66	0	0	0	0	0	0	21	21
南京特殊教育师范学院	43	174	55.6	0	1922	1946	12	8	0	1	3	0	0	0	0	0	0	88	83	5	0	0	0	0	0	0	0
泰州学院	44	89	19.3	0	1 575.36	145.434	5	1	0	4	0	0	0	0	0	0	0	33	32	1	0	0	0	0	0	14	13
金陵科技学院	45	54	5.4	0	100	94.1	0	0	0	0	0	0	0	0	0	0	0	10	9	1	0	0	0	0	0	0	0
江苏第二师范学院	46	261	51.6	0	9 981.634	5 911.946	2	2	0	0	0	0	0	0	1	0	0	100	96	4	0	0	0	0	0	32	32
南京工业职业技术大学	47	117	30.5	0	137	577.642	1	1	0	0	0	0	0	0	0	0	0	111	111	0	0	0	0	0	0	0	0
无锡学院	48	80	13.2	0	155	128.8	2	1	0	1	0	0	0	0	0	0	0	16	16	0	0	0	0	0	0	0	0
苏州城市学院	49	52	7.6	0	178.428	29.437	0	0	0	0	0	0	0	0	0	0	0	67	67	0	0	0	0	0	0	0	0
宿迁学院	50	128	12.8	0	697	110.516	3	3	0	0	0	0	0	0	0	0	0	53	50	3	0	0	0	0	0	2	2

2.20 统计学人文、社会科学研究与课题成果情况表

高校名称	编号	总数：课题数(项)	总数：当年投入人数(人年)	总数：其中：研究生(人年)	总数：当年拨入经费(千元)	总数：当年支出经费(千元)	出版著作(部)：合计	出版著作(部)：专著	出版著作(部)：其中：被译成外文	出版著作(部)：编著教材	出版著作(部)：工具书参考书	出版著作(部)：皮书/发展报告	出版著作(部)：科普读物	古籍整理(部)	译著(部)	发表译文(篇)	电子出版物(件)	发表论文(篇)：合计	发表论文(篇)：国内学术刊物：内地(大陆)	发表论文(篇)：国内学术刊物：港澳、台地区	发表论文(篇)：国外学术刊物	获奖成果数(项)：合计	获奖成果数(项)：国家级奖	获奖成果数(项)：部级奖	获奖成果数(项)：省级奖	研究与咨询报告(篇)：合计	研究与咨询报告(篇)：其中：被采纳数
		L01	L02	L03	L04	L05	L06	L07	L08	L09	L10	L11	L12	L13	L14	L15	L16	L17	L18	L19	L20	L21	L22	L23	L24	L25	L26
合　计	/	165	31.6	1.4	4 946.142	4 116.39	3	2	0	1	0	0	0	0	1	0	2	84	55	29	0	0	0	0	0	16	3
南京大学	1	1	0.4	0.3	300	300	0	0	0	0	0	0	0	0	0	0	0	0	0	0	0	0	0	0	0	0	0
东南大学	2	0	0	0	0	0	0	0	0	0	0	0	0	0	0	0	0	0	0	0	0	0	0	0	0	0	0
江南大学	3	0	0	0	0	0	0	0	0	0	0	0	0	0	0	0	0	0	0	0	0	0	0	0	0	0	0
南京农业大学	4	0	0	0	0	0	0	0	0	0	0	0	0	0	0	0	0	0	0	0	0	0	0	0	0	0	0
中国矿业大学	5	3	0.3	0.1	49.5	12	0	0	0	0	0	0	0	0	0	0	0	0	0	0	0	0	0	0	0	0	0
河海大学	6	23	2.9	0.1	779.442	568.621	2	1	0	1	0	0	0	0	0	0	2	24	13	11	0	0	0	0	0	6	0
南京理工大学	7	1	0.3	0	0	0	0	0	0	0	0	0	0	0	0	0	0	0	0	0	0	0	0	0	0	0	0
南京航空航天大学	8	0	0	0	0	0	0	0	0	0	0	0	0	0	0	0	0	0	0	0	0	0	0	0	0	0	0
中国药科大学	9	0	0	0	0	0	0	0	0	0	0	0	0	0	0	0	0	0	0	0	0	0	0	0	0	0	0
南京警察学院	10	2	0.6	0	0	0	0	0	0	0	0	0	0	0	0	0	0	0	0	0	0	0	0	0	0	0	0
苏州大学	11	0	0	0	0	0	0	0	0	0	0	0	0	0	0	0	0	0	0	0	0	0	0	0	0	0	0
江苏科技大学	12	1	0.3	0	0	0	0	0	0	0	0	0	0	0	0	0	0	0	0	0	0	0	0	0	0	0	0
南京工业大学	13	1	0.1	0	0	0	0	0	0	0	0	0	0	0	0	0	0	1	0	1	0	0	0	0	0	0	0
常州大学	14	4	1.4	0	0	31.25	1	1	0	0	0	0	0	0	0	0	0	2	1	1	0	0	0	0	0	1	1
南京邮电大学	15	4	0.7	0	23	23	0	0	0	0	0	0	0	0	0	0	0	5	4	1	0	0	0	0	0	0	0
南京林业大学	16	1	0.5	0.1	80	24.6	0	0	0	0	0	0	0	0	0	0	0	0	0	0	0	0	0	0	0	0	0
江苏大学	17	12	1.5	0	10	10	0	0	0	0	0	0	0	0	0	0	0	4	2	2	0	0	0	0	0	0	0
南京信息工程大学	18	2	0.3	0	0	89.55	0	0	0	0	0	0	0	0	0	0	0	3	3	0	0	0	0	0	0	0	0
南通大学	19	4	0.6	0	100	35	0	0	0	0	0	0	0	0	0	0	0	2	2	0	0	0	0	0	0	0	0
盐城工学院	20	0	0	0	0	0	0	0	0	0	0	0	0	0	0	0	0	0	0	0	0	0	0	0	0	0	0
南京医科大学	21	0	0	0	0	0	0	0	0	0	0	0	0	0	0	0	0	0	0	0	0	0	0	0	0	0	0
徐州医科大学	22	0	0	0	0	0	0	0	0	0	0	0	0	0	0	0	0	5	2	3	0	0	0	0	0	0	0

南京中医药大学	23	1	0.3	0	0	3	0	0	0	0	0	0	0	0	0	0	0	0	0	0	0	0	0	0	0	0	0
南京师范大学	24	2	0.5	0	180	113.052	0	0	0	0	0	0	0	0	0	0	0	0	0	0	0	0	0	0	0	0	0
江苏师范大学	25	1	0.6	0	211	211	0	0	0	0	0	0	0	0	0	0	0	0	0	0	0	0	0	0	0	0	0
淮阴师范学院	26	1	0.3	0	0	0	0	0	0	0	0	0	0	0	0	0	0	0	0	0	0	0	0	0	0	0	0
盐城师范学院	27	2	0.3	0	55	27	0	0	0	0	0	0	0	0	0	0	0	2	2	0	0	0	0	0	0	1	0
南京财经大学	28	11	1.5	0.2	840	298.737	0	0	0	0	0	0	0	0	1	0	0	7	3	4	0	0	0	0	0	0	0
江苏警官学院	29	0	0	0	0	0	0	0	0	0	0	0	0	0	0	0	0	0	0	0	0	0	0	0	0	0	0
南京体育学院	30	0	0	0	0	0	0	0	0	0	0	0	0	0	0	0	0	0	0	0	0	0	0	0	0	0	0
南京艺术学院	31	0	0	0	0	0	0	0	0	0	0	0	0	0	0	0	0	0	0	0	0	0	0	0	0	0	0
苏州科技大学	32	0	0	0	0	0	0	0	0	0	0	0	0	0	0	0	0	0	0	0	0	0	0	0	0	0	0
常熟理工学院	33	1	0.2	0	0	49.2	0	0	0	0	0	0	0	0	0	0	0	1	1	0	0	0	0	0	0	0	0
淮阴工学院	34	0	0	0	0	0	0	0	0	0	0	0	0	0	0	0	0	0	0	0	0	0	0	0	0	0	0
常州工学院	35	9	1	0	580	663.94	0	0	0	0	0	0	0	0	0	0	0	1	1	0	0	0	0	0	0	5	0
扬州大学	36	0	0	0	0	0	0	0	0	0	0	0	0	0	0	0	0	1	0	1	0	0	0	0	0	0	0
南京工程学院	37	0	0	0	0	0	0	0	0	0	0	0	0	0	0	0	0	0	0	0	0	0	0	0	0	0	0
南京审计大学	38	30	9	0.6	1200	579.419	0	0	0	0	0	0	0	0	0	0	0	11	8	3	0	0	0	0	0	0	0
南京晓庄学院	39	0	0	0	0	0	0	0	0	0	0	0	0	0	0	0	0	0	0	0	0	0	0	0	0	0	0
江苏理工学院	40	13	1.8	0	535	441.14	0	0	0	0	0	0	0	0	0	0	0	5	5	0	0	0	0	0	0	3	2
江苏海洋大学	41	0	0	0	0	0	0	0	0	0	0	0	0	0	0	0	0	0	0	0	0	0	0	0	0	0	0
徐州工程学院	42	15	1.9	0	0	400.581	0	0	0	0	0	0	0	0	0	0	0	0	0	0	0	0	0	0	0	0	0
南京特殊教育师范学院	43	9	1.2	0	0	226	0	0	0	0	0	0	0	0	0	0	0	4	4	0	0	0	0	0	0	0	0
泰州学院	44	4	2.4	0	3.2	3.2	0	0	0	0	0	0	0	0	0	0	0	2	2	0	0	0	0	0	0	0	0
金陵科技学院	45	0	0	0	0	0	0	0	0	0	0	0	0	0	0	0	0	0	0	0	0	0	0	0	0	0	0
江苏第二师范学院	46	0	0	0	0	0	0	0	0	0	0	0	0	0	0	0	0	1	0	1	0	0	0	0	0	0	0
南京工业职业技术大学	47	0	0	0	0	0	0	0	0	0	0	0	0	0	0	0	0	0	0	0	0	0	0	0	0	0	0
无锡学院	48	0	0	0	0	0	0	0	0	0	0	0	0	0	0	0	0	0	0	0	0	0	0	0	0	0	0
苏州城市学院	49	0	0	0	0	0	0	0	0	0	0	0	0	0	0	0	0	0	0	0	0	0	0	0	0	0	0
宿迁学院	50	7	0.7	0	0	6.1	0	0	0	0	0	0	0	0	0	0	0	3	2	1	0	0	0	0	0	0	0

2.21 心理学人文、社会科学研究与课题成果情况表

高校名称		总数					出版著作(部)							古籍整理(部)	译著(部)	发表译文(篇)	电子出版物(件)	发表论文(篇)				获奖成果数(项)				研究与咨询报告(篇)	
		课题数(项)	当年投入人数(人年)	其中:研究生(人年)	当年拨入经费(千元)	当年支出经费(千元)	合计	专著	其中:被译成外文	编著教材	工具书参考书	皮书/发展报告	科普读物					合计	国内学术刊物 内地(大陆)	国内学术刊物 港、澳、台地区	国外学术刊物	合计	国家级奖	部级奖	省级奖	合计	其中:被采纳数
	编号	L01	L02	L03	L04	L05	L06	L07	L08	L09	L10	L11	L12	L13	L14	L15	L16	L17	L18	L19	L20	L21	L22	L23	L24	L25	L26
合 计	/	330	57.7	2	8 390.093	8 104.178	6	5	0	1	0	0	0	0	1	0	0	198	104	94	0	13	0	0	13	36	12
南京大学	1	11	1.1	0	666.335	666.335	0	0	0	0	0	0	0	0	0	0	0	14	3	11	0	1	0	0	1	0	0
东南大学	2	21	3.3	0.1	364	335.69	0	0	0	0	0	0	0	0	0	0	0	6	5	1	0	0	0	0	0	0	0
江南大学	3	0	0	0	0	0	0	0	0	0	0	0	0	0	0	0	0	0	0	0	0	0	0	0	0	0	0
南京农业大学	4	0	0	0	0	0	0	0	0	0	0	0	0	0	0	0	0	0	0	0	0	0	0	0	0	0	0
中国矿业大学	5	1	0.1	0	33	33	0	0	0	0	0	0	0	0	0	0	0	0	0	0	0	0	0	0	0	0	0
河海大学	6	16	1.7	0	61	93.346	0	0	0	0	0	0	0	0	0	0	0	20	0	20	0	1	0	0	1	3	0
南京理工大学	7	3	0.9	0	15	15	0	0	0	0	0	0	0	0	0	0	0	0	0	0	0	0	0	0	0	0	0
南京航空航天大学	8	0	0	0	0	0	0	0	0	0	0	0	0	0	0	0	0	0	0	0	0	0	0	0	0	0	0
中国药科大学	9	0	0	0	0	0	0	0	0	0	0	0	0	0	0	0	0	0	0	0	0	0	0	0	0	0	0
南京警察学院	10	0	0	0	0	0	0	0	0	0	0	0	0	0	0	0	0	4	4	0	0	0	0	0	0	0	0
苏州大学	11	22	3.3	0	24	43.963	2	2	0	0	0	0	0	0	0	0	0	27	5	22	0	1	0	0	1	0	0
江苏科技大学	12	1	0.6	0.3	5	2.5	0	0	0	0	0	0	0	0	0	0	0	0	0	0	0	0	0	0	0	0	0
南京工业大学	13	10	1.8	0.8	10	10	0	0	0	0	0	0	0	0	0	0	0	5	5	0	0	0	0	0	0	0	0
常州大学	14	1	0.4	0	0	0	0	0	0	0	0	0	0	0	0	0	0	0	0	0	0	0	0	0	0	0	0
南京邮电大学	15	7	1.8	0.6	151	80.16	0	0	0	0	0	0	0	0	0	0	0	6	0	6	0	0	0	0	0	0	0
南京林业大学	16	4	0.7	0	10	4.75	0	0	0	0	0	0	0	0	0	0	0	0	0	0	0	0	0	0	0	0	0
江苏大学	17	0	0	0	0	0	0	0	0	0	0	0	0	0	0	0	0	1	1	0	0	0	0	0	0	0	0
南京信息工程大学	18	2	0.3	0	0	0	0	0	0	0	0	0	0	0	1	0	0	3	1	2	0	0	0	0	0	0	0
南通大学	19	18	2	0	79.89	229.89	0	0	0	0	0	0	0	0	0	0	0	8	8	0	0	0	0	0	0	1	1
盐城工学院	20	0	0	0	0	0	0	0	0	0	0	0	0	0	0	0	0	0	0	0	0	0	0	0	0	0	0
南京医科大学	21	0	0	0	0	0	0	0	0	0	0	0	0	0	0	0	0	0	0	0	0	0	0	0	0	0	0
徐州医科大学	22	10	1.8	0	78	47.4	0	0	0	0	0	0	0	0	0	0	0	12	3	9	0	0	0	0	0	0	0

南京中医药大学	23	9	2.8	0	130	102.675	0	0	0	0	0	0	0	0	0	0	0	2	2	0	0	0	0	0	0	2	2
南京师范大学	24	41	9.3	0	1 472.302	2 879.634	0	0	0	0	0	0	0	0	0	0	0	15	14	1	0	5	0	0	5	0	0
江苏师范大学	25	1	0.3	0	0	1	0	0	0	0	0	0	0	0	0	0	0	0	0	0	0	0	0	0	0	1	1
淮阴师范学院	26	1	0.1	0	0	1.7	0	0	0	0	0	0	0	0	0	0	0	0	0	0	0	0	0	0	0	0	0
盐城师范学院	27	17	3.6	0	1519	1 713.199	1	1	0	0	0	0	0	0	0	0	0	8	6	2	0	0	0	0	0	9	0
南京财经大学	28	3	0.4	0	5	5	0	0	0	0	0	0	0	0	0	0	0	0	0	0	0	0	0	0	0	0	0
江苏警官学院	29	2	0.4	0	0	5	0	0	0	0	0	0	0	0	0	0	0	2	2	0	0	0	0	0	0	0	0
南京体育学院	30	0	0	0	0	0	0	0	0	0	0	0	0	0	0	0	0	1	1	0	0	0	0	0	0	0	0
南京艺术学院	31	0	0	0	0	0	0	0	0	0	0	0	0	0	0	0	0	0	0	0	0	0	0	0	0	0	0
苏州科技大学	32	10	1.7	0.2	55	55	0	0	0	0	0	0	0	0	0	0	0	10	3	7	0	2	0	0	2	0	0
常熟理工学院	33	4	1.2	0	31	31	1	0	0	1	0	0	0	0	0	0	0	0	0	0	0	0	0	0	0	1	0
淮阴工学院	34	5	0.6	0	460	260	0	0	0	0	0	0	0	0	0	0	0	0	0	0	0	0	0	0	0	2	2
常州工学院	35	16	1.7	0	34	46.2	0	0	0	0	0	0	0	0	0	0	0	5	5	0	0	0	0	0	0	6	0
扬州大学	36	9	1.5	0	0	6.94	0	0	0	0	0	0	0	0	0	0	0	13	9	4	0	2	0	0	2	0	0
南京工程学院	37	2	0.6	0	10	10	0	0	0	0	0	0	0	0	0	0	0	1	1	0	0	0	0	0	0	0	0
南京审计大学	38	1	0.1	0	0	0	0	0	0	0	0	0	0	0	0	0	0	0	0	0	0	0	0	0	0	0	0
南京晓庄学院	39	22	2.2	0	1 425.9	952.96	1	1	0	0	0	0	0	0	0	0	0	7	6	1	0	0	0	0	0	0	0
江苏理工学院	40	21	2.7	0	98	68.68	0	0	0	0	0	0	0	0	0	0	0	2	2	0	0	0	0	0	0	6	2
江苏海洋大学	41	4	0.4	0	4	16.91	0	0	0	0	0	0	0	0	0	0	0	0	0	0	0	0	0	0	0	1	0
徐州工程学院	42	1	0.1	0	1	1	1	1	0	0	0	0	0	0	0	0	0	5	4	1	0	0	0	0	0	3	3
南京特殊教育师范学院	43	7	3.2	0	80	75	0	0	0	0	0	0	0	0	0	0	0	4	2	2	0	0	0	0	0	0	0
泰州学院	44	5	0.7	0	254	44.235	0	0	0	0	0	0	0	0	0	0	0	0	0	0	0	1	0	0	1	0	0
金陵科技学院	45	0	0	0	0	0	0	0	0	0	0	0	0	0	0	0	0	0	0	0	0	0	0	0	0	0	0
江苏第二师范学院	46	10	1.7	0	1 241.666	205.348	0	0	0	0	0	0	0	0	0	0	0	12	7	5	0	0	0	0	0	1	1
南京工业职业技术大学	47	9	2.1	0	39	49.37	0	0	0	0	0	0	0	0	0	0	0	3	3	0	0	0	0	0	0	0	0
无锡学院	48	2	0.3	0	3	3	0	0	0	0	0	0	0	0	0	0	0	0	0	0	0	0	0	0	0	0	0
苏州城市学院	49	1	0.2	0	30	8.293	0	0	0	0	0	0	0	0	0	0	0	2	2	0	0	0	0	0	0	0	0
宿迁学院	50	0	0	0	0	0	0	0	0	0	0	0	0	0	0	0	0	0	0	0	0	0	0	0	0	0	0

2.22 体育科学人文、社会科学研究与课题成果情况表

高校名称	编号	总数 课题数(项)	总数 当年投入人数(人年)	总数 其中:研究生(人年)	总数 当年拨入经费(千元)	总数 当年支出经费(千元)	出版著作(部) 合计	出版著作(部) 专著	出版著作(部) 其中:被译成外文	出版著作(部) 编著教材	出版著作(部) 工具书参考书	出版著作(部) 皮书/发展报告	出版著作(部) 科普读物	古籍整理(部)	译著(部)	发表译文(篇)	电子出版物(件)	发表论文(篇) 合计	发表论文(篇) 国内学术刊物 内地(大陆)	发表论文(篇) 国内学术刊物 港、澳、台地区	发表论文(篇) 国外学术刊物	获奖成果数(项) 合计	获奖成果数(项) 国家级奖	获奖成果数(项) 部级奖	获奖成果数(项) 省级奖	研究与咨询报告(篇) 合计	研究与咨询报告(篇) 其中:被采纳数
		L01	L02	L03	L04	L05	L06	L07	L08	L09	L10	L11	L12	L13	L14	L15	L16	L17	L18	L19	L20	L21	L22	L23	L24	L25	L26
合 计	/	1151	209.1	5.5	29 738.047	27 696.945	49	43	1	4	1	0	1	0	2	0	0	556	503	53	0	20	0	0	20	103	49
南京大学	1	5	1.4	0	272.057	272.057	0	0	0	0	0	0	0	0	0	0	0	15	14	1	0	0	0	0	0	0	0
东南大学	2	8	1.3	0	67.81	64.87	4	3	0	1	0	0	0	0	0	0	0	13	9	4	0	1	0	0	1	0	0
江南大学	3	17	8.6	3.6	0	43.104	1	0	0	1	0	0	0	0	0	0	0	7	6	1	0	0	0	0	0	0	0
南京农业大学	4	32	5	0	45.25	33	4	4	0	0	0	0	0	0	0	0	0	10	10	0	0	0	0	0	0	0	0
中国矿业大学	5	34	9.1	0.5	531.773	263.556	0	0	0	0	0	0	0	0	0	0	0	6	3	3	0	3	0	0	3	2	0
河海大学	6	30	4.9	0	150	275.847	4	2	0	1	0	0	1	0	0	0	0	8	6	2	0	0	0	0	0	9	4
南京理工大学	7	10	3	0	340	219.2	1	1	0	0	0	0	0	0	0	0	0	8	6	2	0	0	0	0	0	0	0
南京航空航天大学	8	14	2.5	0	0	0	0	0	0	0	0	0	0	0	0	0	0	2	2	0	0	0	0	0	0	0	0
中国药科大学	9	11	1.2	0	0	0	0	0	0	0	0	0	0	0	0	0	0	2	2	0	0	0	0	0	0	0	0
南京警察学院	10	9	3.2	0	16	109.199	0	0	0	0	0	0	0	0	0	0	0	4	4	0	0	0	0	0	0	0	0
苏州大学	11	98	13.1	0.1	2 881.956	1 173.889	2	2	0	0	0	0	0	0	1	0	0	33	26	7	0	3	0	0	3	4	4
江苏科技大学	12	49	13.6	0	634	235.5	1	1	0	0	0	0	0	0	0	0	0	9	8	1	0	0	0	0	0	0	0
南京工业大学	13	26	3.8	0.7	26	51	2	2	0	0	0	0	0	0	0	0	0	8	8	0	0	2	0	0	2	1	1
常州大学	14	41	14.2	0	980.078	1 101.524	2	2	0	0	0	0	0	0	1	0	0	20	19	1	0	0	0	0	0	1	1
南京邮电大学	15	21	4	0	74	74	1	1	0	0	0	0	0	0	0	0	0	6	5	1	0	0	0	0	0	0	0
南京林业大学	16	12	2.3	0	10	10.36	0	0	0	0	0	0	0	0	0	0	0	0	0	0	0	0	0	0	0	0	0
江苏大学	17	23	2.8	0	523	523	1	1	0	0	0	0	0	0	0	0	0	0	0	0	0	0	0	0	0	0	0
南京信息工程大学	18	4	2	0	40	56.91	0	0	0	0	0	0	0	0	0	0	0	2	2	0	0	0	0	0	0	0	0
南通大学	19	26	3.8	0	278	133	2	2	1	0	0	0	0	0	0	0	0	42	42	0	0	1	0	0	1	2	2
盐城工学院	20	23	2.3	0	500	380.6	2	2	0	0	0	0	0	0	0	0	0	5	5	0	0	0	0	0	0	0	0
南京医科大学	21	0	0	0	0	0	0	0	0	0	0	0	0	0	0	0	0	0	0	0	0	0	0	0	0	0	0
徐州医科大学	22	2	0.3	0	0	4.6	0	0	0	0	0	0	0	0	0	0	0	3	3	0	0	0	0	0	0	0	0

南京中医药大学	23	2	0.5	0	0	8.34	0	0	0	0	0	0	0	0	0	0	0	0	0	0	0	0	0	0	0	0	0
南京师范大学	24	68	14.5	0	2 379.957	3 184.462	1	0	0	0	1	0	0	0	0	0	0	45	39	6	0	1	0	0	1	0	0
江苏师范大学	25	7	5.9	0	210	310	0	0	0	0	0	0	0	0	0	0	0	25	25	0	0	0	0	0	0	0	0
淮阴师范学院	26	37	4.2	0	2 883.578	1716	1	1	0	0	0	0	0	0	0	0	0	13	12	1	0	0	0	0	0	0	0
盐城师范学院	27	68	16.7	0	3 541.201	3 900.591	4	4	0	0	0	0	0	0	0	0	0	20	17	3	0	1	0	0	1	12	1
南京财经大学	28	13	2.1	0.4	133	288.695	0	0	0	0	0	0	0	0	0	0	0	6	3	3	0	0	0	0	0	0	0
江苏警官学院	29	1	0.3	0	0	0	0	0	0	0	0	0	0	0	0	0	0	16	15	1	0	0	0	0	0	0	0
南京体育学院	30	163	16.8	0	1428	1 700.026	5	4	0	1	0	0	0	0	0	0	0	75	75	0	0	7	0	0	7	12	0
南京艺术学院	31	0	0	0	0	0	0	0	0	0	0	0	0	0	0	0	0	0	0	0	0	0	0	0	0	0	0
苏州科技大学	32	7	1.2	0	51.5	51.5	4	4	0	0	0	0	0	0	0	0	0	13	13	0	0	0	0	0	0	0	0
常熟理工学院	33	16	2.4	0	541.1	421.197	0	0	0	0	0	0	0	0	0	0	0	7	7	0	0	0	0	0	0	0	0
淮阴工学院	34	25	2.9	0	1695	2105	0	0	0	0	0	0	0	0	0	0	0	3	3	0	0	0	0	0	0	2	2
常州工学院	35	17	1.7	0	621	1 131.95	0	0	0	0	0	0	0	0	0	0	0	5	5	0	0	0	0	0	0	5	0
扬州大学	36	40	7.2	0.2	2520	2 534.24	0	0	0	0	0	0	0	0	0	0	0	23	13	10	0	1	0	0	1	4	3
南京工程学院	37	1	0.2	0	32	51.2	0	0	0	0	0	0	0	0	0	0	0	0	0	0	0	0	0	0	0	1	0
南京审计大学	38	1	0.1	0	0	0	0	0	0	0	0	0	0	0	0	0	0	0	0	0	0	0	0	0	0	0	0
南京晓庄学院	39	20	2	0	1 271.56	613.96	3	3	0	0	0	0	0	0	0	0	0	12	9	3	0	0	0	0	0	0	0
江苏理工学院	40	41	5.1	0	473	360.34	0	0	0	0	0	0	0	0	0	0	0	3	3	0	0	0	0	0	0	15	6
江苏海洋大学	41	31	3.1	0	1 668.081	2 095.845	0	0	0	0	0	0	0	0	0	0	0	6	6	0	0	0	0	0	0	18	10
徐州工程学院	42	31	6.5	0	391	623	2	2	0	0	0	0	0	0	0	0	0	7	7	0	0	0	0	0	0	5	5
南京特殊教育师范学院	43	9	3.3	0	358	275	1	1	0	0	0	0	0	0	0	0	0	20	20	0	0	0	0	0	0	0	0
泰州学院	44	7	3.1	0	580	112	0	0	0	0	0	0	0	0	0	0	0	10	8	2	0	0	0	0	0	0	0
金陵科技学院	45	1	0.1	0	0	0	0	0	0	0	0	0	0	0	0	0	0	0	0	0	0	0	0	0	0	0	0
江苏第二师范学院	46	10	1.6	0	223	176.881	0	0	0	0	0	0	0	0	0	0	0	19	19	0	0	0	0	0	0	3	3
南京工业职业技术大学	47	6	1.4	0	0	5	0	0	0	0	0	0	0	0	0	0	0	13	13	0	0	0	0	0	0	0	0
无锡学院	48	4	0.6	0	6	0	1	1	0	0	0	0	0	0	0	0	0	1	1	0	0	0	0	0	0	0	0
苏州城市学院	49	3	0.4	0	1.456	0.02	0	0	0	0	0	0	0	0	0	0	0	2	2	0	0	0	0	0	0	0	0
宿迁学院	50	27	2.8	0	1 359.69	1 006.482	0	0	0	0	0	0	0	0	0	0	0	9	8	1	0	0	0	0	0	7	7

2.23 其他学科人文、社会科学研究与课题成果情况表

高校名称	编号	总数 课题数(项)	当年投入人数(人年)	其中:研究生(人年)	当年拨入经费(千元)	当年支出经费(千元)	出版著作(部) 合计	专著	其中:被译成外文	编著教材	工具书参考书	皮书/发展报告	科普读物	古籍整理(部)	译著(部)	发表译文(篇)	电子出版物(件)	发表论文(篇) 合计	国内学术刊物 内地(大陆)	港、澳、台地区	国外学术刊物	获奖成果数(项) 合计	国家级奖	部级奖	省级奖	研究与咨询报告(篇) 合计	其中:被采纳数
		L01	L02	L03	L04	L05	L06	L07	L08	L09	L10	L11	L12	L13	L14	L15	L16	L17	L18	L19	L20	L21	L22	L23	L24	L25	L26
合　计	/	595	132.4	7.2	43 877.08	30 841.202	12	8	1	4	0	0	0	0	1	0	1	184	137	46	1	4	0	0	4	81	52
南京大学	1	28	4.1	1.5	1158	958	2	2	0	0	0	0	0	0	0	0	0	18	11	7	0	0	0	0	0	12	12
东南大学	2	58	9.8	0	2 327.2	2 087.15	2	2	0	0	0	0	0	0	0	0	1	7	4	3	0	1	0	0	1	6	6
江南大学	3	2	0.8	0.2	0	90.2	1	0	0	1	0	0	0	0	0	0	0	5	0	5	0	0	0	0	0	0	0
南京农业大学	4	14	2.7	0.6	1995	1 383.5	0	0	0	0	0	0	0	0	0	0	0	3	2	1	0	0	0	0	0	1	1
中国矿业大学	5	49	5	1	15 170.97	7 227.591	1	1	0	0	0	0	0	0	0	0	0	16	7	9	0	0	0	0	0	1	0
河海大学	6	0	0	0	0	0	0	0	0	0	0	0	0	0	0	0	0	6	4	2	0	1	0	0	1	0	0
南京理工大学	7	18	4.8	0	0	747.35	0	0	0	0	0	0	0	0	0	0	0	2	1	1	0	1	0	0	1	0	0
南京航空航天大学	8	6	1.2	0	360	222.72	1	0	0	1	0	0	0	0	0	0	0	6	5	1	0	0	0	0	0	2	2
中国药科大学	9	1	0.3	0	80	61.38	0	0	0	0	0	0	0	0	0	0	0	0	0	0	0	0	0	0	0	0	0
南京警察学院	10	0	0	0	0	0	0	0	0	0	0	0	0	0	0	0	0	0	0	0	0	0	0	0	0	0	0
苏州大学	11	0	0	0	0	0	0	0	0	0	0	0	0	0	0	0	0	0	0	0	0	0	0	0	0	0	0
江苏科技大学	12	0	0	0	0	0	0	0	0	0	0	0	0	0	0	0	0	0	0	0	0	0	0	0	0	0	0
南京工业大学	13	6	0.8	0.2	0	0	0	0	0	0	0	0	0	0	0	0	0	11	10	0	1	0	0	0	0	3	3
常州大学	14	44	15.2	0	2211	2 336.7	0	0	0	0	0	0	0	0	0	0	0	31	30	1	0	0	0	0	0	0	0
南京邮电大学	15	11	2.1	0	67	67	0	0	0	0	0	0	0	0	0	0	0	20	7	13	0	0	0	0	0	0	0
南京林业大学	16	29	7.7	1.8	727	293.1	0	0	0	0	0	0	0	0	0	0	0	12	9	3	0	0	0	0	0	0	0
江苏大学	17	1	0.3	0	191.63	171.63	0	0	0	0	0	0	0	0	0	0	0	0	0	0	0	0	0	0	0	0	0
南京信息工程大学	18	18	4.3	0.2	891	419.29	0	0	0	0	0	0	0	0	0	0	0	1	1	0	0	0	0	0	0	0	0
南通大学	19	4	0.6	0	100	95	0	0	0	0	0	0	0	0	0	0	0	2	2	0	0	0	0	0	0	0	0
盐城工学院	20	30	3	0	2473	2168	1	1	0	0	0	0	0	0	0	0	0	0	0	0	0	0	0	0	0	0	0
南京医科大学	21	0	0	0	0	0	0	0	0	0	0	0	0	0	0	0	0	0	0	0	0	0	0	0	0	0	0
徐州医科大学	22	8	1.6	0	102	50.949	0	0	0	0	0	0	0	0	0	0	0	0	0	0	0	0	0	0	0	0	0

南京中医药大学	23	10	3.2	0	0	8.183	0	0	0	0	0	0	0	0	0	0	0	5	5	0	0	0	0	0	0	0	0
南京师范大学	24	8	4.4	0.1	420	1 227.504	1	1	1	0	0	0	0	0	0	0	0	0	0	0	0	0	0	0	0	16	16
江苏师范大学	25	22	14.4	1	992.92	908.52	0	0	0	0	0	0	0	0	0	0	0	0	0	0	0	0	0	0	0	0	0
淮阴师范学院	26	0	0	0	0	0	0	0	0	0	0	0	0	0	0	0	0	0	0	0	0	0	0	0	0	0	0
盐城师范学院	27	9	1.7	0	1 440.489	939.478	0	0	0	0	0	0	0	0	0	0	0	2	2	0	0	0	0	0	0	2	1
南京财经大学	28	14	2.3	0.4	1 900.001	638.623	0	0	0	0	0	0	0	0	0	0	0	1	1	0	0	0	0	0	0	0	0
江苏警官学院	29	0	0	0	0	0	0	0	0	0	0	0	0	0	0	0	0	0	0	0	0	0	0	0	0	0	0
南京体育学院	30	0	0	0	0	0	0	0	0	0	0	0	0	0	0	0	0	0	0	0	0	0	0	0	0	0	0
南京艺术学院	31	0	0	0	0	0	0	0	0	0	0	0	0	0	0	0	0	1	1	0	0	0	0	0	0	0	0
苏州科技大学	32	0	0	0	0	0	0	0	0	0	0	0	0	0	0	0	0	0	0	0	0	0	0	0	0	0	0
常熟理工学院	33	15	2.9	0	224.5	259.769	2	0	0	2	0	0	0	0	0	0	0	8	8	0	0	0	0	0	0	13	6
淮阴工学院	34	11	2.9	0	575	425	0	0	0	0	0	0	0	0	0	0	0	0	0	0	0	0	0	0	0	1	1
常州工学院	35	23	2.3	0	127	83.1	0	0	0	0	0	0	0	0	0	0	0	0	0	0	0	0	0	0	0	15	0
扬州大学	36	33	4.9	0	1666	1 625.8	1	1	0	0	0	0	0	0	0	0	0	7	7	0	0	1	0	0	1	2	2
南京工程学院	37	52	11.3	0	6 748.84	5 416.038	0	0	0	0	0	0	0	0	0	0	0	2	2	0	0	0	0	0	0	0	0
南京审计大学	38	9	4.4	0.2	422	289.498	0	0	0	0	0	0	0	0	0	0	0	0	0	0	0	0	0	0	0	0	0
南京晓庄学院	39	0	0	0	0	0	0	0	0	0	0	0	0	0	0	0	0	0	0	0	0	0	0	0	0	0	0
江苏理工学院	40	14	2	0	289.62	202.011	0	0	0	0	0	0	0	0	0	0	0	2	2	0	0	0	0	0	0	5	0
江苏海洋大学	41	0	0	0	0	0	0	0	0	0	0	0	0	0	0	0	0	0	0	0	0	0	0	0	0	0	0
徐州工程学院	42	9	1.3	0	182	102	0	0	0	0	0	0	0	0	0	0	0	2	2	0	0	0	0	0	0	1	1
南京特殊教育师范学院	43	9	4.7	0	313	223	0	0	0	0	0	0	0	0	0	0	0	2	2	0	0	0	0	0	0	0	0
泰州学院	44	3	0.3	0	0	0	0	0	0	0	0	0	0	0	0	0	0	0	0	0	0	0	0	0	0	0	0
金陵科技学院	45	1	0.1	0	0	0	0	0	0	0	0	0	0	0	0	0	0	0	0	0	0	0	0	0	0	0	0
江苏第二师范学院	46	2	0.4	0	200	50.699	0	0	0	0	0	0	0	0	0	0	0	0	0	0	0	0	0	0	0	1	1
南京工业职业技术大学	47	4	0.7	0	10	23.32	0	0	0	0	0	0	0	0	0	0	0	3	3	0	0	0	0	0	0	0	0
无锡学院	48	7	1.4	0	48.9	23.4	0	0	0	0	0	0	0	0	0	0	0	1	1	0	0	0	0	0	0	0	0
苏州城市学院	49	13	2.5	0	463.01	15.699	0	0	0	0	0	0	0	0	1	0	0	8	8	0	0	0	0	0	0	0	0
宿迁学院	50	0	0	0	0	0	0	0	0	0	0	0	0	0	0	0	0	0	0	0	0	0	0	0	0	0	0

3. 公办专科高等学校人文、社会科学研究与课题成果情况表

学科门类	编号	总数 课题数(项)	当年投入人数(人年)	其中:研究生(人年)	当年拨入经费(千元)	当年支出经费(千元)	出版著作(部) 合计	专著	其中:被译成外文	编著教材	工具书参考书	皮书/发展报告	科普读物	古籍整理(部)	译著(部)	发表译文(篇)	电子出版物(件)	发表论文(篇) 合计	国内学术刊物 内地(大陆)	国内学术刊物 港澳、台地区	国外学术刊物	获奖成果数(项) 合计	国家级奖	部级奖	省级奖	研究与咨询报告(篇) 合计	其中:被采纳数
		L01	L02	L03	L04	L05	L06	L07	L08	L09	L10	L11	L12	L13	L14	L15	L16	L17	L18	L19	L20	L21	L22	L23	L24	L25	L26
合计	/	13 569	2 313.1	0	96 210.884	89 159.694	260	134	0	117	0	1	8	1	3	0	0	8239	8087	152	0	6	0	0	6	1193	526
管理学	1	2740	462.2	0	35 288.95	30 223.423	46	23	0	22	0	1	0	0	0	0	0	1463	1420	43	0	2	0	0	2	459	166
马克思主义	2	907	145	0	2 277.9	2 078.811	12	6	0	6	0	0	0	0	0	0	0	514	512	2	0	0	0	0	0	21	10
哲学	3	41	7	0	345	319.46	1	1	0	0	0	0	0	0	1	0	0	40	38	2	0	0	0	0	0	2	0
逻辑学	4	6	1.3	0	0	9.56	0	0	0	0	0	0	0	0	0	0	0	7	7	0	0	0	0	0	0	0	0
宗教学	5	0	0	0	0	0	0	0	0	0	0	0	0	0	0	0	0	0	0	0	0	0	0	0	0	0	0
语言学	6	231	40.2	0	3 225.8	2 724.938	11	7	0	4	0	0	0	0	0	0	0	205	193	12	0	1	0	0	1	14	9
中国文学	7	101	17.7	0	1 129.3	739.787	20	6	0	6	0	0	8	1	0	0	0	112	112	0	0	0	0	0	0	2	1
外国文学	8	39	8.1	0	740	572.265	4	4	0	0	0	0	0	0	1	0	0	38	38	0	0	0	0	0	0	2	1
艺术学	9	796	137.5	0	14 798.977	13 725.383	42	20	0	22	0	0	0	0	0	0	0	712	705	7	0	0	0	0	0	120	47
历史学	10	44	6.6	0	569	550.77	5	4	0	1	0	0	0	0	0	0	0	33	32	1	0	0	0	0	0	8	3
考古学	11	1	0.4	0	0	3	0	0	0	0	0	0	0	0	0	0	0	2	2	0	0	0	0	0	0	0	0
经济学	12	893	154.2	0	14 801.1	11 882.726	26	8	0	18	0	0	0	0	0	0	0	530	504	26	0	1	0	0	1	114	69
政治学	13	189	32.2	0	423	325.14	0	0	0	0	0	0	0	0	0	0	0	117	116	1	0	0	0	0	0	1	1
法学	14	77	12.9	0	464.5	418.536	2	1	0	1	0	0	0	0	0	0	0	67	66	1	0	0	0	0	0	8	4
社会学	15	607	94.6	0	1 307.7	1 350.176	10	8	0	2	0	0	0	0	1	0	0	277	273	4	0	0	0	0	0	57	27
民族学与文化学	16	124	21.1	0	60	546.398	0	0	0	0	0	0	0	0	0	0	0	59	55	4	0	0	0	0	0	16	13
新闻学与传播学	17	72	13.3	0	697	900.62	2	2	0	0	0	0	0	0	0	0	0	53	53	0	0	0	0	0	0	6	4
图书馆、情报与文献学	18	84	15.7	0	45	45.26	1	0	0	1	0	0	0	0	0	0	0	98	96	2	0	0	0	0	0	1	0
教育学	19	6068	1 049.7	0	16 075.957	18 054.252	57	35	0	22	0	0	0	0	0	0	0	3549	3510	39	0	2	0	0	2	303	141
统计学	20	27	3.9	0	335.6	901.385	2	1	0	1	0	0	0	0	0	0	0	22	22	0	0	0	0	0	0	9	5
心理学	21	148	23.6	0	450	700.925	5	0	0	5	0	0	0	0	0	0	0	78	77	1	0	0	0	0	0	7	4
体育科学	22	212	37.7	0	2 351.6	2 021.524	13	7	0	6	0	0	0	0	0	0	0	201	196	5	0	0	0	0	0	18	10
其他学科	23	162	28.2	0	824.5	1 065.355	1	1	0	0	0	0	0	0	0	0	0	62	60	2	0	0	0	0	0	25	11

3.1 管理学人文、社会科学研究与课题成果情况表

高校名称		总数					出版著作(部)							古籍整理(部)	译著(部)	发表译文(篇)	电子出版物(件)	发表论文(篇)				获奖成果数(项)				研究与咨询报告(篇)	
		课题数(项)	当年投入人数(人年)	其中:研究生(人年)	当年拨入经费(千元)	当年支出经费(千元)	合计	专著	其中:被译成外文	编著教材	工具书参考书	皮书/发展报告	科普读物					合计	国内学术刊物 内地(大陆)	国内学术刊物 港、澳、台地区	国外学术刊物	合计	国家级奖	部级奖	省级奖	合计	其中:被采纳数
	编号	L01	L02	L03	L04	L05	L06	L07	L08	L09	L10	L11	L12	L13	L14	L15	L16	L17	L18	L19	L20	L21	L22	L23	L24	L25	L26
合　计	/	2740	462.2	0	35 288.95	30 223.423	46	23	0	22	0	1	0	0	0	0	0	1463	1420	43	0	2	0	0	2	459	166
盐城幼儿师范高等专科学校	1	26	2.7	0	7.8	7.8	0	0	0	0	0	0	0	0	0	0	0	5	5	0	0	0	0	0	0	0	0
苏州幼儿师范高等专科学校	2	0	0	0	0	0	0	0	0	0	0	0	0	0	0	0	0	0	0	0	0	0	0	0	0	0	0
无锡职业技术学院	3	62	9.8	0	63	229.4	2	2	0	0	0	0	0	0	0	0	0	20	19	1	0	0	0	0	0	0	0
江苏建筑职业技术学院	4	65	16.7	0	570	607	5	1	0	4	0	0	0	0	0	0	0	28	24	4	0	0	0	0	0	9	7
江苏工程职业技术学院	5	12	1.9	0	9	10.5	0	0	0	0	0	0	0	0	0	0	0	24	24	0	0	0	0	0	0	0	0
苏州工艺美术职业技术学院	6	0	0	0	0	0	0	0	0	0	0	0	0	0	0	0	0	1	1	0	0	0	0	0	0	0	0
连云港职业技术学院	7	31	4.6	0	446	446	0	0	0	0	0	0	0	0	0	0	0	4	4	0	0	0	0	0	0	1	0
镇江市高等专科学校	8	47	13.1	0	126	114	0	0	0	0	0	0	0	0	0	0	0	5	5	0	0	0	0	0	0	25	0
南通职业大学	9	12	2	0	10	16	0	0	0	0	0	0	0	0	0	0	0	24	24	0	0	0	0	0	0	1	1
苏州市职业大学	10	76	24.8	0	2309	2 336.25	4	3	0	1	0	0	0	0	0	0	0	42	42	0	0	0	0	0	0	31	14
沙洲职业工学院	11	6	2.5	0	0	0	1	0	0	1	0	0	0	0	0	0	0	7	7	0	0	0	0	0	0	4	3
扬州市职业大学	12	81	21.9	0	261	899.68	2	2	0	0	0	0	0	0	0	0	0	42	42	0	0	0	0	0	0	62	62
连云港师范高等专科学校	13	9	0.9	0	8	4	0	0	0	0	0	0	0	0	0	0	0	5	5	0	0	0	0	0	0	0	0
江苏经贸职业技术学院	14	138	27.7	0	1 150.8	2 077.97	8	0	0	8	0	0	0	0	0	0	0	70	70	0	0	0	0	0	0	21	0
泰州职业技术学院	15	19	3.2	0	22	93.69	0	0	0	0	0	0	0	0	0	0	0	11	11	0	0	0	0	0	0	4	2

续表

高校名称	编号	总数：课题数（项）	总数：当年投入人数（人年）	总数：其中：研究生（人年）	总数：当年拨入经费（千元）	总数：当年支出经费（千元）	出版著作（部）：合计	出版著作（部）：专著	出版著作（部）：其中：被译成外文	出版著作（部）：编著教材	出版著作（部）：工具书参考书	出版著作（部）：皮书/发展报告	出版著作（部）：科普读物	古籍整理（部）	译著（部）	发表译文（篇）	电子出版物（件）	发表论文（篇）：合计	发表论文（篇）：国内学术刊物：内地（大陆）	发表论文（篇）：国内学术刊物：港澳、台地区	发表论文（篇）：国外学术刊物	获奖成果数（项）：合计	获奖成果数（项）：国家级奖	获奖成果数（项）：部级奖	获奖成果数（项）：省级奖	研究与咨询报告（篇）：合计	研究与咨询报告（篇）：其中：被采纳数
	编号	L01	L02	L03	L04	L05	L06	L07	L08	L09	L10	L11	L12	L13	L14	L15	L16	L17	L18	L19	L20	L21	L22	L23	L24	L25	L26
常州信息职业技术学院	16	47	12.3	0	61	48	0	0	0	0	0	0	0	0	0	0	0	30	27	3	0	0	0	0	0	0	0
江苏海事职业技术学院	17	46	9.8	0	2 483.6	2 312.77	0	0	0	0	0	0	0	0	0	0	0	12	11	1	0	0	0	0	0	0	0
无锡科技职业学院	18	21	3.4	0	8	1	0	0	0	0	0	0	0	0	0	0	0	14	12	2	0	1	0	0	1	3	3
江苏医药职业学院	19	79	18.1	0	83	56.8	0	0	0	0	0	0	0	0	0	0	0	45	45	0	0	0	0	0	0	0	0
南通科技职业学院	20	9	2	0	310.5	310.5	0	0	0	0	0	0	0	0	0	0	0	5	5	0	0	0	0	0	0	1	1
苏州经贸职业技术学院	21	98	30.3	0	590	553.304	0	0	0	0	0	0	0	0	0	0	0	97	97	0	0	0	0	0	0	41	4
苏州工业职业技术学院	22	19	2.8	0	0	109.5	0	0	0	0	0	0	0	0	0	0	0	28	28	0	0	0	0	0	0	0	0
苏州卫生职业技术学院	23	43	7.9	0	322	233.4	0	0	0	0	0	0	0	0	0	0	0	6	6	0	0	0	0	0	0	0	0
无锡商业职业技术学院	24	121	12.6	0	3 667.2	2 607.051	5	5	0	0	0	0	0	0	0	0	0	89	81	8	0	0	0	0	0	5	4
江苏航运职业技术学院	25	25	3.4	0	20	28.8	0	0	0	0	0	0	0	0	0	0	0	12	12	0	0	0	0	0	0	0	0
南京交通职业技术学院	26	20	2.2	0	0	22.5	1	1	0	0	0	0	0	0	0	0	0	10	10	0	0	0	0	0	0	0	0
江苏电子信息职业学院	27	12	2.9	0	38	31.5	0	0	0	0	0	0	0	0	0	0	0	4	4	0	0	0	0	0	0	0	0
江苏农牧科技职业学院	28	0	0	0	0	0	0	0	0	0	0	0	0	0	0	0	0	0	0	0	0	0	0	0	0	0	0
常州纺织服装职业技术学院	29	120	13.1	0	58	136.841	1	0	0	1	0	0	0	0	0	0	0	72	71	1	0	0	0	0	0	0	0
苏州农业职业技术学院	30	16	2.7	0	70	70	1	0	0	1	0	0	0	0	0	0	0	31	26	5	0	0	0	0	0	0	0

南京科技职业学院	31	38	3.8	0	379.8	268.8	0	0	0	0	0	0	0	0	0	0	0	16	15	1	0	0	0	0	0	0	0
常州工业职业技术学院	32	110	20.4	0	1472	998.3	0	0	0	0	0	0	0	0	0	0	0	10	9	1	0	0	0	0	0	23	0
常州工程职业技术学院	33	88	8.8	0	1 640.8	1 664.8	0	0	0	0	0	0	0	0	0	0	0	27	27	0	0	0	0	0	0	5	5
江苏农林职业技术学院	34	13	1.8	0	120	114	0	0	0	0	0	0	0	0	0	0	0	9	9	0	0	0	0	0	0	0	0
江苏食品药品职业技术学院	35	22	6	0	779	170.369	0	0	0	0	0	0	0	0	0	0	0	14	14	0	0	0	0	0	0	0	0
南京铁道职业技术学院	36	51	5.5	0	104	131	0	0	0	0	0	0	0	0	0	0	0	38	38	0	0	0	0	0	0	3	2
徐州工业职业技术学院	37	21	2.1	0	0	4.9	0	0	0	0	0	0	0	0	0	0	0	20	20	0	0	0	0	0	0	0	0
江苏信息职业技术学院	38	37	4.3	0	1 182.8	678.6	0	0	0	0	0	0	0	0	0	0	0	26	26	0	0	0	0	0	0	0	0
南京信息职业技术学院	39	74	7.5	0	620.6	544.14	1	0	0	1	0	0	0	0	0	0	0	23	23	0	0	0	0	0	0	11	11
常州机电职业技术学院	40	33	6.9	0	278	137.35	0	0	0	0	0	0	0	0	0	0	0	23	20	3	0	0	0	0	0	5	2
江阴职业技术学院	41	9	1.4	0	37	33	1	1	0	0	0	0	0	0	0	0	0	26	26	0	0	0	0	0	0	0	0
无锡城市职业技术学院	42	33	7.9	0	577	569.4	2	1	0	1	0	0	0	0	0	0	0	57	56	1	0	0	0	0	0	6	4
无锡工艺职业技术学院	43	40	5.8	0	700	678.35	3	0	0	3	0	0	0	0	0	0	0	51	51	0	0	0	0	0	0	7	0
苏州健雄职业技术学院	44	41	7.3	0	952.5	875.5	0	0	0	0	0	0	0	0	0	0	0	29	26	3	0	0	0	0	0	4	2
盐城工业职业技术学院	45	71	7.6	0	750	332.1	2	2	0	0	0	0	0	0	0	0	0	19	17	2	0	0	0	0	0	38	1
江苏财经职业技术学院	46	168	17.1	0	2639	2 961.375	0	0	0	0	0	0	0	0	0	0	0	22	21	1	0	0	0	0	0	12	8
扬州工业职业技术学院	47	46	4.6	0	947	967	0	0	0	0	0	0	0	0	0	0	0	23	23	0	0	0	0	0	0	10	7
江苏城市职业学院	48	170	30.5	0	6 562.95	2 560.466	0	0	0	0	0	0	0	0	0	0	0	39	34	5	0	0	0	0	0	0	0
南京城市职业学院	49	9	2.4	0	11	11	0	0	0	0	0	0	0	0	0	0	0	15	15	0	0	0	0	0	0	2	2

续表

高校名称		总数					出版著作(部)							古籍整理(部)	译著(部)	发表译文(篇)	电子出版物(件)	发表论文(篇)				获奖成果数(项)				研究与咨询报告(篇)	
		课题数(项)	当年投入人数(人年)	其中:研究生(人年)	当年拨入经费(千元)	当年支出经费(千元)	合计	专著	其中:被译成外文	编著教材	工具书参考书	皮书/发展报告	科普读物					合计	国内学术刊物 内地(大陆)	国内学术刊物 港、澳、台地区	国外学术刊物	合计	国家级奖	部级奖	省级奖	合计	其中:被采纳数
	编号	L01	L02	L03	L04	L05	L06	L07	L08	L09	L10	L11	L12	L13	L14	L15	L16	L17	L18	L19	L20	L21	L22	L23	L24	L25	L26
南京机电职业技术学院	50	3	0.3	0	0	16	0	0	0	0	0	0	0	0	0	0	0	6	6	0	0	0	0	0	0	0	0
南京旅游职业学院	51	52	5.6	0	82	271.575	1	0	0	1	0	0	0	0	0	0	0	34	34	0	0	0	0	0	0	0	0
江苏卫生健康职业学院	52	27	3.8	0	18	55.5	0	0	0	0	0	0	0	0	0	0	0	18	18	0	0	0	0	0	0	0	0
苏州信息职业技术学院	53	3	0.4	0	0	0	0	0	0	0	0	0	0	0	0	0	0	9	9	0	0	0	0	0	0	1	1
苏州工业园区服务外包职业学院	54	36	5.7	0	1918	1 908.8	3	3	0	0	0	0	0	0	0	0	0	20	20	0	0	1	0	0	1	19	19
徐州幼儿师范高等专科学校	55	0	0	0	0	0	0	0	0	0	0	0	0	0	0	0	0	0	0	0	0	0	0	0	0	0	0
徐州生物工程职业技术学院	56	2	0.2	0	0	0	0	0	0	0	0	0	0	0	0	0	0	8	8	0	0	0	0	0	0	0	0
江苏商贸职业学院	57	55	10.7	0	265.5	313.05	0	0	0	0	0	0	0	0	0	0	0	22	22	0	0	0	0	0	0	27	0
南通师范高等专科学校	58	8	1.4	0	0	0	0	0	0	0	0	0	0	0	0	0	0	3	3	0	0	0	0	0	0	0	0
江苏护理职业学院	59	1	0.4	0	10	10	0	0	0	0	0	0	0	0	0	0	0	0	0	0	0	0	0	0	0	0	0
江苏财会职业学院	60	11	2.2	0	11	11	0	0	0	0	0	0	0	0	0	0	0	12	12	0	0	0	0	0	0	0	0
江苏城乡建设职业学院	61	148	16.1	0	503.1	501.1	0	0	0	0	0	0	0	0	0	0	0	56	56	0	0	0	0	0	0	77	0
江苏航空职业技术学院	62	22	4.5	0	31	29.692	1	0	0	0	0	1	0	0	0	0	0	8	7	1	0	0	0	0	0	0	0
江苏安全技术职业学院	63	1	0.2	0	3	2	0	0	0	0	0	0	0	0	0	0	0	0	0	0	0	0	0	0	0	0	0
江苏旅游职业学院	64	37	3.7	0	0	40	2	2	0	0	0	0	0	0	0	0	0	35	35	0	0	0	0	0	0	1	1
常州幼儿师范高等专科学校	65	0	0	0	0	0	0	0	0	0	0	0	0	0	0	0	0	2	2	0	0	0	0	0	0	0	0

3.2 马克思主义人文、社会科学研究与课题成果情况表

高校名称		总数					出版著作(部)							古籍整理(部)	译著(部)	发表译文(篇)	电子出版物(件)	发表论文(篇)				获奖成果数(项)				研究与咨询报告(篇)	
		课题数(项)	当年投入人数(人年)	其中：研究生(人年)	当年拨入经费(千元)	当年支出经费(千元)	合计	专著	其中：被译成外文	编著教材	工具书参考书	皮书/发展报告	科普读物					合计	国内学术刊物 内地(大陆)	国内学术刊物 港、澳、台地区	国外学术刊物	合计	国家级奖	部级奖	省级奖	合计	其中：被采纳数
	编号	L01	L02	L03	L04	L05	L06	L07	L08	L09	L10	L11	L12	L13	L14	L15	L16	L17	L18	L19	L20	L21	L22	L23	L24	L25	L26
合　计	/	907	145	0	2 277.9	2 078.811	12	6	0	6	0	0	0	0	0	0	0	514	512	2	0	0	0	0	0	21	10
盐城幼儿师范高等专科学校	1	6	0.6	0	29.8	29.8	0	0	0	0	0	0	0	0	0	0	0	5	5	0	0	0	0	0	0	0	0
苏州幼儿师范高等专科学校	2	8	0.8	0	0	1.7	0	0	0	0	0	0	0	0	0	0	0	3	2	1	0	0	0	0	0	0	0
无锡职业技术学院	3	23	3.9	0	0	39.7	0	0	0	0	0	0	0	0	0	0	0	20	20	0	0	0	0	0	0	0	0
江苏建筑职业技术学院	4	5	1.1	0	0	20	1	0	0	1	0	0	0	0	0	0	0	18	18	0	0	0	0	0	0	0	0
江苏工程职业技术学院	5	13	2.2	0	11.5	11.5	0	0	0	0	0	0	0	0	0	0	0	32	32	0	0	0	0	0	0	0	0
苏州工艺美术职业技术学院	6	0	0	0	0	0	0	0	0	0	0	0	0	0	0	0	0	3	3	0	0	0	0	0	0	0	0
连云港职业技术学院	7	9	1.3	0	4	4	0	0	0	0	0	0	0	0	0	0	0	2	2	0	0	0	0	0	0	0	0
镇江市高等专科学校	8	1	0.1	0	3	3	1	0	0	1	0	0	0	0	0	0	0	1	1	0	0	0	0	0	0	0	0
南通职业大学	9	21	4	0	23	23	0	0	0	0	0	0	0	0	0	0	0	7	7	0	0	0	0	0	0	2	2
苏州市职业大学	10	22	7.4	0	15	18.625	0	0	0	0	0	0	0	0	0	0	0	14	14	0	0	0	0	0	0	0	0
沙洲职业工学院	11	0	0	0	0	0	0	0	0	0	0	0	0	0	0	0	0	0	0	0	0	0	0	0	0	0	0
扬州市职业大学	12	20	6.5	0	0	7	1	1	0	0	0	0	0	0	0	0	0	7	7	0	0	0	0	0	0	2	2
连云港师范高等专科学校	13	8	0.8	0	12	0	0	0	0	0	0	0	0	0	0	0	0	5	5	0	0	0	0	0	0	0	0
江苏经贸职业技术学院	14	34	9.5	0	80	80.5	1	0	0	1	0	0	0	0	0	0	0	14	14	0	0	0	0	0	0	0	0
泰州职业技术学院	15	1	0.2	0	0	0	0	0	0	0	0	0	0	0	0	0	0	3	3	0	0	0	0	0	0	0	0

续表

高校名称	编号	总数 课题数(项)	总数 当年投入人数(人年)	总数 其中：研究生(人年)	总数 当年拨入经费(千元)	总数 当年支出经费(千元)	出版著作(部) 合计	出版著作(部) 专著	出版著作(部) 其中：被译成外文	出版著作(部) 编著教材	出版著作(部) 工具书参考书	出版著作(部) 皮书/发展报告	出版著作(部) 科普读物	古籍整理(部)	译著(部)	发表译文(篇)	电子出版物(件)	发表论文(篇) 合计	发表论文(篇) 国内学术刊物 内地(大陆)	发表论文(篇) 国内学术刊物 港澳、台地区	发表论文(篇) 国外学术刊物	获奖成果数(项) 合计	获奖成果数(项) 国家级奖	获奖成果数(项) 部级奖	获奖成果数(项) 省级奖	研究与咨询报告(篇) 合计	研究与咨询报告(篇) 其中：被采纳数
		L01	L02	L03	L04	L05	L06	L07	L08	L09	L10	L11	L12	L13	L14	L15	L16	L17	L18	L19	L20	L21	L22	L23	L24	L25	L26
常州信息职业技术学院	16	30	8	0	31	21	1	0	0	1	0	0	0	0	0	0	0	16	16	0	0	0	0	0	0	0	0
江苏海事职业技术学院	17	11	2.6	0	0	9.24	0	0	0	0	0	0	0	0	0	0	0	4	3	1	0	0	0	0	0	0	0
无锡科技职业学院	18	8	1.1	0	35	11	0	0	0	0	0	0	0	0	0	0	0	1	1	0	0	0	0	0	0	0	0
江苏医药职业学院	19	2	0.6	0	0	0	0	0	0	0	0	0	0	0	0	0	0	2	2	0	0	0	0	0	0	0	0
南通科技职业学院	20	1	0.2	0	0	0	0	0	0	0	0	0	0	0	0	0	0	0	0	0	0	0	0	0	0	0	0
苏州经贸职业技术学院	21	1	0.4	0	40	0.056	0	0	0	0	0	0	0	0	0	0	0	32	32	0	0	0	0	0	0	0	0
苏州工业职业技术学院	22	9	1.3	0	0	34.3	0	0	0	0	0	0	0	0	0	0	0	7	7	0	0	0	0	0	0	3	3
苏州卫生职业技术学院	23	0	0	0	0	0	0	0	0	0	0	0	0	0	0	0	0	0	0	0	0	0	0	0	0	0	0
无锡商业职业技术学院	24	20	2	0	1 063.6	600.1	0	0	0	0	0	0	0	0	0	0	0	18	18	0	0	0	0	0	0	0	0
江苏航运职业技术学院	25	8	1.5	0	0	6.5	0	0	0	0	0	0	0	0	0	0	0	7	7	0	0	0	0	0	0	0	0
南京交通职业技术学院	26	18	1.8	0	2	2	0	0	0	0	0	0	0	0	0	0	0	4	4	0	0	0	0	0	0	0	0
江苏电子信息职业学院	27	19	3.9	0	53	41	0	0	0	0	0	0	0	0	0	0	0	8	8	0	0	0	0	0	0	0	0
江苏农牧科技职业学院	28	21	2.1	0	34	34.913	0	0	0	0	0	0	0	0	0	0	0	11	11	0	0	0	0	0	0	0	0
常州纺织服装职业技术学院	29	7	1	0	0	0	0	0	0	0	0	0	0	0	0	0	0	0	0	0	0	0	0	0	0	0	0
苏州农业职业技术学院	30	10	1	0	0	0	0	0	0	0	0	0	0	0	0	0	0	5	5	0	0	0	0	0	0	0	0

南京科技职业学院	31	57	5.7	0	20	11	0	0	0	0	0	0	0	0	0	0	0	18	18	0	0	0	0	0	0	0	0
常州工业职业技术学院	32	61	12.9	0	31	12	1	0	0	1	0	0	0	0	0	0	0	40	40	0	0	0	0	0	0	4	0
常州工程职业技术学院	33	0	0	0	0	0	0	0	0	0	0	0	0	0	0	0	0	0	0	0	0	0	0	0	0	0	0
江苏农林职业技术学院	34	34	4.4	0	50	50	0	0	0	0	0	0	0	0	0	0	0	19	19	0	0	0	0	0	0	0	0
江苏食品药品职业技术学院	35	0	0	0	0	0	0	0	0	0	0	0	0	0	0	0	0	0	0	0	0	0	0	0	0	0	0
南京铁道职业技术学院	36	40	4.2	0	40	42.9	0	0	0	0	0	0	0	0	0	0	0	12	12	0	0	0	0	0	0	1	1
徐州工业职业技术学院	37	31	3.1	0	0	3.1	0	0	0	0	0	0	0	0	0	0	0	5	5	0	0	0	0	0	0	0	0
江苏信息职业技术学院	38	13	1.8	0	8	74.045	1	0	0	1	0	0	0	0	0	0	0	1	1	0	0	0	0	0	0	0	0
南京信息职业技术学院	39	70	7	0	43	37.3	0	0	0	0	0	0	0	0	0	0	0	26	26	0	0	0	0	0	0	0	0
常州机电职业技术学院	40	4	0.8	0	30	30	0	0	0	0	0	0	0	0	0	0	0	16	16	0	0	0	0	0	0	1	0
江阴职业技术学院	41	1	0.1	0	4	2	0	0	0	0	0	0	0	0	0	0	0	1	1	0	0	0	0	0	0	0	0
无锡城市职业技术学院	42	26	5.4	0	28	164.5	0	0	0	0	0	0	0	0	0	0	0	17	17	0	0	0	0	0	0	3	1
无锡工艺职业技术学院	43	5	0.6	0	0	13.25	0	0	0	0	0	0	0	0	0	0	0	21	21	0	0	0	0	0	0	1	0
苏州健雄职业技术学院	44	4	0.8	0	0	9	0	0	0	0	0	0	0	0	0	0	0	0	0	0	0	0	0	0	0	0	0
盐城工业职业技术学院	45	19	2.3	0	50	54.7	3	3	0	0	0	0	0	0	0	0	0	4	4	0	0	0	0	0	0	0	0
江苏财经职业技术学院	46	17	1.7	0	0	13.4	0	0	0	0	0	0	0	0	0	0	0	0	0	0	0	0	0	0	0	0	0
扬州工业职业技术学院	47	15	1.6	0	84	69.8	0	0	0	0	0	0	0	0	0	0	0	10	10	0	0	0	0	0	0	0	0
江苏城市职业学院	48	23	4.5	0	200	253.782	0	0	0	0	0	0	0	0	0	0	0	18	18	0	0	0	0	0	0	0	0
南京城市职业学院	49	17	2.2	0	18	18	0	0	0	0	0	0	0	0	0	0	0	0	0	0	0	0	0	0	0	0	0

续表

高校名称	编号	总数：课题数(项)	总数：当年投入人数(人年)	总数：其中：研究生(人年)	总数：当年拨入经费(千元)	总数：当年支出经费(千元)	出版著作(部)：合计	出版著作(部)：专著	出版著作(部)：其中：被译成外文	出版著作(部)：编著教材	出版著作(部)：工具书参考书	出版著作(部)：皮书/发展报告	出版著作(部)：科普读物	古籍整理(部)	译著(部)	发表译文(篇)	电子出版物(件)	发表论文(篇)：合计	发表论文(篇)：国内学术刊物：内地(大陆)	发表论文(篇)：国内学术刊物：港、澳、台地区	发表论文(篇)：国外学术刊物	获奖成果数(项)：合计	获奖成果数(项)：国家级奖	获奖成果数(项)：部级奖	获奖成果数(项)：省级奖	研究与咨询报告(篇)：合计	研究与咨询报告(篇)：其中：被采纳数
		L01	L02	L03	L04	L05	L06	L07	L08	L09	L10	L11	L12	L13	L14	L15	L16	L17	L18	L19	L20	L21	L22	L23	L24	L25	L26
南京机电职业技术学院	50	20	2	0	0	12	0	0	0	0	0	0	0	0	0	0	0	9	9	0	0	0	0	0	0	0	0
南京旅游职业学院	51	16	1.5	0	24	14.9	0	0	0	0	0	0	0	0	0	0	0	11	11	0	0	0	0	0	0	0	0
江苏卫生健康职业学院	52	29	4.2	0	28	48.5	0	0	0	0	0	0	0	0	0	0	0	7	7	0	0	0	0	0	0	0	0
苏州信息职业技术学院	53	6	0.9	0	50	35.5	0	0	0	0	0	0	0	0	0	0	0	1	1	0	0	0	0	0	0	0	0
苏州工业园区服务外包职业学院	54	8	1.2	0	40	23.1	0	0	0	0	0	0	0	0	0	0	0	4	4	0	0	0	0	0	0	1	1
徐州幼儿师范高等专科学校	55	9	2.3	0	13	10	1	1	0	0	0	0	0	0	0	0	0	0	0	0	0	0	0	0	0	0	0
徐州生物工程职业技术学院	56	3	0.3	0	0	0	0	0	0	0	0	0	0	0	0	0	0	1	1	0	0	0	0	0	0	0	0
江苏商贸职业学院	57	0	0	0	0	0	0	0	0	0	0	0	0	0	0	0	0	0	0	0	0	0	0	0	0	0	0
南通师范高等专科学校	58	3	0.5	0	0	0	0	0	0	0	0	0	0	0	0	0	0	3	3	0	0	0	0	0	0	0	0
江苏护理职业学院	59	12	2.9	0	69	69	0	0	0	0	0	0	0	0	0	0	0	1	1	0	0	0	0	0	0	0	0
江苏财会职业学院	60	4	0.4	0	0	0	0	0	0	0	0	0	0	0	0	0	0	5	5	0	0	0	0	0	0	1	0
江苏城乡建设职业学院	61	1	0.1	0	0	0	0	0	0	0	0	0	0	0	0	0	0	0	0	0	0	0	0	0	0	1	0
江苏航空职业技术学院	62	8	1.7	0	0	0	1	1	0	0	0	0	0	0	0	0	0	3	3	0	0	0	0	0	0	0	0
江苏安全技术职业学院	63	7	0.9	0	11	8.1	0	0	0	0	0	0	0	0	0	0	0	3	3	0	0	0	0	0	0	1	0
江苏旅游职业学院	64	5	0.5	0	0	0	0	0	0	0	0	0	0	0	0	0	0	9	9	0	0	0	0	0	0	0	0
常州幼儿师范高等专科学校	65	3	0.6	0	0	0	0	0	0	0	0	0	0	0	0	0	0	0	0	0	0	0	0	0	0	0	0

3.3 哲学人文、社会科学研究与课题成果情况表

高校名称		总数					出版著作(部)							古籍整理(部)	译著(部)	发表译文(篇)	电子出版物(件)	发表论文(篇)				获奖成果数(项)				研究与咨询报告(篇)	
		课题数(项)	当年投入人数(人年)	其中：研究生(人年)	当年拨入经费(千元)	当年支出经费(千元)	合计	专著	其中：被译成外文	编著教材	工具书参考书	皮书/发展报告	科普读物					合计	国内学术刊物 内地(大陆)	国内学术刊物 港澳、台地区	国外学术刊物	合计	国家级奖	部级奖	省级奖	合计	其中：被采纳数
	编号	L01	L02	L03	L04	L05	L06	L07	L08	L09	L10	L11	L12	L13	L14	L15	L16	L17	L18	L19	L20	L21	L22	L23	L24	L25	L26
合　计	/	41	7	0	345	319.46	1	1	0	0	0	0	0	0	1	0	0	40	38	2	0	0	0	0	0	2	0
盐城幼儿师范高等专科学校	1	0	0	0	0	0	0	0	0	0	0	0	0	0	0	0	0	0	0	0	0	0	0	0	0	0	0
苏州幼儿师范高等专科学校	2	0	0	0	0	0	0	0	0	0	0	0	0	0	0	0	0	0	0	0	0	0	0	0	0	0	0
无锡职业技术学院	3	0	0	0	0	0	0	0	0	0	0	0	0	0	0	0	0	0	0	0	0	0	0	0	0	0	0
江苏建筑职业技术学院	4	0	0	0	0	0	0	0	0	0	0	0	0	0	0	0	0	0	0	0	0	0	0	0	0	0	0
江苏工程职业技术学院	5	0	0	0	0	0	0	0	0	0	0	0	0	0	0	0	0	2	2	0	0	0	0	0	0	0	0
苏州工艺美术职业技术学院	6	0	0	0	0	0	0	0	0	0	0	0	0	0	0	0	0	1	1	0	0	0	0	0	0	0	0
连云港职业技术学院	7	3	0.4	0	0	0	0	0	0	0	0	0	0	0	0	0	0	0	0	0	0	0	0	0	0	0	0
镇江市高等专科学校	8	0	0	0	0	0	0	0	0	0	0	0	0	0	0	0	0	0	0	0	0	0	0	0	0	0	0
南通职业大学	9	0	0	0	0	0	0	0	0	0	0	0	0	0	0	0	0	4	4	0	0	0	0	0	0	0	0
苏州市职业大学	10	9	2.4	0	78	77.2	0	0	0	0	0	0	0	0	0	0	0	2	2	0	0	0	0	0	0	0	0
沙洲职业工学院	11	0	0	0	0	0	0	0	0	0	0	0	0	0	0	0	0	0	0	0	0	0	0	0	0	0	0
扬州市职业大学	12	0	0	0	0	0	0	0	0	0	0	0	0	0	0	0	0	0	0	0	0	0	0	0	0	0	0
连云港师范高等专科学校	13	0	0	0	0	0	0	0	0	0	0	0	0	0	0	0	0	0	0	0	0	0	0	0	0	0	0
江苏经贸职业技术学院	14	2	0.2	0	220	169	0	0	0	0	0	0	0	0	0	0	0	4	4	0	0	0	0	0	0	1	0
泰州职业技术学院	15	0	0	0	0	0	0	0	0	0	0	0	0	0	0	0	0	0	0	0	0	0	0	0	0	0	0

续表

高校名称	编号	总数					出版著作(部)							古籍整理(部)	译著(部)	发表译文(篇)	电子出版物(件)	发表论文(篇)				获奖成果数(项)				研究与咨询报告(篇)	
		课题数(项)	当年投入人数(人年)	其中：研究生(人年)	当年拨入经费(千元)	当年支出经费(千元)	合计	专著	其中：被译成外文	编著教材	工具书参考书	皮书/发展报告	科普读物					合计	国内学术刊物 内地(大陆)	国内学术刊物 港、澳、台地区	国外学术刊物	合计	国家级奖	部级奖	省级奖	合计	其中：被采纳数
	编号	L01	L02	L03	L04	L05	L06	L07	L08	L09	L10	L11	L12	L13	L14	L15	L16	L17	L18	L19	L20	L21	L22	L23	L24	L25	L26
常州信息职业技术学院	16	0	0	0	0	0	0	0	0	0	0	0	0	0	0	0	0	0	0	0	0	0	0	0	0	0	0
江苏海事职业技术学院	17	6	1.2	0	12	13.07	0	0	0	0	0	0	0	0	0	0	0	5	4	1	0	0	0	0	0	0	0
无锡科技职业学院	18	0	0	0	0	0	0	0	0	0	0	0	0	0	0	0	0	0	0	0	0	0	0	0	0	0	0
江苏医药职业学院	19	4	0.4	0	12	12	0	0	0	0	0	0	0	0	0	0	0	1	1	0	0	0	0	0	0	0	0
南通科技职业学院	20	1	0.1	0	5	1	0	0	0	0	0	0	0	0	0	0	0	0	0	0	0	0	0	0	0	0	0
苏州经贸职业技术学院	21	0	0	0	0	0	0	0	0	0	0	0	0	0	0	0	0	0	0	0	0	0	0	0	0	0	0
苏州工业职业技术学院	22	0	0	0	0	0	0	0	0	0	0	0	0	0	0	0	0	0	0	0	0	0	0	0	0	0	0
苏州卫生职业技术学院	23	0	0	0	0	0	0	0	0	0	0	0	0	0	0	0	0	2	2	0	0	0	0	0	0	0	0
无锡商业职业技术学院	24	0	0	0	0	0	0	0	0	0	0	0	0	0	0	0	0	0	0	0	0	0	0	0	0	0	0
江苏航运职业技术学院	25	0	0	0	0	0	0	0	0	0	0	0	0	0	0	0	0	0	0	0	0	0	0	0	0	0	0
南京交通职业技术学院	26	0	0	0	0	0	0	0	0	0	0	0	0	0	0	0	0	0	0	0	0	0	0	0	0	0	0
江苏电子信息职业学院	27	0	0	0	0	0	0	0	0	0	0	0	0	0	0	0	0	0	0	0	0	0	0	0	0	0	0
江苏农牧科技职业学院	28	0	0	0	0	0	0	0	0	0	0	0	0	0	0	0	0	0	0	0	0	0	0	0	0	0	0
常州纺织服装职业技术学院	29	1	0.1	0	0	0	0	0	0	0	0	0	0	0	0	0	0	0	0	0	0	0	0	0	0	0	0
苏州农业职业技术学院	30	0	0	0	0	0	0	0	0	0	0	0	0	0	0	0	0	3	3	0	0	0	0	0	0	0	0

南京科技职业学院	31	0	0	0	0	0	0	0	0	0	0	0	0	0	0	0	0	0	0	0	0	0	0	0	0	0	0
常州工业职业技术学院	32	0	0	0	0	0	0	0	0	0	0	0	0	0	0	0	0	0	0	0	0	0	0	0	0	0	0
常州工程职业技术学院	33	0	0	0	0	0	0	0	0	0	0	0	0	0	0	0	0	1	1	0	0	0	0	0	0	0	0
江苏农林职业技术学院	34	0	0	0	0	0	0	0	0	0	0	0	0	0	0	0	0	0	0	0	0	0	0	0	0	0	0
江苏食品药品职业技术学院	35	0	0	0	0	0	0	0	0	0	0	0	0	0	0	0	0	0	0	0	0	0	0	0	0	0	0
南京铁道职业技术学院	36	1	0.1	0	2	0	0	0	0	0	0	0	0	0	1	0	0	0	0	0	0	0	0	0	0	0	0
徐州工业职业技术学院	37	0	0	0	0	0	0	0	0	0	0	0	0	0	0	0	0	0	0	0	0	0	0	0	0	0	0
江苏信息职业技术学院	38	0	0	0	0	0	0	0	0	0	0	0	0	0	0	0	0	0	0	0	0	0	0	0	0	0	0
南京信息职业技术学院	39	0	0	0	0	0	0	0	0	0	0	0	0	0	0	0	0	0	0	0	0	0	0	0	0	0	0
常州机电职业技术学院	40	2	0.3	0	10	10	1	1	0	0	0	0	0	0	0	0	0	2	1	1	0	0	0	0	0	1	0
江阴职业技术学院	41	0	0	0	0	0	0	0	0	0	0	0	0	0	0	0	0	1	1	0	0	0	0	0	0	0	0
无锡城市职业技术学院	42	0	0	0	0	0	0	0	0	0	0	0	0	0	0	0	0	0	0	0	0	0	0	0	0	0	0
无锡工艺职业技术学院	43	0	0	0	0	0	0	0	0	0	0	0	0	0	0	0	0	0	0	0	0	0	0	0	0	0	0
苏州健雄职业技术学院	44	2	0.3	0	0	0	0	0	0	0	0	0	0	0	0	0	0	5	5	0	0	0	0	0	0	0	0
盐城工业职业技术学院	45	2	0.2	0	0	0	0	0	0	0	0	0	0	0	0	0	0	0	0	0	0	0	0	0	0	0	0
江苏财经职业技术学院	46	1	0.1	0	2	1.2	0	0	0	0	0	0	0	0	0	0	0	1	1	0	0	0	0	0	0	0	0
扬州工业职业技术学院	47	1	0.1	0	0	0	0	0	0	0	0	0	0	0	0	0	0	1	1	0	0	0	0	0	0	0	0
江苏城市职业学院	48	1	0.3	0	0	27.99	0	0	0	0	0	0	0	0	0	0	0	0	0	0	0	0	0	0	0	0	0
南京城市职业学院	49	1	0.1	0	0	0	0	0	0	0	0	0	0	0	0	0	0	0	0	0	0	0	0	0	0	0	0

续表

高校名称	编号	总数					出版著作(部)							古籍整理(部)	译著(部)	发表译文(篇)	电子出版物(件)	发表论文(篇)				获奖成果数(项)				研究与咨询报告(篇)	
		课题数(项)	当年投入人数(人年)	其中：研究生(人年)	当年拨入经费(千元)	当年支出经费(千元)	合计	专著	其中：被译成外文	编著教材	工具书参考书	皮书/发展报告	科普读物					合计	国内学术刊物 内地(大陆)	国内学术刊物 港、澳、台地区	国外学术刊物	合计	国家级奖	部级奖	省级奖	合计	其中：被采纳数
		L01	L02	L03	L04	L05	L06	L07	L08	L09	L10	L11	L12	L13	L14	L15	L16	L17	L18	L19	L20	L21	L22	L23	L24	L25	L26
南京机电职业技术学院	50	0	0	0	0	0	0	0	0	0	0	0	0	0	0	0	0	0	0	0	0	0	0	0	0	0	0
南京旅游职业学院	51	0	0	0	0	0	0	0	0	0	0	0	0	0	0	0	0	0	0	0	0	0	0	0	0	0	0
江苏卫生健康职业学院	52	1	0.1	0	0	1	0	0	0	0	0	0	0	0	0	0	0	3	3	0	0	0	0	0	0	0	0
苏州信息职业技术学院	53	0	0	0	0	0	0	0	0	0	0	0	0	0	0	0	0	0	0	0	0	0	0	0	0	0	0
苏州工业园区服务外包职业学院	54	2	0.4	0	0	3	0	0	0	0	0	0	0	0	0	0	0	0	0	0	0	0	0	0	0	0	0
徐州幼儿师范高等专科学校	55	0	0	0	0	0	0	0	0	0	0	0	0	0	0	0	0	0	0	0	0	0	0	0	0	0	0
徐州生物工程职业技术学院	56	0	0	0	0	0	0	0	0	0	0	0	0	0	0	0	0	0	0	0	0	0	0	0	0	0	0
江苏商贸职业学院	57	0	0	0	0	0	0	0	0	0	0	0	0	0	0	0	0	0	0	0	0	0	0	0	0	0	0
南通师范高等专科学校	58	0	0	0	0	0	0	0	0	0	0	0	0	0	0	0	0	0	0	0	0	0	0	0	0	0	0
江苏护理职业学院	59	1	0.2	0	4	4	0	0	0	0	0	0	0	0	0	0	0	2	2	0	0	0	0	0	0	0	0
江苏财会职业学院	60	0	0	0	0	0	0	0	0	0	0	0	0	0	0	0	0	0	0	0	0	0	0	0	0	0	0
江苏城乡建设职业学院	61	0	0	0	0	0	0	0	0	0	0	0	0	0	0	0	0	0	0	0	0	0	0	0	0	0	0
江苏航空职业技术学院	62	0	0	0	0	0	0	0	0	0	0	0	0	0	0	0	0	0	0	0	0	0	0	0	0	0	0
江苏安全技术职业学院	63	0	0	0	0	0	0	0	0	0	0	0	0	0	0	0	0	0	0	0	0	0	0	0	0	0	0
江苏旅游职业学院	64	0	0	0	0	0	0	0	0	0	0	0	0	0	0	0	0	0	0	0	0	0	0	0	0	0	0
常州幼儿师范高等专科学校	65	0	0	0	0	0	0	0	0	0	0	0	0	0	0	0	0	0	0	0	0	0	0	0	0	0	0

3.4 逻辑学人文、社会科学研究与课题成果情况表

高校名称		总数					出版著作(部)							古籍整理(部)	译著(部)	发表译文(篇)	电子出版物(件)	发表论文(篇)				获奖成果数(项)				研究与咨询报告(篇)	
		课题数(项)	当年投入人数(人年)	其中：研究生(人年)	当年拨入经费(千元)	当年支出经费(千元)	合计	专著	其中：被译成外文	编著教材	工具书参考书	皮书/发展报告	科普读物					合计	国内学术刊物：内地(大陆)	国内学术刊物：港、澳、台地区	国外学术刊物	合计	国家级奖	部级奖	省级奖	合计	其中：被采纳数
	编号	L01	L02	L03	L04	L05	L06	L07	L08	L09	L10	L11	L12	L13	L14	L15	L16	L17	L18	L19	L20	L21	L22	L23	L24	L25	L26
合 计	/	6	1.3	0	0	9.56	0	0	0	0	0	0	0	0	0	0	0	7	7	0	0	0	0	0	0	0	0
盐城幼儿师范高等专科学校	1	0	0	0	0	0	0	0	0	0	0	0	0	0	0	0	0	0	0	0	0	0	0	0	0	0	0
苏州幼儿师范高等专科学校	2	0	0	0	0	0	0	0	0	0	0	0	0	0	0	0	0	2	2	0	0	0	0	0	0	0	0
无锡职业技术学院	3	0	0	0	0	0	0	0	0	0	0	0	0	0	0	0	0	0	0	0	0	0	0	0	0	0	0
江苏建筑职业技术学院	4	0	0	0	0	0	0	0	0	0	0	0	0	0	0	0	0	0	0	0	0	0	0	0	0	0	0
江苏工程职业技术学院	5	0	0	0	0	0	0	0	0	0	0	0	0	0	0	0	0	0	0	0	0	0	0	0	0	0	0
苏州工艺美术职业技术学院	6	0	0	0	0	0	0	0	0	0	0	0	0	0	0	0	0	0	0	0	0	0	0	0	0	0	0
连云港职业技术学院	7	3	0.4	0	0	0	0	0	0	0	0	0	0	0	0	0	0	1	1	0	0	0	0	0	0	0	0
镇江市高等专科学校	8	0	0	0	0	0	0	0	0	0	0	0	0	0	0	0	0	0	0	0	0	0	0	0	0	0	0
南通职业大学	9	0	0	0	0	0	0	0	0	0	0	0	0	0	0	0	0	0	0	0	0	0	0	0	0	0	0
苏州市职业大学	10	0	0	0	0	0	0	0	0	0	0	0	0	0	0	0	0	0	0	0	0	0	0	0	0	0	0
沙洲职业工学院	11	0	0	0	0	0	0	0	0	0	0	0	0	0	0	0	0	0	0	0	0	0	0	0	0	0	0
扬州市职业大学	12	0	0	0	0	0	0	0	0	0	0	0	0	0	0	0	0	0	0	0	0	0	0	0	0	0	0
连云港师范高等专科学校	13	0	0	0	0	0	0	0	0	0	0	0	0	0	0	0	0	0	0	0	0	0	0	0	0	0	0
江苏经贸职业技术学院	14	0	0	0	0	0	0	0	0	0	0	0	0	0	0	0	0	0	0	0	0	0	0	0	0	0	0
泰州职业技术学院	15	0	0	0	0	0	0	0	0	0	0	0	0	0	0	0	0	0	0	0	0	0	0	0	0	0	0

续表

高校名称		总数					出版著作(部)							古籍整理(部)	译著(部)	发表译文(篇)	电子出版物(件)	发表论文(篇)				获奖成果数(项)				研究与咨询报告(篇)	
		课题数(项)	当年投入人数(人年)	其中：研究生(人年)	当年拨入经费(千元)	当年支出经费(千元)	合计	专著	其中：被译成外文	编著教材	工具书参考书	皮书/发展报告	科普读物					合计	国内学术刊物 内地(大陆)	国内学术刊物 港、澳、台地区	国外学术刊物	合计	国家级奖	部级奖	省级奖	合计	其中：被采纳数
	编号	L01	L02	L03	L04	L05	L06	L07	L08	L09	L10	L11	L12	L13	L14	L15	L16	L17	L18	L19	L20	L21	L22	L23	L24	L25	L26
常州信息职业技术学院	16	0	0	0	0	0	0	0	0	0	0	0	0	0	0	0	0	0	0	0	0	0	0	0	0	0	0
江苏海事职业技术学院	17	1	0.4	0	0	0.8	0	0	0	0	0	0	0	0	0	0	0	0	0	0	0	0	0	0	0	0	0
无锡科技职业学院	18	0	0	0	0	0	0	0	0	0	0	0	0	0	0	0	0	0	0	0	0	0	0	0	0	0	0
江苏医药职业学院	19	0	0	0	0	0	0	0	0	0	0	0	0	0	0	0	0	0	0	0	0	0	0	0	0	0	0
南通科技职业学院	20	0	0	0	0	0	0	0	0	0	0	0	0	0	0	0	0	0	0	0	0	0	0	0	0	0	0
苏州经贸职业技术学院	21	0	0	0	0	0	0	0	0	0	0	0	0	0	0	0	0	0	0	0	0	0	0	0	0	0	0
苏州工业职业技术学院	22	0	0	0	0	0	0	0	0	0	0	0	0	0	0	0	0	1	1	0	0	0	0	0	0	0	0
苏州卫生职业技术学院	23	0	0	0	0	0	0	0	0	0	0	0	0	0	0	0	0	0	0	0	0	0	0	0	0	0	0
无锡商业职业技术学院	24	0	0	0	0	0	0	0	0	0	0	0	0	0	0	0	0	0	0	0	0	0	0	0	0	0	0
江苏航运职业技术学院	25	0	0	0	0	0	0	0	0	0	0	0	0	0	0	0	0	0	0	0	0	0	0	0	0	0	0
南京交通职业技术学院	26	0	0	0	0	0	0	0	0	0	0	0	0	0	0	0	0	0	0	0	0	0	0	0	0	0	0
江苏电子信息职业学院	27	0	0	0	0	0	0	0	0	0	0	0	0	0	0	0	0	0	0	0	0	0	0	0	0	0	0
江苏农牧科技职业学院	28	0	0	0	0	0	0	0	0	0	0	0	0	0	0	0	0	0	0	0	0	0	0	0	0	0	0
常州纺织服装职业技术学院	29	0	0	0	0	0	0	0	0	0	0	0	0	0	0	0	0	0	0	0	0	0	0	0	0	0	0
苏州农业职业技术学院	30	0	0	0	0	0	0	0	0	0	0	0	0	0	0	0	0	0	0	0	0	0	0	0	0	0	0

南京科技职业学院	31	0	0	0	0	0	0	0	0	0	0	0	0	0	0	0	0	0	0	0	0	0	0	0	0	0	0
常州工业职业技术学院	32	0	0	0	0	0	0	0	0	0	0	0	0	0	0	0	0	0	0	0	0	0	0	0	0	0	0
常州工程职业技术学院	33	0	0	0	0	0	0	0	0	0	0	0	0	0	0	0	0	0	0	0	0	0	0	0	0	0	0
江苏农林职业技术学院	34	0	0	0	0	0	0	0	0	0	0	0	0	0	0	0	0	0	0	0	0	0	0	0	0	0	0
江苏食品药品职业技术学院	35	0	0	0	0	0	0	0	0	0	0	0	0	0	0	0	0	0	0	0	0	0	0	0	0	0	0
南京铁道职业技术学院	36	0	0	0	0	0	0	0	0	0	0	0	0	0	0	0	0	0	0	0	0	0	0	0	0	0	0
徐州工业职业技术学院	37	0	0	0	0	0	0	0	0	0	0	0	0	0	0	0	0	1	1	0	0	0	0	0	0	0	0
江苏信息职业技术学院	38	0	0	0	0	0	0	0	0	0	0	0	0	0	0	0	0	0	0	0	0	0	0	0	0	0	0
南京信息职业技术学院	39	0	0	0	0	0	0	0	0	0	0	0	0	0	0	0	0	0	0	0	0	0	0	0	0	0	0
常州机电职业技术学院	40	1	0.4	0	0	0	0	0	0	0	0	0	0	0	0	0	0	2	2	0	0	0	0	0	0	0	0
江阴职业技术学院	41	0	0	0	0	0	0	0	0	0	0	0	0	0	0	0	0	0	0	0	0	0	0	0	0	0	0
无锡城市职业技术学院	42	0	0	0	0	0	0	0	0	0	0	0	0	0	0	0	0	0	0	0	0	0	0	0	0	0	0
无锡工艺职业技术学院	43	0	0	0	0	0	0	0	0	0	0	0	0	0	0	0	0	0	0	0	0	0	0	0	0	0	0
苏州健雄职业技术学院	44	0	0	0	0	0	0	0	0	0	0	0	0	0	0	0	0	0	0	0	0	0	0	0	0	0	0
盐城工业职业技术学院	45	0	0	0	0	0	0	0	0	0	0	0	0	0	0	0	0	0	0	0	0	0	0	0	0	0	0
江苏财经职业技术学院	46	1	0.1	0	0	8.76	0	0	0	0	0	0	0	0	0	0	0	0	0	0	0	0	0	0	0	0	0
扬州工业职业技术学院	47	0	0	0	0	0	0	0	0	0	0	0	0	0	0	0	0	0	0	0	0	0	0	0	0	0	0
江苏城市职业学院	48	0	0	0	0	0	0	0	0	0	0	0	0	0	0	0	0	0	0	0	0	0	0	0	0	0	0
南京城市职业学院	49	0	0	0	0	0	0	0	0	0	0	0	0	0	0	0	0	0	0	0	0	0	0	0	0	0	0

续表

高校名称	编号	总数 课题数(项)	当年投入人数(人年)	其中：研究生(人年)	当年拨入经费(千元)	当年支出经费(千元)	出版著作(部) 合计	专著	其中：被译成外文	编著教材	工具书参考书	皮书/发展报告	科普读物	古籍整理(部)	译著(部)	发表译文(篇)	电子出版物(件)	发表论文(篇) 合计	国内学术刊物 内地(大陆)	港、澳、台地区	国外学术刊物	获奖成果数(项) 合计	国家级奖	部级奖	省级奖	研究与咨询报告(篇) 合计	其中：被采纳数
		L01	L02	L03	L04	L05	L06	L07	L08	L09	L10	L11	L12	L13	L14	L15	L16	L17	L18	L19	L20	L21	L22	L23	L24	L25	L26
南京机电职业技术学院	50	0	0	0	0	0	0	0	0	0	0	0	0	0	0	0	0	0	0	0	0	0	0	0	0	0	0
南京旅游职业学院	51	0	0	0	0	0	0	0	0	0	0	0	0	0	0	0	0	0	0	0	0	0	0	0	0	0	0
江苏卫生健康职业学院	52	0	0	0	0	0	0	0	0	0	0	0	0	0	0	0	0	0	0	0	0	0	0	0	0	0	0
苏州信息职业技术学院	53	0	0	0	0	0	0	0	0	0	0	0	0	0	0	0	0	0	0	0	0	0	0	0	0	0	0
苏州工业园区服务外包职业学院	54	0	0	0	0	0	0	0	0	0	0	0	0	0	0	0	0	0	0	0	0	0	0	0	0	0	0
徐州幼儿师范高等专科学校	55	0	0	0	0	0	0	0	0	0	0	0	0	0	0	0	0	0	0	0	0	0	0	0	0	0	0
徐州生物工程职业技术学院	56	0	0	0	0	0	0	0	0	0	0	0	0	0	0	0	0	0	0	0	0	0	0	0	0	0	0
江苏商贸职业学院	57	0	0	0	0	0	0	0	0	0	0	0	0	0	0	0	0	0	0	0	0	0	0	0	0	0	0
南通师范高等专科学校	58	0	0	0	0	0	0	0	0	0	0	0	0	0	0	0	0	0	0	0	0	0	0	0	0	0	0
江苏护理职业学院	59	0	0	0	0	0	0	0	0	0	0	0	0	0	0	0	0	0	0	0	0	0	0	0	0	0	0
江苏财会职业学院	60	0	0	0	0	0	0	0	0	0	0	0	0	0	0	0	0	0	0	0	0	0	0	0	0	0	0
江苏城乡建设职业学院	61	0	0	0	0	0	0	0	0	0	0	0	0	0	0	0	0	0	0	0	0	0	0	0	0	0	0
江苏航空职业技术学院	62	0	0	0	0	0	0	0	0	0	0	0	0	0	0	0	0	0	0	0	0	0	0	0	0	0	0
江苏安全技术职业学院	63	0	0	0	0	0	0	0	0	0	0	0	0	0	0	0	0	0	0	0	0	0	0	0	0	0	0
江苏旅游职业学院	64	0	0	0	0	0	0	0	0	0	0	0	0	0	0	0	0	0	0	0	0	0	0	0	0	0	0
常州幼儿师范高等专科学校	65	0	0	0	0	0	0	0	0	0	0	0	0	0	0	0	0	0	0	0	0	0	0	0	0	0	0

3.5 宗教学人文、社会科学研究与课题成果情况表

高校名称	编号	总数					出版著作(部)							古籍整理(部)	译著(部)	发表译文(篇)	电子出版物(件)	发表论文(篇)				获奖成果数(项)				研究与咨询报告(篇)	
		课题数(项)	当年投入人数(人年)	其中：研究生(人年)	当年拨入经费(千元)	当年支出经费(千元)	合计	专著	其中：被译成外文	编著教材	工具书参考书	皮书/发展报告	科普读物					合计	国内学术刊物 内地(大陆)	国内学术刊物 港、澳、台地区	国外学术刊物	合计	国家级奖	部级奖	省级奖	合计	其中：被采纳数
	编号	L01	L02	L03	L04	L05	L06	L07	L08	L09	L10	L11	L12	L13	L14	L15	L16	L17	L18	L19	L20	L21	L22	L23	L24	L25	L26
合　计	/	0	0	0	0	0	0	0	0	0	0	0	0	0	0	0	0	0	0	0	0	0	0	0	0	0	0
盐城幼儿师范高等专科学校	1	0	0	0	0	0	0	0	0	0	0	0	0	0	0	0	0	0	0	0	0	0	0	0	0	0	0
苏州幼儿师范高等专科学校	2	0	0	0	0	0	0	0	0	0	0	0	0	0	0	0	0	0	0	0	0	0	0	0	0	0	0
无锡职业技术学院	3	0	0	0	0	0	0	0	0	0	0	0	0	0	0	0	0	0	0	0	0	0	0	0	0	0	0
江苏建筑职业技术学院	4	0	0	0	0	0	0	0	0	0	0	0	0	0	0	0	0	0	0	0	0	0	0	0	0	0	0
江苏工程职业技术学院	5	0	0	0	0	0	0	0	0	0	0	0	0	0	0	0	0	0	0	0	0	0	0	0	0	0	0
苏州工艺美术职业技术学院	6	0	0	0	0	0	0	0	0	0	0	0	0	0	0	0	0	0	0	0	0	0	0	0	0	0	0
连云港职业技术学院	7	0	0	0	0	0	0	0	0	0	0	0	0	0	0	0	0	0	0	0	0	0	0	0	0	0	0
镇江市高等专科学校	8	0	0	0	0	0	0	0	0	0	0	0	0	0	0	0	0	0	0	0	0	0	0	0	0	0	0
南通职业大学	9	0	0	0	0	0	0	0	0	0	0	0	0	0	0	0	0	0	0	0	0	0	0	0	0	0	0
苏州市职业大学	10	0	0	0	0	0	0	0	0	0	0	0	0	0	0	0	0	0	0	0	0	0	0	0	0	0	0
沙洲职业工学院	11	0	0	0	0	0	0	0	0	0	0	0	0	0	0	0	0	0	0	0	0	0	0	0	0	0	0
扬州市职业大学	12	0	0	0	0	0	0	0	0	0	0	0	0	0	0	0	0	0	0	0	0	0	0	0	0	0	0
连云港师范高等专科学校	13	0	0	0	0	0	0	0	0	0	0	0	0	0	0	0	0	0	0	0	0	0	0	0	0	0	0
江苏经贸职业技术学院	14	0	0	0	0	0	0	0	0	0	0	0	0	0	0	0	0	0	0	0	0	0	0	0	0	0	0
泰州职业技术学院	15	0	0	0	0	0	0	0	0	0	0	0	0	0	0	0	0	0	0	0	0	0	0	0	0	0	0

续表

高校名称	编号	总数 课题数(项)	总数 当年投入人数(人年)	其中：研究生(人年)	当年拨入经费(千元)	当年支出经费(千元)	出版著作(部) 合计	专著	其中：被译成外文	编著教材	工具书参考书	皮书/发展报告	科普读物	古籍整理(部)	译著(部)	发表译文(篇)	电子出版物(件)	发表论文(篇) 合计	国内学术刊物 内地(大陆)	国内学术刊物 港、澳、台地区	国外学术刊物	获奖成果数(项) 合计	国家级奖	部级奖	省级奖	研究与咨询报告(篇) 合计	其中：被采纳数
		L01	L02	L03	L04	L05	L06	L07	L08	L09	L10	L11	L12	L13	L14	L15	L16	L17	L18	L19	L20	L21	L22	L23	L24	L25	L26
常州信息职业技术学院	16	0	0	0	0	0	0	0	0	0	0	0	0	0	0	0	0	0	0	0	0	0	0	0	0	0	0
江苏海事职业技术学院	17	0	0	0	0	0	0	0	0	0	0	0	0	0	0	0	0	0	0	0	0	0	0	0	0	0	0
无锡科技职业学院	18	0	0	0	0	0	0	0	0	0	0	0	0	0	0	0	0	0	0	0	0	0	0	0	0	0	0
江苏医药职业学院	19	0	0	0	0	0	0	0	0	0	0	0	0	0	0	0	0	0	0	0	0	0	0	0	0	0	0
南通科技职业学院	20	0	0	0	0	0	0	0	0	0	0	0	0	0	0	0	0	0	0	0	0	0	0	0	0	0	0
苏州经贸职业技术学院	21	0	0	0	0	0	0	0	0	0	0	0	0	0	0	0	0	0	0	0	0	0	0	0	0	0	0
苏州工业职业技术学院	22	0	0	0	0	0	0	0	0	0	0	0	0	0	0	0	0	0	0	0	0	0	0	0	0	0	0
苏州卫生职业技术学院	23	0	0	0	0	0	0	0	0	0	0	0	0	0	0	0	0	0	0	0	0	0	0	0	0	0	0
无锡商业职业技术学院	24	0	0	0	0	0	0	0	0	0	0	0	0	0	0	0	0	0	0	0	0	0	0	0	0	0	0
江苏航运职业技术学院	25	0	0	0	0	0	0	0	0	0	0	0	0	0	0	0	0	0	0	0	0	0	0	0	0	0	0
南京交通职业技术学院	26	0	0	0	0	0	0	0	0	0	0	0	0	0	0	0	0	0	0	0	0	0	0	0	0	0	0
江苏电子信息职业学院	27	0	0	0	0	0	0	0	0	0	0	0	0	0	0	0	0	0	0	0	0	0	0	0	0	0	0
江苏农牧科技职业学院	28	0	0	0	0	0	0	0	0	0	0	0	0	0	0	0	0	0	0	0	0	0	0	0	0	0	0
常州纺织服装职业技术学院	29	0	0	0	0	0	0	0	0	0	0	0	0	0	0	0	0	0	0	0	0	0	0	0	0	0	0
苏州农业职业技术学院	30	0	0	0	0	0	0	0	0	0	0	0	0	0	0	0	0	0	0	0	0	0	0	0	0	0	0

南京科技职业学院	31	0	0	0	0	0	0	0	0	0	0	0	0	0	0	0	0	0	0	0	0	0	0	0	0	0	0
常州工业职业技术学院	32	0	0	0	0	0	0	0	0	0	0	0	0	0	0	0	0	0	0	0	0	0	0	0	0	0	0
常州工程职业技术学院	33	0	0	0	0	0	0	0	0	0	0	0	0	0	0	0	0	0	0	0	0	0	0	0	0	0	0
江苏农林职业技术学院	34	0	0	0	0	0	0	0	0	0	0	0	0	0	0	0	0	0	0	0	0	0	0	0	0	0	0
江苏食品药品职业技术学院	35	0	0	0	0	0	0	0	0	0	0	0	0	0	0	0	0	0	0	0	0	0	0	0	0	0	0
南京铁道职业技术学院	36	0	0	0	0	0	0	0	0	0	0	0	0	0	0	0	0	0	0	0	0	0	0	0	0	0	0
徐州工业职业技术学院	37	0	0	0	0	0	0	0	0	0	0	0	0	0	0	0	0	0	0	0	0	0	0	0	0	0	0
江苏信息职业技术学院	38	0	0	0	0	0	0	0	0	0	0	0	0	0	0	0	0	0	0	0	0	0	0	0	0	0	0
南京信息职业技术学院	39	0	0	0	0	0	0	0	0	0	0	0	0	0	0	0	0	0	0	0	0	0	0	0	0	0	0
常州机电职业技术学院	40	0	0	0	0	0	0	0	0	0	0	0	0	0	0	0	0	0	0	0	0	0	0	0	0	0	0
江阴职业技术学院	41	0	0	0	0	0	0	0	0	0	0	0	0	0	0	0	0	0	0	0	0	0	0	0	0	0	0
无锡城市职业技术学院	42	0	0	0	0	0	0	0	0	0	0	0	0	0	0	0	0	0	0	0	0	0	0	0	0	0	0
无锡工艺职业技术学院	43	0	0	0	0	0	0	0	0	0	0	0	0	0	0	0	0	0	0	0	0	0	0	0	0	0	0
苏州健雄职业技术学院	44	0	0	0	0	0	0	0	0	0	0	0	0	0	0	0	0	0	0	0	0	0	0	0	0	0	0
盐城工业职业技术学院	45	0	0	0	0	0	0	0	0	0	0	0	0	0	0	0	0	0	0	0	0	0	0	0	0	0	0
江苏财经职业技术学院	46	0	0	0	0	0	0	0	0	0	0	0	0	0	0	0	0	0	0	0	0	0	0	0	0	0	0
扬州工业职业技术学院	47	0	0	0	0	0	0	0	0	0	0	0	0	0	0	0	0	0	0	0	0	0	0	0	0	0	0
江苏城市职业学院	48	0	0	0	0	0	0	0	0	0	0	0	0	0	0	0	0	0	0	0	0	0	0	0	0	0	0
南京城市职业学院	49	0	0	0	0	0	0	0	0	0	0	0	0	0	0	0	0	0	0	0	0	0	0	0	0	0	0

续表

高校名称	编号	总数 课题数(项)	总数 当年投入人数(人年)	总数 其中:研究生(人年)	总数 当年拨入经费(千元)	总数 当年支出经费(千元)	出版著作(部) 合计	出版著作(部) 专著	出版著作(部) 其中:被译成外文	出版著作(部) 编著教材	出版著作(部) 工具书参考书	出版著作(部) 皮书/发展报告	出版著作(部) 科普读物	古籍整理(部)	译著(部)	发表译文(篇)	电子出版物(件)	发表论文(篇) 合计	发表论文(篇) 国内学术刊物 内地(大陆)	发表论文(篇) 国内学术刊物 港、澳、台地区	发表论文(篇) 国外学术刊物	获奖成果数(项) 合计	获奖成果数(项) 国家级奖	获奖成果数(项) 部级奖	获奖成果数(项) 省级奖	研究与咨询报告(篇) 合计	研究与咨询报告(篇) 其中:被采纳数
		L01	L02	L03	L04	L05	L06	L07	L08	L09	L10	L11	L12	L13	L14	L15	L16	L17	L18	L19	L20	L21	L22	L23	L24	L25	L26
南京机电职业技术学院	50	0	0	0	0	0	0	0	0	0	0	0	0	0	0	0	0	0	0	0	0	0	0	0	0	0	0
南京旅游职业学院	51	0	0	0	0	0	0	0	0	0	0	0	0	0	0	0	0	0	0	0	0	0	0	0	0	0	0
江苏卫生健康职业学院	52	0	0	0	0	0	0	0	0	0	0	0	0	0	0	0	0	0	0	0	0	0	0	0	0	0	0
苏州信息职业技术学院	53	0	0	0	0	0	0	0	0	0	0	0	0	0	0	0	0	0	0	0	0	0	0	0	0	0	0
苏州工业园区服务外包职业学院	54	0	0	0	0	0	0	0	0	0	0	0	0	0	0	0	0	0	0	0	0	0	0	0	0	0	0
徐州幼儿师范高等专科学校	55	0	0	0	0	0	0	0	0	0	0	0	0	0	0	0	0	0	0	0	0	0	0	0	0	0	0
徐州生物工程职业技术学院	56	0	0	0	0	0	0	0	0	0	0	0	0	0	0	0	0	0	0	0	0	0	0	0	0	0	0
江苏商贸职业学院	57	0	0	0	0	0	0	0	0	0	0	0	0	0	0	0	0	0	0	0	0	0	0	0	0	0	0
南通师范高等专科学校	58	0	0	0	0	0	0	0	0	0	0	0	0	0	0	0	0	0	0	0	0	0	0	0	0	0	0
江苏护理职业学院	59	0	0	0	0	0	0	0	0	0	0	0	0	0	0	0	0	0	0	0	0	0	0	0	0	0	0
江苏财会职业学院	60	0	0	0	0	0	0	0	0	0	0	0	0	0	0	0	0	0	0	0	0	0	0	0	0	0	0
江苏城乡建设职业学院	61	0	0	0	0	0	0	0	0	0	0	0	0	0	0	0	0	0	0	0	0	0	0	0	0	0	0
江苏航空职业技术学院	62	0	0	0	0	0	0	0	0	0	0	0	0	0	0	0	0	0	0	0	0	0	0	0	0	0	0
江苏安全技术职业学院	63	0	0	0	0	0	0	0	0	0	0	0	0	0	0	0	0	0	0	0	0	0	0	0	0	0	0
江苏旅游职业学院	64	0	0	0	0	0	0	0	0	0	0	0	0	0	0	0	0	0	0	0	0	0	0	0	0	0	0
常州幼儿师范高等专科学校	65	0	0	0	0	0	0	0	0	0	0	0	0	0	0	0	0	0	0	0	0	0	0	0	0	0	0

3.6 语言学人文、社会科学研究与课题成果情况表

高校名称	编号	总数：课题数（项）	总数：当年投入人数（人年）	总数：其中：研究生（人年）	总数：当年拨入经费（千元）	总数：当年支出经费（千元）	出版著作（部）：合计	出版著作（部）：专著	出版著作（部）：其中：被译成外文	出版著作（部）：编著教材	出版著作（部）：工具书参考书	出版著作（部）：皮书/发展报告	出版著作（部）：科普读物	古籍整理（部）	译著（部）	发表译文（篇）	电子出版物（件）	发表论文（篇）：合计	发表论文（篇）：国内学术刊物：内地（大陆）	发表论文（篇）：国内学术刊物：港澳、台地区	发表论文（篇）：国外学术刊物	获奖成果数（项）：合计	获奖成果数（项）：国家级奖	获奖成果数（项）：部级奖	获奖成果数（项）：省级奖	研究与咨询报告（篇）：合计	研究与咨询报告（篇）：其中：被采纳数
		L01	L02	L03	L04	L05	L06	L07	L08	L09	L10	L11	L12	L13	L14	L15	L16	L17	L18	L19	L20	L21	L22	L23	L24	L25	L26
合　计	/	231	40.2	0	3 225.8	2 724.938	11	7	0	4	0	0	0	0	0	0	0	205	193	12	0	1	0	0	1	14	9
盐城幼儿师范高等专科学校	1	12	1.4	0	8.8	8.8	0	0	0	0	0	0	0	0	0	0	0	0	0	0	0	0	0	0	0	0	0
苏州幼儿师范高等专科学校	2	0	0	0	0	0	0	0	0	0	0	0	0	0	0	0	0	5	5	0	0	0	0	0	0	0	0
无锡职业技术学院	3	3	0.5	0	0	18.2	1	1	0	0	0	0	0	0	0	0	0	3	2	1	0	0	0	0	0	0	0
江苏建筑职业技术学院	4	2	0.4	0	0	5	0	0	0	0	0	0	0	0	0	0	0	1	1	0	0	0	0	0	0	0	0
江苏工程职业技术学院	5	0	0	0	0	0	0	0	0	0	0	0	0	0	0	0	0	1	1	0	0	0	0	0	0	0	0
苏州工艺美术职业技术学院	6	0	0	0	0	0	0	0	0	0	0	0	0	0	0	0	0	1	1	0	0	0	0	0	0	0	0
连云港职业技术学院	7	1	0.2	0	2	2	0	0	0	0	0	0	0	0	0	0	0	1	1	0	0	0	0	0	0	0	0
镇江市高等专科学校	8	1	0.3	0	3	3	0	0	0	0	0	0	0	0	0	0	0	1	1	0	0	0	0	0	0	0	0
南通职业大学	9	0	0	0	0	0	0	0	0	0	0	0	0	0	0	0	0	16	16	0	0	0	0	0	0	0	0
苏州市职业大学	10	28	7	0	515	468.75	0	0	0	0	0	0	0	0	0	0	0	3	3	0	0	0	0	0	0	7	4
沙洲职业工学院	11	1	0.3	0	0	0	0	0	0	0	0	0	0	0	0	0	0	0	0	0	0	0	0	0	0	0	0
扬州市职业大学	12	5	1.4	0	0	50.96	0	0	0	0	0	0	0	0	0	0	0	1	1	0	0	0	0	0	0	2	2
连云港师范高等专科学校	13	3	0.3	0	4	4	0	0	0	0	0	0	0	0	0	0	0	6	6	0	0	0	0	0	0	0	0
江苏经贸职业技术学院	14	3	0.5	0	50	48.5	0	0	0	0	0	0	0	0	0	0	0	11	11	0	0	0	0	0	0	1	0
泰州职业技术学院	15	3	0.4	0	0	7.57	1	0	0	1	0	0	0	0	0	0	0	2	2	0	0	0	0	0	0	0	0

续表

高校名称		总数					出版著作(部)							古籍整理(部)	译著(部)	发表译文(篇)	电子出版物(件)	发表论文(篇)				获奖成果数(项)				研究与咨询报告(篇)	
		课题数(项)	当年投入人数(人年)	其中：研究生(人年)	当年拨入经费(千元)	当年支出经费(千元)	合计	专著	其中：被译成外文	编著教材	工具书参考书	皮书/发展报告	科普读物					合计	国内学术刊物 内地(大陆)	国内学术刊物 港、澳、台地区	国外学术刊物	合计	国家级奖	部级奖	省级奖	合计	其中：被采纳数
	编号	L01	L02	L03	L04	L05	L06	L07	L08	L09	L10	L11	L12	L13	L14	L15	L16	L17	L18	L19	L20	L21	L22	L23	L24	L25	L26
常州信息职业技术学院	16	3	1.1	0	40	25	0	0	0	0	0	0	0	0	0	0	0	6	6	0	0	0	0	0	0	0	0
江苏海事职业技术学院	17	8	2.7	0	0	8.73	0	0	0	0	0	0	0	0	0	0	0	3	0	3	0	0	0	0	0	0	0
无锡科技职业学院	18	5	1	0	0	0	0	0	0	0	0	0	0	0	0	0	0	9	9	0	0	0	0	0	0	0	0
江苏医药职业学院	19	1	0.3	0	0	0	0	0	0	0	0	0	0	0	0	0	0	1	1	0	0	0	0	0	0	0	0
南通科技职业学院	20	1	0.2	0	0	1	0	0	0	0	0	0	0	0	0	0	0	0	0	0	0	0	0	0	0	0	0
苏州经贸职业技术学院	21	0	0	0	0	0	0	0	0	0	0	0	0	0	0	0	0	2	2	0	0	0	0	0	0	0	0
苏州工业职业技术学院	22	0	0	0	0	0	0	0	0	0	0	0	0	0	0	0	0	5	5	0	0	0	0	0	0	0	0
苏州卫生职业技术学院	23	3	0.4	0	0	2.5	0	0	0	0	0	0	0	0	0	0	0	0	0	0	0	0	0	0	0	0	0
无锡商业职业技术学院	24	14	1.4	0	507	345.019	3	3	0	0	0	0	0	0	0	0	0	14	12	2	0	0	0	0	0	0	0
江苏航运职业技术学院	25	0	0	0	0	0	0	0	0	0	0	0	0	0	0	0	0	0	0	0	0	0	0	0	0	0	0
南京交通职业技术学院	26	0	0	0	0	0	0	0	0	0	0	0	0	0	0	0	0	0	0	0	0	0	0	0	0	0	0
江苏电子信息职业学院	27	1	0.3	0	0	4	0	0	0	0	0	0	0	0	0	0	0	1	1	0	0	0	0	0	0	0	0
江苏农牧科技职业学院	28	0	0	0	0	0	0	0	0	0	0	0	0	0	0	0	0	0	0	0	0	0	0	0	0	0	0
常州纺织服装职业技术学院	29	1	0.1	0	0	1	1	1	0	0	0	0	0	0	0	0	0	2	2	0	0	0	0	0	0	0	0
苏州农业职业技术学院	30	0	0	0	0	0	2	0	0	2	0	0	0	0	0	0	0	15	10	5	0	0	0	0	0	0	0

南京科技职业学院	31	3	0.3	0	0	0	1	0	0	1	0	0	0	0	0	0	0	2	2	0	0	0	0	0	0	0
常州工业职业技术学院	32	2	0.4	0	0	86	0	0	0	0	0	0	0	0	0	0	0	0	0	0	0	0	0	0	1	0
常州工程职业技术学院	33	0	0	0	0	0	0	0	0	0	0	0	0	0	0	0	0	0	0	0	0	0	0	0	0	0
江苏农林职业技术学院	34	6	0.6	0	0	0.5	0	0	0	0	0	0	0	0	0	0	0	2	2	0	0	0	0	0	0	0
江苏食品药品职业技术学院	35	0	0	0	0	0	0	0	0	0	0	0	0	0	0	0	0	0	0	0	0	0	0	0	0	0
南京铁道职业技术学院	36	10	1	0	32	15	0	0	0	0	0	0	0	0	0	0	0	5	5	0	0	0	0	0	0	0
徐州工业职业技术学院	37	2	0.2	0	0	1.85	0	0	0	0	0	0	0	0	0	0	0	1	1	0	0	0	0	0	0	0
江苏信息职业技术学院	38	1	0.1	0	0	12.5	0	0	0	0	0	0	0	0	0	0	0	0	0	0	0	0	0	0	0	0
南京信息职业技术学院	39	9	0.9	0	66	45.06	0	0	0	0	0	0	0	0	0	0	0	2	2	0	0	0	0	0	1	1
常州机电职业技术学院	40	1	0.2	0	0	0	0	0	0	0	0	0	0	0	0	0	0	0	0	0	0	0	0	0	0	0
江阴职业技术学院	41	0	0	0	0	0	1	1	0	0	0	0	0	0	0	0	0	2	2	0	0	0	0	0	0	0
无锡城市职业技术学院	42	2	0.4	0	0	0	0	0	0	0	0	0	0	0	0	0	0	11	11	0	0	0	0	0	0	0
无锡工艺职业技术学院	43	1	0.2	0	0	0	0	0	0	0	0	0	0	0	0	0	0	0	0	0	0	0	0	0	0	0
苏州健雄职业技术学院	44	0	0	0	0	0	0	0	0	0	0	0	0	0	0	0	0	1	1	0	0	0	0	0	0	0
盐城工业职业技术学院	45	5	0.4	0	80	35	0	0	0	0	0	0	0	0	0	0	0	2	2	0	0	0	0	0	0	0
江苏财经职业技术学院	46	3	0.3	0	60	126	0	0	0	0	0	0	0	0	0	0	0	2	2	0	0	0	0	0	0	0
扬州工业职业技术学院	47	1	0.1	0	0	0	0	0	0	0	0	0	0	0	0	0	0	5	5	0	0	0	0	0	0	0
江苏城市职业学院	48	52	8.6	0	1613	1 161.999	0	0	0	0	0	0	0	0	0	0	0	10	10	0	0	0	0	0	0	0
南京城市职业学院	49	0	0	0	0	0	0	0	0	0	0	0	0	0	0	0	0	0	0	0	0	0	0	0	0	0

续表

高校名称		总数					出版著作(部)							古籍整理(部)	译著(部)	发表译文(篇)	电子出版物(件)	发表论文(篇)				获奖成果数(项)				研究与咨询报告(篇)	
		课题数(项)	当年投入人数(人年)	其中:研究生(人年)	当年拨入经费(千元)	当年支出经费(千元)	合计	专著	其中:被译成外文	编著教材	工具书参考书	皮书/发展报告	科普读物					合计	国内学术刊物 内地(大陆)	国内学术刊物 港澳、台地区	国外学术刊物	合计	国家级奖	部级奖	省级奖	合计	其中:被采纳数
	编号	L01	L02	L03	L04	L05	L06	L07	L08	L09	L10	L11	L12	L13	L14	L15	L16	L17	L18	L19	L20	L21	L22	L23	L24	L25	L26
南京机电职业技术学院	50	6	0.6	0	0	2	0	0	0	0	0	0	0	0	0	0	0	0	0	0	0	0	0	0	0	0	0
南京旅游职业学院	51	13	2.9	0	59	39	0	0	0	0	0	0	0	0	0	0	0	15	14	1	0	0	0	0	0	0	0
江苏卫生健康职业学院	52	1	0.3	0	0	4	0	0	0	0	0	0	0	0	0	0	0	2	2	0	0	0	0	0	0	0	0
苏州信息职业技术学院	53	0	0	0	0	0.5	0	0	0	0	0	0	0	0	0	0	0	0	0	0	0	0	0	0	0	0	0
苏州工业园区服务外包职业学院	54	2	0.6	0	175	178.5	0	0	0	0	0	0	0	0	0	0	0	5	5	0	0	0	0	0	0	2	2
徐州幼儿师范高等专科学校	55	2	0.4	0	10	10	1	1	0	0	0	0	0	0	0	0	0	0	0	0	0	1	0	0	1	0	0
徐州生物工程职业技术学院	56	2	0.2	0	0	2	0	0	0	0	0	0	0	0	0	0	0	11	11	0	0	0	0	0	0	0	0
江苏商贸职业学院	57	0	0	0	0	0	0	0	0	0	0	0	0	0	0	0	0	0	0	0	0	0	0	0	0	0	0
南通师范高等专科学校	58	1	0.2	0	0	0	0	0	0	0	0	0	0	0	0	0	0	0	0	0	0	0	0	0	0	0	0
江苏护理职业学院	59	0	0	0	0	0	0	0	0	0	0	0	0	0	0	0	0	0	0	0	0	0	0	0	0	0	0
江苏财会职业学院	60	5	0.8	0	1	1	0	0	0	0	0	0	0	0	0	0	0	8	8	0	0	0	0	0	0	0	0
江苏城乡建设职业学院	61	0	0	0	0	0	0	0	0	0	0	0	0	0	0	0	0	0	0	0	0	0	0	0	0	0	0
江苏航空职业技术学院	62	2	0.3	0	0	0	0	0	0	0	0	0	0	0	0	0	0	3	3	0	0	0	0	0	0	0	0
江苏安全技术职业学院	63	0	0	0	0	0	0	0	0	0	0	0	0	0	0	0	0	5	5	0	0	0	0	0	0	0	0
江苏旅游职业学院	64	0	0	0	0	0	0	0	0	0	0	0	0	0	0	0	0	1	1	0	0	0	0	0	0	0	0
常州幼儿师范高等专科学校	65	0	0	0	0	0	0	0	0	0	0	0	0	0	0	0	0	0	0	0	0	0	0	0	0	0	0

3.7 中国文学人文、社会科学研究与课题成果情况表

高校名称		总数					出版著作(部)							古籍整理(部)	译著(部)	发表译文(篇)	电子出版物(件)	发表论文(篇)				获奖成果数(项)				研究与咨询报告(篇)	
		课题数(项)	当年投入人数(人年)	其中:研究生(人年)	当年拨入经费(千元)	当年支出经费(千元)	合计	专著	其中:被译成外文	编著教材	工具书参考书	皮书/发展报告	科普读物					合计	国内学术刊物 内地(大陆)	国内学术刊物 港、澳、台地区	国外学术刊物	合计	国家级奖	部级奖	省级奖	合计	其中:被采纳数
	编号	L01	L02	L03	L04	L05	L06	L07	L08	L09	L10	L11	L12	L13	L14	L15	L16	L17	L18	L19	L20	L21	L22	L23	L24	L25	L26
合　计	/	101	17.7	0	1 129.3	739.787	20	6	0	6	0	0	8	1	0	0	0	112	112	0	0	0	0	0	0	2	1
盐城幼儿师范高等专科学校	1	12	1.2	0	8.8	8.8	0	0	0	0	0	0	0	0	0	0	0	14	14	0	0	0	0	0	0	0	0
苏州幼儿师范高等专科学校	2	4	0.4	0	0	8.1	1	0	0	1	0	0	0	0	0	0	0	4	4	0	0	0	0	0	0	0	0
无锡职业技术学院	3	4	0.9	0	10	28.7	0	0	0	0	0	0	0	0	0	0	0	0	0	0	0	0	0	0	0	0	0
江苏建筑职业技术学院	4	0	0	0	0	0	0	0	0	0	0	0	0	0	0	0	0	1	1	0	0	0	0	0	0	0	0
江苏工程职业技术学院	5	0	0	0	0	0	0	0	0	0	0	0	0	0	0	0	0	1	1	0	0	0	0	0	0	0	0
苏州工艺美术职业技术学院	6	0	0	0	0	0	0	0	0	0	0	0	0	0	0	0	0	0	0	0	0	0	0	0	0	0	0
连云港职业技术学院	7	0	0	0	0	0	0	0	0	0	0	0	0	0	0	0	0	0	0	0	0	0	0	0	0	0	0
镇江市高等专科学校	8	0	0	0	0	0	0	0	0	0	0	0	0	0	0	0	0	0	0	0	0	0	0	0	0	0	0
南通职业大学	9	0	0	0	0	0	0	0	0	0	0	0	0	0	0	0	0	0	0	0	0	0	0	0	0	0	0
苏州市职业大学	10	8	2.7	0	75	75.25	13	1	0	4	0	0	8	1	0	0	0	19	19	0	0	0	0	0	0	1	1
沙洲职业工学院	11	0	0	0	0	0	0	0	0	0	0	0	0	0	0	0	0	0	0	0	0	0	0	0	0	0	0
扬州市职业大学	12	9	2.6	0	27	24.149	2	2	0	0	0	0	0	0	0	0	0	4	4	0	0	0	0	0	0	0	0
连云港师范高等专科学校	13	11	1.5	0	6	2	0	0	0	0	0	0	0	0	0	0	0	10	10	0	0	0	0	0	0	0	0
江苏经贸职业技术学院	14	1	0.4	0	0	0	1	0	0	1	0	0	0	0	0	0	0	2	2	0	0	0	0	0	0	0	0
泰州职业技术学院	15	0	0	0	0	0	0	0	0	0	0	0	0	0	0	0	0	0	0	0	0	0	0	0	0	0	0

续表

高校名称	编号	总数 课题数(项)	总数 当年投入人数(人年)	总数 其中:研究生(人年)	总数 当年拨入经费(千元)	总数 当年支出经费(千元)	出版著作(部) 合计	出版著作(部) 专著	出版著作(部) 其中:被译成外文	出版著作(部) 编著教材	出版著作(部) 工具书参考书	出版著作(部) 皮书/发展报告	出版著作(部) 科普读物	古籍整理(部)	译著(部)	发表译文(篇)	电子出版物(件)	发表论文(篇) 合计	发表论文(篇) 国内学术刊物 内地(大陆)	发表论文(篇) 国内学术刊物 港、澳、台地区	发表论文(篇) 国外学术刊物	获奖成果数(项) 合计	获奖成果数(项) 国家级奖	获奖成果数(项) 部级奖	获奖成果数(项) 省级奖	研究与咨询报告(篇) 合计	研究与咨询报告(篇) 其中:被采纳数
		L01	L02	L03	L04	L05	L06	L07	L08	L09	L10	L11	L12	L13	L14	L15	L16	L17	L18	L19	L20	L21	L22	L23	L24	L25	L26
常州信息职业技术学院	16	0	0	0	0	0	1	1	0	0	0	0	0	0	0	0	0	0	0	0	0	0	0	0	0	0	0
江苏海事职业技术学院	17	0	0	0	0	0	0	0	0	0	0	0	0	0	0	0	0	0	0	0	0	0	0	0	0	0	0
无锡科技职业学院	18	4	0.5	0	0	8	0	0	0	0	0	0	0	0	0	0	0	0	0	0	0	0	0	0	0	0	0
江苏医药职业学院	19	1	0.2	0	0	0	0	0	0	0	0	0	0	0	0	0	0	1	1	0	0	0	0	0	0	0	0
南通科技职业学院	20	0	0	0	0	0	0	0	0	0	0	0	0	0	0	0	0	0	0	0	0	0	0	0	0	0	0
苏州经贸职业技术学院	21	0	0	0	0	0	0	0	0	0	0	0	0	0	0	0	0	0	0	0	0	0	0	0	0	0	0
苏州工业职业技术学院	22	0	0	0	0	0	0	0	0	0	0	0	0	0	0	0	0	0	0	0	0	0	0	0	0	0	0
苏州卫生职业技术学院	23	2	0.2	0	8	5.2	0	0	0	0	0	0	0	0	0	0	0	3	3	0	0	0	0	0	0	0	0
无锡商业职业技术学院	24	4	0.4	0	640	365.91	0	0	0	0	0	0	0	0	0	0	0	3	3	0	0	0	0	0	0	0	0
江苏航运职业技术学院	25	0	0	0	0	0	0	0	0	0	0	0	0	0	0	0	0	2	2	0	0	0	0	0	0	0	0
南京交通职业技术学院	26	1	0.1	0	0	0	0	0	0	0	0	0	0	0	0	0	0	0	0	0	0	0	0	0	0	0	0
江苏电子信息职业学院	27	0	0	0	0	0	0	0	0	0	0	0	0	0	0	0	0	0	0	0	0	0	0	0	0	0	0
江苏农牧科技职业学院	28	0	0	0	0	0	0	0	0	0	0	0	0	0	0	0	0	0	0	0	0	0	0	0	0	0	0
常州纺织服装职业技术学院	29	0	0	0	0	0	0	0	0	0	0	0	0	0	0	0	0	0	0	0	0	0	0	0	0	0	0
苏州农业职业技术学院	30	0	0	0	0	0	0	0	0	0	0	0	0	0	0	0	0	7	7	0	0	0	0	0	0	0	0

南京科技职业学院	31	0	0	0	0	0	0	0	0	0	0	0	0	0	0	0	0	1	1	0	0	0	0	0	0	0	0
常州工业职业技术学院	32	0	0	0	0	0	0	0	0	0	0	0	0	0	0	0	0	0	0	0	0	0	0	0	0	0	0
常州工程职业技术学院	33	0	0	0	0	0	0	0	0	0	0	0	0	0	0	0	0	0	0	0	0	0	0	0	0	0	0
江苏农林职业技术学院	34	0	0	0	0	0	0	0	0	0	0	0	0	0	0	0	0	0	0	0	0	0	0	0	0	0	0
江苏食品药品职业技术学院	35	0	0	0	0	0	0	0	0	0	0	0	0	0	0	0	0	0	0	0	0	0	0	0	0	0	0
南京铁道职业技术学院	36	3	0.3	0	0	0	0	0	0	0	0	0	0	0	0	0	0	0	0	0	0	0	0	0	0	0	0
徐州工业职业技术学院	37	0	0	0	0	0	0	0	0	0	0	0	0	0	0	0	0	0	0	0	0	0	0	0	0	0	0
江苏信息职业技术学院	38	0	0	0	0	0	0	0	0	0	0	0	0	0	0	0	0	0	0	0	0	0	0	0	0	0	0
南京信息职业技术学院	39	1	0.1	0	0	0	0	0	0	0	0	0	0	0	0	0	0	1	1	0	0	0	0	0	0	0	0
常州机电职业技术学院	40	0	0	0	0	0	0	0	0	0	0	0	0	0	0	0	0	0	0	0	0	0	0	0	0	0	0
江阴职业技术学院	41	0	0	0	0	0	0	0	0	0	0	0	0	0	0	0	0	4	4	0	0	0	0	0	0	0	0
无锡城市职业技术学院	42	1	0.2	0	0	0	0	0	0	0	0	0	0	0	0	0	0	1	1	0	0	0	0	0	0	0	0
无锡工艺职业技术学院	43	0	0	0	0	0	0	0	0	0	0	0	0	0	0	0	0	0	0	0	0	0	0	0	0	0	0
苏州健雄职业技术学院	44	0	0	0	0	0	0	0	0	0	0	0	0	0	0	0	0	2	2	0	0	0	0	0	0	0	0
盐城工业职业技术学院	45	0	0	0	0	0	0	0	0	0	0	0	0	0	0	0	0	0	0	0	0	0	0	0	0	0	0
江苏财经职业技术学院	46	0	0	0	0	0	0	0	0	0	0	0	0	0	0	0	0	0	0	0	0	0	0	0	0	0	0
扬州工业职业技术学院	47	5	0.5	0	150	120	0	0	0	0	0	0	0	0	0	0	0	2	2	0	0	0	0	0	0	0	0
江苏城市职业学院	48	3	0.9	0	90	55.588	0	0	0	0	0	0	0	0	0	0	0	3	3	0	0	0	0	0	0	0	0
南京城市职业学院	49	0	0	0	0	0	0	0	0	0	0	0	0	0	0	0	0	0	0	0	0	0	0	0	0	0	0

续表

高校名称		总数					出版著作(部)							古籍整理(部)	译著(部)	发表译文(篇)	电子出版物(件)	发表论文(篇)				获奖成果数(项)				研究与咨询报告(篇)	
		课题数(项)	当年投入人数(人年)	其中:研究生(人年)	当年拨入经费(千元)	当年支出经费(千元)	合计	专著	其中:被译成外文	编著教材	工具书参考书	皮书/发展报告	科普读物					合计	国内学术刊物 内地(大陆)	国内学术刊物 港、澳、台地区	国外学术刊物	合计	国家级奖	部级奖	省级奖	合计	其中:被采纳数
	编号	L01	L02	L03	L04	L05	L06	L07	L08	L09	L10	L11	L12	L13	L14	L15	L16	L17	L18	L19	L20	L21	L22	L23	L24	L25	L26
南京机电职业技术学院	50	1	0.1	0	0	0	0	0	0	0	0	0	0	0	0	0	0	0	0	0	0	0	0	0	0	0	0
南京旅游职业学院	51	2	0.2	0	80	11	0	0	0	0	0	0	0	0	0	0	0	3	3	0	0	0	0	0	0	0	0
江苏卫生健康职业学院	52	0	0	0	0	0	0	0	0	0	0	0	0	0	0	0	0	0	0	0	0	0	0	0	0	0	0
苏州信息职业技术学院	53	0	0	0	0	0	0	0	0	0	0	0	0	0	0	0	0	0	0	0	0	0	0	0	0	0	0
苏州工业园区服务外包职业学院	54	1	0.3	0	0	3.9	2	2	0	0	0	0	0	0	0	0	0	1	1	0	0	0	0	0	0	0	0
徐州幼儿师范高等专科学校	55	0	0	0	0	0	0	0	0	0	0	0	0	0	0	0	0	0	0	0	0	0	0	0	0	0	0
徐州生物工程职业技术学院	56	1	0.1	0	0	0	0	0	0	0	0	0	0	0	0	0	0	5	5	0	0	0	0	0	0	0	0
江苏商贸职业学院	57	3	1	0	26	12	0	0	0	0	0	0	0	0	0	0	0	2	2	0	0	0	0	0	0	1	0
南通师范高等专科学校	58	8	1.5	0	8.5	11.19	0	0	0	0	0	0	0	0	0	0	0	11	11	0	0	0	0	0	0	0	0
江苏护理职业学院	59	3	0.6	0	0	0	0	0	0	0	0	0	0	0	0	0	0	0	0	0	0	0	0	0	0	0	0
江苏财会职业学院	60	0	0	0	0	0	0	0	0	0	0	0	0	0	0	0	0	0	0	0	0	0	0	0	0	0	0
江苏城乡建设职业学院	61	0	0	0	0	0	0	0	0	0	0	0	0	0	0	0	0	0	0	0	0	0	0	0	0	0	0
江苏航空职业技术学院	62	0	0	0	0	0	0	0	0	0	0	0	0	0	0	0	0	0	0	0	0	0	0	0	0	0	0
江苏安全技术职业学院	63	0	0	0	0	0	0	0	0	0	0	0	0	0	0	0	0	1	1	0	0	0	0	0	0	0	0
江苏旅游职业学院	64	7	0.7	0	0	0	0	0	0	0	0	0	0	0	0	0	0	4	4	0	0	0	0	0	0	0	0
常州幼儿师范高等专科学校	65	1	0.1	0	0	0	0	0	0	0	0	0	0	0	0	0	0	0	0	0	0	0	0	0	0	0	0

3.8 外国文学人文、社会科学研究与课题成果情况表

高校名称		总数					出版著作(部)							古籍整理(部)	译著(部)	发表译文(篇)	电子出版物(件)	发表论文(篇)				获奖成果数(项)				研究与咨询报告(篇)	
		课题数(项)	当年投入人数(人年)	其中：研究生(人年)	当年拨入经费(千元)	当年支出经费(千元)	合计	专著	其中：被译成外文	编著教材	工具书参考书	皮书/发展报告	科普读物					合计	国内学术刊物 内地(大陆)	国内学术刊物 港、澳、台地区	国外学术刊物	合计	国家级奖	部级奖	省级奖	合计	其中：被采纳数
	编号	L01	L02	L03	L04	L05	L06	L07	L08	L09	L10	L11	L12	L13	L14	L15	L16	L17	L18	L19	L20	L21	L22	L23	L24	L25	L26
合　计	/	39	8.1	0	740	572.265	4	4	0	0	0	0	0	0	1	0	0	38	38	0	0	0	0	0	0	2	1
盐城幼儿师范高等专科学校	1	1	0.1	0	0	0	0	0	0	0	0	0	0	0	0	0	0	0	0	0	0	0	0	0	0	0	0
苏州幼儿师范高等专科学校	2	0	0	0	0	0	0	0	0	0	0	0	0	0	0	0	0	0	0	0	0	0	0	0	0	0	0
无锡职业技术学院	3	0	0	0	0	0	0	0	0	0	0	0	0	0	0	0	0	1	1	0	0	0	0	0	0	0	0
江苏建筑职业技术学院	4	1	0.4	0	8	2	0	0	0	0	0	0	0	0	0	0	0	0	0	0	0	0	0	0	0	0	0
江苏工程职业技术学院	5	0	0	0	0	0	0	0	0	0	0	0	0	0	0	0	0	0	0	0	0	0	0	0	0	0	0
苏州工艺美术职业技术学院	6	0	0	0	0	0	0	0	0	0	0	0	0	0	0	0	0	0	0	0	0	0	0	0	0	0	0
连云港职业技术学院	7	0	0	0	0	0	0	0	0	0	0	0	0	0	0	0	0	1	1	0	0	0	0	0	0	0	0
镇江市高等专科学校	8	2	1	0	4	4	0	0	0	0	0	0	0	0	0	0	0	1	1	0	0	0	0	0	0	0	0
南通职业大学	9	0	0	0	0	0	0	0	0	0	0	0	0	0	0	0	0	0	0	0	0	0	0	0	0	0	0
苏州市职业大学	10	12	2.7	0	180	157	0	0	0	0	0	0	0	0	0	0	0	11	11	0	0	0	0	0	0	1	0
沙洲职业工学院	11	0	0	0	0	0	0	0	0	0	0	0	0	0	0	0	0	0	0	0	0	0	0	0	0	0	0
扬州市职业大学	12	1	0.4	0	0	0	4	4	0	0	0	0	0	0	0	0	0	1	1	0	0	0	0	0	0	0	0
连云港师范高等专科学校	13	3	0.4	0	13	0	0	0	0	0	0	0	0	0	0	0	0	3	3	0	0	0	0	0	0	0	0
江苏经贸职业技术学院	14	0	0	0	0	0	0	0	0	0	0	0	0	0	0	0	0	0	0	0	0	0	0	0	0	0	0
泰州职业技术学院	15	0	0	0	0	0	0	0	0	0	0	0	0	0	0	0	0	0	0	0	0	0	0	0	0	0	0

续表

高校名称	编号	总数					出版著作(部)							古籍整理(部)	译著(部)	发表译文(篇)	电子出版物(件)	发表论文(篇)				获奖成果数(项)				研究与咨询报告(篇)	
		课题数(项)	当年投入人数(人年)	其中：研究生(人年)	当年拨入经费(千元)	当年支出经费(千元)	合计	专著	其中：被译成外文	编著教材	工具书参考书	皮书/发展报告	科普读物					合计	国内学术刊物 内地(大陆)	国内学术刊物 港澳、台地区	国外学术刊物	合计	国家级奖	部级奖	省级奖	合计	其中：被采纳数
		L01	L02	L03	L04	L05	L06	L07	L08	L09	L10	L11	L12	L13	L14	L15	L16	L17	L18	L19	L20	L21	L22	L23	L24	L25	L26
常州信息职业技术学院	16	0	0	0	0	0	0	0	0	0	0	0	0	0	0	0	0	0	0	0	0	0	0	0	0	0	0
江苏海事职业技术学院	17	1	0.3	0	0	0.4	0	0	0	0	0	0	0	0	0	0	0	0	0	0	0	0	0	0	0	0	0
无锡科技职业学院	18	0	0	0	0	0	0	0	0	0	0	0	0	0	0	0	0	0	0	0	0	0	0	0	0	0	0
江苏医药职业学院	19	0	0	0	0	0	0	0	0	0	0	0	0	0	0	0	0	0	0	0	0	0	0	0	0	0	0
南通科技职业学院	20	0	0	0	0	0	0	0	0	0	0	0	0	0	0	0	0	0	0	0	0	0	0	0	0	0	0
苏州经贸职业技术学院	21	0	0	0	0	0	0	0	0	0	0	0	0	0	0	0	0	0	0	0	0	0	0	0	0	0	0
苏州工业职业技术学院	22	0	0	0	0	0	0	0	0	0	0	0	0	0	0	0	0	0	0	0	0	0	0	0	0	0	0
苏州卫生职业技术学院	23	0	0	0	0	0	0	0	0	0	0	0	0	0	0	0	0	0	0	0	0	0	0	0	0	0	0
无锡商业职业技术学院	24	2	0.2	0	420	272.205	0	0	0	0	0	0	0	0	0	0	0	1	1	0	0	0	0	0	0	0	0
江苏航运职业技术学院	25	0	0	0	0	0	0	0	0	0	0	0	0	0	0	0	0	0	0	0	0	0	0	0	0	0	0
南京交通职业技术学院	26	0	0	0	0	0	0	0	0	0	0	0	0	0	0	0	0	0	0	0	0	0	0	0	0	0	0
江苏电子信息职业学院	27	0	0	0	0	0	0	0	0	0	0	0	0	0	0	0	0	0	0	0	0	0	0	0	0	0	0
江苏农牧科技职业学院	28	0	0	0	0	0	0	0	0	0	0	0	0	0	0	0	0	0	0	0	0	0	0	0	0	0	0
常州纺织服装职业技术学院	29	0	0	0	0	0	0	0	0	0	0	0	0	0	0	0	0	0	0	0	0	0	0	0	0	0	0
苏州农业职业技术学院	30	0	0	0	0	0	0	0	0	0	0	0	0	0	0	0	0	0	0	0	0	0	0	0	0	0	0

南京科技职业学院	31	0	0	0	0	0	0	0	0	0	0	0	0	0	0	0	0	0	0	0	0	0	0	0	0	0	0
常州工业职业技术学院	32	0	0	0	0	0	0	0	0	0	0	0	0	0	0	0	0	0	0	0	0	0	0	0	0	0	0
常州工程职业技术学院	33	0	0	0	0	0	0	0	0	0	0	0	0	0	0	0	0	0	0	0	0	0	0	0	0	0	0
江苏农林职业技术学院	34	0	0	0	0	0	0	0	0	0	0	0	0	0	0	0	0	0	0	0	0	0	0	0	0	0	0
江苏食品药品职业技术学院	35	0	0	0	0	0	0	0	0	0	0	0	0	0	0	0	0	0	0	0	0	0	0	0	0	0	0
南京铁道职业技术学院	36	1	0.1	0	0	0	0	0	0	0	0	0	0	0	0	0	0	0	0	0	0	0	0	0	0	0	0
徐州工业职业技术学院	37	0	0	0	0	0	0	0	0	0	0	0	0	0	0	0	0	0	0	0	0	0	0	0	0	0	0
江苏信息职业技术学院	38	0	0	0	0	0	0	0	0	0	0	0	0	0	0	0	0	0	0	0	0	0	0	0	0	0	0
南京信息职业技术学院	39	0	0	0	0	0	0	0	0	0	0	0	0	0	0	0	0	0	0	0	0	0	0	0	0	0	0
常州机电职业技术学院	40	0	0	0	0	0	0	0	0	0	0	0	0	0	0	0	0	0	0	0	0	0	0	0	0	0	0
江阴职业技术学院	41	0	0	0	0	0	0	0	0	0	0	0	0	0	0	0	0	0	0	0	0	0	0	0	0	0	0
无锡城市职业技术学院	42	0	0	0	0	0	0	0	0	0	0	0	0	0	0	0	0	0	0	0	0	0	0	0	0	0	0
无锡工艺职业技术学院	43	0	0	0	0	0	0	0	0	0	0	0	0	0	0	0	0	0	0	0	0	0	0	0	0	0	0
苏州健雄职业技术学院	44	0	0	0	0	0	0	0	0	0	0	0	0	0	0	0	0	0	0	0	0	0	0	0	0	0	0
盐城工业职业技术学院	45	0	0	0	0	0	0	0	0	0	0	0	0	0	0	0	0	0	0	0	0	0	0	0	0	0	0
江苏财经职业技术学院	46	1	0.1	0	0	1	0	0	0	0	0	0	0	0	0	0	0	0	0	0	0	0	0	0	0	0	0
扬州工业职业技术学院	47	0	0	0	0	0	0	0	0	0	0	0	0	0	0	0	0	0	0	0	0	0	0	0	0	0	0
江苏城市职业学院	48	3	0.8	0	115	118.66	0	0	0	0	0	0	0	0	0	0	0	2	2	0	0	0	0	0	0	0	0
南京城市职业学院	49	0	0	0	0	0	0	0	0	0	0	0	0	0	0	0	0	0	0	0	0	0	0	0	0	0	0

续表

高校名称		总数					出版著作(部)							古籍整理(部)	译著(部)	发表译文(篇)	电子出版物(件)	发表论文(篇)				获奖成果数(项)				研究与咨询报告(篇)	
		课题数(项)	当年投入人数(人年)	其中:研究生(人年)	当年拨入经费(千元)	当年支出经费(千元)	合计	专著	其中:被译成外文	编著教材	工具书参考书	皮书/发展报告	科普读物					合计	国内学术刊物 内地(大陆)	国内学术刊物 港、澳、台地区	国外学术刊物	合计	国家级奖	部级奖	省级奖	合计	其中:被采纳数
	编号	L01	L02	L03	L04	L05	L06	L07	L08	L09	L10	L11	L12	L13	L14	L15	L16	L17	L18	L19	L20	L21	L22	L23	L24	L25	L26
南京机电职业技术学院	50	0	0	0	0	0	0	0	0	0	0	0	0	0	0	0	0	1	1	0	0	0	0	0	0	0	0
南京旅游职业学院	51	0	0	0	0	0	0	0	0	0	0	0	0	0	0	0	0	0	0	0	0	0	0	0	0	0	0
江苏卫生健康职业学院	52	0	0	0	0	0	0	0	0	0	0	0	0	0	0	0	0	0	0	0	0	0	0	0	0	0	0
苏州信息职业技术学院	53	0	0	0	0	0	0	0	0	0	0	0	0	0	0	0	0	0	0	0	0	0	0	0	0	0	0
苏州工业园区服务外包职业学院	54	0	0	0	0	0	0	0	0	0	0	0	0	0	0	0	0	0	0	0	0	0	0	0	0	0	0
徐州幼儿师范高等专科学校	55	0	0	0	0	0	0	0	0	0	0	0	0	0	0	0	0	0	0	0	0	0	0	0	0	0	0
徐州生物工程职业技术学院	56	0	0	0	0	0	0	0	0	0	0	0	0	0	0	0	0	1	1	0	0	0	0	0	0	0	0
江苏商贸职业学院	57	0	0	0	0	0	0	0	0	0	0	0	0	0	0	0	0	9	9	0	0	0	0	0	0	0	0
南通师范高等专科学校	58	3	0.5	0	0	0	0	0	0	0	0	0	0	0	0	0	0	2	2	0	0	0	0	0	0	0	0
江苏护理职业学院	59	0	0	0	0	0	0	0	0	0	0	0	0	0	0	0	0	0	0	0	0	0	0	0	0	0	0
江苏财会职业学院	60	0	0	0	0	0	0	0	0	0	0	0	0	0	0	0	0	0	0	0	0	0	0	0	0	0	0
江苏城乡建设职业学院	61	0	0	0	0	0	0	0	0	0	0	0	0	0	0	0	0	0	0	0	0	0	0	0	0	0	0
江苏航空职业技术学院	62	4	0.7	0	0	7	0	0	0	0	0	0	0	0	0	0	0	0	0	0	0	0	0	0	0	1	1
江苏安全技术职业学院	63	0	0	0	0	0	0	0	0	0	0	0	0	0	0	0	0	0	0	0	0	0	0	0	0	0	0
江苏旅游职业学院	64	3	0.3	0	0	10	0	0	0	0	0	0	0	0	0	0	0	3	3	0	0	0	0	0	0	0	0
常州幼儿师范高等专科学校	65	1	0.1	0	0	0	0	0	0	0	0	0	0	0	1	0	0	1	1	0	0	0	0	0	0	0	0

3.9 艺术学人文、社会科学研究与课题成果情况表

高校名称	编号	总数:课题数(项) L01	总数:当年投入人数(人年) L02	其中:研究生(人年) L03	当年拨入经费(千元) L04	当年支出经费(千元) L05	出版著作(部):合计 L06	专著 L07	其中:被译成外文 L08	编著教材 L09	工具书参考书 L10	皮书/发展报告 L11	科普读物 L12	古籍整理(部) L13	译著(部) L14	发表译文(篇) L15	电子出版物(件) L16	发表论文(篇):合计 L17	国内学术刊物:内地(大陆) L18	国内学术刊物:港、澳、台地区 L19	国外学术刊物 L20	获奖成果数(项):合计 L21	国家级奖 L22	部级奖 L23	省级奖 L24	研究与咨询报告(篇):合计 L25	其中:被采纳数 L26
合　计	/	796	137.5	0	14 798.977	13 725.383	42	20	0	22	0	0	0	0	0	0	0	712	705	7	0	0	0	0	0	120	47
盐城幼儿师范高等专科学校	1	32	3.4	0	10.8	10.8	1	1	0	0	0	0	0	0	0	0	0	7	7	0	0	0	0	0	0	0	0
苏州幼儿师范高等专科学校	2	14	1.4	0	0	13	2	1	0	1	0	0	0	0	0	0	0	17	17	0	0	0	0	0	0	0	0
无锡职业技术学院	3	10	3.1	0	0	342.5	5	5	0	0	0	0	0	0	0	0	0	6	5	1	0	0	0	0	0	0	0
江苏建筑职业技术学院	4	17	2.5	0	15	31	2	0	0	2	0	0	0	0	0	0	0	15	14	1	0	0	0	0	0	2	1
江苏工程职业技术学院	5	10	1.6	0	8.5	8.5	2	2	0	0	0	0	0	0	0	0	0	23	23	0	0	0	0	0	0	0	0
苏州工艺美术职业技术学院	6	46	9.3	0	534	534	6	1	0	5	0	0	0	0	0	0	0	100	100	0	0	0	0	0	0	6	6
连云港职业技术学院	7	10	1.2	0	17	17	0	0	0	0	0	0	0	0	0	0	0	9	9	0	0	0	0	0	0	0	0
镇江市高等专科学校	8	3	0.4	0	1	1	1	0	0	1	0	0	0	0	0	0	0	1	1	0	0	0	0	0	0	5	0
南通职业大学	9	0	0	0	0	0	0	0	0	0	0	0	0	0	0	0	0	20	20	0	0	0	0	0	0	0	0
苏州市职业大学	10	42	12.8	0	786	827.8	2	0	0	2	0	0	0	0	0	0	0	28	28	0	0	0	0	0	0	13	5
沙洲职业工学院	11	2	1	0	0	0	2	0	0	2	0	0	0	0	0	0	0	3	3	0	0	0	0	0	0	0	0
扬州市职业大学	12	16	4.6	0	6	135.126	2	2	0	0	0	0	0	0	0	0	0	24	24	0	0	0	0	0	0	3	3
连云港师范高等专科学校	13	11	1.2	0	0	10.677	0	0	0	0	0	0	0	0	0	0	0	21	21	0	0	0	0	0	0	0	0
江苏经贸职业技术学院	14	14	3	0	0	0	3	0	0	3	0	0	0	0	0	0	0	14	14	0	0	0	0	0	0	0	0
泰州职业技术学院	15	8	1.7	0	35.2	34.22	0	0	0	0	0	0	0	0	0	0	0	9	9	0	0	0	0	0	0	0	0

续表

高校名称	编号	总数 课题数(项) L01	总数 当年投入人数(人年) L02	总数 其中：研究生(人年) L03	总数 当年拨入经费(千元) L04	总数 当年支出经费(千元) L05	出版著作(部) 合计 L06	出版著作(部) 专著 L07	出版著作(部) 其中：被译成外文 L08	出版著作(部) 编著教材 L09	出版著作(部) 工具书参考书 L10	出版著作(部) 皮书/发展报告 L11	出版著作(部) 科普读物 L12	古籍整理(部) L13	译著(部) L14	发表译文(篇) L15	电子出版物(件) L16	发表论文(篇) 合计 L17	发表论文(篇) 国内学术刊物 内地(大陆) L18	发表论文(篇) 国内学术刊物 港、澳、台地区 L19	发表论文(篇) 国外学术刊物 L20	获奖成果数(项) 合计 L21	获奖成果数(项) 国家级奖 L22	获奖成果数(项) 部级奖 L23	获奖成果数(项) 省级奖 L24	研究与咨询报告(篇) 合计 L25	研究与咨询报告(篇) 其中：被采纳数 L26
常州信息职业技术学院	16	10	2.5	0	2	2	2	2	0	0	0	0	0	0	0	0	0	19	18	1	0	0	0	0	0	0	0
江苏海事职业技术学院	17	19	4.7	0	384	425.22	0	0	0	0	0	0	0	0	0	0	0	4	3	1	0	0	0	0	0	0	0
无锡科技职业学院	18	5	0.6	0	5	1	0	0	0	0	0	0	0	0	0	0	0	7	7	0	0	0	0	0	0	0	0
江苏医药职业学院	19	0	0	0	0	0	0	0	0	0	0	0	0	0	0	0	0	0	0	0	0	0	0	0	0	0	0
南通科技职业学院	20	0	0	0	0	0	0	0	0	0	0	0	0	0	0	0	0	1	1	0	0	0	0	0	0	0	0
苏州经贸职业技术学院	21	2	0.4	0	1 001.5	400.278	0	0	0	0	0	0	0	0	0	0	0	8	8	0	0	0	0	0	0	0	0
苏州工业职业技术学院	22	0	0	0	0	0	0	0	0	0	0	0	0	0	0	0	0	4	4	0	0	0	0	0	0	0	0
苏州卫生职业技术学院	23	0	0	0	0	0	0	0	0	0	0	0	0	0	0	0	0	0	0	0	0	0	0	0	0	0	0
无锡商业职业技术学院	24	26	2.7	0	1314	759.4	1	1	0	0	0	0	0	0	0	0	0	26	26	0	0	0	0	0	0	1	0
江苏航运职业技术学院	25	9	2.3	0	15	11.25	0	0	0	0	0	0	0	0	0	0	0	9	9	0	0	0	0	0	0	0	0
南京交通职业技术学院	26	5	0.5	0	0	72.11	0	0	0	0	0	0	0	0	0	0	0	3	3	0	0	0	0	0	0	0	0
江苏电子信息职业学院	27	4	1.1	0	10	14	0	0	0	0	0	0	0	0	0	0	0	13	13	0	0	0	0	0	0	0	0
江苏农牧科技职业学院	28	2	0.2	0	0	0	0	0	0	0	0	0	0	0	0	0	0	1	1	0	0	0	0	0	0	0	0
常州纺织服装职业技术学院	29	38	4.5	0	70	95.9	2	0	0	2	0	0	0	0	0	0	0	52	51	1	0	0	0	0	0	0	0
苏州农业职业技术学院	30	2	0.2	0	0	2	0	0	0	0	0	0	0	0	0	0	0	7	7	0	0	0	0	0	0	0	0

南京科技职业学院	31	2	0.2	0	0	0	0	0	0	0	0	0	0	0	0	0	0	3	2	1	0	0	0	0	0	0	0
常州工业职业技术学院	32	26	5.2	0	110	285	2	0	0	2	0	0	0	0	0	0	0	3	3	0	0	0	0	0	0	9	0
常州工程职业技术学院	33	0	0	0	0	0	0	0	0	0	0	0	0	0	0	0	0	0	0	0	0	0	0	0	0	0	0
江苏农林职业技术学院	34	0	0	0	0	0	0	0	0	0	0	0	0	0	0	0	0	1	1	0	0	0	0	0	0	0	0
江苏食品药品职业技术学院	35	0	0	0	0	0	0	0	0	0	0	0	0	0	0	0	0	0	0	0	0	0	0	0	0	0	0
南京铁道职业技术学院	36	13	1.4	0	100	47	0	0	0	0	0	0	0	0	0	0	0	9	9	0	0	0	0	0	0	1	1
徐州工业职业技术学院	37	0	0	0	0	0	0	0	0	0	0	0	0	0	0	0	0	0	0	0	0	0	0	0	0	0	0
江苏信息职业技术学院	38	18	1.9	0	270	347.7	0	0	0	0	0	0	0	0	0	0	0	10	10	0	0	0	0	0	0	0	0
南京信息职业技术学院	39	18	1.9	0	73	147.2	2	2	0	0	0	0	0	0	0	0	0	4	3	1	0	0	0	0	0	3	3
常州机电职业技术学院	40	3	0.5	0	0	0	0	0	0	0	0	0	0	0	0	0	0	4	4	0	0	0	0	0	0	2	0
江阴职业技术学院	41	3	0.4	0	46	45	1	1	0	0	0	0	0	0	0	0	0	9	9	0	0	0	0	0	0	0	0
无锡城市职业技术学院	42	19	3.7	0	67.24	66.79	0	0	0	0	0	0	0	0	0	0	0	42	42	0	0	0	0	0	0	5	2
无锡工艺职业技术学院	43	142	19.2	0	6667	6 227.01	2	0	0	2	0	0	0	0	0	0	0	39	39	0	0	0	0	0	0	59	20
苏州健雄职业技术学院	44	8	1.8	0	127	137	1	1	0	0	0	0	0	0	0	0	0	17	17	0	0	0	0	0	0	0	0
盐城工业职业技术学院	45	13	1.4	0	310	139	0	0	0	0	0	0	0	0	0	0	0	8	8	0	0	0	0	0	0	0	0
江苏财经职业技术学院	46	6	0.6	0	180	214	0	0	0	0	0	0	0	0	0	0	0	2	2	0	0	0	0	0	0	0	0
扬州工业职业技术学院	47	19	1.9	0	1 159.037	1 029.037	0	0	0	0	0	0	0	0	0	0	0	9	9	0	0	0	0	0	0	3	1
江苏城市职业学院	48	78	17	0	1 236.7	1 106.365	0	0	0	0	0	0	0	0	0	0	0	42	42	0	0	0	0	0	0	0	0
南京城市职业学院	49	7	1.4	0	2	2	0	0	0	0	0	0	0	0	0	0	0	5	5	0	0	0	0	0	0	0	0

续表

高校名称	编号	总数					出版著作(部)							古籍整理(部)	译著(部)	发表译文(篇)	电子出版物(件)	发表论文(篇)				获奖成果数(项)				研究与咨询报告(篇)	
		课题数(项)	当年投入人数(人年)	其中：研究生(人年)	当年拨入经费(千元)	当年支出经费(千元)	合计	专著	其中：被译成外文	编著教材	工具书参考书	皮书/发展报告	科普读物					合计	国内学术刊物：内地(大陆)	国内学术刊物：港、澳、台地区	国外学术刊物	合计	国家级奖	部级奖	省级奖	合计	其中：被采纳数
	编号	L01	L02	L03	L04	L05	L06	L07	L08	L09	L10	L11	L12	L13	L14	L15	L16	L17	L18	L19	L20	L21	L22	L23	L24	L25	L26
南京机电职业技术学院	50	6	0.6	0	0	6	0	0	0	0	0	0	0	0	0	0	0	9	9	0	0	0	0	0	0	0	0
南京旅游职业学院	51	2	0.2	0	0	0	0	0	0	0	0	0	0	0	0	0	0	2	2	0	0	0	0	0	0	0	0
江苏卫生健康职业学院	52	0	0	0	0	0	0	0	0	0	0	0	0	0	0	0	0	0	0	0	0	0	0	0	0	0	0
苏州信息职业技术学院	53	0	0	0	0	0	0	0	0	0	0	0	0	0	0	0	0	0	0	0	0	0	0	0	0	0	0
苏州工业园区服务外包职业学院	54	4	0.6	0	0	1.6	0	0	0	0	0	0	0	0	0	0	0	10	10	0	0	0	0	0	0	5	5
徐州幼儿师范高等专科学校	55	22	6.8	0	37	28	0	0	0	0	0	0	0	0	0	0	0	8	8	0	0	0	0	0	0	0	0
徐州生物工程职业技术学院	56	1	0.1	0	0	0	0	0	0	0	0	0	0	0	0	0	0	0	0	0	0	0	0	0	0	0	0
江苏商贸职业学院	57	14	1.9	0	135	83.9	0	0	0	0	0	0	0	0	0	0	0	7	7	0	0	0	0	0	0	3	0
南通师范高等专科学校	58	5	0.8	0	64	64	0	0	0	0	0	0	0	0	0	0	0	4	4	0	0	0	0	0	0	0	0
江苏护理职业学院	59	1	0.2	0	0	0	0	0	0	0	0	0	0	0	0	0	0	0	0	0	0	0	0	0	0	0	0
江苏财会职业学院	60	0	0	0	0	0	0	0	0	0	0	0	0	0	0	0	0	0	0	0	0	0	0	0	0	0	0
江苏城乡建设职业学院	61	0	0	0	0	0	0	0	0	0	0	0	0	0	0	0	0	1	1	0	0	0	0	0	0	0	0
江苏航空职业技术学院	62	1	0.1	0	0	0	0	0	0	0	0	0	0	0	0	0	0	1	1	0	0	0	0	0	0	0	0
江苏安全技术职业学院	63	0	0	0	0	0	0	0	0	0	0	0	0	0	0	0	0	1	1	0	0	0	0	0	0	0	0
江苏旅游职业学院	64	4	0.4	0	0	0	1	1	0	0	0	0	0	0	0	0	0	8	8	0	0	0	0	0	0	0	0
常州幼儿师范高等专科学校	65	4	0.4	0	0	0	0	0	0	0	0	0	0	0	0	0	0	3	3	0	0	0	0	0	0	0	0

3.10 历史学人文、社会科学研究与课题成果情况表

高校名称		总数					出版著作(部)							古籍整理(部)	译著(部)	发表译文(篇)	电子出版物(件)	发表论文(篇)				获奖成果数(项)				研究与咨询报告(篇)	
		课题数(项)	当年投入人数(人年)	其中：研究生(人年)	当年拨入经费(千元)	当年支出经费(千元)	合计	专著	其中：被译成外文	编著教材	工具书参考书	皮书/发展报告	科普读物					合计	国内学术刊物 内地(大陆)	国内学术刊物 港、澳、台地区	国外学术刊物	合计	国家级奖	部级奖	省级奖	合计	其中：被采纳数
	编号	L01	L02	L03	L04	L05	L06	L07	L08	L09	L10	L11	L12	L13	L14	L15	L16	L17	L18	L19	L20	L21	L22	L23	L24	L25	L26
合　计	/	44	6.6	0	569	550.77	5	4	0	1	0	0	0	0	0	0	0	33	32	1	0	0	0	0	0	8	3
盐城幼儿师范高等专科学校	1	0	0	0	0	0	0	0	0	0	0	0	0	0	0	0	0	0	0	0	0	0	0	0	0	0	0
苏州幼儿师范高等专科学校	2	1	0.1	0	0	2.2	0	0	0	0	0	0	0	0	0	0	0	2	2	0	0	0	0	0	0	0	0
无锡职业技术学院	3	5	1	0	10	19.6	0	0	0	0	0	0	0	0	0	0	0	5	5	0	0	0	0	0	0	0	0
江苏建筑职业技术学院	4	0	0	0	0	0	0	0	0	0	0	0	0	0	0	0	0	0	0	0	0	0	0	0	0	0	0
江苏工程职业技术学院	5	0	0	0	0	0	0	0	0	0	0	0	0	0	0	0	0	0	0	0	0	0	0	0	0	0	0
苏州工艺美术职业技术学院	6	0	0	0	0	0	1	0	0	1	0	0	0	0	0	0	0	0	0	0	0	0	0	0	0	0	0
连云港职业技术学院	7	0	0	0	0	0	0	0	0	0	0	0	0	0	0	0	0	0	0	0	0	0	0	0	0	0	0
镇江市高等专科学校	8	0	0	0	0	0	0	0	0	0	0	0	0	0	0	0	0	0	0	0	0	0	0	0	0	0	0
南通职业大学	9	0	0	0	0	0	0	0	0	0	0	0	0	0	0	0	0	0	0	0	0	0	0	0	0	0	0
苏州市职业大学	10	5	0.7	0	508	443	1	1	0	0	0	0	0	0	0	0	0	1	1	0	0	0	0	0	0	3	1
沙洲职业工学院	11	0	0	0	0	0	0	0	0	0	0	0	0	0	0	0	0	0	0	0	0	0	0	0	0	0	0
扬州市职业大学	12	1	0.2	0	0	0	0	0	0	0	0	0	0	0	0	0	0	1	1	0	0	0	0	0	0	0	0
连云港师范高等专科学校	13	0	0	0	0	0	0	0	0	0	0	0	0	0	0	0	0	2	2	0	0	0	0	0	0	0	0
江苏经贸职业技术学院	14	0	0	0	0	0	0	0	0	0	0	0	0	0	0	0	0	0	0	0	0	0	0	0	0	0	0
泰州职业技术学院	15	0	0	0	0	0	0	0	0	0	0	0	0	0	0	0	0	0	0	0	0	0	0	0	0	0	0

续表

高校名称	编号	总数					出版著作(部)							古籍整理(部)	译著(部)	发表译文(篇)	电子出版物(件)	发表论文(篇)				获奖成果数(项)				研究与咨询报告(篇)	
		课题数(项)	当年投入人数(人年)	其中：研究生(人年)	当年拨入经费(千元)	当年支出经费(千元)	合计	专著	其中：被译成外文	编著教材	工具书参考书	皮书/发展报告	科普读物					合计	国内学术刊物 内地(大陆)	国内学术刊物 港、澳、台地区	国外学术刊物	合计	国家级奖	部级奖	省级奖	合计	其中：被采纳数
		L01	L02	L03	L04	L05	L06	L07	L08	L09	L10	L11	L12	L13	L14	L15	L16	L17	L18	L19	L20	L21	L22	L23	L24	L25	L26
常州信息职业技术学院	16	1	0.2	0	6	5	0	0	0	0	0	0	0	0	0	0	0	0	0	0	0	0	0	0	0	0	0
江苏海事职业技术学院	17	1	0.3	0	0	0.52	0	0	0	0	0	0	0	0	0	0	0	0	0	0	0	0	0	0	0	0	0
无锡科技职业学院	18	0	0	0	0	0	0	0	0	0	0	0	0	0	0	0	0	0	0	0	0	0	0	0	0	0	0
江苏医药职业学院	19	0	0	0	0	0	0	0	0	0	0	0	0	0	0	0	0	0	0	0	0	0	0	0	0	0	0
南通科技职业学院	20	0	0	0	0	0	0	0	0	0	0	0	0	0	0	0	0	0	0	0	0	0	0	0	0	0	0
苏州经贸职业技术学院	21	0	0	0	0	0	0	0	0	0	0	0	0	0	0	0	0	1	1	0	0	0	0	0	0	0	0
苏州工业职业技术学院	22	0	0	0	0	0	0	0	0	0	0	0	0	0	0	0	0	0	0	0	0	0	0	0	0	0	0
苏州卫生职业技术学院	23	1	0.2	0	8	2.3	0	0	0	0	0	0	0	0	0	0	0	0	0	0	0	0	0	0	0	0	0
无锡商业职业技术学院	24	0	0	0	0	0	0	0	0	0	0	0	0	0	0	0	0	0	0	0	0	0	0	0	0	0	0
江苏航运职业技术学院	25	0	0	0	0	0	0	0	0	0	0	0	0	0	0	0	0	0	0	0	0	0	0	0	0	0	0
南京交通职业技术学院	26	1	0.1	0	0	0	0	0	0	0	0	0	0	0	0	0	0	2	2	0	0	0	0	0	0	0	0
江苏电子信息职业学院	27	0	0	0	0	0	0	0	0	0	0	0	0	0	0	0	0	0	0	0	0	0	0	0	0	0	0
江苏农牧科技职业学院	28	0	0	0	0	0	0	0	0	0	0	0	0	0	0	0	0	0	0	0	0	0	0	0	0	0	0
常州纺织服装职业技术学院	29	4	0.4	0	2	2	0	0	0	0	0	0	0	0	0	0	0	2	2	0	0	0	0	0	0	0	0
苏州农业职业技术学院	30	0	0	0	0	0	0	0	0	0	0	0	0	0	0	0	0	0	0	0	0	0	0	0	0	0	0

南京科技职业学院	31	0	0	0	0	0	0	0	0	0	0	0	0	0	0	0	0	0	0	0	0	0	0	0	0	0	0
常州工业职业技术学院	32	0	0	0	0	0	0	0	0	0	0	0	0	0	0	0	0	0	0	0	0	0	0	0	0	0	0
常州工程职业技术学院	33	0	0	0	0	0	0	0	0	0	0	0	0	0	0	0	0	0	0	0	0	0	0	0	0	0	0
江苏农林职业技术学院	34	0	0	0	0	0	0	0	0	0	0	0	0	0	0	0	0	0	0	0	0	0	0	0	0	0	0
江苏食品药品职业技术学院	35	0	0	0	0	0	0	0	0	0	0	0	0	0	0	0	0	0	0	0	0	0	0	0	0	0	0
南京铁道职业技术学院	36	0	0	0	0	0	0	0	0	0	0	0	0	0	0	0	0	0	0	0	0	0	0	0	0	0	0
徐州工业职业技术学院	37	0	0	0	0	0	0	0	0	0	0	0	0	0	0	0	0	0	0	0	0	0	0	0	0	0	0
江苏信息职业技术学院	38	0	0	0	0	0	0	0	0	0	0	0	0	0	0	0	0	0	0	0	0	0	0	0	0	0	0
南京信息职业技术学院	39	0	0	0	0	0	0	0	0	0	0	0	0	0	0	0	0	0	0	0	0	0	0	0	0	0	0
常州机电职业技术学院	40	11	1.8	0	6	6.65	0	0	0	0	0	0	0	0	0	0	0	4	4	0	0	0	0	0	0	3	0
江阴职业技术学院	41	0	0	0	0	0	0	0	0	0	0	0	0	0	0	0	0	0	0	0	0	0	0	0	0	0	0
无锡城市职业技术学院	42	0	0	0	0	0	2	2	0	0	0	0	0	0	0	0	0	0	0	0	0	0	0	0	0	0	0
无锡工艺职业技术学院	43	0	0	0	0	0	0	0	0	0	0	0	0	0	0	0	0	0	0	0	0	0	0	0	0	0	0
苏州健雄职业技术学院	44	0	0	0	0	0	0	0	0	0	0	0	0	0	0	0	0	0	0	0	0	0	0	0	0	0	0
盐城工业职业技术学院	45	3	0.3	0	0	0	0	0	0	0	0	0	0	0	0	0	0	0	0	0	0	0	0	0	0	0	0
江苏财经职业技术学院	46	0	0	0	0	0	0	0	0	0	0	0	0	0	0	0	0	0	0	0	0	0	0	0	0	0	0
扬州工业职业技术学院	47	1	0.1	0	0	0	1	1	0	0	0	0	0	0	0	0	0	1	1	0	0	0	0	0	0	2	2
江苏城市职业学院	48	1	0.3	0	0	12.5	0	0	0	0	0	0	0	0	0	0	0	5	4	1	0	0	0	0	0	0	0
南京城市职业学院	49	0	0	0	0	0	0	0	0	0	0	0	0	0	0	0	0	0	0	0	0	0	0	0	0	0	0

续表

高校名称		总数					出版著作(部)							古籍整理(部)	译著(部)	发表译文(篇)	电子出版物(件)	发表论文(篇)				获奖成果数(项)				研究与咨询报告(篇)	
		课题数(项)	当年投入人数(人年)	其中：研究生(人年)	当年拨入经费(千元)	当年支出经费(千元)	合计	专著	其中：被译成外文	编著教材	工具书参考书	皮书/发展报告	科普读物					合计	国内学术刊物 内地(大陆)	国内学术刊物 港澳、台地区	国外学术刊物	合计	国家级奖	部级奖	省级奖	合计	其中：被采纳数
	编号	L01	L02	L03	L04	L05	L06	L07	L08	L09	L10	L11	L12	L13	L14	L15	L16	L17	L18	L19	L20	L21	L22	L23	L24	L25	L26
南京机电职业技术学院	50	0	0	0	0	0	0	0	0	0	0	0	0	0	0	0	0	0	0	0	0	0	0	0	0	0	0
南京旅游职业学院	51	0	0	0	0	0	0	0	0	0	0	0	0	0	0	0	0	0	0	0	0	0	0	0	0	0	0
江苏卫生健康职业学院	52	0	0	0	0	0	0	0	0	0	0	0	0	0	0	0	0	0	0	0	0	0	0	0	0	0	0
苏州信息职业技术学院	53	0	0	0	0	0	0	0	0	0	0	0	0	0	0	0	0	0	0	0	0	0	0	0	0	0	0
苏州工业园区服务外包职业学院	54	0	0	0	0	0	0	0	0	0	0	0	0	0	0	0	0	0	0	0	0	0	0	0	0	0	0
徐州幼儿师范高等专科学校	55	0	0	0	0	0	0	0	0	0	0	0	0	0	0	0	0	0	0	0	0	0	0	0	0	0	0
徐州生物工程职业技术学院	56	1	0.1	0	0	0	0	0	0	0	0	0	0	0	0	0	0	0	0	0	0	0	0	0	0	0	0
江苏商贸职业学院	57	0	0	0	0	0	0	0	0	0	0	0	0	0	0	0	0	0	0	0	0	0	0	0	0	0	0
南通师范高等专科学校	58	0	0	0	0	0	0	0	0	0	0	0	0	0	0	0	0	0	0	0	0	0	0	0	0	0	0
江苏护理职业学院	59	1	0.2	0	0	0	0	0	0	0	0	0	0	0	0	0	0	5	5	0	0	0	0	0	0	0	0
江苏财会职业学院	60	0	0	0	0	0	0	0	0	0	0	0	0	0	0	0	0	0	0	0	0	0	0	0	0	0	0
江苏城乡建设职业学院	61	5	0.5	0	29	57	0	0	0	0	0	0	0	0	0	0	0	2	2	0	0	0	0	0	0	0	0
江苏航空职业技术学院	62	0	0	0	0	0	0	0	0	0	0	0	0	0	0	0	0	0	0	0	0	0	0	0	0	0	0
江苏安全技术职业学院	63	0	0	0	0	0	0	0	0	0	0	0	0	0	0	0	0	0	0	0	0	0	0	0	0	0	0
江苏旅游职业学院	64	1	0.1	0	0	0	0	0	0	0	0	0	0	0	0	0	0	0	0	0	0	0	0	0	0	0	0
常州幼儿师范高等专科学校	65	0	0	0	0	0	0	0	0	0	0	0	0	0	0	0	0	0	0	0	0	0	0	0	0	0	0

3.11 考古学人文、社会科学研究与课题成果情况表

高校名称		总数					出版著作(部)							古籍整理(部)	译著(部)	发表译文(篇)	电子出版物(件)	发表论文(篇)				获奖成果数(项)				研究与咨询报告(篇)	
		课题数(项)	当年投入人数(人年)	其中:研究生(人年)	当年拨入经费(千元)	当年支出经费(千元)	合计	专著	其中:被译成外文	编著教材	工具书参考书	皮书/发展报告	科普读物					合计	国内学术刊物 内地(大陆)	国内学术刊物 港、澳、台地区	国外学术刊物	合计	国家级奖	部级奖	省级奖	合计	其中:被采纳数
	编号	L01	L02	L03	L04	L05	L06	L07	L08	L09	L10	L11	L12	L13	L14	L15	L16	L17	L18	L19	L20	L21	L22	L23	L24	L25	L26
合计	/	1	0.4	0	0	3	0	0	0	0	0	0	0	0	0	0	0	2	2	0	0	0	0	0	0	0	0
盐城幼儿师范高等专科学校	1	0	0	0	0	0	0	0	0	0	0	0	0	0	0	0	0	0	0	0	0	0	0	0	0	0	0
苏州幼儿师范高等专科学校	2	0	0	0	0	0	0	0	0	0	0	0	0	0	0	0	0	0	0	0	0	0	0	0	0	0	0
无锡职业技术学院	3	0	0	0	0	0	0	0	0	0	0	0	0	0	0	0	0	0	0	0	0	0	0	0	0	0	0
江苏建筑职业技术学院	4	0	0	0	0	0	0	0	0	0	0	0	0	0	0	0	0	0	0	0	0	0	0	0	0	0	0
江苏工程职业技术学院	5	0	0	0	0	0	0	0	0	0	0	0	0	0	0	0	0	0	0	0	0	0	0	0	0	0	0
苏州工艺美术职业技术学院	6	0	0	0	0	0	0	0	0	0	0	0	0	0	0	0	0	0	0	0	0	0	0	0	0	0	0
连云港职业技术学院	7	0	0	0	0	0	0	0	0	0	0	0	0	0	0	0	0	0	0	0	0	0	0	0	0	0	0
镇江市高等专科学校	8	0	0	0	0	0	0	0	0	0	0	0	0	0	0	0	0	0	0	0	0	0	0	0	0	0	0
南通职业大学	9	0	0	0	0	0	0	0	0	0	0	0	0	0	0	0	0	0	0	0	0	0	0	0	0	0	0
苏州市职业大学	10	0	0	0	0	0	0	0	0	0	0	0	0	0	0	0	0	0	0	0	0	0	0	0	0	0	0
沙洲职业工学院	11	0	0	0	0	0	0	0	0	0	0	0	0	0	0	0	0	0	0	0	0	0	0	0	0	0	0
扬州市职业大学	12	0	0	0	0	0	0	0	0	0	0	0	0	0	0	0	0	0	0	0	0	0	0	0	0	0	0
连云港师范高等专科学校	13	0	0	0	0	0	0	0	0	0	0	0	0	0	0	0	0	0	0	0	0	0	0	0	0	0	0
江苏经贸职业技术学院	14	0	0	0	0	0	0	0	0	0	0	0	0	0	0	0	0	0	0	0	0	0	0	0	0	0	0
泰州职业技术学院	15	0	0	0	0	0	0	0	0	0	0	0	0	0	0	0	0	0	0	0	0	0	0	0	0	0	0

续表

高校名称	编号	总数					出版著作(部)							古籍整理(部)	译著(部)	发表译文(篇)	电子出版物(件)	发表论文(篇)				获奖成果数(项)				研究与咨询报告(篇)	
		课题数(项)	当年投入人数(人年)	其中：研究生(人年)	当年拨入经费(千元)	当年支出经费(千元)	合计	专著	其中：被译成外文	编著教材	工具书参考书	皮书/发展报告	科普读物					合计	国内学术刊物 内地(大陆)	国内学术刊物 港、澳、台地区	国外学术刊物	合计	国家级奖	部级奖	省级奖	合计	其中：被采纳数
		L01	L02	L03	L04	L05	L06	L07	L08	L09	L10	L11	L12	L13	L14	L15	L16	L17	L18	L19	L20	L21	L22	L23	L24	L25	L26
常州信息职业技术学院	16	0	0	0	0	0	0	0	0	0	0	0	0	0	0	0	0	0	0	0	0	0	0	0	0	0	0
江苏海事职业技术学院	17	0	0	0	0	0	0	0	0	0	0	0	0	0	0	0	0	0	0	0	0	0	0	0	0	0	0
无锡科技职业学院	18	0	0	0	0	0	0	0	0	0	0	0	0	0	0	0	0	0	0	0	0	0	0	0	0	0	0
江苏医药职业学院	19	0	0	0	0	0	0	0	0	0	0	0	0	0	0	0	0	0	0	0	0	0	0	0	0	0	0
南通科技职业学院	20	0	0	0	0	0	0	0	0	0	0	0	0	0	0	0	0	0	0	0	0	0	0	0	0	0	0
苏州经贸职业技术学院	21	0	0	0	0	0	0	0	0	0	0	0	0	0	0	0	0	0	0	0	0	0	0	0	0	0	0
苏州工业职业技术学院	22	0	0	0	0	0	0	0	0	0	0	0	0	0	0	0	0	0	0	0	0	0	0	0	0	0	0
苏州卫生职业技术学院	23	0	0	0	0	0	0	0	0	0	0	0	0	0	0	0	0	0	0	0	0	0	0	0	0	0	0
无锡商业职业技术学院	24	0	0	0	0	0	0	0	0	0	0	0	0	0	0	0	0	0	0	0	0	0	0	0	0	0	0
江苏航运职业技术学院	25	0	0	0	0	0	0	0	0	0	0	0	0	0	0	0	0	0	0	0	0	0	0	0	0	0	0
南京交通职业技术学院	26	0	0	0	0	0	0	0	0	0	0	0	0	0	0	0	0	0	0	0	0	0	0	0	0	0	0
江苏电子信息职业学院	27	0	0	0	0	0	0	0	0	0	0	0	0	0	0	0	0	0	0	0	0	0	0	0	0	0	0
江苏农牧科技职业学院	28	0	0	0	0	0	0	0	0	0	0	0	0	0	0	0	0	0	0	0	0	0	0	0	0	0	0
常州纺织服装职业技术学院	29	0	0	0	0	0	0	0	0	0	0	0	0	0	0	0	0	0	0	0	0	0	0	0	0	0	0
苏州农业职业技术学院	30	0	0	0	0	0	0	0	0	0	0	0	0	0	0	0	0	0	0	0	0	0	0	0	0	0	0

南京科技职业学院	31	0	0	0	0	0	0	0	0	0	0	0	0	0	0	0	0	0	0	0	0	0	0	0	0	0	0
常州工业职业技术学院	32	0	0	0	0	0	0	0	0	0	0	0	0	0	0	0	0	0	0	0	0	0	0	0	0	0	0
常州工程职业技术学院	33	0	0	0	0	0	0	0	0	0	0	0	0	0	0	0	0	0	0	0	0	0	0	0	0	0	0
江苏农林职业技术学院	34	0	0	0	0	0	0	0	0	0	0	0	0	0	0	0	0	0	0	0	0	0	0	0	0	0	0
江苏食品药品职业技术学院	35	0	0	0	0	0	0	0	0	0	0	0	0	0	0	0	0	0	0	0	0	0	0	0	0	0	0
南京铁道职业技术学院	36	0	0	0	0	0	0	0	0	0	0	0	0	0	0	0	0	0	0	0	0	0	0	0	0	0	0
徐州工业职业技术学院	37	0	0	0	0	0	0	0	0	0	0	0	0	0	0	0	0	0	0	0	0	0	0	0	0	0	0
江苏信息职业技术学院	38	0	0	0	0	0	0	0	0	0	0	0	0	0	0	0	0	0	0	0	0	0	0	0	0	0	0
南京信息职业技术学院	39	0	0	0	0	0	0	0	0	0	0	0	0	0	0	0	0	0	0	0	0	0	0	0	0	0	0
常州机电职业技术学院	40	0	0	0	0	0	0	0	0	0	0	0	0	0	0	0	0	0	0	0	0	0	0	0	0	0	0
江阴职业技术学院	41	0	0	0	0	0	0	0	0	0	0	0	0	0	0	0	0	0	0	0	0	0	0	0	0	0	0
无锡城市职业技术学院	42	0	0	0	0	0	0	0	0	0	0	0	0	0	0	0	0	0	0	0	0	0	0	0	0	0	0
无锡工艺职业技术学院	43	0	0	0	0	0	0	0	0	0	0	0	0	0	0	0	0	0	0	0	0	0	0	0	0	0	0
苏州健雄职业技术学院	44	0	0	0	0	0	0	0	0	0	0	0	0	0	0	0	0	0	0	0	0	0	0	0	0	0	0
盐城工业职业技术学院	45	0	0	0	0	0	0	0	0	0	0	0	0	0	0	0	0	0	0	0	0	0	0	0	0	0	0
江苏财经职业技术学院	46	0	0	0	0	0	0	0	0	0	0	0	0	0	0	0	0	0	0	0	0	0	0	0	0	0	0
扬州工业职业技术学院	47	0	0	0	0	0	0	0	0	0	0	0	0	0	0	0	0	0	0	0	0	0	0	0	0	0	0
江苏城市职业学院	48	0	0	0	0	0	0	0	0	0	0	0	0	0	0	0	0	0	0	0	0	0	0	0	0	0	0
南京城市职业学院	49	0	0	0	0	0	0	0	0	0	0	0	0	0	0	0	0	0	0	0	0	0	0	0	0	0	0

续表

高校名称	编号	总数：课题数(项)	总数：当年投入人数(人年)	总数：其中：研究生(人年)	总数：当年拨入经费(千元)	总数：当年支出经费(千元)	出版著作(部)：合计	出版著作(部)：专著	出版著作(部)：其中：被译成外文	出版著作(部)：编著教材	出版著作(部)：工具书参考书	出版著作(部)：皮书/发展报告	出版著作(部)：科普读物	古籍整理(部)	译著(部)	发表译文(篇)	电子出版物(件)	发表论文(篇)：合计	发表论文(篇)：国内学术刊物：内地(大陆)	发表论文(篇)：国内学术刊物：港、澳、台地区	发表论文(篇)：国外学术刊物	获奖成果数(项)：合计	获奖成果数(项)：国家级奖	获奖成果数(项)：部级奖	获奖成果数(项)：省级奖	研究与咨询报告(篇)：合计	研究与咨询报告(篇)：其中：被采纳数
		L01	L02	L03	L04	L05	L06	L07	L08	L09	L10	L11	L12	L13	L14	L15	L16	L17	L18	L19	L20	L21	L22	L23	L24	L25	L26
南京机电职业技术学院	50	0	0	0	0	0	0	0	0	0	0	0	0	0	0	0	0	0	0	0	0	0	0	0	0	0	0
南京旅游职业学院	51	0	0	0	0	0	0	0	0	0	0	0	0	0	0	0	0	0	0	0	0	0	0	0	0	0	0
江苏卫生健康职业学院	52	0	0	0	0	0	0	0	0	0	0	0	0	0	0	0	0	0	0	0	0	0	0	0	0	0	0
苏州信息职业技术学院	53	0	0	0	0	0	0	0	0	0	0	0	0	0	0	0	0	0	0	0	0	0	0	0	0	0	0
苏州工业园区服务外包职业学院	54	0	0	0	0	0	0	0	0	0	0	0	0	0	0	0	0	0	0	0	0	0	0	0	0	0	0
徐州幼儿师范高等专科学校	55	0	0	0	0	0	0	0	0	0	0	0	0	0	0	0	0	0	0	0	0	0	0	0	0	0	0
徐州生物工程职业技术学院	56	0	0	0	0	0	0	0	0	0	0	0	0	0	0	0	0	0	0	0	0	0	0	0	0	0	0
江苏商贸职业学院	57	1	0.4	0	0	3	0	0	0	0	0	0	0	0	0	0	0	2	2	0	0	0	0	0	0	0	0
南通师范高等专科学校	58	0	0	0	0	0	0	0	0	0	0	0	0	0	0	0	0	0	0	0	0	0	0	0	0	0	0
江苏护理职业学院	59	0	0	0	0	0	0	0	0	0	0	0	0	0	0	0	0	0	0	0	0	0	0	0	0	0	0
江苏财会职业学院	60	0	0	0	0	0	0	0	0	0	0	0	0	0	0	0	0	0	0	0	0	0	0	0	0	0	0
江苏城乡建设职业学院	61	0	0	0	0	0	0	0	0	0	0	0	0	0	0	0	0	0	0	0	0	0	0	0	0	0	0
江苏航空职业技术学院	62	0	0	0	0	0	0	0	0	0	0	0	0	0	0	0	0	0	0	0	0	0	0	0	0	0	0
江苏安全技术职业学院	63	0	0	0	0	0	0	0	0	0	0	0	0	0	0	0	0	0	0	0	0	0	0	0	0	0	0
江苏旅游职业学院	64	0	0	0	0	0	0	0	0	0	0	0	0	0	0	0	0	0	0	0	0	0	0	0	0	0	0
常州幼儿师范高等专科学校	65	0	0	0	0	0	0	0	0	0	0	0	0	0	0	0	0	0	0	0	0	0	0	0	0	0	0

3.12 经济学人文、社会科学研究与课题成果情况表

高校名称		总数					出版著作(部)							古籍整理(部)	译著(部)	发表译文(篇)	电子出版物(件)	发表论文(篇)				获奖成果数(项)				研究与咨询报告(篇)	
		课题数(项)	当年投入人数(人年)	其中：研究生(人年)	当年拨入经费(千元)	当年支出经费(千元)	合计	专著	其中：被译成外文	编著教材	工具书参考书	皮书/发展报告	科普读物					合计	国内学术刊物 内地(大陆)	国内学术刊物 港澳、台地区	国外学术刊物	合计	国家级奖	部级奖	省级奖	合计	其中：被采纳数
	编号	L01	L02	L03	L04	L05	L06	L07	L08	L09	L10	L11	L12	L13	L14	L15	L16	L17	L18	L19	L20	L21	L22	L23	L24	L25	L26
合　计	/	893	154.2	0	14 801.1	11 882.726	26	8	0	18	0	0	0	0	0	0	0	530	504	26	0	1	0	0	1	114	69
盐城幼儿师范高等专科学校	1	2	0.2	0	0	0	0	0	0	0	0	0	0	0	0	0	0	0	0	0	0	0	0	0	0	0	0
苏州幼儿师范高等专科学校	2	0	0	0	0	0	0	0	0	0	0	0	0	0	0	0	0	0	0	0	0	0	0	0	0	0	0
无锡职业技术学院	3	26	3.2	0	0	44.3	3	3	0	0	0	0	0	0	0	0	0	26	22	4	0	1	0	0	1	0	0
江苏建筑职业技术学院	4	9	1.5	0	0	46	2	0	0	2	0	0	0	0	0	0	0	3	3	0	0	0	0	0	0	0	0
江苏工程职业技术学院	5	6	1.1	0	6	6	0	0	0	0	0	0	0	0	0	0	0	5	5	0	0	0	0	0	0	0	0
苏州工艺美术职业技术学院	6	0	0	0	0	0	1	1	0	0	0	0	0	0	0	0	0	0	0	0	0	0	0	0	0	0	0
连云港职业技术学院	7	11	1.9	0	24	24	0	0	0	0	0	0	0	0	0	0	0	5	5	0	0	0	0	0	0	1	1
镇江市高等专科学校	8	20	5.7	0	64	54	1	0	0	1	0	0	0	0	0	0	0	9	9	0	0	0	0	0	0	6	0
南通职业大学	9	15	2.5	0	306	21	0	0	0	0	0	0	0	0	0	0	0	11	11	0	0	0	0	0	0	1	1
苏州市职业大学	10	33	10.8	0	510	555.728	1	0	0	1	0	0	0	0	0	0	0	21	21	0	0	0	0	0	0	8	3
沙洲职业工学院	11	0	0	0	0	0	2	0	0	2	0	0	0	0	0	0	0	3	3	0	0	0	0	0	0	0	0
扬州市职业大学	12	27	8	0	0	263.37	0	0	0	0	0	0	0	0	0	0	0	6	6	0	0	0	0	0	0	18	18
连云港师范高等专科学校	13	8	1	0	9	0	0	0	0	0	0	0	0	0	0	0	0	7	7	0	0	0	0	0	0	0	0
江苏经贸职业技术学院	14	32	8.1	0	130	126.9	2	0	0	2	0	0	0	0	0	0	0	15	15	0	0	0	0	0	0	7	0
泰州职业技术学院	15	8	2.1	0	32	231.87	0	0	0	0	0	0	0	0	0	0	0	4	4	0	0	0	0	0	0	1	1

续表

高校名称	编号	总数：课题数(项)	总数：当年投入人数(人年)	总数：其中：研究生(人年)	总数：当年拨入经费(千元)	总数：当年支出经费(千元)	出版著作(部)：合计	出版著作(部)：专著	出版著作(部)：其中：被译成外文	出版著作(部)：编著教材	出版著作(部)：工具书参考书	出版著作(部)：皮书/发展报告	出版著作(部)：科普读物	古籍整理(部)	译著(部)	发表译文(篇)	电子出版物(件)	发表论文(篇)：合计	发表论文(篇)：国内学术刊物：内地(大陆)	发表论文(篇)：国内学术刊物：港、澳、台地区	发表论文(篇)：国外学术刊物	获奖成果数(项)：合计	获奖成果数(项)：国家级奖	获奖成果数(项)：部级奖	获奖成果数(项)：省级奖	研究与咨询报告(篇)：合计	研究与咨询报告(篇)：其中：被采纳数
		L01	L02	L03	L04	L05	L06	L07	L08	L09	L10	L11	L12	L13	L14	L15	L16	L17	L18	L19	L20	L21	L22	L23	L24	L25	L26
常州信息职业技术学院	16	28	7.1	0	40	40	1	0	0	1	0	0	0	0	0	0	0	9	9	0	0	0	0	0	0	0	0
江苏海事职业技术学院	17	5	1.3	0	0	15.49	0	0	0	0	0	0	0	0	0	0	0	0	0	0	0	0	0	0	0	0	0
无锡科技职业学院	18	10	2.1	0	618	259	0	0	0	0	0	0	0	0	0	0	0	3	3	0	0	0	0	0	0	0	0
江苏医药职业学院	19	2	0.5	0	0	0	0	0	0	0	0	0	0	0	0	0	0	2	2	0	0	0	0	0	0	0	0
南通科技职业学院	20	14	2.7	0	5	3.6	0	0	0	0	0	0	0	0	0	0	0	3	3	0	0	0	0	0	0	0	0
苏州经贸职业技术学院	21	13	5.1	0	3 070.4	1 812.981	0	0	0	0	0	0	0	0	0	0	0	20	20	0	0	0	0	0	0	0	0
苏州工业职业技术学院	22	0	0	0	0	0	0	0	0	0	0	0	0	0	0	0	0	0	0	0	0	0	0	0	0	0	0
苏州卫生职业技术学院	23	4	0.8	0	2	2.5	0	0	0	0	0	0	0	0	0	0	0	1	1	0	0	0	0	0	0	0	0
无锡商业职业技术学院	24	52	5.7	0	1480	903.444	3	3	0	0	0	0	0	0	0	0	0	29	24	5	0	0	0	0	0	1	1
江苏航运职业技术学院	25	13	2.1	0	0	18	0	0	0	0	0	0	0	0	0	0	0	10	10	0	0	0	0	0	0	0	0
南京交通职业技术学院	26	0	0	0	0	0	0	0	0	0	0	0	0	0	0	0	0	4	4	0	0	0	0	0	0	0	0
江苏电子信息职业学院	27	2	0.5	0	8	4	1	0	0	1	0	0	0	0	0	0	0	4	4	0	0	0	0	0	0	0	0
江苏农牧科技职业学院	28	14	1.4	0	0	18.24	0	0	0	0	0	0	0	0	0	0	0	22	22	0	0	0	0	0	0	0	0
常州纺织服装职业技术学院	29	18	2.5	0	25	42.4	0	0	0	0	0	0	0	0	0	0	0	13	12	1	0	0	0	0	0	0	0
苏州农业职业技术学院	30	6	0.7	0	0	8	1	0	0	1	0	0	0	0	0	0	0	17	9	8	0	0	0	0	0	0	0

南京科技职业学院	31	38	3.8	0	184	116	2	0	0	2	0	0	0	0	0	0	0	6	5	1	0	0	0	0	0	12	12
常州工业职业技术学院	32	28	5.2	0	46	204	1	0	0	1	0	0	0	0	0	0	0	10	10	0	0	0	0	0	0	9	0
常州工程职业技术学院	33	4	0.4	0	20	20	0	0	0	0	0	0	0	0	0	0	0	3	3	0	0	0	0	0	0	0	0
江苏农林职业技术学院	34	5	0.9	0	120	105	0	0	0	0	0	0	0	0	0	0	0	4	4	0	0	0	0	0	0	0	0
江苏食品药品职业技术学院	35	6	1.3	0	0	122.7	0	0	0	0	0	0	0	0	0	0	0	0	0	0	0	0	0	0	0	2	2
南京铁道职业技术学院	36	3	0.4	0	0	0	0	0	0	0	0	0	0	0	0	0	0	2	2	0	0	0	0	0	0	0	0
徐州工业职业技术学院	37	13	1.3	0	0	10	0	0	0	0	0	0	0	0	0	0	0	8	8	0	0	0	0	0	0	0	0
江苏信息职业技术学院	38	50	5.5	0	1552	1 214.975	0	0	0	0	0	0	0	0	0	0	0	22	22	0	0	0	0	0	0	0	0
南京信息职业技术学院	39	11	1.4	0	120	112.5	0	0	0	0	0	0	0	0	0	0	0	4	4	0	0	0	0	0	0	0	0
常州机电职业技术学院	40	10	2.6	0	0	10	0	0	0	0	0	0	0	0	0	0	0	2	1	1	0	0	0	0	0	2	1
江阴职业技术学院	41	3	0.3	0	28	24	0	0	0	0	0	0	0	0	0	0	0	1	1	0	0	0	0	0	0	0	0
无锡城市职业技术学院	42	26	5.5	0	13	40.65	0	0	0	0	0	0	0	0	0	0	0	22	20	2	0	0	0	0	0	2	1
无锡工艺职业技术学院	43	23	3.2	0	1 642.5	1 540.5	0	0	0	0	0	0	0	0	0	0	0	2	2	0	0	0	0	0	0	8	8
苏州健雄职业技术学院	44	6	1.2	0	110	125	0	0	0	0	0	0	0	0	0	0	0	10	10	0	0	0	0	0	0	1	1
盐城工业职业技术学院	45	33	3.6	0	85	24	1	1	0	0	0	0	0	0	0	0	0	9	6	3	0	0	0	0	0	2	1
江苏财经职业技术学院	46	60	6	0	1513	920.8	0	0	0	0	0	0	0	0	0	0	0	35	35	0	0	0	0	0	0	7	5
扬州工业职业技术学院	47	49	5	0	1235	1245	0	0	0	0	0	0	0	0	0	0	0	13	13	0	0	0	0	0	0	3	2
江苏城市职业学院	48	10	3.2	0	41	34.248	0	0	0	0	0	0	0	0	0	0	0	12	11	1	0	0	0	0	0	0	0
南京城市职业学院	49	0	0	0	0	0	0	0	0	0	0	0	0	0	0	0	0	0	0	0	0	0	0	0	0	0	0

续表

高校名称	编号	总数 课题数(项)	当年投入人数(人年)	其中：研究生(人年)	当年拨入经费(千元)	当年支出经费(千元)	出版著作(部) 合计	专著	其中：被译成外文	编著教材	工具书参考书	皮书/发展报告	科普读物	古籍整理(部)	译著(部)	发表译文(篇)	电子出版物(件)	发表论文(篇) 合计	国内学术刊物 内地(大陆)	国内学术刊物 港澳、台地区	国外学术刊物	获奖成果数(项) 合计	国家级奖	部级奖	省级奖	研究与咨询报告(篇) 合计	其中：被采纳数
		L01	L02	L03	L04	L05	L06	L07	L08	L09	L10	L11	L12	L13	L14	L15	L16	L17	L18	L19	L20	L21	L22	L23	L24	L25	L26
南京机电职业技术学院	50	5	0.5	0	0	5	0	0	0	0	0	0	0	0	0	0	0	8	8	0	0	0	0	0	0	0	0
南京旅游职业学院	51	0	0	0	0	0	0	0	0	0	0	0	0	0	0	0	0	0	0	0	0	0	0	0	0	0	0
江苏卫生健康职业学院	52	1	0.2	0	0	0	0	0	0	0	0	0	0	0	0	0	0	1	1	0	0	0	0	0	0	0	0
苏州信息职业技术学院	53	13	1.5	0	15	10.97	0	0	0	0	0	0	0	0	0	0	0	0	0	0	0	0	0	0	0	0	0
苏州工业园区服务外包职业学院	54	22	4.2	0	1 337.5	1 352.12	1	0	0	1	0	0	0	0	0	0	0	10	10	0	0	0	0	0	0	11	11
徐州幼儿师范高等专科学校	55	0	0	0	0	0	0	0	0	0	0	0	0	0	0	0	0	0	0	0	0	0	0	0	0	0	0
徐州生物工程职业技术学院	56	1	0.1	0	0	0	1	0	0	1	0	0	0	0	0	0	0	14	14	0	0	0	0	0	0	0	0
江苏商贸职业学院	57	31	6.7	0	385.7	110.44	2	0	0	2	0	0	0	0	0	0	0	36	36	0	0	0	0	0	0	7	0
南通师范高等专科学校	58	1	0.2	0	0	0	0	0	0	0	0	0	0	0	0	0	0	0	0	0	0	0	0	0	0	0	0
江苏护理职业学院	59	0	0	0	0	0	0	0	0	0	0	0	0	0	0	0	0	0	0	0	0	0	0	0	0	0	0
江苏财会职业学院	60	52	10.2	0	24	24	0	0	0	0	0	0	0	0	0	0	0	26	26	0	0	0	0	0	0	5	0
江苏城乡建设职业学院	61	4	0.5	0	0	0	0	0	0	0	0	0	0	0	0	0	0	4	4	0	0	0	0	0	0	0	0
江苏航空职业技术学院	62	0	0	0	0	0	0	0	0	0	0	0	0	0	0	0	0	1	1	0	0	0	0	0	0	0	0
江苏安全技术职业学院	63	0	0	0	0	0	0	0	0	0	0	0	0	0	0	0	0	0	0	0	0	0	0	0	0	0	0
江苏旅游职业学院	64	7	0.7	0	0	10	0	0	0	0	0	0	0	0	0	0	0	12	12	0	0	0	0	0	0	0	0
常州幼儿师范高等专科学校	65	0	0	0	0	0	0	0	0	0	0	0	0	0	0	0	0	1	1	0	0	0	0	0	0	0	0

3.13 政治学人文、社会科学研究与课题成果情况表

高校名称	编号	总数：课题数（项）	总数：当年投入人数（人年）	总数：其中：研究生（人年）	总数：当年拨入经费（千元）	总数：当年支出经费（千元）	出版著作（部）：合计	出版著作（部）：专著	出版著作（部）：其中：被译成外文	出版著作（部）：编著教材	出版著作（部）：工具书参考书	出版著作（部）：皮书/发展报告	出版著作（部）：科普读物	古籍整理（部）	译著（部）	发表译文（篇）	电子出版物（件）	发表论文（篇）：合计	发表论文（篇）：国内学术刊物：内地（大陆）	发表论文（篇）：国内学术刊物：港、澳、台地区	发表论文（篇）：国外学术刊物	获奖成果数（项）：合计	获奖成果数（项）：国家级奖	获奖成果数（项）：部级奖	获奖成果数（项）：省级奖	研究与咨询报告（篇）：合计	研究与咨询报告（篇）：其中：被采纳数
		L01	L02	L03	L04	L05	L06	L07	L08	L09	L10	L11	L12	L13	L14	L15	L16	L17	L18	L19	L20	L21	L22	L23	L24	L25	L26
合　计	/	189	32.2	0	423	325.14	0	0	0	0	0	0	0	0	0	0	0	117	116	1	0	0	0	0	0	1	1
盐城幼儿师范高等专科学校	1	6	0.6	0	0	0	0	0	0	0	0	0	0	0	0	0	0	0	0	0	0	0	0	0	0	0	0
苏州幼儿师范高等专科学校	2	3	0.3	0	0	6.9	0	0	0	0	0	0	0	0	0	0	0	0	0	0	0	0	0	0	0	0	0
无锡职业技术学院	3	2	0.5	0	0	6	0	0	0	0	0	0	0	0	0	0	0	1	1	0	0	0	0	0	0	0	0
江苏建筑职业技术学院	4	1	0.4	0	50	10	0	0	0	0	0	0	0	0	0	0	0	1	1	0	0	0	0	0	0	0	0
江苏工程职业技术学院	5	3	0.4	0	3	3	0	0	0	0	0	0	0	0	0	0	0	2	2	0	0	0	0	0	0	0	0
苏州工艺美术职业技术学院	6	0	0	0	0	0	0	0	0	0	0	0	0	0	0	0	0	0	0	0	0	0	0	0	0	0	0
连云港职业技术学院	7	1	0.2	0	0	0	0	0	0	0	0	0	0	0	0	0	0	0	0	0	0	0	0	0	0	0	0
镇江市高等专科学校	8	0	0	0	0	0	0	0	0	0	0	0	0	0	0	0	0	0	0	0	0	0	0	0	0	0	0
南通职业大学	9	0	0	0	0	0	0	0	0	0	0	0	0	0	0	0	0	8	8	0	0	0	0	0	0	0	0
苏州市职业大学	10	3	1.2	0	0	0	0	0	0	0	0	0	0	0	0	0	0	5	5	0	0	0	0	0	0	0	0
沙洲职业工学院	11	4	1.6	0	0	0	0	0	0	0	0	0	0	0	0	0	0	0	0	0	0	0	0	0	0	0	0
扬州市职业大学	12	1	0.4	0	0	0	0	0	0	0	0	0	0	0	0	0	0	1	1	0	0	0	0	0	0	0	0
连云港师范高等专科学校	13	2	0.2	0	0	0	0	0	0	0	0	0	0	0	0	0	0	1	1	0	0	0	0	0	0	0	0
江苏经贸职业技术学院	14	0	0	0	0	0	0	0	0	0	0	0	0	0	0	0	0	3	3	0	0	0	0	0	0	0	0
泰州职业技术学院	15	1	0.1	0	0	0	0	0	0	0	0	0	0	0	0	0	0	4	4	0	0	0	0	0	0	0	0

续表

高校名称		总数					出版著作(部)							古籍整理(部)	译著(部)	发表译文(篇)	电子出版物(件)	发表论文(篇)				获奖成果数(项)				研究与咨询报告(篇)	
		课题数(项)	当年投入人数(人年)	其中：研究生(人年)	当年拨入经费(千元)	当年支出经费(千元)	合计	专著	其中：被译成外文	编著教材	工具书参考书	皮书/发展报告	科普读物					合计	国内学术刊物 内地(大陆)	国内学术刊物 港澳、台地区	国外学术刊物	合计	国家级奖	部级奖	省级奖	合计	其中：被采纳数
	编号	L01	L02	L03	L04	L05	L06	L07	L08	L09	L10	L11	L12	L13	L14	L15	L16	L17	L18	L19	L20	L21	L22	L23	L24	L25	L26
常州信息职业技术学院	16	0	0	0	0	0	0	0	0	0	0	0	0	0	0	0	0	0	0	0	0	0	0	0	0	0	0
江苏海事职业技术学院	17	0	0	0	0	0	0	0	0	0	0	0	0	0	0	0	0	0	0	0	0	0	0	0	0	0	0
无锡科技职业学院	18	1	0.3	0	0	0	0	0	0	0	0	0	0	0	0	0	0	0	0	0	0	0	0	0	0	0	0
江苏医药职业学院	19	1	0.3	0	0	0	0	0	0	0	0	0	0	0	0	0	0	1	1	0	0	0	0	0	0	0	0
南通科技职业学院	20	0	0	0	0	0	0	0	0	0	0	0	0	0	0	0	0	0	0	0	0	0	0	0	0	0	0
苏州经贸职业技术学院	21	0	0	0	0	0	0	0	0	0	0	0	0	0	0	0	0	12	11	1	0	0	0	0	0	0	0
苏州工业职业技术学院	22	0	0	0	0	0	0	0	0	0	0	0	0	0	0	0	0	0	0	0	0	0	0	0	0	0	0
苏州卫生职业技术学院	23	32	4.3	0	144	108.4	0	0	0	0	0	0	0	0	0	0	0	15	15	0	0	0	0	0	0	0	0
无锡商业职业技术学院	24	0	0	0	0	0	0	0	0	0	0	0	0	0	0	0	0	0	0	0	0	0	0	0	0	0	0
江苏航运职业技术学院	25	6	0.7	0	0	2	0	0	0	0	0	0	0	0	0	0	0	3	3	0	0	0	0	0	0	0	0
南京交通职业技术学院	26	0	0	0	0	0	0	0	0	0	0	0	0	0	0	0	0	0	0	0	0	0	0	0	0	0	0
江苏电子信息职业学院	27	0	0	0	0	0	0	0	0	0	0	0	0	0	0	0	0	0	0	0	0	0	0	0	0	0	0
江苏农牧科技职业学院	28	0	0	0	0	0	0	0	0	0	0	0	0	0	0	0	0	0	0	0	0	0	0	0	0	0	0
常州纺织服装职业技术学院	29	1	0.2	0	0	0	0	0	0	0	0	0	0	0	0	0	0	0	0	0	0	0	0	0	0	0	0
苏州农业职业技术学院	30	2	0.3	0	60	15	0	0	0	0	0	0	0	0	0	0	0	0	0	0	0	0	0	0	0	0	0

南京科技职业学院	31	5	0.5	0	6	5.5	0	0	0	0	0	0	0	0	0	0	0	1	1	0	0	0	0	0	0	0	0
常州工业职业技术学院	32	1	0.2	0	0	0	0	0	0	0	0	0	0	0	0	0	0	0	0	0	0	0	0	0	0	0	0
常州工程职业技术学院	33	0	0	0	0	0	0	0	0	0	0	0	0	0	0	0	0	0	0	0	0	0	0	0	0	0	0
江苏农林职业技术学院	34	0	0	0	0	0	0	0	0	0	0	0	0	0	0	0	0	0	0	0	0	0	0	0	0	0	0
江苏食品药品职业技术学院	35	0	0	0	0	0	0	0	0	0	0	0	0	0	0	0	0	0	0	0	0	0	0	0	0	0	0
南京铁道职业技术学院	36	0	0	0	0	0	0	0	0	0	0	0	0	0	0	0	0	0	0	0	0	0	0	0	0	0	0
徐州工业职业技术学院	37	12	1.2	0	0	3.33	0	0	0	0	0	0	0	0	0	0	0	1	1	0	0	0	0	0	0	0	0
江苏信息职业技术学院	38	9	0.9	0	45	22.5	0	0	0	0	0	0	0	0	0	0	0	8	8	0	0	0	0	0	0	0	0
南京信息职业技术学院	39	0	0	0	0	0	0	0	0	0	0	0	0	0	0	0	0	0	0	0	0	0	0	0	0	0	0
常州机电职业技术学院	40	28	5.7	0	73	89.45	0	0	0	0	0	0	0	0	0	0	0	8	8	0	0	0	0	0	0	0	0
江阴职业技术学院	41	2	0.4	0	0	1	0	0	0	0	0	0	0	0	0	0	0	0	0	0	0	0	0	0	0	0	0
无锡城市职业技术学院	42	0	0	0	0	0	0	0	0	0	0	0	0	0	0	0	0	0	0	0	0	0	0	0	0	0	0
无锡工艺职业技术学院	43	0	0	0	0	0	0	0	0	0	0	0	0	0	0	0	0	0	0	0	0	0	0	0	0	0	0
苏州健雄职业技术学院	44	2	0.2	0	2	0.5	0	0	0	0	0	0	0	0	0	0	0	0	0	0	0	0	0	0	0	0	0
盐城工业职业技术学院	45	0	0	0	0	0	0	0	0	0	0	0	0	0	0	0	0	0	0	0	0	0	0	0	0	0	0
江苏财经职业技术学院	46	8	0.8	0	4	3	0	0	0	0	0	0	0	0	0	0	0	19	19	0	0	0	0	0	0	0	0
扬州工业职业技术学院	47	2	0.2	0	10	10	0	0	0	0	0	0	0	0	0	0	0	2	2	0	0	0	0	0	0	0	0
江苏城市职业学院	48	20	5.8	0	0	14.06	0	0	0	0	0	0	0	0	0	0	0	5	5	0	0	0	0	0	0	0	0
南京城市职业学院	49	0	0	0	0	0	0	0	0	0	0	0	0	0	0	0	0	0	0	0	0	0	0	0	0	0	0

续表

高校名称		总数					出版著作(部)							古籍整理(部)	译著(部)	发表译文(篇)	电子出版物(件)	发表论文(篇)				获奖成果数(项)				研究与咨询报告(篇)	
		课题数(项)	当年投入人数(人年)	其中：研究生(人年)	当年拨入经费(千元)	当年支出经费(千元)	合计	专著	其中：被译成外文	编著教材	工具书参考书	皮书/发展报告	科普读物					合计	国内学术刊物 内地(大陆)	国内学术刊物 港、澳、台地区	国外学术刊物	合计	国家级奖	部级奖	省级奖	合计	其中：被采纳数
	编号	L01	L02	L03	L04	L05	L06	L07	L08	L09	L10	L11	L12	L13	L14	L15	L16	L17	L18	L19	L20	L21	L22	L23	L24	L25	L26
南京机电职业技术学院	50	0	0	0	0	0	0	0	0	0	0	0	0	0	0	0	0	0	0	0	0	0	0	0	0	0	0
南京旅游职业学院	51	0	0	0	0	0	0	0	0	0	0	0	0	0	0	0	0	1	1	0	0	0	0	0	0	0	0
江苏卫生健康职业学院	52	8	0.9	0	20	10	0	0	0	0	0	0	0	0	0	0	0	2	2	0	0	0	0	0	0	0	0
苏州信息职业技术学院	53	1	0.1	0	0	0	0	0	0	0	0	0	0	0	0	0	0	0	0	0	0	0	0	0	0	0	0
苏州工业园区服务外包职业学院	54	0	0	0	0	0	0	0	0	0	0	0	0	0	0	0	0	0	0	0	0	0	0	0	0	0	0
徐州幼儿师范高等专科学校	55	0	0	0	0	0	0	0	0	0	0	0	0	0	0	0	0	0	0	0	0	0	0	0	0	0	0
徐州生物工程职业技术学院	56	1	0.1	0	0	0	0	0	0	0	0	0	0	0	0	0	0	6	6	0	0	0	0	0	0	0	0
江苏商贸职业学院	57	0	0	0	0	0	0	0	0	0	0	0	0	0	0	0	0	0	0	0	0	0	0	0	0	0	0
南通师范高等专科学校	58	5	1.2	0	0	0	0	0	0	0	0	0	0	0	0	0	0	0	0	0	0	0	0	0	0	0	0
江苏护理职业学院	59	6	0.7	0	0	0	0	0	0	0	0	0	0	0	0	0	0	0	0	0	0	0	0	0	0	0	0
江苏财会职业学院	60	4	0.6	0	3	3	0	0	0	0	0	0	0	0	0	0	0	5	5	0	0	0	0	0	0	0	0
江苏城乡建设职业学院	61	0	0	0	0	0	0	0	0	0	0	0	0	0	0	0	0	0	0	0	0	0	0	0	0	0	0
江苏航空职业技术学院	62	0	0	0	0	0	0	0	0	0	0	0	0	0	0	0	0	0	0	0	0	0	0	0	0	0	0
江苏安全技术职业学院	63	5	0.7	0	3	11.5	0	0	0	0	0	0	0	0	0	0	0	0	0	0	0	0	0	0	0	1	1
江苏旅游职业学院	64	0	0	0	0	0	0	0	0	0	0	0	0	0	0	0	0	0	0	0	0	0	0	0	0	0	0
常州幼儿师范高等专科学校	65	0	0	0	0	0	0	0	0	0	0	0	0	0	0	0	0	2	2	0	0	0	0	0	0	0	0

3.14 法学人文、社会科学研究与课题成果情况表

高校名称	编号	总数：课题数（项）	总数：当年投入人数（人年）	总数：其中：研究生（人年）	总数：当年拨入经费（千元）	总数：当年支出经费（千元）	出版著作（部）：合计	出版著作（部）：专著	出版著作（部）：其中：被译成外文	出版著作（部）：编著教材	出版著作（部）：工具书参考书	出版著作（部）：皮书/发展报告	出版著作（部）：科普读物	古籍整理（部）	译著（部）	发表译文（篇）	电子出版物（件）	发表论文（篇）：合计	发表论文（篇）：国内学术刊物：内地（大陆）	发表论文（篇）：国内学术刊物：港、澳、台地区	发表论文（篇）：国外学术刊物	获奖成果数（项）：合计	获奖成果数（项）：国家级奖	获奖成果数（项）：部级奖	获奖成果数（项）：省级奖	研究与咨询报告（篇）：合计	研究与咨询报告（篇）：其中：被采纳数
	编号	L01	L02	L03	L04	L05	L06	L07	L08	L09	L10	L11	L12	L13	L14	L15	L16	L17	L18	L19	L20	L21	L22	L23	L24	L25	L26
合　计	/	77	12.9	0	464.5	418.536	2	1	0	1	0	0	0	0	0	0	0	67	66	1	0	0	0	0	0	8	4
盐城幼儿师范高等专科学校	1	0	0	0	0	0	0	0	0	0	0	0	0	0	0	0	0	0	0	0	0	0	0	0	0	0	0
苏州幼儿师范高等专科学校	2	0	0	0	0	0	0	0	0	0	0	0	0	0	0	0	0	1	1	0	0	0	0	0	0	0	0
无锡职业技术学院	3	0	0	0	0	0	0	0	0	0	0	0	0	0	0	0	0	0	0	0	0	0	0	0	0	0	0
江苏建筑职业技术学院	4	0	0	0	0	0	0	0	0	0	0	0	0	0	0	0	0	1	1	0	0	0	0	0	0	0	0
江苏工程职业技术学院	5	3	0.3	0	2.5	2.5	0	0	0	0	0	0	0	0	0	0	0	2	2	0	0	0	0	0	0	0	0
苏州工艺美术职业技术学院	6	0	0	0	0	0	0	0	0	0	0	0	0	0	0	0	0	0	0	0	0	0	0	0	0	0	0
连云港职业技术学院	7	0	0	0	0	0	0	0	0	0	0	0	0	0	0	0	0	0	0	0	0	0	0	0	0	0	0
镇江市高等专科学校	8	2	0.4	0	4	4	0	0	0	0	0	0	0	0	0	0	0	2	2	0	0	0	0	0	0	0	0
南通职业大学	9	0	0	0	0	0	0	0	0	0	0	0	0	0	0	0	0	1	1	0	0	0	0	0	0	0	0
苏州市职业大学	10	9	1.7	0	95	112	0	0	0	0	0	0	0	0	0	0	0	2	2	0	0	0	0	0	0	4	3
沙洲职业工学院	11	1	0.5	0	0	0	0	0	0	0	0	0	0	0	0	0	0	0	0	0	0	0	0	0	0	0	0
扬州市职业大学	12	0	0	0	0	0	0	0	0	0	0	0	0	0	0	0	0	0	0	0	0	0	0	0	0	0	0
连云港师范高等专科学校	13	1	0.1	0	4	0	0	0	0	0	0	0	0	0	0	0	0	1	1	0	0	0	0	0	0	0	0
江苏经贸职业技术学院	14	6	1.1	0	50	50	0	0	0	0	0	0	0	0	0	0	0	7	7	0	0	0	0	0	0	1	0
泰州职业技术学院	15	0	0	0	0	0	0	0	0	0	0	0	0	0	0	0	0	0	0	0	0	0	0	0	0	0	0

续表

高校名称	编号	总数：课题数(项)	总数：当年投入人数(人年)	总数：其中：研究生(人年)	总数：当年拨入经费(千元)	总数：当年支出经费(千元)	出版著作(部)：合计	出版著作(部)：专著	出版著作(部)：其中：被译成外文	出版著作(部)：编著教材	出版著作(部)：工具书参考书	出版著作(部)：皮书/发展报告	出版著作(部)：科普读物	古籍整理(部)	译著(部)	发表译文(篇)	电子出版物(件)	发表论文(篇)：合计	发表论文(篇)：国内学术刊物：内地(大陆)	发表论文(篇)：国内学术刊物：港、澳、台地区	发表论文(篇)：国外学术刊物	获奖成果数(项)：合计	获奖成果数(项)：国家级奖	获奖成果数(项)：部级奖	获奖成果数(项)：省级奖	研究与咨询报告(篇)：合计	研究与咨询报告(篇)：其中：被采纳数
		L01	L02	L03	L04	L05	L06	L07	L08	L09	L10	L11	L12	L13	L14	L15	L16	L17	L18	L19	L20	L21	L22	L23	L24	L25	L26
常州信息职业技术学院	16	3	0.8	0	1	1	0	0	0	0	0	0	0	0	0	0	0	0	0	0	0	0	0	0	0	0	0
江苏海事职业技术学院	17	1	0.3	0	0	0.55	0	0	0	0	0	0	0	0	0	0	0	0	0	0	0	0	0	0	0	0	0
无锡科技职业学院	18	1	0.1	0	0	0	0	0	0	0	0	0	0	0	0	0	0	0	0	0	0	0	0	0	0	0	0
江苏医药职业学院	19	0	0	0	0	0	0	0	0	0	0	0	0	0	0	0	0	0	0	0	0	0	0	0	0	0	0
南通科技职业学院	20	0	0	0	0	0	0	0	0	0	0	0	0	0	0	0	0	0	0	0	0	0	0	0	0	0	0
苏州经贸职业技术学院	21	0	0	0	0	0	0	0	0	0	0	0	0	0	0	0	0	5	5	0	0	0	0	0	0	0	0
苏州工业职业技术学院	22	0	0	0	0	0	0	0	0	0	0	0	0	0	0	0	0	0	0	0	0	0	0	0	0	0	0
苏州卫生职业技术学院	23	0	0	0	0	0	0	0	0	0	0	0	0	0	0	0	0	0	0	0	0	0	0	0	0	0	0
无锡商业职业技术学院	24	1	0.1	0	0	0	1	1	0	0	0	0	0	0	0	0	0	3	2	1	0	0	0	0	0	0	0
江苏航运职业技术学院	25	0	0	0	0	0	0	0	0	0	0	0	0	0	0	0	0	2	2	0	0	0	0	0	0	0	0
南京交通职业技术学院	26	0	0	0	0	0	0	0	0	0	0	0	0	0	0	0	0	2	2	0	0	0	0	0	0	0	0
江苏电子信息职业学院	27	0	0	0	0	0	0	0	0	0	0	0	0	0	0	0	0	3	3	0	0	0	0	0	0	0	0
江苏农牧科技职业学院	28	0	0	0	0	0	0	0	0	0	0	0	0	0	0	0	0	0	0	0	0	0	0	0	0	0	0
常州纺织服装职业技术学院	29	0	0	0	0	0	0	0	0	0	0	0	0	0	0	0	0	0	0	0	0	0	0	0	0	0	0
苏州农业职业技术学院	30	1	0.1	0	0	0	0	0	0	0	0	0	0	0	0	0	0	2	2	0	0	0	0	0	0	0	0

南京科技职业学院	31	0	0	0	0	0	0	0	0	0	0	0	0	0	0	0	0	0	0	0	0	0	0	0	0	0	0
常州工业职业技术学院	32	0	0	0	0	0	0	0	0	0	0	0	0	0	0	0	0	0	0	0	0	0	0	0	0	0	0
常州工程职业技术学院	33	0	0	0	0	0	0	0	0	0	0	0	0	0	0	0	0	8	8	0	0	0	0	0	0	0	0
江苏农林职业技术学院	34	0	0	0	0	0	0	0	0	0	0	0	0	0	0	0	0	0	0	0	0	0	0	0	0	0	0
江苏食品药品职业技术学院	35	0	0	0	0	0	0	0	0	0	0	0	0	0	0	0	0	0	0	0	0	0	0	0	0	0	0
南京铁道职业技术学院	36	0	0	0	0	0	0	0	0	0	0	0	0	0	0	0	0	0	0	0	0	0	0	0	0	0	0
徐州工业职业技术学院	37	5	0.5	0	1	1	0	0	0	0	0	0	0	0	0	0	0	0	0	0	0	0	0	0	0	0	0
江苏信息职业技术学院	38	0	0	0	0	0	0	0	0	0	0	0	0	0	0	0	0	0	0	0	0	0	0	0	0	0	0
南京信息职业技术学院	39	0	0	0	0	0	0	0	0	0	0	0	0	0	0	0	0	0	0	0	0	0	0	0	0	0	0
常州机电职业技术学院	40	0	0	0	0	0	0	0	0	0	0	0	0	0	0	0	0	4	4	0	0	0	0	0	0	0	0
江阴职业技术学院	41	0	0	0	0	0	0	0	0	0	0	0	0	0	0	0	0	0	0	0	0	0	0	0	0	0	0
无锡城市职业技术学院	42	0	0	0	0	0	0	0	0	0	0	0	0	0	0	0	0	0	0	0	0	0	0	0	0	0	0
无锡工艺职业技术学院	43	0	0	0	0	0	0	0	0	0	0	0	0	0	0	0	0	0	0	0	0	0	0	0	0	0	0
苏州健雄职业技术学院	44	6	1.2	0	75	55	0	0	0	0	0	0	0	0	0	0	0	7	7	0	0	0	0	0	0	0	0
盐城工业职业技术学院	45	8	1	0	0	0	0	0	0	0	0	0	0	0	0	0	0	0	0	0	0	0	0	0	0	0	0
江苏财经职业技术学院	46	1	0.1	0	0	0.65	0	0	0	0	0	0	0	0	0	0	0	2	2	0	0	0	0	0	0	0	0
扬州工业职业技术学院	47	0	0	0	0	0	0	0	0	0	0	0	0	0	0	0	0	0	0	0	0	0	0	0	0	0	0
江苏城市职业学院	48	9	1.8	0	168	113.686	0	0	0	0	0	0	0	0	0	0	0	6	6	0	0	0	0	0	0	0	0
南京城市职业学院	49	0	0	0	0	0	0	0	0	0	0	0	0	0	0	0	0	0	0	0	0	0	0	0	0	0	0

续表

高校名称	编号	总数：课题数(项)	总数：当年投入人数(人年)	总数：其中：研究生(人年)	总数：当年拨入经费(千元)	总数：当年支出经费(千元)	出版著作(部)：合计	出版著作(部)：专著	出版著作(部)：其中：被译成外文	出版著作(部)：编著教材	出版著作(部)：工具书参考书	出版著作(部)：皮书/发展报告	出版著作(部)：科普读物	古籍整理(部)	译著(部)	发表译文(篇)	电子出版物(件)	发表论文(篇)：合计	发表论文(篇)：国内学术刊物：内地(大陆)	发表论文(篇)：国内学术刊物：港、澳、台地区	发表论文(篇)：国外学术刊物	获奖成果数(项)：合计	获奖成果数(项)：国家级奖	获奖成果数(项)：部级奖	获奖成果数(项)：省级奖	研究与咨询报告(篇)：合计	研究与咨询报告(篇)：其中：被采纳数
	编号	L01	L02	L03	L04	L05	L06	L07	L08	L09	L10	L11	L12	L13	L14	L15	L16	L17	L18	L19	L20	L21	L22	L23	L24	L25	L26
南京机电职业技术学院	50	0	0	0	0	0	0	0	0	0	0	0	0	0	0	0	0	0	0	0	0	0	0	0	0	0	0
南京旅游职业学院	51	5	0.5	0	0	16	0	0	0	0	0	0	0	0	0	0	0	1	1	0	0	0	0	0	0	0	0
江苏卫生健康职业学院	52	2	0.2	0	6	2	0	0	0	0	0	0	0	0	0	0	0	1	1	0	0	0	0	0	0	0	0
苏州信息职业技术学院	53	0	0	0	0	0.7	0	0	0	0	0	0	0	0	0	0	0	0	0	0	0	0	0	0	0	0	0
苏州工业园区服务外包职业学院	54	2	0.3	0	55	55.45	1	0	0	1	0	0	0	0	0	0	0	0	0	0	0	0	0	0	0	1	1
徐州幼儿师范高等专科学校	55	0	0	0	0	0	0	0	0	0	0	0	0	0	0	0	0	0	0	0	0	0	0	0	0	0	0
徐州生物工程职业技术学院	56	0	0	0	0	0	0	0	0	0	0	0	0	0	0	0	0	0	0	0	0	0	0	0	0	0	0
江苏商贸职业学院	57	1	0.2	0	0	1	0	0	0	0	0	0	0	0	0	0	0	1	1	0	0	0	0	0	0	0	0
南通师范高等专科学校	58	0	0	0	0	0	0	0	0	0	0	0	0	0	0	0	0	0	0	0	0	0	0	0	0	0	0
江苏护理职业学院	59	0	0	0	0	0	0	0	0	0	0	0	0	0	0	0	0	0	0	0	0	0	0	0	0	0	0
江苏财会职业学院	60	6	1.1	0	3	3	0	0	0	0	0	0	0	0	0	0	0	2	2	0	0	0	0	0	0	2	0
江苏城乡建设职业学院	61	1	0.1	0	0	0	0	0	0	0	0	0	0	0	0	0	0	0	0	0	0	0	0	0	0	0	0
江苏航空职业技术学院	62	2	0.4	0	0	0	0	0	0	0	0	0	0	0	0	0	0	1	1	0	0	0	0	0	0	0	0
江苏安全技术职业学院	63	0	0	0	0	0	0	0	0	0	0	0	0	0	0	0	0	0	0	0	0	0	0	0	0	0	0
江苏旅游职业学院	64	0	0	0	0	0	0	0	0	0	0	0	0	0	0	0	0	0	0	0	0	0	0	0	0	0	0
常州幼儿师范高等专科学校	65	0	0	0	0	0	0	0	0	0	0	0	0	0	0	0	0	0	0	0	0	0	0	0	0	0	0

3.15 社会学人文、社会科学研究与课题成果情况表

高校名称		总数					出版著作(部)							古籍整理(部)	译著(部)	发表译文(篇)	电子出版物(件)	发表论文(篇)				获奖成果数(项)				研究与咨询报告(篇)	
		课题数(项)	当年投入人数(人年)	其中：研究生(人年)	当年拨入经费(千元)	当年支出经费(千元)	合计	专著	其中：被译成外文	编著教材	工具书参考书	皮书/发展报告	科普读物					合计	国内学术刊物 内地(大陆)	国内学术刊物 港澳、台地区	国外学术刊物	合计	国家级奖	部级奖	省级奖	合计	其中：被采纳数
	编号	L01	L02	L03	L04	L05	L06	L07	L08	L09	L10	L11	L12	L13	L14	L15	L16	L17	L18	L19	L20	L21	L22	L23	L24	L25	L26
合　计	/	607	94.6	0	1 307.7	1 350.176	10	8	0	2	0	0	0	0	1	0	0	277	273	4	0	0	0	0	0	57	27
盐城幼儿师范高等专科学校	1	45	5.7	0	17	17	1	1	0	0	0	0	0	0	0	0	0	4	4	0	0	0	0	0	0	0	0
苏州幼儿师范高等专科学校	2	1	0.1	0	0	1.7	0	0	0	0	0	0	0	0	0	0	0	0	0	0	0	0	0	0	0	0	0
无锡职业技术学院	3	15	1.9	0	15	5.5	0	0	0	0	0	0	0	0	0	0	0	16	13	3	0	0	0	0	0	0	0
江苏建筑职业技术学院	4	5	0.4	0	0	0	0	0	0	0	0	0	0	0	0	0	0	3	3	0	0	0	0	0	0	0	0
江苏工程职业技术学院	5	30	4.5	0	31	31	0	0	0	0	0	0	0	0	0	0	0	17	17	0	0	0	0	0	0	0	0
苏州工艺美术职业技术学院	6	0	0	0	0	0	0	0	0	0	0	0	0	0	0	0	0	0	0	0	0	0	0	0	0	0	0
连云港职业技术学院	7	6	0.8	0	0	0	0	0	0	0	0	0	0	0	0	0	0	4	4	0	0	0	0	0	0	2	0
镇江市高等专科学校	8	2	0.5	0	5	5	0	0	0	0	0	0	0	0	0	0	0	1	1	0	0	0	0	0	0	0	0
南通职业大学	9	15	2.9	0	63	63	0	0	0	0	0	0	0	0	0	0	0	8	8	0	0	0	0	0	0	1	1
苏州市职业大学	10	7	1.5	0	35	34.5	1	0	0	1	0	0	0	0	0	0	0	5	5	0	0	0	0	0	0	2	0
沙洲职业工学院	11	2	1	0	0	0	0	0	0	0	0	0	0	0	0	0	0	4	4	0	0	0	0	0	0	3	3
扬州市职业大学	12	6	2.1	0	3	119.085	1	1	0	0	0	0	0	0	0	0	0	2	2	0	0	0	0	0	0	1	1
连云港师范高等专科学校	13	2	0.2	0	4	3.8	1	1	0	0	0	0	0	0	0	0	0	3	3	0	0	0	0	0	0	0	0
江苏经贸职业技术学院	14	3	0.6	0	0	0	0	0	0	0	0	0	0	0	1	0	0	6	6	0	0	0	0	0	0	0	0
泰州职业技术学院	15	1	0.2	0	0	0	0	0	0	0	0	0	0	0	0	0	0	0	0	0	0	0	0	0	0	0	0

续表

高校名称		总数					出版著作(部)							古籍整理(部)	译著(部)	发表译文(篇)	电子出版物(件)	发表论文(篇)				获奖成果数(项)				研究与咨询报告(篇)	
		课题数(项)	当年投入人数(人年)	其中：研究生(人年)	当年拨入经费(千元)	当年支出经费(千元)	合计	专著	其中：被译成外文	编著教材	工具书参考书	皮书/发展报告	科普读物					合计	国内学术刊物 内地(大陆)	国内学术刊物 港澳、台地区	国外学术刊物	合计	国家级奖	部级奖	省级奖	合计	其中：被采纳数
	编号	L01	L02	L03	L04	L05	L06	L07	L08	L09	L10	L11	L12	L13	L14	L15	L16	L17	L18	L19	L20	L21	L22	L23	L24	L25	L26
常州信息职业技术学院	16	9	2.3	0	0	0	0	0	0	0	0	0	0	0	0	0	0	2	2	0	0	0	0	0	0	0	0
江苏海事职业技术学院	17	4	1	0	0	6.6	0	0	0	0	0	0	0	0	0	0	0	2	2	0	0	0	0	0	0	0	0
无锡科技职业学院	18	17	2.3	0	0	16	0	0	0	0	0	0	0	0	0	0	0	10	10	0	0	0	0	0	0	1	1
江苏医药职业学院	19	38	9.7	0	38	14.8	0	0	0	0	0	0	0	0	0	0	0	29	29	0	0	0	0	0	0	0	0
南通科技职业学院	20	7	1.6	0	10	11.7	0	0	0	0	0	0	0	0	0	0	0	2	2	0	0	0	0	0	0	0	0
苏州经贸职业技术学院	21	1	0.6	0	40	0	0	0	0	0	0	0	0	0	0	0	0	2	2	0	0	0	0	0	0	0	0
苏州工业职业技术学院	22	0	0	0	0	0	0	0	0	0	0	0	0	0	0	0	0	0	0	0	0	0	0	0	0	0	0
苏州卫生职业技术学院	23	13	2.3	0	44	43.2	0	0	0	0	0	0	0	0	0	0	0	16	16	0	0	0	0	0	0	0	0
无锡商业职业技术学院	24	35	3.6	0	9.2	37	0	0	0	0	0	0	0	0	0	0	0	7	7	0	0	0	0	0	0	6	6
江苏航运职业技术学院	25	7	1.3	0	20	18	0	0	0	0	0	0	0	0	0	0	0	3	3	0	0	0	0	0	0	0	0
南京交通职业技术学院	26	4	0.5	0	0	0	0	0	0	0	0	0	0	0	0	0	0	3	3	0	0	0	0	0	0	0	0
江苏电子信息职业学院	27	4	0.6	0	10	6	0	0	0	0	0	0	0	0	0	0	0	0	0	0	0	0	0	0	0	0	0
江苏农牧科技职业学院	28	0	0	0	0	0	0	0	0	0	0	0	0	0	0	0	0	0	0	0	0	0	0	0	0	0	0
常州纺织服装职业技术学院	29	0	0	0	0	0	0	0	0	0	0	0	0	0	0	0	0	0	0	0	0	0	0	0	0	0	0
苏州农业职业技术学院	30	5	0.5	0	0	6	0	0	0	0	0	0	0	0	0	0	0	2	1	1	0	0	0	0	0	0	0

南京科技职业学院	31	18	1.8	0	23	16	0	0	0	0	0	0	0	0	0	0	0	6	6	0	0	0	0	0	0	0	0
常州工业职业技术学院	32	7	1.5	0	100	80	0	0	0	0	0	0	0	0	0	0	0	3	3	0	0	0	0	0	0	3	0
常州工程职业技术学院	33	0	0	0	0	0	0	0	0	0	0	0	0	0	0	0	0	0	0	0	0	0	0	0	0	0	0
江苏农林职业技术学院	34	0	0	0	0	0	0	0	0	0	0	0	0	0	0	0	0	0	0	0	0	0	0	0	0	0	0
江苏食品药品职业技术学院	35	10	2	0	0	137	0	0	0	0	0	0	0	0	0	0	0	0	0	0	0	0	0	0	0	6	6
南京铁道职业技术学院	36	0	0	0	0	0	0	0	0	0	0	0	0	0	0	0	0	0	0	0	0	0	0	0	0	0	0
徐州工业职业技术学院	37	45	4.5	0	93	24.5	0	0	0	0	0	0	0	0	0	0	0	0	0	0	0	0	0	0	0	0	0
江苏信息职业技术学院	38	86	10.2	0	192	243.89	2	1	0	1	0	0	0	0	0	0	0	42	42	0	0	0	0	0	0	0	0
南京信息职业技术学院	39	4	0.4	0	20	18.5	0	0	0	0	0	0	0	0	0	0	0	1	1	0	0	0	0	0	0	0	0
常州机电职业技术学院	40	24	5	0	16	31.7	0	0	0	0	0	0	0	0	0	0	0	8	8	0	0	0	0	0	0	7	1
江阴职业技术学院	41	0	0	0	0	0	0	0	0	0	0	0	0	0	0	0	0	0	0	0	0	0	0	0	0	0	0
无锡城市职业技术学院	42	5	1.2	0	5	9.75	0	0	0	0	0	0	0	0	0	0	0	8	8	0	0	0	0	0	0	0	0
无锡工艺职业技术学院	43	7	0.7	0	10	6.85	0	0	0	0	0	0	0	0	0	0	0	14	14	0	0	0	0	0	0	4	0
苏州健雄职业技术学院	44	1	0.2	0	6.5	6.5	0	0	0	0	0	0	0	0	0	0	0	1	1	0	0	0	0	0	0	0	0
盐城工业职业技术学院	45	6	0.9	0	300	102	2	2	0	0	0	0	0	0	0	0	0	5	5	0	0	0	0	0	0	0	0
江苏财经职业技术学院	46	9	1.1	0	8	16.15	0	0	0	0	0	0	0	0	0	0	0	7	7	0	0	0	0	0	0	0	0
扬州工业职业技术学院	47	34	3.4	0	105	105	1	1	0	0	0	0	0	0	0	0	0	19	19	0	0	0	0	0	0	11	8
江苏城市职业学院	48	15	4.8	0	56	66.101	0	0	0	0	0	0	0	0	0	0	0	3	3	0	0	0	0	0	0	0	0
南京城市职业学院	49	5	0.8	0	0	0	0	0	0	0	0	0	0	0	0	0	0	0	0	0	0	0	0	0	0	0	0

续表

高校名称		总数					出版著作(部)							古籍整理(部)	译著(部)	发表译文(篇)	电子出版物(件)	发表论文(篇)				获奖成果数(项)				研究与咨询报告(篇)	
		课题数(项)	当年投入人数(人年)	其中：研究生(人年)	当年拨入经费(千元)	当年支出经费(千元)	合计	专著	其中：被译成外文	编著教材	工具书参考书	皮书/发展报告	科普读物					合计	国内学术刊物 内地(大陆)	国内学术刊物 港、澳、台地区	国外学术刊物	合计	国家级奖	部级奖	省级奖	合计	其中：被采纳数
	编号	L01	L02	L03	L04	L05	L06	L07	L08	L09	L10	L11	L12	L13	L14	L15	L16	L17	L18	L19	L20	L21	L22	L23	L24	L25	L26
南京机电职业技术学院	50	0	0	0	0	0	0	0	0	0	0	0	0	0	0	0	0	0	0	0	0	0	0	0	0	0	0
南京旅游职业学院	51	4	0.5	0	4	11.4	0	0	0	0	0	0	0	0	0	0	0	2	2	0	0	0	0	0	0	0	0
江苏卫生健康职业学院	52	7	1	0	0	7	0	0	0	0	0	0	0	0	0	0	0	3	3	0	0	0	0	0	0	0	0
苏州信息职业技术学院	53	4	0.4	0	0	0	0	0	0	0	0	0	0	0	0	0	0	0	0	0	0	0	0	0	0	0	0
苏州工业园区服务外包职业学院	54	2	0.2	0	0	1.4	0	0	0	0	0	0	0	0	0	0	0	0	0	0	0	0	0	0	0	0	0
徐州幼儿师范高等专科学校	55	0	0	0	0	0	0	0	0	0	0	0	0	0	0	0	0	0	0	0	0	0	0	0	0	0	0
徐州生物工程职业技术学院	56	1	0.1	0	0	0	0	0	0	0	0	0	0	0	0	0	0	2	2	0	0	0	0	0	0	0	0
江苏商贸职业学院	57	4	1	0	0	4.85	0	0	0	0	0	0	0	0	0	0	0	0	0	0	0	0	0	0	0	3	0
南通师范高等专科学校	58	0	0	0	0	0	0	0	0	0	0	0	0	0	0	0	0	0	0	0	0	0	0	0	0	0	0
江苏护理职业学院	59	8	1.8	0	10	10	0	0	0	0	0	0	0	0	0	0	0	0	0	0	0	0	0	0	0	0	0
江苏财会职业学院	60	1	0.2	0	0	0	1	1	0	0	0	0	0	0	0	0	0	0	0	0	0	0	0	0	0	1	0
江苏城乡建设职业学院	61	0	0	0	0	0	0	0	0	0	0	0	0	0	0	0	0	0	0	0	0	0	0	0	0	0	0
江苏航空职业技术学院	62	0	0	0	0	0	0	0	0	0	0	0	0	0	0	0	0	0	0	0	0	0	0	0	0	0	0
江苏安全技术职业学院	63	9	1.4	0	15	11.7	0	0	0	0	0	0	0	0	0	0	0	0	0	0	0	0	0	0	0	6	0
江苏旅游职业学院	64	4	0.4	0	0	0	0	0	0	0	0	0	0	0	0	0	0	2	2	0	0	0	0	0	0	0	0
常州幼儿师范高等专科学校	65	3	0.4	0	0	0	0	0	0	0	0	0	0	0	0	0	0	0	0	0	0	0	0	0	0	0	0

3.16 民族学与文化学人文、社会科学研究与课题成果情况表

高校名称	编号	总数：课题数(项)	总数：当年投入人数(人年)	总数：其中：研究生(人年)	总数：当年拨入经费(千元)	总数：当年支出经费(千元)	出版著作(部)：合计	出版著作(部)：专著	出版著作(部)：其中：被译成外文	出版著作(部)：编著教材	出版著作(部)：工具书参考书	出版著作(部)：皮书/发展报告	出版著作(部)：科普读物	古籍整理(部)	译著(部)	发表译文(篇)	电子出版物(件)	发表论文(篇)：合计	发表论文(篇)：国内学术刊物：内地(大陆)	发表论文(篇)：国内学术刊物：港澳、台地区	发表论文(篇)：国外学术刊物	获奖成果数(项)：合计	获奖成果数(项)：国家级奖	获奖成果数(项)：部级奖	获奖成果数(项)：省级奖	研究与咨询报告(篇)：合计	研究与咨询报告(篇)：其中：被采纳数
		L01	L02	L03	L04	L05	L06	L07	L08	L09	L10	L11	L12	L13	L14	L15	L16	L17	L18	L19	L20	L21	L22	L23	L24	L25	L26
合 计	/	124	21.1	0	60	546.398	0	0	0	0	0	0	0	0	0	0	0	59	55	4	0	0	0	0	0	16	13
盐城幼儿师范高等专科学校	1	12	1.5	0	10	10	0	0	0	0	0	0	0	0	0	0	0	0	0	0	0	0	0	0	0	0	0
苏州幼儿师范高等专科学校	2	1	0.1	0	0	1	0	0	0	0	0	0	0	0	0	0	0	0	0	0	0	0	0	0	0	0	0
无锡职业技术学院	3	5	0.6	0	0	13.2	0	0	0	0	0	0	0	0	0	0	0	3	3	0	0	0	0	0	0	0	0
江苏建筑职业技术学院	4	4	1	0	0	0	0	0	0	0	0	0	0	0	0	0	0	1	1	0	0	0	0	0	0	0	0
江苏工程职业技术学院	5	0	0	0	0	0	0	0	0	0	0	0	0	0	0	0	0	0	0	0	0	0	0	0	0	0	0
苏州工艺美术职业技术学院	6	0	0	0	0	0	0	0	0	0	0	0	0	0	0	0	0	0	0	0	0	0	0	0	0	0	0
连云港职业技术学院	7	2	0.3	0	0	0	0	0	0	0	0	0	0	0	0	0	0	0	0	0	0	0	0	0	0	0	0
镇江市高等专科学校	8	7	2.1	0	12	12	0	0	0	0	0	0	0	0	0	0	0	6	6	0	0	0	0	0	0	0	0
南通职业大学	9	0	0	0	0	0	0	0	0	0	0	0	0	0	0	0	0	1	1	0	0	0	0	0	0	0	0
苏州市职业大学	10	1	0.4	0	10	3.75	0	0	0	0	0	0	0	0	0	0	0	2	2	0	0	0	0	0	0	0	0
沙洲职业工学院	11	0	0	0	0	0	0	0	0	0	0	0	0	0	0	0	0	0	0	0	0	0	0	0	0	0	0
扬州市职业大学	12	12	3.2	0	0	58.8	0	0	0	0	0	0	0	0	0	0	0	3	3	0	0	0	0	0	0	10	10
连云港师范高等专科学校	13	4	0.4	0	0	4	0	0	0	0	0	0	0	0	0	0	0	3	3	0	0	0	0	0	0	0	0
江苏经贸职业技术学院	14	0	0	0	0	0	0	0	0	0	0	0	0	0	0	0	0	0	0	0	0	0	0	0	0	0	0
泰州职业技术学院	15	3	0.6	0	12	5.31	0	0	0	0	0	0	0	0	0	0	0	4	4	0	0	0	0	0	0	0	0

续表

高校名称	编号	总数					出版著作(部)							古籍整理(部)	译著(部)	发表译文(篇)	电子出版物(件)	发表论文(篇)				获奖成果数(项)				研究与咨询报告(篇)	
		课题数(项)	当年投入人数(人年)	其中:研究生(人年)	当年拨入经费(千元)	当年支出经费(千元)	合计	专著	其中:被译成外文	编著教材	工具书参考书	皮书/发展报告	科普读物					合计	国内学术刊物 内地(大陆)	国内学术刊物 港、澳、台地区	国外学术刊物	合计	国家级奖	部级奖	省级奖	合计	其中:被采纳数
	编号	L01	L02	L03	L04	L05	L06	L07	L08	L09	L10	L11	L12	L13	L14	L15	L16	L17	L18	L19	L20	L21	L22	L23	L24	L25	L26
常州信息职业技术学院	16	0	0	0	0	0	0	0	0	0	0	0	0	0	0	0	0	0	0	0	0	0	0	0	0	0	0
江苏海事职业技术学院	17	8	1.6	0	0	4.42	0	0	0	0	0	0	0	0	0	0	0	5	1	4	0	0	0	0	0	0	0
无锡科技职业学院	18	2	0.2	0	0	0	0	0	0	0	0	0	0	0	0	0	0	0	0	0	0	0	0	0	0	0	0
江苏医药职业学院	19	0	0	0	0	0	0	0	0	0	0	0	0	0	0	0	0	0	0	0	0	0	0	0	0	0	0
南通科技职业学院	20	18	3.6	0	0	5.6	0	0	0	0	0	0	0	0	0	0	0	6	6	0	0	0	0	0	0	0	0
苏州经贸职业技术学院	21	0	0	0	0	0	0	0	0	0	0	0	0	0	0	0	0	0	0	0	0	0	0	0	0	0	0
苏州工业职业技术学院	22	0	0	0	0	0	0	0	0	0	0	0	0	0	0	0	0	0	0	0	0	0	0	0	0	0	0
苏州卫生职业技术学院	23	0	0	0	0	0	0	0	0	0	0	0	0	0	0	0	0	0	0	0	0	0	0	0	0	0	0
无锡商业职业技术学院	24	4	0.5	0	0	366.759	0	0	0	0	0	0	0	0	0	0	0	4	4	0	0	0	0	0	0	0	0
江苏航运职业技术学院	25	0	0	0	0	0	0	0	0	0	0	0	0	0	0	0	0	0	0	0	0	0	0	0	0	0	0
南京交通职业技术学院	26	2	0.2	0	0	0	0	0	0	0	0	0	0	0	0	0	0	0	0	0	0	0	0	0	0	0	0
江苏电子信息职业学院	27	1	0.3	0	0	0.3	0	0	0	0	0	0	0	0	0	0	0	0	0	0	0	0	0	0	0	0	0
江苏农牧科技职业学院	28	0	0	0	0	0	0	0	0	0	0	0	0	0	0	0	0	0	0	0	0	0	0	0	0	0	0
常州纺织服装职业技术学院	29	0	0	0	0	0	0	0	0	0	0	0	0	0	0	0	0	0	0	0	0	0	0	0	0	0	0
苏州农业职业技术学院	30	0	0	0	0	0	0	0	0	0	0	0	0	0	0	0	0	0	0	0	0	0	0	0	0	0	0

南京科技职业学院	31	2	0.2	0	0	0	0	0	0	0	0	0	0	0	0	0	0	1	1	0	0	0	0	0	0	0	0
常州工业职业技术学院	32	1	0.2	0	0	0	0	0	0	0	0	0	0	0	0	0	0	4	4	0	0	0	0	0	0	1	0
常州工程职业技术学院	33	0	0	0	0	0	0	0	0	0	0	0	0	0	0	0	0	0	0	0	0	0	0	0	0	0	0
江苏农林职业技术学院	34	0	0	0	0	0	0	0	0	0	0	0	0	0	0	0	0	0	0	0	0	0	0	0	0	0	0
江苏食品药品职业技术学院	35	0	0	0	0	0	0	0	0	0	0	0	0	0	0	0	0	0	0	0	0	0	0	0	0	0	0
南京铁道职业技术学院	36	3	0.3	0	0	20	0	0	0	0	0	0	0	0	0	0	0	2	2	0	0	0	0	0	0	0	0
徐州工业职业技术学院	37	2	0.2	0	0	3.2	0	0	0	0	0	0	0	0	0	0	0	1	1	0	0	0	0	0	0	0	0
江苏信息职业技术学院	38	1	0.1	0	0	0	0	0	0	0	0	0	0	0	0	0	0	0	0	0	0	0	0	0	0	0	0
南京信息职业技术学院	39	5	0.5	0	0	18.7	0	0	0	0	0	0	0	0	0	0	0	1	1	0	0	0	0	0	0	0	0
常州机电职业技术学院	40	3	0.4	0	1	1	0	0	0	0	0	0	0	0	0	0	0	0	0	0	0	0	0	0	0	1	1
江阴职业技术学院	41	0	0	0	0	0	0	0	0	0	0	0	0	0	0	0	0	0	0	0	0	0	0	0	0	1	1
无锡城市职业技术学院	42	0	0	0	0	0	0	0	0	0	0	0	0	0	0	0	0	0	0	0	0	0	0	0	0	0	0
无锡工艺职业技术学院	43	0	0	0	0	0	0	0	0	0	0	0	0	0	0	0	0	0	0	0	0	0	0	0	0	0	0
苏州健雄职业技术学院	44	0	0	0	0	0	0	0	0	0	0	0	0	0	0	0	0	0	0	0	0	0	0	0	0	0	0
盐城工业职业技术学院	45	0	0	0	0	0	0	0	0	0	0	0	0	0	0	0	0	0	0	0	0	0	0	0	0	0	0
江苏财经职业技术学院	46	8	0.8	0	12	11.6	0	0	0	0	0	0	0	0	0	0	0	5	5	0	0	0	0	0	0	0	0
扬州工业职业技术学院	47	8	0.9	0	3	3	0	0	0	0	0	0	0	0	0	0	0	4	4	0	0	0	0	0	0	3	1
江苏城市职业学院	48	1	0.4	0	0	0.759	0	0	0	0	0	0	0	0	0	0	0	0	0	0	0	0	0	0	0	0	0
南京城市职业学院	49	0	0	0	0	0	0	0	0	0	0	0	0	0	0	0	0	0	0	0	0	0	0	0	0	0	0

续表

高校名称	编号	总数					出版著作(部)							古籍整理(部)	译著(部)	发表译文(篇)	电子出版物(件)	发表论文(篇)				获奖成果数(项)				研究与咨询报告(篇)	
		课题数(项)	当年投入人数(人年)	其中：研究生(人年)	当年拨入经费(千元)	当年支出经费(千元)	合计	专著	其中：被译成外文	编著教材	工具书参考书	皮书/发展报告	科普读物					合计	国内学术刊物 内地(大陆)	国内学术刊物 港、澳、台地区	国外学术刊物	合计	国家级奖	部级奖	省级奖	合计	其中：被采纳数
		L01	L02	L03	L04	L05	L06	L07	L08	L09	L10	L11	L12	L13	L14	L15	L16	L17	L18	L19	L20	L21	L22	L23	L24	L25	L26
南京机电职业技术学院	50	0	0	0	0	0	0	0	0	0	0	0	0	0	0	0	0	0	0	0	0	0	0	0	0	0	0
南京旅游职业学院	51	0	0	0	0	0	0	0	0	0	0	0	0	0	0	0	0	0	0	0	0	0	0	0	0	0	0
江苏卫生健康职业学院	52	1	0.1	0	0	0	0	0	0	0	0	0	0	0	0	0	0	0	0	0	0	0	0	0	0	0	0
苏州信息职业技术学院	53	0	0	0	0	0	0	0	0	0	0	0	0	0	0	0	0	0	0	0	0	0	0	0	0	0	0
苏州工业园区服务外包职业学院	54	0	0	0	0	0	0	0	0	0	0	0	0	0	0	0	0	0	0	0	0	0	0	0	0	0	0
徐州幼儿师范高等专科学校	55	0	0	0	0	0	0	0	0	0	0	0	0	0	0	0	0	0	0	0	0	0	0	0	0	0	0
徐州生物工程职业技术学院	56	1	0.1	0	0	1	0	0	0	0	0	0	0	0	0	0	0	1	1	0	0	0	0	0	0	0	0
江苏商贸职业学院	57	0	0	0	0	0	0	0	0	0	0	0	0	0	0	0	0	0	0	0	0	0	0	0	0	0	0
南通师范高等专科学校	58	0	0	0	0	0	0	0	0	0	0	0	0	0	0	0	0	0	0	0	0	0	0	0	0	0	0
江苏护理职业学院	59	0	0	0	0	0	0	0	0	0	0	0	0	0	0	0	0	0	0	0	0	0	0	0	0	0	0
江苏财会职业学院	60	1	0.2	0	0	0	0	0	0	0	0	0	0	0	0	0	0	0	0	0	0	0	0	0	0	0	0
江苏城乡建设职业学院	61	0	0	0	0	0	0	0	0	0	0	0	0	0	0	0	0	0	0	0	0	0	0	0	0	0	0
江苏航空职业技术学院	62	0	0	0	0	0	0	0	0	0	0	0	0	0	0	0	0	0	0	0	0	0	0	0	0	0	0
江苏安全技术职业学院	63	1	0.1	0	0	2	0	0	0	0	0	0	0	0	0	0	0	0	0	0	0	0	0	0	0	0	0
江苏旅游职业学院	64	0	0	0	0	0	0	0	0	0	0	0	0	0	0	0	0	2	2	0	0	0	0	0	0	0	0
常州幼儿师范高等专科学校	65	0	0	0	0	0	0	0	0	0	0	0	0	0	0	0	0	0	0	0	0	0	0	0	0	0	0

3.17 新闻学与传播学人文、社会科学研究与课题成果情况表

高校名称	编号	总数 课题数(项)	总数 当年投入人数(人年)	其中：研究生(人年)	当年拨入经费(千元)	当年支出经费(千元)	出版著作(部) 合计	专著	其中：被译成外文	编著教材	工具书参考书	皮书/发展报告	科普读物	古籍整理(部)	译著(部)	发表译文(篇)	电子出版物(件)	发表论文(篇) 合计	国内学术刊物 内地(大陆)	国内学术刊物 港、澳、台地区	国外学术刊物	获奖成果数(项) 合计	国家级奖	部级奖	省级奖	研究与咨询报告(篇) 合计	其中：被采纳数
		L01	L02	L03	L04	L05	L06	L07	L08	L09	L10	L11	L12	L13	L14	L15	L16	L17	L18	L19	L20	L21	L22	L23	L24	L25	L26
合　计	/	72	13.3	0	697	900.62	2	2	0	0	0	0	0	0	0	0	0	53	53	0	0	0	0	0	0	6	4
盐城幼儿师范高等专科学校	1	0	0	0	0	0	0	0	0	0	0	0	0	0	0	0	0	0	0	0	0	0	0	0	0	0	0
苏州幼儿师范高等专科学校	2	0	0	0	0	0	0	0	0	0	0	0	0	0	0	0	0	0	0	0	0	0	0	0	0	0	0
无锡职业技术学院	3	1	0.2	0	0	1	0	0	0	0	0	0	0	0	0	0	0	0	0	0	0	0	0	0	0	0	0
江苏建筑职业技术学院	4	9	2.9	0	0	20	0	0	0	0	0	0	0	0	0	0	0	1	1	0	0	0	0	0	0	0	0
江苏工程职业技术学院	5	0	0	0	0	0	0	0	0	0	0	0	0	0	0	0	0	0	0	0	0	0	0	0	0	0	0
苏州工艺美术职业技术学院	6	1	0.2	0	50	50	1	1	0	0	0	0	0	0	0	0	0	0	0	0	0	0	0	0	0	2	2
连云港职业技术学院	7	1	0.1	0	0	0	0	0	0	0	0	0	0	0	0	0	0	1	1	0	0	0	0	0	0	0	0
镇江市高等专科学校	8	1	0.2	0	2	2	0	0	0	0	0	0	0	0	0	0	0	1	1	0	0	0	0	0	0	0	0
南通职业大学	9	0	0	0	0	0	0	0	0	0	0	0	0	0	0	0	0	0	0	0	0	0	0	0	0	0	0
苏州市职业大学	10	3	0.9	0	15	15.86	0	0	0	0	0	0	0	0	0	0	0	4	4	0	0	0	0	0	0	1	1
沙洲职业工学院	11	0	0	0	0	0	0	0	0	0	0	0	0	0	0	0	0	0	0	0	0	0	0	0	0	0	0
扬州市职业大学	12	1	0.4	0	0	0	0	0	0	0	0	0	0	0	0	0	0	1	1	0	0	0	0	0	0	0	0
连云港师范高等专科学校	13	2	0.2	0	4	0	0	0	0	0	0	0	0	0	0	0	0	3	3	0	0	0	0	0	0	0	0
江苏经贸职业技术学院	14	1	0.3	0	0	0	0	0	0	0	0	0	0	0	0	0	0	12	12	0	0	0	0	0	0	0	0
泰州职业技术学院	15	1	0.3	0	0	3.92	0	0	0	0	0	0	0	0	0	0	0	2	2	0	0	0	0	0	0	0	0

续表

高校名称	编号	总数：课题数(项)	总数：当年投入人数(人年)	总数：其中：研究生(人年)	总数：当年拨入经费(千元)	总数：当年支出经费(千元)	出版著作(部)：合计	出版著作(部)：专著	出版著作(部)：其中：被译成外文	出版著作(部)：编著教材	出版著作(部)：工具书参考书	出版著作(部)：皮书/发展报告	出版著作(部)：科普读物	古籍整理(部)	译著(部)	发表译文(篇)	电子出版物(件)	发表论文(篇)：合计	发表论文(篇)：国内学术刊物：内地(大陆)	发表论文(篇)：国内学术刊物：港澳、台地区	发表论文(篇)：国外学术刊物	获奖成果数(项)：合计	获奖成果数(项)：国家级奖	获奖成果数(项)：部级奖	获奖成果数(项)：省级奖	研究与咨询报告(篇)：合计	研究与咨询报告(篇)：其中：被采纳数
		L01	L02	L03	L04	L05	L06	L07	L08	L09	L10	L11	L12	L13	L14	L15	L16	L17	L18	L19	L20	L21	L22	L23	L24	L25	L26
常州信息职业技术学院	16	0	0	0	0	0	0	0	0	0	0	0	0	0	0	0	0	0	0	0	0	0	0	0	0	0	0
江苏海事职业技术学院	17	2	0.5	0	0	2.8	0	0	0	0	0	0	0	0	0	0	0	0	0	0	0	0	0	0	0	0	0
无锡科技职业学院	18	3	0.3	0	0	0	0	0	0	0	0	0	0	0	0	0	0	0	0	0	0	0	0	0	0	0	0
江苏医药职业学院	19	0	0	0	0	0	0	0	0	0	0	0	0	0	0	0	0	0	0	0	0	0	0	0	0	0	0
南通科技职业学院	20	1	0.2	0	0	0	0	0	0	0	0	0	0	0	0	0	0	2	2	0	0	0	0	0	0	0	0
苏州经贸职业技术学院	21	0	0	0	0	0	0	0	0	0	0	0	0	0	0	0	0	0	0	0	0	0	0	0	0	0	0
苏州工业职业技术学院	22	0	0	0	0	0	0	0	0	0	0	0	0	0	0	0	0	0	0	0	0	0	0	0	0	0	0
苏州卫生职业技术学院	23	3	0.4	0	0	15.9	0	0	0	0	0	0	0	0	0	0	0	2	2	0	0	0	0	0	0	0	0
无锡商业职业技术学院	24	5	0.5	0	3	306.79	1	1	0	0	0	0	0	0	0	0	0	2	2	0	0	0	0	0	0	0	0
江苏航运职业技术学院	25	1	0.3	0	0	0	0	0	0	0	0	0	0	0	0	0	0	0	0	0	0	0	0	0	0	0	0
南京交通职业技术学院	26	0	0	0	0	0	0	0	0	0	0	0	0	0	0	0	0	0	0	0	0	0	0	0	0	0	0
江苏电子信息职业学院	27	0	0	0	0	0	0	0	0	0	0	0	0	0	0	0	0	0	0	0	0	0	0	0	0	0	0
江苏农牧科技职业学院	28	0	0	0	0	0	0	0	0	0	0	0	0	0	0	0	0	0	0	0	0	0	0	0	0	0	0
常州纺织服装职业技术学院	29	1	0.1	0	0	0	0	0	0	0	0	0	0	0	0	0	0	3	3	0	0	0	0	0	0	0	0
苏州农业职业技术学院	30	0	0	0	0	0	0	0	0	0	0	0	0	0	0	0	0	0	0	0	0	0	0	0	0	0	0

南京科技职业学院	31	0	0	0	0	0	0	0	0	0	0	0	0	0	0	0	0	0	0	0	0	0	0	0	0	0	0
常州工业职业技术学院	32	0	0	0	0	0	0	0	0	0	0	0	0	0	0	0	0	0	0	0	0	0	0	0	0	0	0
常州工程职业技术学院	33	0	0	0	0	0	0	0	0	0	0	0	0	0	0	0	0	0	0	0	0	0	0	0	0	0	0
江苏农林职业技术学院	34	0	0	0	0	0	0	0	0	0	0	0	0	0	0	0	0	0	0	0	0	0	0	0	0	0	0
江苏食品药品职业技术学院	35	0	0	0	0	0	0	0	0	0	0	0	0	0	0	0	0	0	0	0	0	0	0	0	0	0	0
南京铁道职业技术学院	36	0	0	0	0	0	0	0	0	0	0	0	0	0	0	0	0	0	0	0	0	0	0	0	0	0	0
徐州工业职业技术学院	37	0	0	0	0	0	0	0	0	0	0	0	0	0	0	0	0	0	0	0	0	0	0	0	0	0	0
江苏信息职业技术学院	38	7	0.7	0	188	91	0	0	0	0	0	0	0	0	0	0	0	10	10	0	0	0	0	0	0	0	0
南京信息职业技术学院	39	2	0.2	0	0	5.2	0	0	0	0	0	0	0	0	0	0	0	1	1	0	0	0	0	0	0	0	0
常州机电职业技术学院	40	1	0.1	0	3	1.15	0	0	0	0	0	0	0	0	0	0	0	0	0	0	0	0	0	0	0	0	0
江阴职业技术学院	41	0	0	0	0	0	0	0	0	0	0	0	0	0	0	0	0	0	0	0	0	0	0	0	0	0	0
无锡城市职业技术学院	42	2	0.6	0	0	0	0	0	0	0	0	0	0	0	0	0	0	1	1	0	0	0	0	0	0	0	0
无锡工艺职业技术学院	43	0	0	0	0	0	0	0	0	0	0	0	0	0	0	0	0	0	0	0	0	0	0	0	0	0	0
苏州健雄职业技术学院	44	0	0	0	0	0	0	0	0	0	0	0	0	0	0	0	0	0	0	0	0	0	0	0	0	0	0
盐城工业职业技术学院	45	0	0	0	0	0	0	0	0	0	0	0	0	0	0	0	0	0	0	0	0	0	0	0	0	0	0
江苏财经职业技术学院	46	0	0	0	0	0	0	0	0	0	0	0	0	0	0	0	0	1	1	0	0	0	0	0	0	0	0
扬州工业职业技术学院	47	4	0.4	0	343	343	0	0	0	0	0	0	0	0	0	0	0	2	2	0	0	0	0	0	0	2	0
江苏城市职业学院	48	5	1.2	0	59	1	0	0	0	0	0	0	0	0	0	0	0	2	2	0	0	0	0	0	0	0	0
南京城市职业学院	49	2	0.2	0	1	1	0	0	0	0	0	0	0	0	0	0	0	0	0	0	0	0	0	0	0	0	0

续表

高校名称	编号	总数 课题数(项)	当年投入人数(人年)	其中:研究生(人年)	当年拨入经费(千元)	当年支出经费(千元)	出版著作(部) 合计	专著	其中:被译成外文	编著教材	工具书参考书	皮书/发展报告	科普读物	古籍整理(部)	译著(部)	发表译文(篇)	电子出版物(件)	发表论文(篇) 合计	国内学术刊物 内地(大陆)	国内学术刊物 港澳、台地区	国外学术刊物	获奖成果数(项) 合计	国家级奖	部级奖	省级奖	研究与咨询报告(篇) 合计	其中:被采纳数
		L01	L02	L03	L04	L05	L06	L07	L08	L09	L10	L11	L12	L13	L14	L15	L16	L17	L18	L19	L20	L21	L22	L23	L24	L25	L26
南京机电职业技术学院	50	2	0.2	0	0	14	0	0	0	0	0	0	0	0	0	0	0	1	1	0	0	0	0	0	0	0	0
南京旅游职业学院	51	0	0	0	0	0	0	0	0	0	0	0	0	0	0	0	0	0	0	0	0	0	0	0	0	0	0
江苏卫生健康职业学院	52	3	0.3	0	6	3	0	0	0	0	0	0	0	0	0	0	0	1	1	0	0	0	0	0	0	0	0
苏州信息职业技术学院	53	0	0	0	0	0	0	0	0	0	0	0	0	0	0	0	0	0	0	0	0	0	0	0	0	0	0
苏州工业园区服务外包职业学院	54	1	0.3	0	0	0	0	0	0	0	0	0	0	0	0	0	0	0	0	0	0	0	0	0	0	1	1
徐州幼儿师范高等专科学校	55	0	0	0	0	0	0	0	0	0	0	0	0	0	0	0	0	0	0	0	0	0	0	0	0	0	0
徐州生物工程职业技术学院	56	0	0	0	0	0	0	0	0	0	0	0	0	0	0	0	0	0	0	0	0	0	0	0	0	0	0
江苏商贸职业学院	57	0	0	0	0	0	0	0	0	0	0	0	0	0	0	0	0	0	0	0	0	0	0	0	0	0	0
南通师范高等专科学校	58	0	0	0	0	0	0	0	0	0	0	0	0	0	0	0	0	0	0	0	0	0	0	0	0	0	0
江苏护理职业学院	59	6	1.1	0	23	23	0	0	0	0	0	0	0	0	0	0	0	0	0	0	0	0	0	0	0	0	0
江苏财会职业学院	60	0	0	0	0	0	0	0	0	0	0	0	0	0	0	0	0	0	0	0	0	0	0	0	0	0	0
江苏城乡建设职业学院	61	0	0	0	0	0	0	0	0	0	0	0	0	0	0	0	0	0	0	0	0	0	0	0	0	0	0
江苏航空职业技术学院	62	0	0	0	0	0	0	0	0	0	0	0	0	0	0	0	0	0	0	0	0	0	0	0	0	0	0
江苏安全技术职业学院	63	0	0	0	0	0	0	0	0	0	0	0	0	0	0	0	0	0	0	0	0	0	0	0	0	0	0
江苏旅游职业学院	64	0	0	0	0	0	0	0	0	0	0	0	0	0	0	0	0	0	0	0	0	0	0	0	0	0	0
常州幼儿师范高等专科学校	65	0	0	0	0	0	0	0	0	0	0	0	0	0	0	0	0	0	0	0	0	0	0	0	0	0	0

3.18 图书馆、情报与文献学人文、社会科学研究与课题成果情况表

高校名称	编号	总数					出版著作(部)							古籍整理(部)	译著(部)	发表译文(篇)	电子出版物(件)	发表论文(篇)				获奖成果数(项)				研究与咨询报告(篇)	
		课题数(项)	当年投入人数(人年)	其中：研究生(人年)	当年拨入经费(千元)	当年支出经费(千元)	合计	专著	其中：被译成外文	编著教材	工具书参考书	皮书/发展报告	科普读物					合计	国内学术刊物 内地(大陆)	国内学术刊物 港、澳、台地区	国外学术刊物	合计	国家级奖	部级奖	省级奖	合计	其中：被采纳数
	编号	L01	L02	L03	L04	L05	L06	L07	L08	L09	L10	L11	L12	L13	L14	L15	L16	L17	L18	L19	L20	L21	L22	L23	L24	L25	L26
合　计	/	84	15.7	0	45	45.26	1	0	0	1	0	0	0	0	0	0	0	98	96	2	0	0	0	0	0	1	0
盐城幼儿师范高等专科学校	1	2	0.2	0	0	0	0	0	0	0	0	0	0	0	0	0	0	0	0	0	0	0	0	0	0	0	0
苏州幼儿师范高等专科学校	2	0	0	0	0	0	0	0	0	0	0	0	0	0	0	0	0	0	0	0	0	0	0	0	0	0	0
无锡职业技术学院	3	3	0.4	0	0	0	0	0	0	0	0	0	0	0	0	0	0	6	6	0	0	0	0	0	0	0	0
江苏建筑职业技术学院	4	1	0.3	0	0	0	0	0	0	0	0	0	0	0	0	0	0	0	0	0	0	0	0	0	0	0	0
江苏工程职业技术学院	5	3	0.6	0	5	5	0	0	0	0	0	0	0	0	0	0	0	1	1	0	0	0	0	0	0	0	0
苏州工艺美术职业技术学院	6	0	0	0	0	0	0	0	0	0	0	0	0	0	0	0	0	0	0	0	0	0	0	0	0	0	0
连云港职业技术学院	7	1	0.2	0	0	0	0	0	0	0	0	0	0	0	0	0	0	0	0	0	0	0	0	0	0	0	0
镇江市高等专科学校	8	0	0	0	0	0	0	0	0	0	0	0	0	0	0	0	0	0	0	0	0	0	0	0	0	0	0
南通职业大学	9	0	0	0	0	0	0	0	0	0	0	0	0	0	0	0	0	2	2	0	0	0	0	0	0	0	0
苏州市职业大学	10	3	1.4	0	10	9.25	0	0	0	0	0	0	0	0	0	0	0	5	5	0	0	0	0	0	0	0	0
沙洲职业工学院	11	0	0	0	0	0	0	0	0	0	0	0	0	0	0	0	0	0	0	0	0	0	0	0	0	0	0
扬州市职业大学	12	0	0	0	0	0	0	0	0	0	0	0	0	0	0	0	0	0	0	0	0	0	0	0	0	0	0
连云港师范高等专科学校	13	3	0.3	0	8	0	0	0	0	0	0	0	0	0	0	0	0	3	1	2	0	0	0	0	0	0	0
江苏经贸职业技术学院	14	4	0.5	0	0	0	0	0	0	0	0	0	0	0	0	0	0	7	7	0	0	0	0	0	0	0	0
泰州职业技术学院	15	0	0	0	0	0	0	0	0	0	0	0	0	0	0	0	0	1	1	0	0	0	0	0	0	0	0

续表

高校名称	编号	总数 课题数(项)	总数 当年投入人数(人年)	总数 其中:研究生(人年)	总数 当年拨入经费(千元)	总数 当年支出经费(千元)	出版著作(部) 合计	出版著作(部) 专著	出版著作(部) 其中:被译成外文	出版著作(部) 编著教材	出版著作(部) 工具书参考书	出版著作(部) 皮书/发展报告	出版著作(部) 科普读物	古籍整理(部)	译著(部)	发表译文(篇)	电子出版物(件)	发表论文(篇) 合计	发表论文(篇) 国内学术刊物 内地(大陆)	发表论文(篇) 国内学术刊物 港、澳、台地区	发表论文(篇) 国外学术刊物	获奖成果数(项) 合计	获奖成果数(项) 国家级奖	获奖成果数(项) 部级奖	获奖成果数(项) 省级奖	研究与咨询报告(篇) 合计	研究与咨询报告(篇) 其中:被采纳数
		L01	L02	L03	L04	L05	L06	L07	L08	L09	L10	L11	L12	L13	L14	L15	L16	L17	L18	L19	L20	L21	L22	L23	L24	L25	L26
常州信息职业技术学院	16	5	1.3	0	1	1	0	0	0	0	0	0	0	0	0	0	0	3	3	0	0	0	0	0	0	0	0
江苏海事职业技术学院	17	3	0.9	0	0	1.26	0	0	0	0	0	0	0	0	0	0	0	0	0	0	0	0	0	0	0	0	0
无锡科技职业学院	18	0	0	0	0	0	0	0	0	0	0	0	0	0	0	0	0	2	2	0	0	0	0	0	0	0	0
江苏医药职业学院	19	9	2.2	0	0	0	0	0	0	0	0	0	0	0	0	0	0	7	7	0	0	0	0	0	0	0	0
南通科技职业学院	20	0	0	0	0	0	0	0	0	0	0	0	0	0	0	0	0	0	0	0	0	0	0	0	0	0	0
苏州经贸职业技术学院	21	0	0	0	0	0	0	0	0	0	0	0	0	0	0	0	0	1	1	0	0	0	0	0	0	0	0
苏州工业职业技术学院	22	0	0	0	0	0	0	0	0	0	0	0	0	0	0	0	0	1	1	0	0	0	0	0	0	0	0
苏州卫生职业技术学院	23	2	0.2	0	0	2.4	0	0	0	0	0	0	0	0	0	0	0	0	0	0	0	0	0	0	0	0	0
无锡商业职业技术学院	24	1	0.1	0	3	0	0	0	0	0	0	0	0	0	0	0	0	1	1	0	0	0	0	0	0	0	0
江苏航运职业技术学院	25	1	0.2	0	0	0	0	0	0	0	0	0	0	0	0	0	0	2	2	0	0	0	0	0	0	0	0
南京交通职业技术学院	26	3	0.4	0	2.5	5.2	0	0	0	0	0	0	0	0	0	0	0	4	4	0	0	0	0	0	0	0	0
江苏电子信息职业学院	27	0	0	0	0	0	0	0	0	0	0	0	0	0	0	0	0	2	2	0	0	0	0	0	0	0	0
江苏农牧科技职业学院	28	1	0.1	0	0	0	0	0	0	0	0	0	0	0	0	0	0	2	2	0	0	0	0	0	0	0	0
常州纺织服装职业技术学院	29	1	0.1	0	2	0	0	0	0	0	0	0	0	0	0	0	0	4	4	0	0	0	0	0	0	0	0
苏州农业职业技术学院	30	0	0	0	0	0	0	0	0	0	0	0	0	0	0	0	0	3	3	0	0	0	0	0	0	0	0

南京科技职业学院	31	5	0.5	0	4.5	4	1	0	0	1	0	0	0	0	0	0	0	3	3	0	0	0	0	0	0	0	0
常州工业职业技术学院	32	1	0.2	0	0	0	0	0	0	0	0	0	0	0	0	0	0	0	0	0	0	0	0	0	0	1	0
常州工程职业技术学院	33	0	0	0	0	0	0	0	0	0	0	0	0	0	0	0	0	0	0	0	0	0	0	0	0	0	0
江苏农林职业技术学院	34	0	0	0	0	0	0	0	0	0	0	0	0	0	0	0	0	0	0	0	0	0	0	0	0	0	0
江苏食品药品职业技术学院	35	0	0	0	0	0	0	0	0	0	0	0	0	0	0	0	0	0	0	0	0	0	0	0	0	0	0
南京铁道职业技术学院	36	0	0	0	0	0	0	0	0	0	0	0	0	0	0	0	0	1	1	0	0	0	0	0	0	0	0
徐州工业职业技术学院	37	3	0.3	0	0	0.75	0	0	0	0	0	0	0	0	0	0	0	3	3	0	0	0	0	0	0	0	0
江苏信息职业技术学院	38	1	0.1	0	0	5	0	0	0	0	0	0	0	0	0	0	0	0	0	0	0	0	0	0	0	0	0
南京信息职业技术学院	39	0	0	0	0	0	0	0	0	0	0	0	0	0	0	0	0	0	0	0	0	0	0	0	0	0	0
常州机电职业技术学院	40	8	1.6	0	3	6.65	0	0	0	0	0	0	0	0	0	0	0	1	1	0	0	0	0	0	0	0	0
江阴职业技术学院	41	0	0	0	0	0	0	0	0	0	0	0	0	0	0	0	0	0	0	0	0	0	0	0	0	0	0
无锡城市职业技术学院	42	2	0.6	0	0	0	0	0	0	0	0	0	0	0	0	0	0	0	0	0	0	0	0	0	0	0	0
无锡工艺职业技术学院	43	0	0	0	0	0	0	0	0	0	0	0	0	0	0	0	0	8	8	0	0	0	0	0	0	0	0
苏州健雄职业技术学院	44	0	0	0	0	0	0	0	0	0	0	0	0	0	0	0	0	0	0	0	0	0	0	0	0	0	0
盐城工业职业技术学院	45	0	0	0	0	0	0	0	0	0	0	0	0	0	0	0	0	0	0	0	0	0	0	0	0	0	0
江苏财经职业技术学院	46	2	0.2	0	0	1.25	0	0	0	0	0	0	0	0	0	0	0	6	6	0	0	0	0	0	0	0	0
扬州工业职业技术学院	47	1	0.1	0	0	0	0	0	0	0	0	0	0	0	0	0	0	1	1	0	0	0	0	0	0	0	0
江苏城市职业学院	48	0	0	0	0	0	0	0	0	0	0	0	0	0	0	0	0	3	3	0	0	0	0	0	0	0	0
南京城市职业学院	49	1	0.5	0	0	0	0	0	0	0	0	0	0	0	0	0	0	3	3	0	0	0	0	0	0	0	0

续表

高校名称	编号	总数					出版著作(部)							古籍整理(部)	译著(部)	发表译文(篇)	电子出版物(件)	发表论文(篇)				获奖成果数(项)				研究与咨询报告(篇)	
		课题数(项)	当年投入人数(人年)	其中：研究生(人年)	当年拨入经费(千元)	当年支出经费(千元)	合计	专著	其中：被译成外文	编著教材	工具书参考书	皮书/发展报告	科普读物					合计	国内学术刊物 内地(大陆)	国内学术刊物 港、澳、台地区	国外学术刊物	合计	国家级奖	部级奖	省级奖	合计	其中：被采纳数
		L01	L02	L03	L04	L05	L06	L07	L08	L09	L10	L11	L12	L13	L14	L15	L16	L17	L18	L19	L20	L21	L22	L23	L24	L25	L26
南京机电职业技术学院	50	2	0.2	0	0	0	0	0	0	0	0	0	0	0	0	0	0	3	3	0	0	0	0	0	0	0	0
南京旅游职业学院	51	0	0	0	0	0	0	0	0	0	0	0	0	0	0	0	0	0	0	0	0	0	0	0	0	0	0
江苏卫生健康职业学院	52	3	0.4	0	6	2	0	0	0	0	0	0	0	0	0	0	0	4	4	0	0	0	0	0	0	0	0
苏州信息职业技术学院	53	0	0	0	0	0	0	0	0	0	0	0	0	0	0	0	0	0	0	0	0	0	0	0	0	0	0
苏州工业园区服务外包职业学院	54	0	0	0	0	0	0	0	0	0	0	0	0	0	0	0	0	1	1	0	0	0	0	0	0	0	0
徐州幼儿师范高等专科学校	55	0	0	0	0	0	0	0	0	0	0	0	0	0	0	0	0	0	0	0	0	0	0	0	0	0	0
徐州生物工程职业技术学院	56	1	0.1	0	0	0	0	0	0	0	0	0	0	0	0	0	0	0	0	0	0	0	0	0	0	0	0
江苏商贸职业学院	57	4	0.9	0	0	1.5	0	0	0	0	0	0	0	0	0	0	0	1	1	0	0	0	0	0	0	0	0
南通师范高等专科学校	58	3	0.5	0	0	0	0	0	0	0	0	0	0	0	0	0	0	3	3	0	0	0	0	0	0	0	0
江苏护理职业学院	59	0	0	0	0	0	0	0	0	0	0	0	0	0	0	0	0	0	0	0	0	0	0	0	0	0	0
江苏财会职业学院	60	0	0	0	0	0	0	0	0	0	0	0	0	0	0	0	0	0	0	0	0	0	0	0	0	0	0
江苏城乡建设职业学院	61	0	0	0	0	0	0	0	0	0	0	0	0	0	0	0	0	0	0	0	0	0	0	0	0	0	0
江苏航空职业技术学院	62	0	0	0	0	0	0	0	0	0	0	0	0	0	0	0	0	0	0	0	0	0	0	0	0	0	0
江苏安全技术职业学院	63	0	0	0	0	0	0	0	0	0	0	0	0	0	0	0	0	0	0	0	0	0	0	0	0	0	0
江苏旅游职业学院	64	0	0	0	0	0	0	0	0	0	0	0	0	0	0	0	0	0	0	0	0	0	0	0	0	0	0
常州幼儿师范高等专科学校	65	1	0.1	0	0	0	0	0	0	0	0	0	0	0	0	0	0	0	0	0	0	0	0	0	0	0	0

3.19 教育学人文、社会科学研究与课题成果情况表

高校名称		总数					出版著作(部)							古籍整理(部)	译著(部)	发表译文(篇)	电子出版物(件)	发表论文(篇)				获奖成果数(项)				研究与咨询报告(篇)	
		课题数(项)	当年投入人数(人年)	其中:研究生(人年)	当年拨入经费(千元)	当年支出经费(千元)	合计	专著	其中:被译成外文	编著教材	工具书参考书	皮书/发展报告	科普读物					合计	国内学术刊物 内地(大陆)	国内学术刊物 港、澳、台地区	国外学术刊物	合计	国家级奖	部级奖	省级奖	合计	其中:被采纳数
	编号	L01	L02	L03	L04	L05	L06	L07	L08	L09	L10	L11	L12	L13	L14	L15	L16	L17	L18	L19	L20	L21	L22	L23	L24	L25	L26
合　计	/	6068	1 049.7	0	16 075.957	18 054.252	57	35	0	22	0	0	0	0	0	0	0	3549	3510	39	0	2	0	0	2	303	141
盐城幼儿师范高等专科学校	1	101	10.5	0	80.8	80.8	0	0	0	0	0	0	0	0	0	0	0	42	42	0	0	0	0	0	0	0	0
苏州幼儿师范高等专科学校	2	63	7.2	0	0	70.9	2	0	0	2	0	0	0	0	0	0	0	25	24	1	0	0	0	0	0	0	0
无锡职业技术学院	3	87	16.5	0	455	435.7	5	5	0	0	0	0	0	0	0	0	0	49	47	2	0	0	0	0	0	1	1
江苏建筑职业技术学院	4	66	16.3	0	0	52	2	0	0	2	0	0	0	0	0	0	0	74	73	1	0	0	0	0	0	0	0
江苏工程职业技术学院	5	43	6.4	0	42	42	0	0	0	0	0	0	0	0	0	0	0	74	74	0	0	0	0	0	0	0	0
苏州工艺美术职业技术学院	6	55	11.1	0	151	153	3	3	0	0	0	0	0	0	0	0	0	86	86	0	0	0	0	0	0	0	0
连云港职业技术学院	7	55	8.6	0	6	6	0	0	0	0	0	0	0	0	0	0	0	8	8	0	0	0	0	0	0	4	0
镇江市高等专科学校	8	66	18.6	0	169	159	1	0	0	1	0	0	0	0	0	0	0	17	17	0	0	0	0	0	0	33	0
南通职业大学	9	71	10.5	0	297	422.9	0	0	0	0	0	0	0	0	0	0	0	75	75	0	0	0	0	0	0	5	5
苏州市职业大学	10	44	15.8	0	388	368.45	3	2	0	1	0	0	0	0	0	0	0	20	20	0	0	1	0	0	1	3	0
沙洲职业工学院	11	71	32.5	0	380	179.9	1	0	0	1	0	0	0	0	0	0	0	33	33	0	0	0	0	0	0	4	3
扬州市职业大学	12	78	25.9	0	196	105.784	6	6	0	0	0	0	0	0	0	0	0	150	150	0	0	0	0	0	0	8	8
连云港师范高等专科学校	13	84	8.8	0	14	58	1	1	0	0	0	0	0	0	0	0	0	47	47	0	0	0	0	0	0	0	0
江苏经贸职业技术学院	14	136	32	0	570	1350	2	0	0	2	0	0	0	0	0	0	0	44	44	0	0	0	0	0	0	2	0
泰州职业技术学院	15	15	3.4	0	10	14.13	0	0	0	0	0	0	0	0	0	0	0	16	16	0	0	0	0	0	0	0	0

续表

高校名称	编号	总数 课题数(项)	当年投入人数(人年)	其中：研究生(人年)	当年拨入经费(千元)	当年支出经费(千元)	出版著作(部) 合计	专著	其中：被译成外文	编著教材	工具书参考书	皮书/发展报告	科普读物	古籍整理(部)	译著(部)	发表译文(篇)	电子出版物(件)	发表论文(篇) 合计	国内学术刊物 内地(大陆)	港、澳、台地区	国外学术刊物	获奖成果数(项) 合计	国家级奖	部级奖	省级奖	研究与咨询报告(篇) 合计	其中：被采纳数
		L01	L02	L03	L04	L05	L06	L07	L08	L09	L10	L11	L12	L13	L14	L15	L16	L17	L18	L19	L20	L21	L22	L23	L24	L25	L26
常州信息职业技术学院	16	53	13.4	0	2	2	0	0	0	0	0	0	0	0	0	0	0	41	41	0	0	0	0	0	0	0	0
江苏海事职业技术学院	17	134	26	0	4 261.2	4 041.588	0	0	0	0	0	0	0	0	0	0	0	93	77	16	0	0	0	0	0	0	0
无锡科技职业学院	18	90	16.7	0	131	54.5	0	0	0	0	0	0	0	0	0	0	0	16	16	0	0	0	0	0	0	0	0
江苏医药职业学院	19	69	15.6	0	57	36.21	0	0	0	0	0	0	0	0	0	0	0	67	67	0	0	0	0	0	0	0	0
南通科技职业学院	20	81	16	0	95	79.8	0	0	0	0	0	0	0	0	0	0	0	17	17	0	0	0	0	0	0	0	0
苏州经贸职业技术学院	21	167	59.3	0	544	644.714	0	0	0	0	0	0	0	0	0	0	0	93	93	0	0	0	0	0	0	0	0
苏州工业职业技术学院	22	86	11	0	1 061.84	916.76	0	0	0	0	0	0	0	0	0	0	0	13	13	0	0	0	0	0	0	69	69
苏州卫生职业技术学院	23	58	8.6	0	148	216.3	0	0	0	0	0	0	0	0	0	0	0	90	90	0	0	0	0	0	0	0	0
无锡商业职业技术学院	24	138	14.5	0	92.2	676.022	1	0	0	1	0	0	0	0	0	0	0	56	56	0	0	0	0	0	0	6	5
江苏航运职业技术学院	25	102	20.1	0	184	172.05	0	0	0	0	0	0	0	0	0	0	0	54	54	0	0	0	0	0	0	0	0
南京交通职业技术学院	26	174	17.7	0	117.5	294.63	1	1	0	0	0	0	0	0	0	0	0	94	92	2	0	0	0	0	0	0	0
江苏电子信息职业学院	27	120	24.4	0	157	208.5	1	1	0	0	0	0	0	0	0	0	0	41	39	2	0	0	0	0	0	0	0
江苏农牧科技职业学院	28	42	4.2	0	0	36.41	0	0	0	0	0	0	0	0	0	0	0	58	58	0	0	0	0	0	0	0	0
常州纺织服装职业技术学院	29	218	27.2	0	139	400.379	1	0	0	1	0	0	0	0	0	0	0	84	84	0	0	0	0	0	0	0	0
苏州农业职业技术学院	30	32	4.1	0	216	170	1	0	0	1	0	0	0	0	0	0	0	83	79	4	0	0	0	0	0	0	0

南京科技职业学院	31	209	20.9	0	276	195.5	0	0	0	0	0	0	0	0	0	0	0	83	83	0	0	0	0	0	0	0	0
常州工业职业技术学院	32	119	23.8	0	229.897	286.28	1	0	0	1	0	0	0	0	0	0	0	45	44	1	0	0	0	0	0	22	0
常州工程职业技术学院	33	239	23.7	0	973.1	874.7	0	0	0	0	0	0	0	0	0	0	0	104	104	0	0	0	0	0	0	18	18
江苏农林职业技术学院	34	21	2.9	0	20	19	0	0	0	0	0	0	0	0	0	0	0	21	21	0	0	0	0	0	0	0	0
江苏食品药品职业技术学院	35	75	17.2	0	231	324.7	0	0	0	0	0	0	0	0	0	0	0	44	44	0	0	0	0	0	0	2	2
南京铁道职业技术学院	36	74	7.8	0	30	101	0	0	0	0	0	0	0	0	0	0	0	26	26	0	0	0	0	0	0	0	0
徐州工业职业技术学院	37	164	16.5	0	6	227.85	1	1	0	0	0	0	0	0	0	0	0	28	28	0	0	0	0	0	0	0	0
江苏信息职业技术学院	38	61	8.1	0	131	213.907	1	0	0	1	0	0	0	0	0	0	0	32	32	0	0	0	0	0	0	0	0
南京信息职业技术学院	39	115	11.6	0	132	100.54	3	2	0	1	0	0	0	0	0	0	0	52	50	2	0	0	0	0	0	7	1
常州机电职业技术学院	40	149	32.8	0	84	88.3	1	1	0	0	0	0	0	0	0	0	0	73	71	2	0	0	0	0	0	19	7
江阴职业技术学院	41	60	11	0	56	130	0	0	0	0	0	0	0	0	0	0	0	34	34	0	0	0	0	0	0	0	0
无锡城市职业技术学院	42	94	18.9	0	646	911.45	2	2	0	0	0	0	0	0	0	0	0	100	95	5	0	0	0	0	0	23	1
无锡工艺职业技术学院	43	98	13.6	0	0	161	0	0	0	0	0	0	0	0	0	0	0	76	76	0	0	0	0	0	0	14	0
苏州健雄职业技术学院	44	71	12.9	0	177	239.5	1	1	0	0	0	0	0	0	0	0	0	38	38	0	0	0	0	0	0	3	1
盐城工业职业技术学院	45	36	4.3	0	0	39.4	1	1	0	0	0	0	0	0	0	0	0	32	32	0	0	0	0	0	0	0	0
江苏财经职业技术学院	46	167	18.7	0	572	493.925	1	1	0	0	0	0	0	0	0	0	0	68	68	0	0	0	0	0	0	1	1
扬州工业职业技术学院	47	87	8.9	0	123	113	1	1	0	0	0	0	0	0	0	0	0	46	46	0	0	0	0	0	0	11	8
江苏城市职业学院	48	114	29.6	0	902	456.043	0	0	0	0	0	0	0	0	0	0	0	59	59	0	0	0	0	0	0	0	0
南京城市职业学院	49	156	33	0	67	67	2	0	0	2	0	0	0	0	0	0	0	50	50	0	0	0	0	0	0	7	7

续表

高校名称	编号	总数 课题数(项)	当年投入人数(人年)	其中：研究生(人年)	当年拨入经费(千元)	当年支出经费(千元)	出版著作(部) 合计	专著	其中：被译成外文	编著教材	工具书参考书	皮书/发展报告	科普读物	古籍整理(部)	译著(部)	发表译文(篇)	电子出版物(件)	发表论文(篇) 合计	国内学术刊物 内地(大陆)	港澳、台地区	国外学术刊物	获奖成果数(项) 合计	国家级奖	部级奖	省级奖	研究与咨询报告(篇) 合计	其中：被采纳数
		L01	L02	L03	L04	L05	L06	L07	L08	L09	L10	L11	L12	L13	L14	L15	L16	L17	L18	L19	L20	L21	L22	L23	L24	L25	L26
南京机电职业技术学院	50	81	8.1	0	200	235.6	0	0	0	0	0	0	0	0	0	0	0	105	105	0	0	0	0	0	0	0	0
南京旅游职业学院	51	48	6.1	0	253.27	285.47	1	1	0	0	0	0	0	0	0	0	0	40	39	1	0	0	0	0	0	0	0
江苏卫生健康职业学院	52	54	8	0	55	79.5	0	0	0	0	0	0	0	0	0	0	0	16	16	0	0	0	0	0	0	0	0
苏州信息职业技术学院	53	54	6.1	0	30	31.2	0	0	0	0	0	0	0	0	0	0	0	10	10	0	0	0	0	0	0	0	0
苏州工业园区服务外包职业学院	54	80	14.3	0	67	40.83	3	2	0	1	0	0	0	0	0	0	0	38	38	0	0	0	0	0	0	2	2
徐州幼儿师范高等专科学校	55	117	34.5	0	168	174	0	0	0	0	0	0	0	0	0	0	0	89	89	0	0	0	0	0	0	0	0
徐州生物工程职业技术学院	56	38	3.8	0	10	11	1	0	0	1	0	0	0	0	0	0	0	52	52	0	0	0	0	0	0	0	0
江苏商贸职业学院	57	171	35.6	0	25.95	110.1	0	0	0	0	0	0	0	0	0	0	0	90	90	0	0	0	0	0	0	17	0
南通师范高等专科学校	58	166	28.8	0	225.5	129.644	0	0	0	0	0	0	0	0	0	0	0	107	107	0	0	1	0	0	1	0	0
江苏护理职业学院	59	29	6.9	0	37	37	0	0	0	0	0	0	0	0	0	0	0	52	52	0	0	0	0	0	0	0	0
江苏财会职业学院	60	101	18.3	0	68.7	68.7	1	1	0	0	0	0	0	0	0	0	0	85	85	0	0	0	0	0	0	10	1
江苏城乡建设职业学院	61	165	24.6	0	185	194	0	0	0	0	0	0	0	0	0	0	0	21	21	0	0	0	0	0	0	5	0
江苏航空职业技术学院	62	87	16.6	0	47	72.686	0	0	0	0	0	0	0	0	0	0	0	26	26	0	0	0	0	0	0	0	0
江苏安全技术职业学院	63	17	2.8	0	38	30	0	0	0	0	0	0	0	0	0	0	0	3	3	0	0	0	0	0	0	6	0
江苏旅游职业学院	64	117	11.7	0	25	63	4	2	0	2	0	0	0	0	0	0	0	106	106	0	0	0	0	0	0	1	1
常州幼儿师范高等专科学校	65	35	4.4	0	20	0	1	0	0	1	0	0	0	0	0	0	0	38	38	0	0	0	0	0	0	0	0

3.20 统计学人文、社会科学研究与课题成果情况表

高校名称	编号	总数：课题数（项）	总数：当年投入人数（人年）	总数：其中：研究生（人年）	总数：当年拨入经费（千元）	总数：当年支出经费（千元）	出版著作（部）：合计	出版著作（部）：专著	出版著作（部）：其中：被译成外文	出版著作（部）：编著教材	出版著作（部）：工具书参考书	出版著作（部）：皮书/发展报告	出版著作（部）：科普读物	古籍整理（部）	译著（部）	发表译文（篇）	电子出版物（件）	发表论文（篇）：合计	发表论文（篇）：国内学术刊物：内地（大陆）	发表论文（篇）：国内学术刊物：港澳、台地区	发表论文（篇）：国外学术刊物	获奖成果数（项）：合计	获奖成果数（项）：国家级奖	获奖成果数（项）：部级奖	获奖成果数（项）：省级奖	研究与咨询报告（篇）：合计	研究与咨询报告（篇）：其中：被采纳数
		L01	L02	L03	L04	L05	L06	L07	L08	L09	L10	L11	L12	L13	L14	L15	L16	L17	L18	L19	L20	L21	L22	L23	L24	L25	L26
合　计	/	27	3.9	0	335.6	901.385	2	1	0	1	0	0	0	0	0	0	0	22	22	0	0	0	0	0	0	9	5
盐城幼儿师范高等专科学校	1	0	0	0	0	0	0	0	0	0	0	0	0	0	0	0	0	0	0	0	0	0	0	0	0	0	0
苏州幼儿师范高等专科学校	2	1	0.1	0	0	0	0	0	0	0	0	0	0	0	0	0	0	0	0	0	0	0	0	0	0	0	0
无锡职业技术学院	3	0	0	0	0	0	0	0	0	0	0	0	0	0	0	0	0	0	0	0	0	0	0	0	0	0	0
江苏建筑职业技术学院	4	0	0	0	0	0	0	0	0	0	0	0	0	0	0	0	0	0	0	0	0	0	0	0	0	0	0
江苏工程职业技术学院	5	0	0	0	0	0	1	1	0	0	0	0	0	0	0	0	0	4	4	0	0	0	0	0	0	0	0
苏州工艺美术职业技术学院	6	0	0	0	0	0	0	0	0	0	0	0	0	0	0	0	0	0	0	0	0	0	0	0	0	0	0
连云港职业技术学院	7	2	0.3	0	0	0	0	0	0	0	0	0	0	0	0	0	0	0	0	0	0	0	0	0	0	0	0
镇江市高等专科学校	8	0	0	0	0	0	0	0	0	0	0	0	0	0	0	0	0	0	0	0	0	0	0	0	0	0	0
南通职业大学	9	1	0.2	0	0	0	0	0	0	0	0	0	0	0	0	0	0	0	0	0	0	0	0	0	0	0	0
苏州市职业大学	10	2	0.4	0	10	10	0	0	0	0	0	0	0	0	0	0	0	2	2	0	0	0	0	0	0	4	2
沙洲职业工学院	11	0	0	0	0	0	0	0	0	0	0	0	0	0	0	0	0	0	0	0	0	0	0	0	0	0	0
扬州市职业大学	12	2	0.6	0	0	29.4	0	0	0	0	0	0	0	0	0	0	0	0	0	0	0	0	0	0	0	2	2
连云港师范高等专科学校	13	0	0	0	0	0	0	0	0	0	0	0	0	0	0	0	0	0	0	0	0	0	0	0	0	0	0
江苏经贸职业技术学院	14	0	0	0	0	0	0	0	0	0	0	0	0	0	0	0	0	0	0	0	0	0	0	0	0	0	0
泰州职业技术学院	15	0	0	0	0	0	0	0	0	0	0	0	0	0	0	0	0	0	0	0	0	0	0	0	0	0	0

续表

高校名称	编号	总数					出版著作(部)							古籍整理(部)	译著(部)	发表译文(篇)	电子出版物(件)	发表论文(篇)				获奖成果数(项)				研究与咨询报告(篇)	
		课题数(项)	当年投入人数(人年)	其中:研究生(人年)	当年拨入经费(千元)	当年支出经费(千元)	合计	专著	其中:被译成外文	编著教材	工具书参考书	皮书/发展报告	科普读物					合计	国内学术刊物 内地(大陆)	国内学术刊物 港澳、台地区	国外学术刊物	合计	国家级奖	部级奖	省级奖	合计	其中:被采纳数
	编号	L01	L02	L03	L04	L05	L06	L07	L08	L09	L10	L11	L12	L13	L14	L15	L16	L17	L18	L19	L20	L21	L22	L23	L24	L25	L26
常州信息职业技术学院	16	1	0.3	0	5	5	0	0	0	0	0	0	0	0	0	0	0	0	0	0	0	0	0	0	0	0	0
江苏海事职业技术学院	17	0	0	0	0	0	0	0	0	0	0	0	0	0	0	0	0	2	2	0	0	0	0	0	0	0	0
无锡科技职业学院	18	0	0	0	0	0	0	0	0	0	0	0	0	0	0	0	0	0	0	0	0	0	0	0	0	0	0
江苏医药职业学院	19	0	0	0	0	0	0	0	0	0	0	0	0	0	0	0	0	0	0	0	0	0	0	0	0	0	0
南通科技职业学院	20	0	0	0	0	0	0	0	0	0	0	0	0	0	0	0	0	0	0	0	0	0	0	0	0	0	0
苏州经贸职业技术学院	21	0	0	0	0	0	0	0	0	0	0	0	0	0	0	0	0	0	0	0	0	0	0	0	0	0	0
苏州工业职业技术学院	22	0	0	0	0	0	0	0	0	0	0	0	0	0	0	0	0	0	0	0	0	0	0	0	0	0	0
苏州卫生职业技术学院	23	1	0.1	0	0	0.8	0	0	0	0	0	0	0	0	0	0	0	0	0	0	0	0	0	0	0	0	0
无锡商业职业技术学院	24	0	0	0	0	0	0	0	0	0	0	0	0	0	0	0	0	0	0	0	0	0	0	0	0	0	0
江苏航运职业技术学院	25	0	0	0	0	0	0	0	0	0	0	0	0	0	0	0	0	0	0	0	0	0	0	0	0	0	0
南京交通职业技术学院	26	0	0	0	0	0	0	0	0	0	0	0	0	0	0	0	0	0	0	0	0	0	0	0	0	0	0
江苏电子信息职业学院	27	0	0	0	0	0	0	0	0	0	0	0	0	0	0	0	0	0	0	0	0	0	0	0	0	0	0
江苏农牧科技职业学院	28	0	0	0	0	0	0	0	0	0	0	0	0	0	0	0	0	0	0	0	0	0	0	0	0	0	0
常州纺织服装职业技术学院	29	0	0	0	0	0	0	0	0	0	0	0	0	0	0	0	0	0	0	0	0	0	0	0	0	0	0
苏州农业职业技术学院	30	1	0.1	0	0	1	1	0	0	1	0	0	0	0	0	0	0	0	0	0	0	0	0	0	0	0	0

南京科技职业学院	31	1	0.1	0	0	0	0	0	0	0	0	0	0	0	0	0	0	0	0	0	0	0	0	0	0	1	0
常州工业职业技术学院	32	1	0.2	0	0	50	0	0	0	0	0	0	0	0	0	0	0	0	0	0	0	0	0	0	0	0	0
常州工程职业技术学院	33	0	0	0	0	0	0	0	0	0	0	0	0	0	0	0	0	0	0	0	0	0	0	0	0	0	0
江苏农林职业技术学院	34	0	0	0	0	0	0	0	0	0	0	0	0	0	0	0	0	0	0	0	0	0	0	0	0	0	0
江苏食品药品职业技术学院	35	0	0	0	0	0	0	0	0	0	0	0	0	0	0	0	0	0	0	0	0	0	0	0	0	0	0
南京铁道职业技术学院	36	1	0.1	0	0	0	0	0	0	0	0	0	0	0	0	0	0	0	0	0	0	0	0	0	0	0	0
徐州工业职业技术学院	37	0	0	0	0	0	0	0	0	0	0	0	0	0	0	0	0	2	2	0	0	0	0	0	0	0	0
江苏信息职业技术学院	38	0	0	0	0	0	0	0	0	0	0	0	0	0	0	0	0	0	0	0	0	0	0	0	0	0	0
南京信息职业技术学院	39	3	0.3	0	59.6	68.38	0	0	0	0	0	0	0	0	0	0	0	1	1	0	0	0	0	0	0	0	0
常州机电职业技术学院	40	0	0	0	0	0	0	0	0	0	0	0	0	0	0	0	0	3	3	0	0	0	0	0	0	0	0
江阴职业技术学院	41	0	0	0	0	0	0	0	0	0	0	0	0	0	0	0	0	0	0	0	0	0	0	0	0	0	0
无锡城市职业技术学院	42	0	0	0	0	0	0	0	0	0	0	0	0	0	0	0	0	0	0	0	0	0	0	0	0	0	0
无锡工艺职业技术学院	43	0	0	0	0	0	0	0	0	0	0	0	0	0	0	0	0	0	0	0	0	0	0	0	0	0	0
苏州健雄职业技术学院	44	0	0	0	0	0	0	0	0	0	0	0	0	0	0	0	0	0	0	0	0	0	0	0	0	0	0
盐城工业职业技术学院	45	0	0	0	0	0	0	0	0	0	0	0	0	0	0	0	0	0	0	0	0	0	0	0	0	0	0
江苏财经职业技术学院	46	0	0	0	0	0	0	0	0	0	0	0	0	0	0	0	0	1	1	0	0	0	0	0	0	0	0
扬州工业职业技术学院	47	3	0.3	0	150	150	0	0	0	0	0	0	0	0	0	0	0	0	0	0	0	0	0	0	0	1	1
江苏城市职业学院	48	4	0.5	0	111	584.805	0	0	0	0	0	0	0	0	0	0	0	0	0	0	0	0	0	0	0	0	0
南京城市职业学院	49	0	0	0	0	0	0	0	0	0	0	0	0	0	0	0	0	0	0	0	0	0	0	0	0	0	0

续表

高校名称		总数					出版著作(部)							古籍整理(部)	译著(部)	发表译文(篇)	电子出版物(件)	发表论文(篇)				获奖成果数(项)				研究与咨询报告(篇)	
		课题数(项)	当年投入人数(人年)	其中：研究生(人年)	当年拨入经费(千元)	当年支出经费(千元)	合计	专著	其中：被译成外文	编著教材	工具书参考书	皮书/发展报告	科普读物					合计	国内学术刊物 内地(大陆)	国内学术刊物 港澳、台地区	国外学术刊物	合计	国家级奖	部级奖	省级奖	合计	其中：被采纳数
	编号	L01	L02	L03	L04	L05	L06	L07	L08	L09	L10	L11	L12	L13	L14	L15	L16	L17	L18	L19	L20	L21	L22	L23	L24	L25	L26
南京机电职业技术学院	50	0	0	0	0	0	0	0	0	0	0	0	0	0	0	0	0	0	0	0	0	0	0	0	0	0	0
南京旅游职业学院	51	0	0	0	0	0	0	0	0	0	0	0	0	0	0	0	0	6	6	0	0	0	0	0	0	0	0
江苏卫生健康职业学院	52	0	0	0	0	0	0	0	0	0	0	0	0	0	0	0	0	0	0	0	0	0	0	0	0	0	0
苏州信息职业技术学院	53	0	0	0	0	0	0	0	0	0	0	0	0	0	0	0	0	0	0	0	0	0	0	0	0	0	0
苏州工业园区服务外包职业学院	54	0	0	0	0	0	0	0	0	0	0	0	0	0	0	0	0	0	0	0	0	0	0	0	0	0	0
徐州幼儿师范高等专科学校	55	0	0	0	0	0	0	0	0	0	0	0	0	0	0	0	0	0	0	0	0	0	0	0	0	0	0
徐州生物工程职业技术学院	56	0	0	0	0	0	0	0	0	0	0	0	0	0	0	0	0	0	0	0	0	0	0	0	0	0	0
江苏商贸职业学院	57	2	0.2	0	0	0	0	0	0	0	0	0	0	0	0	0	0	0	0	0	0	0	0	0	0	0	0
南通师范高等专科学校	58	0	0	0	0	0	0	0	0	0	0	0	0	0	0	0	0	0	0	0	0	0	0	0	0	0	0
江苏护理职业学院	59	0	0	0	0	0	0	0	0	0	0	0	0	0	0	0	0	0	0	0	0	0	0	0	0	0	0
江苏财会职业学院	60	0	0	0	0	0	0	0	0	0	0	0	0	0	0	0	0	0	0	0	0	0	0	0	0	0	0
江苏城乡建设职业学院	61	0	0	0	0	0	0	0	0	0	0	0	0	0	0	0	0	0	0	0	0	0	0	0	0	0	0
江苏航空职业技术学院	62	0	0	0	0	0	0	0	0	0	0	0	0	0	0	0	0	0	0	0	0	0	0	0	0	0	0
江苏安全技术职业学院	63	1	0.1	0	0	2	0	0	0	0	0	0	0	0	0	0	0	1	1	0	0	0	0	0	0	1	0
江苏旅游职业学院	64	0	0	0	0	0	0	0	0	0	0	0	0	0	0	0	0	0	0	0	0	0	0	0	0	0	0
常州幼儿师范高等专科学校	65	0	0	0	0	0	0	0	0	0	0	0	0	0	0	0	0	0	0	0	0	0	0	0	0	0	0

3.21 心理学人文、社会科学研究与课题成果情况表

高校名称		总数					出版著作(部)							古籍整理(部)	译著(部)	发表译文(篇)	电子出版物(件)	发表论文(篇)				获奖成果数(项)				研究与咨询报告(篇)	
		课题数(项)	当年投入人数(人年)	其中：研究生(人年)	当年拨入经费(千元)	当年支出经费(千元)	合计	专著	其中：被译成外文	编著教材	工具书参考书	皮书/发展报告	科普读物					合计	国内学术刊物 内地(大陆)	国内学术刊物 港、澳、台地区	国外学术刊物	合计	国家级奖	部级奖	省级奖	合计	其中：被采纳数
	编号	L01	L02	L03	L04	L05	L06	L07	L08	L09	L10	L11	L12	L13	L14	L15	L16	L17	L18	L19	L20	L21	L22	L23	L24	L25	L26
合 计	/	148	23.6	0	450	700.925	5	0	0	5	0	0	0	0	0	0	0	78	77	1	0	0	0	0	0	7	4
盐城幼儿师范高等专科学校	1	7	0.7	0	8	8	0	0	0	0	0	0	0	0	0	0	0	0	0	0	0	0	0	0	0	0	0
苏州幼儿师范高等专科学校	2	0	0	0	0	0	0	0	0	0	0	0	0	0	0	0	0	0	0	0	0	0	0	0	0	0	0
无锡职业技术学院	3	2	0.4	0	0	12.2	0	0	0	0	0	0	0	0	0	0	0	0	0	0	0	0	0	0	0	0	0
江苏建筑职业技术学院	4	6	0.7	0	0	5	2	0	0	2	0	0	0	0	0	0	0	3	3	0	0	0	0	0	0	0	0
江苏工程职业技术学院	5	2	0.3	0	1	1	0	0	0	0	0	0	0	0	0	0	0	5	5	0	0	0	0	0	0	0	0
苏州工艺美术职业技术学院	6	0	0	0	0	0	0	0	0	0	0	0	0	0	0	0	0	0	0	0	0	0	0	0	0	1	1
连云港职业技术学院	7	3	0.5	0	2	2	0	0	0	0	0	0	0	0	0	0	0	4	4	0	0	0	0	0	0	0	0
镇江市高等专科学校	8	0	0	0	0	0	0	0	0	0	0	0	0	0	0	0	0	0	0	0	0	0	0	0	0	0	0
南通职业大学	9	2	0.4	0	0	0	0	0	0	0	0	0	0	0	0	0	0	0	0	0	0	0	0	0	0	0	0
苏州市职业大学	10	4	1	0	0	6	0	0	0	0	0	0	0	0	0	0	0	4	4	0	0	0	0	0	0	0	0
沙洲职业工学院	11	0	0	0	0	0	0	0	0	0	0	0	0	0	0	0	0	0	0	0	0	0	0	0	0	0	0
扬州市职业大学	12	3	1	0	0	0	0	0	0	0	0	0	0	0	0	0	0	0	0	0	0	0	0	0	0	1	1
连云港师范高等专科学校	13	7	0.7	0	4	0	0	0	0	0	0	0	0	0	0	0	0	1	1	0	0	0	0	0	0	0	0
江苏经贸职业技术学院	14	5	0.7	0	50	47.5	0	0	0	0	0	0	0	0	0	0	0	0	0	0	0	0	0	0	0	1	0
泰州职业技术学院	15	1	0.4	0	0	1.43	0	0	0	0	0	0	0	0	0	0	0	2	2	0	0	0	0	0	0	0	0

续表

高校名称		总数					出版著作(部)							古籍整理(部)	译著(部)	发表译文(篇)	电子出版物(件)	发表论文(篇)				获奖成果数(项)				研究与咨询报告(篇)	
		课题数(项)	当年投入人数(人年)	其中：研究生(人年)	当年拨入经费(千元)	当年支出经费(千元)	合计	专著	其中：被译成外文	编著教材	工具书参考书	皮书/发展报告	科普读物					合计	国内学术刊物 内地(大陆)	国内学术刊物 港、澳、台地区	国外学术刊物	合计	国家级奖	部级奖	省级奖	合计	其中：被采纳数
	编号	L01	L02	L03	L04	L05	L06	L07	L08	L09	L10	L11	L12	L13	L14	L15	L16	L17	L18	L19	L20	L21	L22	L23	L24	L25	L26
常州信息职业技术学院	16	1	0.3	0	0	0	1	0	0	1	0	0	0	0	0	0	0	0	0	0	0	0	0	0	0	0	0
江苏海事职业技术学院	17	3	1.2	0	0	4.72	0	0	0	0	0	0	0	0	0	0	0	0	0	0	0	0	0	0	0	0	0
无锡科技职业学院	18	0	0	0	0	0	0	0	0	0	0	0	0	0	0	0	0	2	2	0	0	0	0	0	0	0	0
江苏医药职业学院	19	2	0.6	0	0	0	0	0	0	0	0	0	0	0	0	0	0	1	1	0	0	0	0	0	0	0	0
南通科技职业学院	20	1	0.2	0	0	0	0	0	0	0	0	0	0	0	0	0	0	0	0	0	0	0	0	0	0	0	0
苏州经贸职业技术学院	21	0	0	0	0	0	0	0	0	0	0	0	0	0	0	0	0	0	0	0	0	0	0	0	0	0	0
苏州工业职业技术学院	22	0	0	0	0	0	0	0	0	0	0	0	0	0	0	0	0	0	0	0	0	0	0	0	0	0	0
苏州卫生职业技术学院	23	10	1.2	0	60	26.7	0	0	0	0	0	0	0	0	0	0	0	7	7	0	0	0	0	0	0	0	0
无锡商业职业技术学院	24	3	0.4	0	0	3	0	0	0	0	0	0	0	0	0	0	0	1	1	0	0	0	0	0	0	0	0
江苏航运职业技术学院	25	1	0.1	0	10	3	0	0	0	0	0	0	0	0	0	0	0	1	1	0	0	0	0	0	0	0	0
南京交通职业技术学院	26	0	0	0	0	0	0	0	0	0	0	0	0	0	0	0	0	0	0	0	0	0	0	0	0	0	0
江苏电子信息职业学院	27	1	0.2	0	10	5	1	0	0	1	0	0	0	0	0	0	0	1	1	0	0	0	0	0	0	0	0
江苏农牧科技职业学院	28	2	0.2	0	0	1.2	0	0	0	0	0	0	0	0	0	0	0	1	1	0	0	0	0	0	0	0	0
常州纺织服装职业技术学院	29	4	0.7	0	0	4	0	0	0	0	0	0	0	0	0	0	0	3	3	0	0	0	0	0	0	0	0
苏州农业职业技术学院	30	0	0	0	0	0	0	0	0	0	0	0	0	0	0	0	0	2	2	0	0	0	0	0	0	0	0

南京科技职业学院	31	2	0.2	0	4.5	2	0	0	0	0	0	0	0	0	0	0	0	2	2	0	0	0	0	0	0	0	0
常州工业职业技术学院	32	3	0.7	0	0	0	0	0	0	0	0	0	0	0	0	0	0	2	2	0	0	0	0	0	0	0	0
常州工程职业技术学院	33	0	0	0	0	0	0	0	0	0	0	0	0	0	0	0	0	0	0	0	0	0	0	0	0	0	0
江苏农林职业技术学院	34	0	0	0	0	0	0	0	0	0	0	0	0	0	0	0	0	0	0	0	0	0	0	0	0	0	0
江苏食品药品职业技术学院	35	0	0	0	0	0	0	0	0	0	0	0	0	0	0	0	0	0	0	0	0	0	0	0	0	0	0
南京铁道职业技术学院	36	1	0.1	0	0	0	0	0	0	0	0	0	0	0	0	0	0	1	1	0	0	0	0	0	0	0	0
徐州工业职业技术学院	37	2	0.2	0	0	3.3	0	0	0	0	0	0	0	0	0	0	0	2	2	0	0	0	0	0	0	0	0
江苏信息职业技术学院	38	4	0.6	0	18	16.475	0	0	0	0	0	0	0	0	0	0	0	3	3	0	0	0	0	0	0	0	0
南京信息职业技术学院	39	5	0.5	0	30	22	0	0	0	0	0	0	0	0	0	0	0	2	2	0	0	0	0	0	0	0	0
常州机电职业技术学院	40	7	1.2	0	15	5.75	0	0	0	0	0	0	0	0	0	0	0	1	1	0	0	0	0	0	0	0	0
江阴职业技术学院	41	0	0	0	0	0	0	0	0	0	0	0	0	0	0	0	0	0	0	0	0	0	0	0	0	0	0
无锡城市职业技术学院	42	4	1	0	0	0	0	0	0	0	0	0	0	0	0	0	0	1	1	0	0	0	0	0	0	0	0
无锡工艺职业技术学院	43	1	0.1	0	0	5	0	0	0	0	0	0	0	0	0	0	0	0	0	0	0	0	0	0	0	0	0
苏州健雄职业技术学院	44	0	0	0	0	0	0	0	0	0	0	0	0	0	0	0	0	1	1	0	0	0	0	0	0	0	0
盐城工业职业技术学院	45	2	0.5	0	0	34	0	0	0	0	0	0	0	0	0	0	0	0	0	0	0	0	0	0	0	0	0
江苏财经职业技术学院	46	17	1.8	0	174	426.15	0	0	0	0	0	0	0	0	0	0	0	4	3	1	0	0	0	0	0	1	1
扬州工业职业技术学院	47	6	0.6	0	20	20	0	0	0	0	0	0	0	0	0	0	0	4	4	0	0	0	0	0	0	2	1
江苏城市职业学院	48	0	0	0	0	0	0	0	0	0	0	0	0	0	0	0	0	0	0	0	0	0	0	0	0	0	0
南京城市职业学院	49	0	0	0	0	0	0	0	0	0	0	0	0	0	0	0	0	0	0	0	0	0	0	0	0	0	0

续表

高校名称	编号	总数：课题数（项）	总数：当年投入人数（人年）	总数：其中：研究生（人年）	总数：当年拨入经费（千元）	总数：当年支出经费（千元）	出版著作（部）：合计	出版著作（部）：专著	出版著作（部）：其中：被译成外文	出版著作（部）：编著教材	出版著作（部）：工具书参考书	出版著作（部）：皮书/发展报告	出版著作（部）：科普读物	古籍整理（部）	译著（部）	发表译文（篇）	电子出版物（件）	发表论文（篇）：合计	发表论文（篇）：国内学术刊物：内地（大陆）	发表论文（篇）：国内学术刊物：港、澳、台地区	发表论文（篇）：国外学术刊物	获奖成果数（项）：合计	获奖成果数（项）：国家级奖	获奖成果数（项）：部级奖	获奖成果数（项）：省级奖	研究与咨询报告（篇）：合计	研究与咨询报告（篇）：其中：被采纳数
		L01	L02	L03	L04	L05	L06	L07	L08	L09	L10	L11	L12	L13	L14	L15	L16	L17	L18	L19	L20	L21	L22	L23	L24	L25	L26
南京机电职业技术学院	50	0	0	0	0	0	0	0	0	0	0	0	0	0	0	0	0	0	0	0	0	0	0	0	0	0	0
南京旅游职业学院	51	2	0.3	0	12.5	4.5	0	0	0	0	0	0	0	0	0	0	0	1	1	0	0	0	0	0	0	0	0
江苏卫生健康职业学院	52	7	1	0	16	6	0	0	0	0	0	0	0	0	0	0	0	4	4	0	0	0	0	0	0	0	0
苏州信息职业技术学院	53	1	0.1	0	0	8.5	0	0	0	0	0	0	0	0	0	0	0	0	0	0	0	0	0	0	0	0	0
苏州工业园区服务外包职业学院	54	1	0.2	0	0	0	0	0	0	0	0	0	0	0	0	0	0	0	0	0	0	0	0	0	0	0	0
徐州幼儿师范高等专科学校	55	0	0	0	0	0	0	0	0	0	0	0	0	0	0	0	0	0	0	0	0	0	0	0	0	0	0
徐州生物工程职业技术学院	56	0	0	0	0	0	0	0	0	0	0	0	0	0	0	0	0	4	4	0	0	0	0	0	0	0	0
江苏商贸职业学院	57	5	1.2	0	15	16.5	1	0	0	1	0	0	0	0	0	0	0	2	2	0	0	0	0	0	0	1	0
南通师范高等专科学校	58	1	0.2	0	0	0	0	0	0	0	0	0	0	0	0	0	0	1	1	0	0	0	0	0	0	0	0
江苏护理职业学院	59	0	0	0	0	0	0	0	0	0	0	0	0	0	0	0	0	0	0	0	0	0	0	0	0	0	0
江苏财会职业学院	60	0	0	0	0	0	0	0	0	0	0	0	0	0	0	0	0	0	0	0	0	0	0	0	0	0	0
江苏城乡建设职业学院	61	0	0	0	0	0	0	0	0	0	0	0	0	0	0	0	0	1	1	0	0	0	0	0	0	0	0
江苏航空职业技术学院	62	5	1	0	0	0	0	0	0	0	0	0	0	0	0	0	0	3	3	0	0	0	0	0	0	0	0
江苏安全技术职业学院	63	0	0	0	0	0	0	0	0	0	0	0	0	0	0	0	0	0	0	0	0	0	0	0	0	0	0
江苏旅游职业学院	64	1	0.1	0	0	0	0	0	0	0	0	0	0	0	0	0	0	1	1	0	0	0	0	0	0	0	0
常州幼儿师范高等专科学校	65	1	0.1	0	0	0	0	0	0	0	0	0	0	0	0	0	0	0	0	0	0	0	0	0	0	0	0

3.22 体育科学人文、社会科学研究与课题成果情况表

高校名称	编号	总数：课题数(项)	总数：当年投入人数(人年)	总数：其中：研究生(人年)	总数：当年拨入经费(千元)	总数：当年支出经费(千元)	出版著作(部)：合计	出版著作(部)：专著	出版著作(部)：其中：被译成外文	出版著作(部)：编著教材	出版著作(部)：工具书参考书	出版著作(部)：皮书/发展报告	出版著作(部)：科普读物	古籍整理(部)	译著(部)	发表译文(篇)	电子出版物(件)	发表论文(篇)：合计	发表论文(篇)：国内学术刊物：内地(大陆)	发表论文(篇)：国内学术刊物：港、澳、台地区	发表论文(篇)：国外学术刊物	获奖成果数(项)：合计	获奖成果数(项)：国家级奖	获奖成果数(项)：部级奖	获奖成果数(项)：省级奖	研究与咨询报告(篇)：合计	研究与咨询报告(篇)：其中：被采纳数
	编号	L01	L02	L03	L04	L05	L06	L07	L08	L09	L10	L11	L12	L13	L14	L15	L16	L17	L18	L19	L20	L21	L22	L23	L24	L25	L26
合　计	/	212	37.7	0	2 351.6	2 021.524	13	7	0	6	0	0	0	0	0	0	0	201	196	5	0	0	0	0	0	18	10
盐城幼儿师范高等专科学校	1	12	1.3	0	2	2	0	0	0	0	0	0	0	0	0	0	0	3	3	0	0	0	0	0	0	0	0
苏州幼儿师范高等专科学校	2	7	0.8	0	0	3.7	0	0	0	0	0	0	0	0	0	0	0	4	4	0	0	0	0	0	0	0	0
无锡职业技术学院	3	14	1.8	0	10	5.7	1	1	0	0	0	0	0	0	0	0	0	7	7	0	0	0	0	0	0	0	0
江苏建筑职业技术学院	4	6	1.4	0	20	31	0	0	0	0	0	0	0	0	0	0	0	7	7	0	0	0	0	0	0	1	0
江苏工程职业技术学院	5	2	0.4	0	3	3	0	0	0	0	0	0	0	0	0	0	0	0	0	0	0	0	0	0	0	0	0
苏州工艺美术职业技术学院	6	0	0	0	0	0	0	0	0	0	0	0	0	0	0	0	0	0	0	0	0	0	0	0	0	0	0
连云港职业技术学院	7	1	0.1	0	0	0	0	0	0	0	0	0	0	0	0	0	0	4	4	0	0	0	0	0	0	0	0
镇江市高等专科学校	8	0	0	0	0	0	0	0	0	0	0	0	0	0	0	0	0	0	0	0	0	0	0	0	0	0	0
南通职业大学	9	2	0.2	0	0	6	0	0	0	0	0	0	0	0	0	0	0	2	2	0	0	0	0	0	0	0	0
苏州市职业大学	10	24	8.6	0	550	575.25	3	2	0	1	0	0	0	0	0	0	0	13	13	0	0	0	0	0	0	0	0
沙洲职业工学院	11	0	0	0	0	0	0	0	0	0	0	0	0	0	0	0	0	0	0	0	0	0	0	0	0	0	0
扬州市职业大学	12	4	1.2	0	0	29.4	3	3	0	0	0	0	0	0	0	0	0	1	1	0	0	0	0	0	0	1	1
连云港师范高等专科学校	13	2	0.2	0	0	0	1	0	0	1	0	0	0	0	0	0	0	7	7	0	0	0	0	0	0	0	0
江苏经贸职业技术学院	14	3	0.4	0	0	0	0	0	0	0	0	0	0	0	0	0	0	6	6	0	0	0	0	0	0	0	0
泰州职业技术学院	15	0	0	0	0	0	0	0	0	0	0	0	0	0	0	0	0	2	2	0	0	0	0	0	0	0	0

续表

高校名称		总数					出版著作(部)							古籍整理(部)	译著(部)	发表译文(篇)	电子出版物(件)	发表论文(篇)				获奖成果数(项)				研究与咨询报告(篇)	
		课题数(项)	当年投入人数(人年)	其中:研究生(人年)	当年拨入经费(千元)	当年支出经费(千元)	合计	专著	其中:被译成外文	编著教材	工具书参考书	皮书/发展报告	科普读物					合计	国内学术刊物 内地(大陆)	国内学术刊物 港、澳、台地区	国外学术刊物	合计	国家级奖	部级奖	省级奖	合计	其中:被采纳数
	编号	L01	L02	L03	L04	L05	L06	L07	L08	L09	L10	L11	L12	L13	L14	L15	L16	L17	L18	L19	L20	L21	L22	L23	L24	L25	L26
常州信息职业技术学院	16	4	1.3	0	0	0	0	0	0	0	0	0	0	0	0	0	0	5	5	0	0	0	0	0	0	0	0
江苏海事职业技术学院	17	3	0.6	0	0	0.38	0	0	0	0	0	0	0	0	0	0	0	0	0	0	0	0	0	0	0	0	0
无锡科技职业学院	18	1	0.2	0	0	0	0	0	0	0	0	0	0	0	0	0	0	5	5	0	0	0	0	0	0	0	0
江苏医药职业学院	19	2	0.5	0	0	0	0	0	0	0	0	0	0	0	0	0	0	2	2	0	0	0	0	0	0	0	0
南通科技职业学院	20	2	0.4	0	0	2.7	0	0	0	0	0	0	0	0	0	0	0	0	0	0	0	0	0	0	0	0	0
苏州经贸职业技术学院	21	0	0	0	0	0	0	0	0	0	0	0	0	0	0	0	0	3	3	0	0	0	0	0	0	0	0
苏州工业职业技术学院	22	0	0	0	0	0	0	0	0	0	0	0	0	0	0	0	0	6	6	0	0	0	0	0	0	0	0
苏州卫生职业技术学院	23	1	0.1	0	0	1.2	0	0	0	0	0	0	0	0	0	0	0	3	3	0	0	0	0	0	0	0	0
无锡商业职业技术学院	24	5	0.5	0	339	270	0	0	0	0	0	0	0	0	0	0	0	8	6	2	0	0	0	0	0	0	0
江苏航运职业技术学院	25	2	0.5	0	10	6	0	0	0	0	0	0	0	0	0	0	0	1	1	0	0	0	0	0	0	0	0
南京交通职业技术学院	26	3	0.3	0	0	0	0	0	0	0	0	0	0	0	0	0	0	5	5	0	0	0	0	0	0	0	0
江苏电子信息职业学院	27	1	0.3	0	0	0	0	0	0	0	0	0	0	0	0	0	0	0	0	0	0	0	0	0	0	0	0
江苏农牧科技职业学院	28	0	0	0	0	0	0	0	0	0	0	0	0	0	0	0	0	0	0	0	0	0	0	0	0	0	0
常州纺织服装职业技术学院	29	4	0.5	0	0	6	0	0	0	0	0	0	0	0	0	0	0	12	12	0	0	0	0	0	0	0	0
苏州农业职业技术学院	30	0	0	0	0	0	0	0	0	0	0	0	0	0	0	0	0	4	4	0	0	0	0	0	0	0	0

南京科技职业学院	31	3	0.3	0	9	7	1	0	0	1	0	0	0	0	0	0	0	5	5	0	0	0	0	0	0	0	0
常州工业职业技术学院	32	4	0.7	0	60	38	0	0	0	0	0	0	0	0	0	0	0	1	1	0	0	0	0	0	0	1	0
常州工程职业技术学院	33	1	0.1	0	0	0	0	0	0	0	0	0	0	0	0	0	0	6	6	0	0	0	0	0	0	0	0
江苏农林职业技术学院	34	0	0	0	0	0	0	0	0	0	0	0	0	0	0	0	0	3	3	0	0	0	0	0	0	0	0
江苏食品药品职业技术学院	35	0	0	0	0	0	0	0	0	0	0	0	0	0	0	0	0	0	0	0	0	0	0	0	0	0	0
南京铁道职业技术学院	36	5	0.5	0	40	8	0	0	0	0	0	0	0	0	0	0	0	6	6	0	0	0	0	0	0	1	1
徐州工业职业技术学院	37	0	0	0	0	0	0	0	0	0	0	0	0	0	0	0	0	3	3	0	0	0	0	0	0	0	0
江苏信息职业技术学院	38	1	0.1	0	0	50	0	0	0	0	0	0	0	0	0	0	0	0	0	0	0	0	0	0	0	0	0
南京信息职业技术学院	39	12	1.2	0	269.6	230.68	1	1	0	0	0	0	0	0	0	0	0	1	1	0	0	0	0	0	0	1	0
常州机电职业技术学院	40	9	1.8	0	3	1.15	0	0	0	0	0	0	0	0	0	0	0	8	5	3	0	0	0	0	0	1	0
江阴职业技术学院	41	0	0	0	0	0	0	0	0	0	0	0	0	0	0	0	0	8	8	0	0	0	0	0	0	0	0
无锡城市职业技术学院	42	3	0.8	0	43	35.4	0	0	0	0	0	0	0	0	0	0	0	12	12	0	0	0	0	0	0	2	0
无锡工艺职业技术学院	43	9	1	0	305	317	0	0	0	0	0	0	0	0	0	0	0	5	5	0	0	0	0	0	0	5	3
苏州健雄职业技术学院	44	0	0	0	0	0	0	0	0	0	0	0	0	0	0	0	0	0	0	0	0	0	0	0	0	0	0
盐城工业职业技术学院	45	2	0.2	0	0	0.5	0	0	0	0	0	0	0	0	0	0	0	1	1	0	0	0	0	0	0	0	0
江苏财经职业技术学院	46	8	0.8	0	170	127	0	0	0	0	0	0	0	0	0	0	0	0	0	0	0	0	0	0	0	0	0
扬州工业职业技术学院	47	7	0.7	0	60	60	0	0	0	0	0	0	0	0	0	0	0	1	1	0	0	0	0	0	0	1	1
江苏城市职业学院	48	13	2.2	0	390	123.564	0	0	0	0	0	0	0	0	0	0	0	0	0	0	0	0	0	0	0	0	0
南京城市职业学院	49	3	0.7	0	0	0	0	0	0	0	0	0	0	0	0	0	0	2	2	0	0	0	0	0	0	0	0

续表

高校名称	编号	总数：课题数(项)	总数：当年投入人数(人年)	总数：其中：研究生(人年)	总数：当年拨入经费(千元)	总数：当年支出经费(千元)	出版著作(部)：合计	出版著作(部)：专著	出版著作(部)：其中：被译成外文	出版著作(部)：编著教材	出版著作(部)：工具书参考书	出版著作(部)：皮书/发展报告	出版著作(部)：科普读物	古籍整理(部)	译著(部)	发表译文(篇)	电子出版物(件)	发表论文(篇)：合计	发表论文(篇)：国内学术刊物：内地(大陆)	发表论文(篇)：国内学术刊物：港澳、台地区	发表论文(篇)：国外学术刊物	获奖成果数(项)：合计	获奖成果数(项)：国家级奖	获奖成果数(项)：部级奖	获奖成果数(项)：省级奖	研究与咨询报告(篇)：合计	研究与咨询报告(篇)：其中：被采纳数
		L01	L02	L03	L04	L05	L06	L07	L08	L09	L10	L11	L12	L13	L14	L15	L16	L17	L18	L19	L20	L21	L22	L23	L24	L25	L26
南京机电职业技术学院	50	2	0.2	0	0	0	0	0	0	0	0	0	0	0	0	0	0	1	1	0	0	0	0	0	0	0	0
南京旅游职业学院	51	2	0.2	0	0	5	0	0	0	0	0	0	0	0	0	0	0	3	3	0	0	0	0	0	0	0	0
江苏卫生健康职业学院	52	1	0.1	0	0	0	0	0	0	0	0	0	0	0	0	0	0	0	0	0	0	0	0	0	0	0	0
苏州信息职业技术学院	53	0	0	0	0	4.4	0	0	0	0	0	0	0	0	0	0	0	0	0	0	0	0	0	0	0	0	0
苏州工业园区服务外包职业学院	54	4	0.8	0	55	51.5	1	0	0	1	0	0	0	0	0	0	0	2	2	0	0	0	0	0	0	1	1
徐州幼儿师范高等专科学校	55	1	0.4	0	10	10	0	0	0	0	0	0	0	0	0	0	0	0	0	0	0	0	0	0	0	0	0
徐州生物工程职业技术学院	56	1	0.1	0	0	0	1	0	0	1	0	0	0	0	0	0	0	1	1	0	0	0	0	0	0	0	0
江苏商贸职业学院	57	4	1.1	0	0	6	1	0	0	1	0	0	0	0	0	0	0	4	4	0	0	0	0	0	0	0	0
南通师范高等专科学校	58	0	0	0	0	0	0	0	0	0	0	0	0	0	0	0	0	0	0	0	0	0	0	0	0	0	0
江苏护理职业学院	59	2	0.8	0	0	0	0	0	0	0	0	0	0	0	0	0	0	0	0	0	0	0	0	0	0	0	0
江苏财会职业学院	60	4	0.8	0	3	3	0	0	0	0	0	0	0	0	0	0	0	6	6	0	0	0	0	0	0	0	0
江苏城乡建设职业学院	61	0	0	0	0	0	0	0	0	0	0	0	0	0	0	0	0	0	0	0	0	0	0	0	0	0	0
江苏航空职业技术学院	62	1	0	0	0	0	0	0	0	0	0	0	0	0	0	0	0	1	1	0	0	0	0	0	0	3	3
江苏安全技术职业学院	63	0	0	0	0	0	0	0	0	0	0	0	0	0	0	0	0	4	4	0	0	0	0	0	0	0	0
江苏旅游职业学院	64	4	0.4	0	0	0	0	0	0	0	0	0	0	0	0	0	0	7	7	0	0	0	0	0	0	0	0
常州幼儿师范高等专科学校	65	1	0.1	0	0	1	0	0	0	0	0	0	0	0	0	0	0	0	0	0	0	0	0	0	0	0	0

3.23 其他学科人文、社会科学研究与课题成果情况表

高校名称		总数					出版著作(部)							古籍整理(部)	译著(部)	发表译文(篇)	电子出版物(件)	发表论文(篇)				获奖成果数(项)				研究与咨询报告(篇)	
		课题数(项)	当年投入人数(人年)	其中：研究生(人年)	当年拨入经费(千元)	当年支出经费(千元)	合计	专著	其中：被译成外文	编著教材	工具书参考书	皮书/发展报告	科普读物					合计	国内学术刊物 内地(大陆)	国内学术刊物 港、澳、台地区	国外学术刊物	合计	国家级奖	部级奖	省级奖	合计	其中：被采纳数
	编号	L01	L02	L03	L04	L05	L06	L07	L08	L09	L10	L11	L12	L13	L14	L15	L16	L17	L18	L19	L20	L21	L22	L23	L24	L25	L26
合　计	/	162	28.2	0	824.5	1 065.355	1	1	0	0	0	0	0	0	0	0	0	62	60	2	0	0	0	0	0	25	11
盐城幼儿师范高等专科学校	1	2	0.2	0	1	1	0	0	0	0	0	0	0	0	0	0	0	0	0	0	0	0	0	0	0	0	0
苏州幼儿师范高等专科学校	2	0	0	0	0	0	0	0	0	0	0	0	0	0	0	0	0	0	0	0	0	0	0	0	0	0	0
无锡职业技术学院	3	1	0.2	0	0	0	0	0	0	0	0	0	0	0	0	0	0	1	1	0	0	0	0	0	0	0	0
江苏建筑职业技术学院	4	0	0	0	0	0	0	0	0	0	0	0	0	0	0	0	0	0	0	0	0	0	0	0	0	0	0
江苏工程职业技术学院	5	7	0.9	0	7	7	0	0	0	0	0	0	0	0	0	0	0	7	7	0	0	0	0	0	0	0	0
苏州工艺美术职业技术学院	6	0	0	0	0	0	0	0	0	0	0	0	0	0	0	0	0	0	0	0	0	0	0	0	0	6	6
连云港职业技术学院	7	3	0.6	0	5	5	0	0	0	0	0	0	0	0	0	0	0	2	2	0	0	0	0	0	0	0	0
镇江市高等专科学校	8	1	0.1	0	2	2	0	0	0	0	0	0	0	0	0	0	0	0	0	0	0	0	0	0	0	0	0
南通职业大学	9	0	0	0	0	0	0	0	0	0	0	0	0	0	0	0	0	0	0	0	0	0	0	0	0	0	0
苏州市职业大学	10	0	0	0	0	0	0	0	0	0	0	0	0	0	0	0	0	0	0	0	0	0	0	0	0	0	0
沙洲职业工学院	11	0	0	0	0	0	0	0	0	0	0	0	0	0	0	0	0	0	0	0	0	0	0	0	0	0	0
扬州市职业大学	12	3	0.9	0	0	270.18	0	0	0	0	0	0	0	0	0	0	0	0	0	0	0	0	0	0	0	4	4
连云港师范高等专科学校	13	0	0	0	0	0	0	0	0	0	0	0	0	0	0	0	0	0	0	0	0	0	0	0	0	0	0
江苏经贸职业技术学院	14	26	4.8	0	406.5	385.425	0	0	0	0	0	0	0	0	0	0	0	0	0	0	0	0	0	0	0	13	0
泰州职业技术学院	15	0	0	0	0	0	0	0	0	0	0	0	0	0	0	0	0	0	0	0	0	0	0	0	0	0	0

续表

高校名称	编号	总数					出版著作(部)							古籍整理(部)	译著(部)	发表译文(篇)	电子出版物(件)	发表论文(篇)				获奖成果数(项)				研究与咨询报告(篇)	
		课题数(项)	当年投入人数(人年)	其中：研究生(人年)	当年拨入经费(千元)	当年支出经费(千元)	合计	专著	其中：被译成外文	编著教材	工具书参考书	皮书/发展报告	科普读物					合计	国内学术刊物 内地(大陆)	国内学术刊物 港澳、台地区	国外学术刊物	合计	国家级奖	部级奖	省级奖	合计	其中：被采纳数
	编号	L01	L02	L03	L04	L05	L06	L07	L08	L09	L10	L11	L12	L13	L14	L15	L16	L17	L18	L19	L20	L21	L22	L23	L24	L25	L26
常州信息职业技术学院	16	0	0	0	0	0	0	0	0	0	0	0	0	0	0	0	0	0	0	0	0	0	0	0	0	0	0
江苏海事职业技术学院	17	2	0.2	0	90	84.5	0	0	0	0	0	0	0	0	0	0	0	0	0	0	0	0	0	0	0	0	0
无锡科技职业学院	18	5	0.9	0	0	14	0	0	0	0	0	0	0	0	0	0	0	0	0	0	0	0	0	0	0	0	0
江苏医药职业学院	19	0	0	0	0	0	0	0	0	0	0	0	0	0	0	0	0	0	0	0	0	0	0	0	0	0	0
南通科技职业学院	20	1	0.2	0	0	1.5	0	0	0	0	0	0	0	0	0	0	0	0	0	0	0	0	0	0	0	0	0
苏州经贸职业技术学院	21	0	0	0	0	0	0	0	0	0	0	0	0	0	0	0	0	5	5	0	0	0	0	0	0	0	0
苏州工业职业技术学院	22	0	0	0	0	0	0	0	0	0	0	0	0	0	0	0	0	1	1	0	0	0	0	0	0	0	0
苏州卫生职业技术学院	23	2	0.2	0	2	2.8	0	0	0	0	0	0	0	0	0	0	0	1	1	0	0	0	0	0	0	0	0
无锡商业职业技术学院	24	0	0	0	0	0	0	0	0	0	0	0	0	0	0	0	0	0	0	0	0	0	0	0	0	0	0
江苏航运职业技术学院	25	0	0	0	0	0	0	0	0	0	0	0	0	0	0	0	0	0	0	0	0	0	0	0	0	0	0
南京交通职业技术学院	26	0	0	0	0	0	0	0	0	0	0	0	0	0	0	0	0	0	0	0	0	0	0	0	0	0	0
江苏电子信息职业学院	27	0	0	0	0	0	0	0	0	0	0	0	0	0	0	0	0	0	0	0	0	0	0	0	0	0	0
江苏农牧科技职业学院	28	0	0	0	0	0	0	0	0	0	0	0	0	0	0	0	0	0	0	0	0	0	0	0	0	0	0
常州纺织服装职业技术学院	29	3	0.3	0	0	0	0	0	0	0	0	0	0	0	0	0	0	0	0	0	0	0	0	0	0	0	0
苏州农业职业技术学院	30	0	0	0	0	0	0	0	0	0	0	0	0	0	0	0	0	0	0	0	0	0	0	0	0	0	0

南京科技职业学院	31	2	0.2	0	80	48	0	0	0	0	0	0	0	0	0	0	0	0	0	0	0	0	0	0	0	0	0
常州工业职业技术学院	32	0	0	0	0	0	0	0	0	0	0	0	0	0	0	0	0	0	0	0	0	0	0	0	0	0	0
常州工程职业技术学院	33	0	0	0	0	0	0	0	0	0	0	0	0	0	0	0	0	0	0	0	0	0	0	0	0	0	0
江苏农林职业技术学院	34	0	0	0	0	0	0	0	0	0	0	0	0	0	0	0	0	0	0	0	0	0	0	0	0	0	0
江苏食品药品职业技术学院	35	0	0	0	0	0	0	0	0	0	0	0	0	0	0	0	0	0	0	0	0	0	0	0	0	0	0
南京铁道职业技术学院	36	0	0	0	0	0	0	0	0	0	0	0	0	0	0	0	0	0	0	0	0	0	0	0	0	0	0
徐州工业职业技术学院	37	6	0.6	0	0	0	0	0	0	0	0	0	0	0	0	0	0	0	0	0	0	0	0	0	0	0	0
江苏信息职业技术学院	38	9	0.9	0	20	32.5	0	0	0	0	0	0	0	0	0	0	0	5	5	0	0	0	0	0	0	0	0
南京信息职业技术学院	39	0	0	0	0	0	0	0	0	0	0	0	0	0	0	0	0	0	0	0	0	0	0	0	0	0	0
常州机电职业技术学院	40	3	0.5	0	10	3.5	0	0	0	0	0	0	0	0	0	0	0	6	4	2	0	0	0	0	0	1	0
江阴职业技术学院	41	0	0	0	0	0	0	0	0	0	0	0	0	0	0	0	0	0	0	0	0	0	0	0	0	0	0
无锡城市职业技术学院	42	0	0	0	0	0	0	0	0	0	0	0	0	0	0	0	0	0	0	0	0	0	0	0	0	0	0
无锡工艺职业技术学院	43	0	0	0	0	0	0	0	0	0	0	0	0	0	0	0	0	0	0	0	0	0	0	0	0	0	0
苏州健雄职业技术学院	44	5	1	0	138	138	0	0	0	0	0	0	0	0	0	0	0	3	3	0	0	0	0	0	0	0	0
盐城工业职业技术学院	45	0	0	0	0	0	0	0	0	0	0	0	0	0	0	0	0	0	0	0	0	0	0	0	0	0	0
江苏财经职业技术学院	46	4	0.5	0	0	3.85	0	0	0	0	0	0	0	0	0	0	0	0	0	0	0	0	0	0	0	0	0
扬州工业职业技术学院	47	2	0.2	0	0	0	0	0	0	0	0	0	0	0	0	0	0	0	0	0	0	0	0	0	0	1	1
江苏城市职业学院	48	0	0	0	0	0	0	0	0	0	0	0	0	0	0	0	0	0	0	0	0	0	0	0	0	0	0
南京城市职业学院	49	6	0.7	0	2	2	0	0	0	0	0	0	0	0	0	0	0	0	0	0	0	0	0	0	0	0	0

续表

高校名称	编号	总数：课题数(项)	总数：当年投入人数(人年)	总数：其中：研究生(人年)	总数：当年拨入经费(千元)	总数：当年支出经费(千元)	出版著作(部)：合计	出版著作(部)：专著	出版著作(部)：其中：被译成外文	出版著作(部)：编著教材	出版著作(部)：工具书参考书	出版著作(部)：皮书/发展报告	出版著作(部)：科普读物	古籍整理(部)	译著(部)	发表译文(篇)	电子出版物(件)	发表论文(篇)：合计	发表论文(篇)：国内学术刊物：内地(大陆)	发表论文(篇)：国内学术刊物：港澳、台地区	发表论文(篇)：国外学术刊物	获奖成果数(项)：合计	获奖成果数(项)：国家级奖	获奖成果数(项)：部级奖	获奖成果数(项)：省级奖	研究与咨询报告(篇)：合计	研究与咨询报告(篇)：其中：被采纳数
		L01	L02	L03	L04	L05	L06	L07	L08	L09	L10	L11	L12	L13	L14	L15	L16	L17	L18	L19	L20	L21	L22	L23	L24	L25	L26
南京机电职业技术学院	50	0	0	0	0	0	0	0	0	0	0	0	0	0	0	0	0	0	0	0	0	0	0	0	0	0	0
南京旅游职业学院	51	1	0.1	0	11	11.1	0	0	0	0	0	0	0	0	0	0	0	5	5	0	0	0	0	0	0	0	0
江苏卫生健康职业学院	52	31	4.4	0	12	34	0	0	0	0	0	0	0	0	0	0	0	5	5	0	0	0	0	0	0	0	0
苏州信息职业技术学院	53	0	0	0	0	0	0	0	0	0	0	0	0	0	0	0	0	0	0	0	0	0	0	0	0	0	0
苏州工业园区服务外包职业学院	54	0	0	0	0	0	0	0	0	0	0	0	0	0	0	0	0	0	0	0	0	0	0	0	0	0	0
徐州幼儿师范高等专科学校	55	12	4.1	0	25	6	0	0	0	0	0	0	0	0	0	0	0	9	9	0	0	0	0	0	0	0	0
徐州生物工程职业技术学院	56	0	0	0	0	0	0	0	0	0	0	0	0	0	0	0	0	5	5	0	0	0	0	0	0	0	0
江苏商贸职业学院	57	0	0	0	0	0	0	0	0	0	0	0	0	0	0	0	0	0	0	0	0	0	0	0	0	0	0
南通师范高等专科学校	58	0	0	0	0	0	0	0	0	0	0	0	0	0	0	0	0	0	0	0	0	0	0	0	0	0	0
江苏护理职业学院	59	15	4	0	13	13	0	0	0	0	0	0	0	0	0	0	0	0	0	0	0	0	0	0	0	0	0
江苏财会职业学院	60	0	0	0	0	0	0	0	0	0	0	0	0	0	0	0	0	0	0	0	0	0	0	0	0	0	0
江苏城乡建设职业学院	61	0	0	0	0	0	0	0	0	0	0	0	0	0	0	0	0	0	0	0	0	0	0	0	0	0	0
江苏航空职业技术学院	62	1	0.2	0	0	0	0	0	0	0	0	0	0	0	0	0	0	0	0	0	0	0	0	0	0	0	0
江苏安全技术职业学院	63	0	0	0	0	0	0	0	0	0	0	0	0	0	0	0	0	0	0	0	0	0	0	0	0	0	0
江苏旅游职业学院	64	3	0.3	0	0	0	1	1	0	0	0	0	0	0	0	0	0	0	0	0	0	0	0	0	0	0	0
常州幼儿师范高等专科学校	65	6	1	0	0	0	0	0	0	0	0	0	0	0	0	0	0	7	7	0	0	0	0	0	0	0	0

4. 民办及中外合作办学高等学校人文、社会科学研究与课题成果情况表

学科门类		总数					出版著作(部)							古籍整理(部)	译著(部)	发表译文(篇)	电子出版物(件)	发表论文(篇)				获奖成果数(项)				研究与咨询报告(篇)	
		课题数(项)	当年投入人数(人年)	其中:研究生(人年)	当年拨入经费(千元)	当年支出经费(千元)	合计	专著	其中:被译成外文	编著教材	工具书参考书	皮书/发展报告	科普读物					合计	国内学术刊物 内地(大陆)	国内学术刊物 港、澳、台地区	国外学术刊物	合计	国家级奖	部级奖	省级奖	合计	其中:被采纳数
	编号	L01	L02	L03	L04	L05	L06	L07	L08	L09	L10	L11	L12	L13	L14	L15	L16	L17	L18	L19	L20	L21	L22	L23	L24	L25	L26
合计	/	4549	927.8	4.2	41 433.05	29 415.092	131	62	7	68	0	1	0	0	5	1	19	3063	2811	250	2	2	0	0	2	460	252
管理学	1	1034	220.3	1.5	14 109.607	9 480.167	22	12	1	10	0	0	0	0	0	1	0	578	522	55	1	1	0	0	1	150	78
马克思主义	2	230	43.5	0	265	274.05	4	0	0	4	0	0	0	0	0	0	0	152	150	2	0	0	0	0	0	12	12
哲学	3	16	4.9	0	118	109.945	1	0	0	0	0	1	0	0	0	0	0	17	16	1	0	0	0	0	0	1	1
逻辑学	4	6	1.1	0	0	10	0	0	0	0	0	0	0	0	0	0	0	5	5	0	0	0	0	0	0	12	12
宗教学	5	1	0.6	0	0	31.796	0	0	0	0	0	0	0	0	0	0	0	1	1	0	0	0	0	0	0	1	1
语言学	6	202	46.6	0.2	1 914.75	1 134.904	10	7	1	3	0	0	0	0	2	0	0	192	153	39	0	0	0	0	0	10	7
中国文学	7	34	6.6	0	32	90.523	2	2	0	0	0	0	0	0	0	0	0	35	34	1	0	0	0	0	0	0	0
外国文学	8	27	5.5	0	467	375.766	2	2	1	0	0	0	0	0	0	0	4	22	19	3	0	0	0	0	0	2	1
艺术学	9	592	128.6	0	6 056.327	6 524.797	26	13	1	13	0	0	0	0	0	0	5	478	447	31	0	0	0	0	0	78	22
历史学	10	19	3.4	0	302	24.8	3	3	1	0	0	0	0	0	0	0	1	8	7	0	1	0	0	0	0	2	2
考古学	11	1	0.1	0	3	3	0	0	0	0	0	0	0	0	0	0	0	0	0	0	0	0	0	0	0	0	0
经济学	12	411	104.1	0.4	7 520.981	5 661.718	10	6	0	4	0	0	0	0	0	0	1	256	213	43	0	0	0	0	0	75	49
政治学	13	48	6.2	0	50	109.22	2	2	2	0	0	0	0	0	1	0	2	25	24	1	0	0	0	0	0	3	2
法学	14	61	11.8	0	596	732.033	0	0	0	0	0	0	0	0	0	0	0	37	36	1	0	0	0	0	0	10	4
社会学	15	135	24.4	0.3	2136	379.316	2	2	0	0	0	0	0	0	1	0	0	54	54	0	0	0	0	0	0	26	7
民族学与文化学	16	15	3.2	0.4	7	17.431	0	0	0	0	0	0	0	0	0	0	0	10	9	1	0	0	0	0	0	0	0
新闻学与传播学	17	70	12.9	0.1	690.185	274.703	3	3	0	0	0	0	0	0	0	0	0	92	82	10	0	0	0	0	0	4	2
图书馆、情报与文献学	18	14	2	0	5	31.542	3	0	0	3	0	0	0	0	0	0	0	8	8	0	0	0	0	0	0	1	1
教育学	19	1436	252.4	0.5	2 983.7	2 284.8	20	6	0	14	0	0	0	0	1	0	0	926	895	31	0	0	0	0	0	62	44
统计学	20	7	1.3	0	11	25.554	5	0	0	5	0	0	0	0	0	0	0	4	4	0	0	0	0	0	0	0	0
心理学	21	56	10.8	0	44	64.32	1	1	0	0	0	0	0	0	0	0	3	14	11	3	0	1	0	0	1	1	0
体育科学	22	47	9.7	0	322.5	356.5	3	1	0	2	0	0	0	0	0	0	0	99	96	3	0	0	0	0	0	4	2
其他学科	23	87	27.8	0.8	3799	1 418.207	12	2	0	10	0	0	0	0	0	0	3	50	25	25	0	0	0	0	0	6	5

注:由于篇幅限制,此节不对民办与中外合作办学高等学校人文、社会科学研究与课题成果情况细分说明。

八、社科研究、课题与成果(来源情况)

1. 全省高等学校人文、社会科学研究与课题成果来源情况表

			课题来源															
			合计	国家社科基金项目	国家社科基金单列学科项目	教育部人文社科研究项目	高校古籍整理研究项目	国家自然科学基金项目	中央其他部门社科专门项目	省、市、自治区社科基金项目	省教育厅社科项目	地、市、厅、局等政府部门项目	国际合作研究项目	与港、澳、台地区合作研究项目	企事业单位委托项目	学校社科项目	外资项目	其他
		编号	L01	L02	L03	L04	L05	L06	L07	L08	L09	L10	L11	L12	L13	L14	L15	L16
课题数(项)		1	54 408	3215	288	1900	31	573	701	3575	13 705	9714	17	0	12 591	7807	5	286
当年投入人数	合计(人年)	2	10 175.2	937.2	97.4	501.2	5.7	138.8	142.9	742.6	2 658.7	1 658.1	3.1	0	2 002.8	1 223.4	1.5	61.8
	研究生(人年)	3	533	57.8	7.8	33.7	0	24.6	14	35	78.6	77	0	0	142.3	57.5	0	4.7
当年拨入经费	合计(千元)	4	1 394 675.642	173 428.436	14 675.763	46 020.81	130	34 844.558	14 414.652	38 378.805	23 386.935	81 725.966	1 095.902	0	917 293.857	39 184.615	452.545	9 642.798
	当年立项项目拨入经费(千元)	5	1 085 763.11	133 151	8680	26 717.984	90	15 697.6	11 757.797	30 094.354	13 969	66 725.846	896	0	736 236.273	34 456.282	305.579	6 985.395
当年支出经费(千元)		6	1 306 809.958	181 568.187	14 466.615	42 518.717	215.82	34 762.92	16 284.949	38 320.611	27 732.577	80 620.052	948.604	0	825 145.335	36 222.397	203.654	7 799.52
当年新开课题数(项)		7	19 785	590	46	411	3	103	161	891	3757	4592	8	0	6137	2865	1	220
当年新开课题批准经费(千元)		8	1 516 534.62	157 070	11 500	41 720	90	33 217.6	15 894	42 941.2	30 973.3	98 220.3	62 906	0	949 868.406	62 693.285	305.579	9 134.95
当年完成课题数(项)		9	16 851	496	46	308	4	69	153	643	2663	4551	7	0	5618	2225	2	66

出版著作（部）	合 计		10	1086	230	12	70	1	30	30	120	155	172	5	0	94	126	0	41
	专著	合 计	11	789	197	9	64	1	27	22	107	116	111	1	0	44	63	0	27
		被译成外文	12	21	7	0	0	0	0	3	2	4	0	0	0	1	3	0	1
	编著教材		13	245	32	3	6	0	2	7	13	39	43	4	0	26	56	0	14
	工具书/参考书		14	8	0	0	0	0	0	0	0	0	4	0	0	2	2	0	0
	皮书/发展报告		15	28	0	0	0	0	1	0	0	0	6	0	0	19	2	0	0
	科普读物		16	16	1	0	0	0	0	1	0	0	8	0	0	3	3	0	0
古籍整理（部）			17	23	3	0	0	9	0	0	3	0	8	0	0	0	0	0	0
译著（部）			18	63	15	2	8	0	0	1	12	8	8	0	0	4	4	0	1
发表译文（篇）			19	2	1	0	0	0	0	1	0	0	0	0	0	0	0	0	0
电子出版物（件）			20	61	9	0	8	0	7	1	2	9	6	0	0	5	2	3	9
发表论文（篇）	合 计		21	21 803	3476	187	1002	2	935	215	1865	5866	3813	14	5	1097	2814	2	510
	国内学术刊物	内地（大陆）	22	19 595	3099	176	847	2	419	175	1668	5595	3568	2	0	922	2646	0	476
		港、澳、台地区	23	13	8	0	0	0	1	0	1	0	0	0	0	0	3	0	0
	国外学术刊物		24	2195	369	11	155	0	515	40	196	271	245	12	5	175	165	2	34
研究与咨询报告（篇）	合 计		25	5154	106	0	39	0	25	23	111	104	1580	2	1	2897	247	1	18
	被采纳数		26	2986	67	0	17	0	10	18	84	31	795	2	1	1883	59	1	18

2. 公办本科高等学校人文、社会科学研究与课题成果来源情况表

			课题来源															
			合计	国家社科基金项目	国家社科基金单列学科项目	教育部人文社科研究项目	高校古籍整理研究项目	国家自然科学基金项目	中央其他部门社科专门项目	省、市、自治区社科基金项目	省教育厅社科项目	地、市、厅、局等政府部门项目	国际合作研究项目	与港、澳、台地区合作研究项目	企事业单位委托项目	学校社科项目	外资项目	其他
		编号	L01	L02	L03	L04	L05	L06	L07	L08	L09	L10	L11	L12	L13	L14	L15	L16
课题数(项)		1	36 290	3194	283	1777	31	556	678	3197	7555	5268	10	0	10 098	3462	4	177
当年投入人数	合计(人年)	2	6 934.3	930.2	96.1	467.7	5.7	134.4	137.9	672.8	1 485.7	875.9	1.2	0	1 579.5	513.3	0.7	33.2
	研究生(人年)	3	528.8	57.2	7.8	32.9	0	24.3	14	34.6	78.6	76.4	0	0	141.9	56.6	0	4.5
当年拨入经费	合计(千元)	4	1 257 031.708	172 641.45	14 672.763	43 499.56	130	34 209.618	13 827.652	36 567.805	18 003.4	72 041.516	636	0	817 140.316	25 928.471	305.579	7 427.578
	当年立项项目拨入经费(千元)	5	963 926.048	132 591	8680	24 739.984	90	15 349.6	11 370.797	28 481.354	10 376	59 214.896	636	0	641 405.417	24 357.095	305.579	6 328.326
当年支出经费(千元)		6	1 188 235.172	180 764.599	14 337.211	40 281.725	215.82	34 163.651	15 855.296	37 178.325	19 881.193	72 576.581	484.88	0	737 876.409	28 165.352	173.022	6 281.108
当年新开课题数(项)		7	11 973	587	46	379	3	99	155	759	1898	2177	4	0	4670	1052	1	143
当年新开课题批准经费(千元)		8	1 296 553.05	156 370	11 500	39 100	90	32 197.6	15 344	40 482.2	21 588.3	76 190.75	646	0	844 827.651	49 536.42	305.579	8 374.55
当年完成课题数(项)		9	10 531	492	45	285	4	66	149	565	1373	2161	4	0	4336	1003	1	47

出版著作(部)	合计		10	891	224	12	63	1	30	30	115	105	92	5	0	86	104	0	24
	专著	合计	11	678	195	9	58	1	27	22	102	80	65	1	0	41	58	0	19
		被译成外文	12	19	7	0	0	0	0	3	1	4	0	0	0	1	3	0	0
	编著教材		13	170	28	3	5	0	2	7	13	25	18	4	0	21	39	0	5
	工具书/参考书		14	8	0	0	0	0	0	0	0	0	4	0	0	2	2	0	0
	皮书/发展报告		15	27	0	0	0	0	1	0	0	0	5	0	0	19	2	0	0
	科普读物		16	8	1	0	0	0	0	1	0	0	0	0	0	3	3	0	0
古籍整理(部)			17	22	3	0	0	9	0	0	3	0	7	0	0	0	0	0	0
译著(部)			18	60	15	2	8	0	0	1	12	7	6	0	0	4	4	0	1
发表译文(篇)			19	2	1	0	0	0	0	1	0	0	0	0	0	0	0	0	0
电子出版物(件)			20	44	9	0	8	0	7	1	2	4	6	0	0	5	2	0	0
发表论文(篇)	合计		21	13 698	3424	184	931	2	919	202	1623	2616	1646	5	1	773	1042	0	330
	国内学术刊物	内地(大陆)	22	11 723	3051	173	778	2	416	164	1434	2400	1458	0	0	611	932	0	304
		港、澳、台地区	23	12	7	0	0	0	1	0	1	0	0	0	0	0	3	0	26
	国外学术刊物		24	1963	366	11	153	0	502	38	188	216	188	5	1	162	107	0	0
研究与咨询报告(篇)	合计		25	3528	105	0	38	0	25	23	82	61	924	1	1	2122	131	0	15
	被采纳数		26	2226	66	0	16	0	10	18	57	7	538	1	1	1486	11	0	15

2.1 南京大学人文、社会科学研究与课题成果来源情况表

			课题来源															
			合计	国家社科基金项目	国家社科基金单列学科项目	教育部人文社科研究项目	高校古籍整理研究项目	国家自然科学基金项目	中央其他部门社科专门项目	省、市、自治区社科基金项目	省教育厅社科项目	地、市、厅、局等政府部门项目	国际合作研究项目	与港、澳、台地区合作研究项目	企事业单位委托项目	学校社科项目	外资项目	其他
		编号	L01	L02	L03	L04	L05	L06	L07	L08	L09	L10	L11	L12	L13	L14	L15	L16
课题数(项)		1	1752	418	29	129	6	0	47	205	43	122	4	0	472	236	0	41
当年投入人数	合计(人年)	2	283	74	5	17	1	0	7	23	5	17	0	0	97	31	0	7
	研究生(人年)	3	99	7	2	3	0	0	2	2	0	7	0	0	65	8	0	3
当年拨入经费	合计(千元)	4	129 349	32 150	1818	5210	0	0	1299	4010	544	2924	0	0	77 726	1000	0	2668
	当年立项项目拨入经费(千元)	5	91 181	29 590	1660	4480	0	0	1152	3828	204	2088	0	0	44 738	1000	0	2441
当年支出经费(千元)		6	124 385	31 893	2018	5280	0	0	1299	3310	544	2324	0	0	74 150	1000	0	2568
当年新开课题数(项)		7	620	94	10	28	0	0	17	41	5	26	0	0	244	130	0	25
当年新开课题批准经费(千元)		8	135 653	34 440	2000	8800	0	0	1857	5190	300	2620	0	0	68 595	8942	0	2909
当年完成课题数(项)		9	578	62	3	15	2	0	12	30	17	16	4	0	291	111	0	15

出版著作(部)	合　计		10	64	24	1	5	0	4	3	5	0	0	3	0	4	15	0	0
	专著	合　计	11	39	19	1	4	0	4	0	4	0	0	0	0	1	6	0	0
		被译成外文	12	2	2	0	0	0	0	0	0	0	0	0	0	0	0	0	0
	编著教材		13	25	5	0	1	0	0	3	1	0	0	3	0	3	9	0	0
	工具书/参考书		14	0	0	0	0	0	0	0	0	0	0	0	0	0	0	0	0
	皮书/发展报告		15	0	0	0	0	0	0	0	0	0	0	0	0	0	0	0	0
	科普读物		16	0	0	0	0	0	0	0	0	0	0	0	0	0	0	0	0
古籍整理(部)			17	0	0	0	0	0	0	0	0	0	0	0	0	0	0	0	0
译著(部)			18	8	3	0	4	0	0	0	0	0	0	0	0	0	1	0	0
发表译文(篇)			19	0	0	0	0	0	0	0	0	0	0	0	0	0	0	0	0
电子出版物(件)			20	0	0	0	0	0	0	0	0	0	0	0	0	0	0	0	0
发表论文(篇)	合　计		21	896	464	25	61	0	140	11	68	21	7	4	0	72	23	0	0
	国内学术刊物	内地(大陆)	22	755	422	25	55	0	76	11	59	19	6	0	0	67	15	0	0
		港、澳、台地区	23	0	0	0	0	0	0	0	0	0	0	0	0	0	0	0	0
	国外学术刊物		24	141	42	0	6	0	64	0	9	2	1	4	0	5	8	0	0
研究与咨询报告(篇)	合　计		25	43	18	0	1	0	1	3	1	0	8	0	0	11	0	0	0
	被采纳数		26	41	18	0	1	0	1	3	1	0	7	0	0	10	0	0	0

2.2 东南大学人文、社会科学研究与课题成果来源情况表

			课题来源															
			合计	国家社科基金项目	国家社科基金单列学科项目	教育部人文社科研究项目	高校古籍整理研究项目	国家自然科学基金项目	中央其他部门社科专门项目	省、市、自治区社科基金项目	省教育厅社科项目	地、市、厅、局等政府部门项目	国际合作研究项目	与港、澳、台地区合作研究项目	企事业单位委托项目	学校社科项目	外资项目	其他
		编号	L01	L02	L03	L04	L05	L06	L07	L08	L09	L10	L11	L12	L13	L14	L15	L16
课题数(项)		1	1116	228	18	55	0	0	55	181	68	153	2	0	153	192	0	11
当年投入人数	合计(人年)	2	190	40	3	10	0	0	9	32	13	23	0	0	23	37	0	1
	研究生(人年)	3	1	0	0	0	0	0	0	0	0	0	0	0	0	0	0	0
当年拨入经费	合计(千元)	4	28 347	11 271	190	1616	0	0	278	4240	704	2527	0	0	7325	0	0	196
	当年立项项目拨入经费(千元)	5	17 566	6626	0	385	0	0	117	2393	350	2107	0	0	5392	0	0	196
当年支出经费(千元)		6	26 385	11 499	170	1414	0	0	299	4410	595	2446	6	0	5380	0	0	166
当年新开课题数(项)		7	196	40	0	8	0	0	5	35	10	33	1	0	55	0	0	9
当年新开课题批准经费(千元)		8	26 210	9700	0	900	0	0	165	3465	614	2397	10	0	8711	0	0	248
当年完成课题数(项)		9	205	54	7	9	0	0	2	34	14	24	0	0	55	6	0	0

出版著作(部)	合 计		10	36	10	0	2	1	4	3	5	1	1	2	0	0	7	0	0
	专著	合 计	11	26	8	0	1	1	3	3	3	0	1	1	0	0	5	0	0
		被译成外文	12	2	0	0	0	0	0	1	0	0	0	0	0	0	1	0	0
	编著教材		13	9	2	0	1	0	0	0	2	1	0	1	0	0	2	0	0
	工具书/参考书		14	0	0	0	0	0	0	0	0	0	0	0	0	0	0	0	0
	皮书/发展报告		15	1	0	0	0	0	1	0	0	0	0	0	0	0	0	0	0
	科普读物		16	0	0	0	0	0	0	0	0	0	0	0	0	0	0	0	0
古籍整理(部)			17	5	0	0	0	4	0	0	1	0	0	0	0	0	0	0	0
译著(部)			18	2	0	0	0	0	0	0	0	0	0	0	0	1	1	0	0
发表译文(篇)			19	2	1	0	0	0	0	1	0	0	0	0	0	0	0	0	0
电子出版物(件)			20	0	0	0	0	0	0	0	0	0	0	0	0	0	0	0	0
发表论文(篇)	合 计		21	473	232	6	28	0	16	28	55	20	9	1	1	41	29	0	7
	国内学术刊物	内地(大陆)	22	333	199	6	20	0	12	11	42	14	3	0	0	0	19	0	7
		港、澳、台地区	23	2	2	0	0	0	0	0	0	0	0	0	0	0	0	0	0
	国外学术刊物		24	138	31	0	8	0	4	17	13	6	6	1	1	41	10	0	0
研究与咨询报告(篇)	合 计		25	27	13	0	5	0	0	3	4	0	2	0	0	0	0	0	0
	被采纳数		26	27	13	0	5	0	0	3	4	0	2	0	0	0	0	0	0

2.3 江南大学人文、社会科学研究与课题成果来源情况表

			课题来源															
			合计	国家社科基金项目	国家社科基金单列学科项目	教育部人文社科研究项目	高校古籍整理研究项目	国家自然科学基金项目	中央其他部门社科专门项目	省、市、自治区社科基金项目	省教育厅社科项目	地、市、厅、局等政府部门项目	国际合作研究项目	与港、澳、台地区合作研究项目	企事业单位委托项目	学校社科项目	外资项目	其他
		编号	L01	L02	L03	L04	L05	L06	L07	L08	L09	L10	L11	L12	L13	L14	L15	L16
课题数(项)		1	837	69	18	85	0	29	18	88	220	112	0	0	143	55	0	0
当年投入人数	合计(人年)	2	410	43	11	54	0	15	12	36	115	66	0	0	33	26	0	0
	研究生(人年)	3	178	11	3	12	0	4	7	16	55	40	0	0	14	15	0	0
当年拨入经费	合计(千元)	4	72 479	5190	490	1520	0	1400	2631	445	131	456	0	0	60 216	0	0	0
	当年立项项目拨入经费(千元)	5	71 599	5150	490	1070	0	1020	2631	445	131	456	0	0	60 206	0	0	0
当年支出经费(千元)		6	71 776	3573	487	713	0	1358	3014	421	134	533	0	0	61 543	0	0	0
当年新开课题数(项)		7	324	15	3	15	0	5	11	18	66	59	0	0	118	14	0	0
当年新开课题批准经费(千元)		8	87 813	6000	600	1230	0	1700	3255	605	275	664	0	0	72 924	560	0	0
当年完成课题数(项)		9	274	5	1	7	0	4	1	15	21	55	0	0	120	45	0	0

出版著作(部)	合 计		10	57	17	2	3	0	0	1	0	11	0	0	0	10	13	0	0
	专著	合 计	11	34	9	0	2	0	0	1	0	6	0	0	0	9	7	0	0
		被译成外文	12	1	0	0	0	0	0	0	0	0	0	0	0	0	1	0	0
	编著教材		13	22	7	2	1	0	0	0	0	5	0	0	0	1	6	0	0
	工具书/参考书		14	0	0	0	0	0	0	0	0	0	0	0	0	0	0	0	0
	皮书/发展报告		15	0	0	0	0	0	0	0	0	0	0	0	0	0	0	0	0
	科普读物		16	1	1	0	0	0	0	0	0	0	0	0	0	0	0	0	0
古籍整理(部)			17	0	0	0	0	0	0	0	0	0	0	0	0	0	0	0	0
译著(部)			18	6	4	0	0	0	0	1	0	0	0	0	0	0	1	0	0
发表译文(篇)			19	0	0	0	0	0	0	0	0	0	0	0	0	0	0	0	0
电子出版物(件)			20	0	0	0	0	0	0	0	0	0	0	0	0	0	0	0	0
发表论文(篇)	合 计		21	391	101	15	54	0	46	4	32	57	5	0	0	65	12	0	0
	国内学术刊物	内地(大陆)	22	297	85	12	36	0	16	4	28	51	5	0	0	54	6	0	0
		港、澳、台地区	23	0	0	0	0	0	0	0	0	0	0	0	0	0	0	0	0
	国外学术刊物		24	94	16	3	18	0	30	0	4	6	0	0	0	11	6	0	0
研究与咨询报告(篇)	合 计		25	46	1	0	1	0	0	0	0	0	0	0	0	44	0	0	0
	被采纳数		26	46	1	0	1	0	0	0	0	0	0	0	0	44	0	0	0

2.4 南京农业大学人文、社会科学研究与课题成果来源情况表

			课题来源															
			合计	国家社科基金项目	国家社科基金单列学科项目	教育部人文社科研究项目	高校古籍整理研究项目	国家自然科学基金项目	中央其他部门社科专门项目	省、市、自治区社科基金项目	省教育厅社科项目	地、市、厅、局等政府部门项目	国际合作研究项目	与港、澳、台地区合作研究项目	企事业单位委托项目	学校社科项目	外资项目	其他
		编号	L01	L02	L03	L04	L05	L06	L07	L08	L09	L10	L11	L12	L13	L14	L15	L16
课题数(项)		1	1564	87	1	46	0	62	75	61	86	331	0	0	433	380	0	2
当年投入人数	合计(人年)	2	235	20	0	7	0	10	10	12	14	43	0	0	60	60	0	1
	研究生(人年)	3	29	3	0	0	0	2	0	1	1	4	0	0	9	9	0	0
当年拨入经费	合计(千元)	4	32 393	2637	0	243	0	1836	1870	160	298	3943	0	0	21 305	0	0	100
	当年立项项目拨入经费(千元)	5	24 034	1990	0	182	0	1262	1775	160	218	2434	0	0	15 913	0	0	100
当年支出经费(千元)		6	30 768	2386	0	193	0	1913	1850	784	123	3462	0	0	20 051	0	0	6
当年新开课题数(项)		7	332	8	0	5	0	7	12	11	13	67	0	0	138	69	0	2
当年新开课题批准经费(千元)		8	40 136	2500	0	370	0	2480	1855	402	500	6679	0	0	25 201	0	0	150
当年完成课题数(项)		9	436	17	0	8	0	17	28	4	19	58	0	0	167	118	0	0

出版著作（部）	合　计		10	16	5	0	0	0	5	0	2	1	2	0	0	0	1	0	0
	专著	合　计	11	13	4	0	0	0	5	0	2	1	1	0	0	0	0	0	0
		被译成外文	12	0	0	0	0	0	0	0	0	0	0	0	0	0	0	0	0
	编著教材		13	3	1	0	0	0	0	0	0	0	1	0	0	0	1	0	0
	工具书/参考书		14	0	0	0	0	0	0	0	0	0	0	0	0	0	0	0	0
	皮书/发展报告		15	0	0	0	0	0	0	0	0	0	0	0	0	0	0	0	0
	科普读物		16	0	0	0	0	0	0	0	0	0	0	0	0	0	0	0	0
古籍整理（部）			17	0	0	0	0	0	0	0	0	0	0	0	0	0	0	0	0
译著（部）			18	1	1	0	0	0	0	0	0	0	0	0	0	0	0	0	0
发表译文（篇）			19	0	0	0	0	0	0	0	0	0	0	0	0	0	0	0	0
电子出版物（件）			20	0	0	0	0	0	0	0	0	0	0	0	0	0	0	0	0
发表论文（篇）	合　计		21	440	167	0	35	0	103	17	40	25	19	0	0	2	32	0	0
	国内学术刊物	内地（大陆）	22	333	140	0	29	0	55	11	36	19	13	0	0	2	28	0	0
		港、澳、台地区	23	0	0	0	0	0	0	0	0	0	0	0	0	0	0	0	0
	国外学术刊物		24	107	27	0	6	0	48	6	4	6	6	0	0	0	4	0	0
研究与咨询报告（篇）	合　计		25	61	0	0	0	0	1	0	0	0	2	0	0	58	0	0	0
	被采纳数		26	60	0	0	0	0	1	0	0	0	2	0	0	57	0	0	0

2.5 中国矿业大学人文、社会科学研究与课题成果来源情况表

			课题来源															
			合计	国家社科基金项目	国家社科基金单列学科项目	教育部人文社科研究项目	高校古籍整理研究项目	国家自然科学基金项目	中央其他部门社科专门项目	省、市、自治区社科基金项目	省教育厅社科项目	地、市、厅、局等政府部门项目	国际合作研究项目	与港、澳、台地区合作研究项目	企事业单位委托项目	学校社科项目	外资项目	其他
		编号	L01	L02	L03	L04	L05	L06	L07	L08	L09	L10	L11	L12	L13	L14	L15	L16
课题数(项)		1	1123	80	0	62	0	50	20	88	145	233	0	0	251	194	0	0
当年投入人数	合计(人年)	2	173	25	0	11	0	7	3	14	24	30	0	0	27	32	0	0
	研究生(人年)	3	28	2	0	4	0	2	1	3	5	7	0	0	1	4	0	0
当年拨入经费	合计(千元)	4	51 583	4891	0	372	0	4953	185	961	400	1754	0	0	38 068	0	0	0
	当年立项项目拨入经费(千元)	5	14 637	2740	0	0	0	1420	70	696	396	1335	0	0	7980	0	0	0
当年支出经费(千元)		6	35 413	2877	0	1169	0	4584	529	629	436	1033	0	0	24 156	0	0	0
当年新开课题数(项)		7	358	13	0	19	0	10	3	20	45	104	0	0	92	52	0	0
当年新开课题批准经费(千元)		8	46 944	3200	0	1610	0	3550	280	1070	577	1910	0	0	32 357	2390	0	0
当年完成课题数(项)		9	220	7	0	13	0	7	0	4	13	72	0	0	72	32	0	0

出版著作(部)	合 计		10	14	4	0	0	0	3	1	2	3	0	0	0	1	0	0	0
	专著	合 计	11	13	4	0	0	0	3	1	2	2	0	0	0	1	0	0	0
		被译成外文	12	0	0	0	0	0	0	0	0	0	0	0	0	0	0	0	0
	编著教材		13	1	0	0	0	0	0	0	0	1	0	0	0	0	0	0	0
	工具书/参考书		14	0	0	0	0	0	0	0	0	0	0	0	0	0	0	0	0
	皮书/发展报告		15	0	0	0	0	0	0	0	0	0	0	0	0	0	0	0	0
	科普读物		16	0	0	0	0	0	0	0	0	0	0	0	0	0	0	0	0
古籍整理(部)			17	0	0	0	0	0	0	0	0	0	0	0	0	0	0	0	0
译著(部)			18	0	0	0	0	0	0	0	0	0	0	0	0	0	0	0	0
发表译文(篇)			19	0	0	0	0	0	0	0	0	0	0	0	0	0	0	0	0
电子出版物(件)			20	0	0	0	0	0	0	0	0	0	0	0	0	0	0	0	0
发表论文(篇)	合 计		21	313	85	1	10	0	78	4	32	23	31	0	0	32	17	0	0
	国内学术刊物	内地(大陆)	22	214	67	1	7	0	33	0	26	17	29	0	0	21	13	0	0
		港、澳、台地区	23	0	0	0	0	0	0	0	0	0	0	0	0	0	0	0	0
	国外学术刊物		24	99	18	0	3	0	45	4	6	6	2	0	0	11	4	0	0
研究与咨询报告(篇)	合 计		25	108	15	0	2	0	4	0	7	4	24	0	0	46	6	0	0
	被采纳数		26	49	15	0	0	0	4	0	7	0	6	0	0	11	6	0	0

2.6 河海大学人文、社会科学研究与课题成果来源情况表

		编号	合计	国家社科基金项目	国家社科基金单列学科项目	教育部人文社科研究项目	高校古籍整理研究项目	国家自然科学基金项目	中央其他部门社科专门项目	省、市、自治区社科基金项目	省教育厅社科项目	地、市、厅、局等政府部门项目	国际合作研究项目	与港、澳、台地区合作研究项目	企事业单位委托项目	学校社科项目	外资项目	其他
			L01	L02	L03	L04	L05	L06	L07	L08	L09	L10	L11	L12	L13	L14	L15	L16
课题数(项)		1	1384	103	3	52	0	60	48	125	132	165	0	0	321	373	2	0
当年投入人数	合计(人年)	2	176	14	0	6	0	7	6	16	15	23	0	0	40	49	0	0
	研究生(人年)	3	38	2	0	1	0	0	2	3	7	3	0	0	10	11	0	0
当年拨入经费	合计(千元)	4	43 046	4590	10	611	0	3957	1931	1116	322	9093	0	0	21 110	0	306	0
	当年立项项目拨入经费(千元)	5	19 711	2120	0	194	0	1984	1424	804	122	4145	0	0	8612	0	306	0
当年支出经费(千元)		6	43 105	3901	9	614	0	3836	1941	1514	483	10 316	0	0	20 337	0	155	0
当年新开课题数(项)		7	294	13	0	7	0	13	10	18	39	38	0	0	62	93	1	0
当年新开课题批准经费(千元)		8	37 549	3300	0	600	0	4960	1615	1100	350	7091	0	0	12 830	5398	306	0
当年完成课题数(项)		9	203	6	0	12	0	7	10	12	28	41	0	0	63	24	0	0

			编号	(1)	(2)	(3)	(4)	(5)	(6)	(7)	(8)	(9)	(10)	(11)	(12)	(13)	(14)	(15)	(16)
出版著作(部)	合　计		10	58	7	0	3	0	1	5	0	0	9	0	0	8	25	0	0
	专著	合　计	11	21	5	0	3	0	1	3	0	0	3	0	0	0	6	0	0
		被译成外文	12	1	0	0	0	0	0	1	0	0	0	0	0	0	0	0	0
	编著教材		13	15	2	0	0	0	0	1	0	0	0	0	0	0	12	0	0
	工具书/参考书		14	3	0	0	0	0	0	0	0	0	1	0	0	0	2	0	0
	皮书/发展报告		15	14	0	0	0	0	0	0	0	0	5	0	0	7	2	0	0
	科普读物		16	5	0	0	0	0	0	1	0	0	0	0	0	1	3	0	0
古籍整理(部)			17	0	0	0	0	0	0	0	0	0	0	0	0	0	0	0	0
译著(部)			18	0	0	0	0	0	0	0	0	0	0	0	0	0	0	0	0
发表译文(篇)			19	0	0	0	0	0	0	0	0	0	0	0	0	0	0	0	0
电子出版物(件)			20	32	9	0	8	0	7	0	0	0	2	0	0	5	1	0	0
发表论文(篇)	合　计		21	527	193	0	34	0	88	7	60	8	21	0	0	16	100	0	0
	国内学术刊物	内地(大陆)	22	413	169	0	27	0	39	6	53	6	20	0	0	15	78	0	0
		港、澳、台地区	23	0	0	0	0	0	0	0	0	0	0	0	0	0	0	0	0
	国外学术刊物		24	114	24	0	7	0	49	1	7	2	1	0	0	1	22	0	0
研究与咨询报告(篇)	合　计		25	288	32	0	20	0	15	9	12	28	35	0	0	54	83	0	0
	被采纳数		26	57	0	0	0	0	0	6	0	0	12	0	0	39	0	0	0

2.7 南京理工大学人文、社会科学研究与课题成果来源情况表

		编号	课题来源															
			合计	国家社科基金项目	国家社科基金单列学科项目	教育部人文社科研究项目	高校古籍整理研究项目	国家自然科学基金项目	中央其他部门社科专门项目	省、市、自治区社科基金项目	省教育厅社科项目	地、市、厅、局等政府部门项目	国际合作研究项目	与港、澳、台地区合作研究项目	企事业单位委托项目	学校社科项目	外资项目	其他
			L01	L02	L03	L04	L05	L06	L07	L08	L09	L10	L11	L12	L13	L14	L15	L16
课题数(项)		1	540	55	1	47	0	80	26	97	64	49	0	0	66	51	0	4
当年投入人数	合计(人年)	2	130	13	0	13	0	21	6	23	16	11	0	0	13	12	0	1
	研究生(人年)	3	4	0	0	0	0	1	0	1	0	1	0	0	1	0	0	0
当年拨入经费	合计(千元)	4	18 700	1290	0	282	0	6407	710	660	380	1327	0	0	6589	265	0	790
	当年立项项目拨入经费(千元)	5	11 923	1030	0	280	0	3620	350	490	210	1270	0	0	4413	260	0	0
当年支出经费(千元)		6	21 554	1576	100	313	0	5598	908	491	446	1577	0	0	9364	391	0	790
当年新开课题数(项)		7	97	5	0	4	0	14	5	7	6	14	0	0	32	10	0	0
当年新开课题批准经费(千元)		8	13 123	1150	0	320	0	4580	350	530	230	1290	0	0	4413	260	0	0
当年完成课题数(项)		9	82	7	1	6	0	9	0	4	8	1	0	0	37	5	0	4

			编号																
出版著作（部）	合　计		10	26	11	0	2	0	2	0	4	0	1	0	0	1	5	0	0
	专著	合　计	11	26	11	0	2	0	2	0	4	0	1	0	0	1	5	0	0
		被译成外文	12	1	1	0	0	0	0	0	0	0	0	0	0	0	0	0	0
	编著教材		13	0	0	0	0	0	0	0	0	0	0	0	0	0	0	0	0
	工具书/参考书		14	0	0	0	0	0	0	0	0	0	0	0	0	0	0	0	0
	皮书/发展报告		15	0	0	0	0	0	0	0	0	0	0	0	0	0	0	0	0
	科普读物		16	0	0	0	0	0	0	0	0	0	0	0	0	0	0	0	0
古籍整理（部）			17	0	0	0	0	0	0	0	0	0	0	0	0	0	0	0	0
译著（部）			18	4	1	0	3	0	0	0	0	0	0	0	0	0	0	0	0
发表译文（篇）			19	0	0	0	0	0	0	0	0	0	0	0	0	0	0	0	0
电子出版物（件）			20	0	0	0	0	0	0	0	0	0	0	0	0	0	0	0	0
发表论文（篇）	合　计		21	231	73	2	8	0	81	3	25	9	4	0	0	20	6	0	0
	国内学术刊物	内地（大陆）	22	144	58	2	7	0	17	3	22	9	2	0	0	19	5	0	0
		港、澳、台地区	23	0	0	0	0	0	0	0	0	0	0	0	0	0	0	0	0
	国外学术刊物		24	87	15	0	1	0	64	0	3	0	2	0	0	1	1	0	0
研究与咨询报告（篇）	合　计		25	23	0	0	0	0	0	4	1	0	9	0	0	8	1	0	0
	被采纳数		26	19	0	0	0	0	0	3	1	0	9	0	0	6	0	0	0

2.8 南京航空航天大学人文、社会科学研究与课题成果来源情况表

			课题来源															
			合计	国家社科基金项目	国家社科基金单列学科项目	教育部人文社科研究项目	高校古籍整理研究项目	国家自然科学基金项目	中央其他部门社科专门项目	省、市、自治区社科基金项目	省教育厅社科项目	地、市、厅、局等政府部门项目	国际合作研究项目	与港、澳、台地区合作研究项目	企事业单位委托项目	学校社科项目	外资项目	其他
		编号	L01	L02	L03	L04	L05	L06	L07	L08	L09	L10	L11	L12	L13	L14	L15	L16
课题数(项)		1	500	88	2	44	1	23	13	88	34	84	0	0	32	91	0	0
当年投入人数	合计(人年)	2	99	18	0	10	0	6	3	17	7	15	0	0	6	17	0	0
	研究生(人年)	3	0	0	0	0	0	0	0	0	0	0	0	0	0	0	0	0
当年拨入经费	合计(千元)	4	15 660	4737	20	1075	0	0	50	979	1226	2183	0	0	5391	0	0	0
	当年立项项目拨入经费(千元)	5	11 382	3300	0	440	0	0	50	622	340	1998	0	0	4633	0	0	0
当年支出经费(千元)		6	15 404	3357	19	1024	0	1956	175	926	1202	1894	0	0	4852	0	0	0
当年新开课题数(项)		7	121	16	0	7	0	0	1	18	8	27	0	0	20	24	0	0
当年新开课题批准经费(千元)		8	15 948	3850	0	600	0	0	100	800	600	2335	0	0	4633	3030	0	0
当年完成课题数(项)		9	131	15	0	5	1	11	0	6	5	9	0	0	12	67	0	0

出版著作(部)	合　计		10	14	6	0	1	0	2	0	2	0	0	0	0	2	1	0	0
	专著	合　计	11	13	5	0	1	0	2	0	2	0	0	0	0	2	1	0	0
		被译成外文	12	0	0	0	0	0	0	0	0	0	0	0	0	0	0	0	0
	编著教材		13	1	1	0	0	0	0	0	0	0	0	0	0	0	0	0	0
	工具书/参考书		14	0	0	0	0	0	0	0	0	0	0	0	0	0	0	0	0
	皮书/发展报告		15	0	0	0	0	0	0	0	0	0	0	0	0	0	0	0	0
	科普读物		16	0	0	0	0	0	0	0	0	0	0	0	0	0	0	0	0
古籍整理(部)			17	0	0	0	0	0	0	0	0	0	0	0	0	0	0	0	0
译著(部)			18	0	0	0	0	0	0	0	0	0	0	0	0	0	0	0	0
发表译文(篇)			19	0	0	0	0	0	0	0	0	0	0	0	0	0	0	0	0
电子出版物(件)			20	0	0	0	0	0	0	0	0	0	0	0	0	0	0	0	0
发表论文(篇)	合　计		21	241	76	0	14	0	43	4	28	4	1	0	0	33	38	0	0
	国内学术刊物	内地(大陆)	22	192	70	0	10	0	13	4	24	4	1	0	0	31	35	0	0
		港、澳、台地区	23	0	0	0	0	0	0	0	0	0	0	0	0	0	0	0	0
	国外学术刊物		24	49	6	0	4	0	30	0	4	0	0	0	0	2	3	0	0
研究与咨询报告(篇)	合　计		25	18	0	0	0	0	3	0	0	0	14	0	0	1	0	0	0
	被采纳数		26	17	0	0	0	0	3	0	0	0	14	0	0	0	0	0	0

2.9 中国药科大学人文、社会科学研究与课题成果来源情况表

			课题来源															
			合计	国家社科基金项目	国家社科基金单列学科项目	教育部人文社科研究项目	高校古籍整理研究项目	国家自然科学基金项目	中央其他部门社科专门项目	省、市、自治区社科基金项目	省教育厅社科项目	地、市、厅、局等政府部门项目	国际合作研究项目	与港、澳、台地区合作研究项目	企事业单位委托项目	学校社科项目	外资项目	其他
		编号	L01	L02	L03	L04	L05	L06	L07	L08	L09	L10	L11	L12	L13	L14	L15	L16
课题数(项)		1	787	4	0	7	0	16	8	7	11	21	0	0	700	13	0	0
当年投入人数	合计(人年)	2	90	1	0	1	0	2	1	1	2	3	0	0	79	1	0	0
	研究生(人年)	3	0	0	0	0	0	0	0	0	0	0	0	0	0	0	0	0
当年拨入经费	合计(千元)	4	30 232	260	0	235	0	242	0	205	18	164	0	0	29 109	0	0	0
	当年立项项目拨入经费(千元)	5	18 114	230	0	75	0	98	0	130	18	164	0	0	17 399	0	0	0
当年支出经费(千元)		6	27 130	51	0	124	0	293	18	166	15	103	0	0	26 360	0	0	0
当年新开课题数(项)		7	220	1	0	2	0	6	0	4	9	10	0	0	188	0	0	0
当年新开课题批准经费(千元)		8	53 835	250	0	100	0	248	0	130	30	224	0	0	52 853	0	0	0
当年完成课题数(项)		9	161	1	0	1	0	0	5	0	2	7	0	0	134	11	0	0

出版著作(部)	合　计		10	6	0	0	1	0	0	2	0	0	0	0	0	0	0	0	3
	专著	合　计	11	4	0	0	1	0	0	0	0	0	0	0	0	0	0	0	3
		被译成外文	12	0	0	0	0	0	0	0	0	0	0	0	0	0	0	0	0
	编著教材		13	2	0	0	0	0	0	2	0	0	0	0	0	0	0	0	0
	工具书/参考书		14	0	0	0	0	0	0	0	0	0	0	0	0	0	0	0	0
	皮书/发展报告		15	0	0	0	0	0	0	0	0	0	0	0	0	0	0	0	0
	科普读物		16	0	0	0	0	0	0	0	0	0	0	0	0	0	0	0	0
古籍整理(部)			17	0	0	0	0	0	0	0	0	0	0	0	0	0	0	0	0
译著(部)			18	0	0	0	0	0	0	0	0	0	0	0	0	0	0	0	0
发表译文(篇)			19	0	0	0	0	0	0	0	0	0	0	0	0	0	0	0	0
电子出版物(件)			20	0	0	0	0	0	0	0	0	0	0	0	0	0	0	0	0
发表论文(篇)	合　计		21	89	17	0	3	0	1	1	4	10	6	0	0	13	5	0	29
	国内学术刊物	内地(大陆)	22	87	17	0	3	0	1	1	4	10	6	0	0	12	5	0	28
		港、澳、台地区	23	0	0	0	0	0	0	0	0	0	0	0	0	0	0	0	0
	国外学术刊物		24	2	0	0	0	0	0	0	0	0	0	0	0	1	0	0	1
研究与咨询报告(篇)	合　计		25	1	0	0	0	0	0	0	1	0	0	0	0	0	0	0	0
	被采纳数		26	1	0	0	0	0	0	0	1	0	0	0	0	0	0	0	0

2.10 南京警察学院人文、社会科学研究与课题成果来源情况表

			课题来源															
			合计	国家社科基金项目	国家社科基金单列学科项目	教育部人文社科研究项目	高校古籍整理研究项目	国家自然科学基金项目	中央其他部门社科专门项目	省、市、自治区社科基金项目	省教育厅社科项目	地、市、厅、局等政府部门项目	国际合作研究项目	与港、澳、台地区合作研究项目	企事业单位委托项目	学校社科项目	外资项目	其他
		编号	L01	L02	L03	L04	L05	L06	L07	L08	L09	L10	L11	L12	L13	L14	L15	L16
课题数(项)		1	136	3	0	2	0	0	0	11	77	0	0	0	27	16	0	0
当年投入人数	合计(人年)	2	42	2	0	1	0	0	0	4	23	0	0	0	9	3	0	0
	研究生(人年)	3	0	0	0	0	0	0	0	0	0	0	0	0	0	0	0	0
当年拨入经费	合计(千元)	4	2454	410	0	0	0	0	0	0	40	0	0	0	2004	0	0	0
	当年立项项目拨入经费(千元)	5	1632	180	0	0	0	0	0	0	24	0	0	0	1428	0	0	0
当年支出经费(千元)		6	1596	399	0	13	0	0	0	8	61	0	0	0	1093	21	0	0
当年新开课题数(项)		7	40	1	0	0	0	0	0	2	17	0	0	0	6	14	0	0
当年新开课题批准经费(千元)		8	1806	200	0	0	0	0	0	0	50	0	0	0	1556	0	0	0
当年完成课题数(项)		9	34	0	0	0	0	0	0	2	13	0	0	0	5	14	0	0

出版著作(部)	合 计		10	0	0	0	0	0	0	0	0	0	0	0	0	0	0	0	0
	专著	合 计	11	0	0	0	0	0	0	0	0	0	0	0	0	0	0	0	0
		被译成外文	12	0	0	0	0	0	0	0	0	0	0	0	0	0	0	0	0
	编著教材		13	0	0	0	0	0	0	0	0	0	0	0	0	0	0	0	0
	工具书/参考书		14	0	0	0	0	0	0	0	0	0	0	0	0	0	0	0	0
	皮书/发展报告		15	0	0	0	0	0	0	0	0	0	0	0	0	0	0	0	0
	科普读物		16	0	0	0	0	0	0	0	0	0	0	0	0	0	0	0	0
古籍整理(部)			17	0	0	0	0	0	0	0	0	0	0	0	0	0	0	0	0
译著(部)			18	0	0	0	0	0	0	0	0	0	0	0	0	0	0	0	0
发表译文(篇)			19	0	0	0	0	0	0	0	0	0	0	0	0	0	0	0	0
电子出版物(件)			20	0	0	0	0	0	0	0	0	0	0	0	0	0	0	0	0
发表论文(篇)	合 计		21	97	0	0	1	0	0	0	6	46	0	0	0	3	41	0	0
	国内学术刊物	内地(大陆)	22	97	0	0	1	0	0	0	6	46	0	0	0	3	41	0	0
		港、澳、台地区	23	0	0	0	0	0	0	0	0	0	0	0	0	0	0	0	0
	国外学术刊物		24	0	0	0	0	0	0	0	0	0	0	0	0	0	0	0	0
研究与咨询报告(篇)	合 计		25	0	0	0	0	0	0	0	0	0	0	0	0	0	0	0	0
	被采纳数		26	0	0	0	0	0	0	0	0	0	0	0	0	0	0	0	0

2.11 苏州大学人文、社会科学研究与课题成果来源情况表

			课题来源															
			合计	国家社科基金项目	国家社科基金单列学科项目	教育部人文社科研究项目	高校古籍整理研究项目	国家自然科学基金项目	中央其他部门社科专门项目	省、市、自治区社科基金项目	省教育厅社科项目	地、市、厅、局等政府部门项目	国际合作研究项目	与港、澳、台地区合作研究项目	企事业单位委托项目	学校社科项目	外资项目	其他
		编号	L01	L02	L03	L04	L05	L06	L07	L08	L09	L10	L11	L12	L13	L14	L15	L16
课题数(项)		1	1537	270	16	101	6	7	37	164	231	117	0	0	554	26	0	8
当年投入人数	合计(人年)	2	226	61	3	18	1	1	6	27	37	12	0	0	56	3	0	2
	研究生(人年)	3	4	4	0	0	0	0	0	0	0	0	0	0	0	0	0	0
当年拨入经费	合计(千元)	4	57 717	18 561	259	2716	20	0	570	2906	499	988	0	0	30 446	89	0	662
	当年立项项目拨入经费(千元)	5	42 599	13 465	0	660	20	0	420	2447	159	821	0	0	24 004	0	0	604
当年支出经费(千元)		6	26 455	5262	161	684	2	0	298	788	229	798	0	0	17 815	263	0	155
当年新开课题数(项)		7	438	58	0	12	1	0	10	59	53	21	0	0	217	0	0	7
当年新开课题批准经费(千元)		8	55 174	14 705	0	870	20	0	610	2947	835	1475	0	0	32 782	0	0	930
当年完成课题数(项)		9	311	47	1	22	0	0	7	55	29	11	0	0	133	6	0	0

			编号																
出版著作(部)	合计		10	77	22	1	3	0	0	0	24	12	3	0	0	12	0	0	0
	专著	合计	11	58	20	1	3	0	0	0	20	6	1	0	0	7	0	0	0
		被译成外文	12	0	0	0	0	0	0	0	0	0	0	0	0	0	0	0	0
	编著教材		13	19	2	0	0	0	0	0	4	6	2	0	0	5	0	0	0
	工具书/参考书		14	0	0	0	0	0	0	0	0	0	0	0	0	0	0	0	0
	皮书/发展报告		15	0	0	0	0	0	0	0	0	0	0	0	0	0	0	0	0
	科普读物		16	0	0	0	0	0	0	0	0	0	0	0	0	0	0	0	0
古籍整理(部)			17	4	1	0	0	1	0	0	2	0	0	0	0	0	0	0	0
译著(部)			18	9	2	0	0	0	0	0	2	4	1	0	0	0	0	0	0
发表译文(篇)			19	0	0	0	0	0	0	0	0	0	0	0	0	0	0	0	0
电子出版物(件)			20	0	0	0	0	0	0	0	0	0	0	0	0	0	0	0	0
发表论文(篇)	合计		21	538	166	1	21	1	0	13	123	61	72	0	0	68	9	0	3
	国内学术刊物	内地(大陆)	22	445	150	0	16	1	0	10	102	42	66	0	0	46	9	0	3
		港、澳、台地区	23	0	0	0	0	0	0	0	0	0	0	0	0	0	0	0	0
	国外学术刊物		24	93	16	1	5	0	0	3	21	19	6	0	0	22	0	0	0
研究与咨询报告(篇)	合计		25	122	0	0	0	0	0	0	1	0	0	0	0	121	0	0	0
	被采纳数		26	121	0	0	0	0	0	0	0	0	0	0	0	121	0	0	0

2.12 江苏科技大学人文、社会科学研究与课题成果来源情况表

			课题来源															
			合计	国家社科基金项目	国家社科基金单列学科项目	教育部人文社科研究项目	高校古籍整理研究项目	国家自然科学基金项目	中央其他部门社科专门项目	省、市、自治区社科基金项目	省教育厅社科项目	地、市、厅、局等政府部门项目	国际合作研究项目	与港、澳、台地区合作研究项目	企事业单位委托项目	学校社科项目	外资项目	其他
		编号	L01	L02	L03	L04	L05	L06	L07	L08	L09	L10	L11	L12	L13	L14	L15	L16
课题数(项)		1	702	26	0	30	1	20	0	56	180	155	0	0	134	100	0	0
当年投入人数	合计(人年)	2	155	7	0	8	0	5	0	13	41	40	0	0	21	19	0	0
	研究生(人年)	3	13	2	0	1	0	1	0	1	2	4	0	0	1	2	0	0
当年拨入经费	合计(千元)	4	7812	1350	0	1026	0	1098	0	736	536	586	0	0	1930	550	0	0
	当年立项项目拨入经费(千元)	5	6351	1320	0	506	0	724	0	608	196	517	0	0	1930	550	0	0
当年支出经费(千元)		6	6158	701	0	652	1	853	0	503	389	787	0	0	1831	441	0	0
当年新开课题数(项)		7	185	6	0	8	0	5	0	14	24	80	0	0	23	25	0	0
当年新开课题批准经费(千元)		8	8187	1500	0	700	0	1810	0	730	340	627	0	0	1930	550	0	0
当年完成课题数(项)		9	216	6	0	2	0	1	0	6	50	65	0	0	62	24	0	0

出版著作（部）	合　计		10	6	0	0	0	0	1	0	2	0	3	0	0	0	0	0	0
	专著	合　计	11	5	0	0	0	0	1	0	2	0	2	0	0	0	0	0	0
		被译成外文	12	0	0	0	0	0	0	0	0	0	0	0	0	0	0	0	0
	编著教材		13	1	0	0	0	0	0	0	0	0	1	0	0	0	0	0	0
	工具书/参考书		14	0	0	0	0	0	0	0	0	0	0	0	0	0	0	0	0
	皮书/发展报告		15	0	0	0	0	0	0	0	0	0	0	0	0	0	0	0	0
	科普读物		16	0	0	0	0	0	0	0	0	0	0	0	0	0	0	0	0
古籍整理（部）			17	0	0	0	0	0	0	0	0	0	0	0	0	0	0	0	0
译著（部）			18	3	0	2	0	0	0	0	1	0	0	0	0	0	0	0	0
发表译文（篇）			19	0	0	0	0	0	0	0	0	0	0	0	0	0	0	0	0
电子出版物（件）			20	0	0	0	0	0	0	0	0	0	0	0	0	0	0	0	0
发表论文（篇）	合　计		21	151	35	0	8	0	8	0	17	7	59	0	0	12	5	0	0
	国内学术刊物	内地（大陆）	22	123	28	0	7	0	7	0	13	7	48	0	0	9	4	0	0
		港、澳、台地区	23	0	0	0	0	0	0	0	0	0	0	0	0	0	0	0	0
	国外学术刊物		24	28	7	0	1	0	1	0	4	0	11	0	0	3	1	0	0
研究与咨询报告（篇）	合　计		25	2	0	0	0	0	0	0	1	0	1	0	0	0	0	0	0
	被采纳数		26	2	0	0	0	0	0	0	1	0	1	0	0	0	0	0	0

2.13 南京工业大学人文、社会科学研究与课题成果来源情况表

			课题来源															
			合计	国家社科基金项目	国家社科基金单列学科项目	教育部人文社科研究项目	高校古籍整理研究项目	国家自然科学基金项目	中央其他部门社科专门项目	省、市、自治区社科基金项目	省教育厅社科项目	地、市、厅、局等政府部门项目	国际合作研究项目	与港、澳、台地区合作研究项目	企事业单位委托项目	学校社科项目	外资项目	其他
		编号	L01	L02	L03	L04	L05	L06	L07	L08	L09	L10	L11	L12	L13	L14	L15	L16
课题数(项)		1	869	45	3	32	0	6	12	91	245	130	0	0	30	267	1	7
当年投入人数	合计(人年)	2	121	9	1	5	0	1	1	16	31	17	0	0	4	36	0	2
	研究生(人年)	3	20	1	0	1	0	0	0	2	5	3	0	0	0	8	0	1
当年拨入经费	合计(千元)	4	4351	1290	300	415	0	0	0	908	520	335	0	0	50	0	0	533
	当年立项项目拨入经费(千元)	5	3397	1200	300	340	0	0	0	610	96	268	0	0	50	0	0	533
当年支出经费(千元)		6	4416	1253	260	470	0	0	0	956	544	370	0	0	50	0	0	513
当年新开课题数(项)		7	201	6	1	6	0	0	1	20	57	27	0	0	3	74	0	6
当年新开课题批准经费(千元)		8	5344	1350	350	480	0	0	100	860	720	488	0	0	50	413	0	533
当年完成课题数(项)		9	224	8	1	9	0	1	0	22	51	23	0	0	0	109	0	0

出版著作(部)	合　计		10	13	2	0	0	0	1	0	3	1	2	0	0	0	2	0	2
	专著	合　计	11	10	2	0	0	0	0	0	3	1	1	0	0	0	1	0	2
		被译成外文	12	2	0	0	0	0	0	0	1	0	0	0	0	0	1	0	0
	编著教材		13	3	0	0	0	0	1	0	0	0	1	0	0	0	1	0	0
	工具书/参考书		14	0	0	0	0	0	0	0	0	0	0	0	0	0	0	0	0
	皮书/发展报告		15	0	0	0	0	0	0	0	0	0	0	0	0	0	0	0	0
	科普读物		16	0	0	0	0	0	0	0	0	0	0	0	0	0	0	0	0
古籍整理(部)			17	0	0	0	0	0	0	0	0	0	0	0	0	0	0	0	0
译著(部)			18	1	0	0	0	0	0	0	0	0	0	0	0	0	0	0	1
发表译文(篇)			19	0	0	0	0	0	0	0	0	0	0	0	0	0	0	0	0
电子出版物(件)			20	0	0	0	0	0	0	0	0	0	0	0	0	0	0	0	0
发表论文(篇)	合　计		21	368	60	2	11	0	19	2	52	50	18	0	0	2	73	0	79
	国内学术刊物	内地(大陆)	22	345	53	2	7	0	15	2	49	50	18	0	0	2	71	0	76
		港、澳、台地区	23	5	1	0	0	0	1	0	1	0	0	0	0	0	2	0	0
	国外学术刊物		24	18	6	0	4	0	3	0	2	0	0	0	0	0	0	0	3
研究与咨询报告(篇)	合　计		25	24	4	0	0	0	0	0	6	0	9	0	0	4	0	0	1
	被采纳数		26	24	4	0	0	0	0	0	6	0	9	0	0	4	0	0	1

2.14 常州大学人文、社会科学研究与课题成果来源情况表

		编号	课题来源															
			合计	国家社科基金项目	国家社科基金单列学科项目	教育部人文社科研究项目	高校古籍整理研究项目	国家自然科学基金项目	中央其他部门社科专门项目	省、市、自治区社科基金项目	省教育厅社科项目	地、市、厅、局等政府部门项目	国际合作研究项目	与港、澳、台地区合作研究项目	企事业单位委托项目	学校社科项目	外资项目	其他
			L01	L02	L03	L04	L05	L06	L07	L08	L09	L10	L11	L12	L13	L14	L15	L16
课题数(项)		1	812	116	7	36	0	0	6	64	196	182	0	0	157	0	0	48
当年投入人数	合计(人年)	2	230	51	4	18	0	0	3	21	72	29	0	0	23	0	0	7
	研究生(人年)	3	0	0	0	0	0	0	0	0	0	0	0	0	0	0	0	0
当年拨入经费	合计(千元)	4	18 319	3360	860	790	0	0	105	424	98	43	0	0	12 001	0	0	638
	当年立项项目拨入经费(千元)	5	17 189	3360	860	790	0	0	105	424	98	33	0	0	10 881	0	0	638
当年支出经费(千元)		6	21 727	5543	1012	1028	0	0	106	720	211	354	0	0	12 060	0	0	692
当年新开课题数(项)		7	341	19	4	12	0	0	1	17	44	105	0	0	92	0	0	47
当年新开课题批准经费(千元)		8	20 942	3850	950	1020	0	0	150	615	170	38	0	0	12 823	0	0	1326
当年完成课题数(项)		9	245	24	0	2	0	0	3	12	38	136	0	0	15	0	0	15

出版著作(部)	合 计		10	7	4	0	0	0	0	0	1	1	1	0	0	0	0	0	0
	专著	合 计	11	7	4	0	0	0	0	0	1	1	1	0	0	0	0	0	0
		被译成外文	12	0	0	0	0	0	0	0	0	0	0	0	0	0	0	0	0
	编著教材		13	0	0	0	0	0	0	0	0	0	0	0	0	0	0	0	0
	工具书/参考书		14	0	0	0	0	0	0	0	0	0	0	0	0	0	0	0	0
	皮书/发展报告		15	0	0	0	0	0	0	0	0	0	0	0	0	0	0	0	0
	科普读物		16	0	0	0	0	0	0	0	0	0	0	0	0	0	0	0	0
古籍整理(部)			17	0	0	0	0	0	0	0	0	0	0	0	0	0	0	0	0
译著(部)			18	0	0	0	0	0	0	0	0	0	0	0	0	0	0	0	0
发表译文(篇)			19	0	0	0	0	0	0	0	0	0	0	0	0	0	0	0	0
电子出版物(件)			20	0	0	0	0	0	0	0	0	0	0	0	0	0	0	0	0
发表论文(篇)	合 计		21	261	41	1	22	0	0	0	22	104	40	0	0	29	0	0	2
	国内学术刊物	内地(大陆)	22	249	34	1	22	0	0	0	22	101	39	0	0	28	0	0	2
		港、澳、台地区	23	0	0	0	0	0	0	0	0	0	0	0	0	0	0	0	0
	国外学术刊物		24	12	7	0	0	0	0	0	0	3	1	0	0	1	0	0	0
研究与咨询报告(篇)	合 计		25	22	3	0	3	0	0	0	1	2	5	0	1	7	0	0	0
	被采纳数		26	22	3	0	3	0	0	0	1	2	5	0	1	7	0	0	0

2.15 南京邮电大学人文、社会科学研究与课题成果来源情况表

		编号	合计	国家社科基金项目	国家社科基金单列学科项目	教育部人文社科研究项目	高校古籍整理研究项目	国家自然科学基金项目	中央其他部门社科专门项目	省、市、自治区社科基金项目	省教育厅社科项目	地、市、厅、局等政府部门项目	国际合作研究项目	与港、澳、台地区合作研究项目	企事业单位委托项目	学校社科项目	外资项目	其他
			课题来源															
			L01	L02	L03	L04	L05	L06	L07	L08	L09	L10	L11	L12	L13	L14	L15	L16
课题数(项)		1	954	77	5	65	0	14	14	80	224	17	0	0	366	92	0	0
当年投入人数	合计(人年)	2	229	46	3	35	0	9	3	25	42	2	0	0	54	11	0	0
	研究生(人年)	3	21	5	1	4	0	7	0	1	0	0	0	0	3	0	0	0
当年拨入经费	合计(千元)	4	22 087	4440	330	1840	0	2141	167	1080	1136	220	0	0	10 733	0	0	0
	当年立项项目拨入经费(千元)	5	15 646	4060	330	990	0	1124	157	682	348	100	0	0	7855	0	0	0
当年支出经费(千元)		6	22 735	5383	372	1840	0	1015	149	1080	1150	220	0	0	11 527	0	0	0
当年新开课题数(项)		7	291	21	2	16	0	9	6	22	56	2	0	0	106	51	0	0
当年新开课题批准经费(千元)		8	24 163	4500	400	1340	0	2810	180	1020	1050	100	0	0	10 063	2700	0	0
当年完成课题数(项)		9	202	7	1	12	0	0	2	17	46	6	0	0	89	22	0	0

			编号																
出版著作(部)	合 计		10	12	4	0	1	0	0	0	2	3	0	0	0	0	2	0	0
	专著	合 计	11	12	4	0	1	0	0	0	2	3	0	0	0	0	2	0	0
		被译成外文	12	0	0	0	0	0	0	0	0	0	0	0	0	0	0	0	0
	编著教材		13	0	0	0	0	0	0	0	0	0	0	0	0	0	0	0	0
	工具书/参考书		14	0	0	0	0	0	0	0	0	0	0	0	0	0	0	0	0
	皮书/发展报告		15	0	0	0	0	0	0	0	0	0	0	0	0	0	0	0	0
	科普读物		16	0	0	0	0	0	0	0	0	0	0	0	0	0	0	0	0
古籍整理(部)			17	0	0	0	0	0	0	0	0	0	0	0	0	0	0	0	0
译著(部)			18	0	0	0	0	0	0	0	0	0	0	0	0	0	0	0	0
发表译文(篇)			19	0	0	0	0	0	0	0	0	0	0	0	0	0	0	0	0
电子出版物(件)			20	0	0	0	0	0	0	0	0	0	0	0	0	0	0	0	0
发表论文(篇)	合 计		21	283	27	3	28	0	8	7	36	103	10	0	0	32	29	0	0
	国内学术刊物	内地(大陆)	22	197	17	3	24	0	2	5	29	68	6	0	0	25	18	0	0
		港、澳、台地区	23	0	0	0	0	0	0	0	0	0	0	0	0	0	0	0	0
	国外学术刊物		24	86	10	0	4	0	6	2	7	35	4	0	0	7	11	0	0
研究与咨询报告(篇)	合 计		25	53	1	0	1	0	0	0	3	0	0	0	0	48	0	0	0
	被采纳数		26	53	1	0	1	0	0	0	3	0	0	0	0	48	0	0	0

2.16 南京林业大学人文、社会科学研究与课题成果来源情况表

			课题来源															
			合计	国家社科基金项目	国家社科基金单列学科项目	教育部人文社科研究项目	高校古籍整理研究项目	国家自然科学基金项目	中央其他部门社科专门项目	省、市、自治区社科基金项目	省教育厅社科项目	地、市、厅、局等政府部门项目	国际合作研究项目	与港、澳、台地区合作研究项目	企事业单位委托项目	学校社科项目	外资项目	其他
		编号	L01	L02	L03	L04	L05	L06	L07	L08	L09	L10	L11	L12	L13	L14	L15	L16
课题数(项)		1	405	49	8	60	0	0	5	68	158	35	0	0	22	0	0	0
当年投入人数	合计(人年)	2	82	11	2	19	0	0	1	12	28	6	0	0	4	0	0	0
	研究生(人年)	3	4	0	0	3	0	0	0	0	0	0	0	0	0	0	0	0
当年拨入经费	合计(千元)	4	7766	3350	900	1617	0	0	31	644	271	541	0	0	412	0	0	0
	当年立项项目拨入经费(千元)	5	4705	2230	180	895	0	0	31	458	35	485	0	0	391	0	0	0
当年支出经费(千元)		6	5128	2301	306	1090	0	0	129	484	126	234	0	0	458	0	0	0
当年新开课题数(项)		7	91	11	1	14	0	0	1	14	34	9	0	0	7	0	0	0
当年新开课题批准经费(千元)		8	6313	3050	200	1200	0	0	50	570	93	740	0	0	410	0	0	0
当年完成课题数(项)		9	73	3	0	9	0	0	2	9	36	5	0	0	9	0	0	0

出版著作(部)	合 计		10	4	0	0	0	0	0	1	0	2	0	0	0	1	0	0	0
	专著	合 计	11	4	0	0	0	0	0	1	0	2	0	0	0	1	0	0	0
		被译成外文	12	4	0	0	0	0	0	1	0	2	0	0	0	1	0	0	0
	编著教材		13	0	0	0	0	0	0	0	0	0	0	0	0	0	0	0	0
	工具书/参考书		14	0	0	0	0	0	0	0	0	0	0	0	0	0	0	0	0
	皮书/发展报告		15	0	0	0	0	0	0	0	0	0	0	0	0	0	0	0	0
	科普读物		16	0	0	0	0	0	0	0	0	0	0	0	0	0	0	0	0
古籍整理(部)			17	0	0	0	0	0	0	0	0	0	0	0	0	0	0	0	0
译著(部)			18	1	0	0	0	0	0	0	0	1	0	0	0	0	0	0	0
发表译文(篇)			19	0	0	0	0	0	0	0	0	0	0	0	0	0	0	0	0
电子出版物(件)			20	0	0	0	0	0	0	0	0	0	0	0	0	0	0	0	0
发表论文(篇)	合 计		21	191	65	10	21	0	0	1	24	63	5	0	0	2	0	0	0
	国内学术刊物	内地(大陆)	22	178	61	7	19	0	0	1	22	61	5	0	0	2	0	0	0
		港、澳、台地区	23	0	0	0	0	0	0	0	0	0	0	0	0	0	0	0	0
	国外学术刊物		24	13	4	3	2	0	0	0	2	2	0	0	0	0	0	0	0
研究与咨询报告(篇)	合 计		25	8	4	0	0	0	0	0	3	1	0	0	0	0	0	0	0
	被采纳数		26	8	4	0	0	0	0	0	3	1	0	0	0	0	0	0	0

2.17 江苏大学人文、社会科学研究与课题成果来源情况表

		编号	合计	国家社科基金项目	国家社科基金单列学科项目	教育部人文社科研究项目	高校古籍整理研究项目	国家自然科学基金项目	中央其他部门社科专门项目	省、市、自治区社科基金项目	省教育厅社科项目	地、市、厅、局等政府部门项目	国际合作研究项目	与港、澳、台地区合作研究项目	企事业单位委托项目	学校社科项目	外资项目	其他
			课题来源															
			L01	L02	L03	L04	L05	L06	L07	L08	L09	L10	L11	L12	L13	L14	L15	L16
课题数(项)		1	822	73	7	57	0	22	26	68	92	178	0	0	297	2	0	0
当年投入人数	合计(人年)	2	139	24	2	15	0	5	5	15	14	23	0	0	36	0	0	0
	研究生(人年)	3	3	0	0	0	0	0	0	0	0	0	0	0	2	0	0	0
当年拨入经费	合计(千元)	4	23 385	3160	0	1070	0	0	277	1050	352	1985	0	0	15 492	0	0	0
	当年立项项目拨入经费(千元)	5	22 729	2920	0	910	0	0	190	1020	312	1885	0	0	15 492	0	0	0
当年支出经费(千元)		6	24 123	3397	0	1100	0	74	272	1061	390	1994	0	0	15 837	0	0	0
当年新开课题数(项)		7	279	14	0	13	0	0	5	14	27	61	0	0	145	0	0	0
当年新开课题批准经费(千元)		8	24 013	3200	0	1080	0	0	240	1130	420	2341	0	0	15 602	0	0	0
当年完成课题数(项)		9	365	14	2	14	0	0	8	8	16	104	0	0	197	2	0	0

项目			编号																	
出版著作(部)	合 计		10	27	5	0	2	0	1	1	1	4	9	0	0	4	0	0	0
	专著	合 计	11	25	5	0	2	0	1	1	1	3	9	0	0	3	0	0	0
		被译成外文	12	0	0	0	0	0	0	0	0	0	0	0	0	0	0	0	0
	编著教材		13	2	0	0	0	0	0	0	0	1	0	0	0	1	0	0	0
	工具书/参考书		14	0	0	0	0	0	0	0	0	0	0	0	0	0	0	0	0
	皮书/发展报告		15	0	0	0	0	0	0	0	0	0	0	0	0	0	0	0	0
	科普读物		16	0	0	0	0	0	0	0	0	0	0	0	0	0	0	0	0
古籍整理(部)			17	0	0	0	0	0	0	0	0	0	0	0	0	0	0	0	0
译著(部)			18	2	0	0	0	0	0	0	0	0	2	0	0	0	0	0	0
发表译文(篇)			19	0	0	0	0	0	0	0	0	0	0	0	0	0	0	0	0
电子出版物(件)			20	0	0	0	0	0	0	0	0	0	0	0	0	0	0	0	0
发表论文(篇)	合 计		21	326	67	3	32	0	77	2	13	23	97	0	0	9	3	0	0
	国内学术刊物	内地(大陆)	22	222	52	2	22	0	33	2	9	19	73	0	0	7	3	0	0
		港、澳、台地区	23	0	0	0	0	0	0	0	0	0	0	0	0	0	0	0	0
	国外学术刊物		24	104	15	1	10	0	44	0	4	4	24	0	0	2	0	0	0
研究与咨询报告(篇)	合 计		25	17	2	0	2	0	1	0	0	1	7	0	0	4	0	0	0
	被采纳数		26	14	2	0	2	0	1	0	0	1	7	0	0	1	0	0	0

2.18 南京信息工程大学人文、社会科学研究与课题成果来源情况表

			课题来源															
			合计	国家社科基金项目	国家社科基金单列学科项目	教育部人文社科研究项目	高校古籍整理研究项目	国家自然科学基金项目	中央其他部门社科专门项目	省、市、自治区社科基金项目	省教育厅社科项目	地、市、厅、局等政府部门项目	国际合作研究项目	与港、澳、台地区合作研究项目	企事业单位委托项目	学校社科项目	外资项目	其他
		编号	L01	L02	L03	L04	L05	L06	L07	L08	L09	L10	L11	L12	L13	L14	L15	L16
课题数(项)		1	941	73	3	78	0	37	14	99	260	51	0	0	322	2	0	2
当年投入人数	合计(人年)	2	227	22	1	22	0	8	4	24	63	11	0	0	71	0	0	1
	研究生(人年)	3	11	1	0	1	0	0	0	0	0	1	0	0	7	0	0	0
当年拨入经费	合计(千元)	4	30 601	3400	0	1732	0	3972	54	1199	708	554	0	0	18 862	0	0	120
	当年立项项目拨入经费(千元)	5	23 640	3180	0	957	0	1846	30	1018	335	425	0	0	15 729	0	0	120
当年支出经费(千元)		6	28 181	3764	154	1628	0	2696	327	1209	795	829	0	0	16 745	0	0	35
当年新开课题数(项)		7	282	16	0	16	0	13	2	25	44	24	0	0	140	0	0	2
当年新开课题批准经费(千元)		8	45 869	3500	0	1360	0	4630	100	1372	3309	714	0	0	30 683	0	0	200
当年完成课题数(项)		9	241	9	0	7	0	0	4	14	9	18	0	0	179	0	0	1

出版著作(部)	合 计		10	12	7	0	2	0	0	0	1	0	1	0	0	1	0	0	0
	专著	合 计	11	9	7	0	1	0	0	0	1	0	0	0	0	0	0	0	0
		被译成外文	12	0	0	0	0	0	0	0	0	0	0	0	0	0	0	0	0
	编著教材		13	3	0	0	1	0	0	0	0	0	1	0	0	1	0	0	0
	工具书/参考书		14	0	0	0	0	0	0	0	0	0	0	0	0	0	0	0	0
	皮书/发展报告		15	0	0	0	0	0	0	0	0	0	0	0	0	0	0	0	0
	科普读物		16	0	0	0	0	0	0	0	0	0	0	0	0	0	0	0	0
古籍整理(部)			17	0	0	0	0	0	0	0	0	0	0	0	0	0	0	0	0
译著(部)			18	2	1	0	0	0	0	0	0	0	0	0	0	1	0	0	0
发表译文(篇)			19	0	0	0	0	0	0	0	0	0	0	0	0	0	0	0	0
电子出版物(件)			20	0	0	0	0	0	0	0	0	0	0	0	0	0	0	0	0
发表论文(篇)	合 计		21	308	94	5	25	0	100	3	21	31	4	0	0	14	2	0	9
	国内学术刊物	内地(大陆)	22	190	72	5	19	0	31	2	15	27	3	0	0	7	2	0	7
		港、澳、台地区	23	0	0	0	0	0	0	0	0	0	0	0	0	0	0	0	0
	国外学术刊物		24	118	22	0	6	0	69	1	6	4	1	0	0	7	0	0	2
研究与咨询报告(篇)	合 计		25	48	0	0	0	0	0	0	0	0	0	0	0	48	0	0	0
	被采纳数		26	36	0	0	0	0	0	0	0	0	0	0	0	36	0	0	0

2.19 南通大学人文、社会科学研究与课题成果来源情况表

			课题来源															
			合计	国家社科基金项目	国家社科基金单列学科项目	教育部人文社科研究项目	高校古籍整理研究项目	国家自然科学基金项目	中央其他部门社科专门项目	省、市、自治区社科基金项目	省教育厅社科项目	地、市、厅、局等政府部门项目	国际合作研究项目	与港、澳、台地区合作研究项目	企事业单位委托项目	学校社科项目	外资项目	其他
		编号	L01	L02	L03	L04	L05	L06	L07	L08	L09	L10	L11	L12	L13	L14	L15	L16
课题数(项)		1	898	102	6	56	4	0	18	94	278	261	0	0	73	0	0	6
当年投入人数	合计(人年)	2	128	15	1	8	1	0	3	14	40	39	0	0	8	0	0	1
	研究生(人年)	3	0	0	0	0	0	0	0	0	0	0	0	0	0	0	0	0
当年拨入经费	合计(千元)	4	14 735	3020	180	626	40	0	0	1238	1246	1587	0	0	6773	0	0	24
	当年立项项目拨入经费(千元)	5	11 582	1500	0	160	0	0	0	810	890	1458	0	0	6763	0	0	0
当年支出经费(千元)		6	13 623	2092	300	702	34	0	50	995	994	1554	0	0	6773	0	0	128
当年新开课题数(项)		7	164	10	0	2	0	0	0	21	44	16	0	0	71	0	0	0
当年新开课题批准经费(千元)		8	13 202	2000	0	160	0	0	0	810	890	2578	0	0	6763	0	0	0
当年完成课题数(项)		9	175	12	0	11	0	0	5	16	31	28	0	0	72	0	0	0

出版著作（部）	合计		10	22	10	1	2	0	0	4	3	1	1	0	0	0	0	0	0
	专著	合计	11	20	9	0	2	0	0	4	3	1	1	0	0	0	0	0	0
		被译成外文	12	0	0	0	0	0	0	0	0	0	0	0	0	0	0	0	0
	编著教材		13	2	1	1	0	0	0	0	0	0	0	0	0	0	0	0	0
	工具书/参考书		14	0	0	0	0	0	0	0	0	0	0	0	0	0	0	0	0
	皮书/发展报告		15	0	0	0	0	0	0	0	0	0	0	0	0	0	0	0	0
	科普读物		16	0	0	0	0	0	0	0	0	0	0	0	0	0	0	0	0
古籍整理(部)			17	1	1	0	0	0	0	0	0	0	0	0	0	0	0	0	0
译著(部)			18	0	0	0	0	0	0	0	0	0	0	0	0	0	0	0	0
发表译文(篇)			19	0	0	0	0	0	0	0	0	0	0	0	0	0	0	0	0
电子出版物(件)			20	0	0	0	0	0	0	0	0	0	0	0	0	0	0	0	0
发表论文（篇）	合计		21	397	137	16	38	0	0	6	52	93	50	0	0	5	0	0	0
	国内学术刊物	内地（大陆）	22	397	137	16	38	0	0	6	52	93	50	0	0	5	0	0	0
		港、澳、台地区	23	0	0	0	0	0	0	0	0	0	0	0	0	0	0	0	0
	国外学术刊物		24	0	0	0	0	0	0	0	0	0	0	0	0	0	0	0	0
研究与咨询报告（篇）	合计		25	72	0	0	0	0	0	0	0	0	0	0	0	72	0	0	0
	被采纳数		26	72	0	0	0	0	0	0	0	0	0	0	0	72	0	0	0

2.20 盐城工学院人文、社会科学研究与课题成果来源情况表

			课题来源															
			合计	国家社科基金项目	国家社科基金单列学科项目	教育部人文社科研究项目	高校古籍整理研究项目	国家自然科学基金项目	中央其他部门社科专门项目	省、市、自治区社科基金项目	省教育厅社科项目	地、市、厅、局等政府部门项目	国际合作研究项目	与港、澳、台地区合作研究项目	企事业单位委托项目	学校社科项目	外资项目	其他
		编号	L01	L02	L03	L04	L05	L06	L07	L08	L09	L10	L11	L12	L13	L14	L15	L16
课题数(项)		1	372	16	2	11	0	0	4	19	161	27	0	0	132	0	0	0
当年投入人数	合计(人年)	2	37	2	0	1	0	0	0	2	16	3	0	0	13	0	0	0
	研究生(人年)	3	0	0	0	0	0	0	0	0	0	0	0	0	0	0	0	0
当年拨入经费	合计(千元)	4	8141	360	170	20	0	0	20	50	0	53	0	0	7468	0	0	0
	当年立项项目拨入经费(千元)	5	8141	360	170	20	0	0	20	50	0	53	0	0	7468	0	0	0
当年支出经费(千元)		6	7014	130	41	35	0	0	20	22	0	53	0	0	6712	0	0	0
当年新开课题数(项)		7	113	2	1	1	0	0	1	2	25	16	0	0	65	0	0	0
当年新开课题批准经费(千元)		8	8411	400	200	20	0	0	20	50	0	53	0	0	7668	0	0	0
当年完成课题数(项)		9	157	4	0	3	0	0	4	7	54	23	0	0	62	0	0	0

			编号																
出版著作(部)	合 计		10	16	3	0	1	0	0	0	2	2	6	0	0	1	0	0	1
	专著	合 计	11	16	3	0	1	0	0	0	2	2	6	0	0	1	0	0	1
		被译成外文	12	0	0	0	0	0	0	0	0	0	0	0	0	0	0	0	0
	编著教材		13	0	0	0	0	0	0	0	0	0	0	0	0	0	0	0	0
	工具书/参考书		14	0	0	0	0	0	0	0	0	0	0	0	0	0	0	0	0
	皮书/发展报告		15	0	0	0	0	0	0	0	0	0	0	0	0	0	0	0	0
	科普读物		16	0	0	0	0	0	0	0	0	0	0	0	0	0	0	0	0
古籍整理(部)			17	0	0	0	0	0	0	0	0	0	0	0	0	0	0	0	0
译著(部)			18	0	0	0	0	0	0	0	0	0	0	0	0	0	0	0	0
发表译文(篇)			19	0	0	0	0	0	0	0	0	0	0	0	0	0	0	0	0
电子出版物(件)			20	0	0	0	0	0	0	0	0	0	0	0	0	0	0	0	0
发表论文(篇)	合 计		21	95	8	0	3	0	0	0	8	28	35	0	0	0	2	0	11
	国内学术刊物	内地(大陆)	22	95	8	0	3	0	0	0	8	28	35	0	0	0	2	0	11
		港、澳、台地区	23	0	0	0	0	0	0	0	0	0	0	0	0	0	0	0	0
	国外学术刊物		24	0	0	0	0	0	0	0	0	0	0	0	0	0	0	0	0
研究与咨询报告(篇)	合 计		25	11	0	0	0	0	0	0	0	0	11	0	0	0	0	0	0
	被采纳数		26	0	0	0	0	0	0	0	0	0	0	0	0	0	0	0	0

2.21 南京医科大学人文、社会科学研究与课题成果来源情况表

		编号	合计	国家社科基金项目	国家社科基金单列学科项目	教育部人文社科研究项目	高校古籍整理研究项目	国家自然科学基金项目	中央其他部门社科专门项目	省、市、自治区社科基金项目	省教育厅社科项目	地、市、厅、局等政府部门项目	国际合作研究项目	与港、澳、台地区合作研究项目	企事业单位委托项目	学校社科项目	外资项目	其他
			L01	L02	L03	L04	L05	L06	L07	L08	L09	L10	L11	L12	L13	L14	L15	L16
课题数(项)		1	147	5	1	12	0	0	0	12	59	56	0	0	0	0	0	2
当年投入人数	合计(人年)	2	18	1	0	1	0	0	0	2	6	7	0	0	0	0	0	0
	研究生(人年)	3	0	0	0	0	0	0	0	0	0	0	0	0	0	0	0	0
当年拨入经费	合计(千元)	4	589	180	0	295	0	0	0	0	82	32	0	0	0	0	0	0
	当年立项项目拨入经费(千元)	5	589	180	0	295	0	0	0	0	82	32	0	0	0	0	0	0
当年支出经费(千元)		6	324	120	0	180	0	0	0	0	24	0	0	0	0	0	0	0
当年新开课题数(项)		7	50	1	0	5	0	0	0	4	32	6	0	0	0	0	0	2
当年新开课题批准经费(千元)		8	1183	200	0	400	0	0	0	100	433	45	0	0	0	0	0	5
当年完成课题数(项)		9	26	2	0	1	0	0	0	4	12	7	0	0	0	0	0	0

			编号																
出版著作(部)	合计		10	0	0	0	0	0	0	0	0	0	0	0	0	0	0	0	0
	专著	合计	11	0	0	0	0	0	0	0	0	0	0	0	0	0	0	0	0
		被译成外文	12	0	0	0	0	0	0	0	0	0	0	0	0	0	0	0	0
	编著教材		13	0	0	0	0	0	0	0	0	0	0	0	0	0	0	0	0
	工具书/参考书		14	0	0	0	0	0	0	0	0	0	0	0	0	0	0	0	0
	皮书/发展报告		15	0	0	0	0	0	0	0	0	0	0	0	0	0	0	0	0
	科普读物		16	0	0	0	0	0	0	0	0	0	0	0	0	0	0	0	0
古籍整理(部)			17	0	0	0	0	0	0	0	0	0	0	0	0	0	0	0	0
译著(部)			18	0	0	0	0	0	0	0	0	0	0	0	0	0	0	0	0
发表译文(篇)			19	0	0	0	0	0	0	0	0	0	0	0	0	0	0	0	0
电子出版物(件)			20	0	0	0	0	0	0	0	0	0	0	0	0	0	0	0	0
发表论文(篇)	合计		21	29	4	0	0	0	0	0	2	15	7	0	0	0	0	0	1
	国内学术刊物	内地(大陆)	22	29	4	0	0	0	0	0	2	15	7	0	0	0	0	0	1
		港、澳、台地区	23	0	0	0	0	0	0	0	0	0	0	0	0	0	0	0	0
	国外学术刊物		24	0	0	0	0	0	0	0	0	0	0	0	0	0	0	0	0
研究与咨询报告(篇)	合计		25	0	0	0	0	0	0	0	0	0	0	0	0	0	0	0	0
	被采纳数		26	0	0	0	0	0	0	0	0	0	0	0	0	0	0	0	0

2.22 徐州医科大学人文、社会科学研究与课题成果来源情况表

			课题来源															
			合计	国家社科基金项目	国家社科基金单列学科项目	教育部人文社科研究项目	高校古籍整理研究项目	国家自然科学基金项目	中央其他部门社科专门项目	省、市、自治区社科基金项目	省教育厅社科项目	地、市、厅、局等政府部门项目	国际合作研究项目	与港、澳、台地区合作研究项目	企事业单位委托项目	学校社科项目	外资项目	其他
		编号	L01	L02	L03	L04	L05	L06	L07	L08	L09	L10	L11	L12	L13	L14	L15	L16
课题数(项)		1	191	1	0	8	0	0	0	7	116	32	0	0	3	24	0	0
当年投入人数	合计(人年)	2	31	0	0	2	0	0	0	2	21	4	0	0	1	2	0	0
	研究生(人年)	3	0	0	0	0	0	0	0	0	0	0	0	0	0	0	0	0
当年拨入经费	合计(千元)	4	904	0	0	215	0	0	0	100	361	111	0	0	50	67	0	0
	当年立项项目拨入经费(千元)	5	654	0	0	20	0	0	0	80	326	111	0	0	50	67	0	0
当年支出经费(千元)		6	611	0	0	106	0	0	0	136	279	20	0	0	35	35	0	0
当年新开课题数(项)		7	95	0	0	1	0	0	0	3	37	28	0	0	3	23	0	0
当年新开课题批准经费(千元)		8	834	0	0	20	0	0	0	150	386	116	0	0	95	67	0	0
当年完成课题数(项)		9	44	0	0	0	0	0	0	3	18	23	0	0	0	0	0	0

出版著作(部)	合 计		10	2	0	0	1	0	0	0	0	1	0	0	0	0	0	0	0
	专著	合 计	11	2	0	0	1	0	0	0	0	1	0	0	0	0	0	0	0
		被译成外文	12	0	0	0	0	0	0	0	0	0	0	0	0	0	0	0	0
	编著教材		13	0	0	0	0	0	0	0	0	0	0	0	0	0	0	0	0
	工具书/参考书		14	0	0	0	0	0	0	0	0	0	0	0	0	0	0	0	0
	皮书/发展报告		15	0	0	0	0	0	0	0	0	0	0	0	0	0	0	0	0
	科普读物		16	0	0	0	0	0	0	0	0	0	0	0	0	0	0	0	0
古籍整理(部)			17	0	0	0	0	0	0	0	0	0	0	0	0	0	0	0	0
译著(部)			18	0	0	0	0	0	0	0	0	0	0	0	0	0	0	0	0
发表译文(篇)			19	0	0	0	0	0	0	0	0	0	0	0	0	0	0	0	0
电子出版物(件)			20	0	0	0	0	0	0	0	0	0	0	0	0	0	0	0	0
发表论文(篇)	合 计		21	77	6	0	5	0	0	0	8	31	10	0	0	1	16	0	0
	国内学术刊物	内地(大陆)	22	59	6	0	1	0	0	0	8	29	3	0	0	1	11	0	0
		港、澳、台地区	23	0	0	0	0	0	0	0	0	0	0	0	0	0	0	0	0
	国外学术刊物		24	18	0	0	4	0	0	0	0	2	7	0	0	0	5	0	0
研究与咨询报告(篇)	合 计		25	22	0	0	0	0	0	0	0	0	22	0	0	0	0	0	0
	被采纳数		26	22	0	0	0	0	0	0	0	0	22	0	0	0	0	0	0

2.23 南京中医药大学人文、社会科学研究与课题成果来源情况表

			课题来源															
			合计	国家社科基金项目	国家社科基金单列学科项目	教育部人文社科研究项目	高校古籍整理研究项目	国家自然科学基金项目	中央其他部门社科专门项目	省、市、自治区社科基金项目	省教育厅社科项目	地、市、厅、局等政府部门项目	国际合作研究项目	与港、澳、台地区合作研究项目	企事业单位委托项目	学校社科项目	外资项目	其他
		编号	L01	L02	L03	L04	L05	L06	L07	L08	L09	L10	L11	L12	L13	L14	L15	L16
课题数(项)		1	318	19	0	17	1	6	1	29	183	26	0	0	33	3	0	0
当年投入人数	合计(人年)	2	97	8	0	7	0	2	0	11	56	7	0	0	4	1	0	0
	研究生(人年)	3	0	0	0	0	0	0	0	0	0	0	0	0	0	0	0	0
当年拨入经费	合计(千元)	4	2632	490	0	355	0	279	0	370	40	0	0	0	1098	0	0	0
	当年立项项目拨入经费(千元)	5	2080	480	0	223	0	120	0	370	40	0	0	0	847	0	0	0
当年支出经费(千元)		6	3399	777	0	212	0	537	7	284	236	102	0	0	1242	1	0	0
当年新开课题数(项)		7	81	2	0	4	0	1	0	10	40	8	0	0	16	0	0	0
当年新开课题批准经费(千元)		8	3193	550	0	300	0	300	0	480	100	76	0	0	1387	0	0	0
当年完成课题数(项)		9	58	1	0	6	1	1	0	4	19	3	0	0	20	3	0	0

出版著作(部)	合 计		10	3	1	0	0	0	0	0	2	0	0	0	0	0	0	0	0
	专著	合 计	11	3	1	0	0	0	0	0	2	0	0	0	0	0	0	0	0
		被译成外文	12	0	0	0	0	0	0	0	0	0	0	0	0	0	0	0	0
	编著教材		13	0	0	0	0	0	0	0	0	0	0	0	0	0	0	0	0
	工具书/参考书		14	0	0	0	0	0	0	0	0	0	0	0	0	0	0	0	0
	皮书/发展报告		15	0	0	0	0	0	0	0	0	0	0	0	0	0	0	0	0
	科普读物		16	0	0	0	0	0	0	0	0	0	0	0	0	0	0	0	0
古籍整理(部)			17	0	0	0	0	0	0	0	0	0	0	0	0	0	0	0	0
译著(部)			18	0	0	0	0	0	0	0	0	0	0	0	0	0	0	0	0
发表译文(篇)			19	0	0	0	0	0	0	0	0	0	0	0	0	0	0	0	0
电子出版物(件)			20	1	0	0	0	0	0	0	0	1	0	0	0	0	0	0	0
发表论文(篇)	合 计		21	139	14	1	16	0	4	1	14	75	12	0	0	0	2	0	0
	国内学术刊物	内地(大陆)	22	132	14	1	14	0	3	1	13	74	10	0	0	0	2	0	0
		港、澳、台地区	23	0	0	0	0	0	0	0	0	0	0	0	0	0	0	0	0
	国外学术刊物		24	7	0	0	2	0	1	0	1	1	2	0	0	0	0	0	0
研究与咨询报告(篇)	合 计		25	20	0	0	0	0	0	0	0	0	0	0	0	20	0	0	0
	被采纳数		26	19	0	0	0	0	0	0	0	0	0	0	0	19	0	0	0

2.24 南京师范大学人文、社会科学研究与课题成果来源情况表

			课题来源															
			合计	国家社科基金项目	国家社科基金单列学科项目	教育部人文社科研究项目	高校古籍整理研究项目	国家自然科学基金项目	中央其他部门社科专门项目	省、市、自治区社科基金项目	省教育厅社科项目	地、市、厅、局等政府部门项目	国际合作研究项目	与港、澳、台地区合作研究项目	企事业单位委托项目	学校社科项目	外资项目	其他
		编号	L01	L02	L03	L04	L05	L06	L07	L08	L09	L10	L11	L12	L13	L14	L15	L16
课题数(项)		1	1347	325	38	105	3	0	31	242	204	43	0	0	324	14	1	17
当年投入人数	合计(人年)	2	312	113	11	37	0	0	3	54	42	6	0	0	45	1	0	1
	研究生(人年)	3	10	0	0	0	0	0	0	0	0	0	0	0	9	0	0	0
当年拨入经费	合计(千元)	4	90 240	16 695	2660	2631	0	0	237	1957	718	397	0	0	64 469	0	0	477
	当年立项项目拨入经费(千元)	5	52 910	12 185	1120	1116	0	0	78	1427	360	8	0	0	36 140	0	0	477
当年支出经费(千元)		6	142 038	56 616	4910	8239	100	0	842	5132	2344	2895	0	0	60 606	153	18	183
当年新开课题数(项)		7	397	57	6	18	0	0	2	41	53	2	0	0	194	7	0	17
当年新开课题批准经费(千元)		8	70 008	13 575	1350	1580	0	0	180	2310	1280	20	0	0	48 224	700	0	789
当年完成课题数(项)		9	361	43	7	17	0	0	10	17	25	2	0	0	239	0	1	0

出版著作(部)	合　计		10	35	19	0	1	0	0	0	1	0	0	0	0	9	1	0	4
	专著	合　计	11	23	16	0	1	0	0	0	1	0	0	0	0	4	0	0	1
		被译成外文	12	4	4	0	0	0	0	0	0	0	0	0	0	0	0	0	0
	编著教材		13	11	3	0	0	0	0	0	0	0	0	0	0	4	1	0	3
	工具书/参考书		14	1	0	0	0	0	0	0	0	0	0	0	0	1	0	0	0
	皮书/发展报告		15	0	0	0	0	0	0	0	0	0	0	0	0	0	0	0	0
	科普读物		16	0	0	0	0	0	0	0	0	0	0	0	0	0	0	0	0
古籍整理(部)			17	0	0	0	0	0	0	0	0	0	0	0	0	0	0	0	0
译著(部)			18	0	0	0	0	0	0	0	0	0	0	0	0	0	0	0	0
发表译文(篇)			19	0	0	0	0	0	0	0	0	0	0	0	0	0	0	0	0
电子出版物(件)			20	0	0	0	0	0	0	0	0	0	0	0	0	0	0	0	0
发表论文(篇)	合　计		21	545	273	28	48	0	0	6	76	55	8	0	0	1	12	0	38
	国内学术刊物	内地(大陆)	22	496	257	28	40	0	0	6	71	50	6	0	0	1	11	0	26
		港、澳、台地区	23	1	1	0	0	0	0	0	0	0	0	0	0	0	0	0	0
	国外学术刊物		24	48	15	0	8	0	0	0	5	5	2	0	0	0	1	0	12
研究与咨询报告(篇)	合　计		25	90	0	0	0	0	0	0	0	0	0	0	0	78	0	0	12
	被采纳数		26	90	0	0	0	0	0	0	0	0	0	0	0	78	0	0	12

2.25 江苏师范大学人文、社会科学研究与课题成果来源情况表

			课题来源															
			合计	国家社科基金项目	国家社科基金单列学科项目	教育部人文社科研究项目	高校古籍整理研究项目	国家自然科学基金项目	中央其他部门社科专门项目	省、市、自治区社科基金项目	省教育厅社科项目	地、市、厅、局等政府部门项目	国际合作研究项目	与港、澳、台地区合作研究项目	企事业单位委托项目	学校社科项目	外资项目	其他
		编号	L01	L02	L03	L04	L05	L06	L07	L08	L09	L10	L11	L12	L13	L14	L15	L16
课题数(项)		1	591	99	2	22	1	0	4	58	109	126	0	0	149	12	0	9
当年投入人数	合计(人年)	2	376	92	2	16	1	0	2	39	48	71	0	0	90	9	0	6
	研究生(人年)	3	15	1	0	1	0	0	0	2	2	5	0	0	3	0	0	0
当年拨入经费	合计(千元)	4	73 639	5725	0	1394	40	0	340	691	480	18 446	0	0	27 348	18 561	0	615
	当年立项项目拨入经费(千元)	5	72 719	5255	0	1054	40	0	340	611	480	18 416	0	0	27 348	18 561	0	615
当年支出经费(千元)		6	73 947	6081	46	788	40	0	187	955	822	18 505	0	0	27 348	18 561	0	615
当年新开课题数(项)		7	402	21	0	15	1	0	2	20	47	126	0	0	149	12	0	9
当年新开课题批准经费(千元)		8	74 237	6000	0	1450	40	0	400	712	690	18 421	0	0	27 348	18 561	0	615
当年完成课题数(项)		9	406	22	1	1	0	0	2	22	63	125	0	0	149	12	0	9

出版著作(部)	合 计		10	31	8	1	3	0	0	0	4	3	1	0	0	2	0	0	9
	专著	合 计	11	22	7	1	2	0	0	0	2	0	1	0	0	2	0	0	7
		被译成外文	12	0	0	0	0	0	0	0	0	0	0	0	0	0	0	0	0
	编著教材		13	9	1	0	1	0	0	0	2	3	0	0	0	0	0	0	2
	工具书/参考书		14	0	0	0	0	0	0	0	0	0	0	0	0	0	0	0	0
	皮书/发展报告		15	0	0	0	0	0	0	0	0	0	0	0	0	0	0	0	0
	科普读物		16	0	0	0	0	0	0	0	0	0	0	0	0	0	0	0	0
古籍整理(部)			17	0	0	0	0	0	0	0	0	0	0	0	0	0	0	0	0
译著(部)			18	3	0	0	0	0	0	0	0	2	1	0	0	0	0	0	0
发表译文(篇)			19	0	0	0	0	0	0	0	0	0	0	0	0	0	0	0	0
电子出版物(件)			20	0	0	0	0	0	0	0	0	0	0	0	0	0	0	0	0
发表论文(篇)	合 计		21	667	138	7	91	1	31	9	112	79	10	0	0	1	64	0	124
	国内学术刊物	内地(大陆)	22	628	130	6	87	1	23	9	105	78	10	0	0	1	61	0	117
		港、澳、台地区	23	0	0	0	0	0	0	0	0	0	0	0	0	0	0	0	0
	国外学术刊物		24	39	8	1	4	0	8	0	7	1	0	0	0	0	3	0	7
研究与咨询报告(篇)	合 计		25	136	0	0	2	0	0	1	0	1	101	0	0	30	0	0	1
	被采纳数		26	135	0	0	2	0	0	1	0	1	101	0	0	29	0	0	1

2.26 淮阴师范学院人文、社会科学研究与课题成果来源情况表

		编号	合计	国家社科基金项目	国家社科基金单列学科项目	教育部人文社科研究项目	高校古籍整理研究项目	国家自然科学基金项目	中央其他部门社科专门项目	省、市、自治区社科基金项目	省教育厅社科项目	地、市、厅、局等政府部门项目	国际合作研究项目	与港、澳、台地区合作研究项目	企事业单位委托项目	学校社科项目	外资项目	其他
			课题来源															
			L01	L02	L03	L04	L05	L06	L07	L08	L09	L10	L11	L12	L13	L14	L15	L16
课题数(项)		1	611	26	0	37	0	2	2	88	95	39	0	0	322	0	0	0
当年投入人数	合计(人年)	2	77	6	0	8	0	1	0	11	11	4	0	0	35	0	0	0
	研究生(人年)	3	0	0	0	0	0	0	0	0	0	0	0	0	0	0	0	0
当年拨入经费	合计(千元)	4	36 134	1030	0	590	0	0	200	680	483	241	0	0	32 911	0	0	0
	当年立项项目拨入经费(千元)	5	34 911	960	0	470	0	0	200	680	310	238	0	0	32 054	0	0	0
当年支出经费(千元)		6	35 461	1285	0	681	0	40	130	1099	349	214	0	0	31 662	0	0	0
当年新开课题数(项)		7	221	5	0	6	0	0	1	16	29	19	0	0	145	0	0	0
当年新开课题批准经费(千元)		8	36 423	1000	0	560	0	0	200	885	625	251	0	0	32 903	0	0	0
当年完成课题数(项)		9	243	8	0	16	0	1	0	34	22	18	0	0	144	0	0	0

出版著作（部）	合　计		10	7	1	0	0	0	0	0	2	1	3	0	0	0	0	0	0
	专著	合　计	11	5	1	0	0	0	0	0	2	0	2	0	0	0	0	0	0
		被译成外文	12	0	0	0	0	0	0	0	0	0	0	0	0	0	0	0	0
	编著教材		13	2	0	0	0	0	0	0	0	1	1	0	0	0	0	0	0
	工具书/参考书		14	0	0	0	0	0	0	0	0	0	0	0	0	0	0	0	0
	皮书/发展报告		15	0	0	0	0	0	0	0	0	0	0	0	0	0	0	0	0
	科普读物		16	0	0	0	0	0	0	0	0	0	0	0	0	0	0	0	0
古籍整理（部）			17	1	0	0	0	0	0	0	0	0	1	0	0	0	0	0	0
译著（部）			18	1	0	0	0	0	0	0	0	0	0	0	0	1	0	0	0
发表译文（篇）			19	0	0	0	0	0	0	0	0	0	0	0	0	0	0	0	0
电子出版物（件）			20	0	0	0	0	0	0	0	0	0	0	0	0	0	0	0	0
发表论文（篇）	合　计		21	272	35	0	21	0	11	3	46	64	43	0	0	49	0	0	0
	国内学术刊物	内地（大陆）	22	256	35	0	19	0	3	3	46	61	41	0	0	48	0	0	0
		港、澳、台地区	23	0	0	0	0	0	0	0	0	0	0	0	0	0	0	0	0
	国外学术刊物		24	16	0	0	2	0	8	0	0	3	2	0	0	1	0	0	0
研究与咨询报告（篇）	合　计		25	17	0	0	0	0	0	0	3	0	6	0	0	8	0	0	0
	被采纳数		26	11	0	0	0	0	0	0	2	0	6	0	0	3	0	0	0

2.27 盐城师范学院人文、社会科学研究与课题成果来源情况表

			课题来源															
			合计	国家社科基金项目	国家社科基金单列学科项目	教育部人文社科研究项目	高校古籍整理研究项目	国家自然科学基金项目	中央其他部门社科专门项目	省、市、自治区社科基金项目	省教育厅社科项目	地、市、厅、局等政府部门项目	国际合作研究项目	与港、澳、台地区合作研究项目	企事业单位委托项目	学校社科项目	外资项目	其他
		编号	L01	L02	L03	L04	L05	L06	L07	L08	L09	L10	L11	L12	L13	L14	L15	L16
课题数(项)		1	899	52	7	25	0	0	6	96	219	88	0	0	378	28	0	0
当年投入人数	合计(人年)	2	207	29	4	11	0	0	2	25	46	17	0	0	69	4	0	0
	研究生(人年)	3	0	0	0	0	0	0	0	0	0	0	0	0	0	0	0	0
当年拨入经费	合计(千元)	4	48 778	1880	170	593	0	0	10	920	646	894	0	0	43 515	150	0	0
	当年立项项目拨入经费(千元)	5	48 003	1770	170	170	0	0	0	766	568	894	0	0	43 515	150	0	0
当年支出经费(千元)		6	56 887	1866	252	416	0	0	83	1070	785	524	0	0	51 765	125	0	0
当年新开课题数(项)		7	300	9	1	3	0	0	0	20	56	46	0	0	150	15	0	0
当年新开课题批准经费(千元)		8	48 554	1950	200	220	0	0	0	945	670	904	0	0	43 515	150	0	0
当年完成课题数(项)		9	363	7	0	4	0	0	1	20	48	42	0	0	228	13	0	0

出版著作(部)	合　计		10	28	7	0	4	0	0	1	8	4	4	0	0	0	0	0	0
	专著	合　计	11	25	7	0	4	0	0	1	7	4	2	0	0	0	0	0	0
		被译成外文	12	0	0	0	0	0	0	0	0	0	0	0	0	0	0	0	0
	编著教材		13	3	0	0	0	0	0	0	1	0	2	0	0	0	0	0	0
	工具书/参考书		14	0	0	0	0	0	0	0	0	0	0	0	0	0	0	0	0
	皮书/发展报告		15	0	0	0	0	0	0	0	0	0	0	0	0	0	0	0	0
	科普读物		16	0	0	0	0	0	0	0	0	0	0	0	0	0	0	0	0
古籍整理(部)			17	0	0	0	0	0	0	0	0	0	0	0	0	0	0	0	0
译著(部)			18	1	0	0	0	0	0	0	1	0	0	0	0	0	0	0	0
发表译文(篇)			19	0	0	0	0	0	0	0	0	0	0	0	0	0	0	0	0
电子出版物(件)			20	6	0	0	0	0	0	1	0	1	4	0	0	0	0	0	0
发表论文(篇)	合　计		21	232	29	5	13	0	0	0	50	69	52	0	0	3	11	0	0
	国内学术刊物	内地(大陆)	22	221	28	4	13	0	0	0	48	69	46	0	0	3	10	0	0
		港、澳、台地区	23	0	0	0	0	0	0	0	0	0	0	0	0	0	0	0	0
	国外学术刊物		24	11	1	1	0	0	0	0	2	0	6	0	0	0	1	0	0
研究与咨询报告(篇)	合　计		25	219	1	0	0	0	0	0	10	0	44	0	0	163	1	0	0
	被采纳数		26	12	1	0	0	0	0	0	3	0	1	0	0	7	0	0	0

2.28 南京财经大学人文、社会科学研究与课题成果来源情况表

			课题来源															
			合计	国家社科基金项目	国家社科基金单列学科项目	教育部人文社科研究项目	高校古籍整理研究项目	国家自然科学基金项目	中央其他部门社科专门项目	省、市、自治区社科基金项目	省教育厅社科项目	地、市、厅、局等政府部门项目	国际合作研究项目	与港、澳、台地区合作研究项目	企事业单位委托项目	学校社科项目	外资项目	其他
		编号	L01	L02	L03	L04	L05	L06	L07	L08	L09	L10	L11	L12	L13	L14	L15	L16
课题数(项)		1	1196	162	7	53	0	116	7	121	192	153	0	0	338	47	0	0
当年投入人数	合计(人年)	2	205	42	2	7	0	34	1	16	20	22	0	0	56	5	0	0
	研究生(人年)	3	30	11	1	0	0	8	0	1	0	0	0	0	9	0	0	0
当年拨入经费	合计(千元)	4	41 654	10 008	1190	1514	0	7925	3	1474	599	934	0	0	17 996	11	0	0
	当年立项项目拨入经费(千元)	5	26 487	4510	1190	885	0	2132	0	860	327	569	0	0	16 009	5	0	0
当年支出经费(千元)		6	33 031	5576	416	1152	0	9259	38	1363	597	2550	0	0	11 940	140	0	0
当年新开课题数(项)		7	347	19	3	14	0	16	2	35	47	49	0	0	148	14	0	0
当年新开课题批准经费(千元)		8	41 037	5100	1750	1130	0	5130	0	3230	780	1087	0	0	22 496	334	0	0
当年完成课题数(项)		9	309	12	0	16	0	7	1	36	36	51	0	0	131	19	0	0

出版著作(部)	合计		10	26	3	1	3	0	5	0	1	0	6	0	0	6	1	0	0
	专著	合计	11	15	3	1	3	0	4	0	1	0	0	0	0	2	1	0	0
		被译成外文	12	0	0	0	0	0	0	0	0	0	0	0	0	0	0	0	0
	编著教材		13	11	0	0	0	0	1	0	0	0	6	0	0	4	0	0	0
	工具书/参考书		14	0	0	0	0	0	0	0	0	0	0	0	0	0	0	0	0
	皮书/发展报告		15	0	0	0	0	0	0	0	0	0	0	0	0	0	0	0	0
	科普读物		16	0	0	0	0	0	0	0	0	0	0	0	0	0	0	0	0
古籍整理(部)			17	0	0	0	0	0	0	0	0	0	0	0	0	0	0	0	0
译著(部)			18	0	0	0	0	0	0	0	0	0	0	0	0	0	0	0	0
发表译文(篇)			19	0	0	0	0	0	0	0	0	0	0	0	0	0	0	0	0
发表论文(篇)	合计		21	424	81	6	39	0	39	0	71	40	69	0	0	70	9	0	0
	国内学术刊物	内地(大陆)	22	259	58	5	23	0	22	0	43	28	36	0	0	36	8	0	0
		港、澳、台地区	23	0	0	0	0	0	0	0	0	0	0	0	0	0	0	0	0
	国外学术刊物		24	165	23	1	16	0	17	0	28	12	33	0	0	34	1	0	0
研究与咨询报告(篇)	合计		25	56	0	0	0	0	0	0	0	0	0	0	0	56	0	0	0
	被采纳数		26	46	0	0	0	0	0	0	0	0	0	0	0	46	0	0	0

2.29 江苏警官学院人文、社会科学研究与课题成果来源情况表

			课题来源															
			合计	国家社科基金项目	国家社科基金单列学科项目	教育部人文社科研究项目	高校古籍整理研究项目	国家自然科学基金项目	中央其他部门社科专门项目	省、市、自治区社科基金项目	省教育厅社科项目	地、市、厅、局等政府部门项目	国际合作研究项目	与港、澳、台地区合作研究项目	企事业单位委托项目	学校社科项目	外资项目	其他
		编号	L01	L02	L03	L04	L05	L06	L07	L08	L09	L10	L11	L12	L13	L14	L15	L16
课题数(项)		1	282	1	0	16	0	0	32	17	112	66	0	0	15	22	0	1
当年投入人数	合计(人年)	2	51	0	0	3	0	0	6	3	24	10	0	0	2	4	0	0
	研究生(人年)	3	0	0	0	0	0	0	0	0	0	0	0	0	0	0	0	0
当年拨入经费	合计(千元)	4	1441	0	0	480	0	0	0	40	24	104	0	0	793	0	0	0
	当年立项项目拨入经费(千元)	5	1061	0	0	180	0	0	0	0	24	64	0	0	793	0	0	0
当年支出经费(千元)		6	858	33	0	279	0	0	0	55	12	133	0	0	328	0	0	18
当年新开课题数(项)		7	72	0	0	4	0	0	9	2	37	9	0	0	11	0	0	0
当年新开课题批准经费(千元)		8	1513	0	0	230	0	0	300	0	80	70	0	0	833	0	0	0
当年完成课题数(项)		9	81	0	0	2	0	0	9	5	16	31	0	0	12	6	0	0

出版著作(部)	合　计		10	5	0	0	1	0	0	1	0	2	1	0	0	0	0	0	0
	专著	合　计	11	4	0	0	1	0	0	1	0	1	1	0	0	0	0	0	0
		被译成外文	12	0	0	0	0	0	0	0	0	0	0	0	0	0	0	0	0
	编著教材		13	1	0	0	0	0	0	0	0	1	0	0	0	0	0	0	0
	工具书/参考书		14	0	0	0	0	0	0	0	0	0	0	0	0	0	0	0	0
	皮书/发展报告		15	0	0	0	0	0	0	0	0	0	0	0	0	0	0	0	0
	科普读物		16	0	0	0	0	0	0	0	0	0	0	0	0	0	0	0	0
古籍整理(部)			17	0	0	0	0	0	0	0	0	0	0	0	0	0	0	0	0
译著(部)			18	1	0	0	0	0	0	0	1	0	0	0	0	0	0	0	0
发表译文(篇)			19	0	0	0	0	0	0	0	0	0	0	0	0	0	0	0	0
电子出版物(件)			20	0	0	0	0	0	0	0	0	0	0	0	0	0	0	0	0
发表论文(篇)	合　计		21	154	1	0	12	0	0	8	12	68	38	0	0	9	5	0	1
	国内学术刊物	内地(大陆)	22	143	1	0	10	0	0	7	9	66	35	0	0	9	5	0	1
		港、澳、台地区	23	0	0	0	0	0	0	0	0	0	0	0	0	0	0	0	0
	国外学术刊物		24	11	0	0	2	0	0	1	3	2	3	0	0	0	0	0	0
研究与咨询报告(篇)	合　计		25	7	0	0	0	0	0	0	0	0	2	0	0	5	0	0	0
	被采纳数		26	7	0	0	0	0	0	0	0	0	2	0	0	5	0	0	0

2.30 南京体育学院人文、社会科学研究与课题成果来源情况表

			课题来源															
			合计	国家社科基金项目	国家社科基金单列学科项目	教育部人文社科研究项目	高校古籍整理研究项目	国家自然科学基金项目	中央其他部门社科专门项目	省、市、自治区社科基金项目	省教育厅社科项目	地、市、厅、局等政府部门项目	国际合作研究项目	与港、澳、台地区合作研究项目	企事业单位委托项目	学校社科项目	外资项目	其他
		编号	L01	L02	L03	L04	L05	L06	L07	L08	L09	L10	L11	L12	L13	L14	L15	L16
课题数(项)		1	228	23	1	11	0	0	8	24	99	20	0	0	9	33	0	0
当年投入人数	合计(人年)	2	23	3	0	1	0	0	1	3	10	2	0	0	1	3	0	0
	研究生(人年)	3	0	0	0	0	0	0	0	0	0	0	0	0	0	0	0	0
当年拨入经费	合计(千元)	4	1452	270	0	150	0	0	74	120	24	684	0	0	130	0	0	0
	当年立项项目拨入经费(千元)	5	467	180	0	100	0	0	40	120	24	0	0	0	3	0	0	0
当年支出经费(千元)		6	1885	860	13	137	0	0	124	62	0	528	0	0	161	0	0	0
当年新开课题数(项)		7	67	1	0	4	0	0	1	7	31	3	0	0	1	19	0	0
当年新开课题批准经费(千元)		8	1670	200	0	340	0	0	50	280	60	140	0	0	30	570	0	0
当年完成课题数(项)		9	32	5	0	1	0	0	4	0	6	2	0	0	0	14	0	0

出版著作(部)	合　计		10	5	0	0	0	0	0	0	0	3	1	0	0	0	0	0	1
	专著	合　计	11	5	0	0	0	0	0	0	0	3	1	0	0	0	0	0	1
		被译成外文	12	0	0	0	0	0	0	0	0	0	0	0	0	0	0	0	0
	编著教材		13	0	0	0	0	0	0	0	0	0	0	0	0	0	0	0	0
	工具书/参考书		14	0	0	0	0	0	0	0	0	0	0	0	0	0	0	0	0
	皮书/发展报告		15	0	0	0	0	0	0	0	0	0	0	0	0	0	0	0	0
	科普读物		16	0	0	0	0	0	0	0	0	0	0	0	0	0	0	0	0
古籍整理(部)			17	0	0	0	0	0	0	0	0	0	0	0	0	0	0	0	0
译著(部)			18	0	0	0	0	0	0	0	0	0	0	0	0	0	0	0	0
发表译文(篇)			19	0	0	0	0	0	0	0	0	0	0	0	0	0	0	0	0
电子出版物(件)			20	0	0	0	0	0	0	0	0	0	0	0	0	0	0	0	0
发表论文(篇)	合　计		21	64	20	0	3	0	0	1	2	26	7	0	0	0	5	0	0
	国内学术刊物	内地(大陆)	22	64	20	0	3	0	0	1	2	26	7	0	0	0	5	0	0
		港、澳、台地区	23	0	0	0	0	0	0	0	0	0	0	0	0	0	0	0	0
	国外学术刊物		24	0	0	0	0	0	0	0	0	0	0	0	0	0	0	0	0
研究与咨询报告(篇)	合　计		25	15	7	0	0	0	0	0	0	5	3	0	0	0	0	0	0
	被采纳数		26	0	0	0	0	0	0	0	0	0	0	0	0	0	0	0	0

2.31 南京艺术学院人文、社会科学研究与课题成果来源情况表

		编号	合计	课题来源													
				国家社科基金项目	国家社科基金单列学科项目	教育部人文社科研究项目	高校古籍整理研究项目	国家自然科学基金项目	中央其他部门社科专门项目	省、市、自治区社科基金项目	省教育厅社科项目	地、市、厅、局等政府部门项目	国际合作研究项目	与港、澳、台地区合作研究项目	企事业单位委托项目	学校社科项目	外资项目	其他
		编号	L01	L02	L03	L04	L05	L06	L07	L08	L09	L10	L11	L12	L13	L14	L15	L16
课题数(项)		1	466	6	34	14	0	0	18	54	176	16	0	0	74	74	0	0
当年投入人数	合计(人年)	2	110	2	25	4	0	0	4	16	36	2	0	0	8	11	0	0
	研究生(人年)	3	2	0	1	0	0	0	1	1	0	0	0	0	0	0	0	0
当年投入经费	合计(千元)	4	14 319	1020	3616	583	0	0	390	437	80	64	0	0	7285	844	0	0
	当年立项项目拨入经费(千元)	5	10 128	890	1090	305	0	0	370	242	0	0	0	0	6981	250	0	0
当年支出经费(千元)		6	3687	79	1751	123	0	0	197	299	87	72	0	0	563	516	0	0
当年新开课题数(项)		7	147	3	7	6	0	0	5	20	42	0	0	0	39	25	0	0
当年新开课题批准经费(千元)		8	13 579	950	1800	620	0	0	400	360	0	0	0	0	8799	650	0	0
当年完成课题数(项)		9	74	1	10	3	0	0	1	3	52	2	0	0	2	0	0	0

出版著作(部)	合 计		10	13	2	2	3	0	0	1	0	1	2	0	0	0	2	0	0
	专著	合 计	11	8	2	2	3	0	0	0	0	0	0	0	0	0	1	0	0
		被译成外文	12	0	0	0	0	0	0	0	0	0	0	0	0	0	0	0	0
	编著教材		13	5	0	0	0	0	0	1	0	1	2	0	0	0	1	0	0
	工具书/参考书		14	0	0	0	0	0	0	0	0	0	0	0	0	0	0	0	0
	皮书/发展报告		15	0	0	0	0	0	0	0	0	0	0	0	0	0	0	0	0
	科普读物		16	0	0	0	0	0	0	0	0	0	0	0	0	0	0	0	0
古籍整理(部)			17	0	0	0	0	0	0	0	0	0	0	0	0	0	0	0	0
译著(部)			18	0	0	0	0	0	0	0	0	0	0	0	0	0	0	0	0
发表译文(篇)			19	0	0	0	0	0	0	0	0	0	0	0	0	0	0	0	0
电子出版物(件)			20	5	0	0	0	0	0	0	2	2	0	0	0	0	1	0	0
发表论文(篇)	合 计		21	277	25	20	11	0	0	9	37	119	9	0	0	6	38	0	3
	国内学术刊物	内地(大陆)	22	274	24	20	11	0	0	8	37	119	8	0	0	6	38	0	3
		港、澳、台地区	23	0	0	0	0	0	0	0	0	0	0	0	0	0	0	0	0
	国外学术刊物		24	3	1	0	0	0	0	1	0	0	1	0	0	0	0	0	0
研究与咨询报告(篇)	合 计		25	1	0	0	0	0	0	0	1	0	0	0	0	0	0	0	0
	被采纳数		26	1	0	0	0	0	0	0	1	0	0	0	0	0	0	0	0

2.32 苏州科技大学人文、社会科学研究与课题成果来源情况表

			课题来源															
			合计	国家社科基金项目	国家社科基金单列学科项目	教育部人文社科研究项目	高校古籍整理研究项目	国家自然科学基金项目	中央其他部门社科专门项目	省、市、自治区社科基金项目	省教育厅社科项目	地、市、厅、局等政府部门项目	国际合作研究项目	与港、澳、台地区合作研究项目	企事业单位委托项目	学校社科项目	外资项目	其他
		编号	L01	L02	L03	L04	L05	L06	L07	L08	L09	L10	L11	L12	L13	L14	L15	L16
课题数(项)		1	613	50	10	39	1	0	0	43	202	120	0	0	122	24	0	2
当年投入人数	合计(人年)	2	110	11	3	10	0	0	0	9	37	21	0	0	16	3	0	0
	研究生(人年)	3	3	0	0	1	0	0	0	0	1	1	0	0	0	0	0	0
当年拨入经费	合计(千元)	4	17 318	1341	770	1070	0	0	0	418	108	1312	0	0	12 199	0	0	100
	当年立项项目拨入经费(千元)	5	12 587	1050	440	470	0	0	0	280	72	1269	0	0	8906	0	0	100
当年支出经费(千元)		6	16 873	1399	682	1070	0	0	0	418	108	1602	0	0	11 514	0	0	80
当年新开课题数(项)		7	237	5	3	7	0	0	0	12	48	65	0	0	95	0	0	2
当年新开课题批准经费(千元)		8	20 042	1150	900	620	0	0	0	410	180	4308	0	0	12 342	0	0	132
当年完成课题数(项)		9	246	11	1	2	0	0	0	5	51	81	0	0	86	9	0	0

出版著作（部）	合　计		10	26	5	1	0	0	0	0	6	2	12	0	0	0	0	0	0
	专著	合　计	11	24	4	1	0	0	0	0	6	2	11	0	0	0	0	0	0
		被译成外文	12	0	0	0	0	0	0	0	0	0	0	0	0	0	0	0	0
	编著教材		13	2	1	0	0	0	0	0	0	0	1	0	0	0	0	0	0
	工具书/参考书		14	0	0	0	0	0	0	0	0	0	0	0	0	0	0	0	0
	皮书/发展报告		15	0	0	0	0	0	0	0	0	0	0	0	0	0	0	0	0
	科普读物		16	0	0	0	0	0	0	0	0	0	0	0	0	0	0	0	0
古籍整理（部）			17	0	0	0	0	0	0	0	0	0	0	0	0	0	0	0	0
译著（部）			18	1	0	0	0	0	0	0	0	0	0	0	0	1	0	0	0
发表译文（篇）			19	0	0	0	0	0	0	0	0	0	0	0	0	0	0	0	0
电子出版物（件）			20	0	0	0	0	0	0	0	0	0	0	0	0	0	0	0	0
发表论文（篇）	合　计		21	316	49	3	35	0	0	0	42	66	104	0	0	7	10	0	0
	国内学术刊物	内地（大陆）	22	275	47	3	30	0	0	0	33	59	88	0	0	5	10	0	0
		港、澳、台地区	23	0	0	0	0	0	0	0	0	0	0	0	0	0	0	0	0
	国外学术刊物		24	41	2	0	5	0	0	0	9	7	16	0	0	2	0	0	0
研究与咨询报告（篇）	合　计		25	61	0	0	0	0	0	0	0	0	23	0	0	38	0	0	0
	被采纳数		26	38	0	0	0	0	0	0	0	0	9	0	0	29	0	0	0

2.33 常熟理工学院人文、社会科学研究与课题成果来源情况表

			课题来源															
			合计	国家社科基金项目	国家社科基金单列学科项目	教育部人文社科研究项目	高校古籍整理研究项目	国家自然科学基金项目	中央其他部门社科专门项目	省、市、自治区社科基金项目	省教育厅社科项目	地、市、厅、局等政府部门项目	国际合作研究项目	与港、澳、台地区合作研究项目	企事业单位委托项目	学校社科项目	外资项目	其他
		编号	L01	L02	L03	L04	L05	L06	L07	L08	L09	L10	L11	L12	L13	L14	L15	L16
课题数(项)		1	642	12	1	30	1	0	1	30	210	117	0	0	190	50	0	0
当年投入人数	合计(人年)	2	113	3	0	9	0	0	0	7	53	16	0	0	21	5	0	0
	研究生(人年)	3	0	0	0	0	0	0	0	0	0	0	0	0	0	0	0	0
当年拨入经费	合计(千元)	4	15 885	820	0	1183	0	0	0	220	88	1114	0	0	12 410	50	0	0
	当年立项项目拨入经费(千元)	5	15 332	820	0	833	0	0	0	160	48	1011	0	0	12 410	50	0	0
当年支出经费(千元)		6	14 894	339	22	437	9	0	4	149	358	977	0	0	12 491	108	0	0
当年新开课题数(项)		7	296	4	0	13	0	0	0	6	46	60	0	0	147	20	0	0
当年新开课题批准经费(千元)		8	15 989	900	0	1200	0	0	0	250	120	1059	0	0	12 410	50	0	0
当年完成课题数(项)		9	314	1	0	6	0	0	1	6	32	88	0	0	144	36	0	0

出版著作(部)	合 计		10	5	3	0	0	0	0	0	1	1	0	0	0	0	0	0	0
	专著	合 计	11	4	3	0	0	0	0	0	0	1	0	0	0	0	0	0	0
		被译成外文	12	0	0	0	0	0	0	0	0	0	0	0	0	0	0	0	0
	编著教材		13	1	0	0	0	0	0	0	1	0	0	0	0	0	0	0	0
	工具书/参考书		14	0	0	0	0	0	0	0	0	0	0	0	0	0	0	0	0
	皮书/发展报告		15	0	0	0	0	0	0	0	0	0	0	0	0	0	0	0	0
	科普读物		16	0	0	0	0	0	0	0	0	0	0	0	0	0	0	0	0
古籍整理(部)			17	0	0	0	0	0	0	0	0	0	0	0	0	0	0	0	0
译著(部)			18	0	0	0	0	0	0	0	0	0	0	0	0	0	0	0	0
发表译文(篇)			19	0	0	0	0	0	0	0	0	0	0	0	0	0	0	0	0
电子出版物(件)			20	0	0	0	0	0	0	0	0	0	0	0	0	0	0	0	0
发表论文(篇)	合 计		21	179	17	1	10	0	0	0	22	78	30	0	0	5	16	0	0
	国内学术刊物	内地(大陆)	22	170	17	1	7	0	0	0	21	75	29	0	0	5	15	0	0
		港、澳、台地区	23	0	0	0	0	0	0	0	0	0	0	0	0	0	0	0	0
	国外学术刊物		24	9	0	0	3	0	0	0	1	3	1	0	0	0	1	0	0
研究与咨询报告(篇)	合 计		25	101	0	0	0	0	0	0	2	1	54	0	0	44	0	0	0
	被采纳数		26	67	0	0	0	0	0	0	2	0	21	0	0	44	0	0	0

2.34 淮阴工学院人文、社会科学研究与课题成果来源情况表

		编号	合计	国家社科基金项目	国家社科基金单列学科项目	教育部人文社科研究项目	高校古籍整理研究项目	国家自然科学基金项目	中央其他部门社科专门项目	省、市、自治区社科基金项目	省教育厅社科项目	地、市、厅、局等政府部门项目	国际合作研究项目	与港、澳、台地区合作研究项目	企事业单位委托项目	学校社科项目	外资项目	其他
			L01	L02	L03	L04	L05	L06	L07	L08	L09	L10	L11	L12	L13	L14	L15	L16
课题数(项)		1	645	8	1	19	0	0	2	25	131	80	0	0	281	98	0	0
当年投入人数	合计(人年)	2	101	1	0	9	0	0	1	5	15	11	0	0	50	10	0	0
	研究生(人年)	3	0	0	0	0	0	0	0	0	0	0	0	0	0	0	0	0
当年拨入经费	合计(千元)	4	28 087	270	0	760	0	0	15	180	214	144	0	0	26 214	290	0	0
	当年立项项目拨入经费(千元)	5	27 474	230	0	690	0	0	15	160	78	132	0	0	25 965	204	0	0
当年支出经费(千元)		6	27 837	265	0	589	0	0	14	172	211	141	0	0	26 154	290	0	0
当年新开课题数(项)		7	361	1	0	10	0	0	2	6	46	42	0	0	213	41	0	0
当年新开课题批准经费(千元)		8	32 780	250	0	920	0	0	15	300	435	143	0	0	30 403	314	0	0
当年完成课题数(项)		9	234	0	0	3	0	0	1	8	20	35	0	0	148	19	0	0

出版著作(部)	合计		10	18	4	0	1	0	0	0	2	7	4	0	0	0	0	0	0
	专著	合计	11	16	4	0	1	0	0	0	1	6	4	0	0	0	0	0	0
		被译成外文	12	2	0	0	0	0	0	0	0	2	0	0	0	0	0	0	0
	编著教材		13	2	0	0	0	0	0	0	1	1	0	0	0	0	0	0	0
	工具书/参考书		14	0	0	0	0	0	0	0	0	0	0	0	0	0	0	0	0
	皮书/发展报告		15	0	0	0	0	0	0	0	0	0	0	0	0	0	0	0	0
	科普读物		16	0	0	0	0	0	0	0	0	0	0	0	0	0	0	0	0
古籍整理(部)			17	0	0	0	0	0	0	0	0	0	0	0	0	0	0	0	0
译著(部)			18	2	0	0	1	0	0	0	1	0	0	0	0	0	0	0	0
发表译文(篇)			19	0	0	0	0	0	0	0	0	0	0	0	0	0	0	0	0
电子出版物(件)			20	0	0	0	0	0	0	0	0	0	0	0	0	0	0	0	0
发表论文(篇)	合计		21	183	8	1	6	0	0	2	18	47	67	0	0	7	27	0	0
	国内学术刊物	内地(大陆)	22	174	8	1	5	0	0	2	17	40	67	0	0	7	27	0	0
		港、澳、台地区	23	0	0	0	0	0	0	0	0	0	0	0	0	0	0	0	0
	国外学术刊物		24	9	0	0	1	0	0	0	1	7	0	0	0	0	0	0	0
研究与咨询报告(篇)	合计		25	65	0	0	0	0	0	0	0	0	13	0	0	52	0	0	0
	被采纳数		26	55	0	0	0	0	0	0	0	0	3	0	0	52	0	0	0

2.35 常州工学院人文、社会科学研究与课题成果来源情况表

		编号	合计	国家社科基金项目	国家社科基金单列学科项目	教育部人文社科研究项目	高校古籍整理研究项目	国家自然科学基金项目	中央其他部门社科专门项目	省、市、自治区社科基金项目	省教育厅社科项目	地、市、厅、局等政府部门项目	国际合作研究项目	与港、澳、台地区合作研究项目	企事业单位委托项目	学校社科项目	外资项目	其他
			L01	L02	L03	L04	L05	L06	L07	L08	L09	L10	L11	L12	L13	L14	L15	L16
课题数(项)		1	918	10	7	24	0	1	2	28	176	172	0	0	289	208	0	1
当年投入人数	合计(人年)	2	95	1	1	2	0	0	0	3	18	17	0	0	30	21	0	0
	研究生(人年)	3	0	0	0	0	0	0	0	0	0	0	0	0	0	0	0	0
当年拨入经费	合计(千元)	4	24 833	609	160	500	0	0	0	400	88	290	0	0	22 138	649	0	0
	当年立项项目拨入经费(千元)	5	18 094	490	160	250	0	0	0	370	0	226	0	0	16 034	565	0	0
当年支出经费(千元)		6	24 755	527	288	428	0	34	0	305	321	992	0	0	21 075	754	0	30
当年新开课题数(项)		7	356	2	1	4	0	0	0	9	38	145	0	0	99	58	0	0
当年新开课题批准经费(千元)		8	20 994	550	200	340	0	0	0	430	0	230	0	0	18 677	567	0	0
当年完成课题数(项)		9	352	2	1	5	0	0	2	4	29	156	0	0	118	34	0	1

			编号																
出版著作(部)	合 计		10	7	0	0	1	0	1	0	0	4	0	0	0	0	1	0	0
	专著	合 计	11	7	0	0	1	0	1	0	0	4	0	0	0	0	1	0	0
		被译成外文	12	0	0	0	0	0	0	0	0	0	0	0	0	0	0	0	0
	编著教材		13	0	0	0	0	0	0	0	0	0	0	0	0	0	0	0	0
	工具书/参考书		14	0	0	0	0	0	0	0	0	0	0	0	0	0	0	0	0
	皮书/发展报告		15	0	0	0	0	0	0	0	0	0	0	0	0	0	0	0	0
	科普读物		16	0	0	0	0	0	0	0	0	0	0	0	0	0	0	0	0
古籍整理(部)			17	0	0	0	0	0	0	0	0	0	0	0	0	0	0	0	0
译著(部)			18	0	0	0	0	0	0	0	0	0	0	0	0	0	0	0	0
发表译文(篇)			19	0	0	0	0	0	0	0	0	0	0	0	0	0	0	0	0
电子出版物(件)			20	0	0	0	0	0	0	0	0	0	0	0	0	0	0	0	0
发表论文(篇)	合 计		21	161	12	5	8	0	0	2	8	42	2	0	0	0	82	0	0
	国内学术刊物	内地(大陆)	22	148	12	5	8	0	0	2	8	29	2	0	0	0	82	0	0
		港、澳、台地区	23	0	0	0	0	0	0	0	0	0	0	0	0	0	0	0	0
	国外学术刊物		24	13	0	0	0	0	0	0	0	13	0	0	0	0	0	0	0
研究与咨询报告(篇)	合 计		25	207	0	0	0	0	0	1	1	15	140	0	0	26	24	0	0
	被采纳数		26	28	0	0	0	0	0	0	0	0	2	0	0	26	0	0	0

2.36 扬州大学人文、社会科学研究与课题成果来源情况表

		编号	合计	国家社科基金项目	国家社科基金单列学科项目	教育部人文社科研究项目	高校古籍整理研究项目	国家自然科学基金项目	中央其他部门社科专门项目	省、市、自治区社科基金项目	省教育厅社科项目	地、市、厅、局等政府部门项目	国际合作研究项目	与港、澳、台地区合作研究项目	企事业单位委托项目	学校社科项目	外资项目	其他
			L01	L02	L03	L04	L05	L06	L07	L08	L09	L10	L11	L12	L13	L14	L15	L16
课题数(项)		1	1212	170	26	99	3	4	41	137	219	202	1	0	173	137	0	0
当年投入人数	合计(人年)	2	195	49	6	21	1	1	8	26	25	21	0	0	25	14	0	0
	研究生(人年)	3	4	3	0	0	0	0	0	0	0	0	0	0	0	0	0	0
当年拨入经费	合计(千元)	4	31 005	6385	220	2135	0	0	348	1270	720	692	300	0	18 555	380	0	0
	当年立项项目拨入经费(千元)	5	29 627	5960	160	1440	0	0	348	1072	720	692	300	0	18 555	380	0	0
当年支出经费(千元)		6	31 106	6194	284	2054	5	20	709	1294	720	592	300	0	18 555	380	0	0
当年新开课题数(项)		7	450	30	1	21	0	0	7	28	47	104	1	0	173	38	0	0
当年新开课题批准经费(千元)		8	31 872	7450	200	1800	0	0	435	1340	720	692	300	0	18 555	380	0	0
当年完成课题数(项)		9	380	30	6	15	0	0	0	20	22	91	0	0	173	23	0	0

出版著作(部)	合 计		10	37	19	0	1	0	0	2	0	0	0	0	0	13	2	0	0
	专著	合 计	11	22	17	0	1	0	0	2	0	0	0	0	0	0	2	0	0
		被译成外文	12	0	0	0	0	0	0	0	0	0	0	0	0	0	0	0	0
	编著教材		13	2	2	0	0	0	0	0	0	0	0	0	0	0	0	0	0
	工具书/参考书		14	1	0	0	0	0	0	0	0	0	0	0	0	1	0	0	0
	皮书/发展报告		15	12	0	0	0	0	0	0	0	0	0	0	0	12	0	0	0
	科普读物		16	0	0	0	0	0	0	0	0	0	0	0	0	0	0	0	0
古籍整理(部)			17	8	1	0	0	1	0	0	0	0	6	0	0	0	0	0	0
译著(部)			18	3	2	0	0	0	0	0	0	0	0	0	0	0	1	0	0
发表译文(篇)			19	0	0	0	0	0	0	0	0	0	0	0	0	0	0	0	0
电子出版物(件)			20	0	0	0	0	0	0	0	0	0	0	0	0	0	0	0	0
发表论文(篇)	合 计		21	495	218	9	33	0	22	6	59	58	61	0	0	1	28	0	0
	国内学术刊物	内地(大陆)	22	434	206	9	30	0	13	6	54	51	42	0	0	1	22	0	0
		港、澳、台地区	23	0	0	0	0	0	0	0	0	0	0	0	0	0	0	0	0
	国外学术刊物		24	61	12	0	3	0	9	0	5	7	19	0	0	0	6	0	0
研究与咨询报告(篇)	合 计		25	110	4	0	0	0	0	1	13	0	4	0	0	87	1	0	0
	被采纳数		26	92	4	0	0	0	0	1	13	0	4	0	0	69	1	0	0

2.37 南京工程学院人文、社会科学研究与课题成果来源情况表

			课题来源															
			合计	国家社科基金项目	国家社科基金单列学科项目	教育部人文社科研究项目	高校古籍整理研究项目	国家自然科学基金项目	中央其他部门社科专门项目	省、市、自治区社科基金项目	省教育厅社科项目	地、市、厅、局等政府部门项目	国际合作研究项目	与港、澳、台地区合作研究项目	企事业单位委托项目	学校社科项目	外资项目	其他
		编号	L01	L02	L03	L04	L05	L06	L07	L08	L09	L10	L11	L12	L13	L14	L15	L16
课题数(项)		1	359	3	0	11	0	0	0	20	68	9	0	0	238	10	0	0
当年投入人数	合计(人年)	2	73	1	0	2	0	0	0	5	17	2	0	0	46	2	0	0
	研究生(人年)	3	0	0	0	0	0	0	0	0	0	0	0	0	0	0	0	0
当年拨入经费	合计(千元)	4	15 179	198	0	361	0	0	0	209	642	40	0	0	13 711	18	0	0
	当年立项项目拨入经费(千元)	5	8654	160	0	160	0	0	0	209	528	40	0	0	7557	0	0	0
当年支出经费(千元)		6	17 958	198	0	320	0	0	0	237	692	67	0	0	16 396	47	0	0
当年新开课题数(项)		7	108	1	0	2	0	0	0	12	45	2	0	0	46	0	0	0
当年新开课题批准经费(千元)		8	9986	200	0	180	0	0	0	213	540	40	0	0	8813	0	0	0
当年完成课题数(项)		9	110	1	0	3	0	0	0	7	23	7	0	0	59	10	0	0

出版著作(部)	合 计		10	0	0	0	0	0	0	0	0	0	0	0	0	0	0	0	0
	专著	合 计	11	0	0	0	0	0	0	0	0	0	0	0	0	0	0	0	0
		被译成外文	12	0	0	0	0	0	0	0	0	0	0	0	0	0	0	0	0
	编著教材		13	0	0	0	0	0	0	0	0	0	0	0	0	0	0	0	0
	工具书/参考书		14	0	0	0	0	0	0	0	0	0	0	0	0	0	0	0	0
	皮书/发展报告		15	0	0	0	0	0	0	0	0	0	0	0	0	0	0	0	0
	科普读物		16	0	0	0	0	0	0	0	0	0	0	0	0	C	0	0	0
古籍整理(部)			17	0	0	0	0	0	0	0	0	0	0	0	0	0	0	0	0
译著(部)			18	0	0	0	0	0	0	0	0	0	0	0	0	0	0	0	0
发表译文(篇)			19	0	0	0	0	0	0	0	0	0	0	0	0	0	0	0	0
电子出版物(件)			20	0	0	0	0	0	0	0	0	0	0	0	0	0	0	0	0
发表论文(篇)	合 计		21	93	3	0	7	0	0	0	18	52	7	0	0	0	6	0	0
	国内学术刊物	内地(大陆)	22	93	3	0	7	0	0	0	18	52	7	0	0	0	6	0	0
		港、澳、台地区	23	0	0	0	0	0	0	0	0	0	0	0	0	0	0	0	0
	国外学术刊物		24	0	0	0	0	0	0	0	0	0	0	0	0	0	0	0	0
研究与咨询报告(篇)	合 计		25	207	0	0	0	0	0	0	0	0	0	0	0	207	0	0	0
	被采纳数		26	0	0	0	0	0	0	0	0	0	0	0	0	0	0	0	0

2.38 南京审计大学人文、社会科学研究与课题成果来源情况表

			课题来源															
			合计	国家社科基金项目	国家社科基金单列学科项目	教育部人文社科研究项目	高校古籍整理研究项目	国家自然科学基金项目	中央其他部门社科专门项目	省、市、自治区社科基金项目	省教育厅社科项目	地、市、厅、局等政府部门项目	国际合作研究项目	与港、澳、台地区合作研究项目	企事业单位委托项目	学校社科项目	外资项目	其他
		编号	L01	L02	L03	L04	L05	L06	L07	L08	L09	L10	L11	L12	L13	L14	L15	L16
课题数(项)		1	892	125	0	50	1	0	30	82	228	84	0	0	196	96	0	0
当年投入人数	合计(人年)	2	270	48	0	15	1	0	14	29	58	29	0	0	58	18	0	0
	研究生(人年)	3	15	3	0	0	0	0	1	2	1	2	0	0	7	0	0	0
当年拨入经费	合计(千元)	4	28 618	8770	0	1974	0	0	148	876	974	454	0	0	14 738	684	0	0
	当年立项项目拨入经费(千元)	5	15 061	4440	0	420	0	0	35	682	522	131	0	0	8271	560	0	0
当年支出经费(千元)		6	11 257	2911	0	433	12	0	113	472	456	397	0	0	6146	318	0	0
当年新开课题数(项)		7	274	30	0	9	0	0	12	18	48	27	0	0	100	30	0	0
当年新开课题批准经费(千元)		8	37 607	6750	0	900	0	0	470	1020	630	374	0	0	26 904	560	0	0
当年完成课题数(项)		9	251	17	0	9	0	0	11	14	53	24	0	0	82	41	0	0

出版著作(部)	合计		10	17	3	0	3	0	0	0	8	2	1	0	0	0	0	0	0
	专著	合计	11	16	3	0	3	0	0	0	7	2	1	0	0	0	0	0	0
		被译成外文	12	0	0	0	0	0	0	0	0	0	0	0	0	0	0	0	0
	编著教材		13	1	0	0	0	0	0	0	1	0	0	0	0	0	0	0	0
	工具书/参考书		14	0	0	0	0	0	0	0	0	0	0	0	0	0	0	0	0
	皮书/发展报告		15	0	0	0	0	0	0	0	0	0	0	0	0	0	0	0	0
	科普读物		16	0	0	0	0	0	0	0	0	0	0	0	0	0	0	0	0
古籍整理(部)			17	0	0	0	0	0	0	0	0	0	0	0	0	0	0	0	0
译著(部)			18	0	0	0	0	0	0	0	0	0	0	0	0	0	0	0	0
发表译文(篇)			19	0	0	0	0	0	0	0	0	0	0	0	0	0	0	0	0
电子出版物(件)			20	0	0	0	0	0	0	0	0	0	0	0	0	0	0	0	0
发表论文(篇)	合计		21	528	231	0	31	0	0	10	54	66	33	0	0	68	35	0	0
	国内学术刊物	内地(大陆)	22	483	205	0	27	0	0	10	49	61	31	0	0	66	34	0	0
		港、澳、台地区	23	0	0	0	0	0	0	0	0	0	0	0	0	0	0	0	0
	国外学术刊物		24	45	26	0	4	0	0	0	5	5	2	0	0	2	1	0	0
研究与咨询报告(篇)	合计		25	19	0	0	0	0	0	0	6	2	7	0	0	4	0	0	0
	被采纳数		26	17	0	0	0	0	0	0	6	1	6	0	0	4	0	0	0

2.39 南京晓庄学院人文、社会科学研究与课题成果来源情况表

		编号	合计	国家社科基金项目	国家社科基金单列学科项目	教育部人文社科研究项目	高校古籍整理研究项目	国家自然科学基金项目	中央其他部门社科专门项目	省、市、自治区社科基金项目	省教育厅社科项目	地、市、厅、局等政府部门项目	国际合作研究项目	与港、澳、台地区合作研究项目	企事业单位委托项目	学校社科项目	外资项目	其他
			课题来源															
			L01	L02	L03	L04	L05	L06	L07	L08	L09	L10	L11	L12	L13	L14	L15	L16
课题数(项)		1	670	27	3	35	0	0	2	67	184	140	0	0	149	62	0	1
当年投入人数	合计(人年)	2	68	4	0	4	0	0	0	7	18	14	0	0	15	6	0	0
	研究生(人年)	3	0	0	0	0	0	0	0	0	0	0	0	0	0	0	0	0
当年拨入经费	合计(千元)	4	21 853	1190	170	1185	0	0	0	664	156	8064	0	0	9725	600	0	100
	当年立项项目拨入经费(千元)	5	18 593	660	170	570	0	0	0	480	100	7502	0	0	8412	600	0	100
当年支出经费(千元)		6	22 408	803	53	970	0	0	48	481	107	4984	0	0	14 155	705	0	100
当年新开课题数(项)		7	197	3	1	10	0	0	0	12	44	70	0	0	55	1	0	1
当年新开课题批准经费(千元)		8	20 490	750	200	840	0	0	0	600	328	7513	0	0	9560	600	0	100
当年完成课题数(项)		9	215	7	0	1	0	0	1	17	38	42	0	0	90	19	0	0

项目			编号																
出版著作(部)	合计		10	34	1	0	1	0	0	0	4	8	1	0	0	4	15	0	0
	专著	合计	11	28	1	0	1	0	0	0	4	8	1	0	0	3	10	0	0
		被译成外文	12	0	0	0	0	0	0	0	0	0	0	0	0	0	0	0	0
	编著教材		13	6	0	0	0	0	0	0	0	0	0	0	0	1	5	0	0
	工具书/参考书		14	0	0	0	0	0	0	0	0	0	0	0	0	0	0	0	0
	皮书/发展报告		15	0	0	0	0	0	0	0	0	0	0	0	0	0	0	0	0
	科普读物		16	0	0	0	0	0	0	0	0	0	0	0	0	0	0	0	0
古籍整理(部)			17	0	0	0	0	0	0	0	0	0	0	0	0	0	0	0	0
译著(部)			18	1	1	0	0	0	0	0	0	0	0	0	0	0	0	0	0
发表译文(篇)			19	0	0	0	0	0	0	0	0	0	0	0	0	0	0	0	0
电子出版物(件)			20	0	0	0	0	0	0	0	0	0	0	0	0	0	0	0	0
发表论文(篇)	合计		21	282	28	6	24	0	0	0	28	90	9	0	0	23	73	0	1
	国内学术刊物	内地(大陆)	22	229	23	6	18	0	0	0	21	74	8	0	0	22	57	0	0
		港、澳、台地区	23	3	3	0	0	0	0	0	0	0	0	0	0	0	0	0	0
	国外学术刊物		24	50	2	0	6	0	0	0	7	16	1	0	0	1	16	0	1
研究与咨询报告(篇)	合计		25	0	0	0	0	0	0	0	0	0	0	0	0	0	0	0	0
	被采纳数		26	0	0	0	0	0	0	0	0	0	0	0	0	0	0	0	0

2.40 江苏理工学院人文、社会科学研究与课题成果来源情况表

		编号	合计	国家社科基金项目	国家社科基金单列学科项目	教育部人文社科研究项目	高校古籍整理研究项目	国家自然科学基金项目	中央其他部门社科专门项目	省、市、自治区社科基金项目	省教育厅社科项目	地、市、厅、局等政府部门项目	国际合作研究项目	与港、澳、台地区合作研究项目	企事业单位委托项目	学校社科项目	外资项目	其他
			课题来源															
			L01	L02	L03	L04	L05	L06	L07	L08	L09	L10	L11	L12	L13	L14	L15	L16
课题数(项)		1	922	18	9	25	0	0	5	50	199	66	0	0	491	56	0	3
当年投入人数	合计(人年)	2	138	6	3	7	0	0	2	14	33	11	0	0	56	6	0	1
	研究生(人年)	3	0	0	0	0	0	0	0	0	0	0	0	0	0	0	0	0
当年拨入经费	合计(千元)	4	24 011	220	0	345	0	0	358	286	204	229	0	0	22 339	0	0	30
	当年立项项目拨入经费(千元)	5	22 058	180	0	190	0	0	0	200	44	222	0	0	21 192	0	0	30
当年支出经费(千元)		6	18 112	468	144	358	0	0	628	408	223	395	0	0	15 203	271	0	15
当年新开课题数(项)		7	263	1	0	3	0	0	1	10	47	49	0	0	149	0	0	3
当年新开课题批准经费(千元)		8	23 987	200	0	280	0	0	0	400	80	275	0	0	22 702	0	0	50
当年完成课题数(项)		9	218	6	1	4	0	0	1	9	49	49	0	0	87	12	0	0

出版著作(部)	合计		10	16	2	0	3	0	0	1	7	0	3	0	0	0	0	0	0
	专著	合计	11	16	2	0	3	0	0	1	7	0	3	0	0	0	0	0	0
		被译成外文	12	0	0	0	0	0	0	0	0	0	0	0	0	0	0	0	0
	编著教材		13	0	0	0	0	0	0	0	0	0	0	0	0	0	0	0	0
	工具书/参考书		14	0	0	0	0	0	0	0	0	0	0	0	0	0	0	0	0
	皮书/发展报告		15	0	0	0	0	0	0	0	0	0	0	0	0	0	0	0	0
	科普读物		16	0	0	0	0	0	0	0	0	0	0	0	0	0	0	0	0
古籍整理(部)			17	0	0	0	0	0	0	0	0	0	0	0	0	0	0	0	0
译著(部)			18	6	0	0	0	0	0	0	5	0	1	0	0	0	0	0	0
发表译文(篇)			19	0	0	0	0	0	0	0	0	0	0	0	0	0	0	0	0
电子出版物(件)			20	0	0	0	0	0	0	0	0	0	0	0	0	0	0	0	0
发表论文(篇)	合计		21	150	6	0	18	0	0	16	41	0	69	0	0	0	0	0	0
	国内学术刊物	内地(大陆)	22	150	6	0	18	0	0	16	41	0	69	0	0	0	0	0	0
		港、澳、台地区	23	0	0	0	0	0	0	0	0	0	0	0	0	0	0	0	0
	国外学术刊物		24	0	0	0	0	0	0	0	0	0	0	0	0	0	0	0	0
研究与咨询报告(篇)	合计		25	152	0	0	0	0	0	0	0	0	3	0	0	149	0	0	0
	被采纳数		26	77	0	0	0	0	0	0	0	0	2	0	0	75	0	0	0

2.41 江苏海洋大学人文、社会科学研究与课题成果来源情况表

			课题来源															
			合计	国家社科基金项目	国家社科基金单列学科项目	教育部人文社科研究项目	高校古籍整理研究项目	国家自然科学基金项目	中央其他部门社科专门项目	省、市、自治区社科基金项目	省教育厅社科项目	地、市、厅、局等政府部门项目	国际合作研究项目	与港、澳、台地区合作研究项目	企事业单位委托项目	学校社科项目	外资项目	其他
		编号	L01	L02	L03	L04	L05	L06	L07	L08	L09	L10	L11	L12	L13	L14	L15	L16
课题数(项)		1	792	10	0	7	0	0	5	75	132	164	1	0	275	123	0	0
当年投入人数	合计(人年)	2	79	1	0	1	0	0	1	7	13	16	0	0	27	12	0	0
	研究生(人年)	3	0	0	0	0	0	0	0	0	0	0	0	0	0	0	0	0
当年拨入经费	合计(千元)	4	25 103	730	0	365	0	0	710	381	653	3098	0	0	18 894	273	0	0
	当年立项项目拨入经费(千元)	5	22 165	700	0	305	0	0	660	301	328	2694	0	0	16 909	268	0	0
当年支出经费(千元)		6	25 813	452	0	210	0	0	664	338	662	3083	11	0	20 111	282	0	0
当年新开课题数(项)		7	436	3	0	5	0	0	2	42	48	83	0	0	168	85	0	0
当年新开课题批准经费(千元)		8	22 452	800	0	430	0	0	670	331	348	2696	0	0	16 909	268	0	0
当年完成课题数(项)		9	348	1	0	0	0	0	2	28	32	95	0	0	140	50	0	0

出版著作(部)	合 计		10	8	1	0	2	0	0	0	1	2	1	0	0	0	1	0	0
	专著	合 计	11	8	1	0	2	0	0	0	1	2	1	0	0	0	1	0	0
		被译成外文	12	0	0	0	0	0	0	0	0	0	0	0	0	0	0	0	0
	编著教材		13	0	0	0	0	0	0	0	0	0	0	0	0	0	0	0	0
	工具书/参考书		14	0	0	0	0	0	0	0	0	0	0	0	0	0	0	0	0
	皮书/发展报告		15	0	0	0	0	0	0	0	0	0	0	0	0	0	0	0	0
	科普读物		16	0	0	0	0	0	0	0	0	0	0	0	0	0	0	0	0
古籍整理(部)			17	0	0	0	0	0	0	0	0	0	0	0	0	0	0	0	0
译著(部)			18	0	0	0	0	0	0	0	0	0	0	0	0	0	0	0	0
发表译文(篇)			19	0	0	0	0	0	0	0	0	0	0	0	0	0	0	0	0
电子出版物(件)			20	0	0	0	0	0	0	0	0	0	0	0	0	0	0	0	0
发表论文(篇)	合 计		21	332	27	0	11	0	3	1	49	104	70	0	0	0	67	0	0
	国内学术刊物	内地(大陆)	22	306	24	0	7	0	1	1	47	94	65	0	0	0	67	0	0
		港、澳、台地区	23	0	0	0	0	0	0	0	0	0	0	0	0	0	0	0	0
	国外学术刊物		24	26	3	0	4	0	2	0	2	10	5	0	0	0	0	0	0
研究与咨询报告(篇)	合 计		25	226	0	0	0	0	0	0	3	1	62	0	0	146	14	0	0
	被采纳数		26	96	0	0	0	0	0	0	0	1	18	0	0	74	3	0	0

2.42 徐州工程学院人文、社会科学研究与课题成果来源情况表

			课题来源															
			合计	国家社科基金项目	国家社科基金单列学科项目	教育部人文社科研究项目	高校古籍整理研究项目	国家自然科学基金项目	中央其他部门社科专门项目	省、市、自治区社科基金项目	省教育厅社科项目	地、市、厅、局等政府部门项目	国际合作研究项目	与港、澳、台地区合作研究项目	企事业单位委托项目	学校社科项目	外资项目	其他
		编号	L01	L02	L03	L04	L05	L06	L07	L08	L09	L10	L11	L12	L13	L14	L15	L16
课题数(项)		1	1027	22	0	13	0	1	2	44	132	385	2	0	360	61	0	5
当年投入人数	合计(人年)	2	147	5	0	4	0	0	0	11	19	56	0	0	43	8	0	1
	研究生(人年)	3	0	0	0	0	0	0	0	0	0	0	0	0	0	0	0	0
当年拨入经费	合计(千元)	4	20 675	2700	0	440	0	0	0	850	143	562	336	0	15 222	47	0	375
	当年立项项目拨入经费(千元)	5	20 278	2700	0	440	0	0	0	850	141	483	336	0	14 907	47	0	375
当年支出经费(千元)		6	20 702	1965	0	290	0	100	10	835	154	535	168	0	16 175	283	0	187
当年新开课题数(项)		7	411	8	0	5	0	0	1	14	42	183	2	0	140	11	0	5
当年新开课题批准经费(千元)		8	24 249	2700	0	520	0	0	0	850	160	546	336	0	18 710	50	0	378
当年完成课题数(项)		9	583	2	0	0	0	0	1	6	36	278	0	0	210	49	0	1

项目			编号																	
出版著作(部)	合 计		10	18	2	0	2	0	0	0	2	6	2	0	0	0	1	0	3
	专著	合 计	11	17	2	0	2	0	0	0	2	5	2	0	0	0	1	0	3
		被译成外文	12	0	0	0	0	0	0	0	0	0	0	0	0	0	0	0	0
	编著教材		13	1	0	0	0	0	0	0	0	1	0	0	0	0	0	0	0
	工具书/参考书		14	0	0	0	0	0	0	0	0	0	0	0	0	0	0	0	0
	皮书/发展报告		15	0	0	0	0	0	0	0	0	0	0	0	0	0	0	0	0
	科普读物		16	0	0	0	0	0	0	0	0	0	0	0	0	0	0	0	0
古籍整理(部)			17	0	0	0	0	0	0	0	0	0	0	0	0	0	0	0	0
译著(部)			18	0	0	0	0	0	0	0	0	0	0	0	0	0	0	0	0
发表译文(篇)			19	0	0	0	0	0	0	0	0	0	0	0	0	0	0	0	0
电子出版物(件)			20	0	0	0	0	0	0	0	0	0	0	0	0	0	0	0	0
发表论文(篇)	合 计		21	192	24	0	3	0	0	0	29	44	57	0	0	10	5	0	20
	国内学术刊物	内地(大陆)	22	170	18	0	2	0	0	0	22	42	55	0	0	6	5	0	20
		港、澳、台地区	23	0	0	0	0	0	0	0	0	0	0	0	0	0	0	0	0
	国外学术刊物		24	22	6	0	1	0	0	0	7	2	2	0	0	4	0	0	0
研究与咨询报告(篇)	合 计		25	559	0	0	0	0	0	0	1	0	302	1	0	253	1	0	1
	被采纳数		26	510	0	0	0	0	0	0	1	0	256	1	0	250	1	0	1

2.43 南京特殊教育师范学院人文、社会科学研究与课题成果来源情况表

		编号	合计	国家社科基金项目	国家社科基金单列学科项目	教育部人文社科研究项目	高校古籍整理研究项目	国家自然科学基金项目	中央其他部门社科专门项目	省、市、自治区社科基金项目	省教育厅社科项目	地、市、厅、局等政府部门项目	国际合作研究项目	与港、澳、台地区合作研究项目	企事业单位委托项目	学校社科项目	外资项目	其他
			课题来源															
			L01	L02	L03	L04	L05	L06	L07	L08	L09	L10	L11	L12	L13	L14	L15	L16
课题数(项)		1	444	5	1	7	0	0	26	11	237	42	0	0	115	0	0	0
当年投入人数	合计(人年)	2	156	1	0	2	0	0	9	4	74	15	0	0	51	0	0	0
	研究生(人年)	3	0	0	0	0	0	0	0	0	0	0	0	0	0	0	0	0
当年拨入经费	合计(千元)	4	9064	0	0	210	0	0	557	184	78	125	0	0	7910	0	0	0
	当年立项项目拨入经费(千元)	5	8700	0	0	40	0	0	503	144	48	125	0	0	7840	0	0	0
当年支出经费(千元)		6	8576	130	40	184	0	0	522	231	268	196	0	0	7005	0	0	0
当年新开课题数(项)		7	178	0	0	1	0	0	14	3	46	23	0	0	91	0	0	0
当年新开课题批准经费(千元)		8	10 805	0	0	100	0	0	662	180	120	130	0	0	9613	0	0	0
当年完成课题数(项)		9	87	0	0	2	0	0	7	5	44	13	0	0	16	0	0	0

			编号																	
出版著作(部)	合计		10	20	1	2	0	0	0	3	2	3	4	0	0	5	0	0	0
	专著	合计	11	14	1	2	0	0	0	3	2	2	1	0	0	3	0	0	0
		被译成外文	12	0	0	0	0	0	0	0	0	0	0	0	0	0	0	0	0
	编著教材		13	1	0	0	0	0	0	0	0	1	0	0	0	0	0	0	0
	工具书/参考书		14	3	0	0	0	0	0	0	0	0	3	0	0	0	0	0	0
	皮书/发展报告		15	0	0	0	0	0	0	0	0	0	0	0	0	0	0	0	0
	科普读物		16	2	0	0	0	0	0	0	0	0	0	0	0	2	0	0	0
古籍整理(部)			17	0	0	0	0	0	0	0	0	0	0	0	0	0	0	0	0
译著(部)			18	0	0	0	0	0	0	0	0	0	0	0	0	0	0	0	0
发表译文(篇)			19	0	0	0	0	0	0	0	0	0	0	0	0	0	0	0	0
电子出版物(件)			20	0	0	0	0	0	0	0	0	0	0	0	0	0	0	0	0
发表论文(篇)	合计		21	219	5	0	13	0	0	14	11	131	32	0	0	13	0	0	0
	国内学术刊物	内地(大陆)	22	212	5	0	12	0	0	12	11	128	31	0	0	13	0	0	0
		港、澳、台地区	23	0	0	0	0	0	0	0	0	0	0	0	0	0	0	0	0
	国外学术刊物		24	7	0	0	1	0	0	2	0	3	1	0	0	0	0	0	0
研究与咨询报告(篇)	合计		25	2	0	0	0	0	0	1	0	0	1	0	0	0	0	0	0
	被采纳数		26	2	0	0	0	0	0	1	0	0	1	0	0	0	0	0	0

2.44 泰州学院人文、社会科学研究与课题成果来源情况表

			课题来源															
			合计	国家社科基金项目	国家社科基金单列学科项目	教育部人文社科研究项目	高校古籍整理研究项目	国家自然科学基金项目	中央其他部门社科专门项目	省、市、自治区社科基金项目	省教育厅社科项目	地、市、厅、局等政府部门项目	国际合作研究项目	与港、澳、台地区合作研究项目	企事业单位委托项目	学校社科项目	外资项目	其他
		编号	L01	L02	L03	L04	L05	L06	L07	L08	L09	L10	L11	L12	L13	L14	L15	L16
课题数(项)		1	342	1	3	3	1	0	0	3	136	16	0	0	150	25	0	4
当年投入人数	合计(人年)	2	74	0	0	1	0	0	0	1	30	2	0	0	34	5	0	2
	研究生(人年)	3	0	0	0	0	0	0	0	0	0	0	0	0	0	0	0	0
当年拨入经费	合计(千元)	4	6926	180	0	160	30	0	0	10	24	20	0	0	6406	96	0	0
	当年立项项目拨入经费(千元)	5	6816	180	0	60	30	0	0	0	24	20	0	0	6406	96	0	0
当年支出经费(千元)		6	1415	0	17	5	2	0	0	10	7	5	0	0	1206	164	0	0
当年新开课题数(项)		7	193	1	0	1	1	0	0	2	42	1	0	0	127	14	0	4
当年新开课题批准经费(千元)		8	7645	200	0	100	30	0	0	100	60	20	0	0	6497	628	0	10
当年完成课题数(项)		9	33	0	1	0	0	0	0	0	9	1	0	0	22	0	0	0

出版著作（部）	合计		10	4	0	0	0	0	0	0	0	1	0	0	0	0	3	0	0
	专著	合计	11	2	0	0	0	0	0	0	0	0	0	0	0	0	2	0	0
		被译成外文	12	0	0	0	0	0	0	0	0	0	0	0	0	0	0	0	0
	编著教材		13	2	0	0	0	0	0	0	0	1	0	0	0	0	1	0	0
	工具书/参考书		14	0	0	0	0	0	0	0	0	0	0	0	0	0	0	0	0
	皮书/发展报告		15	0	0	0	0	0	0	0	0	0	0	0	0	0	0	0	0
	科普读物		16	0	0	0	0	0	0	0	0	0	0	0	0	0	0	0	0
古籍整理（部）			17	0	0	0	0	0	0	0	0	0	0	0	0	0	0	0	0
译著（部）			18	0	0	0	0	0	0	0	0	0	0	0	0	0	0	0	0
发表译文（篇）			19	0	0	0	0	0	0	0	0	0	0	0	0	0	0	0	0
电子出版物（件）			20	0	0	0	0	0	0	0	0	0	0	0	0	0	0	0	0
发表论文（篇）	合计		21	78	5	1	1	0	0	0	3	31	8	0	0	4	25	0	0
	国内学术刊物	内地（大陆）	22	71	5	1	1	0	0	0	3	28	8	0	0	2	23	0	0
		港、澳、台地区	23	1	0	0	0	0	0	0	0	0	0	0	0	0	1	0	0
	国外学术刊物		24	6	0	0	0	0	0	0	0	3	0	0	0	2	1	0	0
研究与咨询报告（篇）	合计		25	33	0	0	0	0	0	0	0	0	0	0	0	33	0	0	0
	被采纳数		26	23	0	0	0	0	0	0	0	0	0	0	0	23	0	0	0

2.45 金陵科技学院人文、社会科学研究与课题成果来源情况表

		编号	课题来源：合计	国家社科基金项目	国家社科基金单列学科项目	教育部人文社科研究项目	高校古籍整理研究项目	国家自然科学基金项目	中央其他部门社科专门项目	省、市、自治区社科基金项目	省教育厅社科项目	地、市、厅、局等政府部门项目	国际合作研究项目	与港、澳、台地区合作研究项目	企事业单位委托项目	学校社科项目	外资项目	其他
			L01	L02	L03	L04	L05	L06	L07	L08	L09	L10	L11	L12	L13	L14	L15	L16
课题数(项)		1	367	5	0	15	0	0	1	20	114	64	0	0	147	1	0	0
当年投入人数	合计(人年)	2	39	1	0	2	0	0	0	2	11	6	0	0	17	0	0	0
	研究生(人年)	3	0	0	0	0	0	0	0	0	0	0	0	0	0	0	0	0
当年拨入经费	合计(千元)	4	9466	334	0	200	0	0	85	424	0	1321	0	0	7102	0	0	0
	当年立项项目拨入经费(千元)	5	8642	180	0	200	0	0	85	424	0	1221	0	0	6532	0	0	0
当年支出经费(千元)		6	9226	209	0	293	0	0	50	265	44	811	0	0	7554	0	0	0
当年新开课题数(项)		7	153	1	0	3	0	0	1	9	29	27	0	0	83	0	0	0
当年新开课题批准经费(千元)		8	9279	200	0	260	0	0	85	560	0	1221	0	0	6953	0	0	0
当年完成课题数(项)		9	118	2	0	1	0	0	0	3	9	16	0	0	86	1	0	0

出版著作(部)	合 计		10	12	0	0	2	0	0	0	3	2	4	0	0	1	0	0	0
	专著	合 计	11	11	0	0	2	0	0	0	3	2	4	0	0	0	0	0	0
		被译成外文	12	0	0	0	0	0	0	0	0	0	0	0	0	0	0	0	0
	编著教材		13	1	0	0	0	0	0	0	0	0	0	0	0	1	0	0	0
	工具书/参考书		14	0	0	0	0	0	0	0	0	0	0	0	0	0	0	0	0
	皮书/发展报告		15	0	0	0	0	0	0	0	0	0	0	0	0	0	0	0	0
	科普读物		16	0	0	0	0	0	0	0	0	0	0	0	0	0	0	0	0
古籍整理(部)			17	0	0	0	0	0	0	0	0	0	0	0	0	0	0	0	0
译著(部)			18	0	0	0	0	0	0	0	0	0	0	0	0	0	0	0	0
发表译文(篇)			19	0	0	0	0	0	0	0	0	0	0	0	0	0	0	0	0
电子出版物(件)			20	0	0	0	0	0	0	0	0	0	0	0	0	0	0	0	0
发表论文(篇)	合 计		21	165	9	0	5	0	0	0	12	71	48	0	0	15	5	0	0
	国内学术刊物	内地(大陆)	22	145	9	0	4	0	0	0	8	59	45	0	0	15	5	0	0
		港、澳、台地区	23	0	0	0	0	0	0	0	0	0	0	0	0	0	0	0	0
	国外学术刊物		24	20	0	0	1	0	0	0	4	12	3	0	0	0	0	0	0
研究与咨询报告(篇)	合 计		25	67	0	0	0	0	0	0	0	0	0	0	0	67	0	0	0
	被采纳数		26	67	0	0	0	0	0	0	0	0	0	0	0	67	0	0	0

2.46 江苏第二师范学院人文、社会科学研究与课题成果来源情况表

			课题来源															
			合计	国家社科基金项目	国家社科基金单列学科项目	教育部人文社科研究项目	高校古籍整理研究项目	国家自然科学基金项目	中央其他部门社科专门项目	省、市、自治区社科基金项目	省教育厅社科项目	地、市、厅、局等政府部门项目	国际合作研究项目	与港、澳、台地区合作研究项目	企事业单位委托项目	学校社科项目	外资项目	其他
		编号	L01	L02	L03	L04	L05	L06	L07	L08	L09	L10	L11	L12	L13	L14	L15	L16
课题数(项)		1	511	21	0	10	1	0	2	33	164	61	0	0	193	26	0	0
当年投入人数	合计(人年)	2	106	6	0	3	0	0	0	9	35	14	0	0	33	4	0	0
	研究生(人年)	3	0	0	0	0	0	0	0	0	0	0	0	0	0	0	0	0
当年拨入经费	合计(千元)	4	20 836	1160	0	371	0	0	0	163	184	688	0	0	17 780	490	0	0
	当年立项项目拨入经费(千元)	5	19 325	1160	0	265	0	0	0	160	144	370	0	0	16 736	490	0	0
当年支出经费(千元)		6	9195	253	0	130	11	0	20	374	265	874	0	0	7046	224	0	0
当年新开课题数(项)		7	212	6	0	4	0	0	0	4	44	15	0	0	130	9	0	0
当年新开课题批准经费(千元)		8	20 076	1300	0	340	0	0	0	160	360	370	0	0	17 056	490	0	0
当年完成课题数(项)		9	128	2	0	0	0	0	1	5	24	17	0	0	62	17	0	0

出版著作（部）	合　计		10	7	0	0	1	0	0	0	0	0	0	0	0	0	6	0	0
	专著	合　计	11	7	0	0	1	0	0	0	0	0	0	0	0	0	6	0	0
		被译成外文	12	0	0	0	0	0	0	0	0	0	0	0	0	0	0	0	0
	编著教材		13	0	0	0	0	0	0	0	0	0	0	0	0	0	0	0	0
	工具书/参考书		14	0	0	0	0	0	0	0	0	0	0	0	0	0	0	0	0
	皮书/发展报告		15	0	0	0	0	0	0	0	0	0	0	0	0	0	0	0	0
	科普读物		16	0	0	0	0	0	0	0	0	0	0	0	0	0	0	0	0
古籍整理（部）			17	3	0	0	0	3	0	0	0	0	0	0	0	0	0	0	0
译著（部）			18	1	0	0	0	0	0	0	1	0	0	0	0	0	0	0	0
发表译文（篇）			19	0	0	0	0	0	0	0	0	0	0	0	0	0	0	0	0
电子出版物（件）			20	0	0	0	0	0	0	0	0	0	0	0	0	0	0	0	0
发表论文（篇）	合　计		21	218	31	0	0	0	0	0	47	52	75	0	0	4	9	0	0
	国内学术刊物	内地（大陆）	22	205	31	0	0	0	0	0	43	47	72	0	0	3	9	0	0
		港、澳、台地区	23	0	0	0	0	0	0	0	0	0	0	0	0	0	0	0	0
	国外学术刊物		24	13	0	0	0	0	0	0	4	5	3	0	0	1	0	0	0
研究与咨询报告（篇）	合　计		25	53	0	0	1	0	0	0	0	0	0	0	0	52	0	0	0
	被采纳数		26	53	0	0	1	0	0	0	0	0	0	0	0	52	0	0	0

2.47 南京工业职业技术大学人文、社会科学研究与课题成果来源情况表

			课题来源															
			合计	国家社科基金项目	国家社科基金单列学科项目	教育部人文社科研究项目	高校古籍整理研究项目	国家自然科学基金项目	中央其他部门社科专门项目	省、市、自治区社科基金项目	省教育厅社科项目	地、市、厅、局等政府部门项目	国际合作研究项目	与港、澳、台地区合作研究项目	企事业单位委托项目	学校社科项目	外资项目	其他
		编号	L01	L02	L03	L04	L05	L06	L07	L08	L09	L10	L11	L12	L13	L14	L15	L16
课题数(项)		1	439	1	1	7	0	0	0	13	180	44	0	0	148	45	0	0
当年投入人数	合计(人年)	2	114	1	1	2	0	0	0	4	43	12	0	0	41	10	0	0
	研究生(人年)	3	0	0	0	0	0	0	0	0	0	0	0	0	0	0	0	0
当年拨入经费	合计(千元)	4	3907	0	0	210	0	0	0	193	60	10	0	0	2874	560	0	0
	当年立项项目拨入经费(千元)	5	2288	0	0	140	0	0	0	98	0	10	0	0	2040	0	0	0
当年支出经费(千元)		6	4204	0	0	72	0	0	0	164	560	207	0	0	2627	574	0	0
当年新开课题数(项)		7	73	0	0	3	0	0	0	4	42	9	0	0	7	8	0	0
当年新开课题批准经费(千元)		8	3030	0	0	380	0	0	0	290	50	10	0	0	2300	0	0	0
当年完成课题数(项)		9	91	1	0	0	0	0	0	3	35	17	0	0	32	3	0	0

			编号																
出版著作(部)	合 计		10	4	0	0	0	0	0	0	2	1	1	0	0	0	0	0	0
	专著	合 计	11	4	0	0	0	0	0	0	2	1	1	0	0	0	0	0	0
		被译成外文	12	0	0	0	0	0	0	0	0	0	0	0	0	0	0	0	0
	编著教材		13	0	0	0	0	0	0	0	0	0	0	0	0	0	0	0	0
	工具书/参考书		14	0	0	0	0	0	0	0	0	0	0	0	0	0	0	0	0
	皮书/发展报告		15	0	0	0	0	0	0	0	0	0	0	0	0	0	0	0	0
	科普读物		16	0	0	0	0	0	0	0	0	0	0	0	0	0	0	0	0
古籍整理(部)			17	0	0	0	0	0	0	0	0	0	0	0	0	0	0	0	0
译著(部)			18	0	0	0	0	0	0	0	0	0	0	0	0	0	0	0	0
发表译文(篇)			19	0	0	0	0	0	0	0	0	0	0	0	0	0	0	0	0
电子出版物(件)			20	0	0	0	0	0	0	0	0	0	0	0	0	0	0	0	0
发表论文(篇)	合 计		21	142	4	1	3	0	1	0	8	79	10	0	0	4	31	0	1
	国内学术刊物	内地(大陆)	22	142	4	1	3	0	1	0	8	79	10	0	0	4	31	0	1
		港、澳、台地区	23	0	0	0	0	0	0	0	0	0	0	0	0	0	0	0	0
	国外学术刊物		24	0	0	0	0	0	0	0	0	0	0	0	0	0	0	0	0
研究与咨询报告(篇)	合 计		25	0	0	0	0	0	0	0	0	0	0	0	0	0	0	0	0
	被采纳数		26	0	0	0	0	0	0	0	0	0	0	0	0	0	0	0	0

2.48 无锡学院人文、社会科学研究与课题成果来源情况表

			课题来源															
			合计	国家社科基金项目	国家社科基金单列学科项目	教育部人文社科研究项目	高校古籍整理研究项目	国家自然科学基金项目	中央其他部门社科专门项目	省、市、自治区社科基金项目	省教育厅社科项目	地、市、厅、局等政府部门项目	国际合作研究项目	与港、澳、台地区合作研究项目	企事业单位委托项目	学校社科项目	外资项目	其他
		编号	L01	L02	L03	L04	L05	L06	L07	L08	L09	L10	L11	L12	L13	L14	L15	L16
课题数(项)		1	208	0	0	3	0	0	4	2	133	42	0	0	24	0	0	0
当年投入人数	合计(人年)	2	39	0	0	1	0	0	1	1	22	8	0	0	6	0	0	0
	研究生(人年)	3	0	0	0	0	0	0	0	0	0	0	0	0	0	0	0	0
当年拨入经费	合计(千元)	4	1304	0	0	85	0	0	175	0	213	330	0	0	501	0	0	0
	当年立项项目拨入经费(千元)	5	901	0	0	55	0	0	175	0	120	330	0	0	221	0	0	0
当年支出经费(千元)		6	1061	0	0	0	0	0	83	20	159	188	0	0	612	0	0	0
当年新开课题数(项)		7	89	0	0	1	0	0	2	2	40	36	0	0	8	0	0	0
当年新开课题批准经费(千元)		8	2067	0	0	80	0	0	550	100	400	536	0	0	401	0	0	0
当年完成课题数(项)		9	37	0	0	0	0	0	0	0	11	23	0	0	3	0	0	0

出版著作(部)	合 计		10	3	1	0	0	0	0	0	0	1	0	0	0	0	0	0	1
	专著	合 计	11	2	1	0	0	0	0	0	0	0	0	0	0	0	0	0	1
		被译成外文	12	0	0	0	0	0	0	0	0	0	0	0	0	0	0	0	0
	编著教材		13	1	0	0	0	0	0	0	0	1	0	0	0	0	0	0	0
	工具书/参考书		14	0	0	0	0	0	0	0	0	0	0	0	0	0	0	0	0
	皮书/发展报告		15	0	0	0	0	0	0	0	0	0	0	0	0	0	0	0	0
	科普读物		16	0	0	0	0	0	0	0	0	0	0	0	0	0	0	0	0
古籍整理(部)			17	0	0	0	0	0	0	0	0	0	0	0	0	0	0	0	0
译著(部)			18	0	0	0	0	0	0	0	0	0	0	0	0	0	0	0	0
发表译文(篇)			19	0	0	0	0	0	0	0	0	0	0	0	0	0	0	0	0
电子出版物(件)			20	0	0	0	0	0	0	0	0	0	0	0	0	0	0	0	0
发表论文(篇)	合 计		21	50	0	0	1	0	0	1	4	29	14	0	0	1	0	0	0
	国内学术刊物	内地(大陆)	22	49	0	0	1	0	0	1	4	29	13	0	0	1	0	0	0
		港、澳、台地区	23	0	0	0	0	0	0	0	0	0	0	0	0	0	0	0	0
	国外学术刊物		24	1	0	0	0	0	0	0	0	0	1	0	0	0	0	0	0
研究与咨询报告(篇)	合 计		25	4	0	0	0	0	0	0	1	0	0	0	0	3	0	0	0
	被采纳数		26	4	0	0	0	0	0	0	1	0	0	0	0	3	0	0	0

2.49 苏州城市学院人文、社会科学研究与课题成果来源情况表

		编号	合计	国家社科基金项目	国家社科基金单列学科项目	教育部人文社科研究项目	高校古籍整理研究项目	国家自然科学基金项目	中央其他部门社科专门项目	省、市、自治区社科基金项目	省教育厅社科项目	地、市、厅、局等政府部门项目	国际合作研究项目	与港、澳、台地区合作研究项目	企事业单位委托项目	学校社科项目	外资项目	其他
			课题来源															
			L01	L02	L03	L04	L05	L06	L07	L08	L09	L10	L11	L12	L13	L14	L15	L16
课题数(项)		1	188	3	0	0	0	0	0	2	108	39	0	0	23	10	0	3
当年投入人数	合计(人年)	2	32	1	0	0	0	0	0	1	15	9	0	0	4	2	0	0
	研究生(人年)	3	0	0	0	0	0	0	0	0	0	0	0	0	0	0	0	0
当年拨入经费	合计(千元)	4	1952	540	0	0	0	0	0	0	353	368	0	0	542	150	0	0
	当年立项项目拨入经费(千元)	5	1697	540	0	0	0	0	0	0	340	363	0	0	304	150	0	0
当年支出经费(千元)		6	337	7	0	0	0	0	0	0	53	38	0	0	197	41	0	0
当年新开课题数(项)		7	73	3	0	0	0	0	0	2	32	25	0	0	4	5	0	2
当年新开课题批准经费(千元)		8	2146	600	0	0	0	0	0	50	360	533	0	0	353	250	0	0
当年完成课题数(项)		9	29	0	0	0	0	0	0	0	11	15	0	0	2	0	0	1

出版著作(部)	合　计		10	1	0	0	0	0	0	0	0	0	0	0	0	1	0	0	0
	专著	合　计	11	1	0	0	0	0	0	0	0	0	0	0	0	1	0	0	0
		被译成外文	12	0	0	0	0	0	0	0	0	0	0	0	0	0	0	0	0
	编著教材		13	0	0	0	0	0	0	0	0	0	0	0	0	0	0	0	0
	工具书/参考书		14	0	0	0	0	0	0	0	0	0	0	0	0	0	0	0	0
	皮书/发展报告		15	0	0	0	0	0	0	0	0	0	0	0	0	0	0	0	0
	科普读物		16	0	0	0	0	0	0	0	0	0	0	0	0	0	0	0	0
古籍整理(部)			17	0	0	0	0	0	0	0	0	0	0	0	0	0	0	0	0
译著(部)			18	0	0	0	0	0	0	0	0	0	0	0	0	0	0	0	0
发表译文(篇)			19	0	0	0	0	0	0	0	0	0	0	0	0	0	0	0	0
电子出版物(件)			20	0	0	0	0	0	0	0	0	0	0	0	0	0	0	0	0
发表论文(篇)	合　计		21	97	2	0	0	0	0	0	0	78	17	0	0	0	0	0	0
	国内学术刊物	内地(大陆)	22	97	2	0	0	0	0	0	0	78	17	0	0	0	0	0	0
		港、澳、台地区	23	0	0	0	0	0	0	0	0	0	0	0	0	0	0	0	0
	国外学术刊物		24	0	0	0	0	0	0	0	0	0	0	0	0	0	0	0	0
研究与咨询报告(篇)	合　计		25	3	0	0	0	0	0	0	0	0	1	0	0	2	0	0	0
	被采纳数		26	3	0	0	0	0	0	0	0	0	1	0	0	2	0	0	0

2.50 宿迁学院人文、社会科学研究与课题成果来源情况表

			课题来源															
			合计	国家社科基金项目	国家社科基金单列学科项目	教育部人文社科研究项目	高校古籍整理研究项目	国家自然科学基金项目	中央其他部门社科专门项目	省、市、自治区社科基金项目	省教育厅社科项目	地、市、厅、局等政府部门项目	国际合作研究项目	与港、澳、台地区合作研究项目	企事业单位委托项目	学校社科项目	外资项目	其他
		编号	L01	L02	L03	L04	L05	L06	L07	L08	L09	L10	L11	L12	L13	L14	L15	L16
课题数(项)		1	772	2	2	5	0	0	0	10	133	333	0	0	204	83	0	0
当年投入人数	合计(人年)	2	79	0	0	1	0	0	0	2	13	33	0	0	21	8	0	0
	研究生(人年)	3	0	0	0	0	0	0	0	0	0	0	0	0	0	0	0	0
当年拨入经费	合计(千元)	4	20 070	180	190	130	0	0	0	40	136	12	0	0	19 277	105	0	0
	当年立项项目拨入经费(千元)	5	17 867	180	190	60	0	0	0	40	96	3	0	0	17 193	105	0	0
当年支出经费(千元)		6	13 303	13	10	38	0	0	0	73	112	70	0	0	10 910	2079	0	0
当年新开课题数(项)		7	447	1	1	2	0	0	0	4	47	176	0	0	155	61	0	0
当年新开课题批准经费(千元)		8	18 191	200	200	200	0	0	0	50	240	3	0	0	17 193	105	0	0
当年完成课题数(项)		9	227	0	0	0	0	0	0	0	28	105	0	0	77	17	0	0

出版著作(部)	合 计		10	12	0	0	2	0	0	0	0	8	2	0	0	0	0	0	0
	专著	合 计	11	12	0	0	2	0	0	0	0	8	2	0	0	0	0	0	0
		被译成外文	12	0	0	0	0	0	0	0	0	0	0	0	0	0	0	0	0
	编著教材		13	0	0	0	0	0	0	0	0	0	0	0	0	0	0	0	0
	工具书/参考书		14	0	0	0	0	0	0	0	0	0	0	0	0	0	0	0	0
	皮书/发展报告		15	0	0	0	0	0	0	0	0	0	0	0	0	0	0	0	0
	科普读物		16	0	0	0	0	0	0	0	0	0	0	0	0	0	0	0	0
古籍整理(部)			17	0	0	0	0	0	0	0	0	0	0	0	0	0	0	0	0
译著(部)			18	1	0	0	0	0	0	0	0	0	1	0	0	0	0	0	0
发表译文(篇)			19	0	0	0	0	0	0	0	0	0	0	0	0	0	0	0	0
电子出版物(件)			20	0	0	0	0	0	0	0	0	0	0	0	0	0	0	0	0
发表论文(篇)	合 计		21	322	11	0	6	0	0	0	22	71	175	0	0	1	35	0	1
	国内学术刊物	内地(大陆)	22	303	10	0	5	0	0	0	21	69	162	0	0	1	34	0	1
		港、澳、台地区	23	0	0	0	0	0	0	0	0	0	0	0	0	0	0	0	0
	国外学术刊物		24	19	1	0	1	0	0	0	1	2	13	0	0	0	1	0	0
研究与咨询报告(篇)	合 计		25	82	0	0	0	0	0	0	0	0	9	0	0	73	0	0	0
	被采纳数		26	82	0	0	0	0	0	0	0	0	9	0	0	73	0	0	0

3. 公办专科高等学校人文、社会科学研究与课题成果来源情况表

			课题来源															
			合计	国家社科基金项目	国家社科基金单列学科项目	教育部人文社科研究项目	高校古籍整理研究项目	国家自然科学基金项目	中央其他部门社科专门项目	省、市、自治区社科基金项目	省教育厅社科项目	地、市、厅、局等政府部门项目	国际合作研究项目	与港、澳、台地区合作研究项目	企事业单位委托项目	学校社科项目	外资项目	其他
		编号	L01	L02	L03	L04	L05	L06	L07	L08	L09	L10	L11	L12	L13	L14	L15	L16
课题数(项)		1	13 569	9	3	102	0	0	20	286	4026	3773	2	0	1962	3310	0	76
当年投入人数	合计(人年)	2	2313.1	2.6	0.7	25.7	0	0	4	55.2	734.6	657.3	0.2	0	314.1	502.5	0	16.2
	研究生(人年)	3	0	0	0	0	0	0	0	0	0	0	0	0	0	0	0	0
当年拨入经费	合计(千元)	4	96 210.884	280	3	2216	0	0	587	1113	3 316.8	6 194.05	428.97	0	78 236.764	3 614.9	0	220.4
	当年立项项目拨入经费(千元)	5	91 643.114	150	0	1868	0	0	387	953	2644	5 596.45	250	0	76 247.664	3 328.6	0	218.4
当年支出经费(千元)		6	89 159.694	269.509	98.404	1 950.275	0	0	413.653	894.089	4 923.853	6 456.924	406.97	0	69 190.704	4 302.213	0	253.1
当年新开课题数(项)		7	5839	1	0	26	0	0	4	76	1189	2062	1	0	1185	1240	0	55
当年新开课题批准经费(千元)		8	103 742.103	250	0	2350	0	0	450	1249	6080	7 338.05	250	0	80 482.553	5 038.6	0	253.9
当年完成课题数(项)		9	4983	2	1	18	0	0	4	69	821	2040	1	0	1031	981	0	15

出版著作(部)	合 计		10	157	2	0	4	0	0	0	4	37	74	0	0	7	14	0	15
	专著	合 计	11	94	2	0	3	0	0	0	4	28	43	0	0	3	5	0	6
		被译成外文	12	0	0	0	0	0	0	0	0	0	0	0	0	0	0	0	0
	编著教材		13	54	0	0	1	0	0	0	0	9	22	0	0	4	9	0	9
	工具书/参考书		14	0	0	0	0	0	0	0	0	0	0	0	0	0	0	0	0
	皮书/发展报告		15	1	0	0	0	0	0	0	0	0	1	0	0	0	0	0	0
	科普读物		16	8	0	0	0	0	0	0	0	0	8	0	0	0	0	0	0
古籍整理(部)			17	1	0	0	0	0	0	0	0	0	1	0	0	0	0	0	0
译著(部)			18	1	0	0	0	0	0	0	0	1	0	0	0	0	0	0	0
发表译文(篇)			19	0	0	0	0	0	0	0	0	0	0	0	0	0	0	0	0
电子出版物(件)			20	0	0	0	0	0	0	0	0	0	0	0	0	0	0	0	0
发表论文(篇)	合 计		21	6201	27	2	63	0	1	10	215	2154	1883	2	0	246	1435	0	163
	国内学术刊物	内地(大陆)	22	6081	26	2	61	0	1	10	208	2135	1836	2	0	240	1402	0	158
		港、澳、台地区	23	0	0	0	0	0	0	0	0	0	0	0	0	0	0	0	0
	国外学术刊物		24	120	1	0	2	0	0	0	7	19	47	0	0	6	33	0	5
研究与咨询报告(篇)	合 计		25	1177	1	0	1	0	0	0	28	40	517	0	0	504	84	0	2
	被采纳数		26	513	1	0	1	0	0	0	26	21	171	0	0	274	17	0	2

3.1 盐城幼儿师范高等专科学校人文、社会科学研究与课题成果来源情况表

			课题来源															
			合计	国家社科基金项目	国家社科基金单列学科项目	教育部人文社科研究项目	高校古籍整理研究项目	国家自然科学基金项目	中央其他部门社科专门项目	省、市、自治区社科基金项目	省教育厅社科项目	地、市、厅、局等政府部门项目	国际合作研究项目	与港、澳、台地区合作研究项目	企事业单位委托项目	学校社科项目	外资项目	其他
		编号	L01	L02	L03	L04	L05	L06	L07	L08	L09	L10	L11	L12	L13	L14	L15	L16
课题数(项)		1	278	0	0	1	0	0	1	0	75	177	0	0	7	16	0	1
当年投入人数	合计(人年)	2	30	0	0	0	0	0	0	0	8	20	0	0	1	2	0	0
	研究生(人年)	3	0	0	0	0	0	0	0	0	0	0	0	0	0	0	0	0
当年拨入经费	合计(千元)	4	185	0	0	25	0	0	0	0	102	58	0	0	0	0	0	0
	当年立项项目拨入经费(千元)	5	0	0	0	0	0	0	0	0	0	0	0	0	0	0	0	0
当年支出经费(千元)		6	185	0	0	25	0	0	0	0	102	58	0	0	0	0	0	0
当年新开课题数(项)		7	102	0	0	0	0	0	1	0	22	78	0	0	0	0	0	1
当年新开课题批准经费(千元)		8	400	0	0	0	0	0	0	0	220	180	0	0	0	0	0	0
当年完成课题数(项)		9	77	0	0	0	0	0	0	0	18	59	0	0	0	0	0	0

			编号																
出版著作(部)	合计		10	2	0	0	0	0	0	0	0	0	2	0	0	0	0	0	0
	专著	合计	11	2	0	0	0	0	0	0	0	0	2	0	0	0	0	0	0
		被译成外文	12	0	0	0	0	0	0	0	0	0	0	0	0	0	0	0	0
	编著教材		13	0	0	0	0	0	0	0	0	0	0	0	0	0	0	0	0
	工具书/参考书		14	0	0	0	0	0	0	0	0	0	0	0	0	0	0	0	0
	皮书/发展报告		15	0	0	0	0	0	0	0	0	0	0	0	0	0	0	0	0
	科普读物		16	0	0	0	0	0	0	0	0	0	0	0	0	0	0	0	0
古籍整理(部)			17	0	0	0	0	0	0	0	0	0	0	0	0	0	0	0	0
译著(部)			18	0	0	0	0	0	0	0	0	0	0	0	0	0	0	0	0
发表译文(篇)			19	0	0	0	0	0	0	0	0	0	0	0	0	0	0	0	0
电子出版物(件)			20	0	0	0	0	0	0	0	0	0	0	0	0	0	0	0	0
发表论文(篇)	合计		21	64	0	0	0	0	0	0	0	37	27	0	0	0	0	0	0
	国内学术刊物	内地(大陆)	22	64	0	0	0	0	0	0	0	37	27	0	0	0	0	0	0
		港、澳、台地区	23	0	0	0	0	0	0	0	0	0	0	0	0	0	0	0	0
	国外学术刊物		24	0	0	0	0	0	0	0	0	0	0	0	0	0	0	0	0
研究与咨询报告(篇)	合计		25	0	0	0	0	0	0	0	0	0	0	0	0	0	0	0	0
	被采纳数		26	0	0	0	0	0	0	0	0	0	0	0	0	0	0	0	0

3.2 苏州幼儿师范高等专科学校人文、社会科学研究与课题成果来源情况表

		编号	合计	国家社科基金项目	国家社科基金单列学科项目	教育部人文社科研究项目	高校古籍整理研究项目	国家自然科学基金项目	中央其他部门社科专门项目	省、市、自治区社科基金项目	省教育厅社科项目	地、市、厅、局等政府部门项目	国际合作研究项目	与港、澳、台地区合作研究项目	企事业单位委托项目	学校社科项目	外资项目	其他
			课题来源															
			L01	L02	L03	L04	L05	L06	L07	L08	L09	L10	L11	L12	L13	L14	L15	L16
课题数(项)		1	103	0	0	1	0	0	0	0	70	27	0	0	5	0	0	0
当年投入人数	合计(人年)	2	11	0	0	0	0	0	0	0	8	3	0	0	1	0	0	0
	研究生(人年)	3	0	0	0	0	0	0	0	0	0	0	0	0	0	0	0	0
当年拨入经费	合计(千元)	4	0	0	0	0	0	0	0	0	0	0	0	0	0	0	0	0
	当年立项项目拨入经费(千元)	5	0	0	0	0	0	0	0	0	0	0	0	0	0	0	0	0
当年支出经费(千元)		6	109	0	0	10	0	0	0	0	76	14	0	0	10	0	0	0
当年新开课题数(项)		7	33	0	0	0	0	0	0	0	24	5	0	0	4	0	0	0
当年新开课题批准经费(千元)		8	70	0	0	0	0	0	0	0	0	30	0	0	40	0	0	0
当年完成课题数(项)		9	19	0	0	0	0	0	0	0	11	8	0	0	0	0	0	0

出版著作(部)	合 计		10	4	0	0	0	0	0	0	0	0	0	0	0	0	0	0	4
	专著	合 计	11	1	0	0	0	0	0	0	0	0	0	0	0	0	0	0	1
		被译成外文	12	0	0	0	0	0	0	0	0	0	0	0	0	0	0	0	0
	编著教材		13	3	0	0	0	0	0	0	0	0	0	0	0	0	0	0	3
	工具书/参考书		14	0	0	0	0	0	0	0	0	0	0	0	0	0	0	0	0
	皮书/发展报告		15	0	0	0	0	0	0	0	0	0	0	0	0	0	0	0	0
	科普读物		16	0	0	0	0	0	0	0	0	0	0	0	0	0	0	0	0
古籍整理(部)			17	0	0	0	0	0	0	0	0	0	0	0	0	0	0	0	0
译著(部)			18	0	0	0	0	0	0	0	0	0	0	0	0	0	0	0	0
发表译文(篇)			19	0	0	0	0	0	0	0	0	0	0	0	0	0	0	0	0
电子出版物(件)			20	0	0	0	0	0	0	0	0	0	0	0	0	0	0	0	0
发表论文(篇)	合 计		21	59	0	0	0	0	0	1	8	28	4	0	0	0	0	0	18
	国内学术刊物	内地(大陆)	22	57	0	0	0	0	0	1	8	28	4	0	0	0	0	0	16
		港、澳、台地区	23	0	0	0	0	0	0	0	0	0	0	0	0	0	0	0	0
	国外学术刊物		24	2	0	0	0	0	0	0	0	0	0	0	0	0	0	0	2
研究与咨询报告(篇)	合 计		25	0	0	0	0	0	0	0	0	0	0	0	0	0	0	0	0
	被采纳数		26	0	0	0	0	0	0	0	0	0	0	0	0	0	0	0	0

3.3 无锡职业技术学院人文、社会科学研究与课题成果来源情况表

			课题来源															
			合计	国家社科基金项目	国家社科基金单列学科项目	教育部人文社科研究项目	高校古籍整理研究项目	国家自然科学基金项目	中央其他部门社科专门项目	省、市、自治区社科基金项目	省教育厅社科项目	地、市、厅、局等政府部门项目	国际合作研究项目	与港、澳、台地区合作研究项目	企事业单位委托项目	学校社科项目	外资项目	其他
		编号	L01	L02	L03	L04	L05	L06	L07	L08	L09	L10	L11	L12	L13	L14	L15	L16
课题数(项)		1	263	0	0	7	0	0	0	15	100	89	0	0	5	47	0	0
当年投入人数	合计(人年)	2	45	0	0	2	0	0	0	4	18	11	0	0	3	7	0	0
	研究生(人年)	3	0	0	0	0	0	0	0	0	0	0	0	0	0	0	0	0
当年拨入经费	合计(千元)	4	563	0	0	70	0	0	0	60	200	83	0	0	150	0	0	0
	当年立项项目拨入经费(千元)	5	563	0	0	70	0	0	0	60	200	83	0	0	150	0	0	0
当年支出经费(千元)		6	1202	0	0	84	0	0	0	81	232	385	0	0	201	218	0	0
当年新开课题数(项)		7	82	0	0	1	0	0	0	3	22	43	0	0	1	12	0	0
当年新开课题批准经费(千元)		8	673	0	0	80	0	0	0	90	200	83	0	0	150	70	0	0
当年完成课题数(项)		9	97	0	0	3	0	0	0	4	22	39	0	0	3	26	0	0

出版著作(部)	合 计		10	17	0	0	0	0	0	0	0	6	9	0	0	0	2	0	0
	专著	合 计	11	17	0	0	0	0	0	0	0	6	9	0	0	0	2	0	0
		被译成外文	12	0	0	0	0	0	0	0	0	0	0	0	0	0	0	0	0
	编著教材		13	0	0	0	0	0	0	0	0	0	0	0	0	0	0	0	0
	工具书/参考书		14	0	0	0	0	0	0	0	0	0	0	0	0	0	0	0	0
	皮书/发展报告		15	0	0	0	0	0	0	0	0	0	0	0	0	0	0	0	0
	科普读物		16	0	0	0	0	0	0	0	0	0	0	0	0	0	0	0	0
古籍整理(部)			17	0	0	0	0	0	0	0	0	0	0	0	0	0	0	0	0
译著(部)			18	0	0	0	0	0	0	0	0	0	0	0	0	0	0	0	0
发表译文(篇)			19	0	0	0	0	0	0	0	0	0	0	0	0	0	0	0	0
电子出版物(件)			20	0	0	0	0	0	0	0	0	0	0	0	0	0	0	0	0
发表论文(篇)	合 计		21	154	0	0	4	0	0	0	12	57	50	0	0	0	31	0	0
	国内学术刊物	内地(大陆)	22	142	0	0	4	0	0	0	12	54	41	0	0	0	31	0	0
		港、澳、台地区	23	0	0	0	0	0	0	0	0	0	0	0	0	0	0	0	0
	国外学术刊物		24	12	0	0	0	0	0	0	0	3	9	0	0	0	0	0	0
研究与咨询报告(篇)	合 计		25	1	0	0	0	0	0	0	0	0	0	0	0	1	0	0	0
	被采纳数		26	1	0	0	0	0	0	0	0	0	0	0	0	1	0	0	0

3.4 江苏建筑职业技术学院人文、社会科学研究与课题成果来源情况表

			课题来源															
			合计	国家社科基金项目	国家社科基金单列学科项目	教育部人文社科研究项目	高校古籍整理研究项目	国家自然科学基金项目	中央其他部门社科专门项目	省、市、自治区社科基金项目	省教育厅社科项目	地、市、厅、局等政府部门项目	国际合作研究项目	与港、澳、台地区合作研究项目	企事业单位委托项目	学校社科项目	外资项目	其他
		编号	L01	L02	L03	L04	L05	L06	L07	L08	L09	L10	L11	L12	L13	L14	L15	L16
课题数(项)		1	197	0	0	0	0	0	0	0	59	27	0	0	11	100	0	0
当年投入人数	合计(人年)	2	46	0	0	0	0	0	0	0	16	8	0	0	2	19	0	0
	研究生(人年)	3	0	0	0	0	0	0	0	0	0	0	0	0	0	0	0	0
当年拨入经费	合计(千元)	4	663	0	0	0	0	0	0	0	0	183	0	0	480	0	0	0
	当年立项项目拨入经费(千元)	5	463	0	0	0	0	0	0	0	0	183	0	0	280	0	0	0
当年支出经费(千元)		6	829	0	0	0	0	0	0	0	15	130	0	0	480	204	0	0
当年新开课题数(项)		7	81	0	0	0	0	0	0	0	20	12	0	0	10	39	0	0
当年新开课题批准经费(千元)		8	463	0	0	0	0	0	0	0	0	183	0	0	280	0	0	0
当年完成课题数(项)		9	83	0	0	0	0	0	0	0	18	15	0	0	11	39	0	0

出版著作(部)	合　计		10	13	0	0	0	0	0	0	0	4	2	0	0	1	6	0	0
	专著	合　计	11	1	0	0	0	0	0	0	0	1	0	0	0	0	0	0	0
		被译成外文	12	0	0	0	0	0	0	0	0	0	0	0	0	0	0	0	0
	编著教材		13	12	0	0	0	0	0	0	0	3	2	0	0	1	6	0	0
	工具书/参考书		14	0	0	0	0	0	0	0	0	0	0	0	0	0	0	0	0
	皮书/发展报告		15	0	0	0	0	0	0	0	0	0	0	0	0	0	0	0	0
	科普读物		16	0	0	0	0	0	0	0	0	0	0	0	0	0	0	0	0
古籍整理(部)			17	0	0	0	0	0	0	0	0	0	0	0	0	0	0	0	0
译著(部)			18	0	0	0	0	0	0	0	0	0	0	0	0	0	0	0	0
发表译文(篇)			19	0	0	0	0	0	0	0	0	0	0	0	0	0	0	0	0
电子出版物(件)			20	0	0	0	0	0	0	0	0	0	0	0	0	0	0	0	0
发表论文(篇)	合　计		21	150	0	0	0	0	0	0	0	37	18	0	0	0	95	0	0
	国内学术刊物	内地(大陆)	22	144	0	0	0	0	0	0	0	33	16	0	0	0	95	0	0
		港、澳、台地区	23	0	0	0	0	0	0	0	0	0	0	0	0	0	0	0	0
	国外学术刊物		24	6	0	0	0	0	0	0	0	4	2	0	0	0	0	0	0
研究与咨询报告(篇)	合　计		25	12	0	0	0	0	0	0	0	0	1	0	0	11	0	0	0
	被采纳数		26	8	0	0	0	0	0	0	0	0	0	0	0	8	0	0	0

3.5 江苏工程职业技术学院人文、社会科学研究与课题成果来源情况表

			课题来源															
			合计	国家社科基金项目	国家社科基金单列学科项目	教育部人文社科研究项目	高校古籍整理研究项目	国家自然科学基金项目	中央其他部门社科专门项目	省、市、自治区社科基金项目	省教育厅社科项目	地、市、厅、局等政府部门项目	国际合作研究项目	与港、澳、台地区合作研究项目	企事业单位委托项目	学校社科项目	外资项目	其他
		编号	L01	L02	L03	L04	L05	L06	L07	L08	L09	L10	L11	L12	L13	L14	L15	L16
课题数(项)		1	134	0	0	0	0	0	0	0	36	88	0	0	0	10	0	0
当年投入人数	合计(人年)	2	21	0	0	0	0	0	0	0	5	14	0	0	0	2	0	0
	研究生(人年)	3	0	0	0	0	0	0	0	0	0	0	0	0	0	0	0	0
当年拨入经费	合计(千元)	4	130	0	0	0	0	0	0	0	19	101	0	0	0	10	0	0
	当年立项项目拨入经费(千元)	5	10	0	0	0	0	0	0	0	1	8	0	0	0	1	0	0
当年支出经费(千元)		6	131	0	0	0	0	0	0	0	21	101	0	0	0	10	0	0
当年新开课题数(项)		7	11	0	0	0	0	0	0	0	1	8	0	0	0	2	0	0
当年新开课题批准经费(千元)		8	20	0	0	0	0	0	0	0	3	16	0	0	0	1	0	0
当年完成课题数(项)		9	122	0	0	0	0	0	0	0	34	80	0	0	0	8	0	0

出版著作(部)	合计		10	3	0	0	0	0	0	0	0	0	3	0	0	0	0	0	0
	专著	合计	11	3	0	0	0	0	0	0	0	0	3	0	0	0	0	0	0
		被译成外文	12	0	0	0	0	0	0	0	0	0	0	0	0	0	0	0	0
	编著教材		13	0	0	0	0	0	0	0	0	0	0	0	0	0	0	0	0
	工具书/参考书		14	0	0	0	0	0	0	0	0	0	0	0	0	0	0	0	0
	皮书/发展报告		15	0	0	0	0	0	0	0	0	0	0	0	0	0	0	0	0
	科普读物		16	0	0	0	0	0	0	0	0	0	0	0	0	0	0	0	0
古籍整理(部)			17	0	0	0	0	0	0	0	0	0	0	0	0	0	0	0	0
译著(部)			18	0	0	0	0	0	0	0	0	0	0	0	0	0	0	0	0
发表译文(篇)			19	0	0	0	0	0	0	0	0	0	0	0	0	0	0	0	0
电子出版物(件)			20	0	0	0	0	0	0	0	0	0	0	0	0	0	0	0	0
发表论文(篇)	合计		21	177	0	0	0	0	0	0	0	51	84	0	0	0	42	0	0
	国内学术刊物	内地(大陆)	22	177	0	0	0	0	0	0	0	51	84	0	0	0	42	0	0
		港、澳、台地区	23	0	0	0	0	0	0	0	0	0	0	0	0	0	0	0	0
	国外学术刊物		24	0	0	0	0	0	0	0	0	0	0	0	0	0	0	0	0
研究与咨询报告(篇)	合计		25	0	0	0	0	0	0	0	0	0	0	0	0	0	0	0	0
	被采纳数		26	0	0	0	0	0	0	0	0	0	0	0	0	0	0	0	0

3.6 苏州工艺美术职业技术学院人文、社会科学研究与课题成果来源情况表

			课题来源															
			合计	国家社科基金项目	国家社科基金单列学科项目	教育部人文社科研究项目	高校古籍整理研究项目	国家自然科学基金项目	中央其他部门社科专门项目	省、市、自治区社科基金项目	省教育厅社科项目	地、市、厅、局等政府部门项目	国际合作研究项目	与港、澳、台地区合作研究项目	企事业单位委托项目	学校社科项目	外资项目	其他
		编号	L01	L02	L03	L04	L05	L06	L07	L08	L09	L10	L11	L12	L13	L14	L15	L16
课题数(项)		1	102	1	1	2	0	0	0	0	53	29	0	0	6	10	0	0
当年投入人数	合计(人年)	2	21	0	0	1	0	0	0	0	9	5	0	0	4	2	0	0
	研究生(人年)	3	0	0	0	0	0	0	0	0	0	0	0	0	0	0	0	0
当年拨入经费	合计(千元)	4	735	50	3	32	0	0	0	0	82	104	0	0	425	39	0	0
	当年立项项目拨入经费(千元)	5	529	0	0	0	0	0	0	0	28	76	0	0	400	25	0	0
当年支出经费(千元)		6	737	50	3	32	0	0	0	0	82	106	0	0	425	39	0	0
当年新开课题数(项)		7	51	0	0	0	0	0	0	0	21	19	0	0	4	7	0	0
当年新开课题批准经费(千元)		8	958	0	0	0	0	0	0	0	260	224	0	0	400	74	0	0
当年完成课题数(项)		9	13	1	1	0	0	0	0	0	7	3	0	0	0	1	0	0

出版著作(部)	合 计		10	12	2	0	0	0	0	0	0	7	3	0	0	0	0	0	0
	专著	合 计	11	6	2	0	0	0	0	0	0	3	1	0	0	0	0	0	0
		被译成外文	12	0	0	0	0	0	0	0	0	0	0	0	0	0	0	0	0
	编著教材		13	6	0	0	0	0	0	0	0	4	2	0	0	0	0	0	0
	工具书/参考书		14	0	0	0	0	0	0	0	0	0	0	0	0	0	0	0	0
	皮书/发展报告		15	0	0	0	0	0	0	0	0	0	0	0	0	0	0	0	0
	科普读物		16	0	0	0	0	0	0	0	0	0	0	0	0	0	0	0	0
古籍整理(部)			17	0	0	0	0	0	0	0	0	0	0	0	0	0	0	0	0
译著(部)			18	0	0	0	0	0	0	0	0	0	0	0	0	0	0	0	0
发表译文(篇)			19	0	0	0	0	0	0	0	0	0	0	0	0	0	0	0	0
电子出版物(件)			20	0	0	0	0	0	0	0	0	0	0	0	0	0	0	0	0
发表论文(篇)	合 计		21	123	4	2	8	0	0	1	0	73	16	0	0	5	14	0	0
	国内学术刊物	内地(大陆)	22	123	4	2	8	0	0	1	0	73	16	0	0	5	14	0	0
		港、澳、台地区	23	0	0	0	0	0	0	0	0	0	0	0	0	0	0	0	0
	国外学术刊物		24	0	0	0	0	0	0	0	0	0	0	0	0	0	0	0	0
研究与咨询报告(篇)	合 计		25	15	1	0	0	0	0	0	3	0	7	0	0	4	0	0	0
	被采纳数		26	15	1	0	0	0	0	0	3	0	7	0	0	4	0	0	0

3.7 连云港职业技术学院人文、社会科学研究与课题成果来源情况表

			课题来源															
			合计	国家社科基金项目	国家社科基金单列学科项目	教育部人文社科研究项目	高校古籍整理研究项目	国家自然科学基金项目	中央其他部门社科专门项目	省、市、自治区社科基金项目	省教育厅社科项目	地、市、厅、局等政府部门项目	国际合作研究项目	与港、澳、台地区合作研究项目	企事业单位委托项目	学校社科项目	外资项目	其他
		编号	L01	L02	L03	L04	L05	L06	L07	L08	L09	L10	L11	L12	L13	L14	L15	L16
课题数(项)		1	143	0	0	0	0	0	0	1	59	38	0	0	6	39	0	0
当年投入人数	合计(人年)	2	22	0	0	0	0	0	0	0	9	7	0	0	1	5	0	0
	研究生(人年)	3	0	0	0	0	0	0	0	0	0	0	0	0	0	0	0	0
当年拨入经费	合计(千元)	4	506	0	0	0	0	0	0	0	0	35	0	0	447	24	0	0
	当年立项项目拨入经费(千元)	5	506	0	0	0	0	0	0	0	0	35	0	0	447	24	0	0
当年支出经费(千元)		6	506	0	0	0	0	0	0	0	0	35	0	0	447	24	0	0
当年新开课题数(项)		7	58	0	0	0	0	0	0	0	13	28	0	0	6	11	0	0
当年新开课题批准经费(千元)		8	756	0	0	0	0	0	0	0	0	35	0	0	697	24	0	0
当年完成课题数(项)		9	52	0	0	0	0	0	0	1	15	24	0	0	0	12	0	0

出版著作(部)	合计		10	0	0	0	0	0	0	0	0	0	0	0	0	0	0	0	0
	专著	合计	11	0	0	0	0	0	0	0	0	0	0	0	0	0	0	0	0
		被译成外文	12	0	0	0	0	0	0	0	0	0	0	0	0	0	0	0	0
	编著教材		13	0	0	0	0	0	0	0	0	0	0	0	0	0	0	0	0
	工具书/参考书		14	0	0	0	0	0	0	0	0	0	0	0	0	0	0	0	0
	皮书/发展报告		15	0	0	0	0	0	0	0	0	0	0	0	0	0	0	0	0
	科普读物		16	0	0	0	0	0	0	0	0	0	0	0	0	0	0	0	0
古籍整理(部)			17	0	0	0	0	0	0	0	0	0	0	0	0	0	0	0	0
译著(部)			18	0	0	0	0	0	0	0	0	0	0	0	0	0	0	0	0
发表译文(篇)			19	0	0	0	0	0	0	0	0	0	0	0	0	0	0	0	0
电子出版物(件)			20	0	0	0	0	0	0	0	0	0	0	0	0	0	0	0	0
发表论文(篇)	合计		21	38	0	0	0	0	0	0	1	20	6	0	0	0	11	0	0
	国内学术刊物	内地(大陆)	22	38	0	0	0	0	0	0	1	20	6	0	0	0	11	0	0
		港、澳、台地区	23	0	0	0	0	0	0	0	0	0	0	0	0	0	0	0	0
	国外学术刊物		24	0	0	0	0	0	0	0	0	0	0	0	0	0	0	0	0
研究与咨询报告(篇)	合计		25	8	0	0	0	0	0	0	1	0	7	0	0	0	0	0	0
	被采纳数		26	1	0	0	0	0	0	0	1	0	0	0	0	0	0	0	0

3.8 镇江市高等专科学校人文、社会科学研究与课题成果来源情况表

			课题来源															
			合计	国家社科基金项目	国家社科基金单列学科项目	教育部人文社科研究项目	高校古籍整理研究项目	国家自然科学基金项目	中央其他部门社科专门项目	省、市、自治区社科基金项目	省教育厅社科项目	地、市、厅、局等政府部门项目	国际合作研究项目	与港、澳、台地区合作研究项目	企事业单位委托项目	学校社科项目	外资项目	其他
		编号	L01	L02	L03	L04	L05	L06	L07	L08	L09	L10	L11	L12	L13	L14	L15	L16
课题数(项)		1	153	0	0	2	0	0	0	2	0	102	0	0	1	44	0	2
当年投入人数	合计(人年)	2	43	0	0	1	0	0	0	1	0	28	0	0	0	13	0	1
	研究生(人年)	3	0	0	0	0	0	0	0	0	0	0	0	0	0	0	0	0
当年拨入经费	合计(千元)	4	395	0	0	2	0	0	0	16	0	242	0	0	0	133	0	2
	当年立项项目拨入经费(千元)	5	295	0	0	0	0	0	0	0	0	190	0	0	0	105	0	0
当年支出经费(千元)		6	363	0	0	2	0	0	0	6	0	234	0	0	0	119	0	2
当年新开课题数(项)		7	119	0	0	0	0	0	0	0	0	81	0	0	0	38	0	0
当年新开课题批准经费(千元)		8	410	0	0	0	0	0	0	0	0	293	0	0	0	117	0	0
当年完成课题数(项)		9	84	0	0	0	0	0	0	2	0	64	0	0	1	15	0	2

出版著作(部)	合 计		10	0	0	0	0	0	0	0	0	0	0	0	0	0	0	0	0
	专著	合 计	11	0	0	0	0	0	0	0	0	0	0	0	0	0	0	0	0
		被译成外文	12	0	0	0	0	0	0	0	0	0	0	0	0	0	0	0	0
	编著教材		13	0	0	0	0	0	0	0	0	0	0	0	0	0	0	0	0
	工具书/参考书		14	0	0	0	0	0	0	0	0	0	0	0	0	0	0	0	0
	皮书/发展报告		15	0	0	0	0	0	0	0	0	0	0	0	0	0	0	0	0
	科普读物		16	0	0	0	0	0	0	0	0	0	0	0	0	0	0	0	0
古籍整理(部)			17	0	0	0	0	0	0	0	0	0	0	0	0	0	0	0	0
译著(部)			18	0	0	0	0	0	0	0	0	0	0	0	0	0	0	0	0
发表译文(篇)			19	0	0	0	0	0	0	0	0	0	0	0	0	0	0	0	0
电子出版物(件)			20	0	0	0	0	0	0	0	0	0	0	0	0	0	0	0	0
发表论文(篇)	合 计		21	41	0	0	0	0	0	0	1	0	28	0	0	0	12	0	0
	国内学术刊物	内地(大陆)	22	41	0	0	0	0	0	0	1	0	28	0	0	0	12	0	0
		港、澳、台地区	23	0	0	0	0	0	0	0	0	0	0	0	0	0	0	0	0
	国外学术刊物		24	0	0	0	0	0	0	0	0	0	0	0	0	0	0	0	0
研究与咨询报告(篇)	合 计		25	69	0	0	0	0	0	0	0	0	36	0	0	0	33	0	0
	被采纳数		26	0	0	0	0	0	0	0	0	0	0	0	0	0	0	0	0

3.9 南通职业大学人文、社会科学研究与课题成果来源情况表

			课题来源															
			合计	国家社科基金项目	国家社科基金单列学科项目	教育部人文社科研究项目	高校古籍整理研究项目	国家自然科学基金项目	中央其他部门社科专门项目	省、市、自治区社科基金项目	省教育厅社科项目	地、市、厅、局等政府部门项目	国际合作研究项目	与港、澳、台地区合作研究项目	企事业单位委托项目	学校社科项目	外资项目	其他
		编号	L01	L02	L03	L04	L05	L06	L07	L08	L09	L10	L11	L12	L13	L14	L15	L16
课题数(项)		1	139	0	0	0	0	0	0	0	41	42	0	0	9	47	0	0
当年投入人数	合计(人年)	2	23	0	0	0	0	0	0	0	8	8	0	0	2	5	0	0
	研究生(人年)	3	0	0	0	0	0	0	0	0	0	0	0	0	0	0	0	0
当年拨入经费	合计(千元)	4	699	0	0	0	0	0	0	0	60	125	0	0	514	0	0	0
	当年立项项目拨入经费(千元)	5	699	0	0	0	0	0	0	0	60	125	0	0	514	0	0	0
当年支出经费(千元)		6	552	0	0	0	0	0	0	0	20	230	0	0	224	78	0	0
当年新开课题数(项)		7	80	0	0	0	0	0	0	0	21	20	0	0	7	32	0	0
当年新开课题批准经费(千元)		8	1030	0	0	0	0	0	0	0	260	125	0	0	514	131	0	0
当年完成课题数(项)		9	73	0	0	0	0	0	0	0	20	31	0	0	7	15	0	0

出版著作(部)	合 计		10	0	0	0	0	0	0	0	0	0	0	0	0	0	0	0	0
	专著	合 计	11	0	0	0	0	0	0	0	0	0	0	0	0	0	0	0	0
		被译成外文	12	0	0	0	0	0	0	0	0	0	0	0	0	0	0	0	0
	编著教材		13	0	0	0	0	0	0	0	0	0	0	0	0	0	0	0	0
	工具书/参考书		14	0	0	0	0	0	0	0	0	0	0	0	0	0	0	0	0
	皮书/发展报告		15	0	0	0	0	0	0	0	0	0	0	0	0	0	0	0	0
	科普读物		16	0	0	0	0	0	0	0	0	0	0	0	0	0	0	0	0
古籍整理(部)			17	0	0	0	0	0	0	0	0	0	0	0	0	0	0	0	0
译著(部)			18	0	0	0	0	0	0	0	0	0	0	0	0	0	0	0	0
发表译文(篇)			19	0	0	0	0	0	0	0	0	0	0	0	0	0	0	0	0
电子出版物(件)			20	0	0	0	0	0	0	0	0	0	0	0	0	0	0	0	0
发表论文(篇)	合 计		21	90	0	0	0	0	0	0	0	40	24	0	0	6	20	0	0
	国内学术刊物	内地(大陆)	22	90	0	0	0	0	0	0	0	40	24	0	0	6	20	0	0
		港、澳、台地区	23	0	0	0	0	0	0	0	0	0	0	0	0	0	0	0	0
	国外学术刊物		24	0	0	0	0	0	0	0	0	0	0	0	0	0	0	0	0
研究与咨询报告(篇)	合 计		25	10	0	0	0	0	0	0	0	0	10	0	0	0	0	0	0
	被采纳数		26	10	0	0	0	0	0	0	0	0	10	0	0	0	0	0	0

3.10 苏州市职业大学人文、社会科学研究与课题成果来源情况表

			课题来源															
			合计	国家社科基金项目	国家社科基金单列学科项目	教育部人文社科研究项目	高校古籍整理研究项目	国家自然科学基金项目	中央其他部门社科专门项目	省、市、自治区社科基金项目	省教育厅社科项目	地、市、厅、局等政府部门项目	国际合作研究项目	与港、澳、台地区合作研究项目	企事业单位委托项目	学校社科项目	外资项目	其他
		编号	L01	L02	L03	L04	L05	L06	L07	L08	L09	L10	L11	L12	L13	L14	L15	L16
课题数(项)		1	335	2	1	4	0	0	0	3	81	68	0	0	150	26	0	0
当年投入人数	合计(人年)	2	104	1	0	2	0	0	0	1	29	21	0	0	44	6	0	0
	研究生(人年)	3	0	0	0	0	0	0	0	0	0	0	0	0	0	0	0	0
当年拨入经费	合计(千元)	4	6089	0	0	190	0	0	0	40	20	328	0	0	5291	220	0	0
	当年立项项目拨入经费(千元)	5	5629	0	0	130	0	0	0	0	0	328	0	0	4951	220	0	0
当年支出经费(千元)		6	6095	20	30	110	0	0	0	30	97	260	0	0	5346	202	0	0
当年新开课题数(项)		7	206	0	0	2	0	0	0	0	20	36	0	0	134	14	0	0
当年新开课题批准经费(千元)		8	5780	0	0	160	0	0	0	0	0	424	0	0	4976	220	0	0
当年完成课题数(项)		9	181	0	0	1	0	0	0	0	14	27	0	0	127	12	0	0

出版著作(部)	合计		10	28	0	0	0	0	0	0	0	0	28	0	0	0	0	0	0
	专著	合计	11	9	0	0	0	0	0	0	0	0	9	0	0	0	0	0	0
		被译成外文	12	0	0	0	0	0	0	0	0	0	0	0	0	0	0	0	0
	编著教材		13	11	0	0	0	0	0	0	0	0	11	0	0	0	0	0	0
	工具书/参考书		14	0	0	0	0	0	0	0	0	0	0	0	0	0	0	0	0
	皮书/发展报告		15	0	0	0	0	0	0	0	0	0	0	0	0	0	0	0	0
	科普读物		16	8	0	0	0	0	0	0	0	0	8	0	0	0	0	0	0
古籍整理(部)			17	1	0	0	0	0	0	0	0	0	1	0	0	0	0	0	0
译著(部)			18	0	0	0	0	0	0	0	0	0	0	0	0	0	0	0	0
发表译文(篇)			19	0	0	0	0	0	0	0	0	0	0	0	0	0	0	0	0
电子出版物(件)			20	0	0	0	0	0	0	0	0	0	0	0	0	0	0	0	0
发表论文(篇)	合计		21	159	5	0	5	0	1	0	1	32	87	0	0	2	26	0	0
	国内学术刊物	内地(大陆)	22	159	5	0	5	0	1	0	1	32	87	0	0	2	26	0	0
		港、澳、台地区	23	0	0	0	0	0	0	0	0	0	0	0	0	0	0	0	0
	国外学术刊物		24	0	0	0	0	0	0	0	0	0	0	0	0	0	0	0	0
研究与咨询报告(篇)	合计		25	78	0	0	0	0	0	0	1	0	25	0	0	52	0	0	0
	被采纳数		26	34	0	0	0	0	0	0	1	0	7	0	0	26	0	0	0

3.11 沙洲职业工学院人文、社会科学研究与课题成果来源情况表

			课题来源															
			合计	国家社科基金项目	国家社科基金单列学科项目	教育部人文社科研究项目	高校古籍整理研究项目	国家自然科学基金项目	中央其他部门社科专门项目	省、市、自治区社科基金项目	省教育厅社科项目	地、市、厅、局等政府部门项目	国际合作研究项目	与港、澳、台地区合作研究项目	企事业单位委托项目	学校社科项目	外资项目	其他
		编号	L01	L02	L03	L04	L05	L06	L07	L08	L09	L10	L11	L12	L13	L14	L15	L16
课题数(项)		1	87	0	0	0	0	0	0	2	64	15	0	0	0	6	0	0
当年投入人数	合计(人年)	2	39	0	0	0	0	0	0	1	29	6	0	0	0	3	0	0
	研究生(人年)	3	0	0	0	0	0	0	0	0	0	0	0	0	0	0	0	0
当年拨入经费	合计(千元)	4	380	0	0	0	0	0	0	15	310	55	0	0	0	0	0	0
	当年立项项目拨入经费(千元)	5	250	0	0	0	0	0	0	15	180	55	0	0	0	0	0	0
当年支出经费(千元)		6	180	0	0	0	0	0	0	9	126	45	0	0	0	0	0	0
当年新开课题数(项)		7	31	0	0	0	0	0	0	2	18	11	0	0	0	0	0	0
当年新开课题批准经费(千元)		8	254	0	0	0	0	0	0	15	180	59	0	0	0	0	0	0
当年完成课题数(项)		9	30	0	0	0	0	0	0	2	18	8	0	0	0	2	0	0

出版著作(部)	合 计		10	0	0	0	0	0	0	0	0	0	0	0	0	0	0	0	0
	专著	合 计	11	0	0	0	0	0	0	0	0	0	0	0	0	0	0	0	0
		被译成外文	12	0	0	0	0	0	0	0	0	0	0	0	0	0	0	0	0
	编著教材		13	0	0	0	0	0	0	0	0	0	0	0	0	0	0	0	0
	工具书/参考书		14	0	0	0	0	0	0	0	0	0	0	0	0	0	0	0	0
	皮书/发展报告		15	0	0	0	0	0	0	0	0	0	0	0	0	0	0	0	0
	科普读物		16	0	0	0	0	0	0	0	0	0	0	0	0	0	0	0	0
古籍整理(部)			17	0	0	0	0	0	0	0	0	0	0	0	0	0	0	0	0
译著(部)			18	0	0	0	0	0	0	0	0	0	0	0	0	0	0	0	0
发表译文(篇)			19	0	0	0	0	0	0	0	0	0	0	0	0	0	0	0	0
电子出版物(件)			20	0	0	0	0	0	0	0	0	0	0	0	0	0	0	0	0
发表论文(篇)	合 计		21	39	0	0	0	0	0	0	4	26	6	0	0	0	3	0	0
	国内学术刊物	内地(大陆)	22	39	0	0	0	0	0	0	4	26	6	0	0	0	3	0	0
		港、澳、台地区	23	0	0	0	0	0	0	0	0	0	0	0	0	0	0	0	0
	国外学术刊物		24	0	0	0	0	0	0	0	0	0	0	0	0	0	0	0	0
研究与咨询报告(篇)	合 计		25	11	0	0	0	0	0	0	2	2	7	0	0	0	0	0	0
	被采纳数		26	9	0	0	0	0	0	0	2	2	5	0	0	0	0	0	0

3.12 扬州市职业大学人文、社会科学研究与课题成果来源情况表

			课题来源															
			合计	国家社科基金项目	国家社科基金单列学科项目	教育部人文社科研究项目	高校古籍整理研究项目	国家自然科学基金项目	中央其他部门社科专门项目	省、市、自治区社科基金项目	省教育厅社科项目	地、市、厅、局等政府部门项目	国际合作研究项目	与港、澳、台地区合作研究项目	企事业单位委托项目	学校社科项目	外资项目	其他
		编号	L01	L02	L03	L04	L05	L06	L07	L08	L09	L10	L11	L12	L13	L14	L15	L16
课题数(项)		1	270	0	0	1	0	0	0	14	92	100	0	0	63	0	0	0
当年投入人数	合计(人年)	2	81	0	0	0	0	0	0	5	32	26	0	0	18	0	0	0
	研究生(人年)	3	0	0	0	0	0	0	0	0	0	0	0	0	0	0	0	0
当年拨入经费	合计(千元)	4	493	0	0	0	0	0	0	0	195	298	0	0	0	0	0	0
	当年立项项目拨入经费(千元)	5	493	0	0	0	0	0	0	0	195	298	0	0	0	0	0	0
当年支出经费(千元)		6	1993	0	0	7	0	0	0	0	96	296	0	0	1594	0	0	0
当年新开课题数(项)		7	91	0	0	0	0	0	0	0	29	62	0	0	0	0	0	0
当年新开课题批准经费(千元)		8	493	0	0	0	0	0	0	0	195	298	0	0	0	0	0	0
当年完成课题数(项)		9	146	0	0	0	0	0	0	0	16	67	0	0	63	0	0	0

出版著作(部)	合 计		10	14	0	0	1	0	0	0	0	7	6	0	0	0	0	0	0
	专著	合 计	11	14	0	0	1	0	0	0	0	7	6	0	0	0	0	0	0
		被译成外文	12	0	0	0	0	0	0	0	0	0	0	0	0	0	0	0	0
	编著教材		13	0	0	0	0	0	0	0	0	0	0	0	0	0	0	0	0
	工具书/参考书		14	0	0	0	0	0	0	0	0	0	0	0	0	0	0	0	0
	皮书/发展报告		15	0	0	0	0	0	0	0	0	0	0	0	0	0	0	0	0
	科普读物		16	0	0	0	0	0	0	0	0	0	0	0	0	0	0	0	0
古籍整理(部)			17	0	0	0	0	0	0	0	0	0	0	0	0	0	0	0	0
译著(部)			18	0	0	0	0	0	0	0	0	0	0	0	0	0	0	0	0
发表译文(篇)			19	0	0	0	0	0	0	0	0	0	0	0	0	0	0	0	0
电子出版物(件)			20	0	0	0	0	0	0	0	0	0	0	0	0	0	0	0	0
发表论文(篇)	合 计		21	179	0	0	1	0	0	0	6	21	151	0	0	0	0	0	0
	国内学术刊物	内地(大陆)	22	179	0	0	1	0	0	0	6	21	151	0	0	0	0	0	0
		港、澳、台地区	23	0	0	0	0	0	0	0	0	0	0	0	0	0	0	0	0
	国外学术刊物		24	0	0	0	0	0	0	0	0	0	0	0	0	0	0	0	0
研究与咨询报告(篇)	合 计		25	114	0	0	0	0	0	0	0	0	51	0	0	63	0	0	0
	被采纳数		26	114	0	0	0	0	0	0	0	0	51	0	0	63	0	0	0

3.13 连云港师范高等专科学校人文、社会科学研究与课题成果来源情况表

			课题来源															
			合计	国家社科基金项目	国家社科基金单列学科项目	教育部人文社科研究项目	高校古籍整理研究项目	国家自然科学基金项目	中央其他部门社科专门项目	省、市、自治区社科基金项目	省教育厅社科项目	地、市、厅、局等政府部门项目	国际合作研究项目	与港、澳、台地区合作研究项目	企事业单位委托项目	学校社科项目	外资项目	其他
		编号	L01	L02	L03	L04	L05	L06	L07	L08	L09	L10	L11	L12	L13	L14	L15	L16
课题数(项)		1	160	0	0	2	0	0	0	2	70	59	0	0	0	27	0	0
当年投入人数	合计(人年)	2	17	0	0	0	0	0	0	0	8	6	0	0	0	3	0	0
	研究生(人年)	3	0	0	0	0	0	0	0	0	0	0	0	0	0	0	0	0
当年拨入经费	合计(千元)	4	90	0	0	0	0	0	0	0	0	90	0	0	0	0	0	0
	当年立项项目拨入经费(千元)	5	88	0	0	0	0	0	0	0	0	88	0	0	0	0	0	0
当年支出经费(千元)		6	86	0	0	11	0	0	0	11	62	2	0	0	0	1	0	0
当年新开课题数(项)		7	84	0	0	0	0	0	0	1	15	48	0	0	0	20	0	0
当年新开课题批准经费(千元)		8	701	0	0	0	0	0	0	50	60	261	0	0	0	330	0	0
当年完成课题数(项)		9	44	0	0	2	0	0	0	0	8	28	0	0	0	6	0	0

出版著作（部）	合计		10	3	0	0	0	0	0	0	1	0	0	0	0	0	2	0	0
	专著	合计	11	2	0	0	0	0	0	0	1	0	0	0	0	0	1	0	0
		被译成外文	12	0	0	0	0	0	0	0	0	0	0	0	0	0	0	0	0
	编著教材		13	1	0	0	0	0	0	0	0	0	0	0	0	0	1	0	0
	工具书/参考书		14	0	0	0	0	0	0	0	0	0	0	0	0	0	0	0	0
	皮书/发展报告		15	0	0	0	0	0	0	0	0	0	0	0	0	0	0	0	0
	科普读物		16	0	0	0	0	0	0	0	0	0	0	0	0	0	0	0	0
古籍整理（部）			17	0	0	0	0	0	0	0	0	0	0	0	0	0	0	0	0
译著（部）			18	0	0	0	0	0	0	0	0	0	0	0	0	0	0	0	0
发表译文（篇）			19	0	0	0	0	0	0	0	0	0	0	0	0	0	0	0	0
电子出版物（件）			20	0	0	0	0	0	0	0	0	0	0	0	0	0	0	0	0
发表论文（篇）	合计		21	83	0	0	1	0	0	0	0	28	32	0	0	0	22	0	0
	国内学术刊物	内地（大陆）	22	82	0	0	1	0	0	0	0	27	32	0	0	0	22	0	0
		港、澳、台地区	23	0	0	0	0	0	0	0	0	0	0	0	0	0	0	0	0
	国外学术刊物		24	1	0	0	0	0	0	0	0	1	0	0	0	0	0	0	0
研究与咨询报告（篇）	合计		25	0	0	0	0	0	0	0	0	0	0	0	0	0	0	0	0
	被采纳数		26	0	0	0	0	0	0	0	0	0	0	0	0	0	0	0	0

3.14 江苏经贸职业技术学院人文、社会科学研究与课题成果来源情况表

			课题来源															
			合计	国家社科基金项目	国家社科基金单列学科项目	教育部人文社科研究项目	高校古籍整理研究项目	国家自然科学基金项目	中央其他部门社科专门项目	省、市、自治区社科基金项目	省教育厅社科项目	地、市、厅、局等政府部门项目	国际合作研究项目	与港、澳、台地区合作研究项目	企事业单位委托项目	学校社科项目	外资项目	其他
		编号	L01	L02	L03	L04	L05	L06	L07	L08	L09	L10	L11	L12	L13	L14	L15	L16
课题数(项)		1	408	1	0	5	0	0	0	21	80	41	0	0	80	179	0	1
当年投入人数	合计(人年)	2	90	0	0	1	0	0	0	5	20	9	0	0	12	42	0	0
	研究生(人年)	3	0	0	0	0	0	0	0	0	0	0	0	0	0	0	0	0
当年拨入经费	合计(千元)	4	2707	0	0	280	0	0	0	0	0	310	0	0	2017	0	0	100
	当年立项项目拨入经费(千元)	5	2707	0	0	280	0	0	0	0	0	310	0	0	2017	0	0	100
当年支出经费(千元)		6	4336	0	0	226	0	0	0	2	30	237	0	0	3769	0	0	71
当年新开课题数(项)		7	127	0	0	2	0	0	0	1	23	9	0	0	57	34	0	1
当年新开课题批准经费(千元)		8	2907	0	0	280	0	0	0	0	200	310	0	0	2017	0	0	100
当年完成课题数(项)		9	128	1	0	1	0	0	0	5	15	23	0	0	49	34	0	0

出版著作(部)	合 计		10	2	0	0	0	0	0	0	0	0	0	0	0	0	2	0	0
	专著	合 计	11	0	0	0	0	0	0	0	0	0	0	0	0	0	0	0	0
		被译成外文	12	0	0	0	0	0	0	0	0	0	0	0	0	0	0	0	0
	编著教材		13	2	0	0	0	0	0	0	0	0	0	0	0	0	2	0	0
	工具书/参考书		14	0	0	0	0	0	0	0	0	0	0	0	0	0	0	0	0
	皮书/发展报告		15	0	0	0	0	0	0	0	0	0	0	0	0	0	0	0	0
	科普读物		16	0	0	0	0	0	0	0	0	0	0	0	0	0	0	0	0
古籍整理(部)			17	0	0	0	0	0	0	0	0	0	0	0	0	0	0	0	0
译著(部)			18	0	0	0	0	0	0	0	0	0	0	0	0	0	0	0	0
发表译文(篇)			19	0	0	0	0	0	0	0	0	0	0	0	0	0	0	0	0
电子出版物(件)			20	0	0	0	0	0	0	0	0	0	0	0	0	0	0	0	0
发表论文(篇)	合 计		21	37	1	0	0	0	0	0	3	13	7	0	0	0	13	0	0
	国内学术刊物	内地(大陆)	22	37	1	0	0	0	0	0	3	13	7	0	0	0	13	0	0
		港、澳、台地区	23	0	0	0	0	0	0	0	0	0	0	0	0	0	0	0	0
	国外学术刊物		24	0	0	0	0	0	0	0	0	0	0	0	0	0	0	0	0
研究与咨询报告(篇)	合 计		25	47	0	0	0	0	0	0	0	0	0	0	0	47	0	0	0
	被采纳数		26	0	0	0	0	0	0	0	0	0	0	0	0	0	0	0	0

3.15 泰州职业技术学院人文、社会科学研究与课题成果来源情况表

		编号	合计	国家社科基金项目	国家社科基金单列学科项目	教育部人文社科研究项目	高校古籍整理研究项目	国家自然科学基金项目	中央其他部门社科专门项目	省、市、自治区社科基金项目	省教育厅社科项目	地、市、厅、局等政府部门项目	国际合作研究项目	与港、澳、台地区合作研究项目	企事业单位委托项目	学校社科项目	外资项目	其他
			课题来源															
		编号	L01	L02	L03	L04	L05	L06	L07	L08	L09	L10	L11	L12	L13	L14	L15	L16
课题数(项)		1	61	0	0	0	0	0	0	0	28	7	0	0	7	19	0	0
当年投入人数	合计(人年)	2	13	0	0	0	0	0	0	0	6	1	0	0	2	4	0	0
	研究生(人年)	3	0	0	0	0	0	0	0	0	0	0	0	0	0	0	0	0
当年拨入经费	合计(千元)	4	111	0	0	0	0	0	0	0	0	30	0	0	39	42	0	0
	当年立项项目拨入经费(千元)	5	111	0	0	0	0	0	0	0	0	30	0	0	39	42	0	0
当年支出经费(千元)		6	392	0	0	0	0	0	0	0	18	67	0	0	262	45	0	0
当年新开课题数(项)		7	20	0	0	0	0	0	0	0	9	2	0	0	2	7	0	0
当年新开课题批准经费(千元)		8	111	0	0	0	0	0	0	0	0	30	0	0	39	42	0	0
当年完成课题数(项)		9	17	0	0	0	0	0	0	0	4	5	0	0	2	6	0	0

出版著作(部)	合计		10	0	0	0	0	0	0	0	0	0	0	0	0	0	0	0	0
	专著	合计	11	0	0	0	0	0	0	0	0	0	0	0	0	0	0	0	0
		被译成外文	12	0	0	0	0	0	0	0	0	0	0	0	0	0	0	0	0
	编著教材		13	0	0	0	0	0	0	0	0	0	0	0	0	0	0	0	0
	工具书/参考书		14	0	0	0	0	0	0	0	0	0	0	0	0	0	0	0	0
	皮书/发展报告		15	0	0	0	0	0	0	0	0	0	0	0	0	0	0	0	0
	科普读物		16	0	0	0	0	0	0	0	0	0	0	0	0	0	0	0	0
古籍整理(部)			17	0	0	0	0	0	0	0	0	0	0	0	0	0	0	0	0
译著(部)			18	0	0	0	0	0	0	0	0	0	0	0	0	0	0	0	0
发表译文(篇)			19	0	0	0	0	0	0	0	0	0	0	0	0	0	0	0	0
电子出版物(件)			20	0	0	0	0	0	0	0	0	0	0	0	0	0	0	0	0
发表论文(篇)	合计		21	42	0	0	0	0	0	0	0	17	6	0	0	1	18	0	0
	国内学术刊物	内地(大陆)	22	42	0	0	0	0	0	0	0	17	6	0	0	1	18	0	0
		港、澳、台地区	23	0	0	0	0	0	0	0	0	0	0	0	0	0	0	0	0
	国外学术刊物		24	0	0	0	0	0	0	0	0	0	0	0	0	0	0	0	0
研究与咨询报告(篇)	合计		25	5	0	0	0	0	0	0	0	0	5	0	0	0	0	0	0
	被采纳数		26	3	0	0	0	0	0	0	0	0	3	0	0	0	0	0	0

3.16 常州信息职业技术学院人文、社会科学研究与课题成果来源情况表

			课题来源															
			合计	国家社科基金项目	国家社科基金单列学科项目	教育部人文社科研究项目	高校古籍整理研究项目	国家自然科学基金项目	中央其他部门社科专门项目	省、市、自治区社科基金项目	省教育厅社科项目	地、市、厅、局等政府部门项目	国际合作研究项目	与港、澳、台地区合作研究项目	企事业单位委托项目	学校社科项目	外资项目	其他
		编号	L01	L02	L03	L04	L05	L06	L07	L08	L09	L10	L11	L12	L13	L14	L15	L16
课题数(项)		1	195	0	0	3	0	0	0	1	76	114	0	0	0	0	0	1
当年投入人数	合计(人年)	2	51	0	0	1	0	0	0	1	19	31	0	0	0	0	0	0
	研究生(人年)	3	0	0	0	0	0	0	0	0	0	0	0	0	0	0	0	0
当年拨入经费	合计(千元)	4	189	0	0	30	0	0	0	40	55	58	0	0	0	0	0	6
	当年立项项目拨入经费(千元)	5	64	0	0	0	0	0	0	0	0	58	0	0	0	0	0	6
当年支出经费(千元)		6	150	0	0	22	0	0	0	25	45	53	0	0	0	0	0	5
当年新开课题数(项)		7	122	0	0	0	0	0	0	0	20	101	0	0	0	0	0	1
当年新开课题批准经费(千元)		8	71	0	0	0	0	0	0	0	0	61	0	0	0	0	0	10
当年完成课题数(项)		9	115	0	0	0	0	0	0	0	8	107	0	0	0	0	0	0

出版著作(部)	合　计		10	1	0	0	1	0	0	0	0	0	0	0	0	0	0	0	0
	专著	合　计	11	1	0	0	1	0	0	0	0	0	0	0	0	0	0	0	0
		被译成外文	12	0	0	0	0	0	0	0	0	0	0	0	0	0	0	0	0
	编著教材		13	0	0	0	0	0	0	0	0	0	0	0	0	0	0	0	0
	工具书/参考书		14	0	0	0	0	0	0	0	0	0	0	0	0	0	0	0	0
	皮书/发展报告		15	0	0	0	0	0	0	0	0	0	0	0	0	0	0	0	0
	科普读物		16	0	0	0	0	0	0	0	0	0	0	0	0	0	0	0	0
古籍整理(部)			17	0	0	0	0	0	0	0	0	0	0	0	0	0	0	0	0
译著(部)			18	0	0	0	0	0	0	0	0	0	0	0	0	0	0	0	0
发表译文(篇)			19	0	0	0	0	0	0	0	0	0	0	0	0	0	0	0	0
电子出版物(件)			20	0	0	0	0	0	0	0	0	0	0	0	0	0	0	0	0
发表论文(篇)	合　计		21	116	0	0	8	0	0	0	0	47	61	0	0	0	0	0	0
	国内学术刊物	内地(大陆)	22	112	0	0	6	0	0	0	0	47	59	0	0	0	0	0	0
		港、澳、台地区	23	0	0	0	0	0	0	0	0	0	0	0	0	0	0	0	0
	国外学术刊物		24	4	0	0	2	0	0	0	0	0	2	0	0	0	0	0	0
研究与咨询报告(篇)	合　计		25	0	0	0	0	0	0	0	0	0	0	0	0	0	0	0	0
	被采纳数		26	0	0	0	0	0	0	0	0	0	0	0	0	0	0	0	0

3.17 江苏海事职业技术学院人文、社会科学研究与课题成果来源情况表

			课题来源															
			合计	国家社科基金项目	国家社科基金单列学科项目	教育部人文社科研究项目	高校古籍整理研究项目	国家自然科学基金项目	中央其他部门社科专门项目	省、市、自治区社科基金项目	省教育厅社科项目	地、市、厅、局等政府部门项目	国际合作研究项目	与港、澳、台地区合作研究项目	企事业单位委托项目	学校社科项目	外资项目	其他
		编号	L01	L02	L03	L04	L05	L06	L07	L08	L09	L10	L11	L12	L13	L14	L15	L16
课题数(项)		1	258	0	0	0	0	0	2	2	69	17	1	0	65	84	0	18
当年投入人数	合计(人年)	2	56	0	0	0	0	0	1	1	16	5	0	0	14	16	0	4
	研究生(人年)	3	0	0	0	0	0	0	0	0	0	0	0	0	0	0	0	0
当年拨入经费	合计(千元)	4	7231	0	0	0	0	0	0	0	286	0	250	0	6326	300	0	70
	当年立项项目拨入经费(千元)	5	7071	0	0	0	0	0	0	0	272	0	250	0	6180	300	0	70
当年支出经费(千元)		6	6933	0	0	0	0	0	4	6	304	43	228	0	5997	284	0	66
当年新开课题数(项)		7	138	0	0	0	0	0	0	0	28	0	1	0	31	60	0	18
当年新开课题批准经费(千元)		8	7085	0	0	0	0	0	0	0	282	0	250	0	6180	300	0	74
当年完成课题数(项)		9	53	0	0	0	0	0	0	0	15	2	0	0	29	7	0	0

			行																
出版著作(部)	合计		10	0	0	0	0	0	0	0	0	0	0	0	0	0	0	0	0
	专著	合计	11	0	0	0	0	0	0	0	0	0	0	0	0	0	0	0	0
		被译成外文	12	0	0	0	0	0	0	0	0	0	0	0	0	0	0	0	0
	编著教材		13	0	0	0	0	0	0	0	0	0	0	0	0	0	0	0	0
	工具书/参考书		14	0	0	0	0	0	0	0	0	0	0	0	0	0	0	0	0
	皮书/发展报告		15	0	0	0	0	0	0	0	0	0	0	0	0	0	0	0	0
	科普读物		16	0	0	0	0	0	0	0	0	0	0	0	0	0	0	0	0
古籍整理(部)			17	0	0	0	0	0	0	0	0	0	0	0	0	0	0	0	0
译著(部)			18	0	0	0	0	0	0	0	0	0	0	0	0	0	0	0	0
发表译文(篇)			19	0	0	0	0	0	0	0	0	0	0	0	0	0	0	0	0
电子出版物(件)			20	0	0	0	0	0	0	0	0	0	0	0	0	0	0	0	0
发表论文(篇)	合计		21	121	0	0	0	0	0	0	0	16	0	1	0	9	93	0	2
	国内学术刊物	内地(大陆)	22	95	0	0	0	0	0	0	0	14	0	1	0	7	73	0	0
		港、澳、台地区	23	0	0	0	0	0	0	0	0	0	0	0	0	0	0	0	0
	国外学术刊物		24	26	0	0	0	0	0	0	0	2	0	0	0	2	20	0	2
研究与咨询报告(篇)	合计		25	0	0	0	0	0	0	0	0	0	0	0	0	0	0	0	0
	被采纳数		26	0	0	0	0	0	0	0	0	0	0	0	0	0	0	0	0

3.18 无锡科技职业学院人文、社会科学研究与课题成果来源情况表

		编号	合计	国家社科基金项目	国家社科基金单列学科项目	教育部人文社科研究项目	高校古籍整理研究项目	国家自然科学基金项目	中央其他部门社科专门项目	省、市、自治区社科基金项目	省教育厅社科项目	地、市、厅、局等政府部门项目	国际合作研究项目	与港、澳、台地区合作研究项目	企事业单位委托项目	学校社科项目	外资项目	其他
			L01	L02	L03	L04	L05	L06	L07	L08	L09	L10	L11	L12	L13	L14	L15	L16
课题数(项)		1	173	0	0	4	0	0	0	3	60	83	0	0	4	19	0	0
当年投入人数	合计(人年)	2	30	0	0	1	0	0	0	0	10	14	0	0	1	4	0	0
	研究生(人年)	3	0	0	0	0	0	0	0	0	0	0	0	0	0	0	0	0
当年拨入经费	合计(千元)	4	797	0	0	30	0	0	0	0	0	71	0	0	696	0	0	0
	当年立项项目拨入经费(千元)	5	794	0	0	30	0	0	0	0	0	68	0	0	696	0	0	0
当年支出经费(千元)		6	365	0	0	23	0	0	0	0	0	52	0	0	290	0	0	0
当年新开课题数(项)		7	63	0	0	1	0	0	0	1	18	35	0	0	4	4	0	0
当年新开课题批准经费(千元)		8	794	0	0	30	0	0	0	0	0	68	0	0	696	0	0	0
当年完成课题数(项)		9	24	0	0	0	0	0	0	0	2	18	0	0	4	0	0	0

出版著作（部）	合计		10	0	0	0	0	0	0	0	0	0	0	0	0	0	0	0	0
	专著	合计	11	0	0	0	0	0	0	0	0	0	0	0	0	0	0	0	0
		被译成外文	12	0	0	0	0	0	0	0	0	0	0	0	0	0	0	0	0
	编著教材		13	0	0	0	0	0	0	0	0	0	0	0	0	0	0	0	0
	工具书/参考书		14	0	0	0	0	0	0	0	0	0	0	0	0	0	0	0	0
	皮书/发展报告		15	0	0	0	0	0	0	0	0	0	0	0	0	0	0	0	0
	科普读物		16	0	0	0	0	0	0	0	0	0	0	0	0	0	0	0	0
古籍整理（部）			17	0	0	0	0	0	0	0	0	0	0	0	0	0	0	0	0
译著（部）			18	0	0	0	0	0	0	0	0	0	0	0	0	0	0	0	0
发表译文（篇）			19	0	0	0	0	0	0	0	0	0	0	0	0	0	0	0	0
电子出版物（件）			20	0	0	0	0	0	0	0	0	0	0	0	0	0	0	0	0
发表论文（篇）	合计		21	68	0	0	0	0	0	0	1	14	14	0	0	0	37	0	2
	国内学术刊物	内地（大陆）	22	66	0	0	0	0	0	0	1	14	14	0	0	0	35	0	2
		港、澳、台地区	23	0	0	0	0	0	0	0	0	0	0	0	0	0	0	0	0
	国外学术刊物		24	2	0	0	0	0	0	0	0	0	0	0	0	0	2	0	0
研究与咨询报告（篇）	合计		25	4	0	0	0	0	0	0	0	0	0	0	0	4	0	0	0
	被采纳数		26	4	0	0	0	0	0	0	0	0	0	0	0	4	0	0	0

3.19 江苏医药职业学院人文、社会科学研究与课题成果来源情况表

			课题来源															
			合计	国家社科基金项目	国家社科基金单列学科项目	教育部人文社科研究项目	高校古籍整理研究项目	国家自然科学基金项目	中央其他部门社科专门项目	省、市、自治区社科基金项目	省教育厅社科项目	地、市、厅、局等政府部门项目	国际合作研究项目	与港、澳、台地区合作研究项目	企事业单位委托项目	学校社科项目	外资项目	其他
		编号	L01	L02	L03	L04	L05	L06	L07	L08	L09	L10	L11	L12	L13	L14	L15	L16
课题数(项)		1	210	0	0	0	0	0	0	3	72	93	0	0	0	42	0	0
当年投入人数	合计(人年)	2	49	0	0	0	0	0	0	1	19	24	0	0	0	6	0	0
	研究生(人年)	3	0	0	0	0	0	0	0	0	0	0	0	0	0	0	0	0
当年拨入经费	合计(千元)	4	190	0	0	0	0	0	0	60	0	8	0	0	0	122	0	0
	当年立项项目拨入经费(千元)	5	182	0	0	0	0	0	0	60	0	0	0	0	0	122	0	0
当年支出经费(千元)		6	120	0	0	0	0	0	0	31	0	8	0	0	0	81	0	0
当年新开课题数(项)		7	148	0	0	0	0	0	0	2	21	89	0	0	0	36	0	0
当年新开课题批准经费(千元)		8	192	0	0	0	0	0	0	70	0	0	0	0	0	122	0	0
当年完成课题数(项)		9	117	0	0	0	0	0	0	0	24	88	0	0	0	5	0	0

出版著作(部)	合　计		10	0	0	0	0	0	0	0	0	0	0	0	0	0	0	0	0
	专著	合　计	11	0	0	0	0	0	0	0	0	0	0	0	0	0	0	0	0
		被译成外文	12	0	0	0	0	0	0	0	0	0	0	0	0	0	0	0	0
	编著教材		13	0	0	0	0	0	0	0	0	0	0	0	0	0	0	0	0
	工具书/参考书		14	0	0	0	0	0	0	0	0	0	0	0	0	0	0	0	0
	皮书/发展报告		15	0	0	0	0	0	0	0	0	0	0	0	0	0	0	0	0
	科普读物		16	0	0	0	0	0	0	0	0	0	0	0	0	0	0	0	0
古籍整理(部)			17	0	0	0	0	0	0	0	0	0	0	0	0	0	0	0	0
译著(部)			18	0	0	0	0	0	0	0	0	0	0	0	0	0	0	0	0
发表译文(篇)			19	0	0	0	0	0	0	0	0	0	0	0	0	0	0	0	0
电子出版物(件)			20	0	0	0	0	0	0	0	0	0	0	0	0	0	0	0	0
发表论文(篇)	合　计		21	127	0	0	0	0	0	0	1	39	60	0	0	0	27	0	0
	国内学术刊物	内地(大陆)	22	127	0	0	0	0	0	0	1	39	60	0	0	0	27	0	0
		港、澳、台地区	23	0	0	0	0	0	0	0	0	0	0	0	0	0	0	0	0
	国外学术刊物		24	0	0	0	0	0	0	0	0	0	0	0	0	0	0	0	0
研究与咨询报告(篇)	合　计		25	0	0	0	0	0	0	0	0	0	0	0	0	0	0	0	0
	被采纳数		26	0	0	0	0	0	0	0	0	0	0	0	0	0	0	0	0

3.20 南通科技职业学院人文、社会科学研究与课题成果来源情况表

		编号	合计	国家社科基金项目	国家社科基金单列学科项目	教育部人文社科研究项目	高校古籍整理研究项目	国家自然科学基金项目	中央其他部门社科专门项目	省、市、自治区社科基金项目	省教育厅社科项目	地、市、厅、局等政府部门项目	国际合作研究项目	与港、澳、台地区合作研究项目	企事业单位委托项目	学校社科项目	外资项目	其他
			L01	L02	L03	L04	L05	L06	L07	L08	L09	L10	L11	L12	L13	L14	L15	L16
课题数(项)		1	137	0	0	0	0	0	0	4	53	21	0	0	0	59	0	0
当年投入人数	合计(人年)	2	27	0	0	0	0	0	0	1	11	5	0	0	0	11	0	0
	研究生(人年)	3	0	0	0	0	0	0	0	0	0	0	0	0	0	0	0	0
当年拨入经费	合计(千元)	4	426	0	0	0	0	0	0	8	10	308	0	0	0	100	0	0
	当年立项项目拨入经费(千元)	5	403	0	0	0	0	0	0	0	0	308	0	0	0	95	0	0
当年支出经费(千元)		6	417	0	0	0	0	0	0	9	16	308	0	0	0	85	0	0
当年新开课题数(项)		7	45	0	0	0	0	0	0	0	18	4	0	0	0	23	0	0
当年新开课题批准经费(千元)		8	414	0	0	0	0	0	0	0	10	309	0	0	0	95	0	0
当年完成课题数(项)		9	52	0	0	0	0	0	0	2	10	14	0	0	0	26	0	0

出版著作(部)	合 计		10	0	0	0	0	0	0	0	0	0	0	0	0	0	0	0	0
	专著	合 计	11	0	0	0	0	0	0	0	0	0	0	0	0	0	0	0	0
		被译成外文	12	0	0	0	0	0	0	0	0	0	0	0	0	0	0	0	0
	编著教材		13	0	0	0	0	0	0	0	0	0	0	0	0	0	0	0	0
	工具书/参考书		14	0	0	0	0	0	0	0	0	0	0	0	0	0	0	0	0
	皮书/发展报告		15	0	0	0	0	0	0	0	0	0	0	0	0	0	0	0	0
	科普读物		16	0	0	0	0	0	0	0	0	0	0	0	0	0	0	0	0
古籍整理(部)			17	0	0	0	0	0	0	0	0	0	0	0	0	0	0	0	0
译著(部)			18	0	0	0	0	0	0	0	0	0	0	0	0	0	0	0	0
发表译文(篇)			19	0	0	0	0	0	0	0	0	0	0	0	0	0	0	0	0
电子出版物(件)			20	0	0	0	0	0	0	0	0	0	0	0	0	0	0	0	0
发表论文(篇)	合 计		21	33	0	0	0	0	0	0	2	12	9	0	0	0	10	0	0
	国内学术刊物	内地(大陆)	22	33	0	0	0	0	0	0	2	12	9	0	0	0	10	0	0
		港、澳、台地区	23	0	0	0	0	0	0	0	0	0	0	0	0	0	0	0	0
	国外学术刊物		24	0	0	0	0	0	0	0	0	0	0	0	0	0	0	0	0
研究与咨询报告(篇)	合 计		25	1	0	0	0	0	0	0	0	0	1	0	0	0	0	0	0
	被采纳数		26	1	0	0	0	0	0	0	0	0	1	0	0	0	0	0	0

3.21 苏州经贸职业技术学院人文、社会科学研究与课题成果来源情况表

		编号	合计	国家社科基金项目	国家社科基金单列学科项目	教育部人文社科研究项目	高校古籍整理研究项目	国家自然科学基金项目	中央其他部门社科专门项目	省、市、自治区社科基金项目	省教育厅社科项目	地、市、厅、局等政府部门项目	国际合作研究项目	与港、澳、台地区合作研究项目	企事业单位委托项目	学校社科项目	外资项目	其他
			课题来源															
			L01	L02	L03	L04	L05	L06	L07	L08	L09	L10	L11	L12	L13	L14	L15	L16
课题数(项)		1	282	0	0	5	0	0	1	4	65	94	0	0	18	77	0	18
当年投入人数	合计(人年)	2	96	0	0	2	0	0	0	1	17	35	0	0	6	27	0	7
	研究生(人年)	3	0	0	0	0	0	0	0	0	0	0	0	0	0	0	0	0
当年拨入经费	合计(千元)	4	5286	0	0	140	0	0	0	80	24	640	0	0	4082	320	0	0
	当年立项项目拨入经费(千元)	5	5286	0	0	140	0	0	0	80	24	640	0	0	4082	320	0	0
当年支出经费(千元)		6	3411	0	0	57	0	0	0	0	31	598	0	0	2234	469	0	22
当年新开课题数(项)		7	133	0	0	2	0	0	0	2	21	58	0	0	10	29	0	11
当年新开课题批准经费(千元)		8	5427	0	0	200	0	0	0	100	60	640	0	0	4082	320	0	25
当年完成课题数(项)		9	88	0	0	0	0	0	0	0	17	53	0	0	6	9	0	3

出版著作(部)	合计		10	0	0	0	0	0	0	0	0	0	0	0	0	0	0	0	0
	专著	合计	11	0	0	0	0	0	0	0	0	0	0	0	0	0	0	0	0
		被译成外文	12	0	0	0	0	0	0	0	0	0	0	0	0	0	0	0	0
	编著教材		13	0	0	0	0	0	0	0	0	0	0	0	0	0	0	0	0
	工具书/参考书		14	0	0	0	0	0	0	0	0	0	0	0	0	0	0	0	0
	皮书/发展报告		15	0	0	0	0	0	0	0	0	0	0	0	0	0	0	0	0
	科普读物		16	0	0	0	0	0	0	0	0	0	0	0	0	0	0	0	0
古籍整理(部)			17	0	0	0	0	0	0	0	0	0	0	0	0	0	0	0	0
译著(部)			18	0	0	0	0	0	0	0	0	0	0	0	0	0	0	0	0
发表译文(篇)			19	0	0	0	0	0	0	0	0	0	0	0	0	0	0	0	0
电子出版物(件)			20	0	0	0	0	0	0	0	0	0	0	0	0	0	0	0	0
发表论文(篇)	合计		21	132	0	0	0	0	0	0	0	31	28	0	0	0	38	0	35
	国内学术刊物	内地(大陆)	22	132	0	0	0	0	0	0	0	31	28	0	0	0	38	0	35
		港、澳、台地区	23	0	0	0	0	0	0	0	0	0	0	0	0	0	0	0	0
	国外学术刊物		24	0	0	0	0	0	0	0	0	0	0	0	0	0	0	0	0
研究与咨询报告(篇)	合计		25	41	0	0	0	0	0	0	1	0	37	0	0	3	0	0	0
	被采纳数		26	4	0	0	0	0	0	0	1	0	0	0	0	3	0	0	0

3.22 苏州工业职业技术学院人文、社会科学研究与课题成果来源情况表

			课题来源															
			合计	国家社科基金项目	国家社科基金单列学科项目	教育部人文社科研究项目	高校古籍整理研究项目	国家自然科学基金项目	中央其他部门社科专门项目	省、市、自治区社科基金项目	省教育厅社科项目	地、市、厅、局等政府部门项目	国际合作研究项目	与港、澳、台地区合作研究项目	企事业单位委托项目	学校社科项目	外资项目	其他
		编号	L01	L02	L03	L04	L05	L06	L07	L08	L09	L10	L11	L12	L13	L14	L15	L16
课题数(项)		1	114	0	0	1	0	0	0	17	47	24	0	0	25	0	0	0
当年投入人数	合计(人年)	2	15	0	0	0	0	0	0	2	7	3	0	0	3	0	0	0
	研究生(人年)	3	0	0	0	0	0	0	0	0	0	0	0	0	0	0	0	0
当年拨入经费	合计(千元)	4	1062	0	0	80	0	0	0	43	130	60	0	0	749	0	0	0
	当年立项项目拨入经费(千元)	5	1062	0	0	80	0	0	0	43	130	60	0	0	749	0	0	0
当年支出经费(千元)		6	1061	0	0	24	0	0	0	23	183	82	0	0	749	0	0	0
当年新开课题数(项)		7	72	0	0	1	0	0	0	17	13	20	0	0	21	0	0	0
当年新开课题批准经费(千元)		8	1082	0	0	100	0	0	0	43	130	60	0	0	749	0	0	0
当年完成课题数(项)		9	47	0	0	0	0	0	0	12	0	20	0	0	15	0	0	0

项目	编号																
出版著作(部) 合计	10	0	0	0	0	0	0	0	0	0	0	0	0	0	0	0	0
出版著作(部) 专著 合计	11	0	0	0	0	0	0	0	0	0	0	0	0	0	0	0	0
出版著作(部) 专著 被译成外文	12	0	0	0	0	0	0	0	0	0	0	0	0	0	0	0	0
出版著作(部) 编著教材	13	0	0	0	0	0	0	0	0	0	0	0	0	0	0	0	0
出版著作(部) 工具书/参考书	14	0	0	0	0	0	0	0	0	0	0	0	0	0	0	0	0
出版著作(部) 皮书/发展报告	15	0	0	0	0	0	0	0	0	0	0	0	0	0	0	0	0
出版著作(部) 科普读物	16	0	0	0	0	0	0	0	0	0	0	0	0	0	0	0	0
古籍整理(部)	17	0	0	0	0	0	0	0	0	0	0	0	0	0	0	0	0
译著(部)	18	0	0	0	0	0	0	0	0	0	0	0	0	0	0	0	0
发表译文(篇)	19	0	0	0	0	0	0	0	0	0	0	0	0	0	0	0	0
电子出版物(件)	20	0	0	0	0	0	0	0	0	0	0	0	0	0	0	0	0
发表论文(篇) 合计	21	49	0	0	0	0	0	4	4	29	1	0	0	1	10	0	0
发表论文(篇) 国内学术刊物 内地(大陆)	22	49	0	0	0	0	0	4	4	29	1	0	0	1	10	0	0
发表论文(篇) 国内学术刊物 港、澳、台地区	23	0	0	0	0	0	0	0	0	0	0	0	0	0	0	0	0
发表论文(篇) 国外学术刊物	24	0	0	0	0	0	0	0	0	0	0	0	0	0	0	0	0
研究与咨询报告(篇) 合计	25	66	0	0	1	0	0	0	17	13	20	0	0	10	5	0	0
研究与咨询报告(篇) 被采纳数	26	66	0	0	1	0	0	0	17	13	20	0	0	10	5	0	0

3.23 苏州卫生职业技术学院人文、社会科学研究与课题成果来源情况表

			课题来源															
			合计	国家社科基金项目	国家社科基金单列学科项目	教育部人文社科研究项目	高校古籍整理研究项目	国家自然科学基金项目	中央其他部门社科专门项目	省、市、自治区社科基金项目	省教育厅社科项目	地、市、厅、局等政府部门项目	国际合作研究项目	与港、澳、台地区合作研究项目	企事业单位委托项目	学校社科项目	外资项目	其他
		编号	L01	L02	L03	L04	L05	L06	L07	L08	L09	L10	L11	L12	L13	L14	L15	L16
课题数(项)		1	175	0	0	0	0	0	1	35	67	15	0	0	0	48	0	9
当年投入人数	合计(人年)	2	27	0	0	0	0	0	0	6	10	3	0	0	0	7	0	1
	研究生(人年)	3	0	0	0	0	0	0	0	0	0	0	0	0	0	0	0	0
当年拨入经费	合计(千元)	4	738	0	0	0	0	0	0	101	400	63	0	0	0	137	0	37
	当年立项项目拨入经费(千元)	5	738	0	0	0	0	0	0	101	400	63	0	0	0	137	0	37
当年支出经费(千元)		6	664	0	0	0	0	0	6	126	309	69	0	0	0	142	0	12
当年新开课题数(项)		7	66	0	0	0	0	0	0	15	20	8	0	0	0	15	0	8
当年新开课题批准经费(千元)		8	738	0	0	0	0	0	0	101	400	63	0	0	0	137	0	37
当年完成课题数(项)		9	53	0	0	0	0	0	1	18	15	7	0	0	0	12	0	0

出版著作(部)	合　计		10	0	0	0	0	0	0	0	0	0	0	0	0	0	0	0	0
	专著	合　计	11	0	0	0	0	0	0	0	0	0	0	0	0	0	0	0	0
		被译成外文	12	0	0	0	0	0	0	0	0	0	0	0	0	0	0	0	0
	编著教材		13	0	0	0	0	0	0	0	0	0	0	0	0	0	0	0	0
	工具书/参考书		14	0	0	0	0	0	0	0	0	0	0	0	0	0	0	0	0
	皮书/发展报告		15	0	0	0	0	0	0	0	0	0	0	0	0	0	0	0	0
	科普读物		16	0	0	0	0	0	0	0	0	0	0	0	0	0	0	0	0
古籍整理(部)			17	0	0	0	0	0	0	0	0	0	0	0	0	0	0	0	0
译著(部)			18	0	0	0	0	0	0	0	0	0	0	0	0	0	0	0	0
发表译文(篇)			19	0	0	0	0	0	0	0	0	0	0	0	0	0	0	0	0
电子出版物(件)			20	0	0	0	0	0	0	0	0	0	0	0	0	0	0	0	0
发表论文(篇)	合　计		21	132	0	0	0	0	0	0	28	52	10	0	0	0	32	0	10
	国内学术刊物	内地(大陆)	22	132	0	0	0	0	0	0	28	52	10	0	0	0	32	0	10
		港、澳、台地区	23	0	0	0	0	0	0	0	0	0	0	0	0	0	0	0	0
	国外学术刊物		24	0	0	0	0	0	0	0	0	0	0	0	0	0	0	0	0
研究与咨询报告(篇)	合　计		25	0	0	0	0	0	0	0	0	0	0	0	0	0	0	0	0
	被采纳数		26	0	0	0	0	0	0	0	0	0	0	0	0	0	0	0	0

3.24 无锡商业职业技术学院人文、社会科学研究与课题成果来源情况表

			课题来源															
			合计	国家社科基金项目	国家社科基金单列学科项目	教育部人文社科研究项目	高校古籍整理研究项目	国家自然科学基金项目	中央其他部门社科专门项目	省、市、自治区社科基金项目	省教育厅社科项目	地、市、厅、局等政府部门项目	国际合作研究项目	与港、澳、台地区合作研究项目	企事业单位委托项目	学校社科项目	外资项目	其他
		编号	L01	L02	L03	L04	L05	L06	L07	L08	L09	L10	L11	L12	L13	L14	L15	L16
课题数(项)		1	431	0	0	4	0	0	3	20	75	126	0	0	67	136	0	0
当年投入人数	合计(人年)	2	45	0	0	1	0	0	0	3	8	13	0	0	8	14	0	0
	研究生(人年)	3	0	0	0	0	0	0	0	0	0	0	0	0	0	0	0	0
当年拨入经费	合计(千元)	4	9538	0	0	10	0	0	0	8	80	181	0	0	9064	195	0	0
	当年立项项目拨入经费(千元)	5	9350	0	0	0	0	0	0	0	0	171	0	0	8983	195	0	0
当年支出经费(千元)		6	7513	0	0	143	0	0	12	35	161	186	0	0	6835	141	0	0
当年新开课题数(项)		7	192	0	0	0	0	0	0	0	20	70	0	0	45	57	0	0
当年新开课题批准经费(千元)		8	10 459	0	0	0	0	0	0	0	0	171	0	0	10 093	195	0	0
当年完成课题数(项)		9	114	0	0	0	0	0	0	4	18	51	0	0	8	33	0	0

出版著作(部)	合　计		10	5	0	0	0	0	0	0	0	1	3	0	0	1	0	0	0
	专著	合　计	11	5	0	0	0	0	0	0	0	1	3	0	0	1	0	0	0
		被译成外文	12	0	0	0	0	0	0	0	0	0	0	0	0	0	0	0	0
	编著教材		13	0	0	0	0	0	0	0	0	0	0	0	0	0	0	0	0
	工具书/参考书		14	0	0	0	0	0	0	0	0	0	0	0	0	0	0	0	0
	皮书/发展报告		15	0	0	0	0	0	0	0	0	0	0	0	0	0	0	0	0
	科普读物		16	0	0	0	0	0	0	0	0	0	0	0	0	0	0	0	0
古籍整理(部)			17	0	0	0	0	0	0	0	0	0	0	0	0	0	0	0	0
译著(部)			18	0	0	0	0	0	0	0	0	0	0	0	0	0	0	0	0
发表译文(篇)			19	0	0	0	0	0	0	0	0	0	0	0	0	0	0	0	0
电子出版物(件)			20	0	0	0	0	0	0	0	0	0	0	0	0	0	0	0	0
发表论文(篇)	合　计		21	181	0	0	5	0	0	2	5	35	66	0	0	4	64	0	0
	国内学术刊物	内地(大陆)	22	164	0	0	5	0	0	2	3	34	61	0	0	2	57	0	0
		港、澳、台地区	23	0	0	0	0	0	0	0	0	0	0	0	0	0	0	0	0
	国外学术刊物		24	17	0	0	0	0	0	0	2	1	5	0	0	2	7	0	0
研究与咨询报告(篇)	合　计		25	19	0	0	0	0	0	0	0	0	11	0	0	8	0	0	0
	被采纳数		26	16	0	0	0	0	0	0	0	0	11	0	0	5	0	0	0

3.25 江苏航运职业技术学院人文、社会科学研究与课题成果来源情况表

			课题来源															
			合计	国家社科基金项目	国家社科基金单列学科项目	教育部人文社科研究项目	高校古籍整理研究项目	国家自然科学基金项目	中央其他部门社科专门项目	省、市、自治区社科基金项目	省教育厅社科项目	地、市、厅、局等政府部门项目	国际合作研究项目	与港、澳、台地区合作研究项目	企事业单位委托项目	学校社科项目	外资项目	其他
		编号	L01	L02	L03	L04	L05	L06	L07	L08	L09	L10	L11	L12	L13	L14	L15	L16
课题数(项)		1	175	0	0	1	0	0	0	0	92	53	0	0	0	29	0	0
当年投入人数	合计(人年)	2	33	0	0	0	0	0	0	0	17	9	0	0	0	7	0	0
	研究生(人年)	3	0	0	0	0	0	0	0	0	0	0	0	0	0	0	0	0
当年拨入经费	合计(千元)	4	259	0	0	0	0	0	0	0	130	88	0	0	0	41	0	0
	当年立项项目拨入经费(千元)	5	259	0	0	0	0	0	0	0	130	88	0	0	0	41	0	0
当年支出经费(千元)		6	266	0	0	6	0	0	0	0	140	55	0	0	0	65	0	0
当年新开课题数(项)		7	59	0	0	0	0	0	0	0	25	19	0	0	0	15	0	0
当年新开课题批准经费(千元)		8	523	0	0	0	0	0	0	0	250	200	0	0	0	73	0	0
当年完成课题数(项)		9	50	0	0	0	0	0	0	0	28	13	0	0	0	9	0	0

			编号																
出版著作(部)	合计		10	0	0	0	0	0	0	0	0	0	0	0	0	0	0	0	0
	专著	合计	11	0	0	0	0	0	0	0	0	0	0	0	0	0	0	0	0
		被译成外文	12	0	0	0	0	0	0	0	0	0	0	0	0	0	0	0	0
	编著教材		13	0	0	0	0	0	0	0	0	0	0	0	0	0	0	0	0
	工具书/参考书		14	0	0	0	0	0	0	0	0	0	0	0	0	0	0	0	0
	皮书/发展报告		15	0	0	0	0	0	0	0	0	0	0	0	0	0	0	0	0
	科普读物		16	0	0	0	0	0	0	0	0	0	0	0	0	0	0	0	0
古籍整理(部)			17	0	0	0	0	0	0	0	0	0	0	0	0	0	0	0	0
译著(部)			18	0	0	0	0	0	0	0	0	0	0	0	0	0	0	0	0
发表译文(篇)			19	0	0	0	0	0	0	0	0	0	0	0	0	0	0	0	0
电子出版物(件)			20	0	0	0	0	0	0	0	0	0	0	0	0	0	0	0	0
发表论文(篇)	合计		21	100	0	0	0	0	0	0	0	83	15	0	0	0	2	0	0
	国内学术刊物	内地(大陆)	22	100	0	0	0	0	0	0	0	83	15	0	0	0	2	0	0
		港、澳、台地区	23	0	0	0	0	0	0	0	0	0	0	0	0	0	0	0	0
	国外学术刊物		24	0	0	0	0	0	0	0	0	0	0	0	0	0	0	0	0
研究与咨询报告(篇)	合计		25	0	0	0	0	0	0	0	0	0	0	0	0	0	0	0	0
	被采纳数		26	0	0	0	0	0	0	0	0	0	0	0	0	0	0	0	0

3.26 南京交通职业技术学院人文、社会科学研究与课题成果来源情况表

			课题来源															
			合计	国家社科基金项目	国家社科基金单列学科项目	教育部人文社科研究项目	高校古籍整理研究项目	国家自然科学基金项目	中央其他部门社科专门项目	省、市、自治区社科基金项目	省教育厅社科项目	地、市、厅、局等政府部门项目	国际合作研究项目	与港、澳、台地区合作研究项目	企事业单位委托项目	学校社科项目	外资项目	其他
		编号	L01	L02	L03	L04	L05	L06	L07	L08	L09	L10	L11	L12	L13	L14	L15	L16
课题数(项)		1	231	0	0	3	0	0	0	4	83	14	0	0	42	85	0	0
当年投入人数	合计(人年)	2	24	0	0	1	0	0	0	1	9	1	0	0	4	9	0	0
	研究生(人年)	3	0	0	0	0	0	0	0	0	0	0	0	0	0	0	0	0
当年拨入经费	合计(千元)	4	122	0	0	0	0	0	0	0	37	8	0	0	24	53	0	0
	当年立项项目拨入经费(千元)	5	45	0	0	0	0	0	0	0	29	0	0	0	16	0	0	0
当年支出经费(千元)		6	396	0	0	137	0	0	0	16	24	24	0	0	95	100	0	0
当年新开课题数(项)		7	71	0	0	0	0	0	0	0	24	3	0	0	27	17	0	0
当年新开课题批准经费(千元)		8	220	0	0	0	0	0	0	0	60	0	0	0	60	100	0	0
当年完成课题数(项)		9	45	0	0	0	0	0	0	1	11	5	0	0	8	20	0	0

出版著作(部)	合 计		10	2	0	0	0	0	0	0	0	1	0	0	0	0	1	0	0
	专著	合 计	11	2	0	0	0	0	0	0	0	1	0	0	0	0	1	0	0
		被译成外文	12	0	0	0	0	0	0	0	0	0	0	0	0	0	0	0	0
	编著教材		13	0	0	0	0	0	0	0	0	0	0	0	0	0	0	0	0
	工具书/参考书		14	0	0	0	0	0	0	0	0	0	0	0	0	0	0	0	0
	皮书/发展报告		15	0	0	0	0	0	0	0	0	0	0	0	0	0	0	0	0
	科普读物		16	0	0	0	0	0	0	0	0	0	0	0	0	0	0	0	0
古籍整理(部)			17	0	0	0	0	0	0	0	0	0	0	0	0	0	0	0	0
译著(部)			18	0	0	0	0	0	0	0	0	0	0	0	0	0	0	0	0
发表译文(篇)			19	0	0	0	0	0	0	0	0	0	0	0	0	0	0	0	0
电子出版物(件)			20	0	0	0	0	0	0	0	0	0	0	0	0	0	0	0	0
发表论文(篇)	合 计		21	99	0	0	1	0	0	0	0	40	2	0	0	10	46	0	0
	国内学术刊物	内地(大陆)	22	98	0	0	1	0	0	0	0	39	2	0	0	10	46	0	0
		港、澳、台地区	23	0	0	0	0	0	0	0	0	0	0	0	0	0	0	0	0
	国外学术刊物		24	1	0	0	0	0	0	0	0	1	0	0	0	0	0	0	0
研究与咨询报告(篇)	合 计		25	0	0	0	0	0	0	0	0	0	0	0	0	0	0	0	0
	被采纳数		26	0	0	0	0	0	0	0	0	0	0	0	0	0	0	0	0

3.27 江苏电子信息职业学院人文、社会科学研究与课题成果来源情况表

		编号	合计	国家社科基金项目	国家社科基金单列学科项目	教育部人文社科研究项目	高校古籍整理研究项目	国家自然科学基金项目	中央其他部门社科专门项目	省、市、自治区社科基金项目	省教育厅社科项目	地、市、厅、局等政府部门项目	国际合作研究项目	与港、澳、台地区合作研究项目	企事业单位委托项目	学校社科项目	外资项目	其他
			课题来源															
			L01	L02	L03	L04	L05	L06	L07	L08	L09	L10	L11	L12	L13	L14	L15	L16
课题数(项)		1	165	0	0	1	0	0	0	1	82	45	0	0	0	32	0	4
当年投入人数	合计(人年)	2	35	0	0	0	0	0	0	0	22	8	0	0	0	4	0	1
	研究生(人年)	3	0	0	0	0	0	0	0	0	0	0	0	0	0	0	0	0
当年拨入经费	合计(千元)	4	286	0	0	0	0	0	0	0	218	68	0	0	0	0	0	0
	当年立项项目拨入经费(千元)	5	286	0	0	0	0	0	0	0	218	68	0	0	0	0	0	0
当年支出经费(千元)		6	314	0	0	11	0	0	0	6	174	88	0	0	0	32	0	3
当年新开课题数(项)		7	55	0	0	0	0	0	0	0	24	13	0	0	0	16	0	2
当年新开课题批准经费(千元)		8	306	0	0	0	0	0	0	0	238	68	0	0	0	0	0	0
当年完成课题数(项)		9	48	0	0	0	0	0	0	0	23	9	0	0	0	16	0	0

出版著作（部）	合　计		10	0	0	0	0	0	0	0	0	0	0	0	0	0	0	0	0
	专著	合　计	11	0	0	0	0	0	0	0	0	0	0	0	0	0	0	0	0
		被译成外文	12	0	0	0	0	0	0	0	0	0	0	0	0	0	0	0	0
	编著教材		13	0	0	0	0	0	0	0	0	0	0	0	0	0	0	0	0
	工具书/参考书		14	0	0	0	0	0	0	0	0	0	0	0	0	0	0	0	0
	皮书/发展报告		15	0	0	0	0	0	0	0	0	0	0	0	0	0	0	0	0
	科普读物		16	0	0	0	0	0	0	0	0	0	0	0	0	0	0	0	0
古籍整理（部）			17	0	0	0	0	0	0	0	0	0	0	0	0	0	0	0	0
译著（部）			18	0	0	0	0	0	0	0	0	0	0	0	0	0	0	0	0
发表译文（篇）			19	0	0	0	0	0	0	0	0	0	0	0	0	0	0	0	0
电子出版物（件）			20	0	0	0	0	0	0	0	0	0	0	0	0	0	0	0	0
发表论文（篇）	合　计		21	44	0	0	0	0	0	0	0	27	10	0	0	0	7	0	0
	国内学术刊物	内地（大陆）	22	44	0	0	0	0	0	0	0	27	10	0	0	0	7	0	0
		港、澳、台地区	23	0	0	0	0	0	0	0	0	0	0	0	0	0	0	0	0
	国外学术刊物		24	0	0	0	0	0	0	0	0	0	0	0	0	0	0	0	0
研究与咨询报告（篇）	合　计		25	0	0	0	0	0	0	0	0	0	0	0	0	0	0	0	0
	被采纳数		26	0	0	0	0	0	0	0	0	0	0	0	0	0	0	0	0

3.28 江苏农牧科技职业学院人文、社会科学研究与课题成果来源情况表

			课题来源															
			合计	国家社科基金项目	国家社科基金单列学科项目	教育部人文社科研究项目	高校古籍整理研究项目	国家自然科学基金项目	中央其他部门社科专门项目	省、市、自治区社科基金项目	省教育厅社科项目	地、市、厅、局等政府部门项目	国际合作研究项目	与港、澳、台地区合作研究项目	企事业单位委托项目	学校社科项目	外资项目	其他
		编号	L01	L02	L03	L04	L05	L06	L07	L08	L09	L10	L11	L12	L13	L14	L15	L16
课题数(项)		1	82	0	0	0	0	0	0	0	68	14	0	0	0	0	0	0
当年投入人数	合计(人年)	2	8	0	0	0	0	0	0	0	7	1	0	0	0	0	0	0
	研究生(人年)	3	0	0	0	0	0	0	0	0	0	0	0	0	0	0	0	0
当年拨入经费	合计(千元)	4	34	0	0	0	0	0	0	0	0	34	0	0	0	0	0	0
	当年立项项目拨入经费(千元)	5	34	0	0	0	0	0	0	0	0	34	0	0	0	0	0	0
当年支出经费(千元)		6	91	0	0	0	0	0	0	0	55	36	0	0	0	0	0	0
当年新开课题数(项)		7	28	0	0	0	0	0	0	0	20	8	0	0	0	0	0	0
当年新开课题批准经费(千元)		8	264	0	0	0	0	0	0	0	200	64	0	0	0	0	0	0
当年完成课题数(项)		9	24	0	0	0	0	0	0	0	16	8	0	0	0	0	0	0

出版著作(部)	合 计		10	0	0	0	0	0	0	0	0	0	0	0	0	0	0	0	0
	专著	合 计	11	0	0	0	0	0	0	0	0	0	0	0	0	0	0	0	0
		被译成外文	12	0	0	0	0	0	0	0	0	0	0	0	0	0	0	0	0
	编著教材		13	0	0	0	0	0	0	0	0	0	0	0	0	0	0	0	0
	工具书/参考书		14	0	0	0	0	0	0	0	0	0	0	0	0	0	0	0	0
	皮书/发展报告		15	0	0	0	0	0	0	0	0	0	0	0	0	0	0	0	0
	科普读物		16	0	0	0	0	0	0	0	0	0	0	0	0	0	0	0	0
古籍整理(部)			17	0	0	0	0	0	0	0	0	0	0	0	0	0	0	0	0
译著(部)			18	0	0	0	0	0	0	0	0	0	0	0	0	0	0	0	0
发表译文(篇)			19	0	0	0	0	0	0	0	0	0	0	0	0	0	0	0	0
电子出版物(件)			20	0	0	0	0	0	0	0	0	0	0	0	0	0	0	0	0
发表论文(篇)	合 计		21	92	0	0	0	0	0	0	0	77	15	0	0	0	0	0	0
	国内学术刊物	内地(大陆)	22	92	0	0	0	0	0	0	0	77	15	0	0	0	0	0	0
		港、澳、台地区	23	0	0	0	0	0	0	0	0	0	0	0	0	0	0	0	0
	国外学术刊物		24	0	0	0	0	0	0	0	0	0	0	0	0	0	0	0	0
研究与咨询报告(篇)	合 计		25	0	0	0	0	0	0	0	0	0	0	0	0	0	0	0	0
	被采纳数		26	0	0	0	0	0	0	0	0	0	0	0	0	0	0	0	0

3.29 常州纺织服装职业技术学院人文、社会科学研究与课题成果来源情况表

		编号	合计	国家社科基金项目	国家社科基金单列学科项目	教育部人文社科研究项目	高校古籍整理研究项目	国家自然科学基金项目	中央其他部门社科专门项目	省、市、自治区社科基金项目	省教育厅社科项目	地、市、厅、局等政府部门项目	国际合作研究项目	与港、澳、台地区合作研究项目	企事业单位委托项目	学校社科项目	外资项目	其他
			课题来源															
			L01	L02	L03	L04	L05	L06	L07	L08	L09	L10	L11	L12	L13	L14	L15	L16
课题数(项)		1	421	0	0	4	0	0	0	0	80	167	0	0	64	106	0	0
当年投入人数	合计(人年)	2	51	0	0	1	0	0	0	0	14	18	0	0	7	11	0	0
	研究生(人年)	3	0	0	0	0	0	0	0	0	0	0	0	0	0	0	0	0
当年拨入经费	合计(千元)	4	296	0	0	65	0	0	0	0	44	50	0	0	81	56	0	0
	当年立项项目拨入经费(千元)	5	162	0	0	20	0	0	0	0	24	26	0	0	41	51	0	0
当年支出经费(千元)		6	689	0	0	60	0	0	0	0	161	83	0	0	96	288	0	0
当年新开课题数(项)		7	220	0	0	1	0	0	0	0	20	148	0	0	27	24	0	0
当年新开课题批准经费(千元)		8	304	0	0	20	0	0	0	0	60	77	0	0	96	51	0	0
当年完成课题数(项)		9	199	0	0	0	0	0	0	0	17	144	0	0	17	21	0	0

出版著作(部)	合计		10	2	0	0	0	0	0	0	0	0	2	0	0	0	0	0	0
	专著	合计	11	1	0	0	0	0	0	0	0	0	1	0	0	0	0	0	0
		被译成外文	12	0	0	0	0	0	0	0	0	0	0	0	0	0	0	0	0
	编著教材		13	1	0	0	0	0	0	0	0	0	1	0	0	0	0	0	0
	工具书/参考书		14	0	0	0	0	0	0	0	0	0	0	0	0	0	0	0	0
	皮书/发展报告		15	0	0	0	0	0	0	0	0	0	0	0	0	0	0	0	0
	科普读物		16	0	0	0	0	0	0	0	0	0	0	0	0	0	0	0	0
古籍整理(部)			17	0	0	0	0	0	0	0	0	0	0	0	0	0	0	0	0
译著(部)			18	0	0	0	0	0	0	0	0	0	0	0	0	0	0	0	0
发表译文(篇)			19	0	0	0	0	0	0	0	0	0	0	0	0	0	0	0	0
电子出版物(件)			20	0	0	0	0	0	0	0	0	0	0	0	0	0	0	0	0
发表论文(篇)	合计		21	208	0	0	1	0	0	0	0	46	98	0	0	10	53	0	0
	国内学术刊物	内地(大陆)	22	205	0	0	1	0	0	0	0	46	95	0	0	10	53	0	0
		港、澳、台地区	23	0	0	0	0	0	0	0	0	0	0	0	0	0	0	0	0
	国外学术刊物		24	3	0	0	0	0	0	0	0	0	3	0	0	0	0	0	0
研究与咨询报告(篇)	合计		25	0	0	0	0	0	0	0	0	0	0	0	0	0	0	0	0
	被采纳数		26	0	0	0	0	0	0	0	0	0	0	0	0	0	0	0	0

3.30 苏州农业职业技术学院人文、社会科学研究与课题成果来源情况表

			课题来源															
			合计	国家社科基金项目	国家社科基金单列学科项目	教育部人文社科研究项目	高校古籍整理研究项目	国家自然科学基金项目	中央其他部门社科专门项目	省、市、自治区社科基金项目	省教育厅社科项目	地、市、厅、局等政府部门项目	国际合作研究项目	与港、澳、台地区合作研究项目	企事业单位委托项目	学校社科项目	外资项目	其他
		编号	L01	L02	L03	L04	L05	L06	L07	L08	L09	L10	L11	L12	L13	L14	L15	L16
课题数(项)		1	75	0	0	1	0	0	0	9	34	24	0	0	0	6	0	1
当年投入人数	合计(人年)	2	10	0	0	0	0	0	0	1	4	4	0	0	0	1	0	0
	研究生(人年)	3	0	0	0	0	0	0	0	0	0	0	0	0	0	0	0	0
当年拨入经费	合计(千元)	4	346	0	0	70	0	0	0	80	60	131	0	0	0	0	0	5
	当年立项项目拨入经费(千元)	5	346	0	0	70	0	0	0	80	60	131	0	0	0	0	0	5
当年支出经费(千元)		6	272	0	0	20	0	0	0	81	15	140	0	0	0	11	0	5
当年新开课题数(项)		7	46	0	0	1	0	0	0	4	21	19	0	0	0	0	0	1
当年新开课题批准经费(千元)		8	376	0	0	100	0	0	0	80	60	131	0	0	0	0	0	5
当年完成课题数(项)		9	24	0	0	0	0	0	0	4	0	19	0	0	0	0	0	1

出版著作(部)	合计		10	0	0	0	0	0	0	0	0	0	0	0	0	0	0	0	0
	专著	合计	11	0	0	0	0	0	0	0	0	0	0	0	0	0	0	0	0
		被译成外文	12	0	0	0	0	0	0	0	0	0	0	0	0	0	0	0	0
	编著教材		13	0	0	0	0	0	0	0	0	0	0	0	0	0	0	0	0
	工具书/参考书		14	0	0	0	0	0	0	0	0	0	0	0	0	0	0	0	0
	皮书/发展报告		15	0	0	0	0	0	0	0	0	0	0	0	0	0	0	0	0
	科普读物		16	0	0	0	0	0	0	0	0	0	0	0	0	0	0	0	0
古籍整理(部)			17	0	0	0	0	0	0	0	0	0	0	0	0	0	0	0	0
译著(部)			18	0	0	0	0	0	0	0	0	0	0	0	0	0	0	0	0
发表译文(篇)			19	0	0	0	0	0	0	0	0	0	0	0	0	0	0	0	0
电子出版物(件)			20	0	0	0	0	0	0	0	0	0	0	0	0	0	0	0	0
发表论文(篇)	合计		21	147	0	0	0	0	0	0	68	17	43	0	0	0	17	0	2
	国内学术刊物	内地(大陆)	22	139	0	0	0	0	0	0	63	17	40	0	0	0	17	0	2
		港、澳、台地区	23	0	0	0	0	0	0	0	0	0	0	0	0	0	0	0	0
	国外学术刊物		24	8	0	0	0	0	0	0	5	0	3	0	0	0	0	0	0
研究与咨询报告(篇)	合计		25	0	0	0	0	0	0	0	0	0	0	0	0	0	0	0	0
	被采纳数		26	0	0	0	0	0	0	0	0	0	0	0	0	0	0	0	0

3.31 南京科技职业学院人文、社会科学研究与课题成果来源情况表

			课题来源															
			合计	国家社科基金项目	国家社科基金单列学科项目	教育部人文社科研究项目	高校古籍整理研究项目	国家自然科学基金项目	中央其他部门社科专门项目	省、市、自治区社科基金项目	省教育厅社科项目	地、市、厅、局等政府部门项目	国际合作研究项目	与港、澳、台地区合作研究项目	企事业单位委托项目	学校社科项目	外资项目	其他
		编号	L01	L02	L03	L04	L05	L06	L07	L08	L09	L10	L11	L12	L13	L14	L15	L16
课题数(项)		1	385	0	0	2	0	0	0	2	81	63	0	0	37	200	0	0
当年投入人数	合计(人年)	2	39	0	0	0	0	0	0	0	8	6	0	0	4	20	0	0
	研究生(人年)	3	0	0	0	0	0	0	0	0	0	0	0	0	0	0	0	0
当年拨入经费	合计(千元)	4	987	0	0	80	0	0	0	0	0	113	0	0	605	189	0	0
	当年立项项目拨入经费(千元)	5	987	0	0	80	0	0	0	0	0	113	0	0	605	189	0	0
当年支出经费(千元)		6	674	0	0	48	0	0	0	0	0	82	0	0	411	133	0	0
当年新开课题数(项)		7	134	0	0	1	0	0	0	0	20	14	0	0	22	77	0	0
当年新开课题批准经费(千元)		8	1015	0	0	100	0	0	0	0	0	121	0	0	605	189	0	0
当年完成课题数(项)		9	116	0	0	0	0	0	0	0	18	26	0	0	12	60	0	0

出版著作(部)	合计		10	2	0	0	0	0	0	0	0	0	2	0	0	0	0	0	0
	专著	合计	11	0	0	0	0	0	0	0	0	0	0	0	0	0	0	0	0
		被译成外文	12	0	0	0	0	0	0	0	0	0	0	0	0	0	0	0	0
	编著教材		13	2	0	0	0	0	0	0	0	0	2	0	0	0	0	0	0
	工具书/参考书		14	0	0	0	0	0	0	0	0	0	0	0	0	0	0	0	0
	皮书/发展报告		15	0	0	0	0	0	0	0	0	0	0	0	0	0	0	0	0
	科普读物		16	0	0	0	0	0	0	0	0	0	0	0	0	0	0	0	0
古籍整理(部)			17	0	0	0	0	0	0	0	0	0	0	0	0	0	0	0	0
译著(部)			18	0	0	0	0	0	0	0	0	0	0	0	0	0	0	0	0
发表译文(篇)			19	0	0	0	0	0	0	0	0	0	0	0	0	0	0	0	0
电子出版物(件)			20	0	0	0	0	0	0	0	0	0	0	0	0	0	0	0	0
发表论文(篇)	合计		21	121	0	0	1	0	0	0	1	38	19	0	0	0	62	0	0
	国内学术刊物	内地(大陆)	22	119	0	0	1	0	0	0	1	37	19	0	0	0	61	0	0
		港、澳、台地区	23	0	0	0	0	0	0	0	0	0	0	0	0	0	0	0	0
	国外学术刊物		24	2	0	0	0	0	0	0	0	1	0	0	0	0	1	0	0
研究与咨询报告(篇)	合计		25	13	0	0	0	0	0	0	0	0	1	0	0	12	0	0	0
	被采纳数		26	12	0	0	0	0	0	0	0	0	0	0	0	12	0	0	0

3.32 常州工业职业技术学院人文、社会科学研究与课题成果来源情况表

			课题来源															
			合计	国家社科基金项目	国家社科基金单列学科项目	教育部人文社科研究项目	高校古籍整理研究项目	国家自然科学基金项目	中央其他部门社科专门项目	省、市、自治区社科基金项目	省教育厅社科项目	地、市、厅、局等政府部门项目	国际合作研究项目	与港、澳、台地区合作研究项目	企事业单位委托项目	学校社科项目	外资项目	其他
		编号	L01	L02	L03	L04	L05	L06	L07	L08	L09	L10	L11	L12	L13	L14	L15	L16
课题数(项)		1	364	0	0	6	0	0	0	2	87	111	0	0	98	60	0	0
当年投入人数	合计(人年)	2	72	0	0	1	0	0	0	0	17	24	0	0	17	12	0	0
	研究生(人年)	3	0	0	0	0	0	0	0	0	0	0	0	0	0	0	0	0
当年拨入经费	合计(千元)	4	2049	0	0	50	0	0	0	0	0	38	0	0	1961	0	0	0
	当年立项项目拨入经费(千元)	5	1277	0	0	20	0	0	0	0	0	38	0	0	1219	0	0	0
当年支出经费(千元)		6	2040	0	0	58	0	0	0	12	21	59	0	0	1848	42	0	0
当年新开课题数(项)		7	129	0	0	1	0	0	0	0	20	56	0	0	30	22	0	0
当年新开课题批准经费(千元)		8	1281	0	0	20	0	0	0	0	0	42	0	0	1219	0	0	0
当年完成课题数(项)		9	170	0	0	1	0	0	0	1	15	70	0	0	65	18	0	0

出版著作(部)	合计		10	3	0	0	1	0	0	0	0	0	0	0	0	2	0	0	0
	专著	合计	11	0	0	0	0	0	0	0	0	0	0	0	0	0	0	0	0
		被译成外文	12	0	0	0	0	0	0	0	0	0	0	0	0	0	0	0	0
	编著教材		13	3	0	0	1	0	0	0	0	0	0	0	0	2	0	0	0
	工具书/参考书		14	0	0	0	0	0	0	0	0	0	0	0	0	0	0	0	0
	皮书/发展报告		15	0	0	0	0	0	0	0	0	0	0	0	0	0	0	0	0
	科普读物		16	0	0	0	0	0	0	0	0	0	0	0	0	0	0	0	0
古籍整理(部)			17	0	0	0	0	0	0	0	0	0	0	0	0	0	0	0	0
译著(部)			18	0	0	0	0	0	0	0	0	0	0	0	0	0	0	0	0
发表译文(篇)			19	0	0	0	0	0	0	0	0	0	0	0	0	0	0	0	0
电子出版物(件)			20	0	0	0	0	0	0	0	0	0	0	0	0	0	0	0	0
发表论文(篇)	合计		21	110	0	0	5	0	0	0	2	42	35	0	0	4	22	0	0
	国内学术刊物	内地(大陆)	22	108	0	0	5	0	0	0	2	42	33	0	0	4	22	0	0
		港、澳、台地区	23	0	0	0	0	0	0	0	0	0	0	0	0	0	0	0	0
	国外学术刊物		24	2	0	0	0	0	0	0	0	0	2	0	0	0	0	0	0
研究与咨询报告(篇)	合计		25	74	0	0	0	0	0	0	1	2	27	0	0	38	6	0	0
	被采纳数		26	0	0	0	0	0	0	0	0	0	0	0	0	0	0	0	0

3.33 常州工程职业技术学院人文、社会科学研究与课题成果来源情况表

			课题来源															
			合计	国家社科基金项目	国家社科基金单列学科项目	教育部人文社科研究项目	高校古籍整理研究项目	国家自然科学基金项目	中央其他部门社科专门项目	省、市、自治区社科基金项目	省教育厅社科项目	地、市、厅、局等政府部门项目	国际合作研究项目	与港、澳、台地区合作研究项目	企事业单位委托项目	学校社科项目	外资项目	其他
		编号	L01	L02	L03	L04	L05	L06	L07	L08	L09	L10	L11	L12	L13	L14	L15	L16
课题数(项)		1	332	0	0	3	0	0	1	14	52	171	0	0	25	66	0	0
当年投入人数	合计(人年)	2	33	0	0	0	0	0	0	1	5	17	0	0	3	6	0	0
	研究生(人年)	3	0	0	0	0	0	0	0	0	0	0	0	0	0	0	0	0
当年拨入经费	合计(千元)	4	2634	0	0	240	0	0	0	0	0	414	0	0	1871	109	0	0
	当年立项项目拨入经费(千元)	5	2633	0	0	240	0	0	0	0	0	414	0	0	1871	108	0	0
当年支出经费(千元)		6	2560	0	0	146	0	0	70	0	20	216	0	0	1932	176	0	0
当年新开课题数(项)		7	203	0	0	2	0	0	0	0	0	168	0	0	23	10	0	0
当年新开课题批准经费(千元)		8	2633	0	0	240	0	0	0	0	0	414	0	0	1871	108	0	0
当年完成课题数(项)		9	252	0	0	0	0	0	0	0	16	145	0	0	25	66	0	0

出版著作(部)	合计		10	0	0	0	0	0	0	0	0	0	0	0	0	0	0	0	0
	专著	合计	11	0	0	0	0	0	0	0	0	0	0	0	0	0	0	0	0
		被译成外文	12	0	0	0	0	0	0	0	0	0	0	0	0	0	0	0	0
	编著教材		13	0	0	0	0	0	0	0	0	0	0	0	0	0	0	0	0
	工具书/参考书		14	0	0	0	0	0	0	0	0	0	0	0	0	0	0	0	0
	皮书/发展报告		15	0	0	0	0	0	0	0	0	0	0	0	0	0	0	0	0
	科普读物		16	0	0	0	0	0	0	0	0	0	0	0	0	0	0	0	0
古籍整理(部)			17	0	0	0	0	0	0	0	0	0	0	0	0	0	0	0	0
译著(部)			18	0	0	0	0	0	0	0	0	0	0	0	0	0	0	0	0
发表译文(篇)			19	0	0	0	0	0	0	0	0	0	0	0	0	0	0	0	0
电子出版物(件)			20	0	0	0	0	0	0	0	0	0	0	0	0	0	0	0	0
发表论文(篇)	合计		21	141	0	0	2	0	0	0	0	30	95	0	0	0	11	0	3
	国内学术刊物	内地(大陆)	22	141	0	0	2	0	0	0	0	30	95	0	0	0	11	0	3
		港、澳、台地区	23	0	0	0	0	0	0	0	0	0	0	0	0	0	0	0	0
	国外学术刊物		24	0	0	0	0	0	0	0	0	0	0	0	0	0	0	0	0
研究与咨询报告(篇)	合计		25	22	0	0	0	0	0	0	0	0	0	0	0	22	0	0	0
	被采纳数		26	22	0	0	0	0	0	0	0	0	0	0	0	22	0	0	0

3.34 江苏农林职业技术学院人文、社会科学研究与课题成果来源情况表

		编号	合计	国家社科基金项目	国家社科基金单列学科项目	教育部人文社科研究项目	高校古籍整理研究项目	国家自然科学基金项目	中央其他部门社科专门项目	省、市、自治区社科基金项目	省教育厅社科项目	地、市、厅、局等政府部门项目	国际合作研究项目	与港、澳、台地区合作研究项目	企事业单位委托项目	学校社科项目	外资项目	其他
			课题来源															
		编号	L01	L02	L03	L04	L05	L06	L07	L08	L09	L10	L11	L12	L13	L14	L15	L16
课题数(项)		1	79	0	0	3	0	0	0	1	65	10	0	0	0	0	0	0
当年投入人数	合计(人年)	2	11	0	0	1	0	0	0	0	9	2	0	0	0	0	0	0
	研究生(人年)	3	0	0	0	0	0	0	0	0	0	0	0	0	0	0	0	0
当年拨入经费	合计(千元)	4	310	0	0	150	0	0	0	0	0	160	0	0	0	0	0	0
	当年立项项目拨入经费(千元)	5	260	0	0	100	0	0	0	0	0	160	0	0	0	0	0	0
当年支出经费(千元)		6	289	0	0	140	0	0	0	4	0	145	0	0	0	0	0	0
当年新开课题数(项)		7	26	0	0	1	0	0	0	0	20	5	0	0	0	0	0	0
当年新开课题批准经费(千元)		8	260	0	0	100	0	0	0	0	0	160	0	0	0	0	0	0
当年完成课题数(项)		9	24	0	0	1	0	0	0	0	18	5	0	0	0	0	0	0

出版著作(部)	合　计		10	0	0	0	0	0	0	0	0	0	0	0	0	0	0	0	0
	专著	合　计	11	0	0	0	0	0	0	0	0	0	0	0	0	0	0	0	0
		被译成外文	12	0	0	0	0	0	0	0	0	0	0	0	0	0	0	0	0
	编著教材		13	0	0	0	0	0	0	0	0	0	0	0	0	0	0	0	0
	工具书/参考书		14	0	0	0	0	0	0	0	0	0	0	0	0	0	0	0	0
	皮书/发展报告		15	0	0	0	0	0	0	0	0	0	0	0	0	0	0	0	0
	科普读物		16	0	0	0	0	0	0	0	0	0	0	0	0	0	0	0	0
古籍整理(部)			17	0	0	0	0	0	0	0	0	0	0	0	0	0	0	0	0
译著(部)			18	0	0	0	0	0	0	0	0	0	0	0	0	0	0	0	0
发表译文(篇)			19	0	0	0	0	0	0	0	0	0	0	0	0	0	0	0	0
电子出版物(件)			20	0	0	0	0	0	0	0	0	0	0	0	0	0	0	0	0
发表论文(篇)	合　计		21	37	0	0	2	0	0	0	0	33	2	0	0	0	0	0	0
	国内学术刊物	内地(大陆)	22	37	0	0	2	0	0	0	0	33	2	0	0	0	0	0	0
		港、澳、台地区	23	0	0	0	0	0	0	0	0	0	0	0	0	0	0	0	0
	国外学术刊物		24	0	0	0	0	0	0	0	0	0	0	0	0	0	0	0	0
研究与咨询报告(篇)	合　计		25	0	0	0	0	0	0	0	0	0	0	0	0	0	0	0	0
	被采纳数		26	0	0	0	0	0	0	0	0	0	0	0	0	0	0	0	0

3.35 江苏食品药品职业技术学院人文、社会科学研究与课题成果来源情况表

			课题来源															
			合计	国家社科基金项目	国家社科基金单列学科项目	教育部人文社科研究项目	高校古籍整理研究项目	国家自然科学基金项目	中央其他部门社科专门项目	省、市、自治区社科基金项目	省教育厅社科项目	地、市、厅、局等政府部门项目	国际合作研究项目	与港、澳、台地区合作研究项目	企事业单位委托项目	学校社科项目	外资项目	其他
		编号	L01	L02	L03	L04	L05	L06	L07	L08	L09	L10	L11	L12	L13	L14	L15	L16
课题数(项)		1	113	0	0	0	0	0	0	1	54	28	0	0	18	12	0	0
当年投入人数	合计(人年)	2	27	0	0	0	0	0	0	0	13	6	0	0	4	3	0	0
	研究生(人年)	3	0	0	0	0	0	0	0	0	0	0	0	0	0	0	0	0
当年拨入经费	合计(千元)	4	1010	0	0	0	0	0	0	0	0	80	0	0	855	75	0	0
	当年立项项目拨入经费(千元)	5	1010	0	0	0	0	0	0	0	0	80	0	0	855	75	0	0
当年支出经费(千元)		6	755	0	0	0	0	0	10	0	63	94	0	0	529	60	0	0
当年新开课题数(项)		7	50	0	0	0	0	0	0	0	20	15	0	0	9	6	0	0
当年新开课题批准经费(千元)		8	1210	0	0	0	0	0	0	0	200	80	0	0	855	75	0	0
当年完成课题数(项)		9	40	0	0	0	0	0	0	0	12	18	0	0	4	6	0	0

出版著作(部)	合计		10	0	0	0	0	0	0	0	0	0	0	0	0	0	0	0	0
	专著	合计	11	0	0	0	0	0	0	0	0	0	0	0	0	0	0	0	0
		被译成外文	12	0	0	0	0	0	0	0	0	0	0	0	0	0	0	0	0
	编著教材		13	0	0	0	0	0	0	0	0	0	0	0	0	0	0	0	0
	工具书/参考书		14	0	0	0	0	0	0	0	0	0	0	0	0	0	0	0	0
	皮书/发展报告		15	0	0	0	0	0	0	0	0	0	0	0	0	0	0	0	0
	科普读物		16	0	0	0	0	0	0	0	0	0	0	0	0	0	0	0	0
古籍整理(部)			17	0	0	0	0	0	0	0	0	0	0	0	0	0	0	0	0
译著(部)			18	0	0	0	0	0	0	0	0	0	0	0	0	0	0	0	0
发表译文(篇)			19	0	0	0	0	0	0	0	0	0	0	0	0	0	0	0	0
电子出版物(件)			20	0	0	0	0	0	0	0	0	0	0	0	0	0	0	0	0
发表论文(篇)	合计		21	50	0	0	0	0	0	0	0	10	23	0	0	4	13	0	0
	国内学术刊物	内地(大陆)	22	50	0	0	0	0	0	0	0	10	23	0	0	4	13	0	0
		港、澳、台地区	23	0	0	0	0	0	0	0	0	0	0	0	0	0	0	0	0
	国外学术刊物		24	0	0	0	0	0	0	0	0	0	0	0	0	0	0	0	0
研究与咨询报告(篇)	合计		25	10	0	0	0	0	0	0	0	0	10	0	0	0	0	0	0
	被采纳数		26	10	0	0	0	0	0	0	0	0	10	0	0	0	0	0	0

3.36 南京铁道职业技术学院人文、社会科学研究与课题成果来源情况表

		编号	合计	国家社科基金项目	国家社科基金单列学科项目	教育部人文社科研究项目	高校古籍整理研究项目	国家自然科学基金项目	中央其他部门社科专门项目	省、市、自治区社科基金项目	省教育厅社科项目	地、市、厅、局等政府部门项目	国际合作研究项目	与港、澳、台地区合作研究项目	企事业单位委托项目	学校社科项目	外资项目	其他
			课题来源															
			L01	L02	L03	L04	L05	L06	L07	L08	L09	L10	L11	L12	L13	L14	L15	L16
课题数(项)		1	206	0	0	1	0	0	0	2	62	15	0	0	5	121	0	0
当年投入人数	合计(人年)	2	22	0	0	0	0	0	0	0	7	2	0	0	1	12	0	0
	研究生(人年)	3	0	0	0	0	0	0	0	0	0	0	0	0	0	0	0	0
当年拨入经费	合计(千元)	4	348	0	0	70	0	0	0	0	24	0	0	0	200	54	0	0
	当年立项项目拨入经费(千元)	5	348	0	0	70	0	0	0	0	24	0	0	0	200	54	0	0
当年支出经费(千元)		6	365	0	0	0	0	0	0	0	108	56	0	0	68	133	0	0
当年新开课题数(项)		7	70	0	0	1	0	0	0	0	21	3	0	0	4	41	0	0
当年新开课题批准经费(千元)		8	712	0	0	100	0	0	0	0	300	30	0	0	200	82	0	0
当年完成课题数(项)		9	99	0	0	0	0	0	0	0	6	12	0	0	1	80	0	0

出版著作（部）	合计		10	0	0	0	0	0	0	0	0	0	0	0	0	0	0	0	0
	专著	合计	11	0	0	0	0	0	0	0	0	0	0	0	0	0	0	0	0
		被译成外文	12	0	0	0	0	0	0	0	0	0	0	0	0	0	0	0	0
	编著教材		13	0	0	0	0	0	0	0	0	0	0	0	0	0	0	0	0
	工具书/参考书		14	0	0	0	0	0	0	0	0	0	0	0	0	0	0	0	0
	皮书/发展报告		15	0	0	0	0	0	0	0	0	0	0	0	0	0	0	0	0
	科普读物		16	0	0	0	0	0	0	0	0	0	0	0	0	0	0	0	0
古籍整理（部）			17	0	0	0	0	0	0	0	0	0	0	0	0	0	0	0	0
译著（部）			18	1	0	0	0	0	0	0	0	1	0	0	0	0	0	0	0
发表译文（篇）			19	0	0	0	0	0	0	0	0	0	0	0	0	0	0	0	0
电子出版物（件）			20	0	0	0	0	0	0	0	0	0	0	0	0	0	0	0	0
发表论文（篇）	合计		21	97	0	0	0	0	0	0	1	49	2	0	0	0	45	0	0
	国内学术刊物	内地（大陆）	22	97	0	0	0	0	0	0	1	49	2	0	0	0	45	0	0
		港、澳、台地区	23	0	0	0	0	0	0	0	0	0	0	0	0	0	0	0	0
	国外学术刊物		24	0	0	0	0	0	0	0	0	0	0	0	0	0	0	0	0
研究与咨询报告（篇）	合计		25	6	0	0	0	0	0	0	0	0	3	0	0	3	0	0	0
	被采纳数		26	5	0	0	0	0	0	0	0	0	2	0	0	3	0	0	0

3.37 徐州工业职业技术学院人文、社会科学研究与课题成果来源情况表

			课题来源															
			合计	国家社科基金项目	国家社科基金单列学科项目	教育部人文社科研究项目	高校古籍整理研究项目	国家自然科学基金项目	中央其他部门社科专门项目	省、市、自治区社科基金项目	省教育厅社科项目	地、市、厅、局等政府部门项目	国际合作研究项目	与港、澳、台地区合作研究项目	企事业单位委托项目	学校社科项目	外资项目	其他
		编号	L01	L02	L03	L04	L05	L06	L07	L08	L09	L10	L11	L12	L13	L14	L15	L16
课题数(项)		1	306	0	0	0	0	0	0	1	65	99	0	0	43	92	0	6
当年投入人数	合计(人年)	2	31	0	0	0	0	0	0	0	7	10	0	0	4	9	0	1
	研究生(人年)	3	0	0	0	0	0	0	0	0	0	0	0	0	0	0	0	0
当年拨入经费	合计(千元)	4	100	0	0	0	0	0	0	40	0	60	0	0	0	0	0	0
	当年立项项目拨入经费(千元)	5	100	0	0	0	0	0	0	40	0	60	0	0	0	0	0	0
当年支出经费(千元)		6	284	0	0	0	0	0	0	0	42	161	0	0	81	0	0	0
当年新开课题数(项)		7	125	0	0	0	0	0	0	1	20	65	0	0	0	33	0	6
当年新开课题批准经费(千元)		8	100	0	0	0	0	0	0	40	0	60	0	0	0	0	0	0
当年完成课题数(项)		9	123	0	0	0	0	0	0	0	7	69	0	0	20	27	0	0

出版著作（部）	合计		10	1	0	0	0	0	0	0	0	0	1	0	0	0	0	0	0
	专著	合计	11	1	0	0	0	0	0	0	0	0	1	0	0	0	0	0	0
		被译成外文	12	0	0	0	0	0	0	0	0	0	0	0	0	0	0	0	0
	编著教材		13	0	0	0	0	0	0	0	0	0	0	0	0	0	0	0	0
	工具书/参考书		14	0	0	0	0	0	0	0	0	0	0	0	0	0	0	0	0
	皮书/发展报告		15	0	0	0	0	0	0	0	0	0	0	0	0	0	0	0	0
	科普读物		16	0	0	0	0	0	0	0	0	0	0	0	0	0	0	0	0
古籍整理（部）			17	0	0	0	0	0	0	0	0	0	0	0	0	0	0	0	0
译著（部）			18	0	0	0	0	0	0	0	0	0	0	0	0	0	0	0	0
发表译文（篇）			19	0	0	0	0	0	0	0	0	0	0	0	0	0	0	0	0
电子出版物（件）			20	0	0	0	0	0	0	0	0	0	0	0	0	0	0	0	0
发表论文（篇）	合计		21	63	0	0	0	0	0	0	0	18	23	0	0	2	16	0	4
	国内学术刊物	内地（大陆）	22	63	0	0	0	0	0	0	0	18	23	0	0	2	16	0	4
		港、澳、台地区	23	0	0	0	0	0	0	0	0	0	0	0	0	0	0	0	0
	国外学术刊物		24	0	0	0	0	0	0	0	0	0	0	0	0	0	0	0	0
研究与咨询报告（篇）	合计		25	0	0	0	0	0	0	0	0	0	0	0	0	0	0	0	0
	被采纳数		26	0	0	0	0	0	0	0	0	0	0	0	0	0	0	0	0

3.38 江苏信息职业技术学院人文、社会科学研究与课题成果来源情况表

			课题来源															
			合计	国家社科基金项目	国家社科基金单列学科项目	教育部人文社科研究项目	高校古籍整理研究项目	国家自然科学基金项目	中央其他部门社科专门项目	省、市、自治区社科基金项目	省教育厅社科项目	地、市、厅、局等政府部门项目	国际合作研究项目	与港、澳、台地区合作研究项目	企事业单位委托项目	学校社科项目	外资项目	其他
		编号	L01	L02	L03	L04	L05	L06	L07	L08	L09	L10	L11	L12	L13	L14	L15	L16
课题数(项)		1	298	0	0	0	0	0	3	0	83	122	0	0	64	25	0	1
当年投入人数	合计(人年)	2	35	0	0	0	0	0	1	0	11	13	0	0	7	3	0	0
	研究生(人年)	3	0	0	0	0	0	0	0	0	0	0	0	0	0	0	0	0
当年拨入经费	合计(千元)	4	3607	0	0	0	0	0	0	0	200	183	0	0	3223	0	0	1
	当年立项项目拨入经费(千元)	5	3607	0	0	0	0	0	0	0	200	183	0	0	3223	0	0	1
当年支出经费(千元)		6	3003	0	0	0	0	0	10	0	370	165	0	0	2435	24	0	1
当年新开课题数(项)		7	107	0	0	0	0	0	0	0	20	48	0	0	35	3	0	1
当年新开课题批准经费(千元)		8	3610	0	0	0	0	0	0	0	200	186	0	0	3223	0	0	1
当年完成课题数(项)		9	146	0	0	0	0	0	1	0	21	80	0	0	25	18	0	1

出版著作(部)	合 计		10	4	0	0	0	0	0	0	0	1	3	0	0	0	0	0	0
	专著	合 计	11	1	0	0	0	0	0	0	0	0	1	0	0	0	0	0	0
		被译成外文	12	0	0	0	0	0	0	0	0	0	0	0	0	0	0	0	0
	编著教材		13	3	0	0	0	0	0	0	0	1	2	0	0	0	0	0	0
	工具书/参考书		14	0	0	0	0	0	0	0	0	0	0	0	0	0	0	0	0
	皮书/发展报告		15	0	0	0	0	0	0	0	0	0	0	0	0	0	0	0	0
	科普读物		16	0	0	0	0	0	0	0	0	0	0	0	0	0	0	0	0
古籍整理(部)			17	0	0	0	0	0	0	0	0	0	0	0	0	0	0	0	0
译著(部)			18	0	0	0	0	0	0	0	0	0	0	0	0	0	0	0	0
发表译文(篇)			19	0	0	0	0	0	0	0	0	0	0	0	0	0	0	0	0
电子出版物(件)			20	0	0	0	0	0	0	0	0	0	0	0	0	0	0	0	0
发表论文(篇)	合 计		21	145	0	0	0	0	0	2	0	29	56	0	0	54	3	0	1
	国内学术刊物	内地(大陆)	22	145	0	0	0	0	0	2	0	29	56	0	0	54	3	0	1
		港、澳、台地区	23	0	0	0	0	0	0	0	0	0	0	0	0	0	0	0	0
	国外学术刊物		24	0	0	0	0	0	0	0	0	0	0	0	0	0	0	0	0
研究与咨询报告(篇)	合 计		25	0	0	0	0	0	0	0	0	0	0	0	0	0	0	0	0
	被采纳数		26	0	0	0	0	0	0	0	0	0	0	0	0	0	0	0	0

3.39 南京信息职业技术学院人文、社会科学研究与课题成果来源情况表

		编号	合计	国家社科基金项目	国家社科基金单列学科项目	教育部人文社科研究项目	高校古籍整理研究项目	国家自然科学基金项目	中央其他部门社科专门项目	省、市、自治区社科基金项目	省教育厅社科项目	地、市、厅、局等政府部门项目	国际合作研究项目	与港、澳、台地区合作研究项目	企事业单位委托项目	学校社科项目	外资项目	其他
			L01	L02	L03	L04	L05	L06	L07	L08	L09	L10	L11	L12	L13	L14	L15	L16
课题数(项)		1	329	0	0	3	0	0	0	16	83	39	0	0	76	112	0	0
当年投入人数	合计(人年)	2	34	0	0	0	0	0	0	2	9	4	0	0	8	11	0	0
	研究生(人年)	3	0	0	0	0	0	0	0	0	0	0	0	0	0	0	0	0
当年拨入经费	合计(千元)	4	1434	0	0	0	0	0	0	0	88	131	0	0	1047	168	0	0
	当年立项项目拨入经费(千元)	5	1374	0	0	0	0	0	0	0	48	121	0	0	1037	168	0	0
当年支出经费(千元)		6	1350	0	0	22	0	0	0	18	21	120	0	0	1049	121	0	0
当年新开课题数(项)		7	107	0	0	0	0	0	0	0	16	15	0	0	26	50	0	0
当年新开课题批准经费(千元)		8	2980	0	0	0	0	0	0	0	120	145	0	0	2397	318	0	0
当年完成课题数(项)		9	82	0	0	0	0	0	0	2	11	11	0	0	27	31	0	0

出版著作(部)	合　计		10	5	0	0	0	0	0	0	2	3	0	0	0	0	0	0	0
	专著	合　计	11	5	0	0	0	0	0	0	2	3	0	0	0	0	0	0	0
		被译成外文	12	0	0	0	0	0	0	0	0	0	0	0	0	0	0	0	0
	编著教材		13	0	0	0	0	0	0	0	0	0	0	0	0	0	0	0	0
	工具书/参考书		14	0	0	0	0	0	0	0	0	0	0	0	0	0	0	0	0
	皮书/发展报告		15	0	0	0	0	0	0	0	0	0	0	0	0	0	0	0	0
	科普读物		16	0	0	0	0	0	0	0	0	0	0	0	0	0	0	0	0
古籍整理(部)			17	0	0	0	0	0	0	0	0	0	0	0	0	0	0	0	0
译著(部)			18	0	0	0	0	0	0	0	0	0	0	0	0	0	0	0	0
发表译文(篇)			19	0	0	0	0	0	0	0	0	0	0	0	0	0	0	0	0
电子出版物(件)			20	0	0	0	0	0	0	0	0	0	0	0	0	0	0	0	0
发表论文(篇)	合　计		21	106	0	0	2	0	0	0	10	41	16	0	0	4	33	0	0
	国内学术刊物	内地(大陆)	22	105	0	0	2	0	0	0	10	41	16	0	0	4	32	0	0
		港、澳、台地区	23	0	0	0	0	0	0	0	0	0	0	0	0	0	0	0	0
	国外学术刊物		24	1	0	0	0	0	0	0	0	0	0	0	0	0	1	0	0
研究与咨询报告(篇)	合　计		25	23	0	0	0	0	0	0	0	0	0	0	0	23	0	0	0
	被采纳数		26	16	0	0	0	0	0	0	0	0	0	0	0	16	0	0	0

3.40 常州机电职业技术学院人文、社会科学研究与课题成果来源情况表

			课题来源															
			合计	国家社科基金项目	国家社科基金单列学科项目	教育部人文社科研究项目	高校古籍整理研究项目	国家自然科学基金项目	中央其他部门社科专门项目	省、市、自治区社科基金项目	省教育厅社科项目	地、市、厅、局等政府部门项目	国际合作研究项目	与港、澳、台地区合作研究项目	企事业单位委托项目	学校社科项目	外资项目	其他
		编号	L01	L02	L03	L04	L05	L06	L07	L08	L09	L10	L11	L12	L13	L14	L15	L16
课题数(项)		1	297	0	0	11	0	0	1	0	74	105	0	0	37	69	0	0
当年投入人数	合计(人年)	2	63	0	0	4	0	0	0	0	18	21	0	0	8	11	0	0
	研究生(人年)	3	0	0	0	0	0	0	0	0	0	0	0	0	0	0	0	0
当年拨入经费	合计(千元)	4	532	0	0	70	0	0	0	0	24	6	0	0	297	135	0	0
	当年立项项目拨入经费(千元)	5	532	0	0	70	0	0	0	0	24	6	0	0	297	135	0	0
当年支出经费(千元)		6	423	0	0	115	0	0	0	0	46	10	0	0	183	69	0	0
当年新开课题数(项)		7	118	0	0	2	0	0	0	0	21	47	0	0	11	37	0	0
当年新开课题批准经费(千元)		8	960	0	0	200	0	0	0	0	60	7	0	0	525	168	0	0
当年完成课题数(项)		9	134	0	0	5	0	0	1	0	23	84	0	0	16	5	0	0

出版著作(部)	合 计		10	2	0	0	1	0	0	0	0	1	0	0	0	0	0	0	0
	专著	合 计	11	2	0	0	1	0	0	0	0	1	0	0	0	0	0	0	0
		被译成外文	12	0	0	0	0	0	0	0	0	0	0	0	0	0	0	0	0
	编著教材		13	0	0	0	0	0	0	0	0	0	0	0	0	0	0	0	0
	工具书/参考书		14	0	0	0	0	0	0	0	0	0	0	0	0	0	0	0	0
	皮书/发展报告		15	0	0	0	0	0	0	0	0	0	0	0	0	0	0	0	0
	科普读物		16	0	0	0	0	0	0	0	0	0	0	0	0	0	0	0	0
古籍整理(部)			17	0	0	0	0	0	0	0	0	0	0	0	0	0	0	0	0
译著(部)			18	0	0	0	0	0	0	0	0	0	0	0	0	0	0	0	0
发表译文(篇)			19	0	0	0	0	0	0	0	0	0	0	0	0	0	0	0	0
电子出版物(件)			20	0	0	0	0	0	0	0	0	0	0	0	0	0	0	0	0
发表论文(篇)	合 计		21	159	0	0	8	0	0	0	0	68	26	0	0	16	41	0	0
	国内学术刊物	内地(大陆)	22	148	0	0	8	0	0	0	0	64	22	0	0	15	39	0	0
		港、澳、台地区	23	0	0	0	0	0	0	0	0	0	0	0	0	0	0	0	0
	国外学术刊物		24	11	0	0	0	0	0	0	0	4	4	0	0	1	2	0	0
研究与咨询报告(篇)	合 计		25	41	0	0	0	0	0	0	0	0	41	0	0	0	0	0	0
	被采纳数		26	11	0	0	0	0	0	0	0	0	11	0	0	0	0	0	0

3.41 江阴职业技术学院人文、社会科学研究与课题成果来源情况表

			课题来源															
			合计	国家社科基金项目	国家社科基金单列学科项目	教育部人文社科研究项目	高校古籍整理研究项目	国家自然科学基金项目	中央其他部门社科专门项目	省、市、自治区社科基金项目	省教育厅社科项目	地、市、厅、局等政府部门项目	国际合作研究项目	与港、澳、台地区合作研究项目	企事业单位委托项目	学校社科项目	外资项目	其他
		编号	L01	L02	L03	L04	L05	L06	L07	L08	L09	L10	L11	L12	L13	L14	L15	L16
课题数(项)		1	78	0	0	0	0	0	0	5	33	18	0	0	3	19	0	0
当年投入人数	合计(人年)	2	14	0	0	0	0	0	0	1	7	4	0	0	0	2	0	0
	研究生(人年)	3	0	0	0	0	0	0	0	0	0	0	0	0	0	0	0	0
当年拨入经费	合计(千元)	4	171	0	0	0	0	0	0	0	0	23	0	0	80	68	0	0
	当年立项项目拨入经费(千元)	5	149	0	0	0	0	0	0	0	0	23	0	0	80	46	0	0
当年支出经费(千元)		6	235	0	0	0	0	0	0	14	30	65	0	0	80	46	0	0
当年新开课题数(项)		7	29	0	0	0	0	0	0	0	11	4	0	0	3	11	0	0
当年新开课题批准经费(千元)		8	149	0	0	0	0	0	0	0	0	23	0	0	80	46	0	0
当年完成课题数(项)		9	34	0	0	0	0	0	0	0	12	11	0	0	3	8	0	0

出版著作(部)	合　计		10	2	0	0	0	0	0	0	0	1	0	0	0	0	1	0	0
	专著	合　计	11	2	0	0	0	0	0	0	0	1	0	0	0	0	1	0	0
		被译成外文	12	0	0	0	0	0	0	0	0	0	0	0	0	0	0	0	0
	编著教材		13	0	0	0	0	0	0	0	0	0	0	0	0	0	0	0	0
	工具书/参考书		14	0	0	0	0	0	0	0	0	0	0	0	0	0	0	0	0
	皮书/发展报告		15	0	0	0	0	0	0	0	0	0	0	0	0	0	0	0	0
	科普读物		16	0	0	0	0	0	0	0	0	0	0	0	0	0	0	0	0
古籍整理(部)			17	0	0	0	0	0	0	0	0	0	0	0	0	0	0	0	0
译著(部)			18	0	0	0	0	0	0	0	0	0	0	0	0	0	0	0	0
发表译文(篇)			19	0	0	0	0	0	0	0	0	0	0	0	0	0	0	0	0
电子出版物(件)			20	0	0	0	0	0	0	0	0	0	0	0	0	0	0	0	0
发表论文(篇)	合　计		21	53	0	0	0	0	0	0	2	27	6	0	0	3	15	0	0
	国内学术刊物	内地(大陆)	22	53	0	0	0	0	0	0	2	27	6	0	0	3	15	0	0
		港、澳、台地区	23	0	0	0	0	0	0	0	0	0	0	0	0	0	0	0	0
	国外学术刊物		24	0	0	0	0	0	0	0	0	0	0	0	0	0	0	0	0
研究与咨询报告(篇)	合　计		25	0	0	0	0	0	0	0	0	0	0	0	0	0	0	0	0
	被采纳数		26	0	0	0	0	0	0	0	0	0	0	0	0	0	0	0	0

3.42 无锡城市职业技术学院人文、社会科学研究与课题成果来源情况表

			课题来源															
			合计	国家社科基金项目	国家社科基金单列学科项目	教育部人文社科研究项目	高校古籍整理研究项目	国家自然科学基金项目	中央其他部门社科专门项目	省、市、自治区社科基金项目	省教育厅社科项目	地、市、厅、局等政府部门项目	国际合作研究项目	与港、澳、台地区合作研究项目	企事业单位委托项目	学校社科项目	外资项目	其他
		编号	L01	L02	L03	L04	L05	L06	L07	L08	L09	L10	L11	L12	L13	L14	L15	L16
课题数(项)		1	217	0	0	0	0	0	0	0	79	55	0	0	33	50	0	0
当年投入人数	合计(人年)	2	46	0	0	0	0	0	0	0	17	12	0	0	7	10	0	0
	研究生(人年)	3	0	0	0	0	0	0	0	0	0	0	0	0	0	0	0	0
当年拨入经费	合计(千元)	4	1379	0	0	0	0	0	0	0	0	116	0	0	1207	56	0	0
	当年立项项目拨入经费(千元)	5	1379	0	0	0	0	0	0	0	0	116	0	0	1207	56	0	0
当年支出经费(千元)		6	1798	0	0	0	0	0	0	0	308	34	0	0	1453	3	0	0
当年新开课题数(项)		7	90	0	0	0	0	0	0	0	20	28	0	0	25	17	0	0
当年新开课题批准经费(千元)		8	1379	0	0	0	0	0	0	0	0	116	0	0	1207	56	0	0
当年完成课题数(项)		9	86	0	0	0	0	0	0	0	25	16	0	0	33	12	0	0

出版著作(部)	合　计		10	3	0	0	0	0	0	0	0	1	2	0	0	0	0	0	0
	专著	合　计	11	3	0	0	0	0	0	0	0	1	2	0	0	0	0	0	0
		被译成外文	12	0	0	0	0	0	0	0	0	0	0	0	0	0	0	0	0
	编著教材		13	0	0	0	0	0	0	0	0	0	0	0	0	0	0	0	0
	工具书/参考书		14	0	0	0	0	0	0	0	0	0	0	0	0	0	0	0	0
	皮书/发展报告		15	0	0	0	0	0	0	0	0	0	0	0	0	0	0	0	0
	科普读物		16	0	0	0	0	0	0	0	0	0	0	0	0	0	0	0	0
古籍整理(部)			17	0	0	0	0	0	0	0	0	0	0	0	0	0	0	0	0
译著(部)			18	0	0	0	0	0	0	0	0	0	0	0	0	0	0	0	0
发表译文(篇)			19	0	0	0	0	0	0	0	0	0	0	0	0	0	0	0	0
电子出版物(件)			20	0	0	0	0	0	0	0	0	0	0	0	0	0	0	0	0
发表论文(篇)	合　计		21	156	0	0	0	0	0	0	0	55	39	0	0	2	60	0	0
	国内学术刊物	内地(大陆)	22	149	0	0	0	0	0	0	0	55	32	0	0	2	60	0	0
		港、澳、台地区	23	0	0	0	0	0	0	0	0	0	0	0	0	0	0	0	0
	国外学术刊物		24	7	0	0	0	0	0	0	0	0	7	0	0	0	0	0	0
研究与咨询报告(篇)	合　计		25	41	0	0	0	0	0	0	0	0	9	0	0	32	0	0	0
	被采纳数		26	9	0	0	0	0	0	0	0	0	9	0	0	0	0	0	0

3.43 无锡工艺职业技术学院人文、社会科学研究与课题成果来源情况表

			课题来源															
			合计	国家社科基金项目	国家社科基金单列学科项目	教育部人文社科研究项目	高校古籍整理研究项目	国家自然科学基金项目	中央其他部门社科专门项目	省、市、自治区社科基金项目	省教育厅社科项目	地、市、厅、局等政府部门项目	国际合作研究项目	与港、澳、台地区合作研究项目	企事业单位委托项目	学校社科项目	外资项目	其他
		编号	L01	L02	L03	L04	L05	L06	L07	L08	L09	L10	L11	L12	L13	L14	L15	L16
课题数(项)		1	326	0	0	1	0	0	0	0	67	41	0	0	156	58	0	3
当年投入人数	合计(人年)	2	44	0	0	0	0	0	0	0	7	5	0	0	22	10	0	0
	研究生(人年)	3	0	0	0	0	0	0	0	0	0	0	0	0	0	0	0	0
当年拨入经费	合计(千元)	4	9325	0	0	0	0	0	0	0	0	10	0	0	9315	0	0	0
	当年立项项目拨入经费(千元)	5	9325	0	0	0	0	0	0	0	0	10	0	0	9315	0	0	0
当年支出经费(千元)		6	8949	0	0	80	0	0	0	0	123	58	0	0	8623	6	0	60
当年新开课题数(项)		7	197	0	0	0	0	0	0	0	21	10	0	0	155	11	0	0
当年新开课题批准经费(千元)		8	9325	0	0	0	0	0	0	0	0	10	0	0	9315	0	0	0
当年完成课题数(项)		9	157	0	0	1	0	0	0	0	3	12	0	0	123	16	0	2

出版著作(部)	合 计		10	0	0	0	0	0	0	0	0	0	0	0	0	0	0	0	0
	专著	合 计	11	0	0	0	0	0	0	0	0	0	0	0	0	0	0	0	0
		被译成外文	12	0	0	0	0	0	0	0	0	0	0	0	0	0	0	0	0
	编著教材		13	0	0	0	0	0	0	0	0	0	0	0	0	0	0	0	0
	工具书/参考书		14	0	0	0	0	0	0	0	0	0	0	0	0	0	0	0	0
	皮书/发展报告		15	0	0	0	0	0	0	0	0	0	0	0	0	0	0	0	0
	科普读物		16	0	0	0	0	0	0	0	0	0	0	0	0	0	0	0	0
古籍整理(部)			17	0	0	0	0	0	0	0	0	0	0	0	0	0	0	0	0
译著(部)			18	0	0	0	0	0	0	0	0	0	0	0	0	0	0	0	0
发表译文(篇)			19	0	0	0	0	0	0	0	0	0	0	0	0	0	0	0	0
电子出版物(件)			20	0	0	0	0	0	0	0	0	0	0	0	0	0	0	0	0
发表论文(篇)	合 计		21	105	0	0	0	0	0	0	0	71	9	0	0	0	18	0	7
	国内学术刊物	内地(大陆)	22	105	0	0	0	0	0	0	0	71	9	0	0	0	18	0	7
		港、澳、台地区	23	0	0	0	0	0	0	0	0	0	0	0	0	0	0	0	0
	国外学术刊物		24	0	0	0	0	0	0	0	0	0	0	0	0	0	0	0	0
研究与咨询报告(篇)	合 计		25	98	0	0	0	0	0	0	0	15	7	0	0	67	9	0	0
	被采纳数		26	31	0	0	0	0	0	0	0	0	0	0	0	31	0	0	0

3.44 苏州健雄职业技术学院人文、社会科学研究与课题成果来源情况表

			课题来源															
			合计	国家社科基金项目	国家社科基金单列学科项目	教育部人文社科研究项目	高校古籍整理研究项目	国家自然科学基金项目	中央其他部门社科专门项目	省、市、自治区社科基金项目	省教育厅社科项目	地、市、厅、局等政府部门项目	国际合作研究项目	与港、澳、台地区合作研究项目	企事业单位委托项目	学校社科项目	外资项目	其他
		编号	L01	L02	L03	L04	L05	L06	L07	L08	L09	L10	L11	L12	L13	L14	L15	L16
课题数(项)		1	146	0	0	2	0	0	0	1	62	37	0	0	44	0	0	0
当年投入人数	合计(人年)	2	27	0	0	0	0	0	0	0	12	6	0	0	8	0	0	0
	研究生(人年)	3	0	0	0	0	0	0	0	0	0	0	0	0	0	0	0	0
当年拨入经费	合计(千元)	4	1588	0	0	60	0	0	0	0	0	112	0	0	1416	0	0	0
	当年立项项目拨入经费(千元)	5	1508	0	0	60	0	0	0	0	0	112	0	0	1336	0	0	0
当年支出经费(千元)		6	1586	0	0	35	0	0	0	0	106	83	0	0	1362	0	0	0
当年新开课题数(项)		7	71	0	0	1	0	0	0	1	20	18	0	0	31	0	0	0
当年新开课题批准经费(千元)		8	1840	0	0	100	0	0	0	10	172	182	0	0	1376	0	0	0
当年完成课题数(项)		9	58	0	0	0	0	0	0	0	11	16	0	0	31	0	0	0

出版著作(部)	合　计		10	2	0	0	0	0	0	0	0	0	2	0	0	0	0	0	0
	专著	合　计	11	2	0	0	0	0	0	0	0	0	2	0	0	0	0	0	0
		被译成外文	12	0	0	0	0	0	0	0	0	0	0	0	0	0	0	0	0
	编著教材		13	0	0	0	0	0	0	0	0	0	0	0	0	0	0	0	0
	工具书/参考书		14	0	0	0	0	0	0	0	0	0	0	0	0	0	0	0	0
	皮书/发展报告		15	0	0	0	0	0	0	0	0	0	0	0	0	0	0	0	0
	科普读物		16	0	0	0	0	0	0	0	0	0	0	0	0	0	0	0	0
古籍整理(部)			17	0	0	0	0	0	0	0	0	0	0	0	0	0	0	0	0
译著(部)			18	0	0	0	0	0	0	0	0	0	0	0	0	0	0	0	0
发表译文(篇)			19	0	0	0	0	0	0	0	0	0	0	0	0	0	0	0	0
电子出版物(件)			20	0	0	0	0	0	0	0	0	0	0	0	0	0	0	0	0
发表论文(篇)	合　计		21	95	0	0	1	0	0	0	2	47	27	0	0	18	0	0	0
	国内学术刊物	内地(大陆)	22	93	0	0	1	0	0	0	2	47	25	0	0	18	0	0	0
		港、澳、台地区	23	0	0	0	0	0	0	0	0	0	0	0	0	0	0	0	0
	国外学术刊物		24	2	0	0	0	0	0	0	0	0	2	0	0	0	0	0	0
研究与咨询报告(篇)	合　计		25	8	0	0	0	0	0	0	0	0	2	0	0	6	0	0	0
	被采纳数		26	4	0	0	0	0	0	0	0	0	1	0	0	3	0	0	0

3.45 盐城工业职业技术学院人文、社会科学研究与课题成果来源情况表

			课题来源															
			合计	国家社科基金项目	国家社科基金单列学科项目	教育部人文社科研究项目	高校古籍整理研究项目	国家自然科学基金项目	中央其他部门社科专门项目	省、市、自治区社科基金项目	省教育厅社科项目	地、市、厅、局等政府部门项目	国际合作研究项目	与港、澳、台地区合作研究项目	企事业单位委托项目	学校社科项目	外资项目	其他
		编号	L01	L02	L03	L04	L05	L06	L07	L08	L09	L10	L11	L12	L13	L14	L15	L16
课题数(项)		1	200	0	0	2	0	0	0	1	71	96	0	0	16	14	0	0
当年投入人数	合计(人年)	2	23	0	0	0	0	0	0	0	8	10	0	0	2	1	0	0
	研究生(人年)	3	0	0	0	0	0	0	0	0	0	0	0	0	0	0	0	0
当年拨入经费	合计(千元)	4	1575	0	0	0	0	0	0	40	0	15	0	0	1520	0	0	0
	当年立项项目拨入经费(千元)	5	1560	0	0	0	0	0	0	40	0	0	0	0	1520	0	0	0
当年支出经费(千元)		6	761	0	0	16	0	0	0	15	87	30	0	0	599	14	0	0
当年新开课题数(项)		7	83	0	0	0	0	0	0	1	20	49	0	0	13	0	0	0
当年新开课题批准经费(千元)		8	1973	0	0	0	0	0	0	50	0	3	0	0	1920	0	0	0
当年完成课题数(项)		9	55	0	0	1	0	0	0	0	12	36	0	0	4	2	0	0

出版著作（部）	合 计		10	0	0	0	0	0	0	0	0	0	0	0	0	0	0	0	0
	专著	合 计	11	0	0	0	0	0	0	0	0	0	0	0	0	0	0	0	0
		被译成外文	12	0	0	0	0	0	0	0	0	0	0	0	0	0	0	0	0
	编著教材		13	0	0	0	0	0	0	0	0	0	0	0	0	0	0	0	0
	工具书/参考书		14	0	0	0	0	0	0	0	0	0	0	0	0	0	0	0	0
	皮书/发展报告		15	0	0	0	0	0	0	0	0	0	0	0	0	0	0	0	0
	科普读物		16	0	0	0	0	0	0	0	0	0	0	0	0	0	0	0	0
古籍整理（部）			17	0	0	0	0	0	0	0	0	0	0	0	0	0	0	0	0
译著（部）			18	0	0	0	0	0	0	0	0	0	0	0	0	0	0	0	0
发表译文（篇）			19	0	0	0	0	0	0	0	0	0	0	0	0	0	0	0	0
电子出版物（件）			20	0	0	0	0	0	0	0	0	0	0	0	0	0	0	0	0
发表论文（篇）	合 计		21	70	0	0	3	0	0	0	0	33	17	0	0	7	10	0	0
	国内学术刊物	内地（大陆）	22	65	0	0	3	0	0	0	0	33	12	0	0	7	10	0	0
		港、澳、台地区	23	0	0	0	0	0	0	0	0	0	0	0	0	0	0	0	0
	国外学术刊物		24	5	0	0	0	0	0	0	0	0	5	0	0	0	0	0	0
研究与咨询报告（篇）	合 计		25	40	0	0	0	0	0	0	0	0	37	0	0	3	0	0	0
	被采纳数		26	2	0	0	0	0	0	0	0	0	0	0	0	2	0	0	0

3.46 江苏财经职业技术学院人文、社会科学研究与课题成果来源情况表

			课题来源															
			合计	国家社科基金项目	国家社科基金单列学科项目	教育部人文社科研究项目	高校古籍整理研究项目	国家自然科学基金项目	中央其他部门社科专门项目	省、市、自治区社科基金项目	省教育厅社科项目	地、市、厅、局等政府部门项目	国际合作研究项目	与港、澳、台地区合作研究项目	企事业单位委托项目	学校社科项目	外资项目	其他
		编号	L01	L02	L03	L04	L05	L06	L07	L08	L09	L10	L11	L12	L13	L14	L15	L16
课题数(项)		1	481	0	0	0	0	0	0	3	84	59	0	0	205	129	0	1
当年投入人数	合计(人年)	2	51	0	0	0	0	0	0	1	10	7	0	0	21	13	0	0
	研究生(人年)	3	0	0	0	0	0	0	0	0	0	0	0	0	0	0	0	0
当年拨入经费	合计(千元)	4	5334	0	0	0	0	0	0	0	60	38	0	0	5148	88	0	0
	当年立项项目拨入经费(千元)	5	5334	0	0	0	0	0	0	0	60	38	0	0	5148	88	0	0
当年支出经费(千元)		6	5330	0	0	0	0	0	0	45	115	89	0	0	4973	108	0	0
当年新开课题数(项)		7	207	0	0	0	0	0	0	0	29	21	0	0	113	44	0	0
当年新开课题批准经费(千元)		8	5334	0	0	0	0	0	0	0	60	38	0	0	5148	88	0	0
当年完成课题数(项)		9	203	0	0	0	0	0	0	2	18	35	0	0	101	47	0	0

出版著作(部)	合　计		10	0	0	0	0	0	0	0	0	0	0	0	0	0	0	0	0
	专著	合　计	11	0	0	0	0	0	0	0	0	0	0	0	0	0	0	0	0
		被译成外文	12	0	0	0	0	0	0	0	0	0	0	0	0	0	0	0	0
	编著教材		13	0	0	0	0	0	0	0	0	0	0	0	0	0	0	0	0
	工具书/参考书		14	0	0	0	0	0	0	0	0	0	0	0	0	0	0	0	0
	皮书/发展报告		15	0	0	0	0	0	0	0	0	0	0	0	0	0	0	0	0
	科普读物		16	0	0	0	0	0	0	0	0	0	0	0	0	0	0	0	0
古籍整理(部)			17	0	0	0	0	0	0	0	0	0	0	0	0	0	0	0	0
译著(部)			18	0	0	0	0	0	0	0	0	0	0	0	0	0	0	0	0
发表译文(篇)			19	0	0	0	0	0	0	0	0	0	0	0	0	0	0	0	0
电子出版物(件)			20	0	0	0	0	0	0	0	0	0	0	0	0	0	0	0	0
发表论文(篇)	合　计		21	130	2	0	0	0	0	0	5	41	36	0	0	0	46	0	0
	国内学术刊物	内地(大陆)	22	129	2	0	0	0	0	0	5	41	35	0	0	0	46	0	0
		港、澳、台地区	23	0	0	0	0	0	0	0	0	0	0	0	0	0	0	0	0
	国外学术刊物		24	1	0	0	0	0	0	0	0	0	1	0	0	0	0	0	0
研究与咨询报告(篇)	合　计		25	21	0	0	0	0	0	0	0	0	0	0	0	21	0	0	0
	被采纳数		26	15	0	0	0	0	0	0	0	0	0	0	0	15	0	0	0

3.47 扬州工业职业技术学院人文、社会科学研究与课题成果来源情况表

			课题来源															
			合计	国家社科基金项目	国家社科基金单列学科项目	教育部人文社科研究项目	高校古籍整理研究项目	国家自然科学基金项目	中央其他部门社科专门项目	省、市、自治区社科基金项目	省教育厅社科项目	地、市、厅、局等政府部门项目	国际合作研究项目	与港、澳、台地区合作研究项目	企事业单位委托项目	学校社科项目	外资项目	其他
		编号	L01	L02	L03	L04	L05	L06	L07	L08	L09	L10	L11	L12	L13	L14	L15	L16
课题数(项)		1	291	1	0	2	0	0	1	5	88	92	0	0	71	31	0	0
当年投入人数	合计(人年)	2	30	0	0	0	0	0	0	1	9	10	0	0	7	3	0	0
	研究生(人年)	3	0	0	0	0	0	0	0	0	0	0	0	0	0	0	0	0
当年拨入经费	合计(千元)	4	4389	150	0	60	0	0	0	0	48	70	0	0	3977	84	0	0
	当年立项项目拨入经费(千元)	5	4374	150	0	60	0	0	0	0	48	70	0	0	3962	84	0	0
当年支出经费(千元)		6	4235	120	0	41	0	0	0	5	48	70	0	0	3877	74	0	0
当年新开课题数(项)		7	147	1	0	1	0	0	0	3	22	51	0	0	57	12	0	0
当年新开课题批准经费(千元)		8	5153	250	0	100	0	0	0	0	120	82	0	0	4446	155	0	0
当年完成课题数(项)		9	128	0	0	0	0	0	0	0	19	62	0	0	43	4	0	0

出版著作(部)	合 计		10	3	0	0	0	0	0	0	0	0	1	0	0	2	0	0	0
	专著	合 计	11	3	0	0	0	0	0	0	0	0	1	0	0	2	0	0	0
		被译成外文	12	0	0	0	0	0	0	0	0	0	0	0	0	0	0	0	0
	编著教材		13	0	0	0	0	0	0	0	0	0	0	0	0	0	0	0	0
	工具书/参考书		14	0	0	0	0	0	0	0	0	0	0	0	0	0	0	0	0
	皮书/发展报告		15	0	0	0	0	0	0	0	0	0	0	0	0	0	0	0	0
	科普读物		16	0	0	0	0	0	0	0	0	0	0	0	0	0	0	0	0
古籍整理(部)			17	0	0	0	0	0	0	0	0	0	0	0	0	0	0	0	0
译著(部)			18	0	0	0	0	0	0	0	0	0	0	0	0	0	0	0	0
发表译文(篇)			19	0	0	0	0	0	0	0	0	0	0	0	0	0	0	0	0
电子出版物(件)			20	0	0	0	0	0	0	0	0	0	0	0	0	0	0	0	0
发表论文(篇)	合 计		21	103	0	0	1	0	0	0	4	21	38	0	0	30	9	0	0
	国内学术刊物	内地(大陆)	22	103	0	0	1	0	0	0	4	21	38	0	0	30	9	0	0
		港、澳、台地区	23	0	0	0	0	0	0	0	0	0	0	0	0	0	0	0	0
	国外学术刊物		24	0	0	0	0	0	0	0	0	0	0	0	0	0	0	0	0
研究与咨询报告(篇)	合 计		25	48	0	0	0	0	0	0	1	5	21	0	0	17	4	0	0
	被采纳数		26	33	0	0	0	0	0	0	1	3	11	0	0	15	3	0	0

3.48 江苏城市职业学院人文、社会科学研究与课题成果来源情况表

			课题来源															
			合计	国家社科基金项目	国家社科基金单列学科项目	教育部人文社科研究项目	高校古籍整理研究项目	国家自然科学基金项目	中央其他部门社科专门项目	省、市、自治区社科基金项目	省教育厅社科项目	地、市、厅、局等政府部门项目	国际合作研究项目	与港、澳、台地区合作研究项目	企事业单位委托项目	学校社科项目	外资项目	其他
		编号	L01	L02	L03	L04	L05	L06	L07	L08	L09	L10	L11	L12	L13	L14	L15	L16
课题数(项)		1	522	4	1	7	0	0	2	17	113	45	0	0	272	61	0	0
当年投入人数	合计(人年)	2	112	1	0	2	0	0	1	6	32	14	0	0	40	16	0	0
	研究生(人年)	3	0	0	0	0	0	0	0	0	0	0	0	0	0	0	0	0
当年拨入经费	合计(千元)	4	11 545	80	0	308	0	0	170	425	48	83	0	0	10 287	144	0	0
	当年立项项目拨入经费(千元)	5	11 133	0	0	268	0	0	170	385	48	30	0	0	10 097	135	0	0
当年支出经费(千元)		6	6692	80	65	147	0	0	37	135	63	118	0	0	5949	98	0	0
当年新开课题数(项)		7	227	0	0	4	0	0	1	6	46	6	0	0	148	16	0	0
当年新开课题批准经费(千元)		8	11 532	0	0	340	0	0	200	425	120	40	0	0	10 097	310	0	0
当年完成课题数(项)		9	119	0	0	1	0	0	0	0	14	21	0	0	68	15	0	0

出版著作(部)	合 计		10	0	0	0	0	0	0	0	0	0	0	0	0	0	0	0	0
	专著	合 计	11	0	0	0	0	0	0	0	0	0	0	0	0	0	0	0	0
		被译成外文	12	0	0	0	0	0	0	0	0	0	0	0	0	0	0	0	0
	编著教材		13	0	0	0	0	0	0	0	0	0	0	0	0	0	0	0	0
	工具书/参考书		14	0	0	0	0	0	0	0	0	0	0	0	0	0	0	0	0
	皮书/发展报告		15	0	0	0	0	0	0	0	0	0	0	0	0	0	0	0	0
	科普读物		16	0	0	0	0	0	0	0	0	0	0	0	0	0	0	0	0
古籍整理(部)			17	0	0	0	0	0	0	0	0	0	0	0	0	0	0	0	0
译著(部)			18	0	0	0	0	0	0	0	0	0	0	0	0	0	0	0	0
发表译文(篇)			19	0	0	0	0	0	0	0	0	0	0	0	0	0	0	0	0
电子出版物(件)			20	0	0	0	0	0	0	0	0	0	0	0	0	0	0	0	0
发表论文(篇)	合 计		21	145	10	0	2	0	0	0	11	41	25	0	0	23	33	0	0
	国内学术刊物	内地(大陆)	22	140	9	0	2	0	0	0	11	40	23	0	0	22	33	0	0
		港、澳、台地区	23	0	0	0	0	0	0	0	0	0	0	0	0	0	0	0	0
	国外学术刊物		24	5	1	0	0	0	0	0	0	1	2	0	0	1	0	0	0
研究与咨询报告(篇)	合 计		25	0	0	0	0	0	0	0	0	0	0	0	0	0	0	0	0
	被采纳数		26	0	0	0	0	0	0	0	0	0	0	0	0	0	0	0	0

3.49 南京城市职业学院人文、社会科学研究与课题成果来源情况表

		编号	课题来源															
			合计	国家社科基金项目	国家社科基金单列学科项目	教育部人文社科研究项目	高校古籍整理研究项目	国家自然科学基金项目	中央其他部门社科专门项目	省、市、自治区社科基金项目	省教育厅社科项目	地、市、厅、局等政府部门项目	国际合作研究项目	与港、澳、台地区合作研究项目	企事业单位委托项目	学校社科项目	外资项目	其他
			L01	L02	L03	L04	L05	L06	L07	L08	L09	L10	L11	L12	L13	L14	L15	L16
课题数(项)		1	207	0	0	0	0	0	0	1	68	11	0	0	2	125	0	0
当年投入人数	合计(人年)	2	42	0	0	0	0	0	0	0	18	1	0	0	1	22	0	0
	研究生(人年)	3	0	0	0	0	0	0	0	0	0	0	0	0	0	0	0	0
当年拨入经费	合计(千元)	4	101	0	0	0	0	0	0	0	57	0	0	0	0	44	0	0
	当年立项项目拨入经费(千元)	5	72	0	0	0	0	0	0	0	33	0	0	0	0	39	0	0
当年支出经费(千元)		6	101	0	0	0	0	0	0	0	57	0	0	0	0	44	0	0
当年新开课题数(项)		7	81	0	0	0	0	0	0	0	20	9	0	0	0	52	0	0
当年新开课题批准经费(千元)		8	549	0	0	0	0	0	0	0	200	160	0	0	0	189	0	0
当年完成课题数(项)		9	26	0	0	0	0	0	0	0	10	0	0	0	2	14	0	0

出版著作(部)	合 计		10	2	0	0	0	0	0	0	0	0	0	0	0	1	0	0	1
	专著	合 计	11	0	0	0	0	0	0	0	0	0	0	0	0	0	0	0	0
		被译成外文	12	0	0	0	0	0	0	0	0	0	0	0	0	0	0	0	0
	编著教材		13	2	0	0	0	0	0	0	0	0	0	0	0	1	0	0	1
	工具书/参考书		14	0	0	0	0	0	0	0	0	0	0	0	0	0	0	0	0
	皮书/发展报告		15	0	0	0	0	0	0	0	0	0	0	0	0	0	0	0	0
	科普读物		16	0	0	0	0	0	0	0	0	0	0	0	0	0	0	0	0
古籍整理(部)			17	0	0	0	0	0	0	0	0	0	0	0	0	0	0	0	0
译著(部)			18	0	0	0	0	0	0	0	0	0	0	0	0	0	0	0	0
发表译文(篇)			19	0	0	0	0	0	0	0	0	0	0	0	0	0	0	0	0
电子出版物(件)			20	0	0	0	0	0	0	0	0	0	0	0	0	0	0	0	0
发表论文(篇)	合 计		21	61	1	0	0	0	0	0	1	28	9	0	0	5	17	0	0
	国内学术刊物	内地(大陆)	22	61	1	0	0	0	0	0	1	28	9	0	0	5	17	0	0
		港、澳、台地区	23	0	0	0	0	0	0	0	0	0	0	0	0	0	0	0	0
	国外学术刊物		24	0	0	0	0	0	0	0	0	0	0	0	0	0	0	0	0
研究与咨询报告(篇)	合 计		25	9	0	0	0	0	0	0	0	0	0	0	0	0	8	0	1
	被采纳数		26	9	0	0	0	0	0	0	0	0	0	0	0	0	8	0	1

3.50 南京机电职业技术学院人文、社会科学研究与课题成果来源情况表

			课题来源															
			合计	国家社科基金项目	国家社科基金单列学科项目	教育部人文社科研究项目	高校古籍整理研究项目	国家自然科学基金项目	中央其他部门社科专门项目	省、市、自治区社科基金项目	省教育厅社科项目	地、市、厅、局等政府部门项目	国际合作研究项目	与港、澳、台地区合作研究项目	企事业单位委托项目	学校社科项目	外资项目	其他
		编号	L01	L02	L03	L04	L05	L06	L07	L08	L09	L10	L11	L12	L13	L14	L15	L16
课题数(项)		1	128	0	0	0	0	0	1	1	53	4	0	0	3	66	0	0
当年投入人数	合计(人年)	2	13	0	0	0	0	0	0	0	5	0	0	0	0	7	0	0
	研究生(人年)	3	0	0	0	0	0	0	0	0	0	0	0	0	0	0	0	0
当年拨入经费	合计(千元)	4	200	0	0	0	0	0	200	0	0	0	0	0	0	0	0	0
	当年立项项目拨入经费(千元)	5	0	0	0	0	0	0	0	0	0	0	0	0	0	0	0	0
当年支出经费(千元)		6	291	0	0	0	0	0	200	1	39	0	0	0	22	29	0	0
当年新开课题数(项)		7	32	0	0	0	0	0	0	0	14	2	0	0	0	16	0	0
当年新开课题批准经费(千元)		8	196	0	0	0	0	0	0	0	140	8	0	0	0	48	0	0
当年完成课题数(项)		9	36	0	0	0	0	0	1	0	19	0	0	0	1	15	0	0

出版著作(部)	合 计		10	0	0	0	0	0	0	0	0	0	0	0	0	0	0	0	0
	专著	合 计	11	0	0	0	0	0	0	0	0	0	0	0	0	C	0	0	0
		被译成外文	12	0	0	0	0	0	0	0	0	0	0	0	0	0	0	0	0
	编著教材		13	0	0	0	0	0	0	0	0	0	0	0	0	0	0	0	0
	工具书/参考书		14	0	0	0	0	0	0	0	0	0	0	0	0	0	0	0	0
	皮书/发展报告		15	0	0	0	0	0	0	0	0	0	0	0	0	0	0	0	0
	科普读物		16	0	0	0	0	0	0	0	0	0	0	0	0	0	0	0	0
古籍整理(部)			17	0	0	0	0	0	0	0	0	0	0	C	0	0	0	0	0
译著(部)			18	0	0	0	0	0	0	0	0	0	0	C	0	0	0	0	0
发表译文(篇)			19	0	0	0	0	0	0	0	0	0	0	0	0	0	0	0	0
电子出版物(件)			20	0	0	0	0	0	0	0	0	0	0	0	0	0	0	0	0
发表论文(篇)	合 计		21	33	0	0	0	0	0	0	0	26	1	0	0	0	6	0	0
	国内学术刊物	内地(大陆)	22	33	0	0	0	0	0	0	0	26	1	0	0	0	6	0	0
		港、澳、台地区	23	0	0	0	0	0	0	0	0	0	0	0	0	0	0	0	0
	国外学术刊物		24	0	0	0	0	0	0	0	0	0	0	0	0	0	0	0	0
研究与咨询报告(篇)	合 计		25	0	0	0	0	0	0	0	0	0	0	0	0	0	0	0	0
	被采纳数		26	0	0	0	0	0	0	0	0	0	0	0	0	0	0	0	0

3.51 南京旅游职业学院人文、社会科学研究与课题成果来源情况表

			课题来源															
			合计	国家社科基金项目	国家社科基金单列学科项目	教育部人文社科研究项目	高校古籍整理研究项目	国家自然科学基金项目	中央其他部门社科专门项目	省、市、自治区社科基金项目	省教育厅社科项目	地、市、厅、局等政府部门项目	国际合作研究项目	与港、澳、台地区合作研究项目	企事业单位委托项目	学校社科项目	外资项目	其他
		编号	L01	L02	L03	L04	L05	L06	L07	L08	L09	L10	L11	L12	L13	L14	L15	L16
课题数(项)		1	147	0	0	2	0	0	0	0	59	22	1	0	15	46	0	2
当年投入人数	合计(人年)	2	18	0	0	0	0	0	0	0	6	3	0	0	2	7	0	0
	研究生(人年)	3	0	0	0	0	0	0	0	0	0	0	0	0	0	0	0	0
当年拨入经费	合计(千元)	4	526	0	0	80	0	0	0	0	0	95	179	0	86	86	0	0
	当年立项项目拨入经费(千元)	5	238	0	0	80	0	0	0	0	0	28	0	0	86	44	0	0
当年支出经费(千元)		6	670	0	0	19	0	0	0	0	114	112	179	0	157	89	0	0
当年新开课题数(项)		7	42	0	0	1	0	0	0	0	19	4	0	0	8	10	0	0
当年新开课题批准经费(千元)		8	242	0	0	80	0	0	0	0	0	28	0	0	86	48	0	0
当年完成课题数(项)		9	45	0	0	1	0	0	0	0	13	11	1	0	5	13	0	1

			编号																
出版著作(部)	合计		10	2	0	0	0	0	0	0	0	0	0	0	0	0	0	0	2
	专著	合计	11	1	0	0	0	0	0	0	0	0	0	0	0	0	0	0	1
		被译成外文	12	0	0	0	0	0	0	0	0	0	0	0	0	0	0	0	0
	编著教材		13	1	0	0	0	0	0	0	0	0	0	0	0	0	0	0	1
	工具书/参考书		14	0	0	0	0	0	0	0	0	0	0	0	0	0	0	0	0
	皮书/发展报告		15	0	0	0	0	0	0	0	0	0	0	0	0	0	0	0	0
	科普读物		16	0	0	0	0	0	0	0	0	0	0	0	0	0	0	0	0
古籍整理(部)			17	0	0	0	0	0	0	0	0	0	0	0	0	0	0	0	0
译著(部)			18	0	0	0	0	0	0	0	0	0	0	0	0	0	0	0	0
发表译文(篇)			19	0	0	0	0	0	0	0	0	0	0	0	0	0	0	0	0
电子出版物(件)			20	0	0	0	0	0	0	0	0	0	0	0	0	0	0	0	0
发表论文(篇)	合计		21	117	2	0	2	0	0	0	0	28	38	1	0	4	31	0	11
	国内学术刊物	内地(大陆)	22	115	2	0	2	0	0	0	0	27	38	1	0	4	31	0	10
		港、澳、台地区	23	0	0	0	0	0	0	0	0	0	0	0	0	0	0	0	0
	国外学术刊物		24	2	0	0	0	0	0	0	0	1	0	0	0	0	0	0	1
研究与咨询报告(篇)	合计		25	0	0	0	0	0	0	0	0	0	0	0	0	0	0	0	0
	被采纳数		26	0	0	0	0	0	0	0	0	0	0	0	0	0	0	0	0

3.52 江苏卫生健康职业学院人文、社会科学研究与课题成果来源情况表

		编号	合计	国家社科基金项目	国家社科基金单列学科项目	教育部人文社科研究项目	高校古籍整理研究项目	国家自然科学基金项目	中央其他部门社科专门项目	省、市、自治区社科基金项目	省教育厅社科项目	地、市、厅、局等政府部门项目	国际合作研究项目	与港、澳、台地区合作研究项目	企事业单位委托项目	学校社科项目	外资项目	其他
			L01	L02	L03	L04	L05	L06	L07	L08	L09	L10	L11	L12	L13	L14	L15	L16
课题数(项)		1	176	0	0	0	0	0	0	1	68	30	0	0	1	75	0	1
当年投入人数	合计(人年)	2	25	0	0	0	0	0	0	0	12	4	0	0	0	9	0	0
	研究生(人年)	3	0	0	0	0	0	0	0	0	0	0	0	0	0	0	0	0
当年拨入经费	合计(千元)	4	167	0	0	0	0	0	0	0	0	101	0	0	0	66	0	0
	当年立项项目拨入经费(千元)	5	167	0	0	0	0	0	0	0	0	101	0	0	0	66	0	0
当年支出经费(千元)		6	253	0	0	0	0	0	0	10	87	55	0	0	10	84	0	7
当年新开课题数(项)		7	46	0	0	0	0	0	0	0	20	15	0	0	0	11	0	0
当年新开课题批准经费(千元)		8	167	0	0	0	0	0	0	0	0	101	0	0	0	66	0	0
当年完成课题数(项)		9	59	0	0	0	0	0	0	0	15	9	0	0	1	34	0	0

出版著作(部)	合 计		10	0	0	0	0	0	0	0	0	0	0	0	0	0	0	0	0
	专著	合 计	11	0	0	0	0	0	0	0	0	0	0	0	0	0	0	0	0
		被译成外文	12	0	0	0	0	0	0	0	0	0	0	0	0	0	0	0	0
	编著教材		13	0	0	0	0	0	0	0	0	0	0	0	0	0	0	0	0
	工具书/参考书		14	0	0	0	0	0	0	0	0	0	0	0	0	0	0	0	0
	皮书/发展报告		15	0	0	0	0	0	0	0	0	0	0	0	0	0	0	0	0
	科普读物		16	0	0	0	0	0	0	0	0	0	0	0	0	0	0	0	0
古籍整理(部)			17	0	0	0	0	0	0	0	0	0	0	0	0	0	0	0	0
译著(部)			18	0	0	0	0	0	0	0	0	0	0	0	0	0	0	0	0
发表译文(篇)			19	0	0	0	0	0	0	0	0	0	0	0	0	0	0	0	0
电子出版物(件)			20	0	0	0	0	0	0	0	0	0	0	0	0	0	0	0	0
发表论文(篇)	合 计		21	57	0	0	0	0	0	0	0	27	2	0	0	1	27	0	0
	国内学术刊物	内地(大陆)	22	57	0	0	0	0	0	0	0	27	2	0	0	1	27	0	0
		港、澳、台地区	23	0	0	0	0	0	0	0	0	0	0	0	0	0	0	0	0
	国外学术刊物		24	0	0	0	0	0	0	0	0	0	0	0	0	0	0	0	0
研究与咨询报告(篇)	合 计		25	0	0	0	0	0	0	0	0	0	0	0	0	0	0	0	0
	被采纳数		26	0	0	0	0	0	0	0	0	0	0	0	0	0	0	0	0

3.53 苏州信息职业技术学院人文、社会科学研究与课题成果来源情况表

			课题来源															
			合计	国家社科基金项目	国家社科基金单列学科项目	教育部人文社科研究项目	高校古籍整理研究项目	国家自然科学基金项目	中央其他部门社科专门项目	省、市、自治区社科基金项目	省教育厅社科项目	地、市、厅、局等政府部门项目	国际合作研究项目	与港、澳、台地区合作研究项目	企事业单位委托项目	学校社科项目	外资项目	其他
		编号	L01	L02	L03	L04	L05	L06	L07	L08	L09	L10	L11	L12	L13	L14	L15	L16
课题数(项)		1	82	0	0	0	0	0	0	3	57	12	0	0	0	5	0	5
当年投入人数	合计(人年)	2	10	0	0	0	0	0	0	1	6	2	0	0	0	1	0	1
	研究生(人年)	3	0	0	0	0	0	0	0	0	0	0	0	0	0	0	0	0
当年拨入经费	合计(千元)	4	95	0	0	0	0	0	0	20	10	65	0	0	0	0	0	0
	当年立项项目拨入经费(千元)	5	35	0	0	0	0	0	0	20	0	15	0	0	0	0	0	0
当年支出经费(千元)		6	92	0	0	0	0	0	0	0	72	15	0	0	4	1	0	0
当年新开课题数(项)		7	29	0	0	0	0	0	0	3	12	9	0	0	0	0	0	5
当年新开课题批准经费(千元)		8	248	0	0	0	0	0	0	25	120	100	0	0	0	0	0	3
当年完成课题数(项)		9	16	0	0	0	0	0	0	0	7	4	0	0	0	0	0	5

出版著作(部)	合　计		10	0	0	0	0	0	0	0	0	0	0	0	0	C	0	0	0
	专著	合　计	11	0	0	0	0	0	0	0	0	0	0	0	0	C	0	0	0
		被译成外文	12	0	0	0	0	0	0	0	0	0	0	0	0	0	0	0	0
	编著教材		13	0	0	0	0	0	0	0	0	0	0	0	0	0	0	0	0
	工具书/参考书		14	0	0	0	0	0	0	0	0	0	0	0	0	0	0	0	0
	皮书/发展报告		15	0	0	0	0	0	0	0	0	0	0	0	0	0	0	0	0
	科普读物		16	0	0	0	0	0	0	0	0	0	0	0	0	0	0	0	0
古籍整理(部)			17	0	0	0	0	0	0	0	0	0	0	0	0	0	0	0	0
译著(部)			18	0	0	0	0	0	0	0	0	0	0	0	0	0	0	0	0
发表译文(篇)			19	0	0	0	0	0	0	0	0	0	0	0	0	0	0	0	0
电子出版物(件)			20	0	0	0	0	0	0	0	0	0	0	0	0	0	0	0	0
发表论文(篇)	合　计		21	18	0	0	0	0	0	0	1	11	4	0	0	0	2	0	0
	国内学术刊物	内地(大陆)	22	18	0	0	0	0	0	0	1	11	4	0	0	0	2	0	0
		港、澳、台地区	23	0	0	0	0	0	0	0	0	0	0	0	0	0	0	0	0
	国外学术刊物		24	0	0	0	0	0	0	0	0	0	0	0	0	0	0	0	0
研究与咨询报告(篇)	合　计		25	1	0	0	0	0	0	0	0	0	1	0	0	0	0	0	0
	被采纳数		26	1	0	0	0	0	0	0	0	0	1	0	0	0	0	0	0

3.54 苏州工业园区服务外包职业学院人文、社会科学研究与课题成果来源情况表

			课题来源															
			合计	国家社科基金项目	国家社科基金单列学科项目	教育部人文社科研究项目	高校古籍整理研究项目	国家自然科学基金项目	中央其他部门社科专门项目	省、市、自治区社科基金项目	省教育厅社科项目	地、市、厅、局等政府部门项目	国际合作研究项目	与港、澳、台地区合作研究项目	企事业单位委托项目	学校社科项目	外资项目	其他
		编号	L01	L02	L03	L04	L05	L06	L07	L08	L09	L10	L11	L12	L13	L14	L15	L16
课题数(项)		1	165	0	0	0	0	0	1	0	79	32	0	0	31	22	0	0
当年投入人数	合计(人年)	2	29	0	0	0	0	0	0	0	15	6	0	0	5	4	0	0
	研究生(人年)	3	0	0	0	0	0	0	0	0	0	0	0	0	0	0	0	0
当年拨入经费	合计(千元)	4	3648	0	0	0	0	0	47	0	5	20	0	0	3486	90	0	0
	当年立项项目拨入经费(千元)	5	3648	0	0	0	0	0	47	0	5	20	0	0	3486	90	0	0
当年支出经费(千元)		6	3620	0	0	0	0	0	19	0	26	25	0	0	3486	65	0	0
当年新开课题数(项)		7	75	0	0	0	0	0	1	0	19	16	0	0	31	8	0	0
当年新开课题批准经费(千元)		8	3831	0	0	0	0	0	50	0	175	30	0	0	3486	90	0	0
当年完成课题数(项)		9	68	0	0	0	0	0	0	0	19	13	0	0	31	5	0	0

出版著作(部)	合　计		10	9	0	0	0	0	0	0	0	0	1	0	0	C	0	0	8
	专著	合　计	11	5	0	0	0	0	0	0	0	0	1	0	0	0	0	0	4
		被译成外文	12	0	0	0	0	0	0	0	0	0	0	0	0	0	0	0	0
	编著教材		13	4	0	0	0	0	0	0	0	0	0	0	0	0	0	0	4
	工具书/参考书		14	0	0	0	0	0	0	0	0	0	0	0	0	0	0	0	0
	皮书/发展报告		15	0	0	0	0	0	0	0	0	0	0	0	0	0	0	0	0
	科普读物		16	0	0	0	0	0	0	0	0	0	0	0	0	0	0	0	0
古籍整理(部)			17	0	0	0	0	0	0	0	0	0	0	0	0	0	0	0	0
译著(部)			18	0	0	0	0	0	0	0	0	0	0	0	0	0	0	0	0
发表译文(篇)			19	0	0	0	0	0	0	0	0	0	0	0	0	0	0	0	0
电子出版物(件)			20	0	0	0	0	0	0	0	0	0	0	0	0	0	0	0	0
发表论文(篇)	合　计		21	81	1	0	0	0	0	0	0	48	6	0	0	1	8	0	17
	国内学术刊物	内地(大陆)	22	81	1	0	0	0	0	0	0	48	6	0	0	1	8	0	17
		港、澳、台地区	23	0	0	0	0	0	0	0	0	0	0	0	0	0	0	0	0
	国外学术刊物		24	0	0	0	0	0	0	0	0	0	0	0	0	0	0	0	0
研究与咨询报告(篇)	合　计		25	39	0	0	0	0	0	0	0	0	7	0	0	30	1	0	1
	被采纳数		26	39	0	0	0	0	0	0	0	0	7	0	0	30	1	0	1

3.55 徐州幼儿师范高等专科学校人文、社会科学研究与课题成果来源情况表

			课题来源															
			合计	国家社科基金项目	国家社科基金单列学科项目	教育部人文社科研究项目	高校古籍整理研究项目	国家自然科学基金项目	中央其他部门社科专门项目	省、市、自治区社科基金项目	省教育厅社科项目	地、市、厅、局等政府部门项目	国际合作研究项目	与港、澳、台地区合作研究项目	企事业单位委托项目	学校社科项目	外资项目	其他
		编号	L01	L02	L03	L04	L05	L06	L07	L08	L09	L10	L11	L12	L13	L14	L15	L16
课题数(项)		1	163	0	0	1	0	0	0	3	39	100	0	0	0	20	0	0
当年投入人数	合计(人年)	2	49	0	0	0	0	0	0	1	12	28	0	0	0	7	0	0
	研究生(人年)	3	0	0	0	0	0	0	0	0	0	0	0	0	0	0	0	0
当年拨入经费	合计(千元)	4	263	0	0	0	0	0	0	9	107	81	0	0	0	66	0	0
	当年立项项目拨入经费(千元)	5	240	0	0	0	0	0	0	9	107	58	0	0	0	66	0	0
当年支出经费(千元)		6	238	0	0	0	0	0	0	6	79	122	0	0	0	31	0	0
当年新开课题数(项)		7	45	0	0	0	0	0	0	3	17	10	0	0	0	15	0	0
当年新开课题批准经费(千元)		8	471	0	0	0	0	0	0	120	142	140	0	0	0	69	0	0
当年完成课题数(项)		9	23	0	0	0	0	0	0	1	5	8	0	0	0	9	0	0

出版著作(部)	合　计		10	2	0	0	0	0	0	0	1	1	0	0	0	0	0	0	0
	专著	合　计	11	2	0	0	0	0	0	0	1	1	0	0	0	0	0	0	0
		被译成外文	12	0	0	0	0	0	0	0	0	0	0	0	0	0	0	0	0
	编著教材		13	0	0	0	0	0	0	0	0	0	0	0	0	0	0	0	0
	工具书/参考书		14	0	0	0	0	0	0	0	0	0	0	0	0	0	0	0	0
	皮书/发展报告		15	0	0	0	0	0	0	0	0	0	0	0	0	0	0	0	0
	科普读物		16	0	0	0	0	0	0	0	0	0	0	0	0	0	0	0	0
古籍整理(部)			17	0	0	0	0	0	0	0	0	0	0	0	0	0	0	0	0
译著(部)			18	0	0	0	0	0	0	0	0	0	0	0	0	0	0	0	0
发表译文(篇)			19	0	0	0	0	0	0	0	0	0	0	0	0	0	0	0	0
电子出版物(件)			20	0	0	0	0	0	0	0	0	0	0	0	0	0	0	0	0
发表论文(篇)	合　计		21	101	0	0	0	0	0	0	0	15	73	0	0	0	13	0	0
	国内学术刊物	内地(大陆)	22	101	0	0	0	0	0	0	0	15	73	0	0	0	13	0	0
		港、澳、台地区	23	0	0	0	0	0	0	0	0	0	0	0	0	0	0	0	0
	国外学术刊物		24	0	0	0	0	0	0	0	0	0	0	0	0	0	0	0	0
研究与咨询报告(篇)	合　计		25	0	0	0	0	0	0	0	0	0	0	0	0	0	0	0	0
	被采纳数		26	0	0	0	0	0	0	0	0	0	0	0	0	0	0	0	0

3.56 徐州生物工程职业技术学院人文、社会科学研究与课题成果来源情况表

		编号	合计	国家社科基金项目	国家社科基金单列学科项目	教育部人文社科研究项目	高校古籍整理研究项目	国家自然科学基金项目	中央其他部门社科专门项目	省、市、自治区社科基金项目	省教育厅社科项目	地、市、厅、局等政府部门项目	国际合作研究项目	与港、澳、台地区合作研究项目	企事业单位委托项目	学校社科项目	外资项目	其他
			课题来源															
			L01	L02	L03	L04	L05	L06	L07	L08	L09	L10	L11	L12	L13	L14	L15	L16
课题数(项)		1	54	0	0	0	0	0	0	6	39	4	0	0	0	5	0	0
当年投入人数	合计(人年)	2	5	0	0	0	0	0	0	1	4	0	0	0	0	1	0	0
	研究生(人年)	3	0	0	0	0	0	0	0	0	0	0	0	0	0	0	0	0
当年拨入经费	合计(千元)	4	10	0	0	0	0	0	0	10	0	0	0	0	0	0	0	0
	当年立项项目拨入经费(千元)	5	10	0	0	0	0	0	0	10	0	0	0	0	0	0	0	0
当年支出经费(千元)		6	14	0	0	0	0	0	0	9	0	0	0	0	0	5	0	0
当年新开课题数(项)		7	18	0	0	0	0	0	0	2	13	3	0	0	0	0	0	0
当年新开课题批准经费(千元)		8	10	0	0	0	0	0	0	10	0	0	0	0	0	0	0	0
当年完成课题数(项)		9	19	0	0	0	0	0	0	0	10	4	0	0	0	5	0	0

出版著作(部)	合　计		10	3	0	0	0	0	0	0	0	1	2	0	0	0	0	0	0
	专著	合　计	11	0	0	0	0	0	0	0	0	0	0	0	0	0	0	0	0
		被译成外文	12	0	0	0	0	0	0	0	0	0	0	0	0	0	0	0	0
	编著教材		13	3	0	0	0	0	0	0	0	1	2	0	0	0	0	0	0
	工具书/参考书		14	0	0	0	0	0	0	0	0	0	0	0	0	0	0	0	0
	皮书/发展报告		15	0	0	0	0	0	0	0	0	0	0	0	0	0	0	0	0
	科普读物		16	0	0	0	0	0	0	0	0	0	0	0	0	0	0	0	0
古籍整理(部)			17	0	0	0	0	0	0	0	0	0	0	0	0	0	0	0	0
译著(部)			18	0	0	0	0	0	0	0	0	0	0	0	0	0	0	0	0
发表译文(篇)			19	0	0	0	0	0	0	0	0	0	0	0	0	0	0	0	0
电子出版物(件)			20	0	0	0	0	0	0	0	0	0	0	0	0	0	0	0	0
发表论文(篇)	合　计		21	69	0	0	0	0	0	0	4	16	27	0	0	7	15	0	0
	国内学术刊物	内地(大陆)	22	69	0	0	0	0	0	0	4	16	27	0	0	7	15	0	0
		港、澳、台地区	23	0	0	0	0	0	0	0	0	0	0	0	0	0	0	0	0
	国外学术刊物		24	0	0	0	0	0	0	0	0	0	0	0	0	0	0	0	0
研究与咨询报告(篇)	合　计		25	0	0	0	0	0	0	0	0	0	0	0	0	0	0	0	0
	被采纳数		26	0	0	0	0	0	0	0	0	0	0	0	0	0	0	0	0

3.57 江苏商贸职业学院人文、社会科学研究与课题成果来源情况表

			课题来源															
			合计	国家社科基金项目	国家社科基金单列学科项目	教育部人文社科研究项目	高校古籍整理研究项目	国家自然科学基金项目	中央其他部门社科专门项目	省、市、自治区社科基金项目	省教育厅社科项目	地、市、厅、局等政府部门项目	国际合作研究项目	与港、澳、台地区合作研究项目	企事业单位委托项目	学校社科项目	外资项目	其他
		编号	L01	L02	L03	L04	L05	L06	L07	L08	L09	L10	L11	L12	L13	L14	L15	L16
课题数(项)		1	295	0	0	0	0	0	0	0	48	37	0	0	52	158	0	0
当年投入人数	合计(人年)	2	61	0	0	0	0	0	0	0	14	10	0	0	9	29	0	0
	研究生(人年)	3	0	0	0	0	0	0	0	0	0	0	0	0	0	0	0	0
当年拨入经费	合计(千元)	4	853	0	0	0	0	0	0	0	24	33	0	0	791	5	0	0
	当年立项项目拨入经费(千元)	5	845	0	0	0	0	0	0	0	24	30	0	0	791	0	0	0
当年支出经费(千元)		6	662	0	0	0	0	0	0	0	65	20	0	0	547	31	0	0
当年新开课题数(项)		7	151	0	0	0	0	0	0	0	21	20	0	0	38	72	0	0
当年新开课题批准经费(千元)		8	1458	0	0	0	0	0	0	0	260	140	0	0	854	204	0	0
当年完成课题数(项)		9	87	0	0	0	0	0	0	0	1	17	0	0	25	44	0	0

			编号																
出版著作(部)	合计		10	0	0	0	0	0	0	0	0	0	0	0	0	0	0	0	0
	专著	合计	11	0	0	0	0	0	0	0	0	0	0	0	0	0	0	0	0
		被译成外文	12	0	0	0	0	0	0	0	0	0	0	0	0	0	0	0	0
	编著教材		13	0	0	0	0	0	0	0	0	0	0	0	0	0	0	0	0
	工具书/参考书		14	0	0	0	0	0	0	0	0	0	0	0	0	0	0	0	0
	皮书/发展报告		15	0	0	0	0	0	0	0	0	0	0	0	0	0	0	0	0
	科普读物		16	0	0	0	0	0	0	0	0	0	0	0	0	0	0	0	0
古籍整理(部)			17	0	0	0	0	0	0	0	0	0	0	0	0	0	0	0	0
译著(部)			18	0	0	0	0	0	0	0	0	0	0	0	0	0	0	0	0
发表译文(篇)			19	0	0	0	0	0	0	0	0	0	0	0	0	0	0	0	0
电子出版物(件)			20	0	0	0	0	0	0	0	0	0	0	0	0	0	0	0	0
发表论文(篇)	合计		21	103	0	0	0	0	0	0	0	30	22	0	0	2	49	0	0
	国内学术刊物	内地(大陆)	22	103	0	0	0	0	0	0	0	30	22	0	0	2	49	0	0
		港、澳、台地区	23	0	0	0	0	0	0	0	0	0	0	0	0	0	0	0	0
	国外学术刊物		24	0	0	0	0	0	0	0	0	0	0	0	0	0	0	0	0
研究与咨询报告(篇)	合计		25	59	0	0	0	0	0	0	0	0	17	0	0	25	17	0	0
	被采纳数		26	0	0	0	0	0	0	0	0	0	0	0	0	0	0	0	0

3.58 南通师范高等专科学校人文、社会科学研究与课题成果来源情况表

			课题来源															
			合计	国家社科基金项目	国家社科基金单列学科项目	教育部人文社科研究项目	高校古籍整理研究项目	国家自然科学基金项目	中央其他部门社科专门项目	省、市、自治区社科基金项目	省教育厅社科项目	地、市、厅、局等政府部门项目	国际合作研究项目	与港、澳、台地区合作研究项目	企事业单位委托项目	学校社科项目	外资项目	其他
		编号	L01	L02	L03	L04	L05	L06	L07	L08	L09	L10	L11	L12	L13	L14	L15	L16
课题数(项)		1	204	0	0	1	0	0	1	1	0	127	0	0	4	70	0	0
当年投入人数	合计(人年)	2	36	0	0	0	0	0	0	0	0	26	0	0	1	8	0	0
	研究生(人年)	3	0	0	0	0	0	0	0	0	0	0	0	0	0	0	0	0
当年拨入经费	合计(千元)	4	298	0	0	0	0	0	170	0	0	48	0	0	60	21	0	0
	当年立项项目拨入经费(千元)	5	175	0	0	0	0	0	170	0	0	2	0	0	0	3	0	0
当年支出经费(千元)		6	205	0	0	3	0	0	47	0	0	70	0	0	60	25	0	0
当年新开课题数(项)		7	55	0	0	0	0	0	1	0	0	30	0	0	0	24	0	0
当年新开课题批准经费(千元)		8	305	0	0	0	0	0	200	0	0	69	0	0	0	36	0	0
当年完成课题数(项)		9	37	0	0	0	0	0	0	0	0	20	0	0	3	14	0	0

出版著作(部)	合 计			10	0	0	0	0	0	0	0	0	0	0	0	0	0	0	0	0
	专著	合 计		11	0	0	0	0	0	0	0	0	0	0	0	0	0	0	0	0
		被译成外文		12	0	0	0	0	0	0	0	0	0	0	0	0	0	0	0	0
	编著教材			13	0	0	0	0	0	0	0	0	0	0	0	0	0	0	0	0
	工具书/参考书			14	0	0	0	0	0	0	0	0	0	0	0	0	0	0	0	0
	皮书/发展报告			15	0	0	0	0	0	0	0	0	0	0	0	0	0	0	0	0
	科普读物			16	0	0	0	0	0	0	0	0	0	0	0	0	0	0	0	0
古籍整理(部)				17	0	0	0	0	0	0	0	0	0	0	0	0	0	0	0	0
译著(部)				18	0	0	0	0	0	0	0	0	0	0	0	0	0	0	0	0
发表译文(篇)				19	0	0	0	0	0	0	0	0	0	0	0	0	0	0	0	0
电子出版物(件)				20	0	0	0	0	0	0	0	0	0	0	0	0	0	0	0	0
发表论文(篇)	合 计			21	89	0	0	0	0	0	0	0	0	67	0	0	3	19	0	0
	国内学术刊物	内地(大陆)		22	89	0	0	0	0	0	0	0	0	67	0	0	3	19	0	0
		港、澳、台地区		23	0	0	0	0	0	0	0	0	0	0	0	0	0	0	0	0
	国外学术刊物			24	0	0	0	0	0	0	0	0	0	0	0	0	0	0	0	0
研究与咨询报告(篇)	合 计			25	0	0	0	0	0	0	0	0	0	0	0	0	0	0	0	0
	被采纳数			26	0	0	0	0	0	0	0	0	0	0	0	0	0	0	0	0

3.59 江苏护理职业学院人文、社会科学研究与课题成果来源情况表

			课题来源															
			合计	国家社科基金项目	国家社科基金单列学科项目	教育部人文社科研究项目	高校古籍整理研究项目	国家自然科学基金项目	中央其他部门社科专门项目	省、市、自治区社科基金项目	省教育厅社科项目	地、市、厅、局等政府部门项目	国际合作研究项目	与港、澳、台地区合作研究项目	企事业单位委托项目	学校社科项目	外资项目	其他
		编号	L01	L02	L03	L04	L05	L06	L07	L08	L09	L10	L11	L12	L13	L14	L15	L16
课题数(项)		1	85	0	0	1	0	0	0	1	38	23	0	0	0	20	0	2
当年投入人数	合计(人年)	2	20	0	0	0	0	0	0	0	8	6	0	0	0	5	0	1
	研究生(人年)	3	0	0	0	0	0	0	0	0	0	0	0	0	0	0	0	0
当年拨入经费	合计(千元)	4	166	0	0	0	0	0	0	0	54	60	0	0	0	52	0	0
	当年立项项目拨入经费(千元)	5	166	0	0	0	0	0	0	0	54	60	0	0	0	52	0	0
当年支出经费(千元)		6	166	0	0	0	0	0	0	0	54	60	0	0	0	52	0	0
当年新开课题数(项)		7	44	0	0	0	0	0	0	0	14	10	0	0	0	20	0	0
当年新开课题批准经费(千元)		8	335	0	0	0	0	0	0	0	138	80	0	0	0	117	0	0
当年完成课题数(项)		9	17	0	0	0	0	0	0	1	8	8	0	0	0	0	0	0

出版著作(部)	合 计		10	0	0	0	0	0	0	0	0	0	0	0	0	0	0	0	0
	专著	合 计	11	0	0	0	0	0	0	0	0	0	0	0	0	0	0	0	0
		被译成外文	12	0	0	0	0	0	0	0	0	0	0	0	0	0	0	0	0
	编著教材		13	0	0	0	0	0	0	0	0	0	0	0	0	0	0	0	0
	工具书/参考书		14	0	0	0	0	0	0	0	0	0	0	0	0	0	0	0	0
	皮书/发展报告		15	0	0	0	0	0	0	0	0	0	0	0	0	0	0	0	0
	科普读物		16	0	0	0	0	0	0	0	0	0	0	0	0	0	0	0	0
古籍整理(部)			17	0	0	0	0	0	0	0	0	0	0	0	0	0	0	0	0
译著(部)			18	0	0	0	0	0	0	0	0	0	0	0	0	0	0	0	0
发表译文(篇)			19	0	0	0	0	0	0	0	0	0	0	0	0	0	0	0	0
电子出版物(件)			20	0	0	0	0	0	0	0	0	0	0	0	0	0	0	0	0
发表论文(篇)	合 计		21	60	0	0	0	0	0	0	0	1	50	0	0	0	0	0	9
	国内学术刊物	内地(大陆)	22	60	0	0	0	0	0	0	0	1	50	0	0	0	0	0	9
		港、澳、台地区	23	0	0	0	0	0	0	0	0	0	0	0	0	0	0	0	0
	国外学术刊物		24	0	0	0	0	0	0	0	0	0	0	0	0	0	0	0	0
研究与咨询报告(篇)	合 计		25	0	0	0	0	0	0	0	0	0	0	0	0	0	0	0	0
	被采纳数		26	0	0	0	0	0	0	0	0	0	0	0	0	0	0	0	0

3.60 江苏财会职业学院人文、社会科学研究与课题成果来源情况表

			课题来源															
			合计	国家社科基金项目	国家社科基金单列学科项目	教育部人文社科研究项目	高校古籍整理研究项目	国家自然科学基金项目	中央其他部门社科专门项目	省、市、自治区社科基金项目	省教育厅社科项目	地、市、厅、局等政府部门项目	国际合作研究项目	与港、澳、台地区合作研究项目	企事业单位委托项目	学校社科项目	外资项目	其他
		编号	L01	L02	L03	L04	L05	L06	L07	L08	L09	L10	L11	L12	L13	L14	L15	L16
课题数(项)		1	189	0	0	0	0	0	0	7	60	81	0	0	2	39	0	0
当年投入人数	合计(人年)	2	35	0	0	0	0	0	0	2	12	16	0	0	1	4	0	0
	研究生(人年)	3	0	0	0	0	0	0	0	0	0	0	0	0	0	0	0	0
当年拨入经费	合计(千元)	4	114	0	0	0	0	0	0	8	28	59	0	0	3	16	0	0
	当年立项项目拨入经费(千元)	5	39	0	0	0	0	0	0	0	0	38	0	0	0	1	0	0
当年支出经费(千元)		6	114	0	0	0	0	0	0	8	28	59	0	0	3	16	0	0
当年新开课题数(项)		7	119	0	0	0	0	0	0	0	19	75	0	0	1	24	0	0
当年新开课题批准经费(千元)		8	140	0	0	0	0	0	0	0	0	101	0	0	15	24	0	0
当年完成课题数(项)		9	37	0	0	0	0	0	0	6	4	11	0	0	1	15	0	0

出版著作(部)	合　计		10	2	0	0	0	0	0	0	0	2	0	0	0	0	0	0	0
	专著	合　计	11	2	0	0	0	0	0	0	0	2	0	0	0	0	0	0	0
		被译成外文	12	0	0	0	0	0	0	0	0	0	0	0	0	0	0	0	0
	编著教材		13	0	0	0	0	0	0	0	0	0	0	0	0	0	0	0	0
	工具书/参考书		14	0	0	0	0	0	0	0	0	0	0	0	0	0	0	0	0
	皮书/发展报告		15	0	0	0	0	0	0	0	0	0	0	0	0	0	0	0	0
	科普读物		16	0	0	0	0	0	0	0	0	0	0	0	0	0	0	0	0
古籍整理(部)			17	0	0	0	0	0	0	0	0	0	0	0	0	0	0	0	0
译著(部)			18	0	0	0	0	0	0	0	0	0	0	0	0	0	0	0	0
发表译文(篇)			19	0	0	0	0	0	0	0	0	0	0	0	0	0	0	0	0
电子出版物(件)			20	0	0	0	0	0	0	0	0	0	0	0	0	0	0	0	0
发表论文(篇)	合　计		21	143	0	0	0	0	0	0	7	86	28	0	0	0	22	0	0
	国内学术刊物	内地(大陆)	22	143	0	0	0	0	0	0	7	86	28	0	0	0	22	0	0
		港、澳、台地区	23	0	0	0	0	0	0	0	0	0	0	0	0	0	0	0	0
	国外学术刊物		24	0	0	0	0	0	0	0	0	0	0	0	0	0	0	0	0
研究与咨询报告(篇)	合　计		25	19	0	0	0	0	0	0	0	0	17	0	0	2	0	0	0
	被采纳数		26	1	0	0	0	0	0	0	0	0	0	0	0	1	0	0	0

3.61 江苏城乡建设职业学院人文、社会科学研究与课题成果来源情况表

			课题来源															
			合计	国家社科基金项目	国家社科基金单列学科项目	教育部人文社科研究项目	高校古籍整理研究项目	国家自然科学基金项目	中央其他部门社科专门项目	省、市、自治区社科基金项目	省教育厅社科项目	地、市、厅、局等政府部门项目	国际合作研究项目	与港、澳、台地区合作研究项目	企事业单位委托项目	学校社科项目	外资项目	其他
		编号	L01	L02	L03	L04	L05	L06	L07	L08	L09	L10	L11	L12	L13	L14	L15	L16
课题数(项)		1	324	0	0	2	0	0	0	10	76	121	0	0	13	102	0	0
当年投入人数	合计(人年)	2	42	0	0	0	0	0	0	1	10	13	0	0	1	17	0	0
	研究生(人年)	3	0	0	0	0	0	0	0	0	0	0	0	0	0	0	0	0
当年拨入经费	合计(千元)	4	717	0	0	24	0	0	0	0	0	87	0	0	399	208	0	0
	当年立项项目拨入经费(千元)	5	574	0	0	0	0	0	0	0	0	74	0	0	349	152	0	0
当年支出经费(千元)		6	752	0	0	72	0	0	0	0	42	170	0	0	399	70	0	0
当年新开课题数(项)		7	178	0	0	0	0	0	0	2	20	107	0	0	11	38	0	0
当年新开课题批准经费(千元)		8	703	0	0	0	0	0	0	0	0	81	0	0	470	152	0	0
当年完成课题数(项)		9	138	0	0	0	0	0	0	0	2	105	0	0	11	20	0	0

出版著作(部)	合　计		10	0	0	0	0	0	0	0	0	0	0	0	0	0	0	0	0
	专著	合　计	11	0	0	0	0	0	0	0	0	0	0	0	0	0	0	0	0
		被译成外文	12	0	0	0	0	0	0	0	0	0	0	0	0	0	0	0	0
	编著教材		13	0	0	0	0	0	0	0	0	0	0	0	0	0	0	0	0
	工具书/参考书		14	0	0	0	0	0	0	0	0	0	0	0	0	0	0	0	0
	皮书/发展报告		15	0	0	0	0	0	0	0	0	0	0	0	0	0	0	0	0
	科普读物		16	0	0	0	0	0	0	0	0	0	0	0	0	0	0	0	0
古籍整理(部)			17	0	0	0	0	0	0	0	0	0	0	0	0	0	0	0	0
译著(部)			18	0	0	0	0	0	0	0	0	0	0	0	0	0	0	0	0
发表译文(篇)			19	0	0	0	0	0	0	0	0	0	0	0	0	0	0	0	0
电子出版物(件)			20	0	0	0	0	0	0	0	0	0	0	0	0	0	0	0	0
发表论文(篇)	合　计		21	79	0	0	0	0	0	0	0	35	22	0	0	8	14	0	0
	国内学术刊物	内地(大陆)	22	79	0	0	0	0	0	0	0	35	22	0	0	8	14	0	0
		港、澳、台地区	23	0	0	0	0	0	0	0	0	0	0	0	0	0	0	0	0
	国外学术刊物		24	0	0	0	0	0	0	0	0	0	0	0	0	0	0	0	0
研究与咨询报告(篇)	合　计		25	83	0	0	0	0	0	0	0	0	83	0	0	0	0	0	0
	被采纳数		26	0	0	0	0	0	0	0	0	0	0	0	0	0	0	0	0

3.62 江苏航空职业技术学院人文、社会科学研究与课题成果来源情况表

			课题来源															
			合计	国家社科基金项目	国家社科基金单列学科项目	教育部人文社科研究项目	高校古籍整理研究项目	国家自然科学基金项目	中央其他部门社科专门项目	省、市、自治区社科基金项目	省教育厅社科项目	地、市、厅、局等政府部门项目	国际合作研究项目	与港、澳、台地区合作研究项目	企事业单位委托项目	学校社科项目	外资项目	其他
		编号	L01	L02	L03	L04	L05	L06	L07	L08	L09	L10	L11	L12	L13	L14	L15	L16
课题数(项)		1	133	0	0	0	0	0	0	0	52	57	0	0	0	24	0	0
当年投入人数	合计(人年)	2	26	0	0	0	0	0	0	0	10	11	0	0	0	5	0	0
	研究生(人年)	3	0	0	0	0	0	0	0	0	0	0	0	0	0	0	0	0
当年拨入经费	合计(千元)	4	78	0	0	0	0	0	0	0	60	18	0	0	0	0	0	0
	当年立项项目拨入经费(千元)	5	7	0	0	0	0	0	0	0	0	7	0	0	0	0	0	0
当年支出经费(千元)		6	109	0	0	0	0	0	0	0	88	8	0	0	0	13	0	0
当年新开课题数(项)		7	47	0	0	0	0	0	0	0	14	31	0	0	0	2	0	0
当年新开课题批准经费(千元)		8	147	0	0	0	0	0	0	0	140	7	0	0	0	0	0	0
当年完成课题数(项)		9	37	0	0	0	0	0	0	0	6	28	0	0	0	3	0	0

出版著作（部）	合　计		10	2	0	0	0	0	0	0	0	0	2	0	0	0	0	0	0
	专著	合　计	11	1	0	0	0	0	0	0	0	0	1	0	0	0	0	0	0
		被译成外文	12	0	0	0	0	0	0	0	0	0	0	0	0	0	0	0	0
	编著教材		13	0	0	0	0	0	0	0	0	0	0	0	0	0	0	0	0
	工具书/参考书		14	0	0	0	0	0	0	0	0	0	0	0	0	0	0	0	0
	皮书/发展报告		15	1	0	0	0	0	0	0	0	0	1	0	0	0	0	0	0
	科普读物		16	0	0	0	0	0	0	0	0	0	0	0	0	0	0	0	0
古籍整理（部）			17	0	0	0	0	0	0	0	0	0	0	0	0	0	0	0	0
译著（部）			18	0	0	0	0	0	0	0	0	0	0	0	0	0	0	0	0
发表译文（篇）			19	0	0	0	0	0	0	0	0	0	0	0	0	0	0	0	0
电子出版物（件）			20	0	0	0	0	0	0	0	0	0	0	0	0	0	0	0	0
发表论文（篇）	合　计		21	42	0	0	0	0	0	0	3	22	12	0	0	0	5	0	0
	国内学术刊物	内地（大陆）	22	42	0	0	0	0	0	0	3	22	12	0	0	0	5	0	0
		港、澳、台地区	23	0	0	0	0	0	0	0	0	0	0	0	0	0	0	0	0
	国外学术刊物		24	0	0	0	0	0	0	0	0	0	0	0	0	0	0	0	0
研究与咨询报告（篇）	合　计		25	4	0	0	0	0	0	0	0	3	1	0	0	0	0	0	0
	被采纳数		26	4	0	0	0	0	0	0	0	3	1	0	0	0	0	0	0

3.63 江苏安全技术职业学院人文、社会科学研究与课题成果来源情况表

		编号	合计	国家社科基金项目	国家社科基金单列学科项目	教育部人文社科研究项目	高校古籍整理研究项目	国家自然科学基金项目	中央其他部门社科专门项目	省、市、自治区社科基金项目	省教育厅社科项目	地、市、厅、局等政府部门项目	国际合作研究项目	与港、澳、台地区合作研究项目	企事业单位委托项目	学校社科项目	外资项目	其他
			L01	L02	L03	L04	L05	L06	L07	L08	L09	L10	L11	L12	L13	L14	L15	L16
课题数(项)		1	41	0	0	0	0	0	0	2	10	26	0	0	0	3	0	0
当年投入人数	合计(人年)	2	6	0	0	0	0	0	0	0	2	4	0	0	0	0	0	0
	研究生(人年)	3	0	0	0	0	0	0	0	0	0	0	0	0	0	0	0	0
当年投入经费	合计(千元)	4	70	0	0	0	0	0	0	10	18	42	0	0	0	0	0	0
	当年立项项目拨入经费(千元)	5	70	0	0	0	0	0	0	10	18	42	0	0	0	0	0	0
当年支出经费(千元)		6	67	0	0	0	0	0	0	17	9	37	0	0	0	4	0	0
当年新开课题数(项)		7	18	0	0	0	0	0	0	1	4	13	0	0	0	0	0	0
当年新开课题批准经费(千元)		8	102	0	0	0	0	0	0	20	40	42	0	0	0	0	0	0
当年完成课题数(项)		9	15	0	0	0	0	0	0	1	0	13	0	0	0	1	0	0

出版著作(部)	合　计		10	0	0	0	0	0	0	0	0	0	0	0	0	0	0	0	0
	专著	合　计	11	0	0	0	0	0	0	0	0	0	0	0	0	0	0	0	0
		被译成外文	12	0	0	0	0	0	0	0	0	0	0	0	0	0	0	0	0
	编著教材		13	0	0	0	0	0	0	0	0	0	0	0	0	0	0	0	0
	工具书/参考书		14	0	0	0	0	0	0	0	0	0	0	0	0	0	0	0	0
	皮书/发展报告		15	0	0	0	0	0	0	0	0	0	0	0	0	0	0	0	0
	科普读物		16	0	0	0	0	0	0	0	0	0	0	0	0	0	0	0	0
古籍整理(部)			17	0	0	0	0	0	0	0	0	0	0	0	0	0	0	0	0
译著(部)			18	0	0	0	0	0	0	0	0	0	0	0	0	0	0	0	0
发表译文(篇)			19	0	0	0	0	0	0	0	0	0	0	0	0	0	0	0	0
电子出版物(件)			20	0	0	0	0	0	0	0	0	0	0	0	0	0	0	0	0
发表论文(篇)	合　计		21	11	0	0	0	0	0	0	0	3	8	0	0	0	0	0	0
	国内学术刊物	内地(大陆)	22	11	0	0	0	0	0	0	0	3	8	0	0	0	0	0	0
		港、澳、台地区	23	0	0	0	0	0	0	0	0	0	0	0	0	0	0	0	0
	国外学术刊物		24	0	0	0	0	0	0	0	0	0	0	0	0	0	0	0	0
研究与咨询报告(篇)	合　计		25	15	0	0	0	0	0	0	1	0	13	0	0	0	1	0	0
	被采纳数		26	1	0	0	0	0	0	0	0	0	1	0	0	0	0	0	0

3.64 江苏旅游职业学院人文、社会科学研究与课题成果来源情况表

			课题来源															
			合计	国家社科基金项目	国家社科基金单列学科项目	教育部人文社科研究项目	高校古籍整理研究项目	国家自然科学基金项目	中央其他部门社科专门项目	省、市、自治区社科基金项目	省教育厅社科项目	地、市、厅、局等政府部门项目	国际合作研究项目	与港、澳、台地区合作研究项目	企事业单位委托项目	学校社科项目	外资项目	其他
		编号	L01	L02	L03	L04	L05	L06	L07	L08	L09	L10	L11	L12	L13	L14	L15	L16
课题数(项)		1	193	0	0	0	0	0	1	16	40	41	0	0	0	95	0	0
当年投入人数	合计(人年)	2	19	0	0	0	0	0	0	2	4	4	0	0	0	10	0	0
	研究生(人年)	3	0	0	0	0	0	0	0	0	0	0	0	0	0	0	0	0
当年拨入经费	合计(千元)	4	25	0	0	0	0	0	0	0	0	25	0	0	0	0	0	0
	当年立项项目拨入经费(千元)	5	25	0	0	0	0	0	0	0	0	25	0	0	0	0	0	0
当年支出经费(千元)		6	123	0	0	0	0	0	0	98	0	25	0	0	0	0	0	0
当年新开课题数(项)		7	75	0	0	0	0	0	0	5	21	14	0	0	0	35	0	0
当年新开课题批准经费(千元)		8	50	0	0	0	0	0	0	0	0	50	0	0	0	0	0	0
当年完成课题数(项)		9	59	0	0	0	0	0	0	0	16	8	0	0	0	35	0	0

出版著作(部)	合 计		10	0	0	0	0	0	0	0	0	0	0	0	0	0	0	0	0
	专著	合 计	11	0	0	0	0	0	0	0	0	0	0	0	0	0	0	0	0
		被译成外文	12	0	0	0	0	0	0	0	0	0	0	0	0	0	0	0	0
	编著教材		13	0	0	0	0	0	0	0	0	0	0	0	0	0	0	0	0
	工具书/参考书		14	0	0	0	0	0	0	0	0	0	0	0	0	0	0	0	0
	皮书/发展报告		15	0	0	0	0	0	0	0	0	0	0	0	0	0	0	0	0
	科普读物		16	0	0	0	0	0	0	0	0	0	0	0	0	0	0	0	0
古籍整理(部)			17	0	0	0	0	0	0	0	0	0	0	0	0	0	0	0	0
译著(部)			18	0	0	0	0	0	0	0	0	0	0	0	0	0	0	0	0
发表译文(篇)			19	0	0	0	0	0	0	0	0	0	0	0	0	0	0	0	0
电子出版物(件)			20	0	0	0	0	0	0	0	0	0	0	0	0	0	0	0	0
发表论文(篇)	合 计		21	137	1	0	0	0	0	0	16	39	21	0	0	0	18	0	42
	国内学术刊物	内地(大陆)	22	137	1	0	0	0	0	0	16	39	21	0	0	0	18	0	42
		港、澳、台地区	23	0	0	0	0	0	0	0	0	0	0	0	0	0	0	0	0
	国外学术刊物		24	0	0	0	0	0	0	0	0	0	0	0	0	0	0	0	0
研究与咨询报告(篇)	合 计		25	2	0	0	0	0	0	0	0	0	2	0	0	0	0	0	0
	被采纳数		26	2	0	0	0	0	0	0	0	0	2	0	0	0	0	0	0

3.65 常州幼儿师范高等专科学校人文、社会科学研究与课题成果来源情况表

		编号	合计	国家社科基金项目	国家社科基金单列学科项目	教育部人文社科研究项目	高校古籍整理研究项目	国家自然科学基金项目	中央其他部门社科专门项目	省、市、自治区社科基金项目	省教育厅社科项目	地、市、厅、局等政府部门项目	国际合作研究项目	与港、澳、台地区合作研究项目	企事业单位委托项目	学校社科项目	外资项目	其他
			课题来源															
		编号	L01	L02	L03	L04	L05	L06	L07	L08	L09	L10	L11	L12	L13	L14	L15	L16
课题数(项)		1	56	0	0	0	0	0	0	0	6	26	0	0	1	23	0	0
当年投入人数	合计(人年)	2	7	0	0	0	0	0	0	0	1	4	0	0	0	2	0	0
	研究生(人年)	3	0	0	0	0	0	0	0	0	0	0	0	0	0	0	0	0
当年拨入经费	合计(千元)	4	20	0	0	0	0	0	0	0	0	0	0	0	20	0	0	0
	当年立项项目拨入经费(千元)	5	20	0	0	0	0	0	0	0	0	0	0	0	20	0	0	0
当年支出经费(千元)		6	1	0	0	0	0	0	0	0	0	1	0	0	0	0	0	0
当年新开课题数(项)		7	30	0	0	0	0	0	0	0	4	14	0	0	1	11	0	0
当年新开课题批准经费(千元)		8	65	0	0	0	0	0	0	0	45	0	0	0	20	0	0	0
当年完成课题数(项)		9	19	0	0	0	0	0	0	0	1	13	0	0	0	5	0	0

			代码																
出版著作(部)	合　计		10	0	0	0	0	0	0	0	0	0	0	0	0	0	0	0	0
	专著	合　计	11	0	0	0	0	0	0	0	0	0	0	0	0	0	0	0	0
		被译成外文	12	0	0	0	0	0	0	0	0	0	0	0	0	0	0	0	0
	编著教材		13	0	0	0	0	0	0	0	0	0	0	0	0	0	0	0	0
	工具书/参考书		14	0	0	0	0	0	0	0	0	0	0	0	0	0	0	0	0
	皮书/发展报告		15	0	0	0	0	0	0	0	0	0	0	0	0	0	0	0	0
	科普读物		16	0	0	0	0	0	0	0	0	0	0	0	0	0	0	0	0
古籍整理(部)			17	0	0	0	0	0	0	0	0	0	0	0	0	0	0	0	0
译著(部)			18	0	0	0	0	0	0	0	0	0	0	0	0	0	0	0	0
发表译文(篇)			19	0	0	0	0	0	0	0	0	0	0	0	0	0	0	0	0
电子出版物(件)			20	0	0	0	0	0	0	0	0	0	0	0	0	0	0	0	0
发表论文(篇)	合　计		21	30	0	0	0	0	0	0	0	0	21	0	0	0	9	0	0
	国内学术刊物	内地(大陆)	22	30	0	0	0	0	0	0	0	0	21	0	0	0	9	0	0
		港、澳、台地区	23	0	0	0	0	0	0	0	0	0	0	0	0	0	0	0	0
	国外学术刊物		24	0	0	0	0	0	0	0	0	0	0	0	0	0	0	0	0
研究与咨询报告(篇)	合　计		25	0	0	0	0	0	0	0	0	0	0	0	0	0	0	0	0
	被采纳数		26	0	0	0	0	0	0	0	0	0	0	0	0	0	0	0	0

4. 民办及中外合作办学高等学校人文、社会科学研究与课题成果来源情况表

		编号	合计	国家社科基金项目	国家社科基金单列学科项目	教育部人文社科研究项目	高校古籍整理研究项目	国家自然科学基金项目	中央其他部门社科专门项目	省、市、自治区社科基金项目	省教育厅社科项目	地、市、厅、局等政府部门项目	国际合作研究项目	与港、澳、台地区合作研究项目	企事业单位委托项目	学校社科项目	外资项目	其他
			课题来源															
			L01	L02	L03	L04	L05	L06	L07	L08	L09	L10	L11	L12	L13	L14	L15	L16
课题数(项)		1	4549	12	2	21	0	17	3	92	2124	673	5	0	531	1035	1	33
当年投入人数	合计(人年)	2	927.8	4.4	0.6	7.8	0	4.4	1	14.6	438.4	124.9	1.7	0	109.2	207.6	0.8	12.4
	研究生(人年)	3	4.2	0.6	0	0.8	0	0.3	0	0.4	0	0.6	0	0	0.4	0.9	0	0.2
当年拨入经费	合计(千元)	4	41 433.05	506.986	0	305.25	0	634.94	0	698	2 066.735	3 490.4	30.932	0	21 916.777	9 641.244	146.966	1 994.82
	当年立项项目拨入经费(千元)	5	30 193.948	410	0	110	0	348	0	660	949	1914.5	10	0	18 583.192	6 770.587	0	438.669
当年支出经费(千元)		6	29 415.092	534.079	31	286.717	0	599.269	16	248.197	2 927.531	1 586.547	56.754	0	18 078.222	3 754.832	30.632	1 265.312
当年新开课题数(项)		7	1973	2	0	6	0	4	2	56	670	353	3	0	282	573	0	22
当年新开课题批准经费(千元)		8	116 239.467	450	0	270	0	1020	100	1210	3305	14 691.5	62 010	0	24 558.202	8 118.265	0	506.5
当年完成课题数(项)		9	1337	2	0	5	0	3	0	9	469	350	2	0	251	241	1	4

出版著作(部)	合 计		10	38	4	0	3	0	0	0	1	13	6	0	0	1	8	0	2
	专著	合 计	11	17	0	0	3	0	0	0	1	8	3	0	0	0	0	0	2
		被译成外文	12	2	0	0	0	0	0	0	1	0	0	0	0	0	0	0	1
	编著教材		13	21	4	0	0	0	0	0	0	5	3	0	0	1	8	0	0
	工具书/参考书		14	0	0	0	0	0	0	0	0	0	0	0	0	0	0	0	0
	皮书/发展报告		15	0	0	0	0	0	0	0	0	0	0	0	0	0	0	0	0
	科普读物		16	0	0	0	0	0	0	0	0	0	0	0	0	0	0	0	0
古籍整理(部)			17	0	0	0	0	0	0	0	0	0	0	0	0	0	0	0	0
译著(部)			18	2	0	0	0	0	0	0	0	0	2	0	0	0	0	0	0
发表译文(篇)			19	0	0	0	0	0	0	0	0	0	0	0	0	0	0	0	0
电子出版物(件)			20	17	0	0	0	0	0	0	0	5	0	0	0	0	0	3	9
发表论文(篇)	合 计		21	1904	25	1	8	0	15	3	27	1096	284	7	4	78	337	2	17
	国内学术刊物	内地(大陆)	22	1791	22	1	8	0	2	1	26	1060	274	0	0	71	312	0	14
		港、澳、台地区	23	1	1	0	0	0	0	0	0	0	0	0	0	0	0	0	0
	国外学术刊物		24	112	2	0	0	0	13	2	1	36	10	7	4	7	25	2	3
研究与咨询报告(篇)	合 计		25	449	0	0	0	0	0	0	1	3	139	1	0	271	32	1	1
	被采纳数		26	247	0	0	0	0	0	0	1	3	86	1	0	123	31	1	1

注：由于篇幅限制，本节不对民办及中外合作办学高等学校人文、社会科学研究与课题成果来源情况进行细分说明。

九、社科研究成果获奖

成果名称		合计	成果形式	主要作者	课题来源	奖励名称	奖励等级	备注
	编号	L01	L02	L03	L04	L05	L06	L07
合 计	/	/	/	/	/	/	/	/
1. 南京大学	/	129	/	/	/	/	/	/
"Family Culture" and Chinese Politeness: An Emancipatory Pragmatic Account	1	/	论文	陈新仁	省、市、自治区社科基金项目	江苏省第十七届哲学社会科学优秀成果奖	一等	/
16—17 世纪梅毒良药土茯苓在海外的流播	2	/	论文	李庆	国家社科基金项目	江苏省第十七届哲学社会科学优秀成果奖	三等	/
21 世纪国外马克思主义哲学若干重大问题研究	3	/	专著	张亮	国家社科基金项目	江苏省第十七届哲学社会科学优秀成果奖	一等	/
A coupled component DCS-EGARCH model for intraday and overnight volatility	4	/	论文	吴见彬	国家自然科学基金项目	江苏省第十七届哲学社会科学优秀成果奖	三等	/
A New Delta Expansion for Multivariate Diffusions Via the Ito-Taylor Expansion	5	/	论文	杨念	国家自然科学基金项目	江苏省第十七届哲学社会科学优秀成果奖	二等	/
Can financial innovation succeed by catering to behavioral preferences? Evidence from a callable options market	6	/	论文	李心丹	国家自然科学基金项目	江苏省第十七届哲学社会科学优秀成果奖	二等	/
Demand Pooling in Omnichannel Operations	7	/	论文	徐小林	国家自然科学基金项目	江苏省第十七届哲学社会科学优秀成果奖	三等	/
Optimizing Two-Sided Promotion for Transportation Network Companies: A Structural Model with Conditional Bayesian Learning	8	/	论文	陈曦	国家社科基金项目	江苏省第十七届哲学社会科学优秀成果奖	二等	/
Public Attention and Auditor Behavior: The Case of Hurun Rich List in China	9	/	论文	叶青	国家自然科学基金项目	江苏省第十七届哲学社会科学优秀成果奖	三等	/
"The Most Traditional and the Most Pioneering": New Concept Kun Opera	10	/	论文	何成洲	国家社科基金单列学科项目	江苏省第十七届哲学社会科学优秀成果奖	三等	/

“一带一路”倡议下全球价值链的双重嵌入	11	/	论文	刘志彪	国家社科基金项目	江苏省第十七届哲学社会科学优秀成果奖	一等	/
变革环境下的组织转型理论研究	12	/	专著	刘洪	国家自然科学基金项目	江苏省第十七届哲学社会科学优秀成果奖	一等	/
长江经济带资源环境与绿色发展	13	/	专著	黄贤金	国家社科基金项目	江苏省第十七届哲学社会科学优秀成果奖	二等	/
长三角文化产业发展蓝皮书	14	/	皮书/发展报告	顾江	国家社科基金单列学科项目	江苏省第十七届哲学社会科学优秀成果奖	二等	/
超越主体主义:反思 20 世纪传播学的哲学源流	15	/	专著	吴志远	非项目成果	江苏省第十七届哲学社会科学优秀成果奖	三等	/
传承与断裂:剧变中的中国社会学与社会学家	16	/	专著	陆远	国家社科基金项目	江苏省第十七届哲学社会科学优秀成果奖	二等	/
创新驱动产业迈向全球价值链中高端	17	/	专著	郑江淮	国家社科基金项目	江苏省第十七届哲学社会科学优秀成果奖	一等	/
创业板上市公司绿色创新溢酬研究	18	/	论文	方先明	省教育厅社科项目	江苏省第十七届哲学社会科学优秀成果奖	一等	/
从“主义”到“党”:政党观念转型与中国共产党的创建	19	/	论文	李里峰	国家社科基金项目	江苏省第十七届哲学社会科学优秀成果奖	三等	/
从地平线回望:中国影视的绰约瞬间	20	/	专著	周安华	国家社科基金项目	江苏省第十七届哲学社会科学优秀成果奖	一等	/
从父职工资溢价到母职工资惩罚——生育对我国男女工资收入的影响及其变动趋势研究(1989-2015)	21	/	论文	许琪	非项目成果	江苏省第十七届哲学社会科学优秀成果奖	二等	/
大病保险制度效应及对策研究:基于统筹城乡医保视角	22	/	专著	顾海	国家自然科学基金项目	江苏省第十七届哲学社会科学优秀成果奖	三等	/
大国海外基建与地区秩序变动——以中国—东南亚基建合作为案例	23	/	论文	毛维准	国家社科基金项目	江苏省第十七届哲学社会科学优秀成果奖	二等	/
当代目录学	24	/	专著	郑建明	国家社科基金项目	江苏省第十七届哲学社会科学优秀成果奖	一等	/
当政治遇上历史:比较历史分析方法(CHA)介绍	25	/	论文	黄杰	国家社科基金项目	江苏省第十七届哲学社会科学优秀成果奖	三等	/

续表

成果名称		合计	成果形式	主要作者	课题来源	奖励名称	奖励等级	备注
	编号	L01	L02	L03	L04	L05	L06	L07
独弦不成曲:“全面两孩”后时代生育政策中的“自我”与“他者”	26	/	论文	郭未	国家社科基金项目	江苏省第十七届哲学社会科学优秀成果奖	二等	/
法律解释与法律续造的区分标准	27	/	论文	陈坤	非项目成果	江苏省第十七届哲学社会科学优秀成果奖	二等	/
非均衡发展：人口发展理论的批判与建构	28	/	论文	陈友华	国家社科基金项目	江苏省第十七届哲学社会科学优秀成果奖	二等	/
封建郡县之争与秦始皇嗣君选择	29	/	论文	熊永	国家社科基金项目	江苏省第十七届哲学社会科学优秀成果奖	二等	/
扶贫新机制:驻村帮扶工作队的组织、运作与功能	30	/	论文	邓燕华	国家社科基金项目	江苏省第十七届哲学社会科学优秀成果奖	二等	/
高职院校学生学习投入度及其影响因素的实证研究	31	/	论文	汪雅霜	教育部人文社科研究项目	江苏省第十七届哲学社会科学优秀成果奖	二等	/
古代斯巴达经济社会史研究	32	/	专著	祝宏俊	国家社科基金项目	江苏省第十七届哲学社会科学优秀成果奖	三等	/
古物学家与近代早期英国民族认同建构	33	/	论文	陈日华	国家社科基金项目	江苏省第十七届哲学社会科学优秀成果奖	二等	/
关系社会资本新论	34	/	专著	陈云松	国家社科基金项目	江苏省第十七届哲学社会科学优秀成果奖	二等	/
关于我国积极考虑加入 CPTPP 的策略研究	35	/	研究或咨询报告	韩剑	国家社科基金项目	江苏省第十七届哲学社会科学优秀成果奖	三等	/
管理者如何应对外部复杂环境	36	/	论文	赵曙明	国家自然科学基金项目	江苏省第十七届哲学社会科学优秀成果奖	二等	/
国外出版专业现状及在学科目录中的地位	37	/	研究或咨询报告	张志强	国家社科基金项目	江苏省第十七届哲学社会科学优秀成果奖	二等	/
过度借贷的负外部性与最优宏观审慎政策设计	38	/	论文	贾鹏飞	非项目成果	江苏省第十七届哲学社会科学优秀成果奖	二等	/

红利税改革对现金分红宣告效应的影响研究	39	/	论文	王国俊	国家自然科学基金项目	江苏省第十七届哲学社会科学优秀成果奖	二等	/
互联网重塑中国经济地理格局:微观机制与宏观效应	40	/	论文	安同良	非项目成果	江苏省第十七届哲学社会科学优秀成果奖	二等	/
货币性激励能提升中小学教师校际交流意愿吗?——基于7省市278所学校的调查数据	41	/	论文	黄斌	非项目成果	江苏省第十七届哲学社会科学优秀成果奖	一等	/
亟须重视并疏解当前中小微企业生存困境——基于长三角地区的深入调研	42	/	研究或咨询报告	徐宁	非项目成果	江苏省第十七届哲学社会科学优秀成果奖	二等	/
集体法益的刑法保护及其边界	43	/	论文	孙国祥	国家社科基金项目	江苏省第十七届哲学社会科学优秀成果奖	一等	/
技术型治理的基层实践:中国城乡基层治理研究	44	/	专著	肖唐镖	国家社科基金项目	江苏省第十七届哲学社会科学优秀成果奖	三等	/
江苏历代贤吏为官之道	45	/	专著	范金民	非项目成果	江苏省第十七届哲学社会科学优秀成果奖	二等	/
江苏省高校图书馆发展编年史	46	/	编著或教材	罗钧	非项目成果	江苏省第十七届哲学社会科学优秀成果奖	三等	/
结构转换、全要素生产率与高质量发展	47	/	论文	刘志彪	教育部人文社科研究项目	江苏省第十七届哲学社会科学优秀成果奖	三等	/
近代英国劳资冲突与化解	48	/	专著	刘金源	国家社科基金项目	江苏省第十七届哲学社会科学优秀成果奖	二等	/
經義考研究(增訂本)	49	/	古籍整理著作	张宗友	国家社科基金项目	江苏省第十七届哲学社会科学优秀成果奖	三等	/
旧时燕:文学之都的传奇	50	/	专著	程章灿	非项目成果	江苏省第十七届哲学社会科学优秀成果奖	一等	/
考试焦虑影响视觉工作记忆容量的事件相关电位证据	51	/	论文	周仁来	非项目成果	江苏省第十七届哲学社会科学优秀成果奖	二等	/
孔子语录全景	52	/	专著	李承贵	国家社科基金项目	江苏省第十七届哲学社会科学优秀成果奖	三等	/
勒克莱齐奥小说研究	53	/	专著	高方	省、市、自治区社科基金项目	江苏省第十七届哲学社会科学优秀成果奖	一等	/

续表

成果名称		合计	成果形式	主要作者	课题来源	奖励名称	奖励等级	备注
	编号	L01	L02	L03	L04	L05	L06	L07
李顿调查团档案文献集(共19册)	54	/	编著或教材	张生	国家社科基金项目	郭沫若中国历史学奖	二等	/
理解族别:比较的视野	55	/	专著	范可	国家社科基金项目	江苏省第十七届哲学社会科学优秀成果奖	二等	/
历史规律的辩证性质——马克思文本的呈现方式	56	/	论文	唐正东	教育部人文社科研究项目	江苏省第十七届哲学社会科学优秀成果奖	一等	/
历史视域中的人民旨归——改革开放坚持的价值导向	57	/	论文	郭广银	国家社科基金项目	江苏省第十七届哲学社会科学优秀成果奖	一等	/
利率市场化进程中的银企互动——上市公司购买银行理财产品的视角	58	/	论文	褚剑	非项目成果	江苏省第十七届哲学社会科学优秀成果奖	三等	/
六朝江东士族文学研究	59	/	专著	吴正岚	教育部人文社科研究项目	江苏省第十七届哲学社会科学优秀成果奖	三等	/
六朝隋唐汉籍旧钞本研究	60	/	专著	童岭	国家社科基金项目	江苏省第十七届哲学社会科学优秀成果奖	二等	/
论“明明德”于外语课程——兼谈《新时代明德大学英语》教材编写	61	/	论文	王守仁	非项目成果	江苏省第十七届哲学社会科学优秀成果奖	三等	/
论规划许可变更前和谐相邻关系的行政法保护:以采光权的保护为例	62	/	论文	肖泽晟	非项目成果	江苏省第十七届哲学社会科学优秀成果奖	三等	/
论儒佛道三教的生态思想及其异辙同归	63	/	论文	洪修平	国家社科基金项目	江苏省第十七届哲学社会科学优秀成果奖	二等	/
美国海外隐蔽行动研究系列(丛书10册)	64	/	专著	石斌	国家社科基金项目	江苏省第十七届哲学社会科学优秀成果奖	一等	/
面向国家安全的情报研究	65	/	专著	石进	国家社科基金项目	江苏省第十七届哲学社会科学优秀成果奖	三等	/
面向应急管理的情报支持研究	66	/	专著	李阳	国家社科基金项目	江苏省第十七届哲学社会科学优秀成果奖	三等	/
南京百年文学史	67	/	专著	张光芒	省、市、自治区社科基金项目	江苏省第十七届哲学社会科学优秀成果奖	二等	/

农民土地问题与中国道路选择的历史逻辑——透视中国共产党百年奋斗历程的一个重要维度	68	/	论文	孙乐强	非项目成果	江苏省第十七届哲学社会科学优秀成果奖	一等	/
欧洲激进右翼政党选举格局论析	69	/	论文	祁玲玲	国家社科基金项目	江苏省第十七届哲学社会科学优秀成果奖	三等	/
屏幕电影：媒体挪用与新电影形态的生成	70	/	论文	杨鹏鑫	国家社科基金单列学科项目	江苏省第十七届哲学社会科学优秀成果奖	三等	/
企业融资约束下的政府研发补贴机制设计	71	/	论文	王大中	非项目成果	江苏省第十七届哲学社会科学优秀成果奖	三等	/
钱亚新年谱	72	/	古籍整理著作	谢欢	国家社科基金项目	江苏省第十七届哲学社会科学优秀成果奖	三等	/
情报学学科建设与发展	73	/	编著或教材	杨建林	国家社科基金项目	江苏省第十七届哲学社会科学优秀成果奖	一等	/
全清词·嘉道卷（上、下）	74	/	编著或教材	张宏生	非项目成果	江苏省第十七届哲学社会科学优秀成果奖	一等	/
全球价值链演变与中国长三角创新实践	75	/	专著	吴福象	国家社科基金项目	江苏省第十七届哲学社会科学优秀成果奖	三等	/
社会网络、策略最优化与风险控制的理论与实证研究	76	/	专著	刘海飞	国家自然科学基金项目	江苏省第十七届哲学社会科学优秀成果奖	二等	/
数字化助推概念解析及研究进展	77	/	论文	朱庆华	国家社科基金项目	江苏省第十七届哲学社会科学优秀成果奖	二等	/
思想与文学：中国文学史及其周边	78	/	专著	巩本栋	国家社科基金项目	江苏省第十七届哲学社会科学优秀成果奖	三等	/
斯坦尼斯拉夫斯基戏剧体系及其在中国的影响	79	/	专著	董晓	教育部人文社科研究项目	江苏省第十七届哲学社会科学优秀成果奖	二等	/
四川眉山报恩寺元代大殿	80	/	论文	马晓	国家社科基金项目	江苏省第十七届哲学社会科学优秀成果奖	三等	/
泰州学派研究	81	/	专著	周群	国家社科基金项目	江苏省第十七届哲学社会科学优秀成果奖	二等	/
田野图像——北纬 34°偏北	82	/	编著或教材	韩丛耀	国家社科基金项目	江苏省第十七届哲学社会科学优秀成果奖	三等	/

续表

成果名称		合计	成果形式	主要作者	课题来源	奖励名称	奖励等级	备注
	编号	L01	L02	L03	L04	L05	L06	L07
图博档数字化服务融合:理论、方法、技术与实证	83	/	专著	朱学芳	国家社科基金项目	江苏省第十七届哲学社会科学优秀成果奖	二等	/
外出创业经历能提升返乡创业企业的经营绩效吗?——基于2139家返乡创业企业的调查数据	84	/	论文	孙武军	非项目成果	江苏省第十七届哲学社会科学优秀成果奖	三等	/
晚清江南社會的紳權與信任危機:以常熟為中心	85	/	论文	罗晓翔	国家社科基金项目	江苏省第十七届哲学社会科学优秀成果奖	二等	/
为何“案牍劳形”——时间政治视角下的大学教师学术规训	86	/	论文	操太圣	国家社科基金单列学科项目	江苏省第十七届哲学社会科学优秀成果奖	二等	/
唯有确立“教师为要”方能落实“学生为本”——对我国大学教学理念嬗变的再思考	87	/	论文	龚放	非项目成果	江苏省第十七届哲学社会科学优秀成果奖	三等	/
我国传媒产业关联及其演化趋势分析——基于投入产出表的实证研究	88	/	论文	丁和根	非项目成果	江苏省第十七届哲学社会科学优秀成果奖	三等	/
我国高等教育普及化进程中的民众教育心态	89	/	论文	余秀兰	国家社科基金单列学科项目	江苏省第十七届哲学社会科学优秀成果奖	一等	/
我说故我在:青少年网络语言生活方式研究	90	/	专著	郑欣	国家社科基金项目	江苏省第十七届哲学社会科学优秀成果奖	二等	/
五四时期中日知识界的往还	91	/	论文	孙江	国家社科基金项目	江苏省第十七届哲学社会科学优秀成果奖	二等	/
五四知识分子对“劳工神圣”的认知和实践	92	/	论文	熊秋良	国家社科基金项目	江苏省第十七届哲学社会科学优秀成果奖	三等	/
系统阐释中的意义格式塔	93	/	论文	周宪	国家社科基金项目	江苏省第十七届哲学社会科学优秀成果奖	二等	/
显政之治:政务公开的理论与案例	94	/	专著	孔繁斌	国家社科基金项目	江苏省第十七届哲学社会科学优秀成果奖	三等	/
项目制的“双重效应”研究——基于城乡社区项目的数据分析	95	/	论文	陈家建	非项目成果	江苏省第十七届哲学社会科学优秀成果奖	一等	/
新时代中国特色社会主义的学术透视	96	/	专著	张明	国家社科基金项目	江苏省第十七届哲学社会科学优秀成果奖	二等	/

新自下而上城镇化:中国淘宝村的发展与治理	97	/	专著	罗震东	非项目成果	江苏省第十七届哲学社会科学优秀成果奖	二等	/
学术"全评价"体系论	98	/	专著	叶继元	国家社科基金项目	江苏省第十七届哲学社会科学优秀成果奖	二等	/
亚里士多德与阿维森纳时间观比较研究	99	/	论文	刘鑫	教育部人文社科研究项目	江苏省第十七届哲学社会科学优秀成果奖	三等	/
央行的言辞沟通、实际行动与企业投资行为	100	/	论文	王宇伟	教育部人文社科研究项目	江苏省第十七届哲学社会科学优秀成果奖	三等	/
一带一路传统文化访谈录	101	/	专著	于文杰	国家社科基金项目	江苏省第十七届哲学社会科学优秀成果奖	三等	/
移情能够作为普遍的道德基础吗?——对斯洛特道德情感主义的分析与评论	102	/	论文	韩玉胜	国家社科基金项目	江苏省第十七届哲学社会科学优秀成果奖	三等	/
艺术的跨媒介性与艺术学理论的跨媒介建构	103	/	论文	周计武	国家社科基金单列学科项目	江苏省第十七届哲学社会科学优秀成果奖	二等	/
译林世界名著讲义	104	/	专著	余兵	非项目成果	江苏省第十七届哲学社会科学优秀成果奖	三等	/
应急管理的全过程均衡:一个新议题	105	/	论文	张海波	国家社科基金项目	江苏省第十七届哲学社会科学优秀成果奖	二等	/
营利概念与中国法人法的体系效应	106	/	论文	宋亚辉	学校社科项目	江苏省第十七届哲学社会科学优秀成果奖	一等	/
语言、空间与艺术	107	/	专著	赵奎英	国家社科基金项目	江苏省第十七届哲学社会科学优秀成果奖	二等	/
域外管辖的体系构造:立法管辖与司法管辖之界分	108	/	论文	宋晓	国家社科基金项目	江苏省第十七届哲学社会科学优秀成果奖	二等	/
域外稽古录:东亚汉籍与中国古典文学研究综论	109	/	专著	卞东波	国家社科基金项目	江苏省第十七届哲学社会科学优秀成果奖	二等	/
政府行为必然会提高股价同步性吗?——基于我国产业政策的实证研究	110	/	论文	陈冬华	国家自然科学基金项目	江苏省第十七届哲学社会科学优秀成果奖	一等	/
中国城市移民的住房——基于社会排斥的视角	111	/	论文	方长春	国家社科基金项目	江苏省第十七届哲学社会科学优秀成果奖	二等	/

续表

成果名称		合计	成果形式	主要作者	课题来源	奖励名称	奖励等级	备注
	编号	L01	L02	L03	L04	L05	L06	L07
中国经济增长的潜力与动力(上、下册)	112	/	专著	沈坤荣	国家社科基金项目	江苏省第十七届哲学社会科学优秀成果奖	一等	/
中国社会福利理论与制度构建:以适度普惠社会福利制度为例	113	/	专著	彭华民	教育部人文社科研究项目	江苏省第十七届哲学社会科学优秀成果奖	一等	/
中国社会治理	114	/	专著	童星	省、市、自治区社科基金项目	江苏省第十七届哲学社会科学优秀成果奖	一等	/
中国式城镇化的福利效应评价(2000—2017)——基于量化空间模型的结构估计	115	/	论文	段巍	教育部人文社科研究项目	江苏省第十七届哲学社会科学优秀成果奖	二等	/
中国现代戏剧精神	116	/	专著	胡星亮	国家社科基金单列学科项目	江苏省第十七届哲学社会科学优秀成果奖	二等	/
中国乡土小说研究丛书(共五册)	117	/	专著	丁帆	国家社科基金项目	江苏省第十七届哲学社会科学优秀成果奖	一等	/
中国资本市场的T+1交易制度研究:隔夜收益率视角	118	/	论文	张兵	企事业单位委托项目	江苏省第十七届哲学社会科学优秀成果奖	二等	/
中华文化故事(丛书6册)	119	/	编著或教材	李晓愚	国家社科基金项目	江苏省第十七届哲学社会科学优秀成果奖	一等	/
中华印迹——中国印章功用和美学通史	120	/	专著	周晓陆	非项目成果	江苏省第十七届哲学社会科学优秀成果奖	二等	/
忠实于事件本身:巴迪欧哲学思想导论	121	/	专著	蓝江	国家社科基金项目	江苏省第十七届哲学社会科学优秀成果奖	二等	/
重大工程决策"中国之治"的现代化道路——我国重大工程决策治理70年	122	/	论文	盛昭瀚	非项目成果	江苏省第十七届哲学社会科学优秀成果奖	一等	/
重大公共危机事件与舆论舆情:新媒体语境中的考察	123	/	专著	丁柏铨	非项目成果	江苏省第十七届哲学社会科学优秀成果奖	二等	/
重访青年马克思:历史、理论与文本	124	/	专著	周嘉昕	国家社科基金项目	江苏省第十七届哲学社会科学优秀成果奖	二等	/
重建中国社会学——40位社会学家口述实录(1979—2019)	125	/	专著	周晓虹	非项目成果	江苏省第十七届哲学社会科学优秀成果奖	一等	/

主权财富基金双边规制研究	126	/	专著	胡晓红	国家社科基金项目	江苏省第十七届哲学社会科学优秀成果奖	三等	/
走出语言自造的神话——从张枣的“元诗”说到当代新诗的“语言神话”	127	/	论文	李章斌	国家社科基金项目	江苏省第十七届哲学社会科学优秀成果奖	三等	/
走向社会服务国家：全球视野与中国改革	128	/	专著	林闽钢	国家社科基金项目	江苏省第十七届哲学社会科学优秀成果奖	一等	/
走向生命美学：后美学时代的美学建构	129	/	专著	潘知常	非项目成果	江苏省第十七届哲学社会科学优秀成果奖	二等	/
2.　东南大学	/	34	/	/	/	/	/	/
Cost allocation for less-than-truckload collaboration via shipper consortium（基于托运人联盟的零担货运协作成本分配机制）	1	/	论文	赖明辉	省、市、自治区社科基金项目	江苏省第十七届哲学社会科学优秀成果奖	三等	/
Investigating the correlation among Chinese EFL teachers' self-efficacy, work engagement, and reflection（中国 EFL 教师的自我效能感、工作投入和反思之间的相关性研究）	2	/	论文	韩亚文	省、市、自治区社科基金项目	江苏省第十七届哲学社会科学优秀成果奖	二等	/
The centre of city: Urban central structure（城市中心区：城市中心体系）	3	/	专著	史北祥	省、市、自治区社科基金项目	江苏省第十七届哲学社会科学优秀成果奖	三等	/
The impact of high-speed rail on innovation: An empirical test of the companion innovation hypothesis of transportation improvement with China's manufacturing firms（高铁对创新的影响：基于中国制造业企业实证检验交通改善的伴随创新假说）	4	/	论文	高彦彦	省、市、自治区社科基金项目	江苏省第十七届哲学社会科学优秀成果奖	二等	/
The macro effects of GPR and EPU indexes over the global oil market—Are the two types of uncertainty shock alike?（GPR 指数和 EPU 指数对全球石油市场的影响——基于这两种不确定性冲击的比较）	5	/	论文	顾欣	省、市、自治区社科基金项目	江苏省第十七届哲学社会科学优秀成果奖	一等	/
独立型责任清单的构造与实践 基于 31 个省级政府部门责任清单实践的观察	6	/	论文	刘启川	省、市、自治区社科基金项目	江苏省第十七届哲学社会科学优秀成果奖	一等	/
高校学生对研讨课认知与满意度的实证研究——基于江苏高校 13 356 份问卷调查	7	/	论文	邱文教	省、市、自治区社科基金项目	江苏省第十七届哲学社会科学优秀成果奖	三等	/

续表

成果名称		合计	成果形式	主要作者	课题来源	奖励名称	奖励等级	备注
	编号	L01	L02	L03	L04	L05	L06	L07
关于开展江苏视觉形象建设工程的建议	8	/	研究或咨询报告	甘锋	国家社科基金单列学科项目	江苏省第十七届哲学社会科学优秀成果奖	一等	/
关于推进中阿产能合作示范园进一步发展的建议	9	/	研究或咨询报告	王兴平	省、市、自治区社科基金项目	江苏省第十七届哲学社会科学优秀成果奖	三等	/
考虑参与方行为的跨期定价研究	10	/	专著	张玉林	非项目成果	江苏省第十七届哲学社会科学优秀成果奖	二等	/
篮球运动员动态视觉注意特征与运动表现的相关性研究	11	/	论文	金鹏	省、市、自治区社科基金项目	江苏省第十七届哲学社会科学优秀成果奖	二等	/
论道德偶然性	12	/	论文	庞俊来	国家社科基金项目	江苏省第十七届哲学社会科学优秀成果奖	二等	/
论法律大数据“领域理论”的构建	13	/	论文	王禄生	国家社科基金项目	江苏省第十七届哲学社会科学优秀成果奖	二等	/
论中华学术经典外译的精度与深度——从《中国艺术批评史》的英译说起	14	/	论文	季欣	省、市、自治区社科基金项目	江苏省第十七届哲学社会科学优秀成果奖	二等	/
企业信息系统安全技术配置和投资策略	15	/	专著	梅姝娥	非项目成果	江苏省第十七届哲学社会科学优秀成果奖	三等	/
企业正式与非正式互动影响组织适应性研究	16	/	专著	吕鸿江	非项目成果	江苏省第十七届哲学社会科学优秀成果奖	二等	/
三网融合时代的电视竞争与规制	17	/	专著	胡汉辉	省、市、自治区社科基金项目	江苏省第十七届哲学社会科学优秀成果奖	三等	/
什么样的营商环境生态产生城市高创业活跃度？——基于制度组态的分析	18	/	论文	杜运周	非项目成果	江苏省第十七届哲学社会科学优秀成果奖	一等	/
时间与媒介——文学叙事与图像叙事差异论析	19	/	论文	龙迪勇	非项目成果	江苏省第十七届哲学社会科学优秀成果奖	三等	/
晚清民国时期江南地区设计艺术研究	20	/	专著	李轶南	国家社科基金单列学科项目	江苏省第十七届哲学社会科学优秀成果奖	二等	/
我国犯罪论体系的阶层化改造	21	/	专著	梁云宝	省、市、自治区社科基金项目	江苏省第十七届哲学社会科学优秀成果奖	三等	/

现代伦理学理论形态	22	/	编著或教材	樊和平	国家社科基金项目	江苏省第十七届哲学社会科学优秀成果奖	一等	/
行政行为程序瑕疵的指正	23	/	论文	杨登峰	省、市、自治区社科基金项目	江苏省第十七届哲学社会科学优秀成果奖	二等	/
亚里士多德《论动物的部分》中的多重原因论——重思亚里士多德生物学中的本质主义	24	/	论文	葛天勤	学校社科项目	江苏省第十七届哲学社会科学优秀成果奖	三等	/
研究生教育学导论	25	/	专著	耿有权	非项目成果	江苏省第十七届哲学社会科学优秀成果奖	三等	/
艺术研究与跨学科视角——兼谈艺术学理论学科的潜能	26	/	论文	卢文超	省、市、自治区社科基金项目	江苏省第十七届哲学社会科学优秀成果奖	二等	/
译学刍论	27	/	论文	高圣兵	学校社科项目	江苏省第十七届哲学社会科学优秀成果奖	三等	/
俞樾全集(共三十二册)	28	/	专著	王华宝	省、市、自治区社科基金项目	江苏省第十七届哲学社会科学优秀成果奖	二等	/
早期健康与阶层再生产	29	/	论文	洪岩璧	国家社科基金项目	江苏省第十七届哲学社会科学优秀成果奖	二等	/
制度因素、对外贸易与中国新型比较优势构建	30	/	专著	邱斌	国家社科基金项目	江苏省第十七届哲学社会科学优秀成果奖	二等	/
中国传统艺术母题、主题与叙事理论关系研究	31	/	论文	赫云	国家社科基金单列学科项目	江苏省第十七届哲学社会科学优秀成果奖	二等	/
中国宏观经济韧性测度——基于系统性风险的视角	32	/	论文	刘晓星	非项目成果	江苏省第十七届哲学社会科学优秀成果奖	一等	/
资产与权利:健康数据银行	33	/	专著	赵林度	国家自然科学基金项目	江苏省第十七届哲学社会科学优秀成果奖	一等	/
自然资源之上权利的层次性	34	/	论文	单平基	国家社科基金项目	江苏省第十七届哲学社会科学优秀成果奖	二等	/
3. 江南大学	/	15	/	/	/	/	/	/
大学与现代中国(丛书8册)	1	/	编著或教材	朱庆葆	非项目成果	江苏省第十七届哲学社会科学优秀成果奖	一等	/

续表

成果名称		合计	成果形式	主要作者	课题来源	奖励名称	奖励等级	备注
	编号	L01	L02	L03	L04	L05	L06	L07
权力运行制约和监督论	2	/	专著	侯勇	非项目成果	江苏省第十七届哲学社会科学优秀成果奖	三等	/
社会认知互动的多维刻画:协作学习投入理论建构与实践探索	3	/	论文	马志强	非项目成果	江苏省第十七届哲学社会科学优秀成果奖	二等	/
食品安全风险治理的中国道路	4	/	论文	吴林海	国家自然科学基金项目	江苏省第十七届哲学社会科学优秀成果奖	二等	/
数字短片的文化阐释	5	/	论文	李剑	非项目成果	江苏省第十七届哲学社会科学优秀成果奖	三等	/
陶渊明也烦恼:给家长的传统文化启蒙课	6	/	科普读物	黄晓丹	非项目成果	江苏省第十七届哲学社会科学优秀成果奖	三等	/
推进产业绿色转型的中国实践与政策效应	7	/	专著	王建华	非项目成果	江苏省第十七届哲学社会科学优秀成果奖	一等	/
协同设计思维与方法:基于“沟通”的协同设计方法研究	8	/	论文	时迪	非项目成果	江苏省第十七届哲学社会科学优秀成果奖	二等	/
心育课程论	9	/	专著	沈贵鹏	非项目成果	江苏省第十七届哲学社会科学优秀成果奖	三等	/
绣罗衣裳	10	/	专著	牛犁	教育部人文社科研究项目	江苏省第十七届哲学社会科学优秀成果奖	二等	/
音乐创作中的结构与隐喻:丁善德钢琴作品研究	11	/	论文	孙丝丝	非项目成果	江苏省第十七届哲学社会科学优秀成果奖	三等	/
中国古代设计思想研究:以先秦独辀马车设计为例	12	/	论文	胡伟峰	非项目成果	江苏省第十七届哲学社会科学优秀成果奖	二等	/
中国煤矿安全监管制度执行研究	13	/	专著	陈红	国家社科基金项目	江苏省第十七届哲学社会科学优秀成果奖	三等	/
中国少数民族设计全集・藏族	14	/	专著	过伟敏	非项目成果	江苏省第十七届哲学社会科学优秀成果奖	二等	/
中国文化自信的精神形态研究:语义、价值和实践的逻辑	15	/	专著	陈绪新	非项目成果	江苏省第十七届哲学社会科学优秀成果奖	二等	/

4.　南京农业大学	/	19	/	/	/	/	/	/
卜凯农户调查数据汇编（1929—1933）丛书（共十三册）	1	/	专著	胡浩	学校社科项目	江苏省第十七届哲学社会科学优秀成果奖	二等	
耕地质量禀赋、要素投入与产出效率	2	/	专著	吴群	国家社科基金项目	江苏省第十七届哲学社会科学优秀成果奖	三等	
公共政策的行动主义	3	/	专著	向玉琼	国家社科基金项目	江苏省第十七届哲学社会科学优秀成果奖	三等	/
货币政策、金融科技与商业银行信贷配置	4	/	专著	盛天翔	国家自然科学基金项目	江苏省第十七届哲学社会科学优秀成果奖	二等	/
江苏农村发展报告 2019	5	/	专著	刘祖云	学校社科项目	江苏省第十七届哲学社会科学优秀成果奖	三等	/
江苏农村社区股份合作制改革重点问题研究	6	/	研究或咨询报告	冯淑怡	非项目成果	江苏省第十七届哲学社会科学优秀成果奖	三等	/
科学软件对生物信息学研究的贡献度研究——基于国际和中国学术社区的比较研究	7	/	论文	杨波	国家社科基金项目	江苏省第十七届哲学社会科学优秀成果奖	二等	/
面向知识服务的科学数据组织研究	8	/	专著	何琳	国家社科基金项目	江苏省第十七届哲学社会科学优秀成果奖	一等	/
农产品安全、气候变化与农业生产转型研究	9	/	专著	周曙东	国家社科基金单列学科项目	江苏省第十七届哲学社会科学优秀成果奖	一等	/
情报学教育和人才培养研究	10	/	专著	王东波	国家社科基金项目	江苏省第十七届哲学社会科学优秀成果奖	一等	/
人机交互环境下文献数据库用户心智模型演进机理研究	11	/	专著	韩正彪	国家社科基金项目	江苏省第十七届哲学社会科学优秀成果奖	三等	/
我国毕业博士职业选择与发展影响因素的实证研究——以涉农学科为例	12	/	论文	罗英姿	国家自然科学基金项目	江苏省第十七届哲学社会科学优秀成果奖	一等	/
现代农业保险产品机制创新研究	13	/	专著	林乐芬	省、市、自治区社科基金项目	江苏省第十七届哲学社会科学优秀成果奖	二等	/

续表

成果名称		合计	成果形式	主要作者	课题来源	奖励名称	奖励等级	备注
	编号	L01	L02	L03	L04	L05	L06	L07
新型城镇化背景下的工业用地效率研究	14	/	专著	郭贯成	国家社科基金项目	江苏省第十七届哲学社会科学优秀成果奖	三等	/
信息化趋势下普惠金融发展问题研究	15	/	专著	董晓林	国家社科基金项目	江苏省第十七届哲学社会科学优秀成果奖	二等	/
中国民生发展指数研究(江苏,2020)	16	/	研究或咨询报告	于水	中央其他部门社科专门项目	江苏省第十七届哲学社会科学优秀成果奖	二等	/
中国农村数字普惠金融发展的分布动态、地区差异与收敛性研究	17	/	论文	张龙耀	国家自然科学基金项目	江苏省第十七届哲学社会科学优秀成果奖	三等	/
转型背景下中国农民合作社发展理论与经验	18	/	专著	徐志刚	国家自然科学基金项目	江苏省第十七届哲学社会科学优秀成果奖	二等	/
5. 中国矿业大学	/	14	/	/	/	/	/	/
Drivers of carbon emission intensity change in China(中国碳排放强度的驱动因素)	1	/	论文	董锋	国家社科基金项目	江苏省第十七届哲学社会科学优秀成果奖	三等	/
What drives public willingness to participate in the voluntary personal carbon-trading scheme? A case study of Guangzhou Pilot, China(如何驱动自愿型个人碳交易计划的公众参与意愿? 基于中国广州的试点案例研究)	2	/	论文	谭雪萍	国家社科基金项目	江苏省第十七届哲学社会科学优秀成果奖	三等	/
白居易诗文在日本的流传与受容	3	/	专著	文艳蓉	国家社科基金项目	江苏省第十七届哲学社会科学优秀成果奖	三等	/
大学生体育生活化研究	4	/	专著	黄美蓉	国家社科基金项目	江苏省第十七届哲学社会科学优秀成果奖	三等	/
基于青年公益创业能力提升的社会支持体系研究	5	/	专著	刘蕾	教育部人文社科研究项目	江苏省第十七届哲学社会科学优秀成果奖	二等	/
江苏城市少数民族流动人口就业融入研究	6	/	研究或咨询报告	汪超	企事业单位委托项目	江苏省第十七届哲学社会科学优秀成果奖	三等	/
江苏省土地利用减碳与增效路径耦合研究	7	/	研究或咨询报告	李效顺	企事业单位委托项目	江苏省第十七届哲学社会科学优秀成果奖	二等	/

论马克思道德观的辩证批判性特质及其当代价值——基于“利益”与“道德”关系的视角	8	/	论文	曹洪军	教育部人文社科研究项目	江苏省第十七届哲学社会科学优秀成果奖	二等	/
马克思主义公共哲学研究	9	/	专著	池忠军	省、市、自治区社科基金项目	江苏省第十七届哲学社会科学优秀成果奖	一等	/
企业创新的内外部治理:激励机制和价值效应	10	/	专著	孙自愿	国家社科基金项目	江苏省第十七届哲学社会科学优秀成果奖	二等	/
我国竞技体育与学校体育融合发展研究	11	/	专著	翟丰	国家社科基金项目	江苏省第十七届哲学社会科学优秀成果奖	一等	/
西方“语言学”名义考论	12	/	论文	邱雪玫	国家社科基金项目	江苏省第十七届哲学社会科学优秀成果奖	三等	/
新中国体育广播发展研究	13	/	专著	张矛矛	国家社科基金项目	江苏省第十七届哲学社会科学优秀成果奖	二等	/
政治话语分析的基础理论阐述:理论前提、问题域与实践性诠释	14	/	论文	亓光	国家社科基金项目	江苏省第十七届哲学社会科学优秀成果奖	二等	/
6. 河海大学	/	16	/	/	/	/	/	/
The Roles of the Temporal Lobe in Creative Insight: An Integrated Review(颞叶在创造性顿悟中的作用:一个整合性研究)	1	/	论文	沈汪兵	国家社科基金项目	江苏省第十七届哲学社会科学优秀成果奖	三等	/
长江保护与绿色发展研究系列. 2019.(综合卷、法治卷、社会卷、经济卷、生态卷)	2	/	专著	张兵	学校社科项目	江苏省第十七届哲学社会科学优秀成果奖	二等	/
环境污染型工程投资项目的风险媒介化问题与社会韧性治理现代化	3	/	专著	张长征	国家社科基金项目	江苏省第十七届哲学社会科学优秀成果奖	三等	/
江苏省粮食流通条例立法重点问题研究	4	/	研究或咨询报告	陈广华	省、市、自治区社科基金项目	江苏省第十七届哲学社会科学优秀成果奖	三等	/
跨境水资源确权与分配方法及保障体系研究	5	/	研究或咨询报告	吴凤平	国家社科基金项目	江苏省第十七届哲学社会科学优秀成果奖	二等	/
乐水之旅:水文化探索与思考	6	/	科普读物	尉天骄	国家社科基金项目	江苏省第十七届哲学社会科学优秀成果奖	三等	/
论我国“特定区域”法治先行	7	/	论文	王春业	国家社科基金单列学科项目	江苏省第十七届哲学社会科学优秀成果奖	三等	/

续表

成果名称		合计	成果形式	主要作者	课题来源	奖励名称	奖励等级	备注
	编号	L01	L02	L03	L04	L05	L06	L07
论新时代意识形态的批判精神	8	/	论文	黄明理	省、市、自治区社科基金项目	江苏省第十七届哲学社会科学优秀成果奖	三等	/
面源污染的社会成因及其应对：太湖流域、巢湖流域农村地区的经验研究	9	/	专著	陈阿江	国家社科基金项目	江苏省第十七届哲学社会科学优秀成果奖	三等	/
认同与参与——城市居民的社区公共文化生活逻辑研究	10	/	论文	颜玉凡	学校社科项目	江苏省第十七届哲学社会科学优秀成果奖	一等	/
如何打开黑箱？——关于教育不平等的西方民族志研究及其启示	11	/	论文	沈洪成	学校社科项目	江苏省第十七届哲学社会科学优秀成果奖	二等	/
新时代思想政治教育思想研究	12	/	科普读物	刘爱莲	教育部人文社科研究项目	江苏省第十七届哲学社会科学优秀成果奖	二等	/
新时代中国工程建设企业社会责任履行机制研究	13	/	专著	舒欢	学校社科项目	江苏省第十七届哲学社会科学优秀成果奖	三等	/
新兴产业企业家创业胜任力的政策供给研究	14	/	研究或咨询报告	黄永春	学校社科项目	江苏省第十七届哲学社会科学优秀成果奖	一等	/
政府购买服务的行政法规制研究	15	/	专著	邢鸿飞	国家社科基金项目	江苏省第十七届哲学社会科学优秀成果奖	三等	/
资本伦理学	16	/	专著	余达淮	国家社科基金项目	江苏省第十七届哲学社会科学优秀成果奖	二等	/
7. 南京理工大学	/	8	/	/	/	/	/	/
Forecasting crude oil prices with a large set of predictors: Can LASSO select powerful predictors?	1	/	论文	张耀杰	国家自然科学基金项目	江苏省第十七届哲学社会科学优秀成果奖	三等	/
产业集聚、环境污染与环境规制研究	2	/	专著	朱英明	国家社科基金项目	江苏省第十七届哲学社会科学优秀成果奖	一等	/
创新驱动高质量发展的理论、方法和路径研究	3	/	专著	戚湧	国家社科基金项目	江苏省第十七届哲学社会科学优秀成果奖	二等	/
复杂产品的质量控制理论与方法	4	/	专著	马义中	国家自然科学基金项目	江苏省第十七届哲学社会科学优秀成果奖	二等	/

面向全球聚集创新资源打造国际一流数字创新港——对江阴市发展数字经济的思考	5	/	研究或咨询报告	张骏	国家自然科学基金项目	江苏省第十七届哲学社会科学优秀成果奖	二等	/
情报学研究方法与技术体系	6	/	专著	章成志	国家自然科学基金项目	江苏省第十七届哲学社会科学优秀成果奖	二等	/
社区复合型托老所空间适老性服务设计研究	7	/	研究或咨询报告	徐伟	其他研究项目	江苏省第十七届哲学社会科学优秀成果奖	三等	/
资源环境税费改革问题研究	8	/	专著	徐晓亮	省、市、自治区社科基金项目	江苏省第十七届哲学社会科学优秀成果奖	三等	/
8. 南京航空航天大学	/	10	/	/	/	/	/	/
能源与非能源要素替代战略研究	1	/	专著	查冬兰	国家自然科学基金项目	江苏省第十七届哲学社会科学优秀成果奖	二等	/
批判与引领：当代中国非主流社会思潮研究	2	/	专著	王岩	教育部人文社科研究项目	江苏省第十七届哲学社会科学优秀成果奖	二等	/
生态问题的研究范式及其类型划分	3	/	论文	张轶瑶	省、市、自治区社科基金项目	江苏省第十七届哲学社会科学优秀成果奖	二等	/
通用航空发展路径法治化研究	4	/	专著	高志宏	学校社科项目	江苏省第十七届哲学社会科学优秀成果奖	二等	/
智能生产与服务网络体系研究	5	/	专著	谭清美	国家社科基金项目	江苏省第十七届哲学社会科学优秀成果奖	二等	/
中国分布式光伏发电发展研究	6	/	专著	张力菠	国家自然科学基金项目	江苏省第十七届哲学社会科学优秀成果奖	三等	/
中国民航碳排放驱动因素及减排路径研究	7	/	专著	王群伟	国家自然科学基金项目	江苏省第十七届哲学社会科学优秀成果奖	一等	/
中国企业—工会耦合关系理论构建研究	8	/	专著	胡恩华	国家自然科学基金项目	江苏省第十七届哲学社会科学优秀成果奖	一等	/
中国自信说	9	/	专著	徐川	学校社科项目	江苏省第十七届哲学社会科学优秀成果奖	一等	/
中华典籍外译研究	10	/	专著	范祥涛	非项目成果	江苏省第十七届哲学社会科学优秀成果奖	二等	/

续表

成果名称		合计	成果形式	主要作者	课题来源	奖励名称	奖励等级	备注
	编号	L01	L02	L03	L04	L05	L06	L07
9. 苏州大学	/	46	/	/	/	/	/	/
1936—1941 年日本对德同盟政策研究	1	/	专著	武向平	省、市、自治区社科基金项目	江苏省第十七届哲学社会科学优秀成果奖	二等	/
Applications of Deep Learning in News Text Classification(深度学习在新闻文本分类中的应用)	2	/	论文	张梦晗	非项目成果	江苏省第十七届哲学社会科学优秀成果奖	三等	/
Associations of affective and cognitive empathy with depressive symptoms among a sample of Chinese college freshmen(大学新生情感共情、认知共情与抑郁症状的关联分析)	3	/	论文	张天阳	国家自然科学基金项目	江苏省第十七届哲学社会科学优秀成果奖	三等	/
Equilibrium Analysis of Markup Pricing Strategies under Power Imbalance and Supply Chain Competition (权力结构不平衡及供应链竞争环境下加成定价策略的均衡分析)	4	/	论文	王要玉	国家自然科学基金项目	江苏省第十七届哲学社会科学优秀成果奖	三等	/
Institutional theory and environmental pressures: the moderating effect of market uncertainty on innovation and performance (制度理论与环境压力:市场不确定对创新—绩效的调节作用)	5	/	论文	赖福军	国家自然科学基金项目	江苏省第十七届哲学社会科学优秀成果奖	二等	/
Intermodal transportation service procurement with transaction costs under belt and road initiative (“一带一路”背景下考虑交易成本的多式联运服务采购研究)	6	/	论文	孙加森	国家自然科学基金项目	江苏省第十七届哲学社会科学优秀成果奖	三等	/
Is a large award truly attractive to solvers? The impact of award size on crowd size in innovation contests(大额奖金是否对接包方真的有吸引力? 创新竞赛中奖金规模对接包群体规模影响的实证研究)	7	/	论文	刘忠志	国家自然科学基金项目	江苏省第十七届哲学社会科学优秀成果奖	三等	/

Spillover Effect of Consumer Awareness on Third Parties' Selling Strategies and Retailers' Platform Openness（消费者认知溢出效应对第三方销售策略与零售商平台开放的影响研究）	8	/	论文	宋雯	非项目成果	江苏省第十七届哲学社会科学优秀成果奖	二等	/
“新文科”的来源、特性及建设路径	9	/	论文	黄启兵	省、市、自治区社科基金项目	江苏省第十七届哲学社会科学优秀成果奖	二等	/
“我们”从何而来：象征、认同与建构（1978—2018）	10	/	专著	张健	地、市、厅、局等政府部门项目	江苏省第十七届哲学社会科学优秀成果奖	二等	/
《花月痕》之“痕”——兼论中国现代小说抒情传统	11	/	论文	张蕾	非项目成果	江苏省第十七届哲学社会科学优秀成果奖	二等	/
百年中国通俗文学价值评估（丛书共五册）	12	/	专著	汤哲声	国家社科基金项目	江苏省第十七届哲学社会科学优秀成果奖	一等	/
大学生创业人才测评与培养	13	/	专著	疏德明	学校社科项目	江苏省第十七届哲学社会科学优秀成果奖	二等	/
当代中国马克思主义哲学创新学术史研究	14	/	专著	任平	省教育厅社科项目	江苏省第十七届哲学社会科学优秀成果奖	一等	/
典籍英译新发展研究	15	/	专著	王宏	省、市、自治区社科基金项目	江苏省第十七届哲学社会科学优秀成果奖	三等	/
俄罗斯符号学研究范式的百年流变	16	/	专著	赵爱国	国家社科基金项目	江苏省第十七届哲学社会科学优秀成果奖	一等	/
风土与时运：江南乡民的日常世界	17	/	专著	朱小田	国家社科基金项目	江苏省第十七届哲学社会科学优秀成果奖	二等	/
高等职业教育政策变迁逻辑：历史制度主义视角	18	/	论文	朱乐平	国家社科基金单列学科项目	江苏省第十七届哲学社会科学优秀成果奖	二等	/
高贵的单纯：艺术美学古今谈	19	/	专著	李超德	非项目成果	江苏省第十七届哲学社会科学优秀成果奖	二等	/
国外政党加强执政骨干队伍建设的做法与启示	20	/	论文	周义程	省、市、自治区社科基金项目	江苏省第十七届哲学社会科学优秀成果奖	三等	/
国有自然资源资产产权行使机制的完善	21	/	论文	程雪阳	国家社科基金单列学科项目	江苏省第十七届哲学社会科学优秀成果奖	一等	/

续表

成果名称		合计	成果形式	主要作者	课题来源	奖励名称	奖励等级	备注
	编号	L01	L02	L03	L04	L05	L06	L07
基于百度指数的我国体育旅游网络关注度研究	22	/	论文	陶玉流	非项目成果	江苏省第十七届哲学社会科学优秀成果奖	二等	/
纪录片与国家形象传播	23	/	专著	陈一	国家社科基金项目	江苏省第十七届哲学社会科学优秀成果奖	一等	/
江苏地方文化史·苏州卷	24	/	专著	王卫平	省、市、自治区社科基金项目	江苏省第十七届哲学社会科学优秀成果奖	三等	/
江苏红十字运动百年史(共三卷)	25	/	专著	池子华	省、市、自治区社科基金项目	江苏省第十七届哲学社会科学优秀成果奖	二等	/
昆剧《牡丹亭》英译的多模态视角探索	26	/	专著	朱玲	国家社科基金项目	江苏省第十七届哲学社会科学优秀成果奖	三等	/
鲁班经图说(注释)	27	/	专著	江牧	省、市、自治区社科基金项目	江苏省第十七届哲学社会科学优秀成果奖	三等	/
论当代文学海外传播的"走出去"与"走回来"	28	/	论文	季进	国家社科基金项目	江苏省第十七届哲学社会科学优秀成果奖	二等	/
迈向福利共同体:中国公众福利态度研究	29	/	专著	臧其胜	省、市、自治区社科基金项目	江苏省第十七届哲学社会科学优秀成果奖	三等	/
陌生人社会:价值基础与社会治理	30	/	专著	龚长宇	国家社科基金项目	江苏省第十七届哲学社会科学优秀成果奖	三等	/
农转居社区转型及其治理	31	/	专著	叶继红	国家社科基金项目	江苏省第十七届哲学社会科学优秀成果奖	三等	/
企业参与职业院校实习是否获利?——基于 109 家企业的实证分析	32	/	论文	冉云芳	国家社科基金单列学科项目	江苏省第十七届哲学社会科学优秀成果奖	二等	/
企业社会责任披露与投资者响应——基于多层次资本市场的研究	33	/	论文	王诗雨	国家社科基金项目	江苏省第十七届哲学社会科学优秀成果奖	三等	/
侵权责任利益保护的解释论	34	/	专著	方新军	学校社科项目	江苏省第十七届哲学社会科学优秀成果奖	二等	/

日常生活中诚信价值观的培育与践行研究	35	/	专著	吴继霞	学校社科项目	江苏省第十七届哲学社会科学优秀成果奖	二等	/
如何看待“作者之死”	36	/	论文	桑明旭	学校社科项目	江苏省第十七届哲学社会科学优秀成果奖	三等	/
社会责任强制披露下管理层机会主义行为考察	37	/	论文	权小锋	国家社科基金项目	江苏省第十七届哲学社会科学优秀成果奖	二等	/
衔接的认知语用研究	38	/	专著	王军	国家社科基金项目	江苏省第十七届哲学社会科学优秀成果奖	二等	/
新时代我国公共体育服务供给治理转型研究	39	/	论文	樊炳有	国家社科基金项目	江苏省第十七届哲学社会科学优秀成果奖	三等	/
修辞、叙事与认同：网络公共议题中的话语政治	40	/	专著	曹洵	中央其他部门社科专门项目	江苏省第十七届哲学社会科学优秀成果奖	二等	/
战国秦汉土地国有制形成与演变的几点思考	41	/	论文	臧知非	国家社科基金项目	江苏省第十七届哲学社会科学优秀成果奖	二等	/
中国体育深化改革相关问题的法律研究	42	/	论文	王家宏	国家社科基金项目	江苏省第十七届哲学社会科学优秀成果奖	一等	/
中小学生学科学习策略的诊断与培育	43	/	专著	刘电芝	非项目成果	江苏省第十七届哲学社会科学优秀成果奖	一等	/
自然资源特许权有偿出让研究	44	/	专著	王克稳	学校社科项目	江苏省第十七届哲学社会科学优秀成果奖	三等	/
总体国家安全观视域的网络信息内容治理：进展、内涵与研究逻辑	45	/	论文	周毅	企事业单位委托项目	江苏省第十七届哲学社会科学优秀成果奖	三等	/
走向政府法治的新时代——杨海坤教授行政法学研究论文选	46	/	专著	杨海坤	省、市、自治区社科基金项目	江苏省第十七届哲学社会科学优秀成果奖	二等	/
10. 江苏科技大学	/	3	/	/	/	/	/	/
江苏省船舶与海洋工程装备产业高质量发展研究	1	/	研究或咨询报告	葛世伦	国家自然科学基金项目	江苏省第十七届哲学社会科学优秀成果奖	二等	/
面子、人情与知识共享意愿间关系的实质研究：基于知识隐性程度的调节效应	2	/	论文	金辉	国家社科基金项目	江苏省第十七届哲学社会科学优秀成果奖	三等	/

续表

成果名称	编号	合计	成果形式	主要作者	课题来源	奖励名称	奖励等级	备注
		L01	L02	L03	L04	L05	L06	L07
圈地运动与英国文学的乡村叙事	3	/	专著	吾文泉	其他研究项目	江苏省第十七届哲学社会科学优秀成果奖	三等	/
11. 南京工业大学	/	10	/	/	/	/	/	/
“3060”双碳目标背景下江苏省秸秆综合利用的现状、问题及对策建议	1	/	研究或咨询报告	马海韵	地、市、厅、局等政府部门项目	江苏省第十七届哲学社会科学优秀成果奖	二等	/
城市社区公共体育服务系统非平衡演进研究	2	/	专著	李国	国家社科基金项目	江苏省第十七届哲学社会科学优秀成果奖	三等	/
垂直财政不平衡约束下地方政府的行为逻辑：一个“生存型”政府的解释	3	/	论文	王春婷	国家社科基金项目	江苏省第十七届哲学社会科学优秀成果奖	二等	/
从政策导向到文化生成：我国冰雪运动“南展西扩东进”的动力因素、现实困境与优化路径	4	/	论文	马玉芳	地、市、厅、局等政府部门项目	江苏省第十七届哲学社会科学优秀成果奖	二等	/
打造文化标识，为文化高质量发展设计“江苏方案”	5	/	研究或咨询报告	薛莉清	非项目成果	江苏省第十七届哲学社会科学优秀成果奖	三等	/
江苏省农民工安全教育	6	/	科普读物	李世收	企事业单位委托项目	江苏省第十七届哲学社会科学优秀成果奖	二等	/
日本近代文学论争研究：明治时期——昭和前期	7	/	专著	陈世华	国家社科基金项目	江苏省第十七届哲学社会科学优秀成果奖	三等	/
微政时代下的信息公开行为研究	8	/	编著或教材	朱晓峰	国家社科基金项目	江苏省第十七届哲学社会科学优秀成果奖	三等	/
虚拟社区感、承诺和知识贡献：理论、实证与案例	9	/	专著	姚山季	省、市、自治区社科基金项目	江苏省第十七届哲学社会科学优秀成果奖	三等	/
中国食品安全监管指数研究：理论、模型及实践	10	/	专著	王冀宁	国家社科基金项目	江苏省第十七届哲学社会科学优秀成果奖	二等	/
12. 常州大学	/	8	/	/	/	/	/	/
《说文解字》的设计解读	1	/	专著	王璇	国家社科基金项目	江苏省第十七届哲学社会科学优秀成果奖	三等	/

国家公共卫生应急管理原则与指标体系	2	/	论文	宋林飞	国家社科基金项目	江苏省第十七届哲学社会科学优秀成果奖	一等	/
汉语动量构式研究	3	/	专著	方寅	中央其他部门社科专门项目	江苏省第十七届哲学社会科学优秀成果奖	二等	/
红色家训的当代价值与传承发展研究	4	/	研究或咨询报告	李泽昊	非项目成果	江苏省第十七届哲学社会科学优秀成果奖	三等	/
计量视角下的科技评价	5	/	专著	俞立平	非项目成果	江苏省第十七届哲学社会科学优秀成果奖	二等	/
中国共产党领导意识形态建设的历史经验研究	6	/	专著	葛彦东	国家社科基金项目	江苏省第十七届哲学社会科学优秀成果奖	一等	/
中国企业社会责任研究——基于利益相关者视角	7	/	专著	陆华良	省、市、自治区社科基金项目	江苏省第十七届哲学社会科学优秀成果奖	二等	/
组织创造力的提升路径研究：悖论式领导的触发作用	8	/	专著	彭伟	地、市、厅、局等政府部门项目	江苏省第十七届哲学社会科学优秀成果奖	二等	/
13. 南京邮电大学	/	10	/	/	/	/	/	/
Technology progress bias, industrial structure adjustment, and regional industrial economic growth motivation: Research on regional industrial transformation and upgrading based on the effect of learning by doing	1	/	论文	朱卫未	非项目成果	江苏省第十七届哲学社会科学优秀成果奖	二等	/
“一带一路”倡议背景下中国—东盟贸易话语研究	2	/	专著	袁周敏	非项目成果	江苏省第十七届哲学社会科学优秀成果奖	三等	/
江苏“十四五”先进制造业集群专题研究	3	/	研究或咨询报告	苗成斌	地、市、厅、局等政府部门项目	江苏省第十七届哲学社会科学优秀成果奖	二等	/
江苏加强生态环境治理能力现代化建设研究	4	/	研究或咨询报告	杨莉	省、市、自治区社科基金项目	江苏省第十七届哲学社会科学优秀成果奖	三等	/
精准扶贫视域下推进城乡教育公平的行动逻辑与路径研究	5	/	论文	金久仁	省、市、自治区社科基金项目	江苏省第十七届哲学社会科学优秀成果奖	三等	/

续表

成果名称		合计	成果形式	主要作者	课题来源	奖励名称	奖励等级	备注
	编号	L01	L02	L03	L04	L05	L06	L07
居家养老家庭支持：基于江苏的实证研究	6	/	专著	周建芳	省、市、自治区社科基金项目	江苏省第十七届哲学社会科学优秀成果奖	三等	/
内卷化与逆内卷化：流动人口社会交往的代际流向差异	7	/	论文	彭大松	地、市、厅、局等政府部门项目	江苏省第十七届哲学社会科学优秀成果奖	三等	/
人工智能的教育哲学思考	8	/	论文	张刚要	非项目成果	江苏省第十七届哲学社会科学优秀成果奖	二等	/
数字化助推概念解析及研究进展	9	/	论文	余译青	非项目成果	江苏省第十七届哲学社会科学优秀成果奖	二等	/
中国传统审美体验与艺术创造思维——基于“观”“味”“悟”三种审美体验的思考	10	/	论文	徐子涵	非项目成果	江苏省第十七届哲学社会科学优秀成果奖	一等	/
14. 南京林业大学	/	10	/	/	/	/	/	/
保守主义意识形态：阐释与批判	1	/	专著	王金玉	国家社科基金项目	江苏省第十七届哲学社会科学优秀成果奖	三等	/
从乡愁到乡建：江南村镇的文化记忆与景观设计	2	/	专著	汪瑞霞	国家社科基金项目	江苏省第十七届哲学社会科学优秀成果奖	一等	/
从政策导向到文化生成：我国冰雪运动“南展西扩东进”的动力因素、现实困境与优化路径	3	/	论文	王永红	非项目成果	江苏省第十七届哲学社会科学优秀成果奖	二等	/
高校思想政治理论课教师教学能力发展研究	4	/	专著	缪子梅	省教育厅社科项目	江苏省第十七届哲学社会科学优秀成果奖	三等	/
关于疫情期间恢复双季稻的思考建议	5	/	研究或咨询报告	高强	非项目成果	江苏省第十七届哲学社会科学优秀成果奖	二等	/
林业碳汇运营、价格与融资机制	6	/	专著	彭红军	非项目成果	江苏省第十七届哲学社会科学优秀成果奖	三等	/
网络舆情与高校治理研究	7	/	专著	宋香丽	教育部人文社科研究项目	江苏省第十七届哲学社会科学优秀成果奖	三等	/
我国规模农业经营主体的“非粮化”问题及建议研究报告	8	/	研究或咨询报告	刘同山	非项目成果	江苏省第十七届哲学社会科学优秀成果奖	一等	/

西方文论关键词：物转向	9	/	论文	韩启群	国家社科基金项目	江苏省第十七届哲学社会科学优秀成果奖	三等	/
中国现代风景园林设计语言的本土化研究：1949—2009 年	10	/	专著	邱冰	非项目成果	江苏省第十七届哲学社会科学优秀成果奖	三等	/
15. 江苏大学	/	10	/	/	/	/	/	/
高价值专利培育规范化标准化研究	1	/	研究或咨询报告	唐恒	地、市、厅、局等政府部门项目	江苏省第十七届哲学社会科学优秀成果奖	三等	/
高校思想政治理论课改革：理论与实践创新	2	/	专著	金丽馥	非项目成果	江苏省第十七届哲学社会科学优秀成果奖	三等	/
国家治理变迁中的基层刑事司法：以龙泉司法档案为中心的考察	3	/	论文	张健	国家社科基金项目	江苏省第十七届哲学社会科学优秀成果奖	三等	/
教育改革中的模式崇拜及其超越	4	/	论文	王佳佳	全国教育科学规划（教育部）项目	江苏省第十七届哲学社会科学优秀成果奖	三等	/
科学观念在中国的历史演进研究	5	/	专著	李丽	国家社科基金项目	江苏省第十七届哲学社会科学优秀成果奖	二等	/
绿色低碳行为研究丛书（共三册）	6	/	专著	田立新	国家社科基金项目	江苏省第十七届哲学社会科学优秀成果奖	一等	/
推进绿色发展的路径选择与保障机制研究	7	/	编著或教材	杜建国	国家社科基金项目	江苏省第十七届哲学社会科学优秀成果奖	二等	/
新时代高校“三全育人”理论研究与实践创新（共十一册）	8	/	编著或教材	李洪波	省、市、自治区社科基金项目	江苏省第十七届哲学社会科学优秀成果奖	二等	/
新时代制造企业工匠精神培育研究	9	/	专著	朱永跃	国家社科基金项目	江苏省第十七届哲学社会科学优秀成果奖	三等	/
中国精神：中国共产党人的奋斗故事	10	/	编著或教材	刘同君	国家社科基金项目	江苏省第十七届哲学社会科学优秀成果奖	二等	/
16. 南京信息工程大学	/	16	/	/	/	/	/	/
Solar Photovoltaic Interventions Have Reduced Rural Poverty in China（光伏发电助力中国农村减贫）	1	/	论文	张慧明	国家自然科学基金项目	江苏省第十七届哲学社会科学优秀成果奖	二等	

续表

成果名称	编号	合计 L01	成果形式 L02	主要作者 L03	课题来源 L04	奖励名称 L05	奖励等级 L06	备注 L07
The two-echelon production routing problem with cross-docking satellites(考虑换装卫星设施的双层生产路径问题研究)	2	/	论文	邱玉琢	省、市、自治区社科基金项目	江苏省第十七届哲学社会科学优秀成果奖	三等	/
不确定判断矩阵理论及其应用	3	/	专著	巩在武	国家自然科学基金项目	江苏省第十七届哲学社会科学优秀成果奖	二等	/
大学本科教育的“学习范式”转型：国际趋势与本土探索	4	/	专著	吴立保	全国教育科学规划(教育部)项目	江苏省第十七届哲学社会科学优秀成果奖	一等	/
关于提炼和弘扬“南京长江大桥精神”的对策建议	5	/	研究或咨询报告	周显信	省、市、自治区社科基金项目	江苏省第十七届哲学社会科学优秀成果奖	三等	/
紧抱的石榴籽：新疆民族地区推普的精准扶贫效应调查报告	6	/	研究或咨询报告	张娜	教育部人文社科研究项目	国家民委社会科学研究成果奖(调研报告类)	其他	/
跨区域复杂应急决策模型与方法	7	/	专著	朱莉	国家自然科学基金项目	江苏省第十七届哲学社会科学优秀成果奖	二等	/
马克思主义经济学中国化历程研究	8	/	专著	贾后明	国家社科基金项目	江苏省第十七届哲学社会科学优秀成果奖	三等	/
民国时期汉语国际传播研究	9	/	专著	于锦恩	国家社科基金项目	江苏省第十七届哲学社会科学优秀成果奖	二等	/
全球气候正义与平等发展权	10	/	论文	陈俊	省、市、自治区社科基金项目	江苏省第十七届哲学社会科学优秀成果奖	二等	/
如何促进高职教育实习形成较高的质量——基于“学校—企业—学生”的实证研究	11	/	论文	祝成林	教育部人文社科研究项目	江苏省第十七届哲学社会科学优秀成果奖	三等	/
深入推进我省自贸试验区和自主创新示范区“双自联动”的若干建议	12	/	研究或咨询报告	丁宏	省、市、自治区社科基金项目	江苏省第十七届哲学社会科学优秀成果奖	二等	/
文化自信：场域转换与主体自觉	13	/	论文	张天勇	省、市、自治区社科基金项目	江苏省第十七届哲学社会科学优秀成果奖	三等	/
银发中国：中国城市社会养老服务理论与实践	14	/	专著	徐倩	国家社科基金项目	江苏省第十七届哲学社会科学优秀成果奖	三等	/

智能制造背景下传统制造业转型升级的路径与机制研究	15	/	专著	陈抗	省、市、自治区社科基金项目	江苏省第十七届哲学社会科学优秀成果奖	三等	/
中国留学教育能否减少生源国人口贫困——基于"一带一路"沿线国家的实证研究	16	/	论文	谷媛媛	省、市、自治区社科基金项目	江苏省第十七届哲学社会科学优秀成果奖	二等	/
17. 南通大学	/	12	/	/	/	/	/	/
Neural correlates for nouns and verbs in phrases during syntactic and semantic processing: An fMRI study(词组中名词和动词在句法和语义加工下的神经关联性 —— 一项功能性磁共振成像的研究)	1	/	论文	封世文	国家社科基金项目	江苏省第十七届哲学社会科学优秀成果奖	二等	/
马克思主义价值理论与社会核心价值观研究	2	/	专著	陈玉君	国家社科基金项目	江苏省第十七届哲学社会科学优秀成果奖	二等	/
美国研究型大学慕课可持续商业模式的借鉴研究	3	/	专著	钱小龙	国家社科基金项目	江苏省第十七届哲学社会科学优秀成果奖	二等	/
闽台海洋民俗史	4	/	专著	刘芝凤	国家社科基金项目	江苏省第十七届哲学社会科学优秀成果奖	三等	/
明清通州范氏家族文学与文化研究	5	/	专著	陈晓峰	国家社科基金项目	江苏省第十七届哲学社会科学优秀成果奖	二等	/
欧美楚辞学论纲	6	/	专著	陈亮	国家社科基金项目	江苏省第十七届哲学社会科学优秀成果奖	三等	/
情境:意涵、特征与建构——李吉林的情境观探析	7	/	论文	王灿明	全国教育科学规划(教育部)项目	江苏省第十七届哲学社会科学优秀成果奖	三等	/
趣味四大名著	8	/	科普读物	成云雷	省教育厅社科项目	江苏省第十七届哲学社会科学优秀成果奖	三等	/
十八世纪中朝文人交流研究	9	/	专著	徐毅	非项目成果	江苏省第十七届哲学社会科学优秀成果奖	三等	/
推动长江经济带发展重大战略研究	10	/	专著	成长春	省、市、自治区社科基金项目	江苏省第十七届哲学社会科学优秀成果奖	二等	/
项目教学效果影响因素的准实验研究——以护理专业为例	11	/	专著	濮海慧	其他研究项目	江苏省第十七届哲学社会科学优秀成果奖	三等	/

续表

成果名称		合计	成果形式	主要作者	课题来源	奖励名称	奖励等级	备注
	编号	L01	L02	L03	L04	L05	L06	L07
中国参与国际体育议程设置的动因、困境与提升策略研究	12	/	论文	陆海林	学校社科项目	江苏省第十七届哲学社会科学优秀成果奖	二等	/
18.　盐城工学院	/	1	/	/	/	/	/	/
众创空间生态系统自组织与外部选择的耦合机制研究	1	/	专著	薛浩	国家社科基金项目	江苏省第十七届哲学社会科学优秀成果奖	二等	/
19.　南京中医药大学	/	2	/	/	/	/	/	/
职场智慧与自我修炼	1	/	编著或教材	曾智	非项目成果	江苏省第十七届哲学社会科学优秀成果奖	三等	/
江苏中药志	2	/	专著	陈仁寿	省、市、自治区社科基金项目	江苏省第十七届哲学社会科学优秀成果奖	二等	/
20.　南京师范大学	/	72	/	/	/	/	/	/
21 世纪中国大陆青春电影研究	1	/	专著	王晖	教育部人文社科研究项目	江苏省第十七届哲学社会科学优秀成果奖	一等	/
5—6 世纪北边六镇豪强酋帅社会地位演变研究	2	/	专著	薛海波	国家社科基金项目	江苏省第十七届哲学社会科学优秀成果奖	一等	/
Aberrant Resting-State Functional Connectivity in the Default Mode Network in Pediatric Bipolar Disorder Patients with and without Psychotic Symptoms(伴与不伴精神病性症状的青少年双相障碍患者静息态脑默认网络异常连接模式)	3	/	论文	钟元	非项目成果	江苏省第十七届哲学社会科学优秀成果奖	一等	/
Event-related Brain Potentials Suggest a Late Interaction of Pitch and Time in Music Perception (事件相关电位证据表明音乐感知中音高和时间在晚期加工阶段存在相互作用)	4	/	论文	张晶晶	非项目成果	江苏省第十七届哲学社会科学优秀成果奖	一等	/
Investigation of the Mental Health Status of Frontier-line and Non-frontier-line Medical Staff during a Stress Period(压力时期一线与非一线医护人员的心理健康状况调查)	5	/	论文	安媛媛	非项目成果	江苏省第十七届哲学社会科学优秀成果奖	二等	/

OECD 教育产出指标的内涵与启示	6	/	论文	邵泽斌	国家社科基金单列学科项目	江苏省第十七届哲学社会科学优秀成果奖	二等	/
Using User-Generated Content to Explore the Temporal Heterogeneity in Tourist Mobility (基于用户生成内容数据的游客流动时间异质性分析)	7	/	论文	靳诚	非项目成果	江苏省第十七届哲学社会科学优秀成果奖	三等	/
(译著)皮亚杰文集. 第一卷(共三册)	8	/	专著	郭本禹	非项目成果	江苏省第十七届哲学社会科学优秀成果奖	三等	/
“集体的组织者”:一条列宁党报语录的百年政治文化旅行	9	/	论文	刘继忠	国家社科基金项目	江苏省第十七届哲学社会科学优秀成果奖	二等	/
“女性天才:生命、思想与言词”:西方女性思想家、文学家传记系列丛书(两辑八种)	10	/	编著或教材	杨莉馨	非项目成果	江苏省第十七届哲学社会科学优秀成果奖	二等	/
“双一流”建设与高校学科发展	11	/	专著	胡建华	国家社科基金单列学科项目	江苏省第十七届哲学社会科学优秀成果奖	一等	/
“四千四万”精神:中国特色社会主义在苏南的生动实践	12	/	编著或教材	王刚	非项目成果	江苏省第十七届哲学社会科学优秀成果奖	二等	/
北朝通語語音研究	13	/	专著	刘冠才	非项目成果	江苏省第十七届哲学社会科学优秀成果奖	二等	/
毕飞宇的阅读史与写作史关系考释	14	/	论文	沈杏培	国家社科基金项目	江苏省第十七届哲学社会科学优秀成果奖	二等	/
变动社会中的投入与疏离:中国公学的历史(1906—1936)	15	/	专著	严海建	非项目成果	江苏省第十七届哲学社会科学优秀成果奖	二等	/
道德资本论	16	/	专著	王小锡	国家社科基金项目	江苏省第十七届哲学社会科学优秀成果奖	一等	/
德育一体化建设的理念基础与实践路径	17	/	论文	叶飞	国家社科基金项目	江苏省第十七届哲学社会科学优秀成果奖	三等	/
对水稻理论的质疑:兼新论中国人偏好整体思维的内外因	18	/	论文	汪凤炎	教育部人文社科研究项目	江苏省第十七届哲学社会科学优秀成果奖	三等	/
对外直接投资能否改善中国的资源错配	19	/	论文	白俊红	非项目成果	江苏省第十七届哲学社会科学优秀成果奖	二等	/

续表

成果名称		合计	成果形式	主要作者	课题来源	奖励名称	奖励等级	备注
	编号	L01	L02	L03	L04	L05	L06	L07
发展学生数学核心素养的教学与评价研究	20	/	专著	喻平	非项目成果	江苏省第十七届哲学社会科学优秀成果奖	一等	/
法制现代化的理论逻辑	21	/	专著	公丕祥	国家社科基金项目	江苏省第十七届哲学社会科学优秀成果奖	一等	/
高等教育学的持续探究	22	/	专著	王建华	非项目成果	江苏省第十七届哲学社会科学优秀成果奖	二等	/
高技术企业自主创新能力、创新风险与创新投资研究	23	/	专著	李金生	国家自然科学基金项目	江苏省第十七届哲学社会科学优秀成果奖	三等	/
高质量教育体系:深化改革促进公平的新方向	24	/	论文	陈南	省教育厅社科项目	江苏省第十七届哲学社会科学优秀成果奖	二等	/
公共服务视域下体教融合的思维转向与进路选择	25	/	论文	陆炎	省、市、自治区社科基金项目	江苏省第十七届哲学社会科学优秀成果奖	三等	/
公司高管减持同伴效应与股价崩盘风险研究	26	/	论文	易志高	非项目成果	江苏省第十七届哲学社会科学优秀成果奖	一等	/
关于古代汉语大型辞书中"因误成词"词条的处理	27	/	论文	董志翘	国家社科基金项目	江苏省第十七届哲学社会科学优秀成果奖	二等	/
国际理解教育课程建设的国际比较研究	28	/	专著	张蓉	非项目成果	江苏省第十七届哲学社会科学优秀成果奖	三等	/
花开望郎——宜宾神歌《槐花儿时开》及相关"草木母题"民歌研究	29	/	论文	施咏	非项目成果	江苏省第十七届哲学社会科学优秀成果奖	三等	/
基于注疏文献的《孟子》信息处理研究	30	/	专著	梁社会	国家社科基金项目	江苏省第十七届哲学社会科学优秀成果奖	二等	/
江淮官话音韵研究	31	/	专著	吴波	国家社科基金项目	江苏省第十七届哲学社会科学优秀成果奖	三等	/
江苏文学经典英译主体研究	32	/	专著	许多	国家社科基金项目	江苏省第十七届哲学社会科学优秀成果奖	一等	/

江苏新闻史(全三册)	33	/	专著	张晓锋	省、市、自治区社科基金项目	江苏省第十七届哲学社会科学优秀成果奖	一等	/
江苏艺文志(共28册)	34	/	专著	江庆柏	非项目成果	江苏省第十七届哲学社会科学优秀成果奖	二等	/
教育改革的社会支持	35	/	专著	吴康宁	教育部人文社科研究项目	江苏省第十七届哲学社会科学优秀成果奖	一等	/
教育技术及学术发展史	36	/	专著	张一春	非项目成果	江苏省第十七届哲学社会科学优秀成果奖	三等	/
结构与行动:基础教育改革的历史社会学研究	37	/	专著	齐学红	非项目成果	江苏省第十七届哲学社会科学优秀成果奖	二等	/
近现代图书馆馆长群体研究	38	/	专著	王一心	非项目成果	江苏省第十七届哲学社会科学优秀成果奖	三等	/
镜城寻踪:关于中国电影的沉思	39	/	专著	陈吉德	非项目成果	江苏省第十七届哲学社会科学优秀成果奖	二等	/
孔子教学艺术研究	40	/	专著	李如密	非项目成果	江苏省第十七届哲学社会科学优秀成果奖	三等	/
例外状态与自由的边界——后疫情时代对阿甘本生命政治理论的反思	41	/	论文	吴静	非项目成果	江苏省第十七届哲学社会科学优秀成果奖	二等	/
列宁十月革命战略思想及进程中的重要发展研究	42	/	专著	俞敏	国家社科基金项目	江苏省第十七届哲学社会科学优秀成果奖	二等	/
论党的政治建设的生成逻辑、本质要义与战略意蕴	43	/	论文	洪光东	省、市、自治区社科基金项目	江苏省第十七届哲学社会科学优秀成果奖	二等	/
论斯多亚派的"合宜行为"	44	/	论文	陶涛	国家社科基金项目	江苏省第十七届哲学社会科学优秀成果奖	二等	/
花开望郎——宜宾神歌《槐花儿时开》及相关"草木母题"民歌研究	45	/	论文	施咏	非项目成果	江苏省第十七届哲学社会科学优秀成果奖	三等	/
明代内阁密揭制度考析	46	/	论文	李小波	非项目成果	江苏省第十七届哲学社会科学优秀成果奖	二等	/
批评的返场	47	/	专著	何平	国家社科基金项目	江苏省第十七届哲学社会科学优秀成果奖	一等	/

续表

成果名称		合计	成果形式	主要作者	课题来源	奖励名称	奖励等级	备注
	编号	L01	L02	L03	L04	L05	L06	L07
批评话语分析新发展研究	48	/	专著	辛斌	非项目成果	江苏省第十七届哲学社会科学优秀成果奖	二等	/
秦汉土地制度研究:以简牍材料为中心	49	/	专著	张进	国家社科基金项目	江苏省第十七届哲学社会科学优秀成果奖	一等	/
人的城镇化研究	50	/	专著	吴业苗	国家社科基金项目	江苏省第十七届哲学社会科学优秀成果奖	二等	/
融合视角下儿童关心他人的研究:现状,问题与对策	51	/	专著	侯晶晶	国家社科基金项目	江苏省第十七届哲学社会科学优秀成果奖	二等	/
斯坎伦的道德建构主义对“价值”与“福祉”的重构	52	/	论文	陶勤	省教育厅社科项目	江苏省第十七届哲学社会科学优秀成果奖	二等	/
苏北唢呐班百年活态流变研究	53	/	专著	赵宴会	国家社科基金单列学科项目	江苏省第十七届哲学社会科学优秀成果奖	一等	/
文化权力与社会变迁:《红楼梦》研究的当代命运	54	/	专著	陈辉	非项目成果	江苏省第十七届哲学社会科学优秀成果奖	三等	/
文学符号王国的探索:方法与批评	55	/	专著	张杰	非项目成果	江苏省第十七届哲学社会科学优秀成果奖	二等	/
我国移动支付风险的识别、度量与管控	56	/	专著	封思贤	非项目成果	江苏省第十七届哲学社会科学优秀成果奖	三等	/
五禮通考(点校本)(丛书共二十册)	57	/	专著	方向东	非项目成果	江苏省第十七届哲学社会科学优秀成果奖	一等	/
系统结构中的刑事司法与媒体关系研究	58	/	专著	刘涛	非项目成果	江苏省第十七届哲学社会科学优秀成果奖	三等	/
现代汉语动核结构的“句法—语义”接口研究	59	/	专著	孙道功	非项目成果	江苏省第十七届哲学社会科学优秀成果奖	二等	/
新教育公平视野下的学校再生产	60	/	专著	高水红	省教育厅社科项目	江苏省第十七届哲学社会科学优秀成果奖	三等	/

信息化学习设计:聚焦五大维度	61	/	专著	沈书生	非项目成果	江苏省第十七届哲学社会科学优秀成果奖	二等	/
业务侵占:贪污罪的解释方向	62	/	论文	王彦强	学校社科项目	江苏省第十七届哲学社会科学优秀成果奖	二等	/
意见领袖关系及主题参与倾向研究——基于微博热点事件的耦合分析	63	/	论文	王晗啸	国家社科基金项目	江苏省第十七届哲学社会科学优秀成果奖	三等	/
早期《申报》"体例"与19世纪新闻人的伦理观	64	/	论文	操瑞青	国家社科基金项目	江苏省第十七届哲学社会科学优秀成果奖	三等	/
正当防卫限度判断的适用难题与改进方案	65	/	论文	姜涛	国家社科基金项目	江苏省第十七届哲学社会科学优秀成果奖	二等	/
制造大众偶像:中国早期电影明星生产研究(1922—1937)	66	/	专著	游晓光	非项目成果	江苏省第十七届哲学社会科学优秀成果奖	三等	/
智能交互技术与汉语情境化测评	67	/	专著	王蔚	非项目成果	江苏省第十七届哲学社会科学优秀成果奖	三等	/
主体间性教学模式视阈下的大学英语教学改革	68	/	专著	王永祥	非项目成果	江苏省第十七届哲学社会科学优秀成果奖	一等	/
苏北唢呐班百年活态流变研究	69	/	专著	赵宴会	国家社科基金单列学科项目	江苏省第十七届哲学社会科学优秀成果奖	一等	/
追寻格局:中国文化伦理图式敞开与德育路向	70	/	论文	孙彩平	国家社科基金单列学科项目	江苏省第十七届哲学社会科学优秀成果奖	三等	/
祖制重现:世宗勤政与嘉靖朝政治文化——以嘉靖朝宦官政治为中心	71	/	论文	王剑	非项目成果	江苏省第十七届哲学社会科学优秀成果奖	三等	/
坐标与价值:中西儿童文学研究	72	/	专著	谈凤霞	国家社科基金项目	江苏省第十七届哲学社会科学优秀成果奖	二等	/
21. 江苏师范大学	/	35	/	/	/	/	/	/
An evaluation system based on the self-organizing system framework of smart cities: A case study of smart transportation systems in China(基于自组织系统架构的智慧城市评价体系—以中国智慧交通系统为例)	1	/	论文	颜姜慧	国家社科基金项目	江苏省第十七届哲学社会科学优秀成果奖	二等	/

续表

成果名称	编号	合计 L01	成果形式 L02	主要作者 L03	课题来源 L04	奖励名称 L05	奖励等级 L06	备注 L07
Quality disclosure under consumer loss aversion(消费者损失厌恶下的质量披露)	2	/	论文	张建强	非项目成果	江苏省第十七届哲学社会科学优秀成果奖	二等	/
Semantic unification modulates N400 and BOLD signal change in the brain: A simultaneous EEG-fMRI study(语义整合调节 N400 波幅和大脑皮层 BOLD 信号变化:一项同步 EEG-fMRI 研究)	3	/	论文	朱祖德	国家社科基金项目	江苏省第十七届哲学社会科学优秀成果奖	一等	/
北宋张有《复古编》研究	4	/	专著	王珏	国家社科基金项目	江苏省第十七届哲学社会科学优秀成果奖	三等	/
藏语词法和形态	5	/	专著	江荻	国家社科基金项目	江苏省第十七届哲学社会科学优秀成果奖	二等	/
从脱贫到振兴:连片民族地区普通话普及情况调查及推普助力乡村振兴对策研究	6	/	研究或咨询报告	杨亦鸣	国家社科基金项目	江苏省第十七届哲学社会科学优秀成果奖	二等	/
大学组织绩效管理制度设计研究	7	/	专著	胡仁东	国家社科基金单列学科项目	江苏省第十七届哲学社会科学优秀成果奖	二等	/
高等教育经济功能论:质量视域下的机理与实证	8	/	专著	李子联	非项目成果	江苏省第十七届哲学社会科学优秀成果奖	三等	/
高校学生评教行为偏差及其与学科类别、学校类型和学业自评的关系——基于南京和常州十所高校的实证调查	9	/	论文	周继良	非项目成果	江苏省第十七届哲学社会科学优秀成果奖	三等	/
古詞今語——《荀子》與楊倞注詞彙比較研究	10	/	专著	霍生玉	国家社科基金项目	江苏省第十七届哲学社会科学优秀成果奖	三等	/
古希腊演说研究	11	/	专著	蒋保	国家社科基金项目	江苏省第十七届哲学社会科学优秀成果奖	三等	/
好物有匠心:影响世界文明的中华匠人	12	/	科普读物	潘天波	国家社科基金项目	江苏省第十七届哲学社会科学优秀成果奖	三等	/
家国情怀:中华优秀传统家风文化	13	/	编著或教材	陈延斌	国家社科基金项目	江苏省第十七届哲学社会科学优秀成果奖	三等	/

教育人工智能的发展难题与突破路径	14	/	论文	杨现民	省教育厅社科项目	江苏省第十七届哲学社会科学优秀成果奖	二等	/
教育信息化服务供给的转型方向与实施路径	15	/	论文	郑旭东	非项目成果	江苏省第十七届哲学社会科学优秀成果奖	二等	/
跨界与进阶:普职教育衔接研究	16	/	专著	陈鹏	国家社科基金单列学科项目	江苏省第十七届哲学社会科学优秀成果奖	一等	/
灵感与悟性:灵感思维与中国传统文化精神	17	/	专著	朱存明	国家社科基金项目	江苏省第十七届哲学社会科学优秀成果奖	三等	/
论良知的现代教育价值	18	/	论文	高伟	非项目成果	江苏省第十七届哲学社会科学优秀成果奖	二等	/
论唯物史观东方逻辑出场的思维方法	19	/	论文	张丽霞	教育部人文社科研究项目	江苏省第十七届哲学社会科学优秀成果奖	二等	/
马克思主义经典专著重要术语中国化渊流考释	20	/	专著	靳书君	国家社科基金项目	江苏省第十七届哲学社会科学优秀成果奖	一等	/
面向城乡融合的乡村多维重构研究:苏北地区的实证	21	/	专著	马晓冬	非项目成果	江苏省第十七届哲学社会科学优秀成果奖	二等	/
明代词人群体和流派	22	/	专著	张仲谋	国家社科基金项目	江苏省第十七届哲学社会科学优秀成果奖	二等	/
纳入高等学校招生体系的综合素质评价:“难为”审思与“能为”创建	23	/	论文	程岭	省、市、自治区社科基金项目	江苏省第十七届哲学社会科学优秀成果奖	二等	/
人脑如何学习新的语言规则	24	/	论文	耿立波	国家社科基金项目	江苏省第十七届哲学社会科学优秀成果奖	二等	/
上海声调实验录	25	/	专著	朱晓农	非项目成果	江苏省第十七届哲学社会科学优秀成果奖	三等	/
唐以后俗语词用字研究	26	/	专著	刘君敬	教育部人文社科研究项目	江苏省第十七届哲学社会科学优秀成果奖	三等	/
推进苏北地区农房集中居住重点问题研究	27	/	研究或咨询报告	沈正平	非项目成果	江苏省第十七届哲学社会科学优秀成果奖	二等	/
晚清《尚书》学研究	28	/	专著	刘德州	国家社科基金项目	江苏省第十七届哲学社会科学优秀成果奖	三等	/

续表

成果名称	编号	合计 L01	成果形式 L02	主要作者 L03	课题来源 L04	奖励名称 L05	奖励等级 L06	备注 L07
吴语中的后置副词状语	29	/	论文	汪化云	国家社科基金项目	江苏省第十七届哲学社会科学优秀成果奖	二等	/
现代汉语方言中“有偏”的用法及其溯源	30	/	论文	张爱玲	国家社科基金项目	江苏省第十七届哲学社会科学优秀成果奖	三等	/
现代汉语情态动词语义、语用、句法互动研究	31	/	专著	余光武	国家社科基金项目	江苏省第十七届哲学社会科学优秀成果奖	一等	/
移动社交网络:互动、信任与消费	32	/	专著	郑琼	国家自然科学基金项目	江苏省第十七届哲学社会科学优秀成果奖	二等	/
以教育信息化推动教育现代化研究	33	/	专著	陈琳	非项目成果	江苏省第十七届哲学社会科学优秀成果奖	二等	/
中国藏汉双语法学人才培养培训丛书:藏语翻译和法律术语解读(共八册)	34	/	专著	南杰·隆英强	非项目成果	江苏省第十七届哲学社会科学优秀成果奖	三等	/
资源枯竭型企业跨区转移行为及其溢出和胁迫效应	35	/	专著	李存芳	非项目成果	江苏省第十七届哲学社会科学优秀成果奖	三等	/
22. 淮阴师范学院	/	8	/	/	/	/	/	/
江苏产业链供应链优化升级亟待破解四大难题	1	/	研究或咨询报告	张言彩	中央其他部门社科专门项目	江苏省第十七届哲学社会科学优秀成果奖	三等	/
民国戏曲期刊研究(1912—1949)	2	/	专著	单永军	国家社科基金项目	江苏省第十七届哲学社会科学优秀成果奖	三等	/
社会结构与高等教育分流	3	/	专著	孙启进	省教育厅社科项目	江苏省第十七届哲学社会科学优秀成果奖	二等	/
史官主书与秦书八体(著作)	4	/	专著	徐学标	教育部人文社科研究项目	江苏省第十七届哲学社会科学优秀成果奖	三等	/
我国学校体育教学内容研究	5	/	专著	蔺新茂	教育部人文社科研究项目	江苏省第十七届哲学社会科学优秀成果奖	三等	/
中国公民精神培育研究	6	/	专著	杨四海	非项目成果	江苏省第十七届哲学社会科学优秀成果奖	二等	/

中国运河与漕运研究(共五册)	7	/	专著	张强	中央其他部门社科专门项目	江苏省第十七届哲学社会科学优秀成果奖	一等	/
中华民族神话与传说	8	/	科普读物	萧兵	国家社科基金项目	江苏省第十七届哲学社会科学优秀成果奖	二等	/
23. 盐城师范学院	/	7	/	/	/	/	/	/
《徐氏类音字汇》咸山摄阳声韵与阴声韵读音混同现象	1	/	论文	冯青青	国家社科基金项目	江苏省第十七届哲学社会科学优秀成果奖	三等	/
城市文化与中国现代文学研究——理论、视角与案例	2	/	专著	高兴	其他研究项目	江苏省第十七届哲学社会科学优秀成果奖	三等	/
关于运用法治思维和法治方式助力打赢江苏疫情阻击战的建议	3	/	研究或咨询报告	朱广东	省、市、自治区社科基金项目	江苏省第十七届哲学社会科学优秀成果奖	三等	/
互利与共赢:中国老年人体育健康促进的协同治理	4	/	专著	刘路	非项目成果	江苏省第十七届哲学社会科学优秀成果奖	三等	/
鲁迅艺术学院与新中国文艺规范建构	5	/	专著	孙晓东	教育部人文社科研究项目	江苏省第十七届哲学社会科学优秀成果奖	三等	/
让学引思:区域推进课堂教学改革的行与省	6	/	专著	乔晖	省、市、自治区社科基金项目	江苏省第十七届哲学社会科学优秀成果奖	三等	/
中小学生核心价值观培育:教科书的视角	7	/	专著	乔晖	全国教育科学规划(教育部)项目	江苏省第十七届哲学社会科学优秀成果奖	二等	/
24. 南京财经大学	/	15	/	/	/	/	/	/
How Does Emission Trading Reduce China's Carbon Intensity? An Exploration Using a Decomposition and Difference-in-Differences Approach(碳交易如何减降碳强度?基于分解分析和双重差分法的考察)	1	/	论文	周波	国家自然科学基金项目	江苏省第十七届哲学社会科学优秀成果奖	二等	/

续表

成果名称		合计	成果形式	主要作者	课题来源	奖励名称	奖励等级	备注
	编号	L01	L02	L03	L04	L05	L06	L07
“羁束”还是“自由裁量”?——管理决断权调整研究述评与展望	2	/	论文	胡建雄	国家自然科学基金项目	江苏省第十七届哲学社会科学优秀成果奖	三等	/
长三角金融一体化评价与对策	3	/	研究或咨询报告	卞志村	企事业单位委托项目	江苏省第十七届哲学社会科学优秀成果奖	三等	/
从生态批判到生态文明:马克思主义生态理论的价值逻辑研究	4	/	专著	刘希刚	国家社科基金项目	江苏省第十七届哲学社会科学优秀成果奖	三等	/
大国经济视域下以高端服务业引领现代化经济体系建设研究	5	/	专著	宣烨	国家社科基金项目	江苏省第十七届哲学社会科学优秀成果奖	二等	/
地方政府环境目标约束是否影响了产业转型升级?	6	/	论文	余泳泽	国家社科基金项目	江苏省第十七届哲学社会科学优秀成果奖	二等	/
高管团队经验、动态能力与企业战略突变:管理自主权的调节效应	7	/	论文	杨林	国家社科基金项目	江苏省第十七届哲学社会科学优秀成果奖	一等	/
高管薪酬差距对企业绩效的影响机制研究:基于内部匹配与外部公平的双重视角	8	/	专著	张帆	省、市、自治区社科基金项目	江苏省第十七届哲学社会科学优秀成果奖	二等	/
货币流回规律和社会再生产的实现——马克思社会总资本的再生产和流通理论再研究	9	/	论文	何干强	省教育厅社科项目	江苏省第十七届哲学社会科学优秀成果奖	二等	/
金融供需摩擦、信贷结构与最优财政援助政策	10	/	论文	朱军	国家社科基金项目	江苏省第十七届哲学社会科学优秀成果奖	三等	/
空气质量改善能降低企业劳动力成本吗?	11	/	论文	沈永建	国家自然科学基金项目	江苏省第十七届哲学社会科学优秀成果奖	二等	/
民国广播事业史研究	12	/	专著	谢鼎新	教育部人文社科研究项目	江苏省第十七届哲学社会科学优秀成果奖	二等	/

速度与生存恐慌——维希留的技术批判理论	13	/	论文	卓承芳	国家社科基金项目	江苏省第十七届哲学社会科学优秀成果奖	二等	/
中国粮食产后损失研究	14	/	专著	赵霞	中央其他部门社科专门项目	江苏省第十七届哲学社会科学优秀成果奖	一等	/
庄子个体思想意蕴探赜 ———以“精神个体”为视角	15	/	论文	王敏光	国家社科基金项目	江苏省第十七届哲学社会科学优秀成果奖	三等	/
25. 江苏警官学院	/	2	/	/	/	/	/	/
多模态国防话语的认知批评研究	1	/	专著	潘艳艳	国家社科基金项目	江苏省第十七届哲学社会科学优秀成果奖	三等	/
寻找精神的“故园”:“新市民阶层”核心价值观问题研究	2	/	专著	黄进	国家社科基金项目	江苏省第十七届哲学社会科学优秀成果奖	一等	/
26. 南京体育学院	/	7	/	/	/	/	/	/
“老龄化”视域下太极拳康养理论与实证研究	1	/	专著	高亮	非项目成果	江苏省第十七届哲学社会科学优秀成果奖	二等	/
城市体育公园服务全民健身国家战略的理论构建与应用优化:江苏个案探析	2	/	专著	叶小瑜	教育部人文社科研究项目	江苏省第十七届哲学社会科学优秀成果奖	二等	/
城乡基本公共体育服务均等化研究	3	/	专著	谢正阳	非项目成果	江苏省第十七届哲学社会科学优秀成果奖	三等	/
美国体育的制度治理及启示研究	4	/	专著	彭国强	国家社科基金项目	江苏省第十七届哲学社会科学优秀成果奖	一等	/
全球疫情爆发下我国应对东京奥运会延期的方略	5	/	研究或咨询报告	杨国庆	企事业单位委托项目	江苏省第十七届哲学社会科学优秀成果奖	二等	/
我国休闲体育思想变迁研究	6	/	专著	唐芒果	教育部人文社科研究项目	江苏省第十七届哲学社会科学优秀成果奖	二等	/
新时代青少年体育发展政策的改革逻辑与实践指向	7	/	论文	蒋艳	省、市、自治区社科基金项目	江苏省第十七届哲学社会科学优秀成果奖	二等	/

续表

成果名称		合计	成果形式	主要作者	课题来源	奖励名称	奖励等级	备注
	编号	L01	L02	L03	L04	L05	L06	L07
27. 南京艺术学院	/	8	/	/	/	/	/	/
当代美国电视剧新势力:类型创作下的创剧人研究	1	/	专著	尤达	省、市、自治区社科基金项目	江苏省第十七届哲学社会科学优秀成果奖	一等	/
当代中国电影的"上海"想象:一种基于媒介地理学的考察	2	/	专著	汪黎黎	非项目成果	江苏省第十七届哲学社会科学优秀成果奖	二等	/
浙江研究	3	/	专著	吕少卿	国家社科基金单列学科项目	江苏省第十七届哲学社会科学优秀成果奖	一等	/
江南地区传统工艺与文创设计	4	/	专著	张凌浩	非项目成果	江苏省第十七届哲学社会科学优秀成果奖	二等	/
六朝佛教造像对朝鲜半岛及日本的影响	5	/	专著	费泳	国家社科基金单列学科项目	江苏省第十七届哲学社会科学优秀成果奖	二等	/
旗袍艺术:多维文化视域下的近代旗袍及面料研究(上、下)	6	/	专著	龚建培	教育部人文社科研究项目	江苏省第十七届哲学社会科学优秀成果奖	二等	/
无锡国家电影产业创新实验区研究报告	7	/	研究或咨询报告	李向民	企事业单位委托项目	江苏省第十七届哲学社会科学优秀成果奖	二等	/
新媒体环境下观看范式的重构	8	/	专著	陈琰	非项目成果	江苏省第十七届哲学社会科学优秀成果奖	三等	/
28. 苏州科技大学	/	14	/	/	/	/	/	/
Behavioral Evidence for Attention Selection as Entrained Synchronization without Awareness(无意识条件下注意选择夹带同步机制的行为学证据)	1	/	论文	张帆	地、市、厅、局等政府部门项目	江苏省第十七届哲学社会科学优秀成果奖	三等	/
澳大利亚土著问题研究:以种族和解为线索	2	/	专著	汪诗明	国家社科基金项目	江苏省第十七届哲学社会科学优秀成果奖	二等	/
儿童早期学习品质的发展与培养研究	3	/	专著	彭杜宏	省、市、自治区社科基金项目	江苏省第十七届哲学社会科学优秀成果奖	三等	/

勾吴：一位平面设计师的视界	4	/	专著	莫军华	非项目成果	江苏省第十七届哲学社会科学优秀成果奖	三等	/
教育者的心灵诗学	5	/	专著	金生鈜	国家社科基金项目	江苏省第十七届哲学社会科学优秀成果奖	一等	/
克隆人科幻小说的文学伦理学批评研究	6	/	专著	郭雯	国家社科基金项目	江苏省第十七届哲学社会科学优秀成果奖	三等	/
民众协商与决策吸纳：协商吸纳型环境政策工具及其治理效应	7	/	论文	陆道平	国家社科基金项目	江苏省第十七届哲学社会科学优秀成果奖	二等	/
人的城镇化：城镇化进程中人的心理与行为适应研究	8	/	专著	田晓明	教育部人文社科研究项目	江苏省第十七届哲学社会科学优秀成果奖	二等	/
容齋隨筆箋證(共三册)	9	/	专著	凌郁之	国家社科基金项目	江苏省第十七届哲学社会科学优秀成果奖	三等	/
身体·建筑·城市	10	/	专著	楚超超	非项目成果	江苏省第十七届哲学社会科学优秀成果奖	三等	/
苏南不同类型传统村落乡村性评价及特征研究——基于苏州12个传统村落的调查	11	/	论文	王勇	省、市、自治区社科基金项目	江苏省第十七届哲学社会科学优秀成果奖	三等	/
索尔·贝娄小说的伦理指向	12	/	专著	祝平	国家社科基金项目	江苏省第十七届哲学社会科学优秀成果奖	二等	/
他山之石，可以攻玉——《为羽管键琴及打击乐而写的音乐》的音高思维研究	13	/	论文	黄祖平	非项目成果	江苏省第十七届哲学社会科学优秀成果奖	二等	/
吴地舞蹈传承与发展研究	14	/	专著	陈菁	省、市、自治区社科基金项目	江苏省第十七届哲学社会科学优秀成果奖	一等	/
29. 常熟理工学院	/	3	/	/	/	/	/	/
论“全媒体”时代的中国报告文学转型	1	/	论文	丁晓原	国家社科基金项目	江苏省第十七届哲学社会科学优秀成果奖	一等	/
胜浦山歌：一个吴歌歌种的定点考察	2	/	专著	王小龙	省教育厅社科项目	江苏省第十七届哲学社会科学优秀成果奖	三等	/
应用型院校专业集群研究论纲	3	/	专著	顾永安	国家社科基金项目	江苏省第十七届哲学社会科学优秀成果奖	一等	/

续表

成果名称		合计	成果形式	主要作者	课题来源	奖励名称	奖励等级	备注
	编号	L01	L02	L03	L04	L05	L06	L07
30. 常州工学院	/	5	/	/	/	/	/	/
河长制治理理论与实践	1	/	专著	汪群	地、市、厅、局等政府部门项目	江苏省第十七届哲学社会科学优秀成果奖	二等	/
苏浙皖交界地区“河南话”研究	2	/	专著	吴健	教育部人文社科研究项目	江苏省第十七届哲学社会科学优秀成果奖	二等	/
退休与家庭旅游消费：经济状况与闲暇时间的调节作用	3	/	论文	任明丽	省教育厅社科项目	江苏省第十七届哲学社会科学优秀成果奖	三等	/
文化消费产品的价值赋值、市场认同及其实现路径	4	/	论文	杨建生	省、市、自治区社科基金项目	江苏省第十七届哲学社会科学优秀成果奖	三等	/
新时代背景下江苏基本公共服务均等化推进机制研究	5	/	研究或咨询报告	何虹	省、市、自治区社科基金项目	江苏省第十七届哲学社会科学优秀成果奖	二等	/
31. 扬州大学	/	27	/	/	/	/	/	/
《尚書》學文獻集成·朝鲜卷	1	/	专著	钱宗武	国家社科基金项目	江苏省第十七届哲学社会科学优秀成果奖	一等	/
八闽武术文化研究	2	/	专著	张银行	国家社科基金项目	江苏省第十七届哲学社会科学优秀成果奖	三等	/
宝卷文献丛刊	3	/	编著或教材	王定勇	国家社科基金项目	江苏省第十七届哲学社会科学优秀成果奖	二等	/
电视纪录片“自塑”国家形象研究(1958—2018)	4	/	专著	武新宏	国家社科基金项目	江苏省第十七届哲学社会科学优秀成果奖	二等	/
二语词语的共选型式研究与教学设计	5	/	专著	陆军	国家社科基金项目	江苏省第十七届哲学社会科学优秀成果奖	二等	/
国民革命前后的阶级观念研究	6	/	专著	张文涛	国家社科基金项目	江苏省第十七届哲学社会科学优秀成果奖	三等	/
漢代隸書異體字表	7	/	专著	于淼	国家社科基金项目	江苏省第十七届哲学社会科学优秀成果奖	三等	/

家庭农场的效率及其决定——基于上海松江943户家庭农场2017年数据的实证研究	8	/	论文	钱忠好	非项目成果	江苏省第十七届哲学社会科学优秀成果奖	三等	/
健康课外体育活动促进学生心理发展	9	/	专著	颜军	国家社科基金单列学科项目	江苏省第十七届哲学社会科学优秀成果奖	一等	/
江苏省稻米产业高质量发展战略研究	10	/	研究或咨询报告	张洪程	非项目成果	江苏省第十七届哲学社会科学优秀成果奖	一等	/
教育的哲学方法与问题	11	/	专著	薛晓阳	国家社科基金单列学科项目	江苏省第十七届哲学社会科学优秀成果奖	二等	/
晋宋社会政治史论	12	/	专著	王永平	非项目成果	江苏省第十七届哲学社会科学优秀成果奖	三等	/
京杭大运河文化变迁与昆笛的发展流变	13	/	论文	胡亮	国家社科基金单列学科项目	江苏省第十七届哲学社会科学优秀成果奖	二等	/
马克思主义社会有机体思想研究	14	/	专著	周建超	教育部人文社科研究项目	江苏省第十七届哲学社会科学优秀成果奖	一等	/
毛泽东关于维护党中央权威和集中统一领导思想探析	15	/	论文	朱益飞	国家社科基金项目	江苏省第十七届哲学社会科学优秀成果奖	二等	/
农业品牌建设理论与实践研究——以江苏为例	16	/	研究或咨询报告	徐静	省、市、自治区社科基金项目	江苏省第十七届哲学社会科学优秀成果奖	二等	/
企业社会责任的价值创造机制：基于内部控制视角的研究	17	/	论文	李志斌	其他研究项目	江苏省第十七届哲学社会科学优秀成果奖	三等	/
青瓷艺术史	18	/	专著	吴越滨	国家社科基金单列学科项目	江苏省第十七届哲学社会科学优秀成果奖	二等	/
清代汉语文学中的国家认同	19	/	专著	郭院林	国家社科基金项目	江苏省第十七届哲学社会科学优秀成果奖	三等	/
清代宋词学研究	20	/	专著	曹明升	国家社科基金项目	江苏省第十七届哲学社会科学优秀成果奖	二等	/
权利制约权力的当代法制构造：公民参与反腐败及其权利保障研究	21	/	专著	蔡宝刚	国家社科基金项目	江苏省第十七届哲学社会科学优秀成果奖	二等	/
世界遗产运河的保护与传承：大运河文化带的视角	22	/	专著	王金铨	非项目成果	江苏省第十七届哲学社会科学优秀成果奖	二等	/

续表

成果名称		合计	成果形式	主要作者	课题来源	奖励名称	奖励等级	备注
	编号	L01	L02	L03	L04	L05	L06	L07
宋元戲文訂律(全两册)	23	/	专著	许建中	国家社科基金项目	江苏省第十七届哲学社会科学优秀成果奖	一等	/
消极前情绪对积极情绪感染的调节:反向与降阈——以教学情境为例	24	/	论文	张奇勇	国家社科基金项目	江苏省第十七届哲学社会科学优秀成果奖	三等	/
音乐文化与盛唐诗歌研究	25	/	专著	柏红秀	企事业单位委托项目	江苏省第十七届哲学社会科学优秀成果奖	二等	/
语文教育回望与前瞻	26	/	专著	徐林祥	教育部人文社科研究项目	江苏省第十七届哲学社会科学优秀成果奖	二等	/
中国高校基金会治理结构:理论与实践	27	/	专著	尤玉军	省、市、自治区社科基金项目	江苏省第十七届哲学社会科学优秀成果奖	三等	/
32. 南京工程学院	/	1	/	/	/	/	/	/
三进三知思想政治教育共同体论(著作)	1	/	专著	史国君	其他研究项目	江苏省第十七届哲学社会科学优秀成果奖	三等	/
33. 南京审计大学	/	23	/	/	/	/	/	/
Job Matching under Constraints(约束下的工作匹配)	1	/	论文	UHITO KOJIMA	非项目成果	第20届孙冶方经济科学奖	其他	/
Job Matching under Constraints(约束下的工作匹配)	2	/	论文	UHITO KOJIMA	非项目成果	江苏省第十七届哲学社会科学优秀成果奖	一等	/
Technology progress bias, industrial structure adjustment, and regional industrial economic growth motivation——Research on regional industrial transformation and upgrading based on the effect of learning by doing	3	/	论文	朱卫未	非项目成果	江苏省第十七届哲学社会科学优秀成果奖	二等	/
产业智能化是否有利于中国益贫式发展?	4	/	论文	杨飞	教育部人文社科研究项目	江苏省第十七届哲学社会科学优秀成果奖	二等	/

地方政府隐性债务风险与审计治理	5	/	专著	刘骅	国家社科基金项目	江苏省第十七届哲学社会科学优秀成果奖	三等	/
高铁开通、地区特定要素与边缘地区的发展	6	/	论文	颜银根	省、市、自治区社科基金项目	江苏省第十七届哲学社会科学优秀成果奖	二等	/
构建全球增长共赢链:机制、路径及中国经验	7	/	专著	戴翔	国家社科基金项目	江苏省第十七届哲学社会科学优秀成果奖	二等	/
国家审计服务区域高质量发展的机制和路径——以江苏发展实践为例	8	/	论文	任慧莉	非项目成果	江苏省第十七届哲学社会科学优秀成果奖	三等	/
汉语范围范畴研究	9	/	专著	朱军	省教育厅社科项目	江苏省第十七届哲学社会科学优秀成果奖	三等	/
汉语名词非范畴化特征的句法语义接口研究	10	/	专著	刘顺	国家社科基金项目	江苏省第十七届哲学社会科学优秀成果奖	一等	/
金融服务养老发展缓慢的原因及政策建议	11	/	研究或咨询报告	江世银	中央其他部门社科专门项目	江苏省第十七届哲学社会科学优秀成果奖	三等	/
论水生态文明与城镇化高质量发展——来自洞庭湖、太湖和伦讷河的证据	12	/	专著	徐志耀	省、市、自治区社科基金项目	江苏省第十七届哲学社会科学优秀成果奖	三等	/
企业寻租如何影响盈余管理	13	/	论文	陈骏 徐捍军	省教育厅社科项目	江苏省第十七届哲学社会科学优秀成果奖	三等	/
三网融合时代的电视竞争与规制	14	/	专著	胡汉辉	国家社科基金项目	江苏省第十七届哲学社会科学优秀成果奖	三等	/
审计基本理论研究:审计客体视角	15	/	专著	王会金	教育部人文社科研究项目	江苏省第十七届哲学社会科学优秀成果奖	二等	/
审计监督运用大数据技术与方法的研究	16	/	专著	徐超	教育部人文社科研究项目	江苏省第十七届哲学社会科学优秀成果奖	一等	/
生产性服务业集聚如何影响制造业结构升级?——一个集聚经济与熊彼特内生增长理论的综合框架	17	/	论文	韩峰	学校社科项目	江苏省第十七届哲学社会科学优秀成果奖	二等	/
生态治理现代化	18	/	编著或教材	张劲松	国家社科基金项目	江苏省第十七届哲学社会科学优秀成果奖	二等	/

续表

成果名称		合计	成果形式	主要作者	课题来源	奖励名称	奖励等级	备注
	编号	L01	L02	L03	L04	L05	L06	L07
省域高校综合考核办法对比分析及对江苏的改进建议	19	/	研究或咨询报告	徐波	非项目成果	江苏省第十七届哲学社会科学优秀成果奖	三等	/
突发公共卫生事件与政务新媒体舆情应对话语研究——以新冠肺炎疫情事件为例	20	/	论文	张薇	非项目成果	江苏省第十七届哲学社会科学优秀成果奖	二等	/
中国农产品流通组织演进:关键的中间层与必要的迂回	21	/	专著	徐振宇	国家社科基金项目	江苏省第十七届哲学社会科学优秀成果奖	三等	/
重大工程决策"中国之治"的现代化道路——我国重大工程决策治理70年	22	/	论文	盛昭瀚	教育部人文社科研究项目	江苏省第十七届哲学社会科学优秀成果奖	一等	/
走向环境治理的多元共治模式:现实挑战与路径选择	23	/	论文	詹国彬	省、市、自治区社科基金项目	江苏省第十七届哲学社会科学优秀成果奖	二等	/
34. 南京晓庄学院	/	9	/	/	/	/	/	/
"以启蒙教育大众"——论解放区后期文学中的国民性批判	1	/	论文	秦林芳	国家社科基金项目	江苏省第十七届哲学社会科学优秀成果奖	二等	/
教师参与学校治理意愿影响因素的实证研究——计划行为理论框架下的分析	2	/	论文	魏叶美	省教育厅社科项目	江苏省第十七届哲学社会科学优秀成果奖	二等	/
南京市教育资源配置绩效评价研究	3	/	专著	周海花	学校社科项目	江苏省第十七届哲学社会科学优秀成果奖	二等	/
任务复杂度对学习者二语写作的影响研究	4	/	专著	王静萍	非项目成果	江苏省第十七届哲学社会科学优秀成果奖	二等	/
日常生活中的教育知识:衔接教育生命时序的可能路径	5	/	论文	钱洁	非项目成果	江苏省第十七届哲学社会科学优秀成果奖	三等	/
陶行知年谱长编	6	/	专著	刘大伟	非项目成果	江苏省第十七届哲学社会科学优秀成果奖	三等	/

童年的价值	7	/	专著	严开宏	地、市、厅、局等政府部门项目	江苏省第十七届哲学社会科学优秀成果奖	三等	/
中国老年健康模式研究	8	/	专著	崔晓东	国家社科基金项目	江苏省第十七届哲学社会科学优秀成果奖	一等	/
卓越小学教师核心素养的具身培育研究	9	/	专著	王会亭	教育部人文社科研究项目	江苏省第十七届哲学社会科学优秀成果奖	二等	/
35.　江苏理工学院	/	5	/	/	/	/	/	/
高校社会参与:提升高校学生公民意识的一种基本路径与相关因素	1	/	论文	俞冰	地、市、厅、局等政府部门项目	江苏省第十七届哲学社会科学优秀成果奖	二等	/
基于柯氏模型的高职教师培训评价体系构建	2	/	论文	聂伟进	地、市、厅、局等政府部门项目	江苏省第十七届哲学社会科学优秀成果奖	二等	/
企业参与现代学徒制的动因与机制研究	3	/	专著	陆玉梅	地、市、厅、局等政府部门项目	江苏省第十七届哲学社会科学优秀成果奖	三等	/
乡村振兴与农村职业教育变革	4	/	专著	马建富	国家社科基金项目	江苏省第十七届哲学社会科学优秀成果奖	二等	/
职业教育服务乡村产业振兴的江苏实践——机理分析、耦合测度与模式构建	5	/	专著	田真平	地、市、厅、局等政府部门项目	江苏省第十七届哲学社会科学优秀成果奖	三等	/
36.　江苏海洋大学	/	2	/	/	/	/	/	/
陆海统筹 江海联动 推进江苏沿海高质量发展研究	1	/	专著	翟仁祥	国家社科基金项目	江苏省第十七届哲学社会科学优秀成果奖	三等	/
苏鲁交界东部地带方言接触研究	2	/	专著	王恩建	省、市、自治区社科基金项目	江苏省第十七届哲学社会科学优秀成果奖	一等	/
37.　泰州学院	/	3	/	/	/	/	/	/
On the correspondence between knowledge structures and attribution functions	1	/	论文	沈荣鑫	其他研究项目	江苏省第十七届哲学社会科学优秀成果奖	二等	/

续表

成果名称		合计	成果形式	主要作者	课题来源	奖励名称	奖励等级	备注
	编号	L01	L02	L03	L04	L05	L06	L07
道与用:器物的逻辑	2	/	专著	王立夫	国家社科基金单列学科项目	江苏省第十七届哲学社会科学优秀成果奖	三等	/
行政给付诉讼类型研究	3	/	专著	杨东升	省、市、自治区社科基金项目	江苏省第十七届哲学社会科学优秀成果奖	二等	/
38. 金陵科技学院	/	3	/	/	/	/	/	/
市场态势、股权质押与业绩预告披露策略	1	/	论文	刘磊	教育部人文社科研究项目	江苏省第十七届哲学社会科学优秀成果奖	二等	/
宋代方志考证与研究	2	/	专著	桂始馨	国家社科基金项目	江苏省第十七届哲学社会科学优秀成果奖	二等	/
知识产权支撑供给侧结构性改革:理论基础与实践路径	3	/	专著	顾晓燕	国家社科基金项目	江苏省第十七届哲学社会科学优秀成果奖	一等	/
39. 江苏第二师范学院	/	2	/	/	/	/	/	/
黑水城出土宋代汉文社会文献词汇研究	1	/	专著	邵天松	学校社科项目	江苏省第十七届哲学社会科学优秀成果奖	二等	/
江南文化视野下的明清通俗小说研究	2	/	专著	冯保善	国家社科基金项目	江苏省第十七届哲学社会科学优秀成果奖	二等	/
40. 无锡学院	/	2	/	/	/	/	/	/
新兴产业企业家创业胜任力的政策供给研究	1	/	专著	徐军海	非项目成果	江苏省第十七届哲学社会科学优秀成果奖	一等	/
准确把握构建人类命运共同体思想的内在逻辑	2	/	论文	杨建新	非项目成果	江苏省第十七届哲学社会科学优秀成果奖	三等	/
41. 无锡职业技术学院	/	1	/	/	/	/	/	/

社会转型背景下消费者焦虑对怀旧消费决策的影响机理研究	1	/	专著	俞林	省教育厅社科项目	江苏省第十七届哲学社会科学优秀成果奖	三等	/
42. 苏州市职业大学	/	1	/	/	/	/	/	/
中国高等职业教育国际化研究	1	/	专著	汤晓军	省教育厅社科项目	江苏省第十七届哲学社会科学优秀成果奖	三等	/
43. 无锡科技职业学院	/	1	/	/	/	/	/	/
产教融合视角下高校人才培养模式研究	1	/	专著	韩宁	非项目成果	江苏省第十七届哲学社会科学优秀成果奖	三等	/
44. 苏州工业园区服务外包职业学院	/	1	/	/	/	/	/	/
我国养老产业服务众包模式研究	1	/	专著	李瑞丽	地、市、厅、局等政府部门项目	江苏省第十七届哲学社会科学优秀成果奖	三等	/
45. 徐州幼儿师范高等专科学校	/	1	/	/	/	/	/	/
中国当代文学译介受众研究	1	/	专著	花萌	省、市、自治区社科基金项目	江苏省第十七届哲学社会科学优秀成果奖	二等	奖励备注
46. 南通师范高等专科学校	/	1	/	/	/	/	/	/
江苏省在南通先行试点“七年一贯制师范定向生培养”的研究报告	1	/	研究或咨询报告	孙国春	非项目成果	江苏省第十七届哲学社会科学优秀成果奖	三等	/
47. 南京理工大学泰州科技学院	/	1	/	/	/	/	/	/
学术创业与制度环境——制度激励下的大学科研人员创业意愿实证研究	1	/	论文	鞠伟	省、市、自治区社科基金项目	江苏省第十七届哲学社会科学优秀成果奖	三等	/
48. 宿迁泽达职业技术学院	/	1	/	/	/	/	/	/
儿童概念组织的两种偏好：分类学关系和主题关系	1	/	论文	吴亚楠	非项目成果	江苏省第十七届哲学社会科学优秀成果奖	三等	/

十、社科学术交流

1. 全省高等学校人文、社会科学学术交流情况表

学术交流类别	编号	校办学术会议		参加学术会议			受聘讲学		社科考察		进修学习		合作研究		
		本校独办数	与外单位合办数	参加人次 合计	其中:赴境外人次	提交论文(篇)	派出人次	来校人次	派出人次	来校人次	派出人次	来校人次	派出人次	来校人次	课题数(项)
		L01	L02	L03	L04	L05	L06	L07	L08	L09	L10	L11	L12	L13	L14
合　计	/	2091	520	27 099	528	12 202	2919	4194	4184	4595	6572	7794	1251	1024	903
国际学术交流	1	190	116	4216	442	1338	161	499	340	447	381	328	79	95	63
国内学术交流	2	1887	398	21 083	0	10 719	2742	3624	3790	4073	6090	7463	1154	926	828
与港、澳、台地区学术交流	3	14	6	1800	86	145	16	71	54	75	101	3	18	3	12

2. 公办本科高等学校人文、社会科学学术交流情况表

学术交流类别	编号	校办学术会议		参加学术会议			受聘讲学		社科考察		进修学习		合作研究		
		本校独办数	与外单位合办数	参加人次 合计	其中:赴境外人次	提交论文(篇)	派出人次	来校人次	派出人次	来校人次	派出人次	来校人次	派出人次	来校人次	课题数(项)
		L01	L02	L03	L04	L05	L06	L07	L08	L09	L10	L11	L12	L13	L14
合　计	/	1740	459	22 039	483	10 950	2368	3687	2897	2891	2439	6665	973	803	700
1. 南京大学		32	37	705	59	547	251	189	159	131	12	19	81	66	56
国际学术交流	1	6	2	85	59	78	14	37	43	7	5	0	5	9	9
国内学术交流	2	26	35	607	0	461	237	142	116	124	6	19	72	55	46

与港、澳、台地区学术交流	3	0	0	13	0	8	0	10	0	0	1	0	4	2	1
2. 东南大学		76	10	775	47	372	206	81	179	74	39	1	79	41	35
国际学术交流	1	6	2	54	38	33	5	24	3	1	8	0	15	9	6
国内学术交流	2	70	8	712	0	331	198	56	172	73	31	1	58	31	26
与港、澳、台地区学术交流	3	0	0	9	9	8	3	1	4	0	0	0	6	1	3
3. 江南大学		47	8	609	27	600	113	144	152	45	7	0	32	0	20
国际学术交流	1	7	3	27	27	25	0	0	0	0	7	0	0	0	0
国内学术交流	2	40	5	582	0	575	113	144	152	45	0	0	32	0	20
与港、澳、台地区学术交流	3	0	0	0	0	0	0	0	0	0	0	0	0	0	0
4. 南京农业大学		20	15	323	17	244	68	101	70	17	42	20	35	34	29
国际学术交流	1	3	3	34	15	25	2	34	5	1	3	0	0	0	0
国内学术交流	2	16	12	267	0	218	66	67	65	16	39	20	35	34	29
与港、澳、台地区学术交流	3	1	0	22	2	1	0	0	0	0	0	0	0	0	0
5. 中国矿业大学		44	6	128	18	105	35	204	21	21	20	7	18	48	44
国际学术交流	1	0	0	18	18	16	1	12	14	21	2	0	4	13	6
国内学术交流	2	44	6	110	0	89	34	192	7	0	18	7	14	35	38
与港、澳、台地区学术交流	3	0	0	0	0	0	0	0	0	0	0	0	0	0	0
6. 河海大学		14	19	439	15	363	247	119	157	158	102	8	39	62	53
国际学术交流	1	5	9	25	15	17	8	22	10	5	10	3	18	32	5
国内学术交流	2	7	10	404	0	336	235	83	147	153	90	5	21	30	48
与港、澳、台地区学术交流	3	2	0	10	0	10	4	14	0	0	2	0	0	0	0
7. 南京理工大学		23	5	2232	3	804	108	103	53	213	27	35	94	48	6
国际学术交流	1	2	0	209	3	5	2	4	2	3	0	0	4	0	3

续表

学术交流类别	编号	校办学术会议		参加学术会议			受聘讲学		社科考察		进修学习		合作研究		
		本校独办数	与外单位合办数	参加人次		提交论文(篇)	派出人次	来校人次	派出人次	来校人次	派出人次	来校人次	派出人次	来校人次	课题数(项)
				合计	其中:赴境外人次										
		L01	L02	L03	L04	L05	L06	L07	L08	L09	L10	L11	L12	L13	L14
国内学术交流	2	21	5	2021	0	797	106	99	51	210	27	35	90	48	3
与港、澳、台地区学术交流	3	0	0	2	0	2	0	0	0	0	0	0	0	0	0
8. 南京航空航天大学		16	6	2438	58	361	131	91	147	54	143	510	55	66	21
国际学术交流	1	2	1	2148	58	210	9	38	17	6	1	0	13	14	5
国内学术交流	2	14	5	290	0	151	122	53	130	48	142	510	42	52	16
与港、澳、台地区学术交流	3	0	0	0	0	0	0	0	0	0	0	0	0	0	0
9. 中国药科大学		0	2	33	0	29	0	0	34	0	0	0	0	0	0
国际学术交流	1	0	0	1	0	1	0	0	0	0	0	0	0	0	0
国内学术交流	2	0	2	32	0	28	0	0	34	0	0	0	0	0	0
与港、澳、台地区学术交流	3	0	0	0	0	0	0	0	0	0	0	0	0	0	0
10. 南京警察学院		0	0	63	1	56	0	0	0	0	0	0	0	0	0
国际学术交流	1	0	0	1	1	1	0	0	0	0	0	0	0	0	0
国内学术交流	2	0	0	62	0	55	0	0	0	0	0	0	0	0	0
与港、澳、台地区学术交流	3	0	0	0	0	0	0	0	0	0	0	0	0	0	0
11. 苏州大学		25	29	978	15	997	62	263	80	371	62	95	13	38	8
国际学术交流	1	1	5	61	15	65	5	113	0	62	0	0	0	0	0
国内学术交流	2	22	23	882	0	897	57	147	80	287	62	95	13	38	8
与港、澳、台地区学术交流	3	2	1	35	0	35	0	3	0	22	0	0	0	0	0
12. 江苏科技大学		21	0	110	0	108	12	81	45	30	20	10	45	34	10

国际学术交流	1	1	0	40	0	38	0	10	0	0	2	0	0	0	0
国内学术交流	2	20	0	70	0	70	12	71	45	30	18	10	45	34	10
与港、澳、台地区学术交流	3	0	0	0	0	0	0	0	0	0	0	0	0	0	0
13. 南京工业大学		10	12	280	0	162	4	38	8	27	12	0	18	26	4
国际学术交流	1	1	2	20	0	12	0	0	0	0	0	0	0	0	0
国内学术交流	2	9	10	260	0	150	4	38	8	27	12	0	18	26	4
与港、澳、台地区学术交流	3	0	0	0	0	0	0	0	0	0	0	0	0	0	0
14. 常州大学		0	0	234	2	182	39	15	27	19	50	27	3	11	4
国际学术交流	1	0	0	3	2	3	0	1	0	0	0	0	0	0	0
国内学术交流	2	0	0	231	0	179	39	14	27	19	49	27	3	11	4
与港、澳、台地区学术交流	3	0	0	0	0	0	0	0	0	0	1	0	0	0	0
15. 南京邮电大学		3	0	47	0	53	17	14	7	5	13	9	6	5	3
国际学术交流	1	0	0	6	0	7	0	0	0	0	0	0	0	0	0
国内学术交流	2	3	0	41	0	46	17	14	7	5	13	9	6	5	3
与港、澳、台地区学术交流	3	0	0	0	0	0	0	0	0	0	0	0	0	0	0
16. 南京林业大学		14	2	996	7	121	13	29	35	31	7	20	9	2	1
国际学术交流	1	3	1	322	7	10	1	4	0	0	4	0	0	0	0
国内学术交流	2	11	1	674	0	111	12	25	35	31	3	20	9	2	1
与港、澳、台地区学术交流	3	0	0	0	0	0	0	0	0	0	0	0	0	0	0
17. 江苏大学		17	6	208	10	251	23	126	47	56	18	9	0	0	0
国际学术交流	1	5	2	40	9	62	2	8	0	0	6	0	0	0	0
国内学术交流	2	12	4	167	0	188	21	118	47	56	12	9	0	0	0
与港、澳、台地区学术交流	3	0	0	1	1	1	0	0	0	0	0	0	0	0	0
18. 南京信息工程大学		17	7	273	8	105	66	162	162	409	60	1996	26	31	31

续表

学术交流类别	编号	校办学术会议		参加学术会议			受聘讲学		社科考察		进修学习		合作研究		
		本校独办数	与外单位合办数	参加人次		提交论文(篇)	派出人次	来校人次	派出人次	来校人次	派出人次	来校人次	派出人次	来校人次	课题数(项)
				合计	其中:赴境外人次										
		L01	L02	L03	L04	L05	L06	L07	L08	L09	L10	L11	L12	L13	L14
国际学术交流	1	3	0	22	8	20	0	15	12	8	5	0	0	5	5
国内学术交流	2	14	6	251	0	85	66	146	150	398	55	1996	26	26	26
与港、澳、台地区学术交流	3	0	1	0	0	0	0	1	0	3	0	0	0	0	0
19. 南通大学		7	4	40	2	50	42	110	152	122	78	250	0	0	0
国际学术交流	1	1	1	10	2	10	0	0	0	2	6	0	0	0	0
国内学术交流	2	6	2	30	0	40	42	110	148	120	70	250	0	0	0
与港、澳、台地区学术交流	3	0	1	0	0	0	0	0	4	0	2	0	0	0	0
20. 盐城工学院		4	1	15	0	5	0	0	25	0	0	0	0	0	0
国际学术交流	1	0	0	0	0	0	0	0	0	0	0	0	0	0	0
国内学术交流	2	4	1	15	0	5	0	0	25	0	0	0	0	0	0
与港、澳、台地区学术交流	3	0	0	0	0	0	0	0	0	0	0	0	0	0	0
21. 南京医科大学		16	0	52	0	46	4	3	2	3	3	4	0	0	0
国际学术交流	1	0	0	0	0	0	0	0	0	0	0	0	0	0	0
国内学术交流	2	16	0	52	0	46	4	3	2	3	3	4	0	0	0
与港、澳、台地区学术交流	3	0	0	0	0	0	0	0	0	0	0	0	0	0	0
22. 徐州医科大学		0	0	18	0	18	22	8	21	8	60	0	0	0	0
国际学术交流	1	0	0	0	0	0	0	0	0	0	0	0	0	0	0
国内学术交流	2	0	0	18	0	18	22	8	21	8	60	0	0	0	0
与港、澳、台地区学术交流	3	0	0	0	0	0	0	0	0	0	0	0	0	0	0

23. 南京中医药大学		0	0	85	0	81	0	0	40	0	35	0	0	0	0
国际学术交流	1	0	0	0	0	0	0	0	0	0	0	0	0	0	0
国内学术交流	2	0	0	85	0	81	0	0	40	0	35	0	0	0	0
与港、澳、台地区学术交流	3	0	0	0	0	0	0	0	0	0	0	0	0	0	0
24. 南京师范大学		571	177	4138	11	1300	182	186	21	45	40	47	27	0	88
国际学术交流	1	65	57	13	9	8	30	12	5	7	6	7	7	0	10
国内学术交流	2	498	120	2525	0	1287	145	167	11	35	27	37	17	0	75
与港、澳、台地区学术交流	3	8	0	1600	2	5	7	7	5	3	7	3	3	0	3
25. 江苏师范大学		49	12	761	12	584	54	307	130	141	196	903	157	27	87
国际学术交流	1	4	2	147	8	125	2	3	31	20	28	0	1	0	1
国内学术交流	2	45	10	610	0	456	52	304	95	120	142	903	155	27	85
与港、澳、台地区学术交流	3	0	0	4	4	3	0	0	4	1	26	0	1	0	1
26. 淮阴师范学院		14	0	503	0	521	68	94	35	29	104	9	0	0	0
国际学术交流	1	0	0	6	0	9	0	0	0	0	0	0	0	0	0
国内学术交流	2	14	0	497	0	512	68	94	35	29	104	9	0	0	0
与港、澳、台地区学术交流	3	0	0	0	0	0	0	0	0	0	0	0	0	0	0
27. 盐城师范学院		6	5	285	2	222	48	76	89	45	84	28	56	43	52
国际学术交流	1	0	0	18	2	11	0	0	0	0	0	0	0	0	0
国内学术交流	2	6	5	267	0	211	48	76	89	45	84	28	56	43	52
与港、澳、台地区学术交流	3	0	0	0	0	0	0	0	0	0	0	0	0	0	0
28. 南京财经大学		437	2	752	18	192	98	62	91	46	664	54	45	95	31
国际学术交流	1	3	2	102	2	53	0	0	0	0	0	0	0	0	0
国内学术交流	2	434	0	634	0	123	98	62	91	46	664	54	45	95	31
与港、澳、台地区学术交流	3	0	0	16	16	16	0	0	0	0	0	0	0	0	0

续表

学术交流类别	编号	校办学术会议		参加学术会议			受聘讲学		社科考察		进修学习		合作研究		
		本校独办数	与外单位合办数	参加人次		提交论文(篇)	派出人次	来校人次	派出人次	来校人次	派出人次	来校人次	派出人次	来校人次	课题数(项)
				合计	其中:赴境外人次										
		L01	L02	L03	L04	L05	L06	L07	L08	L09	L10	L11	L12	L13	L14
29. 江苏警官学院		8	0	81	0	69	11	10	10	9	5	2	0	0	0
国际学术交流	1	0	0	0	0	0	0	0	0	0	0	0	0	0	0
国内学术交流	2	8	0	81	0	69	11	10	10	9	5	2	0	0	0
与港、澳、台地区学术交流	3	0	0	0	0	0	0	0	0	0	0	0	0	0	0
30. 南京体育学院		1	0	350	0	226	42	51	45	38	14	0	25	18	12
国际学术交流	1	0	0	0	0	0	0	0	13	14	0	0	0	0	0
国内学术交流	2	1	0	350	0	226	42	51	32	24	14	0	25	18	12
与港、澳、台地区学术交流	3	0	0	0	0	0	0	0	0	0	0	0	0	0	0
31. 南京艺术学院		24	16	1349	10	446	82	121	90	132	47	623	26	32	27
国际学术交流	1	8	4	193	10	112	2	21	9	10	1	300	3	8	3
国内学术交流	2	16	12	1156	0	334	78	88	78	119	43	323	23	24	24
与港、澳、台地区学术交流	3	0	0	0	0	0	2	12	3	3	3	0	0	0	0
32. 苏州科技大学		2	5	122	0	89	16	50	75	45	15	20	0	0	0
国际学术交流	1	0	1	20	0	16	0	0	0	0	0	0	0	0	0
国内学术交流	2	2	4	102	0	73	16	50	75	45	15	20	0	0	0
与港、澳、台地区学术交流	3	0	0	0	0	0	0	0	0	0	0	0	0	0	0
33. 常熟理工学院		11	0	33	3	33	17	22	8	9	11	2	0	0	0
国际学术交流	1	1	0	3	3	3	0	2	0	0	2	0	0	0	0
国内学术交流	2	10	0	30	0	30	17	20	8	9	9	2	0	0	0

与港、澳、台地区学术交流	3	0	0	0	0	0	0	0	0	0	0	0	0	0	0
34. 淮阴工学院		53	10	707	0	374	13	69	13	69	49	0	0	0	0
国际学术交流	1	13	0	91	0	65	10	12	0	13	26	0	0	0	0
国内学术交流	2	39	10	608	0	299	3	55	13	55	23	0	0	0	0
与港、澳、台地区学术交流	3	1	0	8	0	10	0	2	0	1	0	0	0	0	0
35. 常州工学院		0	1	16	4	17	0	2	7	2	7	0	0	0	0
国际学术交流	1	0	0	4	4	4	0	2	7	2	2	0	0	0	0
国内学术交流	2	0	0	0	0	0	0	0	0	0	5	0	0	0	0
与港、澳、台地区学术交流	3	0	1	12	0	13	0	0	0	0	0	0	0	0	0
36. 扬州大学		38	16	313	6	314	49	138	68	43	37	64	15	18	12
国际学术交流	1	10	5	36	6	23	0	0	0	0	12	4	0	0	1
国内学术交流	2	28	9	272	0	285	49	138	68	43	25	60	15	18	11
与港、澳、台地区学术交流	3	0	2	5	0	6	0	0	0	0	0	0	0	0	0
37. 南京工程学院		0	0	10	0	12	0	0	0	0	0	0	0	0	0
国际学术交流	1	0	0	0	0	0	0	0	0	0	0	0	0	0	0
国内学术交流	2	0	0	10	0	12	0	0	0	0	0	0	0	0	0
与港、澳、台地区学术交流	3	0	0	0	0	0	0	0	0	0	0	0	0	0	0
38. 南京审计大学		10	0	104	18	105	10	236	35	0	19	4	10	0	10
国际学术交流	1	3	0	18	18	42	10	51	33	0	15	4	6	0	6
国内学术交流	2	7	0	86	0	63	0	185	0	0	4	0	0	0	0
与港、澳、台地区学术交流	3	0	0	0	0	0	0	0	2	0	0	0	4	0	4
39. 南京晓庄学院		13	0	116	5	140	0	0	0	0	30	0	0	0	0
国际学术交流	1	3	0	20	4	25	0	0	0	0	7	0	0	0	0
国内学术交流	2	10	0	95	0	110	0	0	0	0	23	0	0	0	0

续表

学术交流类别	编号	校办学术会议		参加学术会议			受聘讲学		社科考察		进修学习		合作研究		
		本校独办数	与外单位合办数	参加人次		提交论文(篇)	派出人次	来校人次	派出人次	来校人次	派出人次	来校人次	派出人次	来校人次	课题数(项)
				合计	其中:赴境外人次										
		L01	L02	L03	L04	L05	L06	L07	L08	L09	L10	L11	L12	L13	L14
与港、澳、台地区学术交流	3	0	0	1	1	5	0	0	0	0	0	0	0	0	0
40. 江苏海洋大学		5	7	217	4	57	23	21	79	51	34	4	0	0	0
国际学术交流	1	1	2	4	4	4	2	3	23	10	0	4	0	0	0
国内学术交流	2	4	5	213	0	53	21	18	56	41	34	0	0	0	0
与港、澳、台地区学术交流	3	0	0	0	0	0	0	0	0	0	0	0	0	0	0
41. 徐州工程学院		4	7	230	0	190	7	40	60	42	94	0	23	24	19
国际学术交流	1	0	0	0	0	0	1	0	0	0	0	0	0	0	0
国内学术交流	2	4	7	230	0	190	6	40	60	42	94	0	23	24	19
与港、澳、台地区学术交流	3	0	0	0	0	0	0	0	0	0	0	0	0	0	0
42. 南京特殊教育师范学院		5	8	520	95	190	50	115	95	180	24	5	0	0	0
国际学术交流	1	0	2	60	45	20	0	35	5	20	3	0	0	0	0
国内学术交流	2	5	6	400	0	150	50	60	60	120	18	5	0	0	0
与港、澳、台地区学术交流	3	0	0	60	50	20	0	20	30	40	3	0	0	0	0
43. 泰州学院		10	2	51	3	24	16	9	8	6	21	0	8	6	4
国际学术交流	1	0	1	11	3	7	1	0	0	0	8	0	0	0	0
国内学术交流	2	10	1	40	0	17	15	9	8	6	12	0	8	6	4
与港、澳、台地区学术交流	3	0	0	0	0	0	0	0	0	0	1	0	0	0	0
44. 金陵科技学院		29	2	73	2	61	3	26	0	0	27	0	6	9	2
国际学术交流	1	0	0	3	2	2	0	0	0	0	2	0	0	0	0

国内学术交流	2	29	2	69	0	58	3	26	0	0	25	0	6	9	2
与港、澳、台地区学术交流	3	0	0	1	0	1	0	0	0	0	0	0	0	0	0
45. 江苏第二师范学院		7	5	145	1	52	55	89	68	40	38	42	0	0	0
国际学术交流	1	2	0	11	0	5	0	1	19	0	4	0	0	0	0
国内学术交流	2	5	5	133	0	46	55	88	49	40	32	42	0	0	0
与港、澳、台地区学术交流	3	0	0	1	1	1	0	0	0	0	2	0	0	0	0
46. 南京工业职业技术大学		5	11	44	0	44	33	29	12	0	28	66	7	19	26
国际学术交流	1	0	0	13	0	13	0	0	0	0	0	0	0	0	0
国内学术交流	2	5	11	31	0	31	33	29	12	0	28	66	7	19	26
与港、澳、台地区学术交流	3	0	0	0	0	0	0	0	0	0	0	0	0	0	0
47. 无锡学院		18	0	21	0	14	5	0	5	0	3	0	0	0	0
国际学术交流	1	0	0	0	0	0	0	0	0	0	0	0	0	0	0
国内学术交流	2	18	0	21	0	14	5	0	5	0	3	0	0	0	0
与港、澳、台地区学术交流	3	0	0	0	0	0	0	0	0	0	0	0	0	0	0
48. 苏州城市学院		7	0	5	0	2	0	0	0	0	0	0	0	0	0
国际学术交流	1	0	0	0	0	0	0	0	0	0	0	0	0	0	0
国内学术交流	2	7	0	5	0	2	0	0	0	0	0	0	0	0	0
与港、澳、台地区学术交流	3	0	0	0	0	0	0	0	0	0	0	0	0	0	0
49. 宿迁学院		7	4	12	0	12	23	53	230	125	38	1772	15	0	5
国际学术交流	1	0	0	0	0	0	0	0	0	0	0	0	0	0	0
国内学术交流	2	7	4	12	0	12	23	53	230	125	38	1772	15	0	5
与港、澳、台地区学术交流	3	0	0	0	0	0	0	0	0	0	0	0	0	0	0

注:此表删除了各项交流均为 0 的学校。

3. 公办专科高等学校人文、社会科学学术交流情况表

学术交流类别	编号	校办学术会议		参加学术会议			受聘讲学		社科考察		进修学习		合作研究		
		本校独办数	与外单位合办数	参加人次		提交论文（篇）	派出人次	来校人次	派出人次	来校人次	派出人次	来校人次	派出人次	来校人次	课题数（项）
				合计	其中：赴境外人次										
		L01	L02	L03	L04	L05	L06	L07	L08	L09	L10	L11	L12	L13	L14
合　计	/	278	41	3668	8	952	347	372	899	1445	3493	1023	256	205	186
1. 苏州幼儿师范高等专科学校		0	0	2	0	2	0	0	0	0	0	0	0	0	0
国际学术交流	1	0	0	0	0	0	0	0	0	0	0	0	0	0	0
国内学术交流	2	0	0	2	0	2	0	0	0	0	0	0	0	0	0
与港、澳、台地区学术交流	3	0	0	0	0	0	0	0	0	0	0	0	0	0	0
2. 无锡职业技术学院		8	3	9	1	9	3	6	16	30	20	36	0	0	0
国际学术交流	1	0	1	1	1	1	0	0	0	0	0	0	0	0	0
国内学术交流	2	8	2	8	0	8	3	6	16	30	20	36	0	0	0
与港、澳、台地区学术交流	3	0	0	0	0	0	0	0	0	0	0	0	0	0	0
3. 江苏建筑职业技术学院		1	1	10	0	10	7	8	13	11	17	12	13	9	5
国际学术交流	1	0	0	0	0	0	0	0	0	0	0	0	0	0	0
国内学术交流	2	1	1	10	0	10	7	8	13	11	17	12	13	9	5
与港、澳、台地区学术交流	3	0	0	0	0	0	0	0	0	0	0	0	0	0	0
4. 江苏工程职业技术学院		0	0	15	0	16	7	26	10	6	38	30	10	5	5
国际学术交流	1	0	0	0	0	0	0	0	0	0	0	0	0	0	0
国内学术交流	2	0	0	15	0	16	7	26	10	6	38	30	10	5	5
与港、澳、台地区学术交流	3	0	0	0	0	0	0	0	0	0	0	0	0	0	0

5. 苏州工艺美术职业技术学院		2	0	18	3	18	22	16	18	11	32	0	6	0	6
国际学术交流	1	1	0	3	3	3	3	1	2	0	3	0	1	0	1
国内学术交流	2	1	0	15	0	15	19	15	16	11	29	0	5	0	5
与港、澳、台地区学术交流	3	0	0	0	0	0	0	0	0	0	0	0	0	0	0
6. 连云港职业技术学院		24	0	0	0	0	0	0	0	0	0	0	0	0	0
国际学术交流	1	0	0	0	0	0	0	0	0	0	0	0	0	0	0
国内学术交流	2	24	0	0	0	0	0	0	0	0	0	0	0	0	0
与港、澳、台地区学术交流	3	0	0	0	0	0	0	0	0	0	0	0	0	0	0
7. 南通职业大学		0	0	7	0	7	2	7	0	2	6	0	0	0	0
国际学术交流	1	0	0	0	0	0	0	0	0	0	0	0	0	0	0
国内学术交流	2	0	0	7	0	7	2	7	0	2	6	0	0	0	0
与港、澳、台地区学术交流	3	0	0	0	0	0	0	0	0	0	0	0	0	0	0
8. 苏州市职业大学		0	0	4	0	4	0	0	0	0	926	0	0	0	0
国际学术交流	1	0	0	0	0	0	0	0	0	0	0	0	0	0	0
国内学术交流	2	0	0	4	0	4	0	0	0	0	926	0	0	0	0
与港、澳、台地区学术交流	3	0	0	0	0	0	0	0	0	0	0	0	0	0	0
9. 沙洲职业工学院		0	0	4	0	4	16	12	25	18	3	0	6	10	2
国际学术交流	1	0	0	0	0	0	0	0	0	0	0	0	0	0	0
国内学术交流	2	0	0	4	0	4	16	12	25	18	3	0	6	10	2
与港、澳、台地区学术交流	3	0	0	0	0	0	0	0	0	0	0	0	0	0	0
10. 扬州市职业大学		9	12	60	0	39	16	0	22	25	221	7	12	12	28
国际学术交流	1	0	0	0	0	0	0	0	0	0	0	0	0	0	0
国内学术交流	2	9	12	60	0	39	16	0	22	25	221	7	12	12	28

续表

学术交流类别	编号	校办学术会议		参加学术会议			受聘讲学		社科考察		进修学习		合作研究		
		本校独办数	与外单位合办数	参加人次		提交论文（篇）	派出人次	来校人次	派出人次	来校人次	派出人次	来校人次	派出人次	来校人次	课题数（项）
				合计	其中：赴境外人次										
		L01	L02	L03	L04	L05	L06	L07	L08	L09	L10	L11	L12	L13	L14
与港、澳、台地区学术交流	3	0	0	0	0	0	0	0	0	0	0	0	0	0	0
11. 连云港师范高等专科学校		2	0	2	0	0	0	2	0	0	0	0	0	0	0
国际学术交流	1	0	0	0	0	0	0	0	0	0	0	0	0	0	0
国内学术交流	2	2	0	2	0	0	0	2	0	0	0	0	0	0	0
与港、澳、台地区学术交流	3	0	0	0	0	0	0	0	0	0	0	0	0	0	0
12. 江苏经贸职业技术学院		0	0	62	0	20	12	0	55	60	120	0	15	20	4
国际学术交流	1	0	0	0	0	0	0	0	0	0	0	0	0	0	0
国内学术交流	2	0	0	62	0	20	12	0	55	60	120	0	15	20	4
与港、澳、台地区学术交流	3	0	0	0	0	0	0	0	0	0	0	0	0	0	0
13.　泰州职业技术学院		0	0	0	0	0	0	4	6	9	21	0	0	0	0
国际学术交流	1	0	0	0	0	0	0	0	0	0	4	0	0	0	0
国内学术交流	2	0	0	0	0	0	0	4	6	9	17	0	0	0	0
与港、澳、台地区学术交流	3	0	0	0	0	0	0	0	0	0	0	0	0	0	0
14. 常州信息职业技术学院		2	1	0	0	0	0	0	6	0	93	0	0	0	0
国际学术交流	1	1	1	0	0	0	0	0	6	0	0	0	0	0	0
国内学术交流	2	1	0	0	0	0	0	0	0	0	93	0	0	0	0
与港、澳、台地区学术交流	3	0	0	0	0	0	0	0	0	0	0	0	0	0	0
15. 江苏海事职业技术学院		57	4	2200	0	145	0	35	12	6	0	0	0	0	0
国际学术交流	1	0	1	200	0	80	0	3	0	0	0	0	0	0	0

国内学术交流	2	57	3	2000	0	65	0	32	12	6	0	0	0	0	0
与港、澳、台地区学术交流	3	0	0	0	0	0	0	0	0	0	0	0	0	0	0
16. 无锡科技职业学院		1	3	0	0	0	0	0	0	0	15	0	0	0	0
国际学术交流	1	0	0	0	0	0	0	0	0	0	0	0	0	0	0
国内学术交流	2	1	3	0	0	0	0	0	0	0	15	0	0	0	0
与港、澳、台地区学术交流	3	0	0	0	0	0	0	0	0	0	0	0	0	0	0
17. 江苏医药职业学院		10	3	73	0	21	12	16	14	8	138	69	0	0	0
国际学术交流	1	0	1	6	0	6	0	0	0	0	50	0	0	0	0
国内学术交流	2	10	2	67	0	15	12	16	14	6	88	69	0	0	0
与港、澳、台地区学术交流	3	0	0	0	0	0	0	0	0	2	0	0	0	0	0
18. 苏州经贸职业技术学院		44	0	350	0	129	50	0	0	0	0	0	0	0	0
国际学术交流	1	0	0	0	0	0	0	0	0	0	0	0	0	0	0
国内学术交流	2	44	0	350	0	129	50	0	0	0	0	0	0	0	0
与港、澳、台地区学术交流	3	0	0	0	0	0	0	0	0	0	0	0	0	0	0
19. 苏州工业职业技术学院		17	0	19	0	7	0	0	0	0	19	0	0	0	0
国际学术交流	1	1	0	0	0	0	0	0	0	0	0	0	0	0	0
国内学术交流	2	16	0	19	0	7	0	0	0	0	19	0	0	0	0
与港、澳、台地区学术交流	3	0	0	0	0	0	0	0	0	0	0	0	0	0	0
20. 苏州卫生职业技术学院		8	0	33	0	2	1	1	2	7	21	1	2	0	2
国际学术交流	1	0	0	0	0	0	0	0	1	0	3	0	0	0	0
国内学术交流	2	8	0	33	0	2	1	1	1	7	18	1	2	0	2
与港、澳、台地区学术交流	3	0	0	0	0	0	0	0	0	0	0	0	0	0	0
21. 无锡商业职业技术学院		0	0	143	0	118	9	10	17	42	59	100	0	5	1
国际学术交流	1	0	0	0	0	0	0	0	0	0	21	0	0	0	0

续表

学术交流类别	编号	校办学术会议		参加学术会议			受聘讲学		社科考察		进修学习		合作研究		
		本校独办数	与外单位合办数	参加人次		提交论文（篇）	派出人次	来校人次	派出人次	来校人次	派出人次	来校人次	派出人次	来校人次	课题数（项）
				合计	其中：赴境外人次										
		L01	L02	L03	L04	L05	L06	L07	L08	L09	L10	L11	L12	L13	L14
国内学术交流	2	0	0	143	0	118	9	10	17	42	38	100	0	5	1
与港、澳、台地区学术交流	3	0	0	0	0	0	0	0	0	0	0	0	0	0	0
22. 江苏航运职业技术学院		15	0	18	0	18	7	9	35	46	267	345	0	0	0
国际学术交流	1	0	0	0	0	0	0	0	0	0	0	0	0	0	0
国内学术交流	2	15	0	18	0	18	7	9	35	46	267	345	0	0	0
与港、澳、台地区学术交流	3	0	0	0	0	0	0	0	0	0	0	0	0	0	0
23. 南京交通职业技术学院		0	1	10	0	7	1	0	0	0	1	0	1	1	1
国际学术交流	1	0	1	6	0	6	1	0	0	0	0	0	0	0	0
国内学术交流	2	0	0	4	0	1	0	0	0	0	1	0	1	1	1
与港、澳、台地区学术交流	3	0	0	0	0	0	0	0	0	0	0	0	0	0	0
24. 江苏电子信息职业学院		0	0	3	0	4	13	5	86	259	292	83	13	5	4
国际学术交流	1	0	0	0	0	0	0	0	4	6	0	0	0	0	0
国内学术交流	2	0	0	3	0	4	13	5	82	253	292	83	13	5	4
与港、澳、台地区学术交流	3	0	0	0	0	0	0	0	0	0	0	0	0	0	0
25. 江苏农牧科技职业学院		2	3	2	0	3	4	0	12	9	8	3	0	0	0
国际学术交流	1	0	0	0	0	0	0	0	0	0	0	0	0	0	0
国内学术交流	2	2	3	2	0	3	4	0	12	9	8	3	0	0	0
与港、澳、台地区学术交流	3	0	0	0	0	0	0	0	0	0	0	0	0	0	0
26. 常州纺织服装职业技术学院		1	1	3	0	9	1	2	1	0	6	0	0	0	0

国际学术交流	1	0	0	0	0	0	0	0	0	0	4	0	0	0	0
国内学术交流	2	1	1	3	0	9	1	2	1	0	2	0	0	0	0
与港、澳、台地区学术交流	3	0	0	0	0	0	0	0	0	0	0	0	0	0	0
27.　南京科技职业学院		0	0	0	0	0	0	0	0	0	0	0	35	0	35
国际学术交流	1	0	0	0	0	0	0	0	0	0	0	0	0	0	0
国内学术交流	2	0	0	0	0	0	0	0	0	0	0	0	35	0	35
与港、澳、台地区学术交流	3	0	0	0	0	0	0	0	0	0	0	0	0	0	0
28. 常州工业职业技术学院		0	0	8	0	5	10	0	0	0	12	0	0	6	3
国际学术交流	1	0	0	0	0	0	0	0	0	0	0	0	0	0	0
国内学术交流	2	0	0	8	0	5	10	0	0	0	12	0	0	6	3
与港、澳、台地区学术交流	3	0	0	0	0	0	0	0	0	0	0	0	0	0	0
29. 常州工程职业技术学院		4	0	12	0	9	1	5	6	5	2	4	16	18	16
国际学术交流	1	0	0	0	0	0	0	0	0	0	0	0	0	0	0
国内学术交流	2	4	0	12	0	9	1	5	6	5	2	4	16	18	16
与港、澳、台地区学术交流	3	0	0	0	0	0	0	0	0	0	0	0	0	0	0
30. 江苏农林职业技术学院		0	0	30	0	15	0	0	0	0	25	0	0	0	0
国际学术交流	1	0	0	0	0	0	0	0	0	0	0	0	0	0	0
国内学术交流	2	0	0	30	0	15	0	0	0	0	25	0	0	0	0
与港、澳、台地区学术交流	3	0	0	0	0	0	0	0	0	0	0	0	0	0	0
31. 南京铁道职业技术学院		3	1	46	4	16	15	12	87	402	113	80	0	0	0
国际学术交流	1	1	1	11	4	4	0	0	7	22	31	0	0	0	0
国内学术交流	2	2	0	35	0	12	15	12	80	380	30	80	0	0	0
与港、澳、台地区学术交流	3	0	0	0	0	0	0	0	0	0	52	0	0	0	0
32. 徐州工业职业技术学院		0	0	20	0	5	20	25	17	27	29	33	5	7	10

续表

学术交流类别	编号	校办学术会议		参加学术会议			受聘讲学		社科考察		进修学习		合作研究		
		本校独办数	与外单位合办数	参加人次		提交论文（篇）	派出人次	来校人次	派出人次	来校人次	派出人次	来校人次	派出人次	来校人次	课题数（项）
				合计	其中：赴境外人次										
		L01	L02	L03	L04	L05	L06	L07	L08	L09	L10	L11	L12	L13	L14
国际学术交流	1	0	0	0	0	0	0	0	0	0	0	0	0	0	0
国内学术交流	2	0	0	20	0	5	20	25	17	27	29	33	5	7	10
与港、澳、台地区学术交流	3	0	0	0	0	0	0	0	0	0	0	0	0	0	0
33. 南京信息职业技术学院		12	0	26	0	38	32	29	82	85	49	65	0	0	0
国际学术交流	1	0	0	0	0	0	0	0	6	0	0	0	0	0	0
国内学术交流	2	12	0	26	0	38	32	29	76	85	49	65	0	0	0
与港、澳、台地区学术交流	3	0	0	0	0	0	0	0	0	0	0	0	0	0	0
34. 常州机电职业技术学院		7	0	26	0	23	12	0	0	0	99	63	0	0	0
国际学术交流	1	2	0	12	0	11	2	0	0	0	34	6	0	0	0
国内学术交流	2	5	0	14	0	12	10	0	0	0	65	57	0	0	0
与港、澳、台地区学术交流	3	0	0	0	0	0	0	0	0	0	0	0	0	0	0
35. 江阴职业技术学院		4	0	9	0	4	4	4	4	0	8	0	0	0	0
国际学术交流	1	0	0	0	0	0	0	0	0	0	0	0	0	0	0
国内学术交流	2	4	0	9	0	4	4	4	4	0	8	0	0	0	0
与港、澳、台地区学术交流	3	0	0	0	0	0	0	0	0	0	0	0	0	0	0
36. 无锡城市职业技术学院		0	0	3	0	3	0	0	30	20	74	0	0	0	0
国际学术交流	1	0	0	0	0	0	0	0	0	0	0	0	0	0	0
国内学术交流	2	0	0	3	0	3	0	0	30	20	74	0	0	0	0
与港、澳、台地区学术交流	3	0	0	0	0	0	0	0	0	0	0	0	0	0	0

37. 无锡工艺职业技术学院		3	1	56	0	35	8	13	86	45	39	44	11	28	6
国际学术交流	1	0	0	0	0	0	0	0	0	0	0	0	0	0	0
国内学术交流	2	3	1	56	0	35	8	13	86	45	39	44	11	28	6
与港、澳、台地区学术交流	3	0	0	0	0	0	0	0	0	0	0	0	0	0	0
38. 苏州健雄职业技术学院		6	2	14	0	14	0	0	0	0	5	0	0	0	0
国际学术交流	1	0	0	0	0	0	0	0	0	0	0	0	0	0	0
国内学术交流	2	6	2	14	0	14	0	0	0	0	5	0	0	0	0
与港、澳、台地区学术交流	3	0	0	0	0	0	0	0	0	0	0	0	0	0	0
39. 盐城工业职业技术学院		0	0	17	0	17	0	0	0	0	0	0	0	0	0
国际学术交流	1	0	0	0	0	0	0	0	0	0	0	0	0	0	0
国内学术交流	2	0	0	17	0	17	0	0	0	0	0	0	0	0	0
与港、澳、台地区学术交流	3	0	0	0	0	0	0	0	0	0	0	0	0	0	0
40. 江苏财经职业技术学院		2	0	170	0	40	5	9	49	36	85	10	0	0	0
国际学术交流	1	0	0	0	0	0	0	0	9	0	0	0	0	0	0
国内学术交流	2	2	0	170	0	40	5	9	40	36	85	10	0	0	0
与港、澳、台地区学术交流	3	0	0	0	0	0	0	0	0	0	0	0	0	0	0
41. 扬州工业职业技术学院		0	0	6	0	5	3	6	4	3	5	0	0	0	0
国际学术交流	1	0	0	0	0	0	0	0	0	0	0	0	0	0	0
国内学术交流	2	0	0	6	0	5	3	6	4	3	5	0	0	0	0
与港、澳、台地区学术交流	3	0	0	0	0	0	0	0	0	0	0	0	0	0	0
42. 江苏城市职业学院		0	0	8	0	3	1	0	0	0	0	0	0	0	0
国际学术交流	1	0	0	0	0	0	0	0	0	0	0	0	0	0	0
国内学术交流	2	0	0	8	0	3	1	0	0	0	0	0	0	0	0
与港、澳、台地区学术交流	3	0	0	0	0	0	0	0	0	0	0	0	0	0	0

续表

学术交流类别	编号	校办学术会议		参加学术会议			受聘讲学		社科考察		进修学习		合作研究		
		本校独办数	与外单位合办数	参加人次		提交论文（篇）	派出人次	来校人次	派出人次	来校人次	派出人次	来校人次	派出人次	来校人次	课题数（项）
				合计	其中：赴境外人次										
		L01	L02	L03	L04	L05	L06	L07	L08	L09	L10	L11	L12	L13	L14
43. 南京城市职业学院		2	0	1	0	1	3	7	5	5	8	4	1	0	1
国际学术交流	1	0	0	0	0	0	0	0	0	0	0	0	0	0	0
国内学术交流	2	2	0	1	0	1	3	7	5	5	8	4	1	0	1
与港、澳、台地区学术交流	3	0	0	0	0	0	0	0	0	0	0	0	0	0	0
44. 南京机电职业技术学院		3	1	0	0	0	0	0	0	0	0	0	56	20	1
国际学术交流	1	0	0	0	0	0	0	0	0	0	0	0	0	0	0
国内学术交流	2	3	1	0	0	0	0	0	0	0	0	0	56	20	1
与港、澳、台地区学术交流	3	0	0	0	0	0	0	0	0	0	0	0	0	0	0
45. 南京旅游职业学院		0	0	7	0	7	1	1	17	6	1	0	0	0	0
国际学术交流	1	0	0	0	0	0	1	1	17	6	1	0	0	0	0
国内学术交流	2	0	0	7	0	7	0	0	0	0	0	0	0	0	0
与港、澳、台地区学术交流	3	0	0	0	0	0	0	0	0	0	0	0	0	0	0
46. 江苏卫生健康职业学院		1	1	7	0	7	0	2	4	6	5	0	0	0	0
国际学术交流	1	0	0	0	0	0	0	2	0	6	3	0	0	0	0
国内学术交流	2	1	1	7	0	7	0	0	4	0	2	0	0	0	0
与港、澳、台地区学术交流	3	0	0	0	0	0	0	0	0	0	0	0	0	0	0
47. 苏州信息职业技术学院		0	0	0	0	0	3	12	0	0	0	0	0	0	0
国际学术交流	1	0	0	0	0	0	0	0	0	0	0	0	0	0	0
国内学术交流	2	0	0	0	0	0	3	12	0	0	0	0	0	0	0

与港、澳、台地区学术交流	3	0	0	0	0	0	0	0	0	0	0	0	0	0	0
48. 苏州工业园区服务外包职业学院		0	0	2	0	2	0	0	0	0	49	0	0	0	0
国际学术交流	1	0	0	0	0	0	0	0	0	0	0	0	0	0	0
国内学术交流	2	0	0	2	0	2	0	0	0	0	49	0	0	0	0
与港、澳、台地区学术交流	3	0	0	0	0	0	0	0	0	0	0	0	0	0	0
49. 徐州生物工程职业技术学院		2	1	20	0	10	0	0	8	20	4	0	0	0	0
国际学术交流	1	0	0	0	0	0	0	0	0	0	0	0	0	0	0
国内学术交流	2	2	1	20	0	10	0	0	8	20	4	0	0	0	0
与港、澳、台地区学术交流	3	0	0	0	0	0	0	0	0	0	0	0	0	0	0
50. 江苏商贸职业学院		0	0	3	0	3	0	12	15	0	425	0	0	0	0
国际学术交流	1	0	0	0	0	0	0	0	0	0	20	0	0	0	0
国内学术交流	2	0	0	3	0	3	0	12	15	0	405	0	0	0	0
与港、澳、台地区学术交流	3	0	0	0	0	0	0	0	0	0	0	0	0	0	0
51. 江苏护理职业学院		0	1	3	0	6	4	5	2	3	10	12	2	4	35
国际学术交流	1	0	0	0	0	0	0	0	0	0	0	0	0	0	0
国内学术交流	2	0	1	3	0	6	4	5	2	3	10	12	2	4	35
与港、澳、台地区学术交流	3	0	0	0	0	0	0	0	0	0	0	0	0	0	0
52. 江苏财会职业学院		0	1	0	0	0	0	0	0	0	0	0	0	0	0
国际学术交流	1	0	0	0	0	0	0	0	0	0	0	0	0	0	0
国内学术交流	2	0	1	0	0	0	0	0	0	0	0	0	0	0	0
与港、澳、台地区学术交流	3	0	0	0	0	0	0	0	0	0	0	0	0	0	0

续表

学术交流类别	编号	校办学术会议		参加学术会议			受聘讲学		社科考察		进修学习		合作研究		
		本校独办数	与外单位合办数	参加人次		提交论文（篇）	派出人次	来校人次	派出人次	来校人次	派出人次	来校人次	派出人次	来校人次	课题数（项）
				合计	其中:赴境外人次										
		L01	L02	L03	L04	L05	L06	L07	L08	L09	L10	L11	L12	L13	L14
53. 江苏城乡建设职业学院		19	0	44	0	35	42	57	65	57	32	22	37	30	15
国际学术交流	1	2	0	8	0	3	0	21	0	0	0	0	0	0	0
国内学术交流	2	17	0	36	0	32	42	36	65	57	32	22	37	30	15
与港、澳、台地区学术交流	3	0	0	0	0	0	0	0	0	0	0	0	0	0	0
54. 江苏安全技术职业学院		7	0	81	0	55	0	14	46	16	59	0	15	18	4
国际学术交流	1	0	0	0	0	0	0	0	0	0	0	0	0	0	0
国内学术交流	2	7	0	81	0	55	0	14	46	16	59	0	15	18	4
与港、澳、台地区学术交流	3	0	0	0	0	0	0	0	0	0	0	0	0	0	0
55. 江苏旅游职业学院		0	0	0	0	0	0	0	22	160	12	0	0	0	0
国际学术交流	1	0	0	0	0	0	0	0	22	160	12	0	0	0	0
国内学术交流	2	0	0	0	0	0	0	0	0	0	0	0	0	0	0
与港、澳、台地区学术交流	3	0	0	0	0	0	0	0	0	0	0	0	0	0	0
56. 常州幼儿师范高等专科学校		0	0	2	0	2	0	0	0	0	20	0	0	7	2
国际学术交流	1	0	0	0	0	0	0	0	0	0	0	0	0	0	0
国内学术交流	2	0	0	2	0	2	0	0	0	0	20	0	0	7	2
与港、澳、台地区学术交流	3	0	0	0	0	0	0	0	0	0	0	0	0	0	0

注:此表删除了各项交流均为 0 的学校。

4. 民办及中外合作办学高等学校人文、社会科学学术交流情况表

学术交流类别	编号	校办学术会议		参加学术会议			受聘讲学		社科考察		进修学习		合作研究		
		本校独办数	与外单位合办数	参加人次		提交论文(篇)	派出人次	来校人次	派出人次	来校人次	派出人次	来校人次	派出人次	来校人次	课题数(项)
				合计	其中:赴境外人次										
		L01	L02	L03	L04	L05	L06	L07	L08	L09	L10	L11	L12	L13	L14
合　计	/	73	20	1392	37	300	204	135	388	259	640	106	22	16	17
1.　三江学院		4	0	45	0	45	4	10	40	40	5	0	0	0	0
国际学术交流	1	0	0	0	0	0	0	0	0	0	0	0	0	0	0
国内学术交流	2	4	0	45	0	45	4	10	40	40	5	0	0	0	0
与港、澳、台地区学术交流	3	0	0	0	0	0	0	0	0	0	0	0	0	0	0
2.　九州职业技术学院		0	0	6	0	3	6	16	64	43	78	84	0	0	0
国际学术交流	1	0	0	0	0	0	0	0	0	0	0	0	0	0	0
国内学术交流	2	0	0	6	0	3	6	16	64	43	78	84	0	0	0
与港、澳、台地区学术交流	3	0	0	0	0	0	0	0	0	0	0	0	0	0	0
3.　南通理工学院		1	0	18	0	18	0	18	0	0	15	0	0	0	0
国际学术交流	1	1	0	0	0	0	0	0	0	0	14	0	0	0	0
国内学术交流	2	0	0	18	0	18	0	18	0	0	0	0	0	0	0
与港、澳、台地区学术交流	3	0	0	0	0	0	0	0	0	0	1	0	0	0	0
4.　应天职业技术学院		0	0	11	0	8	0	13	32	0	64	0	1	0	1
国际学术交流	1	0	0	0	0	0	0	0	0	0	0	0	0	0	0
国内学术交流	2	0	0	11	0	8	0	13	32	0	64	0	1	0	1
与港、澳、台地区学术交流	3	0	0	0	0	0	0	0	0	0	0	0	0	0	0

续表

学术交流类别	编号	校办学术会议		参加学术会议			受聘讲学		社科考察		进修学习		合作研究		
		本校独办数	与外单位合办数	参加人次 合计	其中：赴境外人次	提交论文（篇）	派出人次	来校人次	派出人次	来校人次	派出人次	来校人次	派出人次	来校人次	课题数（项）
		L01	L02	L03	L04	L05	L06	L07	L08	L09	L10	L11	L12	L13	L14
5. 苏州托普信息职业技术学院		3	0	480	0	3	0	2	0	0	14	0	0	0	0
国际学术交流	1	0	0	0	0	0	0	0	0	0	0	0	0	0	0
国内学术交流	2	3	0	480	0	3	0	2	0	0	14	0	0	0	0
与港、澳、台地区学术交流	3	0	0	0	0	0	0	0	0	0	0	0	0	0	0
6. 正德职业技术学院		0	0	0	0	0	0	0	2	0	0	0	0	0	0
国际学术交流	1	0	0	0	0	0	0	0	0	0	0	0	0	0	0
国内学术交流	2	0	0	0	0	0	0	0	2	0	0	0	0	0	0
与港、澳、台地区学术交流	3	0	0	0	0	0	0	0	0	0	0	0	0	0	0
7. 钟山职业技术学院		2	0	0	0	0	0	0	0	0	2	0	0	0	0
国际学术交流	1	0	0	0	0	0	0	0	0	0	0	0	0	0	0
国内学术交流	2	2	0	0	0	0	0	0	0	0	2	0	0	0	0
与港、澳、台地区学术交流	3	0	0	0	0	0	0	0	0	0	0	0	0	0	0
8. 江南影视艺术职业学院		3	6	300	0	6	0	12	0	0	0	0	0	0	0
国际学术交流	1	0	0	0	0	0	0	0	0	0	0	0	0	0	0
国内学术交流	2	3	6	300	0	6	0	12	0	0	0	0	0	0	0
与港、澳、台地区学术交流	3	0	0	0	0	0	0	0	0	0	0	0	0	0	0
9. 江海职业技术学院		2	0	4	0	4	0	0	0	0	0	0	0	0	0
国际学术交流	1	0	0	0	0	0	0	0	0	0	0	0	0	0	0

国内学术交流	2	2	0	4	0	4	0	0	0	0	0	0	0	0	0
与港、澳、台地区学术交流	3	0	0	0	0	0	0	0	0	0	0	0	0	0	0
10. 无锡太湖学院		2	0	10	0	10	0	0	4	0	74	0	0	0	0
国际学术交流	1	0	0	0	0	0	0	0	0	0	0	0	0	0	0
国内学术交流	2	2	0	10	0	10	0	0	4	0	74	0	0	0	0
与港、澳、台地区学术交流	3	0	0	0	0	0	0	0	0	0	0	0	0	0	0
11. 中国矿业大学徐海学院		0	0	30	0	28	0	6	41	32	10	0	0	0	0
国际学术交流	1	0	0	0	0	0	0	0	0	0	0	0	0	0	0
国内学术交流	2	0	0	30	0	28	0	6	41	32	10	0	0	0	0
与港、澳、台地区学术交流	3	0	0	0	0	0	0	0	0	0	0	0	0	0	0
12. 南京理工大学紫金学院		0	0	0	0	0	0	0	0	0	15	0	0	0	0
国际学术交流	1	0	0	0	0	0	0	0	0	0	0	0	0	0	0
国内学术交流	2	0	0	0	0	0	0	0	0	0	15	0	0	0	0
与港、澳、台地区学术交流	3	0	0	0	0	0	0	0	0	0	0	0	0	0	0
13. 南京航空航天大学金城学院		0	0	7	0	7	0	0	0	0	0	0	0	0	0
国际学术交流	1	0	0	0	0	0	0	0	0	0	0	0	0	0	0
国内学术交流	2	0	0	7	0	7	0	0	0	0	0	0	0	0	0
与港、澳、台地区学术交流	3	0	0	0	0	0	0	0	0	0	0	0	0	0	0
14. 南京传媒学院		2	1	12	0	28	7	5	27	57	32	0	0	0	0
国际学术交流	1	1	0	7	0	7	3	0	0	0	1	0	0	0	0
国内学术交流	2	1	1	5	0	21	4	5	27	57	31	0	0	0	0
与港、澳、台地区学术交流	3	0	0	0	0	0	0	0	0	0	0	0	0	0	0
15. 南京理工大学泰州科技学院		0	0	0	0	0	0	14	10	8	31	0	4	0	4

续表

学术交流类别	编号	校办学术会议		参加学术会议			受聘讲学		社科考察		进修学习		合作研究		
		本校独办数	与外单位合办数	参加人次 合计	参加人次 其中：赴境外人次	提交论文（篇）	派出人次	来校人次	派出人次	来校人次	派出人次	来校人次	派出人次	来校人次	课题数（项）
		L01	L02	L03	L04	L05	L06	L07	L08	L09	L10	L11	L12	L13	L14
国际学术交流	1	0	0	0	0	0	0	0	0	0	0	0	0	0	0
国内学术交流	2	0	0	0	0	0	0	14	10	8	31	0	4	0	4
与港、澳、台地区学术交流	3	0	0	0	0	0	0	0	0	0	0	0	0	0	0
16. 南京师范大学中北学院		0	0	30	0	7	3	0	13	0	31	0	0	0	0
国际学术交流	1	0	0	0	0	0	0	0	0	0	0	0	0	0	0
国内学术交流	2	0	0	30	0	7	3	0	13	0	31	0	0	0	0
与港、澳、台地区学术交流	3	0	0	0	0	0	0	0	0	0	0	0	0	0	0
17. 苏州百年职业学院		5	3	105	10	8	9	12	30	60	6	7	6	12	5
国际学术交流	1	1	1	35	10	3	3	7	10	30	0	0	2	5	1
国内学术交流	2	4	2	70	0	5	6	5	20	30	6	7	4	7	4
与港、澳、台地区学术交流	3	0	0	0	0	0	0	0	0	0	0	0	0	0	0
18. 南京中医药大学翰林学院		0	0	2	0	1	0	1	0	0	2	0	0	0	0
国际学术交流	1	0	0	0	0	0	0	0	0	0	0	0	0	0	0
国内学术交流	2	0	0	2	0	1	0	1	0	0	2	0	0	0	0
与港、澳、台地区学术交流	3	0	0	0	0	0	0	0	0	0	0	0	0	0	0
19. 苏州大学应用技术学院		0	0	3	0	3	0	0	0	0	0	0	0	0	0
国际学术交流	1	0	0	0	0	0	0	0	0	0	0	0	0	0	0

国内学术交流	2	0	0	3	0	3	0	0	0	0	0	0	0	0	0
与港、澳、台地区学术交流	3	0	0	0	0	0	0	0	0	0	0	0	0	0	0
20. 苏州科技大学天平学院		0	0	34	0	13	0	0	0	0	4	0	2	0	1
国际学术交流	1	0	0	0	0	0	0	0	0	0	0	0	0	0	0
国内学术交流	2	0	0	34	0	13	0	0	0	0	4	0	2	0	1
与港、澳、台地区学术交流	3	0	0	0	0	0	0	0	0	0	0	0	0	0	0
21. 扬州大学广陵学院		0	0	128	0	9	0	18	0	0	96	15	8	4	4
国际学术交流	1	0	0	0	0	0	0	0	0	0	0	0	0	0	0
国内学术交流	2	0	0	128	0	9	0	18	0	0	96	15	8	4	4
与港、澳、台地区学术交流	3	0	0	0	0	0	0	0	0	0	0	0	0	0	0
22. 江苏师范大学科文学院		0	0	0	0	0	0	0	78	0	67	0	0	0	0
国际学术交流	1	0	0	0	0	0	0	0	0	0	0	0	0	0	0
国内学术交流	2	0	0	0	0	0	0	0	78	0	67	0	0	0	0
与港、澳、台地区学术交流	3	0	0	0	0	0	0	0	0	0	0	0	0	0	0
23. 南通大学杏林学院		0	0	0	0	0	0	0	0	0	5	0	0	0	0
国际学术交流	1	0	0	0	0	0	0	0	0	0	1	0	0	0	0
国内学术交流	2	0	0	0	0	0	0	0	0	0	4	0	0	0	0
与港、澳、台地区学术交流	3	0	0	0	0	0	0	0	0	0	0	0	0	0	0
24. 南京审计大学金审学院		0	0	68	0	8	0	0	0	0	0	0	0	0	0
国际学术交流	1	0	0	0	0	0	0	0	0	0	0	0	0	0	0
国内学术交流	2	0	0	68	0	8	0	0	0	0	0	0	0	0	0

续表

学术交流类别	编号	校办学术会议		参加学术会议			受聘讲学		社科考察		进修学习		合作研究		
		本校独办数	与外单位合办数	参加人次 合计	参加人次 其中:赴境外人次	提交论文(篇)	派出人次	来校人次	派出人次	来校人次	派出人次	来校人次	派出人次	来校人次	课题数(项)
		L01	L02	L03	L04	L05	L06	L07	L08	L09	L10	L11	L12	L13	L14
与港、澳、台地区学术交流	3	0	0	0	0	0	0	0	0	0	0	0	0	0	0
25.苏州高博软件技术职业学院		0	0	13	0	10	2	8	27	2	83	0	1	0	1
国际学术交流	1	0	0	0	0	0	0	0	0	0	0	0	0	0	0
国内学术交流	2	0	0	13	0	10	2	7	27	2	83	0	1	0	1
与港、澳、台地区学术交流	3	0	0	0	0	0	0	1	0	0	0	0	0	0	0
26.宿迁泽达职业技术学院		1	0	52	0	46	0	0	0	0	0	0	0	0	0
国际学术交流	1	0	0	0	0	0	0	0	0	0	0	0	0	0	0
国内学术交流	2	1	0	52	0	46	0	0	0	0	0	0	0	0	0
与港、澳、台地区学术交流	3	0	0	0	0	0	0	0	0	0	0	0	0	0	0
27.　西交利物浦大学		48	10	34	27	35	173	0	20	17	6	0	0	0	1
国际学术交流	1	20	2	28	27	29	41	0	5	5	4	0	0	0	1
国内学术交流	2	28	8	6	0	6	132	0	13	12	2	0	0	0	0
与港、澳、台地区学术交流	3	0	0	0	0	0	0	0	2	0	0	0	0	0	0

注:此表删除了各项交流均为0的学校。

十一、社科专利

1. 全省高等学校人文、社会科学专利情况表

指标名称	专利申请数(件)	其中:发明专利数(件)	有效发明专利数(件)	专利所有权转让及许可数(件)	专利所有权转让与许可收入(百元)	专利授权数(件)	其中:发明专利数(件)	集成电路布图设计登记数(件)
合　计	1265	295	315	152	8 765.02	797	146	7

2. 公办本科高等学校人文、社会科学专利情况表

指标名称	编号	专利申请数(件)	其中:发明专利数(件)	有效发明专利数(件)	专利所有权转让及许可数(件)	专利所有权转让与许可收入(百元)	专利授权数(件)	其中:发明专利数(件)	集成电路布图设计登记数(件)
合　计	/	614	169	180	40	7 390.6	449	112	1
南京大学	1	37	28	49	1	100	19	19	0
东南大学	2	15	6	4	0	0	7	4	1
江南大学	3	154	12	0	0	0	180	16	0
河海大学	4	7	6	6	0	0	9	9	0
苏州大学	5	6	1	0	0	0	3	0	0
南京工业大学	6	16	4	0	0	0	43	0	0
江苏大学	7	9	0	0	0	0	9	0	0
南京信息工程大学	8	6	4	2	0	0	3	2	0

续表

指标名称	编号	专利申请数（件）	其中：发明专利数（件）	有效发明专利数（件）	专利所有权转让及许可数（件）	专利所有权转让与许可收入（百元）	专利授权数（件）	其中：发明专利数（件）	集成电路布图设计登记数（件）
南京医科大学	9	62	12	12	2	6700	14	14	0
江苏师范大学	10	6	4	10	0	0	6	5	0
淮阴师范学院	11	37	7	5	4	73	5	0	0
南京体育学院	12	3	3	1	0	0	3	1	0
南京艺术学院	13	4	1	1	0	0	4	1	0
常熟理工学院	14	39	12	12	1	20	33	11	0
常州工学院	15	15	1	3	0	0	18	1	0
南京晓庄学院	16	10	4	4	1	20	13	4	0
南京特殊教育师范学院	17	65	34	34	0	0	10	0	0
泰州学院	18	10	0	0	0	0	2	0	0
金陵科技学院	19	7	3	26	15	299.2	18	14	0
江苏第二师范学院	20	6	0	3	0	0	10	1	0
南京工业职业技术大学	21	25	12	1	1	15.42	19	6	0
无锡学院	22	2	0	0	0	0	0	0	0
宿迁学院	23	73	15	7	15	163	21	4	0

注：此表删除了各类专利数均为 0 的高校。

3. 公办专科高等学校人文、社会科学专利情况表

指标名称	编号	专利申请数（件）	其中：发明专利数（件）	有效发明专利数（件）	专利所有权转让及许可数（件）	专利所有权转让与许可收入（百元）	专利授权数（件）	其中：发明专利数（件）	集成电路布图设计登记数（件）
合 计	/	596	123	121	110	1368.4	321	34	6
盐城幼儿师范高等专科学校	1	28	5	5	0	0	13	2	0
无锡职业技术学院	2	14	3	1	0	0	5	1	0
苏州工艺美术职业技术学院	3	10	4	2	20	100	8	2	1
南通职业大学	4	58	0	0	0	0	16	0	0
苏州市职业大学	5	14	1	1	0	0	7	1	0
扬州市职业大学	6	12	3	3	2	55	7	2	0
泰州职业技术学院	7	15	0	0	0	0	10	0	0
江苏海事职业技术学院	8	154	99	99	34	705.4	39	19	0
苏州工业职业技术学院	9	1	1	1	1	0	1	1	0
江苏航运职业技术学院	10	4	0	0	0	0	0	0	0
常州纺织服装职业技术学院	11	77	0	0	2	50	31	0	0

续表

指标名称	编号	专利申请数（件）	其中：发明专利数（件）	有效发明专利数（件）	专利所有权转让及许可数（件）	专利所有权转让与许可收入（百元）	专利授权数（件）	其中：发明专利数（件）	集成电路布图设计登记数（件）
常州工程职业技术学院	12	6	0	0	0	0	6	0	4
江苏信息职业技术学院	13	8	0	0	0	0	0	0	0
常州机电职业技术学院	14	9	0	0	5	26	3	0	0
无锡城市职业技术学院	15	29	0	0	2	12	29	0	0
无锡工艺职业技术学院	16	65	0	0	37	190	59	0	0
江苏财经职业技术学院	17	13	0	0	0	0	9	0	0
南京旅游职业学院	18	12	4	5	3	40	7	4	1
苏州工业园区服务外包职业学院	19	54	0	0	0	0	63	0	0
江苏财会职业学院	20	5	1	3	1	10	5	1	0
江苏旅游职业学院	21	8	2	1	3	180	3	1	0

注：此表删除了各类专利数均为0的高校。

4. 民办及中外合作办学高等学校人文、社会科学专利情况表

指标名称	编号	专利申请数（件）	其中：发明专利数(件)	有效发明专利数(件)	专利所有权转让及许可数(件)	专利所有权转让与许可收入(百元)	专利授权数（件）	其中：发明专利数(件)	集成电路布图设计登记数(件)
合　计	/	55	3	14	2	6	27	0	0
钟山职业技术学院	1	1	1	0	0	0	0	0	0
江南影视艺术职业学院	2	2	0	0	0	0	2	0	0
江海职业技术学院	3	10	0	0	0	0	6	0	0
南京航空航天大学金城学院	4	6	1	6	0	0	0	0	0
南京传媒学院	5	1	0	1	0	0	0	0	0
南京理工大学泰州科技学院	6	3	0	0	0	0	5	0	0
南京师范大学泰州学院	7	7	0	7	0	0	0	0	0
南京师范大学中北学院	8	1	0	0	0	0	0	0	0
苏州百年职业学院	9	3	1	0	2	6	2	0	0
苏州大学应用技术学院	10	6	0	0	0	0	0	0	0
江苏大学京江学院	11	2	0	0	0	0	2	0	0
扬州大学广陵学院	12	8	0	0	0	0	6	0	0
南京审计大学金审学院	13	1	0	0	0	0	0	0	0
苏州高博软件技术职业学院	14	4	0	0	0	0	4	0	0

注：此表删除了各类专利数均为0的高校。